Eberhard Reuß · 50 Jahre Formel 1

Eberhard Reuß

50 JAHRE
Formel 1

Motor buch Verlag spezial

Einbandgestaltung: Andreas Pflaum unter Verwendung eines Dias von Wolfgang Wilhelm.

Bildnachweis:
Agip/Daniele Amaduzzi (3), Alfa Romeo (15), Auto Union (1), AvD (1), BMW (3), BP (2), Hartmut Dörrie (11), ELF (3), Ford (12), Jimmy Froidevaux (1), Goodyear (8), Dieter Herz (37), Hockenheimring GmbH (2), Honda (13), ICN (22), Jordan (1), Keystone (3), Bernhard Kunz (15), Lancia (1), Ligier (1), Lotus (1), Mercedes-Benz (43), Mobil Oil (5), Günther Molter (77) National Motor Museum (5), Peugeot (1), Pirelli (7), Porsche (44), Daniel Reinhard (5), Joseph Reinhard (8), Renault (7), Eberhard Reuß (131), Sauber (1), Jad Sharif (1), Wolfgang Wilhelm (8).

In Erinnerung an meinen Vater.

ISBN 3-613-01662-1

Spezialausgabe 1999
Copyright © by Motorbuch Verlag, Postfach 103743, 70032 Stuttgart.
Ein Unternehmen der Paul Pietsch Verlage GmbH + Co.

Lektor: Joachim Kuch
Reproduktionen: digi bild reinhardt, 73037 Göppingen
Druck und Bindung: Fotolito Longo AG, I–39100 Bozen
Printed in Italy.

Inhalt

Vorwort des Autors _____ 6

Vorgeschichte: *Heroische Zeiten* _____ 9

1945–1949: *Die Geburt
der Formel 1* _____ 18

1950: *Duell in Rot* _____ 26

1951: *Fangio im zweiten Anlauf* _____ 33

1952/53: *Der allmächtige Ascari* _____ 40

1954: *Sternstunden* _____ 48

1955: *Das Jahr der Tragödien* _____ 58

1956: *Die Roten und die Grünen* _____ 66

1957: *Der Größte* _____ 73

1958: *Der falsche Mann?* _____ 80

1959: *Das Ende der Dinosaurier* _____ 86

1960: *Schwanengesänge* _____ 93

1961: *Der letzte Herrenfahrer* _____ 100

1962: *Der neue König
noch ohne Krone* _____ 106

1963–1965: *Die Formel Clark* _____ 115

1966/67: *Black Jack, do it again!* _____ 123

1968: *Die neue Zeitrechnung* _____ 129

1969: *Die neue Ordnung* _____ 135

1970: *Der tote Weltmeister* _____ 140

1971: *Stewart und Cosworth
schlagen zurück* _____ 147

1972: *Brasilianisches Feuerwerk* _____ 154

1973: *Formel 1 im Fegefeuer* _____ 160

1974: *Das springende Pferd lernt
wieder galoppieren* _____ 168

1975: *Die Ära Lauda* _____ 174

1976: *Jagdzeit für Hunt* _____ 180

1977: *Doppelte Revolution* _____ 189

1978: *Ein Titel für Mario und Ronnie* _____ 198

1979/80: *Williams of Arabia* _____ 207

1981: *Indianeraufstand* _____ 219

1982: *Tod und Verhängnis* _____ 229

1983: *Wie gewonnen, so zerronnen* _____ 240

1984: *Jäger und Sammler* _____ 249

1985: *Am Ziel* _____ 259

1986: *Entzaubert* _____ 267

1987: *Harakiri* _____ 276

1988–1990: *Giganten* _____ 285

1992/93: *Löwenherz* _____ 294

1994: *Eine neue Ära?* _____ 305

1995: *Hund und Katz* _____ 318

1996: *The Fool on the Hill* _____ 327

1997: *Spielverderber* _____ 336

1998: *Versilbert* _____ 346

1999: *Der menschliche Faktor* _____ 355

Anhang _____ 365

Vorwort

Ein halbes Jahrhundert ist es her, seit für die höchste Klasse des internationalen Automobilsports und ihre Grand-Prix-Rennen die Fahrerweltmeisterschaft der Formel 1 eingeführt wurde. Seitdem steht der Begriff Formel 1 synonym für Spannung und Dramatik, für Triumphe und Tragödien, für Geld und Geschäft.

Dieses Buch schildert den wechselvollen Weg der Formel-1-Geschichte und legt dabei besonderen Wert auf den »menschlichen Faktor«: Die komplexe Technik beeindruckt, doch die millionenfache Gemeinde der Rennfans verfolgt das Grand-Prix-Geschehen in erster Linie deshalb, weil sich mit den Maschinen Menschen und keine Computer im Grenzbereich bewegen. Auch wenn böse Zungen angesichts heutiger Hi-Tech-Rennwagen lästern, daß in naher Zukunft ein von den Boxen aus ferngesteuerter Roboter den Job des Formel-1-Rennfahrers viel besser erledigen könnte...

Nein, die Formel 1 lebte stets von ihren Stars. Und sie lebte immer schon mit ihren Toten. Auch daran erinnert dieses Buch.

Aber so wie das Leben uns Menschen nicht unbedingt ein Happy-End verheißt, genauso hat es mit vielen ihrer Hauptdarsteller auch die Formel 1 gehalten, die vielleicht extremste Lebensform unserer Zeit. Allein die Erinnerung bewahrt uns vor dem Vergessen: Vieles, was Sie in den folgenden Kapiteln lesen werden, ist insofern ein Versuch, Erinnerungen lebendig werden zu lassen. Deshalb wünsche ich Ihnen bei der Lektüre etwas von der Freude, die mir beim Schreiben zuteil wurde.

Mein besonderer Dank gilt Günther Molter, dem das vorliegende Werk viele Anregungen und exzellentes Bildmaterial verdankt. Der Autor erfuhr großzügige Unterstützung durch die Formel-1-Fotokünstler Daniel Reinhard und Wolfgang Wilhelm, durch Dr. Harry Niemann vom Archiv der DaimlerChrysler AG, Klaus Parr vom Porsche Werksarchiv sowie durch zahlreiche, hier aus Platzgründen nicht einzeln zu nennende Mitarbeiter der Pressestellen und Archive von Alfa Romeo, Auto Union, BMW, Ford, Honda, Lancia, Peugeot, Renault, Team Sauber, Williams, Agip, BP, ELF, Goodyear, ICN-France und Pirelli. Nicht zu vergessen ist die Hilfe, die mir von Hartmut Dörrie, Dieter Herz, der Hockenheimring GmbH und dem Auto- und Technik-Museum in Sinsheim zuteil wurde. Das größte Dankeschön gebührt indes Claudia und Charlotte, die mit unendlicher Geduld das Entstehen dieses Buches ertragen haben.

Eberhard Reuß, im November 1999

Heroische Zeiten

Es war einmal in fernen Tagen, da arbeiteten emsige Ingenieure zusammen mit tollkühnen Rennfahrern daran, die vielleicht faszinierendste wie ebenso umstrittene Schöpfung der Menschheit in unermüdlichem Einsatz zu verbessern und für den Alltagsgebrauch zu vervollkommnen. So beginnen automobile Märchen. Die Legenden berichten vom sportlichen Wettbewerb, der noch dazu diente, die technische Entwicklung des Serienautos voranzutreiben. Obenliegende Nockenwellen, Gürtelreifen, Scheibenbremsen, Benzineinspritzung, Pendelachsen, Kompressoren und Abgasturbolader, kurzum: Das gesamte große Einmaleins des Fortschritts auf vier Rädern sei auch einmal zuvörderst eine Errungenschaft des Motorsports gewesen. Ob dies ein Jahrhundert nach den ersten automobilsportlichen Wettbewerben noch immer gilt? Viele Ingenieure und alle Presseabteilungen der beteiligten Automobilkonzerne scheinen diese Frage lauter denn je bejahen zu wollen. Schließlich geht es auch darum, die teuerste und exklusivste Spielwiese des Motorsports weiterhin beackern zu dürfen: Was im Konzern unendlich lange währt, muß in der Formel 1 sofort, von jetzt auf gleich geschehen. Ein Paradies für tüchtige Ingenieure, die in der Rennabteilung für ein paar Jahre lang dem Alltag entfliehen, um dann ihre Erfahrungen vielleicht doch in die Serienproduktion einfließen zu lassen? Unbestritten bleibt, daß motorsportliche Erfolge, zumal in der Formel 1, dem Image eines Unternehmens durchaus dienlich sein können. Rennsiege signalisieren technologische Kompetenz und viele, gerade jüngere Kundengenerationen bewerten entsprechendes Engagement im Motorsport als positiv und mögen sich beim

Kauf eines Autos auch daran orientieren. »Grand-Prix-Siege schaffen Markenidentität«, sagen uns Marketingexperten und Diplom-Psychologen. Mir fällt dazu ein, daß mich nach dem »Großen Preis von Europa« in Jerez auf dem Presseparkplatz ein englischer Fotograf grinsend anschaute und seinen kleinen Leihwagen tätschelte: »My car is better than Yours!« Richtig, seiner war ein Renault, mein Leihwagen ein Peugeot, und Damon Hill war im Williams-Renault schließlich gerade Zweiter vor Mika Häkkinen im McLaren-Peugeot geworden. Wir freuten uns beide über die Absurdität von motorsportlichen Werbestrategien...

Aber tief ist das Unterbewußtsein und hoch sind die Preise für einen Hauch von Exklusivität und den Duft der großen, weiten Welt, der von den Schauplätzen des Formel-1-Zirkus bis in die Verkaufsräume von Autohändlern hineinweht. Im multimedialen Zeitalter muß man auf möglichst vielen Bühnen präsent sein und im Kampf um Umsatzzahlen bietet der Grand-Prix-Sport von heute eine bis dato unerreichte Werbeplattform: Rund 500 Millionen Zuschauer in über 100 Ländern der Erde verfolgen jeden Formel-1-Grand-Prix am Fernsehschirm. Aber trotz dieser beeindruckenden Resonanz in der Gegenwart: Der Motorsport hat schon immer die Begeisterung für das Automobil entfacht und die Grand-Prix-Rennen waren deshalb, lange bevor es überhaupt die Formel 1 gab, stets mehr als nur ein sportlicher Wettbewerb. Wenden wir unseren Blick auf die illustren Vorläufer der höchsten Klasse des internationalen Motorsports.

Begonnen hat alles mit automobilen Wettfahrten, die Zuverlässigkeit und Schnelligkeit

der Motorkutschen in der Nachfolge der Benzschen Erfindung erproben sollten: Am 22. Juli 1894 starteten von Paris aus jeweils im Abstand von 30 Sekunden insgesamt 21 Automobile erstmals bei einem Rennen über eine Wegstrecke von 126 km in Richtung Rouen. Die große Zeit solcher Fernfahrten von Stadt

Die tollkühnen Männer und ihre fliegenden Kisten - Marcel Renault mit Vollbart als Sieger der Fernfahrt Paris-Wien 1902.

zu Stadt endete anno 1903 mit der ersten Katastrophe in der Geschichte des Motorsports, als
nämlich das Langstreckenrennen Paris-Madrid
nach einer Serie schrecklicher Unfälle in Bor-
deaux abgebrochen wurde: Acht Tote waren
zu beklagen, darunter auch der berühmte Konstrukteur und Rennfahrer Marcel Renault.
Wenn die Rennen noch Zukunft hatten, dann
auf abgesperrten Kursen: Etwa beim Gordon-
Bennett-Cup, bei dem auch erstmals ein tech-
nisches Reglement eingeführt wurde, wonach
die startberechtigten Automobile zwischen 400
bis 1000 Kilogramm wiegen durften. Die
ersten »Rundstrecken« waren noch keineswegs
permanente, gar asphaltierte Kurse: Der erste
»Große Preis« der Welt, anno 1906 in LeMans
vom Automobile Club de France als »Grand
Prix de lACF« aus der Taufe gehoben, wies auf
einer Kombination von geschotterten Land-
straßen eine Rundenlänge von 103 km auf,
eine Distanz, die zwölfmal zurückzulegen war.
Im selben Jahr erlebte auf Sizilien auch die
»Targa Florio« ihre Premiere, die damals auf
einem Rundkurs von 148,8 km Länge ausge-
fahren wurde. Natürlich wurde Rennsport auch
unter nationalistischen Aspekten heraus betrie-
ben und betrachtet. Das begann mit den
damals vorgeschriebenen Farben der Rennwagen - Blau für französische Konstruktionen, Rot
für italienische, Weiß für deutsche, Grün für
britische, Gelb für belgische usw. - und endete
noch längst nicht mit einem Telegramm wie
diesem: »Seine Majestät der Kaiser, hocher-
freut von dem großen Erfolg der Mercedes-
Wagen und ihrer Fahrer, lassen ihre besten
Glückwünsche übermitteln«. Anlaß zur hoch-
herrschaftlichen Freude war der dreifache
deutsche Sieg der Mercedes-Rennwagen von
Christian Lautenschlager, Louis Wagner -
einem Franzosen! - und Otto Salzer beim französischen Grand Prix am 5. Juli 1914 in Lyon.
Einen Monat später begann der Erste Weltkrieg
und beendete auch eine Epoche des Automobilsports. In den USA hatte man derweil schon
die ersten Erfahrungen mit permanenten Rennstrecken gesammelt: Anno 1911 fand in Indianapolis auf einem mit Ziegelsteinen -
»Brickyards« - gepflasterten Rechteck-Kurs mit
vier leicht überhöhten 90° Kurven und einer
Länge von 2,5 Meilen erstmals ein 500-Mei-
len-Rennen statt. »Indy 500« steht bis heute
synonym für das schnellste und am besten
dotierte Autorennen der Welt - auch wenn
inzwischen andere Ovalkurse noch irrsinnigere
Durchschnittsgeschwindigkeiten weit jenseits
von Tempo 300 möglich machen. Indianapolis
wurde auch zum Vorbild, die Teilnehmer
gleichzeitig ins Rennen zu lassen, ob mit »flie-
gendem« Indy-Start wie beim US-Original oder
mit stehendem Grand-Prix-Start wie in Europa
seit den 20er Jahren allmählich gang und gäbe.
Nach dem Weltkrieg entstanden nun auch auf
dem alten Kontinent permanente Rennstrecken
und andere Länder begannen nach französischem Vorbild ihren eigenen nationalen
»Grand Prix« zu veranstalten. So entstand in
Monza anno 1922 innerhalb von 100 Tagen
das »Autodromo« und wurde Schauplatz des
ein Jahr zuvor erstmals ausgetragenen »Gran
Premio d'Italia«. Italienische Rennfahrer und
Rennwagen begannen im Grand-Prix-Sport die
herausragende Rolle zu spielen: Nicht zuletzt
deshalb schrieb denn auch der italienische
Automobilclub für 1925 erstmals eine Weltmeisterschaft aus, die als Markenchampionat
für die Grand-Prix-Rennwagen der damaligen
2-Liter-Formel konzipiert war und nach vier
Wertungsläufen (Indianapolis, Spa-Francorchamps, Montlhéry, Monza) standesgemäß
von Alfa Romeo gewonnen wurde. Mit dem
Rennjahr 1925 wird auch die bis heute gültige
Definition des Grand-Prix-Rennwagens als ein-
sitzigem Gefährt - in italienischer Sprache
»Monoposto« - festgeschrieben: Bei stilechten

Grand-Prix-Rennen bleibt kein Beifahrer an Bord, selbst wenn im Formel-Rennwagen zwei Sitze zur Verfügung stehen. Es sei denn, der »Große Preis« wäre, wie etwa noch in Deutschland einige Jahre üblich, für »Sportwagen« ausgeschrieben. Aber mit dem Siegeszug permanenter Rennstrecken und dem dank relativ kurzer Rundenlänge leichter verfügbaren Boxen-Service erübrigt sich ohnehin bald der Brauch, einen Mechaniker neben dem Rennfahrer zu plazieren.

Im Zeichen des neuen 1,5-Liter-Reglements erwächst den Italienern starke Konkurrenz aus Frankreich: Ettore Bugatti, am 15. September 1888 in Mailand geboren, ist in jungen Jahren als Ingenieur zu Lorrain/De Dietrich ins Elsaß gekommen und wird anno 1911 in Molsheim seine exklusive Renn- und Sportwagenschmiede begründen. Sein 1924 vorgestellter Bugatti 35 macht Automobilgeschichte und wird im Jahre 1926 die zweite »Markenweltmeisterschaft« gewinnen, die ein Jahr später an eine

Giuseppe Campari, Sieger des Grand Prix de l'ACF 1924 in Lyon, in seinem Alfa Romeo P 2. Sein tapferer Beifahrer Attilio Marinoni scheint weitaus erschöpfter: Was womöglicherweise daran gelegen haben mag, daß der verkappte Opernsänger Campari schon mal während eines Rennens Arien schmetterte. Rechts daneben steht im Alfa-Romeo-Renndress Antonio Ascari, der kurz vor Rennende in Führung ausgefallen war. Ein Jahr später, am 26. Juli 1925, verunglückte Ascari beim französischen Grand Prix in Montlhéry tödlich. Sein Sohn Alberto sollte das Rennfahrer-Erbe antreten und 27 Jahre später Weltmeister werden. Ganz links am Bildrand beugt sich noch ein anderer berühmter Vater die Rennwagen-Konstruktion von Vittorio Jano: Kein geringerer als Ferdinand Porsche.

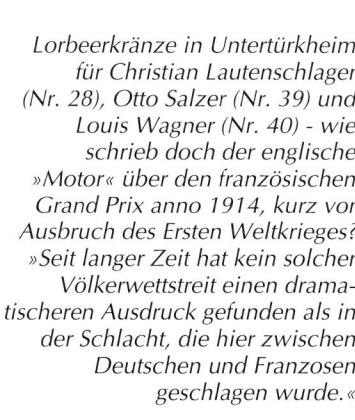

Lorbeerkränze in Untertürkheim für Christian Lautenschlager (Nr. 28), Otto Salzer (Nr. 39) und Louis Wagner (Nr. 40) - wie schrieb doch der englische »Motor« über den französischen Grand Prix anno 1914, kurz vor Ausbruch des Ersten Weltkrieges? »Seit langer Zeit hat kein solcher Völkerwettstreit einen dramatischeren Ausdruck gefunden als in der Schlacht, die hier zwischen Deutschen und Franzosen geschlagen wurde.«

Mehrere Legenden auf einem Bild: Zwei Bugatti 35C - Louis Chiron führt vor William Grover-Williams am 6. April 1930 bei der zweiten Auflage des Grand Prix de Monaco. Vorjahressieger Williams fällt aus, Chiron wird Zweiter, weil er nachtanken muß, so daß René Dreyfus die Siegprämie von 100 000 Francs ergattert - selbstverständlich am Volant eines Bugatti!

andere französische Konstruktion, den Delage fällt, mit dem der ehemalige Kampfflieger und spätere Résistance-Kämpfer Robert Benoist grandiose Erfolge herausfährt. Doch Delage stellt 1928 den Rennbetrieb ein und Publikumsliebling Benoist wechselt zu Bugatti. Mit den beiden Franzosen René Dreyfus und Louis Chiron verfügt Bugatti ohnehin schon über herausragende Rennfahrerstars: Eine neue Generation von gutbezahlten und professionellen Lenkern beherrscht die Grand-Prix-Szene. Die Rennwagen sind schneller geworden und erfordern einen immer ausgefeilteren Fahrstil, womit die Kunst des Rennfahrens für einige besonders exzellente Könner zur Profession wird. Der Italiener Achille Varzi soll im Jahr 1934 als bestverdienender Berufsrennfahrer allein an Preisgeldern 975 000 Lire verdient haben, eine Geldsumme, die den späteren Berechnungen des englischen Rennsporthistorikers Chris Nixon zufolge anno 1985 einem Wert von 178 880 Pfund entsprochen hätte - oder nochmals umgerechnet: zwischen 1,5 bis 1,8 Millionen Mark. Etwa ein Drittel weniger kassierte anno 1934 der 35jährige Louis Chiron, der zuvor als Schnellster der neuen Zunft galt und womöglich als erster, allerdings inoffizieller »Fahrerweltmeister« firmierte. Die Marken-Weltmeisterschaft der Grand-Prix-Rennwagen war für 1928 noch einmal für eine »freie Formel« ausgeschrieben worden, doch ein offizielles Schlußklassement kam nicht

zustande. Stattdessen merkten manche Berichterstatter an, daß in diesem Jahr Chiron auf Bugatti »Weltmeister« geworden wäre. Doch offizielle Titelehren des damaligen Weltverbandes AIACR gibt es erst von 1935 bis 1939 mit der neu eingeführten »Europameisterschaft«, eine reguläre Fahrerwertung, die der direkte Vorläufer der 1950 eingeführten Fahrerweltmeisterschaft ist und ganz im Zeichen

der deutschen Spitzenfahrer von Mercedes-Benz und Auto-Union steht: Mit Rudolf Caracciola (1935, 1937, 1938), Bernd Rosemeyer (1936) und Hermann Lang (1939) gewinnen denn auch tatsächlich die herausragenden Fahrkünstler der Silberpfeil-Ära den Titel eines Europameisters. Dieses Trio muß allerdings zum Quartett ergänzt werden, denn in der Aufzählung der wirklich herausragenden Rennfahrer der 30er Jahre darf Tazio Nuvolari nicht fehlen. Zusammen mit »Caratsch« ist »Nivola« gewiß die absolute Ausnahmeerscheinung jener Grand-Prix-Ära vom Übergang zur 750-Kilogramm-Formel bis hin zur Drei-Liter-Klasse in den letzten beiden Jahren vor Ausbruch des Zweiten Weltkriegs. Tazio Nuvolari bleibt bis heute der Phänotyp des Rennfahrers, der Vollgaskünstler par excellence. Das Fahrvermögen dieses 1,60 Meter kleinen Italieners faszinierte nicht nur das Rennpublikum in seiner Heimat: Wie er sich mit den Händen am überdimensionalen Holzlenkrad seines roten Alfa Romeo festzuklammern schien, verbissen und vornübergebeugt. Schon zu Lebzeiten eine Legende, die Enzo Ferrari mit den herrlichsten Anekdoten umkränzen half. Für Anfahrt und Rückreise zur »Targa Florio« des Jahres 1932 hatte der

Zwischen den beiden Weltkriegen wahrscheinlich die größten Rennfahrerstars: Tazio Nuvolari und Rudolf Caraccola, hier nach dem Großen Preis von Monaco 1932, den der Italiener vor dem Deutschen gewinnen konnte. Rechts am Bildrand genehmigt sich auch Alfa-Romeo-Konstrukteur Vittorio Jano eine Zigarette.

Die Ruhe vor dem Sturm: Ein Blick in die dritte, vierte und fünfte Startreihe beim Großen Preis von Deutschland am 15. Juli 1934 auf dem Nürburgring. Die Aufstellung erfolgte damals noch per Los (!), deshalb finden sich der spätere Sieger Hans Stuck mit seinem Auto-Union-Sechzehnzylinder (Nr. 1) und Rudolf Caracciola im Mercedes-Benz W 25 (Nr. 6) mitten im Pulk reichlich veraltet wirkender Konkurrenz-Fabrikate. Ein Mechaniker versucht noch den Alfa Romeo (Nr. 22) des Italieners Battilana anzukurbeln, daneben steht der Werks-Maserati (Nr. 20) von Geoffredo Zehender, der am Ende als Sechster klassiert wird, weil die Nr. 12, der Alfa Romeo von Ulrich Maag, wegen Übergewichts (!) disqualifiziert wurde! Weiter hinten, gerade noch zu erkennen: Laszlo Hartmann mit seinem bereits sechs Jahre alten Bugatti 35B, die beiden Auto-Union von August Momberger und Ernst Günther Burgaller sowie der spätere Zweite des Rennens, Luigi Fagioli mit einem weiteren Mercedes-Benz W 25.

Auf der Suche nach der verlorenen Zeit: Mit einem Schnitt von 88,138 km/h fährt Tazio Nuvolari seinen Alfa Romeo P 3 am 9. Juni 1935 auf dem Stadtkurs von Biella zum Sieg. Man beachte auch bereits »Nivolas« Mundschutz.

Mussolini höchstpersönlich soll gefordert haben, Alfa Romeo müsse Nuvolari endlich einen Rennwagen bauen, mit dem er die deutschen »Silberpfeile« schlagen könne. Tipo 308 hieß jenes schlecht vorbereitete Gefährt, das Nuvolari bei einem fürchterlichen Trainingsunfall im südfranzösischen Pau in sämtliche Einzelteile zerlegte. Tazio kam mit viel Glück und leichten Verbrennungen davon: Nie wieder werde er einen Alfa Romeo fahren, schwor er sich und kündigte gar seinen Rückzug vom Rennsport an. Doch weil Auto-Union-Spitzenmann Bernd Rosemeyer am 28. Januar 1938 bei Weltrekordfahrten auf der Autobahn bei Mörfelden ums Leben gekommen war, wurde Tazio Nuvolari von dem deutschen Werksrennstall heftig umworben und schließlich auch fest engagiert. In einem Auto-Union-Rennwagen sollte Nuvolari schließlich auch den letzten Grand Prix jener Rennepoche gewinnen, den Großen Preis von Jugoslawien,

Chef der »Scuderia Ferrari« seinem Leib- und Magen-Rennfahrer eine Eisenbahnfahrkarte besorgt, worauf der kostenbewußte Nuvolari mit trockenem Humor anmerkte: »Ferrari, Du hättest mir nur eine Fahrkarte für die Hinfahrt bestellen sollen, denn wenn man zu einem Rennen antritt, muß man auch mit der Möglichkeit rechnen, die Rückreise in einer Holzkiste anzutreten.« Natürlich gewann Tazio Nuvolari damals jene Targa Florio. Seinen Beifahrer Haride Mambelli hatte er zuvor instruiert: »Wenn ich schreie, sind wir kurz vor dem Rausfliegen, dann ducke Dich unter das Armaturenbrett, damit Du vor dem Überschlag besser geschützt bist.« Nach einer Tortur von zehn Stunden an Nuvolaris Seite gab der arme Mambelli zu Protokoll: »Tazio hat bei der ersten Kurve angefangen zu schreien und erst bei der letzten aufgehört. So bin ich während des gesamten Rennens unterhalb des Armaturenbretts sitzengeblieben.« Selbst wohlwollende Biographen beschreiben die Karriere Nuvolaris als eine ununterbrochene Folge von Unfällen und Siegen. Der 1892 in Casteldario bei Mantua geborene Autohändler begann nach dem Ersten Weltkrieg Motorradrennen zu fahren. Mit seinem ebenso betuchten wie exzentrischen Landsmann und späteren Erzri-

valen Achille Varzi tat sich Nuvolari zusammen, um einen Automobilrennstall zu gründen. Nuvolari hatte kaum Geld beigesteuert, aber er gewann in dem Bugatti die meisten Rennen. Fortan waren Varzi und »Nivola« einander spinnefeind, weiß die Legende. Jener Achille Varzi soll es auch gewesen sein, der lange Zeit verhinderte, daß Tazio Nuvolari einen Vertrag bei Auto-Union bekam. Selbst

Die Grand-Prix-Rennwagen der Silberpfeil-Ära eigneten sich auch um auf der abgesperrten Autobahn Frankfurt–Darmstadt Jagd auf Geschwindigkeits-Weltrekorde zu machen: Am 28. Januar 1938 schieben die Mechaniker den Auto-Union-Rekordwagen von Bernd Rosemeyer gegen 11.46 Uhr zur dritten Versuchsfahrt an. Sekunden später wird das Gefährt bei Tempo 430 von einer Sturmböe buchstäblich von der Strecke gefegt: Der 28jährige Bernd Rosemeyer hat keine Chance zu überleben.

zwei Tage nach Ausbruch des Zweiten Weltkrieges mit dem deutschen Überfall auf Polen...

Die Legende Nuvolari nährte sich vor allem daraus, daß der drahtige Italiener selbst dann noch Rennen gewinnen konnte, wenn er mit hoffnungslos unterlegenem Material fahren mußte. Das Rennen, das Tazio Nuvolari für Motorsport-Enthusiasten in die Galerie der Unsterblichen erhob, fand auf dem Nürburgring statt. Nuvolaris Alfa Romeo hatte an jenem verregneten 28. Juli 1935 etwa 150 bis 200 PS weniger als die Konkurrenz der »Silberpfeile«. Und dennoch gewann der Italiener mit seinem vollkommen veralteten Vehikel jenen »Großen Preis von Deutschland«, weil der letzte verbliebene Kontrahent, der vollkommen geschockte Manfred von Brauchitsch, die Reifen seines Mercedes-Benz zuschanden fuhr. Das deutsche Publikum am Nürburgring ist fairer, als sich das die Nazi-Funktionäre anno 1935 gewünscht haben dürften: Die deutschen »Silberpfeile« sind auf der ganzen Linie geschlagen, doch Tazio Nuvolari ist gleichwohl ein ungemein populärer Sieger. Gewiß,

das NS-Regime bindet die motorsportlichen Triumphe deutscher Rennfahrer und deutscher Automobile geschickt für die eigene Propaganda ein, überweist auch in schöner Regelmäßigkeit Saison für Saison einige Hunderttausend Reichsmark an die Rennställe von Mercedes-Benz und Auto-Union. Doch viele der von den Nazi umgarnten Rennsportgrößen entziehen sich mit couragiertem Geschick dem politisch opportunen Verhalten. Ein Rudolf Caracciola tritt nicht in die NSDAP ein und leistet sich auch den Affront, im schweizerischen Lugano zu leben.

Oft und gern wird auch die Anekdote überliefert, daß die Nazi-Chargen bei der Organisation des Großen Preis von Deutschland anno 1935 so fest mit einem Sieg der Silberpfeile gerechnet hätten, daß gar keine Schallplatte mit der italienischen Nationalhymne bereitlag. Aber Tazio Nuvolari sei selbst für diesen Fall gewappnet gewesen: Zu jedem Rennen habe er seine eigene Platte mit der Hymne Italiens bei sich geführt, so auch an jenem letzten Sonntag im Juli des Jahres 1935. Natürlich, mit den Jahren und Jahrzehnten hat sich manches

in der Überlieferung zur schönen Legende verklärt. Aber zumindest das Draufgängertum eines Tazio Nuvolari scheint tatsächlich auch etwas mit dem tatsächlichen und so tragischen Schicksal seiner beiden Söhne zu tun zu haben. Giorgio und Alfredo Nuvolari starben in jungen Jahren, ihren frühen Tod mag der Vater wohl nie verwunden haben. Manche Chronisten erzählen sogar davon, daß Tazio Nuvolari aus diesem Grund von einer geradezu manischen Todessehnsucht getrieben worden sei und deshalb in den Rennen immer wieder sein Leben aufs Spiel gesetzt habe. Gesichert ist, daß Nuvolari nach Ende des Zweiten Weltkrieges sofort wieder anfing Rennen zu fahren, auch »Große Preise« in der neuen Formel 1 - und dies obwohl ihm die Folgen einer schweren Lungenerkrankung immer schlimmer zusetzten. »Nivola« erlitt mehrere Blutstürze und fuhr nur noch mit einer Atemschutzmaske. Mit 55 Jahren hätte er um ein Haar noch einmal die Mille Miglia gewonnen, das berühmteste aller Straßenrennen. In einem Formel-1-WM-Lauf ist der große Meisterfahrer indes nicht mehr an den Start gegangen: Am 10. April 1950 fuhr Tazio Nuvolari sein allerletztes Autorennen, mit 57 Jahren reichte es in einem kleinen Abarth-Sportwagen noch immer zum Klassensieg und zum fünften Rang in der Gesamtwertung des Bergrennens Pellegrino -Palermo. Und wie stets trug er seinen Talisman bei sich, ein gesticktes Herz. Der Poet Gabriele d'Annunzio hatte Nuvolari Jahre zuvor noch einen anderen Glücksbringer verehrt: eine Brosche in Form einer Schildkröte. Das Original, mitunter auch eine Nachbildung, drapierte sich Tazio der Sage nach stets mittels eines in den italienischen Landesfarben Grün-Weiß-Rot gehaltenen Bändchens um seinen Halskragen. Nuvolari war abergläubisch wie viele seiner Kollegen: Und er ist tatsächlich nicht auf der Rennstrecke, sondern im Bett gestorben, am 11. August 1953 in Mantua. Enzo Ferrari bekennt in seinen Memoiren, daß er zu Nuvolaris Beerdigung fast zu spät gekommen sei. Auf dem Weg zur Villa Nuvolari habe ihm ein alter Arbeiter entgegnet: »Vielen Dank dafür, daß Sie gekommen sind. Leute wie Nuvolari werden nicht mehr geboren.«

Es spricht einiges dafür, daß jene Epoche

Als Kategorie unterhalb der Grand-Prix-Rennwagen war die »Voiturette-Klasse« für Monopostos mit aufgeladenen 1,5-Liter-Triebwerken geschaffen worden. Maserati, vor allem aber Alfa Romeo mit der Alfetta beherrschten diese Rennformel, die schließlich nach dem Zweiten Weltkrieg zur Formel 1 aufgewertet wurde. Um den italienischen Konstruktionen endlich wieder einen Sieg beim Großen Preis von Tripolis zu ermöglichen, war das Rennen 1939 für die Voiturettes ausgeschrieben worden. Doch zur Verblüffung aller Experten schaffte es Mercedes-Benz innerhalb von nur acht Monaten, zwei nagelneue »Mini-Silberpfeile« vom Typ W 165 aus der Taufe zu heben: Am 7. Mai 1939 feierte Hermann Lang (Nr. 16) einen grandiosen Sieg, während Rudolf Caracciola (Nr. 24) den Erfolg mit Rang Zwei vervollständigte. Denken wir uns die beiden W 165 weg - und schon dröhnt uns ein Formel-1-Feld der späten 40er Jahre entgegen.

COPPA ACERBO 1938

SIEGER:

Europameister

RUDOLF CARACCIOLA

MERCEDES-BENZ von der ersten bis zur letzten Runde in Front! Wiederum ein überzeugender Mercedes-Benz-Erfolg, errungen in hartem Kampf auf der kurvenreichen und bergigen Rennstrecke von Pescara – ein neuer Beweis für überlegene Konstruktion und Leistung

Der Siegerwagen war ausgerüstet mit Continental-Reifen, Bosch-Kerzen, Bosch-Zündung und mit ℂℇ-Kolben

MERCEDES-BENZ

Ein Werbeplakat im Stil der Zeit. Die neue 3-Liter-Kompressor-Formel hatte die bis 1937 gültige 750-Kilogramm-Formel abgelöst, doch die Überlegenheit der deutschen Grand-Prix-Rennwagen blieb bestehen. Der ebenso berüchtigte wie malerische Pescara-Straßenkurs sollte 1957 sogar einmal Schauplatz eines Formel-1-WM-Laufes werden.

Man schreibt den 3. September 1939, zwei Tage zuvor hat mit dem deutschen Überfall auf Polen der Zweite Weltkrieg begonnen. Doch im fernen Belgrad rasen die Silberpfeile über Kopfsteinpflaster und Trambahnschienen hinweg beim Großen Preis von Jugoslawien: Die Mercedes-Benz W 154 mit Manfred von Brauchitsch (Nr. 6) und Hermann Lang (Nr. 2) übernehmen die Führung, doch Tazio Nuvolari gewinnt im Auto-Union-D-Typ. Hinter Lang reiht sich Hermann-Paul Müller auf einem weiteren Auto-Union-D-Typ ein und daneben findet sich ein Belgrader Lokalmatador namens Milenkovic, der seinen betagten Bugatti 51 mit 19 Runden Rückstand auf den vierten und letzten Platz fährt. Der Abgesang auf eine Epoche.

zwischen den beiden Weltkriegen uns die schillerndsten und aufregendsten Produkte des Rennwagenbaus beschert hat. Der Mercedes-Benz W 125, der in seiner Endstufe anno 1937 aus einem 5,7-Liter-Reihenachtzylinder mit Kompressor 646 PS mobilisierte, sollte auf Jahrzehnte hinaus der stärkste Rennwagen bleiben, der jemals die Grand-Prix-Kurse umrun-

dete. Erst in den 80er Jahren übertrafen die Formel -1-Rennwagen der Turbo-Ära diese Leistung: Natürlich, dies lag auch daran, daß nach dem Zweiten Weltkrieg reglementgemäß aus weitaus geringerem Hubraum Pferdestärken gezaubert werden mußten. Aber, um einen Vergleich aus dem Tierreich zu bemühen: Unsere modernen Formel-1-Rennwagen ver-

halten sich zu ihren Vorgängern in Gestalt jener legendären »750-Kilogramm-Formel« wie Raubkatzen zu Dinosauriern. Verfolgen wir das Können der Dompteure von einst und jetzt, zeichnen wir den Gang der motorsportlichen Evolution nach und öffnen nunmehr den Vorhang für den Beginn der Formel-1-Geschichte...

Die Geburt der Formel 1

Am 9. September 1945, fast auf den Tag genau sechs Jahre nach Beginn des Zweiten Weltkrieges, dröhnten wieder die Rennmotoren. Im Bois de Boulogne schlugen die Emotionen des Pariser Publikums hoch, als sich ein bunt zusammengewürfeltes Feld zu den ersten drei Autorennen der Nachkriegszeit einfand. Auf dem 2,8 Kilometer langen Straßenkurs durch parkartiges Grün, umsäumt von Zehntausenden von Menschen, gab es obendrein noch Motorradrennen in vier Klassen zu bestaunen. Mitorganisiert wurde das Rennspektakel von der »Groupement National des Refractaires et Maquisards«, der Dachorganisation der ehemaligen französischen Widerstandskämpfer. Im Programmheft Erinnerungen an Willy Williams alias William Grover-Williams und Robert Benoist, zwei Meisterfahrer und Mitglieder der Résistance, verhaftet von der Gestapo, gefoltert und erschossen in den Konzentrationslagern Sachsenhausen und Buchenwald. Amédée Gordini gewann auf seinem Simca-Eigenbau die »Coupe Benoist« für Rennwagen bis 1,5 Liter Hubraum. Die »Coupe de la Libération« in einer Klasse bis drei Liter ging an Henri Louveau auf Maserati, während Jean-Pierre Wimille mit einem 4,7-Liter Bugatti »Monoplace« aus dem Jahr 1939 im Hauptrennen um die »Coupe des Prisonniers« siegte. Der 27jährige Maurice Trintignant hatte für diesen Lauf einen alten Bugatti Typ 51 hervorgekramt, mit dem Resultat, daß der Rennveteran einem ganz außergewöhnlichen Ausfallgrund zum Opfer fiel: Kleine, harte Knöllchen verstopften die Benzinleitungen, die Benzinpumpe hatte die Exkremente mehrerer Generationen von Ratten und Mäusen angesaugt. Die Nager hatten den Tank des

eingemotteten Bugatti über die Kriegsjahre hinweg als Wohnquartier genutzt - merde alors! Und Maurice Trintignant hatte fortan seinen Spitznamen weg: »Pétoulet« - was auf gut deutsch etwa mit »Rattenscheiße(r)« zu übersetzen wäre... Fast scheint es im Nachhinein ein Fingerzeig, daß gerade Jean-Pierre Wimille - übrigens vom letzten Startplatz aus - diese Renn-Ouvertüre im Bois de Boulogne für sich entscheiden konnte. Zum einen, weil der am 26. Februar 1908 in Paris geborene Journalistensohn selbst Mitglied der Résistance gewesen war. Zum anderen, weil der Rennfahrer Jean-Pierre Wimille eine Brücke schlug zwi-

schen der Ära der Nuvolari, Caracciola & Co. und der Generation von Alberto Ascari und Juan Manuel Fangio. In jenen Nachkriegsjahren vor der offiziellen Einführung der Formel-1-Weltmeisterschaft sollte sich Wimille rasch zur herausragenden Fahrerpersönlichkeit entwickeln. Kein Zufall, daß Alfa Romeo gerade den Franzosen auswählte, um zusammen mit Dottore Giuseppe »Nino« Farina das Comeback der legendären »Alfetta« einzuleiten. Fünf Fahrzeuge waren während des Zweiten Weltkrieges in einer Käsefabrik in der Nähe des Lago di Orta in Sicherheit gebracht worden. Die Alfa Romeo Tipo 158 hatten gut zerlegt

17. Oktober 1948: Mit dem Großen Preis des Autodroms von Monza wird die tradtionsreiche Rennstrecke wiedereröffnet. Über 100 000 Zuschauer sind in den königlichen Park gekommen, um den ersten Aufgalopp der neuen Formel 1 in Monza mitzuerleben. Vorneweg braust der spätere Sieger Jean-Pierre Wimille mit dem Alfa Romeo Tipo 158 davon.

Jean-Pierre Wimille, der ungekrönte Meister der Frühzeit der Formel 1.

nalen Motorsport. Die Alfetta übernahm nur folgerichtig die dominierende Rolle im wiederauferstandenen Grand-Prix-Sport - auch wenn das Nachkriegsdebüt des Mailänder Werksrennstalls blamabel begann. Jean-Pierre Wimille und Giuseppe Farina schieden an jenem 9. Juni 1946 beim Rundstreckenrennen von St. Cloud am Rande von Paris jeweils mit defekter Kupplung aus. Doch keine anderthalb Monate später siegte der Alfa Romeo Tipo 158 am 21. Juli bei seinem zweiten Nachkriegsauftritt, dem Genfer »Grand Prix des Nations«, um danach bis 1951 in 26 Renneinsätzen hintereinander ungeschlagen zu bleiben. Jean-Pierre Wimille gewann 1946 den ersten Lauf in Genf, Nino Farina siegte im zweiten Rennen und lag auch im Finale vorn, weil sich sein französischer Teamkollege nach einem Gerangel mit dem Maserati 4CL von Tazio Nuvolari eine Runde Rückstand einfuhr und noch hinter Graf Felice Trossi mit einer weiteren Alfetta nur Rang Drei belegte. Doch Jean-Pierre Wimille brachte das Kunststück fertig, in dem Mailänder Werksrennstall bald die erste Geige zu spielen - trotz der Vorkriegs-Meriten eines Giu-

seppe Farina. Wimille gewann 1947 mit der Alfetta die beiden ersten ʽechten' Grands-Prix, den »Großen Preis der Schweiz« und den »Großen Preis von Belgien«. Farina wechselte zu Maserati, siegte 1948 in Abwesenheit von Alfa Romeo in Genf sowie beim »Großen Preis von Monaco«, während Jean-Pierre Wimille mit der Werks-Alfetta bei seinem französischen Heim-Grand-Prix in Reims sowie beim »Großen Preis von Italien« die Nase vorne hatte. Zuvor verzichtete der französische Grandseigneur auf den Sieg im Großen Preis von Europa auf dem Bremgarten-Kurs bei Bern: Der große Achille Varzi war mit einer Werks-Alfetta im Training tödlich verunglückt, sein italienischer Landsmann und Teamkollege Graf Felice Trossi durfte am Rennsonntag vor Wimille gewinnen - eine letzte Reverenz an Varzi, der über die Kriegsjahre hinweg seine schwere Rauschgiftsucht überwunden hatte und sich im Werksrennstall von Alfa Romeo gerade anschickte, an seine Erfolge der zwanziger und dreißiger Jahre anzuknüpfen...

Jean-Pierre Wimille wäre wohl erster Kandidat auf den Titel eines Automobilweltmeisters

überwintert, um nun nahezu zwangsläufig zum besten Rennwagen der Welt aufzusteigen. Die deutsche Konkurrenz war am Ende des Tausendjährigen Reiches in Schutt und Asche gebombt. Das Auto-Union-Stammwerk in Zwickau lag obendrein in der russischen Besatzungszone: Wieviele Auto-Union-Grand-Prix-Wagen die Bombardierungen und Zerstörungen des Krieges überstanden haben und in die Sowjetunion oder sonstwohin verbracht wurden, ist ungeklärt. Bis heute sind drei der »sächsischen Silberpfeile« wiederaufgetaucht und restauriert. Ein viertes Chassis von obskurer Herkunft befindet sich in der Donington-Collection von Tom Wheatcroft. Bei Mercedes-Benz in Untertürkheim hatten die »schwäbischen Silberpfeile« zwar auf manch verschlungenen Wegen die Zerstörungen des Krieges überstanden, doch das Ende der Nazi-Diktatur bedeutete noch lange nicht die Rückkehr Deutschlands in die Völkergemeinschaft. Besatzungszeit und Wiederaufbau erübrigten vorerst jedweden Gedanken an den internatio-

L'ALFA ROMEO 158 B

Die wiederbelebte Alfetta.

Unfertig, anfällig und maßlos überschätzt - der BRM V16: Selbst Juan Manuel Fangio schafft am 18. Juli 1953 mit der letzten Entwicklungsstufe des britischen »Nationalrennwagens« bei der Formule Libre Trophy in Silverstone nur den zweiten Platz hinter dem Thinwall-Special von Nino Farina.

gewesen, doch das Schicksal des Franzosen nahm einen anderen Weg. Am 28. Januar 1949 verunglückte er unter nie ganz geklärten Umständen in seinem kleinen 1,5-Liter-Simca Gordini-Monoposto beim Training zum »Gran Premio Internacional Presidente Juan Domingo Peron« auf der Palermo-Park-Rennstrecke von Buenos Aires. Waren Zuschauer auf der Fahrbahn, gar ein berittener Polizist? Der Gordini war jedenfalls ins Schleudern geraten, streifte die Strohballenbegrenzung und überschlug sich. Noch am Unfallort erlag Jean-Pierre Wimille seinen schweren Verletzungen. Enzo Ferrari notierte Jahrzehnte später in lakonischer Kürze: »Schade: Er ließ sein Leben. An Bord eines Fahrzeugs mit geringem Hubraum, bei einem zweitrangigen Rennen, als er noch über die für einen Rennfahrer notwendigen körperlichen Eigenschaften und die volle Reaktionsfähigkeit verfügte, obwohl er noch der Vorkriegsgeneration angehörte. Er hätte noch viel erreichen können.« Richard von Frankenberg kolportierte eine Antwort Wimilles auf die beliebte Journalistenfrage ´Warum-fahren-Sie-denn-um-Gottes-Willen Autorennen?´: »Sehen Sie, es ist nicht die Sucht nach Geld und Ruhm, die mich treibt; mich fasziniert ganz einfach das Lied der Motoren, das ein Ausdruck unseres technischen Zeitalters ist...« Jean-Pierre Wimilles Tod war ein erschütternder Nachklang auf heroische Vorkriegszeiten.

Wie es sich für einen Nationalhelden geziemt, wurde ihm denn auch posthum das Kreuz der Ehrenlegion verliehen, die höchste Auszeichnung, die die französische Republik ihren größten Repräsentanten gewährt...

Nach Varzi und Wimille verlor Alfa Romeo im März 1949 mit Graf Felice Trossi seinen dritten Werksrennfahrer. Der aristokratische Herrenfahrer erlag mit 41 Jahren einem Krebsleiden. Das ruhmreiche Mailänder Werk hatte sich bereits einige Monate zuvor aus dem Grand-Prix-Sport zurückgezogen: Die Alfa-Ingenieure konzentrierten sich auf ihren neuen 1,9-Liter-Serien-Tourenwagen, ein Projekt, das erhebliche Investitionen und den Verzicht auf hochkarätige Rennaktivitäten forderte. Vielleicht lag der Rückzug ein wenig auch daran, daß sich am Horizont ernsthafte Konkurrenz für die Alfettas abzuzeichnen schien. In England mobilisierten Raymond Mays und Peter Berthon über 100 Industrieunternehmen, um einen britischen »Nationalrennwagen« auf die Räder zu stellen, den sagenumwobenen BRM. Das grüne Monstrum wurde von einem aufgeladenen V16-Motor mit 1488 Kubikzentimeter Hubraum befeuert und sollte den Erwartungen seiner Konstrukteure zufolge 615 Pferdestärken mobilisieren. Hinterher ist man bekanntlich immer klüger - der BRM erwies sich als Fiasko. Bei seinem reichlich verspäteten Debüt am 26. August 1950 bei der *BRDC International Tro-*

phy in Silverstone schaffte der bedauernswerte Raymond Sommer mit dem Gefährt keinen einzigen Meter, weil beim Start beide Antriebswellen abscherten. Ein ähnliches Mißgeschick war dem renommierten französischen Rennfahrer bereits drei Jahre zuvor mit einem anderen Nationalrennwagen widerfahren, als am 21. September 1947 in Lyon-Parilly ausgerechnet beim *Großen Preis von Frankreich* der 270 PS-starke CTA-Arsenal nicht vom Fleck kam, weil eine Halbwelle kollabierte, als Raymond Sommer beim Start die Kupplung kommen ließ...

Während die britischen und französischen Grand-Prix-Hoffnungen vorerst buchstäblich auf der Strecke blieben, durften die deutschen Ingenieure und Rennfahrer unmittelbar nach dem Zweiten Weltkrieg verständlicherweise noch nicht wieder in die internationale Motorsport-Gemeinde zurückkehren - einmal ganz davon abgesehen, daß in den zerbombten Städten und unter alliierter Besatzung andere Aufgaben viel dringlicher waren. Um so erstaunlicher und beeindruckender, daß unter all den Einschränkungen der Nachkriegszeit »Ferry« Porsche für das berühmte Entwicklungsbüro seines nicht minder berühmten Vaters Ferdinand Porsche einen besonderen Konstruktionsauftrag an Land zog: Die Rennfahrer-Legende Tazio Nuvolari suchte ein geeignetes Gefährt, der Unternehmer Piero Dusio wollte mit seiner Rennwagen-Schmiede namens »Cisitalia« in das Grand-Prix-Gesche-

Revolutionär im Ruhestand - der Cisitalia Typ 360.

Noch ein verhinderter Revolutionär mit Mittelmotor - der Alfa Romeo Tipo 512.

hen eingreifen und die Ingenieure, die ehedem die Auto-Union-Monopostos gezeichnet hatten, konstruierten 1947 den »Grand-Prix-Wagen, Typ 360«. Das revolutionäre Design orientierte sich äußerlich an dem letzten Auto-Union-Typ D aus der Saison 1939, im Heck schlummerte jedoch ein 12-Zylinder-Kompressor-Boxermotor mit anderthalb Liter Hubraum, dessen 300 PS mittels Vierradantrieb auf die Rennstrecke gebracht werden sollten. Grau ist alle Theorie und die Spekulation verlockend, was gewesen wäre, wenn dieser Cisitalia-Porsche tatsächlich in einem Grand-Prix auf die damals etwa 270 bis 280 PS starken Alfettas getroffen wäre? Allein, dem wackeren Piero Dusio ging allzubald das nötige Kleingeld aus, der Typ 360 wurde niemals in einem Formel-1-Rennen eingesetzt, spukt aber gleichwohl noch immer in den Köpfen mancher Motorsport-Enthusiasten herum...

Wobei endlich auch das Stichwort »Formel 1« gefallen wäre: Während des zweiten Nachkriegs-Autosalons in Paris einigten sich im Oktober 1947 die Mitglieder der »Féderation Internationale de l'Automobile« auf ein Reglement für die künftig höchste Klasse des Automobilsports. Die sollte fortan »Formel 1« heißen und bis zum Ende der Rennsaison 1953 sowohl für einsitzige Rennwagen mit maximal 1,5-Liter-Motoren mit Aufladung als auch für Triebwerke ohne Kompressor mit maximal 4,5-Liter-Hubraum gelten. Diese Rennformel hätte sinnigerweise bereits ab dem Jahr 1941 eingeführt werden sollen. Was der Ausbruch des

Zweiten Weltkrieges verhindert hatte, kam nun nach Kriegsende mit einer gewissen Zwangsläufigkeit zustande. Denn die gemischte Gesellschaft von Saug- und Kompressormotoren in den Grand-Prix Feldern der unmittelbaren Nachkriegszeit rekrutierte sich nun einmal überwiegend aus Fahrzeugen der einstigen Voiturette-Klasse der späten dreißiger Jahre, also den Alfettas, Maseratis und ERAs mit 1,5-Liter-Hubraum und Kompressor. Alfa Romeo verfügte übrigens nach 1945 über sage und schreibe sechs verschiedene Rennwagen-Kon-

Mit Kotflügeln LeMans-Sieger - ohne Radverkleidung der klassische Füllstoff für die frühen Formel-1-Starterfelder: Der Talbot-Lago. Boxengast Juan Manuel Fangio lauscht anno 1950 den Erzählungen des späteren Gewinners Louis Rosier. Der Talbot-Lago mit der Nr. 6 gehört allerdings den Kollegen Morel/Chambas, die am Ende der 24 Stunden auf dem 13. Rang klassiert werden.

struktionen, darunter auch den von Ferrari-Intimfeind Wilfredo Ricart entwickelten Mittelmotor-Rennwagen Tipo 512. Doch für die Rückkehr auf die Grand-Prix-Bühne wählten die Mailänder bezeichnenderweise den Tipo 158, die Vorkriegs Alfetta - auch wenn Jean-Pierre Wimille 1946 einige Male mit dem mächtigen Dreiliter-Kompressor-Tipo 8C-308 ausrücken und siegen durfte. Es war absehbar, daß Grand-Prix-Rennen künftig nach der ehemaligen Voiturette-Formel ausgeschrieben werden mußten. Die FIA bestätigte dieses Faktum und taufte die First-Class des internationalen Automobilsports auf den bis heute gültigen Namen. Daß in der neugekürten Formel 1 zugleich großvolumige Saugmotoren mit maximal 4500 Kubikzentimeter zugelassen wurden, entsprach auch den Erfahrungswerten der Jahre 1946/47, wo namentlich die wuchtigen Talbot-Vorkriegskonstruktionen zu Grand-Prix-Ehren kamen. Von anfänglich 210 PS steigerten Antonio Lago und sein Chefingenieur Carlo Marchetti in der Rennsaison 1948 die Leistung des Sechszylinder-Motors in der Version T-26C auf 240 Pferdestärken. Die französischen »Renn-Lokomotiven« Marke Talbot-Lago brachten stattliche 915 Kilogramm auf die Waage, während Alfa Romeos Tipo 158, der Maßstab

Wenn die Ferrari-Mechaniker dem Tipo 125 einen 2-Liter-V12-Saugmotor implantierten, dann ergab das einen passablen Formel-2-Rennwagen, den Ferrari Tipo 166, mit einem Kompressor aufgerüstet startete der Rennwagen dann als »Formule Libre«: Hier steuert Luigi Villoresi einen solchen Ferrari 166FL auf dem Palermo-Park-Stadtkurs von Buenos Aires zum dritten Platz beim Rennen um die Trophäe von Präsident Peron am 18. Dezember 1949. Zwei andere Ferrari Tipo 166FL belegen mit Alberto Ascari und Juan Manuel Fangio die ersten beiden Plätze. Nebenbei: Reklame auf Rennwagen sollte sich im europäischen Grand-Prix-Sport erst zwei Jahrzehnte später durchsetzen.

holte, als er nach einer wahren Rennschlacht von über drei Stunden Dauer den Kompressor-Maserati des siamesischen Prinzen Bira gerade mal um 300 Meter zu distanzieren vermochte. Chiron durfte seinen Siegerwagen von Reims übrigens behalten, weil Anthony Lago den monegassischen Rennprofi nicht anders ausbezahlen konnte. Der andere Routinier am Volant eines Talbot Lago, Louis Rosier, hatte 1949 zuvor bereits den *Großen Preis von Belgien* gewonnen. Der Haudegen aus Clermont-Ferrand triumphierte im darauffolgenden Jahr sogar bei den 24 *Stunden von LeMans* in einem verkappten Talbot-Lago-Formel-1-Rennwagen! Louis Rosier hatte dem Gefährt Kotflügel anschrauben lassen und in das Grand-Prix-Chassis reglementsgemäß auch einen »Beifahrersitz« implantiert. Sohn Jean-Louis durfte zwei Runden lang ans Lenkrad, die restlichen dreiundzwanzigdreiviertel Stunden von LeMans bestritt der damals 44jährige Papa Rosier im Alleingang...

jener Rennjahre, bei nur 700 Kilogramm Trockengewicht in der Saison 1948 bereits 315 PS aus seinem 1,5-Liter-Achtzylinder-Reihenmotor mit Doppellader produzierte. Immerhin glänzten die blauen Ungetüme des gebürtigen Venezianer, adoptierten Franzosen und anglophilen Europäers Anthony Lago durch weitaus geringeren Spritverbrauch als die durstigen Kompressor-Rennwagen. Die Talbot-Lago benötigten für die Grand-Prix-Distanzen von mehr als 300 Kilometer Länge und weit über drei Stunden Dauer keinen Tankstop,

während eine Alfetta, je nach Charakteristik der Rennstrecke, bis zu zweimal ein Spezial-Gemisch auf Methylalkohol-Basis nachfassen mußte. Bedingt durch seine notorische Zuverlässigkeit konnte der Talbot-Lago sogar einige Formel-1-Rennen gewinnen: Louis Rosier sicherte sich 1947 den *Grand Prix d'Albi* mit einem T-26C, während Altmeister Louis Chiron im selben Jahr sogar den *Großen Preis von Frankreich* in einem Monoplace für sich entscheiden konnte und dasselbe Kunststück anno 1949 in einem 280 PS-starken T-26C wieder-

Die Talbot-Lago-Rennwagen sorgten zusammen mit den Vorkriegs-Maseratis Typ 6CM und 4CL sowie der elegant-schnittigen Nachkriegsvariante 4CLT/48 »San Remo« für volle Startfelder. Die Rolle des Hechts in diesem Karpfenteich fiel nach dem vorübergehenden

Die USA waren schon längst so weit: Der Ferrari 375 »Indy Special« von Johnnie Parsons trägt anno 1952 selbstverständlich den Namen seines Sponsors zur Schau. Parsons qualifizierte den V12 zwar für die 500 Meilen, fuhr dann aber doch lieber einen Kurtis Offy und wurde Neunter. Auch Bill Vukovich verzichtete auf den Einsatz seines bereits qualifizierten Ferraris, während der dritte Ferrari-Gastrennfahrer aus den USA, Johnny Mauro, an der Qualifikationshürde scheiterte. Blieb also allein noch Alberto Ascari für den ersten und einzigen Ferrari-Start in Indianapolis übrig.

BILLY DEVORE
INDIANAPOLIS MOTOR SPEEDWAY, 1948

Die amerikanische Rennszene schien ihrem europäischen Grand-Prix-Pendant lange Zeit technisch weit voraus zu sein: Dieser SIX-WHEELER (anno 1948 bemerkenswert obendrein: Magnesiumfelgen und keine Speichenräder à la Borani!) erreichte mit Billy DeVore am Steuer immerhin den zwölften Platz bei den 500 Meilen von Indianapolis. Sein Teamchef Pat Clancy, ein steinreicher Fuhrunternehmer und damals das, was Roger Penske heute für die Szene bedeutet, wollte es in Indy wie bei seinen Trucks mit einer zusätzlichen Antriebsachse probieren. In der Formel 1 experimentierten Williams und March erst Ende der 70er Jahre mit einer solchen Konfiguration und verzichteten dann doch auf einen Renneinsatz: Der sechsrädrige Tyrrell P34, der sich bereits ab 1976 auf der Grand-Prix-Bühne tummelte, besaß hingegen nur eine Antriebsachse.

Rückzug von Alfa Romeo den Formel-1-Konstruktionen des damals 51jährigen Enzo Ferrari zu. Vor dem Zweiten Weltkrieg hatte seine Scuderia Ferrari fast ein Jahrzehnt lang die Rennsportaktivitäten von Alfa Romeo verantwortet, ehe diese enge Verbindung in die Brüche ging, als das Mailänder Werk einen eigenen Rennstall - Alfa Corse - gründete, in dem der spanische Ingenieur Wilfredo Ricart das Sagen hatte. Der gerade erst von Gioacchino Colombo konstruierte Tipo 158 wurde aus Enzo Ferraris Modeneser Hauptquartier in die Mailänder Alfa Rennzentrale Portello ausgelagert. »Commendatore« Ferrari empfand diese Konstellation als persönliche Demütigung und zog die Konsequenzen, nachdem er die Entlassung und eine fürstliche Abfindung von Alfa Romeo kassiert hatte: Fortan würde Enzo Ferrari seine eigenen Rennwagen bauen - basta! Zustatten kam dem autokratischen Genius, daß er für seine ehrgeizigen Ziele auf hochqualifizierte »Überläufer« von Alfa Romeo zurück-

greifen konnte, allen voran auf Alberto Massimino, bald auch auf Gioacchino Colombo. Ausgerechnet der Vater der Alfetta sollte nach dem Zweiten Weltkrieg das Gegengift für die unbezwingbar scheinende Renn-Schönheit entwickeln... Colombo setzte auf einen aufgeladenen V12-Motor mit 60° Zylinderwinkel und einem Hubraum von 1497 Kubikzentimeter. Anfänglich entwickelte das Triebwerk des 1948 vorgestellten Ferrari Tipo 125 nur etwa 225 PS bei 7000/min, Colombo rechnete jedoch damit, dank der Zwölfzylinder Konfiguration auf Werte um die 10 000/min zu kommen. Doch 7500 Touren blieben die unübertroffene Schallmauer für den ersten reinrassigen Formel-1-Ferrari. Mit Doppellader und zwei obenliegenden Nockenwellen kam der Tipo 125 im Endstadium seiner Entwicklung auf maximal 310 PS. Das reichte, um in der Formel 1-Saison 1949 in Abwesenheit von Alfa Romeo die dominierende Rolle zu spielen. Alberto Ascari, 31jähriger Sohn des unvergessenen Antonio Ascari, gewann im Ferrari Tipo 125 die »Großen Preise« der Schweiz und von Italien, während sein 40jähriger Freund und Teamkollege Luigi »Gigi« Villoresi beim Großen Preis der Niederlande nach einem Sieg im ersten von zwei Vorläufen auch das Finale für sich entschied. Villoresis jüngerer Bruder Emilio, kurz »Mimi« genannt, war mit 25 Jahren im Juni 1939 bei Testfahrten mit einer modifizierten Alfetta tödlich verunglückt. Luigi Villoresi hatte sich daraufhin geschworen, niemals im Leben mehr für Alfa Romeo zu fahren. »Gigi« sollte bald Gelegenheit bekommen, wieder gegen die kirschroten Grand-Prix-Werkswagen aus Mailand antreten zu müssen...

Denn Alfa Romeo plante die Rückkehr in die Formel 1. Gegen das exzellente Ferrari-Duo Ascari/Villoresi boten die Mailänder das Beste auf, was die Rennsportszenerie des Jahres 1950 zu bieten hatte. Dottore Giuseppe Farina, den distinguiert-vornehmen Künstler am

Volant, Luigi Fagioli, den stämmigen Haudegen der Vorkriegsjahre mit dem Spitznamen »Abbruzzenräuber«, und last, not least, einen bescheidenen 38jährigen Argentinier namens Juan Manuel Fangio, über den Jean-Pierre Wimille bereits 1948 verkündet hatte: »Hier sehen sie den zukünftigen Meister!« Alfa Corse hatte sein Team der »Drei F's« für das größte Spektakel beisammen, das die Welt des Sports bis heute kennt - sieht man einmal großzügigerweise von den Olympischen Spielen und Fußball-Weltmeisterschaften ab... Der italienische Delegierte Graf Antonio Brivio hatte 1949 bei der Generalversammlung der FIA den Vorschlag gemacht, ähnlich wie bereits im Motorradsport, auch für den Automobilsport eine Fahrerweltmeisterschaft auszuschreiben. Der Antrag des Conte wurde angenommen: In der Saison 1950 sollte erstmals eine offizielle Formel-1-Weltmeisterschaft ausgetragen werden. Eine Fahrer-Weltmeisterschaft wohlgemerkt, für die eine Anzahl von Grand-Prix-Rennen nach einem bestimmten Punktesystem gewertet würde. An diesem Grundprinzip hat sich bis heute nichts geändert, wenngleich die Punkteverteilung nach und nach einige Modifikationen erfuhr. Von 1950 bis 1959 erhielten nur die fünf Erstplazierten eines WM-Laufes Punkte: Acht Zähler gab es für den Sieger, sechs, vier, drei und zwei Punkte heimsten die Fahrer auf den Rängen zwei bis fünf ein. Einen Extra-Punkt kassierte der Fahrer, für den die schnellste Runde des Rennens gestoppt wurde. Bis 1957 konnten sich auch mehrere Fahrer am Volant eines Grand-Prix-Boliden abwechseln und sich die WM-Punkte teilen, ehe ab 1958 diese Praxis verboten wurde. Von 1960 an strich man den Punkt für die schnellste Rennrunde und schrieb diesen WM-Zähler künftig dem Sechstplazierten gut. Ab der Saison 1961 wurde der Grand-Prix-Sieger mit neun statt mit acht Punkten belohnt. Eine weitere Aufwertung von neun auf zehn Punkte für den Erstplazierten fand ab 1991 Eingang in das Reglement. Eine offizielle Konstrukteurswertung in der Formel-1-Weltmeisterschaft wurde ab 1958 eingeführt. Und um allzu eifrigen Punktehamsterern den Weg zum WM-Titel zu erschweren, kreierten die FIA-Funktionäre bis 1990 immer wieder verschiedene Varianten

von Streichresultaten. Der schnellste Rennfahrer soll ja Weltmeister werden, aber wer am schnellsten fährt, riskiert auch immer am ehesten, sein Material über Gebühr zu strapazieren und auszufallen. Damit solche »Nuller« nicht allzu negativ zu Buche schlagen, wurde immer mal wieder nur eine begrenzte Anzahl von Resultaten für die Endabrechnung berücksichtigt. Im Jahr Eins der Formel-1-WM wurden 1950 bei insgesamt sieben Rennen für jeden Fahrer nur die besten vier Ergebnisse gewertet. Im allerersten WM-Kalender fanden die Großen Preise von England, Monaco, der Schweiz, Belgien, Frankreich und Italien Berücksichtigung. Als Mindestdistanz für einen Grand Prix legte die FIA damals 300 Kilometer fest, ersatzweise drei Stunden als Mindestdauer. Als einziges außereuropäisches Rennen wurden die *500 Meilen von Indianapolis* in den WM-Reigen aufgenommen, schließlich mußten die USA damals als das Land mit der weltweit höchsten Automobilproduktion einfach im Grand-Prix-Kalender vertreten sein, selbst vor dem Hintergrund, daß sich in den Vereinigten Staaten nie die Tradition europäischer Straßenrennen ausgeprägt hatte, es mithin also auch noch gar keinen *Großen Preis der USA* gab. Auch wenn auf dem Ovalkurs von Indianapolis damals noch die Grand-Prix-Formel von 1938 Gültigkeit hatte, also nach wie vor 3-Liter-Kompressormotoren neben den nicht aufgeladenen 4,27-Liter-Offenhauser-Aggregaten zugelassen waren: Indy gehörte einfach in den WM-Kalender, schon um in den Staaten das Interesse für die neueingeführte Weltmeisterschaft zu wecken. In diese Richtung argumentierte denn auch mit Erfolg der amerikanische FIA-Delegierte und versicherte obendrein, europäische Fahrer könnten jederzeit versuchen, sich für die 500 Meilen im Brickyard zu qualifizieren, umgekehrt würden amerikanische Rennfahrer gewiß auf den europäischen Formel-1-Schauplätzen aufscheinen. Ein Trugschluß, wie sich noch erweisen sollte: Die vom United States Auto Club organisierte Monoposto-Rennsportszene spielte sich auch in Zukunft auf Oval-Kursen ab, blieb damit eine Welt für sich und behielt im Grunde bis heute ihre Autonomie, auch wenn in jüngster Zeit die europäische Formel-1-Spitze der amerikanischen INDYCAR-Konkurrenz bisweilen Avancen machte bezüglich eines gemeinsamen Reglements oder eines Auftritts des Grand-Prix-Zirkus in Indianapolis. Von 1950 bis 1960 also zählten die 500 Meilen alljährlich zum Kalender der Formel-1-Weltmeisterschaft, doch in dieser Zeitspanne von immerhin elf Jahren ging nur ein einziger Grand-Prix-Pilot im Indy-Oval an den Start: Es war Alberto Ascari, der 1952 seinen Werks-Ferrari-Tipo 375-V12-Special vom 19. Startplatz aus auf Rang 8 nach vorn fuhr, ehe in der 41. von 200 Runden eine Radnabe festging, eines der Speichenräder kollabierte und Ascaris Ferrari sich ins Infield drehte, um nach einigen wilden Pirouetten zum Stillstand zu kommen. In die europäische Formel-1-Szenerie verirrte sich im selben Zeitraum nur Troy Ruttmann, anno 1952 mit 22 Jahren der jüngste Indy-Sieger aller Zeiten. Ruttmann kam 1958 beim *Großen Preis von Frankreich* zu einem einmaligen Gastspiel am Volant eines Maserati 250 F. Der US-Boy aus Oklahoma war eine Woche zuvor bei der zweiten und letzten Auflage des *Race of Two Worlds* in Monza gestartet. Dort hatten die Indy-Stars mit ihren Roadstern die europäische Grand-Prix-Fahrer-Konkurrenz hinter sich gelassen. Während der siegreiche Jim Rathmann, der Zweitplazierte Jimmy Bryan und all die anderen Oval-Spezialisten in die Staaten zurückflogen, blieb Troy Ruttmann noch etwas länger auf dem Kontinent, um in Reims in das Cockpit eines Maseratis der Scuderia Centro Sud zu klettern: »An dieses Fünfgang-Getriebe kann ich mich überhaupt nicht gewöhnen«, stöhnte der US-Rennfahrer während des Trainings, »laufend muß ich diesen kleinen Schalthebel umrühren...« Im Indy-Roadster reichten Ruttmann & Co. nämlich normalerweise zwei Vorwärtsgänge... Beim französischen Grand Prix anno 1958 landete Troy Ruttmann auf Platz 10, zeitgenössischen Schilderungen zufolge soll er ziemlich beeindruckt gewesen sein, jedenfalls wollte er seinen Indy-Kollegen daheim in den Staaten berichten, daß die Formel 1 weitaus schwieriger sei, als sie sich das immer ausgemalt hätten. Ein Jahr später, beim allerersten *Großen Preis der USA* in Sebring, sollte das der frischgebackene Sieger der *Indy 500* von 1959 höchstpersönlich erfahren: Rodger Ward tauchte auf dem ehemaligen Militär-Flugplatz mit einem Kurtis-Kraft-Midget auf. Der kleine Starrachser mit 1,7-Liter-Vierzylinder-Offy war eigentlich für »Dirt-Track«-Rennen auf kleinen Sandbahn-Ovalen konzipiert worden. Das wendige Gefährt mit Frontmotor schien Ward die richtige Waffe gegen die europäischen Formel-1-Spezialisten Marke Cooper und Ferrari zu sein. Der Mann aus Kansas irrte sich vollkommen und wurde fürchterlich verblasen. Letzter Startplatz, 43,8 Sekunden hinter der Pole-Position von Stirling Moss im Cooper-Climax... Ward startete trotz-

dem, stellte seinen Kurtis-Kraft in der 21. Runde mit Kupplungsschaden ab und hatte seine Lektion gelernt. Während des gesamten Sebring-Grand-Prix-Wochenendes bearbeitete der Indy-Sieger hartnäckig den Briten John Cooper, er möge sich doch mit seinen erfolgreichen Mittelmotor-Formel-1-Konstruktionen nach Indianapolis begeben. Die Botschaft kam an: 1961, als die »500 Meilen« nicht mehr zum Formel-1-WM-Kalender zählten, steuerte Jack Brabham seinen gedrungenen Lowline-Cooper inmitten der hochbeinigen US-Frontmotor-Roadster auf Platz Neun ins Ziel. Die

Kombination Chapman/Clark sollte wenige Jahre später die europäischen Formel-1-Konstruktionsprinzipien auch auf dem Brickyard von Indianapolis zum Sieg führen.

Aber dies war noch in weiter Ferne, als am 13. Mai 1950 auf dem Flugplatzkurs von Silverstone mit dem *British Grand Prix* der allererste Formel-1-Weltmeisterschaftslauf gestartet wurde. Dem historischen Ereignis gebührend, hatte die FIA diesem Rennen sogar das Prädikat *Großer Preis von Europa* verliehen.

Duell in Rot

Zum Ende der Rennsaison 1949 hatte Colombo dem Ferrari Tipo 125 mit Zwei-Stufen-Gebläse etwas über 300 Pferdestärken entlocken können, währenddessen mobilisierte die überarbeitete Alfetta bereits über 335 PS... Enzo Ferrari begann umzudenken, der 32 Jahre junge Ingenieur Aurelio Lampredi übernahm das technische Kommando. Aus dem 125er kitzelte er für die WM-Saison 1950 noch 315 PS heraus, doch gleichzeitig entwickelte er über verschiedene Zwischenstufen einen großvolumigen Zwölfzylinder-Saugmotor, der weniger Treibstoff verbrauchte als die Kompressorkonstruktionen. Doch ehe dieser Ferrari Tipo 375 in seiner 60° V12-Endversion mit 4 498 Kubikzentimetern und rund 330 PS bei 7000 U/min erstmals zum Renneinsatz gelangte, war die erste Weltmeisterschaftssaison der Formel 1 längst zugunsten von Alfa Romeo entschieden.

Vor dem offiziellen WM-Auftakt in Silverstone hatten sich die beiden Hauptkombattanten ein einziges direktes Duell geliefert: Am 16. April beim *Gran Premio di San Remo* gewinnt Juan Manuel Fangio auf dem anfänglich noch regennassen Ospedaletti-Rundkurs sein erstes Rennen in der Alfetta. Nach 304,2 Kilometern bei einem Rundenschnitt von 95,99 km/h (!) distanziert Fangio den zweitplazierten Gigi Villoresi im Ferrari Tipo 125 um über eine Minute. Alberto Ascari, der das Rennen 13 von 90 Runden anführt, dann aber von Fangio buchstäblich aufgesaugt und abgehängt wird, fällt im zweiten 125er mit Motorschaden aus. Lange Gesichter in Maranello, denn schon eine Woche zuvor hatte Ferrari beim *Grand Prix de Pau* in Abwesenheit von Alfa Romeo eine herbe Niederlage gegen Fangio ein-

stecken müssen. Der 38jährige Argentinier steuerte auf dem südfranzösischen Stadtkurs einen alten Maserati 4CLT der Equipo Argentino zum Sieg über die von Villoresi auf Rang Zwei angeführte Ferrari-Streitmacht. Angesichts dieser Rennpleiten zieht der Commendatore die Konsequenzen: Beim Auftakt zur Formel-1-WM in Silverstone wird kein Ferrari starten...

Juan Manuel Fangio indes hat das Vertrauen seines neuen Arbeitgebers bestens belohnt: In San Remo sollte eigentlich gar keiner der beiden gemeldeten Alfa Romeo Tipo 158 antreten. Die designierte Nummer Eins im Team von Alfa Corse, Nino Farina, hatte sich im März bei einem Unfall in Marseille das Schlüsselbein gebrochen und war für das Comeback von Alfa Romeo noch nicht fit. Die Mailänder erwogen ernsthaft, die verbliebene Nennung von Fangio zurückzuziehen, doch der Argenti-

nier konnte die skeptischen Alfa-Bosse überzeugen: Wenn die einzige Alfetta das Rennen nicht gewinnen sollte, dann wäre sicherlich der Neuling Fangio schuld. Und wenn die Alfetta gewinnt, dann liegt das eben daran, daß sie nun mal das beste Formel-1-Fahrzeug ist... Diese Logik verfängt, Juan Manuel Fangio darf starten, obwohl er den Alfa Romeo Tipo 158 zuvor noch nie gefahren ist und nur am Samstag vor dem Rennen im strömenden Regen ein paar langsame Trainingsrunden drehen kann. Fangio gewinnt trotzdem das für ihn so entscheidende Debüt bei Alfa Romeo und am Abend präsentiert ihm Alfa-Corse-Geschäftsführer Antonio Alessio endlich den offiziellen Werksvertrag, kommt jedoch sofort aufs Geld zu sprechen. Wieviel will Fangio? Der Argentinier schweigt einen Augenblick, gibt den unterschriftsreifen Vertrag zurück und überläßt es seinen künftigen Brötchengebern, sein Salär

Was sich heute vor einem Formel-1-WM-Lauf »Fahrerbesprechung« oder »Briefing« nennt, hätte man Anfang der 50er Jahre getrost als »Kappensitzung« bezeichnen können:
Von links nach rechts lauschen Nino Farina, Juan Manuel Fangio und Felice Bonetto. Die in den USA längst obligatorische Sturzhelmpflicht wurde in der europäischen Grand-Prix-Szene erst ab der Rennsaison 1952 eingeführt.

Am Lenkrad stets elegant, fast schon snobistisch: Dottore Giuseppe »Nino« Farina in der Alfetta unterwegs zum Sieg im ersten WM-Lauf der Formel-1-Geschichte am 13. Mai 1950 in Silverstone.

einzutragen. Die Aussicht, den besten Formel-1-Rennwagen der Welt fahren zu dürfen, sei für Juan Manuel Fangio schon Lohn genug...

»El Chueco«, der Krummbeinige, nennen sie ihn in seiner Heimat. Am 24. Juni 1911 ist er in Balcarce, einer Kleinstadt 400 Kilometer südlich von Buenos Aires, zur Welt gekommen. Die Eltern sind italienische Einwanderer gewesen, Vater Loreto Fangio war einfacher Landarbeiter und schuftete bei einem Steinmetz. Sein jüngster Sohn Juan Manuel ging mit 12 Jahren als Lehrling in eine Autowerkstatt, wurde Vorarbeiter und fuhr am 26. Oktober 1936 sein erstes Autorennen auf einem umgebauten Taxi... Autorennen in Südamerika ähnelten damals den späteren Rallies vom Schlage einer *East African Safari*: Tausende von Kilometern auf unbefestigten Straßen von Stadt zu Stadt, wie einst bei den Anfängen des Automobilsports in Gestalt der großen Fernfahrten auf Überlandwegen, die den Begriff Straße gar nicht verdienten. Bei diesen »Turismo Carreteras« lernte Juan Manuel Fangio Fahr- und Feingefühl, ehe er Rundstreckenrennen zu fahren begann. Bei der argentinischen Temporada-Serie für Grand-Prix-Rennwagen fiel er 1948 den Gaststars aus Europa auf. Amédée Gordini hatte zwei seiner kleinen Simca-Gordini mit nach Buenos Aires gebracht. Beim

Rennen in Rosario durfte Fangio ans Lenkrad und wurde Teamkollege des großen Jean-Pierre Wimille! Im Training landete Juan Manuel Fangio auf dem zweiten Platz und war anderthalb Sekunden schneller als sein prominenter französischer Stallgefährte. Im Rennen kämpfte Fangio um den Sieg, fuhr die schnellste Runde, um mit nachlassender Motorleistung bis auf Rang Acht zurückzufallen. Der Anfang war gemacht, im Sommer 1948 erlebte Juan Manuel Fangio sein erstes Rennen in Europa. Er sollte die europäische Grand Prix-Szene verfolgen und sich nach einem geeigneten Rennwagen für einen vom argentinischen Automobilclub finanzierten Einstieg in den Formel-Rennsport umsehen. Weil Maurice Trintignant nach einem Unfall noch im Krankenhaus lag, durfte Fangio seinen Simca-Gordini beim französischen Grand Prix in Reims fahren. Für Liebha-

ber außergewöhnlicher Konstellationen: Juan Manuel Fangio fuhr seinen ersten *Großen Preis* und in jenem Rennen bestritt Alberto Ascari sein erstes und einziges Rennen auf der Alfetta. Fangio schied an sechster Stelle liegend aus, während Ascari, getreu der Alfa-Romeo-Stallorder, im Windschatten seines Teamkollegen Consalvo Sanesi Dritter wurde. Allerdings mit deutlichem Abstand zu seiner siegreichen Nummer Eins bei Alfa Corse, Jean-Pierre Wimille. Ein Jahr später startete Ascari für Ferrari und Fangio führte die argentinische Formel-1-Expedition nach Europa, um auf Anhieb sechs Siege für sich zu verbuchen. Im zarten Alter von 38 Jahren begann also erst Juan-Manuel Fangios eigentliche Rennkarriere. Und bei Alfa Romeo sollte er in der Saison 1950 die italienische Hackordnung schwer durcheinanderwirbeln...

Beim WM-Auftakt auf dem ehemaligen Flugplatz von Silverstone haben die Kollegen Farina und Fagioli noch das bessere Ende für sich. Vier Alfettas sind auf die Insel transportiert worden. Neben den »Drei F's« soll eigentlich Testfahrer Consalvo Sanesi zum Einsatz kommen, doch weil er seine bei der *Mille Miglia*

Shakehands mit King George: Das Alfa-Romeo-Kleeblatt von Silverstone in Gestalt der Herren Fangio, Farina, Fagioli und Gastfahrer Parnell.

erlittenen Verletzungen auskurieren muß, darf der 40jährige Engländer Reg Parnell bei seinem Heim-Grand-Prix im vierten Alfa Romeo Tipo 158 ausrücken. Parnell ist im Training zwar fast anderthalb Sekunden langsamer als Nino Farina auf der Pole Position, doch hinter Luigi Fagioli und Juan-Manuel Fangio reicht dies noch allemal zur viertbesten Zeit, womit die komplette erste Startreihe in Silverstone aus Alfettas besteht. Die 17 anderen Teilnehmer, von Prinz Bira bis Johnny Claes, von Maserati bis Talbot-Lago, bleiben Statisten - wie übrigens die gesamte Saison über. Nicht einmal den Weg in die Startaufstellung gefunden hat hingegen der von der britischen Presse so überschwenglich mit Vorschußlorbeeren bedachte Nationalrennwagen: Der hochkomplizierte BRM V 16 ist immer noch nicht einsatzbereit, aber da nun mal am Rennsamstag (denn noch gilt an Sonntagen auf der Insel »No Sports!«) Ihre Majestät King George und seine Tochter, die junge Prinzessin Elisabeth, mit diversen anderen Royals an der Strecke weilen, dreht der Ex-Rennfahrer und BRM-Konstrukteur Raymond Mays einige vorsichtige Demonstrationsrunden in dem blassgrünen Monster, dem damalige Ohrenzeugen tief beeindruckt einen »infernalischen Klang« attestieren. Die Musik macht derweil Alfa Romeo: Farina, Fagioli und Fangio balgen sich ein wenig um die Führung, dahinter folgt im Respektabstand Gastfahrer Parnell, der zwischenzeitlich mit der Alfetta einen Hasen erlegt und sich den Kühlergrill etwas lädiert. Auch nach den Tankstops zieht die Alfa-Armada ungestört ihre Kreise, nach 50 Runden führt Fangio, dicht gefolgt von Farina, der zehn Runden vor Schluß wieder das Kommando übernimmt. Der Argentinier will einen Zwischenspurt einlegen, dreht sich jedoch in Stowe Corner: Wars ein Ölfleck oder leistete sich Fangio gar einen Fehler? Bei dem Ausrutscher knallt die Alfetta in einen Strohballen der Streckenbegrenzung, eine Ölleitung geht dabei zu Bruch und acht Runden vor dem Ende des *Großen Preises von England* muß der Argentinier mit Motorschaden aufgeben. Nach zwei Stunden, dreizehn Minuten und 23,6 Sekunden sieht Nino Farina als Erster die schwarz-weiß-karierte Zielflagge, gut zweieinhalb Sekunden dahinter wird Luigi Fagioli Zweiter,

Reg Parnell komplettiert mit 52 Sekunden Rückstand das Alfa-Romeo-Terzett. Auf den Rängen 4 und 5 landen mit über zwei Runden Rückstand die Talbot-Lagos von Yves Giraud-Cabantous und Louis Rosier. Das war der allererste Formel 1-Weltmeisterschaftslauf am 13. Mai 1950: Gesamtdurchschnitt des Siegers 146,37 km/h, Altersdurchschnitt der fünf Rennfahrer in den Punkterängen 44,6 Jahre...

Als Nachgeborener hat unsereiner ab und zu das Glück, Grand-Prix-Rennwagen aus jener Epoche bei Veteranen-Rennen in Aktion sehen und hören zu können: Eine Alfetta beim Anfahren, das ist wie Gewittergrollen, das sich beim Losschnellen der Kupplung in ein ohrenbetäubendes Inferno aus heiserem Röcheln, düsterem Röhren und wütendem Fauchen verwandelt, eine metallische Sinfonie, kontrapunktisch untermalt vom kreischenden Singen der beiden Kompressoren des Reihen-Achtzylinders. Und das ist nur eine einzige Alfetta! Man stelle sich das ganze Orchester vor, langschnäuzige Monster mit spitz auslaufendem Hinterteil und weit aufgerissenem Rachen, der sich beim näheren Hinschauen denn doch als Kühlergrill entpuppt. Das Ganze verteilt auf vier schmale Diagonalreifen, aufgezogen auf filigranen Drahtspeichenrädern. Das Heck wild driftend, hinundher schwänzelnd. An Bord IL DOTTORE. Im himmelblauen Rennoverall am mächtigen Holzlenkrad entspannt sitzend, mit lang ausgestreckten Armen, den Kopf mit der weißen Leinenhaube und der Rennbrille etwas seitlich nach hinten geneigt, Gesicht und Mundwinkel angespannt, hart und temperamentvoll, ein leidenschaftlicher Einzelgänger - so und nicht anders muß er wohl gewesen sein, Nino Farina aus Turin, Doktor der Nationalökonomie, Neffe des Karosserieschneiders Giovan Battista Farina alias »Pininfarina« und künftiger Automobilweltmeister. Auch ohne blaues Blut ein Aristokrat am Lenkrad, dem Zeitzeugen nicht von ungefähr frappierende Ähnlichkeit mit Italiens Ex-König Umberto II. attestieren, bisweilen reizbar und launisch wie eine Primadonna. Nino Farina allein erhebt Anspruch, die Nummer Eins bei Alfa Corse zu sein. Schon einmal hat ihm jemand diese Position streitig gemacht. Doch Jean-Pierre Wimille ist erst seit anderthalb Jahren tot und Farina hat

schon wieder einen schnelleren Kollegen bei Alfa Romeo...

Juan Manuel Fangio nimmt dem Italiener eine Woche nach Silverstone beim Training zum *Großen Preis von Monaco* sage und schreibe 2,6 Sekunden ab. In die erste Startreihe gesellt sich auf Platz Drei ein weiterer Argentinier hinzu: Am Steuer eines Maserati 4CLT/48 sitzt José Froilan Gonzalez, elf Jahre jünger als Fangio, aber mindestens zwanzig Kilogramm schwerer als sein Landsmann. Die zahlenmäßig noch dünne Schar von Rennsportjournalisten tauft den knubbeligen Dicken liebkosend »Pampas-Stier«, in Argentinien springt man mit dem korpulenten Rennfahrer etwas weniger zimperlich um, da wird Gonzalez »El Cabézon« genannt, »Der Wasserkopf«...

Vor der prächtigen Kulisse des Miniatur-Fürstentums röhrt Fangios Alfetta an der Spitze der 20 Rennwagen aus dem Tunnel heraus, jagt am Rande des Hafenkais hinunter in die scharfe Linkskurve am Tabakladen und beschleunigt wieder hoch in Richtung Start-und Zielgerade, die damals noch vor der Gasometer-Kurve liegt. Während Fangio unwiderstehlich in die zweite Runde davonzieht, bricht hinter ihm das Chaos aus: Nino Farina dreht sich in der Tabak-Kurve, zerschlägt seine Alfetta an einer massiven Steinbalustrade und löst damit an dieser Engstelle eine Massenkollision aus, bei der neun Rennwagen auf der Strecke bleiben. Auf wundersame Weise geht alles noch relativ glimpflich aus, trotz einer riesigen Lache aus Öl und Treibstoff. Der Italiener Franco Rol bricht sich einen Arm, José Froilan Gonzalez zieht sich Verbrennungen zu, als Benzin aus dem aufgesprungenen Tankdeckel seines Maseratis überschwappt und sich entzündet. Als Spitzenreiter Fangio mit Riesenvorsprung zum zweiten Mal aus dem Halbdunkel des Tunnels schießt, herrscht an der Unfallstelle noch immer heilloses Durcheinander. Und dennoch schafft der Argentinier mit Glück und Vorahnung das Kunststück, seinen Alfa Romeo an den heillos ineinander verkeilten Havaristen vorbeizudirigieren. 98 Runden und über drei Stunden später hat Juan Manuel Fangio den *Großen Preis von Monaco* gewonnen: Im Duell mit Nino Farina steht es 1:1. Nebenbei

Roulette in Monte Carlo:
*Während sich Fangio (Nr. 34)
den Weg durch das Chaos bahnt,
parkt Trintignants Gordini
(Nr. 12) an der Balustrade, wird
de Graffenrieds Maserati (Nr. 52)
weggeschoben und sind Rols
Maserati (Nr. 44) und Harrisons
ERA noch ineinander verkeilt.*

hat Fangio wohl unbemerkt einen Rekord mit Ewigkeitswert aufgestellt, denn mit einer Durchschnittsgeschwindigkeit von 98,7 km/h für den siegreichen Alfa Romeo Tipo 158 ist der *Große Preis von Monaco* am 21. Mai 1950 bis heute der langsamste Formel-1-WM-Lauf aller Zeiten geblieben...

Beim *Großen Preis der Schweiz* auf dem Bremgarten-Straßenkurs vor den Toren Berns ist Fangio wieder schneller als Farina, doch als die durstigen Alfettas bei Halbdistanz ihr hochexplosives Rennelixier, eine Mischung aus diversen Alkoholsorten und einem Hauch von Rizinusöl, nachgetankt haben, wendet sich das Blatt: Der Argentinier muß seinen Tipo 158 in der 33. von 42 Runden mit Ventilschaden abstellen. Nino Farina gewinnt somit ganz eindeutig, doch zwei Wochen später hält sich Juan-Manuel Fangio mit einem Sieg im *Großen Preis von Belgien* schadlos. Doch in Spa-Francorchamps bekommen die Alfettas endlich Konkurrenz. Nein, nicht durch den erstmals eingesetzten 12-Zylinder-Saugmotor-Ferrari:

Der erlebt in seiner 3,3-Liter Experimental-Variante als Tipo 275 zwar sein Grand-Prix-Debüt, das Alberto Ascari immerhin auf dem 5. Platz abschließt. Nein, der unschlagbar scheinende Rennstall Alfa Corse wird von einem Talbot-Lago düpiert! Auf dem fahrerisch so ungemein anspruchsvollen Straßenkurs von Spa-Francorchamps brilliert Raymond Sommer. Als die Alfettas der »Drei F's« nacheinander zum Nachtanken an die Boxen rollen, übernimmt der 43jährige Franzose die Spitze. Bei Alfa Romeo glaubt man zunächst an einen Fehler in der Zeitnahme, doch Raymond Sommer liegt tatsächlich vorn. In der 18. von 35 Runden sind Fangio und Farina zwar wieder an dem blauen Talbot-Lago vorbei. Doch Raymond Sommer holt das Letzte aus seinem wuchtigen Gefährt, das rund 100 PS weniger als die Alfetta auf die Piste bringt. »Coeur de Lion«, so nennen seine französischen Landsleute liebevoll den populären Rennfahrer, der am 31. August 1906 ganz in der Nähe von Spa, in Pont-à-Mousson im Ardennerwald auf

die Welt gekommen ist. Der Zweite Weltkrieg unterbricht die vielversprechende Rennfahrerkarriere des Sohnes eines wohlhabenden Seidenfabrikanten. Raymond Sommer kämpft in der Résistance - und sorgt nach Kriegsende dafür, daß der Vater der Auto-Union-Grand-Prix-Boliden und des Volkswagens, Professor Ferdinand Porsche, und der geniale Mercedes-Benz-Renningenieur Dr. Rudolf Uhlenhaut aus französischer Gefangenschaft entlassen werden. Anders als sein Landsmann Jean-Pierre Wimille verfügt Sommer selten über bestes Fahrzeugmaterial. Doch an jenem 18. Juni 1950 erlebt »Löwenherz« seine Sternstunde: Raymond Sommer weiß, daß die Alfettas noch ein zweites Mal nachtanken müssen, während er mit seinem Talbot-Lago ohne Stop durchfahren kann. Bei Alfa Corse beginnt man bereits nervös zu werden, doch in der 20. Runde lösen sich die Hoffnungen Raymond Sommers buchstäblich in Rauch auf: Motorschaden - der Talbot-Lago hat die ihm abgeforderten Strapazen nicht durchstehen können. So wie dies drei Jahre zuvor dem Maserati 4CLT Raymond Sommers an selber Stelle erging, als »Coeur de Lion« damals schon einmal die Alfettas von Wimille und Varzi aufscheuchte, aber die Technik seinem Tempo vorzeitigen Tribut zollte. Diesmal gewinnt in Spa also Juan Manuel Fangio auf dem Alfa Romeo Tipo 158 vor seinem Teamkollegen Luigi Fagioli. Nino Farina hat gegen Rennende Probleme mit stetig fallendem Öldruck, steuert seine schwer angeschlagene Alfetta aber noch auf Platz Vier ins Ziel. Raymond Sommer indes wird den Ruhm des

tragischen Verlierers behalten: Am 10. September 1950, eine Woche nach dem letzten Formel-1-WM-Lauf der Saison, kommt der französische Ausnahmerennfahrer beim bedeutungslosen *Grand Prix de Haute Garonne* auf dem Landstraßenkurs von Cadours ums Leben, als sein kleiner Mittelmotor-Cooper von der schmalen Piste rast und gegen einen Baum knallt. Hinter vorgehaltener Hand heißt es, ein Lenkhebel sei gebrochen. Das Löwenherz hat aufgehört zu schlagen. Im schweizerischen Fribourg trauert ein 14jähriger Schulbub namens Joseph Siffert um sein Idol. 1948 hat er am Bremgartenkurs sein erstes Autorennen und Raymond Sommers leidenschaftlichen Siegeswillen miterlebt, auch wenn der Franzose wieder einmal am Material scheitert und seinen Gordini nach fünf Runden mit Motorschaden abstellen muß. Es ist jener *Große Preis der Schweiz* und *Grand Prix d'Europe*, bei dem im Training der große Achille Varzi und im Rennen der Schweizer Christian Kautz tödlich verunglücken. Trotzdem steht für den jungen Jo Siffert fest, daß er Rennfahrer werden will: »Ich werde fahren wie Sommer, ich werde kämpfen.« Manche nennen es Schicksal, vielleicht verbindet aber auch eine Art von innerer Notwendigkeit den einen mit dem anderen Lebensweg.

In der Hitze von Reims setzen sich die »Drei F's« beim *Großen Preis von Frankreich*, der damals noch wie seit seiner Premiere 1906 nach dem veranstaltenden Automobilclub als »Grand Prix de l'ACF« firmiert, wie gewohnt in Szene. Selbstverständlich ist Fangio Trainingsschnellster, doch wie es die Strategie von Alfa Corse zu gebieten scheint, lautet die Reihenfolge im Rennen Farina vor Fangio und Fagioli. Aber Probleme mit der Kraftstoffzufuhr zwingen WM-Spitzenreiter Nino Farina in der 18. von 64 Runden außerplanmäßig an die Alfa-Box. Der Dottore verliert über sieben Minuten, doch weil die Konkurrenz ihrerseits mit überhitzten Motoren zu kämpfen hat, kann sich Farina bis zur 50. Runde wieder auf den dritten Platz nach vorn fahren. Innerhalb der ersten 15 Runden sind alle sechs Maseratis ausgeschieden. Der einzige Werks-Ferrari, der Tipo 275 mit Alberto Ascari am Volant, hat sich im Training den Alfettas als derart unterlegen erwiesen, daß er gar nicht erst an den Start gebracht wird. Gleichwohl kommt es wieder nicht zum erhofften Dreifach-Sieg für die Alfettas: Neun Runden vor Ende des Rennens streikt die Benzinpumpe in Farinas Tipo 158 endgültig. Juan Manuel Fangio gewinnt seinen dritten WM-Lauf, Luigi Fagioli wird zum vierten Mal Zweiter. Nur ein einziges Rennen zur Formel-1-Fahrerweltmeisterschaft 1950 steht noch auf dem Programm, zwei Monate nach Reims wird in Monza der *Gran Premio d'Italia* gestartet. Fangio liegt mit 26 Zählern erstmals an der Spitze der Punktewertung. Fagioli hat 24 Punkte gesammelt, Farina 22. Da nur die besten vier Resultate der WM-Saison gewertet werden, kann Fagioli nur noch mit einem Sieg und dem

Punkt für die schnellste Rennrunde Weltmeister werden. Fangio hingegen hat die besten Karten, um aus eigener Kraft Titelträger zu werden: Selbst wenn Farina in Monza siegen sollte und obendrein einen Extra-Zähler für die beste Rundenzeit kassiert, würde dem Argentinier ein zweiter Platz zum Gewinn der Weltmeisterschaft reichen. Doch Juan Manuel Fangio beschleichen Zweifel: Wird es Alfa Corse soweit kommen lassen? Sollte das Mailänder Werk ausgerechnet auf der Hausstrecke von Monza verzichten, einen Italiener zum ersten Fahrerweltmeister zu küren? Grund, um irritiert zu sein, hat Fangio genug. Beim nicht zur WM zählenden Grand Prix von Bari verliert er das Duell mit Farina, weil sie ihm an der Alfa-Box zu wenig Treibstoff in den Tank gefüllt haben. Eine Woche vor dem WM-Finale in Monza gewinnt Farina vor Fangio die *Daily-Express-Trophy* in Silverstone, bei der sich der neue BRM und seine Konstrukteure wieder einmal bis auf die Knochen blamieren. Weiterer Grund zur Irritation vor dem großen Abschlußrennen der Fahrerweltmeisterschaft liefert Ferrari: Am 30. Juli hat endlich der große Zwölfzylinder Aurelio Lampredis sein Renndebüt erlebt. Beim *Grand Prix des Nations* in Genf kommt Alberto Ascari mit der 4,1-Liter-Motorvariante den Alfettas gefährlich nah, kann zwischenzeitlich sogar Fangio überholen, ehe die Zylinderkopfdichtung des neuen Ferrari durchbrennt. Das große Comeback der Ferrari endet in Genf jedoch tragisch, als Gigi Villoresi mit dem 3,3-Liter-Modell in eine Zuschauergruppe rast. Der Unfall fordert vier Menschenleben, 27 andere Rennbesucher werden schwer verletzt. Villoresi kann von Glück sagen, daß er sich nur das Schlüsselbein und einen Oberschenkel bricht und seine schweren Kopfverletzungen unbeschadet übersteht. Beim WM-Finale in Monza muß ihn Ferrari-Testfahrer Dorino Serafini ersetzen, der ebenso wie Alberto Ascari den Tipo 375 in der Endversion mit 4,5-Liter-Hubraum steuern darf. Auch bei Alfa Romeo hat man für den letzten WM-Lauf noch einmal aufgerüstet: Gegen die 330 Ferrari-Pferdestärken mobilisiert die Alfetta nunmehr über 370 PS. Die neue Waffe von Alfa Corse heißt jetzt Tipo 159, verfügt über größere Seitentanks und noch größeren Durst. Aus der schlanken Alfetta ist ein ziemlich bauchiges Biest geworden, das auf 100 Kilometer sage und schreibe 150 Liter eines speziell gebrauten Alkoholgemischs schluckt. Alfa Romeo hat für Monza nur zwei Tipo 159 fertiggestellt, die von Juan Manuel Fangio und Giuseppe Farina pilotiert werden. Jeweils einen Tipo 158 gibt es für Luigi Fagioli, Consalvo Sanesi und Piero Taruffi. Ein Alfa-Romeo-Werksrennfahrer wird auf alle Fälle Weltmeister, doch Ferrari stiehlt in Monza Alfa Corse die Schau. Alberto Ascari, wie sein rennfahrender Vater Mailänder und Liebling der Massen, stellt den Ferrari V12 auf Startplatz Zwei. Nur Juan Manuel Fangio schafft es, die Bestzeit Ascaris um zwei winzige Zehntelsekunden zu unterbieten. Jetzt hilft nur noch beten, mag sich Nino Farina gesagt zu haben. Gemeinsam mit Gattin Elsa, einer ebenso charmanten wie schönen Besitzerin eines Modeateliers, besucht Farina in Monza am Sonntagmorgen vor dem Start noch einmal die Heilige Messe...

Die Bitten und Gebete scheinen Erhörung gefunden zu haben: Giuseppe Farina erwischt den besten Start und beschleunigt Juan Manuel Fangio und Consalvo Sanesi auf der langen Geraden zur Curva Grande meisterlich aus. Alberto Ascari läßt sich von den Alfettas jedoch nur beim Fallen der Startflagge düpieren: Am Ende der ersten Runde liegt er unmittelbar hinter Farina auf dem zweiten Platz und beginnt den führenden Alfa Romeo zu attackieren. In der 14. von 80 Runden übernimmt zum ersten Mal in der Geschichte der Formel-1-Weltmeisterschaft ein Ferrari die Spitze während eines WM-Laufes. Zwei Runden später ist Giuseppe Farina wieder vorn. Der Rundenschnitt in Monza liegt bei 180 km/h, für die damaligen Rennverhältnisse ein höllisches Tempo, zumal bei einer Gesamtdistanz von 504 Kilometern. Das Duell Alfa Romeo gegen Ferrari endet abrupt in der 22.

Runde, als Alberto Ascari seinen Tipo 375 mit Motorschaden abstellen muß. Die Zuschauer im königlichen Park von Monza ermuntern ihren Rennhelden auf dem Rückweg an die Boxen: Heute hätte Alberto Ascari gewonnen! Die Alfettas haben den Ferrari nicht abschütteln können, müssen obendrein zweimal nachtanken, während Ascari nur ein einziges Mal Treibstoff hätte nachfassen brauchen. Ebenfalls in der 22. Runde jagt der nun also Zweitplazierte Juan Manuel Fangio an die Alfa-Corse-Box, läßt die Hinterreifen wechseln und den Tank auffüllen. Ein Reifenplatzer hat die kluge und zurückhaltende Rennstrategie des Argentiniers ins Wanken gebracht, doch der zweite Platz würde ja zum Gewinn der Weltmeisterschaft reichen. Aber zwei Runden später verendet Fangios Alfetta endgültig in der Boxengasse. Stallregie und Reglement der Fahrerweltmeisterschaft lassen es damals allerdings zu, daß ausgeschiedene Piloten per Fah-

Finale in Monza am 3. September 1950: Farina in Front vor Fangio, hinter dem Argentinier folgt Fagioli, dann die vierte Alfetta mit Sanesi und erst dahinter kommt Ascari mit seinem Ferrari in die Gänge.

rerwechsel noch einmal ins Renngeschehen eingreifen und vor allem auch noch Punkte holen können. So hat Alberto Ascari den zweiten Werks-Ferrari übernommen, mit dem Dorino Serafini zuvor auf dem sechsten Platz lag. Und so bekommt auch Juan Manuel Fangio noch eine zweite Chance, den Titel zu gewinnen: Der 44jährige Piero Taruffi wird von Alfa-Corse beim Tankstop aus der Alfetta komplimentiert, Fangio übernimmt den an zweiter Stelle liegenden Tipo 158. Wenn er Zweiter bliebe, würden er und Taruffi dafür jeweils drei Punkte einheimsen, den Zähler für die schnellste Runde hat Fangio bereits in der Tasche. In der WM-Wertung hieße das jeweils 30 Punkte

für Farina und Fangio, aber mit Vorteil und Titelgewinn für den Argentinier, weil der im direkten Vergleich der Einzelresultate durch den geteilten zweiten Rang besser abschneiden würde als Farina. Hätte, wäre, könnte - es bleibt beim Konjunktiv. Jener 3. September 1950 wird nicht der Tag des Juan Manuel Fangio: In der 35. Runde strandet die Alfetta mit Ventilschaden. Alberto Ascari kommt in Serafinis Ferrari gegen Rennende zwar noch an Luigi Fagiolis Alfetta vorbei auf den zweiten Platz. Doch Giuseppe Farina bleibt unangetastet und gewinnt nach zwei Stunden, 51 Minuten und 17,4 Sekunden den *Großen Preis von Italien* und zugleich die allererste Formel-1-Weltmei-

sterschaft. Wie viele WM-Champions, die ihm noch folgen sollten, war Farina wohl nicht der beste Fahrer seiner Epoche, aber unterm Strich eben jener aus der zeitgenössischen Zunft der Vollgasbranche, der trotzdem fähig war, den Titel zu gewinnen. Fähig, durchaus dank eigener fahrerischer Kompetenz, nicht zuletzt aber dank eines eindeutig überlegenen Rennwagens. Das war schon am Beginn der Formel-1-WM-Geschichte eine ganz entscheidende Voraussetzung. Nebst jenem unberechenbaren Faktor namens Glück, das so vielen anderen talentierten Rennfahrern in der Formel 1 nicht zuteil wurde.

Fangio im zweiten Anlauf

Die Formel-1-Rennsaison 1950 erlebte noch einen bemerkenswerten Nachklang, als in Abwesenheit von Alfa Romeo Alberto Ascari mit den neuen Ferrari Tipo 375 beim *Gran Premio de Penya Rhin* auf dem Pedralbes-Stadtkurs von Barcelona zum ersten Sieg fuhr. Ferrari-Testfahrer Dorino Serafini steuerte einen zweiten 4,5-Liter-V12 auf Platz Zwei und Gilera-Motorrad-Rennas Piero Taruffi komplettierte auf einer 4,1-Liter-Version den dreifachen Sieg der Scuderia Ferrari. Zwei BRM-V-16 waren an jenem 29. Oktober kurze Zeit mit von der Partie: Reg Parnell schied in der zweiten Runde mit Laderschaden aus, Teamkollege Peter Walker teilte bei Halbdistanz dasselbe Schicksal. Im Training hatte man für Parnells BRM auf der »Avenida de Generalissimo Franco«, der zwei Kilometer langen Start- und Zielgeraden, eine Spitzengeschwindigkeit von fast 300 km/h gemessen. Kein Konkurrenzfabrikat war schneller, doch in den Kurven konnten Parnell und Walker ihre grünen Monster-Rennwagen kaum zähmen. Parnells beste Trainingszeit war über fünf Sekunden langsamer als Ascaris Pole Position. Damit war für die kommende WM-Saison 1951 absehbar, daß nur Ferrari die Alfa-Romeo-Dominanz gefährden konnte.

Inzwischen röhrten in den Eifelwäldern nicht nur Hirsche, sondern endlich auch wieder Rennmotoren: Die FIA hatte deutsche Rennfahrer und Rennveranstalter wieder in die internationale Motorsportgemeinde aufgenommen. Der Nürburgring war neu asphaltiert worden und am 20. August 1950 hatte Alberto Ascari im 2-Liter-Formel-2-Ferrari den ersten *Großen Preis von Deutschland* nach dem Zweiten Weltkrieg gewonnen. Im Herbst desselben Jahres fuhren gar wieder die Vorkriegs-Silberpfeile am Ring! Mercedes-Benz probte die Rückkehr in den Grand-Prix-Sport: Die Untertürkheimer hatten vier altgediente W154-Monopostos ausgemottet, um bei der argentinischen *Temporada* Anfang 1951 zu starten. Rudolf Caracciola, Hermann Lang und der ins Rennmetier gewechselte Mercedes-Benz-Kundendienstingenieur Karl Kling drehten im September 1950 auf zwei eilends überarbeiteten Rennwagen ihre ersten Testrunden in der Eifel, kamen jedoch nicht unter die magische 10-Minuten-Marke. Beim letzten Vorkriegs-Grand-Prix von Deutschland anno 1939 hatte Lang mit dem 480 PS-starken Dreiliter-V12-W163-Motor mit zweistufigem Kompressor noch eine unglaubliche Trainingsbestzeit von 9.43,1 Minuten gesetzt. »Caratsch«, der Sieger des `39er Grand Prix, zieht elf Jahre später an gleicher Stelle den folgerichtigen Schluß und verzichtet: »Das kann ich mir an den fünf Fingern abzählen, daß wir mit diesen Kisten keinen Lorbeer ernten werden. Überhaupt, ich finde, diese alten, stolzen Wagen, die einst so viele Siege errungen haben, sind einfach zu schade, um sie jetzt in Argentinien zu verheizen...« Caracciolas prophetische Gaben in allen Ehren, Mercedes-Benz startet gleichwohl in Argentinien: Als dritten Fahrer neben Lang und Kling verpflichtet Rennleiter Alfred Neubauer einen gewissen Juan Manuel Fangio...

»...that's the beginning of a wonderful friendship«, heißt es im Filmklassiker Casablanca. Und dies könnte auch als Motto für die Erfolgsstory »Fangio trifft den Stern« gelten, selbst wenn die Premiere ein glatter Reinfall wird. Fangio ist loyal bis zur Selbstaufgabe - und er ist nun mal Alfa-Romeo-Werksfahrer, der als Argentinier obendrein damit rechnet, daß Alfa Corse für ihn einen Tipo 159 nach Buenos Aires schickt. Fangio erteilt Mercedes-Benz also eine Absage. Die Schwaben verpflichten daraufhin Weltmeister Giuseppe Farina für die beiden Rennen, »Nino« bekümmern seine Bindungen zu Alfa Romeo nicht... Alfa Corse kommt jedoch gar nicht nach Argentinien und in Buenos Aires will man Juan Manuel Fangio deshalb gefälligst in einem der vermeintlich überlegenen Silberpfeile siegen sehen. Der stolze Nino Farina muß also wieder aus dem Vertrag herauskomplimentiert werden und kassiert 10 000 Mark Schmerzensgeld. Die hätte eigentlich auch Fangio verdient, denn das Mercedes-Comeback geht fürchterlich in die Hose, obwohl die Konkurrenz von der Papierform her allenfalls zweitklassig scheint. Doch in der argentinischen Hitze leiden die sensiblen W163-Motoren unter ständigen Vergaserproblemen und Renningenieur Rudolf Uhlenhaut fehlt zu allem Überfluß bei der Argentinien-Exkursion. Daß Fangio den Costanera-Kurs mit zusätzlichen Schikanen hat ausstaffieren lassen, ist nur das Tüpfelchen auf dem 'i': »El Chueco« rechnete nicht damit, für Mercedes-Benz zu fahren und wollte daher die überlegene Höchstgeschwindigkeit der schnellen Silberpfeile etwas einbremsen... So gewinnt der schwergewichtige, gleichwohl virtuose José Froilan Gonzalez auf einem Ferrari Tipo 166 mit 290 PS gegen die weit über 400 PS-starken Mercedes-Benz-Rennwagen am 18. Februar 1951 den *Gran Premio Presidente Peron* und sechs Tage später auch den *Gran Premio Evita Peron*. Don't cry for me, Argentina: Hermann Lang wird einmal Zweiter, dann Dritter. Karl Kling belegt im ersten Rennen

Das Rad der Geschichte läßt sich nicht zurückdrehen, in Buenos Aires bleiben die Silberpfeile stumpf, obwohl - von links nach rechts - Karl Kling, Hermann Lang und Juan Manuel Fangio bei beiden Temporada-Rennen mit ihren zwölf Jahre alten Mercedes-Benz W 154 jeweils in geschlossener Formation die erste Startreihe okkupieren.

Platz Sechs, wird beim zweiten *Gran Premio* Zweiter, während Nationalheld Juan Manuel Fangio nur einen enttäuschenden dritten Platz schafft und im zweiten Rennen mit dem W 154 gar mit Motorschaden ausfällt. Das war der blamable Schwanengesang eines der berühmtesten Rennwagen aller Zeiten. In Untertürkheim läßt Direktor Fritz Nallinger die Vorbereitungen für die Teilnahme an den *500 Meilen von Indianapolis* kurzerhand abblasen. Die Schwaben hatten ihre Lektion gelernt, mit altem Rennmaterial würde man nie wieder ausrücken. Eine Teilnahme an der Formel-1-Weltmeisterschaft erfordert eine Neukonzeption. Und weil die FIA Anfang 1951 beschließt, erst ab der Saison 1954 ein neues Reglement für die Formel 1 einzuführen - maximal 2,5 Liter-Hubraum ohne, 750 Kubikzentimeter mit Kompressor - , verschiebt sich die Rückkehr neuer Silberpfeile auf absehbare Zeit. Einstweilen bescheidet sich die Rennabteilung von Mercedes-Benz mit der Konstruktion eines Sportwagens. Nein, wir schreiben nach wie vor das Jahr 1951 und das kommende Modell heißt 300 SL und noch nicht Sauber C 9...

In Portello hatten die Alfa-Romeo-Renningenieure unter Regie von »Heimkehrer« Gioacchino Colombo die Alfetta noch einmal gründlich überarbeitet. Der Reihen-Achtzylinder mit Doppel-Kompressor verkraftete jetzt bis zu 10 500/min und mobilisierte etwa 420 PS. Mit zusätzlichen Seitentanks verfügte der Tipo 159 jetzt über ein Kraftstoffreservoir von 300 Litern, benötigte aber auch noch mehr hochexplosives Alkoholspezialgemisch, nämlich etwa

170 Liter je 100 Kilometer Renndistanz. Die Alfetta war in die Jahre gekommen, die schlanke Silhouette von einst zeigte bauchige Konturen, anstelle der Schwingachse spendierte man der füllig gewordenen Schönheit eine De-Dion-Hinterachse, um das Startgewicht von über 1100 Kilogramm besser auf die Straße zu bringen. Farina und Fangio blieben erste Wahl bei Alfa Corse, während der bald 53jährige Fagioli zwar noch nicht aufs Altenteil abgeschoben, dafür aber zum Reservefahrer degradiert wurde. Die rote Konkurrenz aus Maranello hielt ihrerseits an Ascari und dem wieder völlig genesenen Villoresi fest. Neben Taruffi

sollte auch bald Gonzalez eine Chance bei Ferrari bekommen. Lampredi hatte dem V12 im Tipo 375 jeweils zwei Zündkerzen pro Zylinder verpaßt und dem Triebwerk damit 380 PS bei 7500/min entlocken können, dazu gabs - wie bei der Alfetta - nochmals verstärkte Trommelbremsen und einen neuen Kühlergrill, der Ferraris Formel-1-Renner ein ebenso markantes wie brutales Aussehen bescherte. Mit vollen Tanks wog der Tipo 375 etwa 60 Kilogramm weniger als die Alfetta und benötigte obendrein weniger Treibstoff, was über eine volle Grand-Prix-Distanz mindestens einen Tankstop ersparen half. Vor dem offiziellen Auftakt der WM-Saison 1951 mit dem *Großen Preis der Schweiz* am 27. Mai hatte es kein direktes Aufeinandertreffen der Werksteams von Alfa Corse und Ferrari gegeben. Gigi Villoresi hatte im März die Formel-1-Rennen in Syrakus und Pau gewonnen, sein Freund und Ferrari-Teamkollege Alberto Ascari siegte Mitte April beim San-Remo-Grand-Prix im Tipo 375. Rivale Alfa Romeo startete erstmals Anfang Mai - allerdings mit dem alten Tipo 158: Bei der *Daily-Express Trophy* in Silverstone gewannen Fangio und Farina jeweils einen der beiden Vorläufe, doch das Finale mußte wegen sintflutartiger Regenfälle bereits nach sechs Runden abgebrochen werden. Zu diesem Zeit-

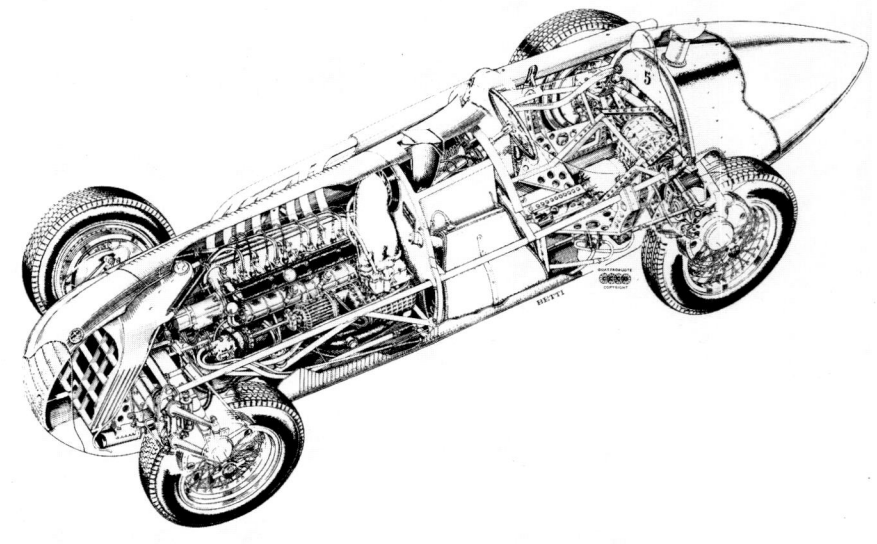

Auch in die Jahre gekommen - der Alfa Romeo Tipo 159, die korpulente Alfetta für die Saison 1951.

Die Arbeitsplatz-Perspektive der ersten beiden Formel-1-Welt-meister.

aus Maranello gekauft, dessen 1,5-Liter-Kompressor-Motor er für die Saison 1951 durch einen 4,5-Liter-Sauger aus dem Tipo 375 ersetzte. Vandervell vertraute diesen Thinwall Special den routinierten britischen Rennfahrern Reg Parnell und Peter Whitehead an und bereitete sich auf diese Art und Weise für ein eigenes Formel-1-Engagement vor. Eines schönen Tages wollte er »diese verdammten roten Autos aus Italien« schlagen, wenn nicht mit BRM, dann eben konsequenterweise allein: 1954 präsentierte Tony Vandervell seinen ersten eigenständigen Formel-1-Rennwagen, den Vanwall. Angetrieben wurde die britische Neukonstruktion von vier wassergekühlten, miteinandergekoppelten 500er Einzylinder-Motorradtriebwerken der legendären Norton-Rennmaschine! Tony Vandervelll sollte bis zur Verwirklichung seines Traumes, Ferrari & Co. zu besiegen, allerdings noch einige Jahre warten müssen. Einstweilen gaben die italienischen Rennkonstruktionen nach wie vor den Ton an in der Formel 1.

punkt lag Reg Parnell mit einem grünlackierten Ferrari-V12 vorn und wurde zum Sieger erklärt. Sein Gefährt stammte zwar aus Maranello, firmierte jedoch unter dem Namen »Thinwall Special« und gehörte dem erfolgrei-chen Kolbenring- und Kugellagerhersteller Tony Vanderwell. Der war nicht nur am BRM-Firmenkonsortium beteiligt, sondern auch Zulieferer für Ferrari. Zu Testzwecken hatte sich Vandervell bereits 1949 einen Tipo 125

Der WM-Start auf dem tückischen Bremgarten-Kurs bei Bern gestaltete sich für Alfa Corse einfacher als befürchtet. Juan Manuel Fangio

Wiedersehen nach vier Jahrzehnten: Ferrari Tipo 375 V12, Baujahr 1951, und Gigi Villoresi, Jahrgang 1909, glücklich vereint am Hungaroring anno 1992.

beherrschte im strömenden Regen die teaminterne Konkurrenz ebenso wie die Ferrari-Rivalen. Wobei die Scuderia jedoch mit einem großen Handikap in den ersten WM-Lauf der Saison gestartet war, denn die Numero Uno, Alberto Ascari, litt immer noch unter Verbrennungen, die er sich bei einem Unfall während eines Formel-2-Rennens in Genua zugezogen hatte. Zu allem Überfluß läuft Ascaris Tipo 375 die ganze Wasserschlacht hindurch nur auf elf Töpfen. Der 32jährige fährt den *Großen Preis der Schweiz* zwar tapfer zuende, kassiert aber als Sechster mit über zwei Runden Rückstand auf den siegreichen Fangio keine Punkte. Gigi Villoresi rutscht in der ominösen 13. Runde in der Forsthauskurve von der Piste und so rettet der erstaunliche Piero Taruffi die Ehre der Roten, als er zwei Runden vor Ende des Rennens Weltmeister Farina noch den zweiten Platz wegschnappen kann. Alle vier Alfettas sehen die Zielflagge, Fangio Erster, Farina Zweiter, Sanesi Vierter und der schweizer Gastfahrer Baron Emmanuel »Toulou« de Graffenried Fünfter. Der Regen war Alfa Corse durchaus zupaß gekommen: Auf der rutschigen Piste hält sich der Treibstoffverbrauch in Grenzen und macht je Fahrzeug nur einen Routinestop zum Auftanken nötig, der bei Fangio obendrein in der für damalige Verhältnisse rekordverdächtigen Zeit von 31 Sekunden vonstatten geht. Und noch etwas für Freunde der Statistik: Bei jenem hoffnungslos verregneten *Großen Preis der Schweiz* gibt der 21jährige Stirling Moss sein WM-Debüt und pfeilt in seinem unterlegenen Formel-2-HWM als Achter von vierzehn gewerteten Fahrern ins Ziel. Wohlgemerkt, der junge Brite dirigierte damals nur 135 PS durch die Wassermassen! Und noch eine weitere Premiere: Jahrzehnte vor Erfindung der offiziellen Einführungsrunde zum Reifenaufwärmen entschloß sich Rennleiter Massara das Feld der 21 Rennwagen auf eine Proberunde zu schicken, um den Fahrern Gelegenheit zu geben, sich mit den Tücken der nassen Piste vertraut zu machen. Alles schon mal dagewesen...

Drei Wochen später gibts auf dem gefährlichen Straßenkurs von Spa-Francorchamps keinen Regen: Dieser *Große Preis von Belgien* lockt nur 13 Teilnehmer, doch drei Alfettas und drei Ferraris reichen für einen spannenden Rennverlauf, während die restlichen sieben Talbot-Lagos abgeschlagen eine Art Markenpokal ausfahren, den Routinier Louis Rosier als Vierter in der Gesamtwertung für sich entscheidet, zwei Runden hinter dem Sieger, der diesmal Nino Farina heißt. Juan Manuel Fangio ist aus der Pole Position extrem schlecht gestartet, Gigi Villoresi übernimmt mit seinem Ferrari die Spitze, die im Duell mit Farinas Alfetta mehrfach wechselt, ehe Alberto Ascari sich an Villoresi vorbei und auf die Verfolgung von Farina macht, um seinerseits vom heranstürmenden Fangio überholt zu werden. Das Alfetta-Duell zwischen dem Argentinier und dem amtierenden Weltmeister wird durch ein Malheur bei Fangios erstem Boxenstop entschieden: Das linke Hinterrad klemmt und läßt sich nicht abnehmen, PORCA MISERIA! Die gestreßte Alfa-Crew muß den Reifen mühsam von der Felge ziehen, Fangio verliert eine geschlagene Viertelstunde und landet schließlich auf Platz Neun, sichert sich aber den Extra-Punkt für die schnellste Rennrunde des Tages. So gewinnt Giuseppe Farina problemlos mit fast drei bzw. über vier Minuten vor den Ferraris von Ascari und Villoresi.

Vierzehn Tage später hat der französische Automobilclub als Grand-Prix-Veranstalter in Reims dafür gesorgt, daß das Rennen von 64 auf 77 Runden oder sage und schreibe 601,76 Kilometer ausgedehnt wird - die längste Distanz, die je bei einem Formel 1-WM-Lauf bewältigt werden mußte. Man will damals nämlich ganz sicher sein, daß auch die Ferraris nachtanken müssen... Tatsächlich kommt der Rennstall von Enzo Ferrari an jenem drückend heißen 1. Juli des Jahres 1951 dem ersten Triumph über Alfa Corse so nah wie nie zuvor. Alberto Ascari führt bei Rundenschnitten von fast 190 km/h vor Juan Manuel Fangio in der schnellsten Alfetta und vor seinem fast väterlichen Ferrari-Kompagnon Gigi Villoresi. Diese begeisternde Windschattenschlacht nimmt eine dramatische Wendung, als Ascari und Fangio fast zeitgleich in der zehnten und in der elften Runde ihre Rennwagen mit Getriebeschaden beziehungsweise Fehlzündungen an den Boxen abstellen. Während nun Farina vor Villoresi die Führung übernimmt, beginnt ein

emsiges Bäumchen-wechsle-dich-Spiel. José Froilan Gonzalez muß beim ersten Ferrari-Werkseinsatz seinen Tipo 375 selbstredend an seinen »Capo« Alberto Ascari abgeben, während Rennveteran Luigi Fagioli, für dieses eine Rennen von Alfa Romeo wieder aus der Verbannung geholt, seine Alfetta an Juan Manuel Fangio abzutreten hat. Und wieder nimmt der Rennverlauf eine dramatische Wende, als Nino Farina wegen eines Reifenschadens und ständiger Zündprobleme den sicher scheinenden Sieg verliert. Nun liegt wieder Alberto Ascari vorn, bis in der 50. Runde Juan Manuel Fangio den von nachlassenden Reifen und Bremsen geplagten Ferrari doch noch abfangen kann und mit einer Minute Vorsprung gewinnt. Damit beschert der Argentinier seinem Leihwagen-Geber Luigi Fagioli einen bemerkenswerten Rekord: Mit 53 Jahren ist der Italiener der älteste Rennfahrer, der einen Formel-1-WM-Lauf gewonnen hat, auch wenn er sich diesen Sieg mit Fangio teilt. Als Luigi Fagioli am 9. Juni des Jahres 1898 in Osimo das Licht der Welt erblickte, ist die große Erfindung von Carl Benz gerade erst ins Rollen gekommen. Luigi Fagioli pilotiert später vom Motorrad bis zu den Silberpfeilen von Mercedes-Benz und Auto-Union alles, was ihm in die Finger kommt. Als Rennfahrer ist der eigensinnige Fagioli in den Jahren zwischen den beiden Weltkriegen ein ausgesprochener Dickschädel, der von Stallregie recht wenig, von sich selbst aber umso mehr hält. Gleichwohl erreicht sein Können auf der Rennstrecke nie ganz das Format eines Nuvolari, eines Caracciola oder eines Rosemeyer. Nach seinem unfreiwilligen Abgang von Mercedes-Benz produziert Fagioli in der eigenen Fabrik Makkaroni und Spaghetti, ehe er nach dem Krieg von Alfa Corse reaktiviert wird. Der Grand-Prix-Sieg von Reims weckt in Fagioli nicht unbedingt wieder den Geschmack für seine Nudelproduktion, die Autorennen locken stärker, auch wenn der gute Luigi nie mehr einen Formel-1-WM-Lauf bestreiten wird. Lancia verpflichtet den reifen Herrn für sein Sportwagenteam. Bei der Mille Miglia 1952 kreuzt er noch einmal mit seinem alten Rivalen aus Silberpfeil-Tagen die Klinge und - welche Genugtuung! Luigi Fagioli besiegt mit seiner

Der Regenmeister wird 1951 Weltmeister: Juan Manuel Fangio beim Großen Preis der Schweiz auf Siegesfahrt am Bremgartenkurs bei Bern.

108-PS-starken Lancia Aurelia den großen Rudi Caracciola im neuen Mercedes 300 SL, der 170 PS auf die Straße bringt. Fagioli steht in seinem 54. Lebensjahr, Caratsch ist damals 51... Es ist jene verregnete Mille Miglia, bei der sich der trinkfreudige und rotweingestählte Kettenraucher Giovanni Bracco in einen fahrerischen Rausch steigert und seinen Ferrari wie in Trance zum Sieg über Karl Klings 300 SL steuert. Luigi Fagioli wird Dritter, vor Rudolf Caracciola. Es soll der letzte Triumph des »Abruzzenräubers« sein. Zwei Wochen später verunglückt Luigi Fagioli beim Training zum *Grand Prix de Monaco*, der 1952 nur für Sportwagen ausgeschrieben ist. Im Tunnel hat sich sein Lancia quergestellt, Fagioli überlebt den fürchterlichen Aufprall mit einem Schädelbruch und weiteren schwersten Verletzungen. Dreieinhalb Wochen ringt er im Hospital mit dem Tod, am 20. Juni 1952 verliert Luigi Fagioli den letzten Kampf seines Rennfahrerlebens.

Am 14. Juli 1951 schreibt José Froilan Gonzalez ein neues Kapitel der Motorsportgeschichte: Der bullige Argentinier gewinnt den ersten Formel-1-WM-Lauf für Ferrari! Der brettebene Flugplatzkurs von Silverstone mit seinen breiten Geraden, umsäumt von zahllosen Strohballen und sandgefüllten Blechtonnen, den Markierungsbojen für Kurven, die eher Ecken glei-

chen - das ist das Terrain, auf dem sich Gonzalez ganz in seinem Element fühlt. Obwohl sein Ferrari Tipo 375 nur von der schwächeren V12-Variante mit einer Zündkerze pro Zylinder angetrieben wird, fährt der stämmige Argentinier die Trainingsbestzeit, eine volle Sekunde schneller als sein zweitplazierter Landsmann Juan Manuel Fangio in der Alfetta. Alberto Ascari, Trainingsvierter noch hinter Weltmeister Farina, ist zwei Sekunden langsamer als

sein unglaublicher Ferrari-Teamkollege! Doch beim Start werden sie alle von Felice Bonetto überrumpelt, der mit seiner Werks-Alfetta von Startplatz Sieben aus der zweiten Reihe in Front schießt, ehe Gonzalez in der zweiten Runde das Kommando übernimmt. Fangio holt nach einem verpatzten Start gewaltig auf und überholt Gonzalez in der 10. Runde, kann aber »El Cabézon« nicht abschütteln. In der 38. von 90 Runden liegt gar wieder der Ferrari vorn, der Rest des Feldes hat gegen die beiden sich verbissen beharkenden Argentinier keine Chance. Bei Halbdistanz muß Fangio seine Alfetta auftanken lassen, was Gonzalez einen Vorsprung von über 70 Sekunden beschert. Alberto Ascari stellt in der 56. Runde seinen Ferrari mit Getriebeschaden ab, als wenig später der führende José Froilan Gonzalez zu seinem Tankstop in die Boxengasse rauscht. Sein Capo ist ausgeschieden, wird Gonzalez jetzt seinen führenden Ferrari an Ascari abtreten müssen, so wie in Reims dreizehn Tage zuvor? Doch Alberto Ascari legt fast beschwörend die Hand auf die breiten Schultern des Argentiniers: Bleib am Lenkrad, ich stehle Dir nicht den verdienten Sieg. Der stämmige Gonzalez wuchtet gleichwohl seinen massigen Körper aus dem Sitz, um seinen Ferrari-Mechanikern beim Auftanken nicht im Weg zu sein. Und die erledigen ihren Job perfekt in nur 22 Sekun-

Mit 53 Jahren noch Grand-Prix-Sieger: Luigi Fagioli, der rennfahrende Nudelfabrikant.

den, dann braust Gonzalez davon und gewinnt 30 Runden später den *Großen Preis von England* mit 51 Sekunden Vorsprung vor seinem Freund und Landsmann Juan Manuel Fangio. Im fernen Maranello triumphiert Enzo Ferrari und schickt mit italienischem Sinn für große Gestik ein Telegramm an die Mailänder Konkurrenz, die ihn anno 1939 mit seiner Entlassung als Rennleiter so gedemütigt hatte. In schwülstigen Worten tut der Commendatore angeblich kund, »daß ich für unseren Alfa immer noch die zartsüße erste Liebe des heranwachsenden Jünglings empfinde.« In seinen nicht minder pathetischen Erinnerungen schreibt Enzo Ferrari: »Doch unter die Tränen der Begeisterung mischen sich solche des Schmerzes. Denn an diesem Tag kommt mir die Gewißheit, daß ich meine Ziehmutter umgebracht habe.«

Die legendäre Alfetta hat ihre erste Rennschlacht seit 1946 verloren, aber noch nicht den Krieg um die Formel-1-WM des Jahres 1951: Fangio führt im Zwischenklassement mit 21 Punkten vor Farina mit 15 Zählern. Erst danach folgt das Ferrari-Trio Villoresi, Gonzalez und Ascari mit zwölf, elf und neun Punkten. Weil aber von acht WM-Läufen inklusive *Indy 500* nur die vier besten Resultate gewertet werden, ist bei noch drei ausstehenden Rennen nichts entschieden. Zumal gegen den Ferrari Tipo 375 mittlerweile kein Kraut gewachsen scheint: Angeblich 180000 Zuschauer entlang des Nürburgrings erleben am 29. Juli 1951 den ersten Formel-1-Grand-Prix im Nachkriegs-Deutschland, ein Rennen, das für

Alfa Romeo fast zum vollständigen Fiasko wird. Nur Juan Manuel Fangio sieht mit seiner Alfetta die Zielflagge, wird aber einmal mehr nur Zweiter hinter einem Ferrari. Alberto Ascari, bereits im Training mit einer Traumrunde von 9.55,8 Minuten Schnellster, fährt seinen ersten, längst verdienten Sieg in einem WM-Lauf nach Hause. Mit Gonzalez, Villoresi und Taruffi belegen die drei anderen gestarteten Tipo 375 die Plätze Drei bis Fünf, der schweizer Privatier Rudolf Fischer komplettiert in einem Formel-2-Ferrari den totalen Erfolg. Nino Farina verliert mit einem Getriebeschaden an seiner Alfetta endgültig alle ernsthaften Chancen auf die Titelverteidigung. Felice Bonettos Alfetta wird bis zur Aufgabe von chronischen Fehlzündungen gepiesackt. Und Alfa-Romeo-Gastfahrer Paul Pietsch, der erste Deutsche am Start eines Formel-1-WM-Laufes, dreht sich im Karussell, kann weiterfahren und fliegt nach einer wilden Aufholjagd in der 13. Runde über die Böschung der Nordkurve hinaus: »Ich wollte Villoresi noch vor der Kurve schnappen. Aber es reichte nicht mehr, ich fuhr zu schnell in die Kurve. Es war also mein Fehler«, erinnert später der rennfahrende Journalist und erfolgreiche Verleger. Schwacher Trost für die deutschen Rennfans anno 1951: Die neue Formel 1 hat den alten Nürburgring-Rundenrekord, den Hermann Lang im Mercedes-Benz W 154 mit 9.52,2 Minuten beim Eifelrennen 1939 aufstellte, nicht unterbieten können. Juan Manuel Fangio schafft als Bestzeit »nur« 9.55,8. Doch Fangios Schnitt von 137,9 km/h nötigt damaligen Chronisten

gleichwohl gehörigen Respekt ab. Langs Rundenrekord wird erst fünf Jahre später fallen - durch Fangio, wen sonst?

In der Zwischenzeit kassiert Alfa Romeo die vielleicht bitterste Niederlage seiner großen Renngeschichte: Ausgerechnet in Monza, quasi vor den Toren des ruhmreichen Mailänder Werks, demütigt der Emporkömmling Ferrari zum dritten Mal in Folge die alternde Diva namens Alfetta. Obwohl Gioacchino Colombo noch einmal alle Ingenieurskunst in den modifizierten Tipo 159M investiert hat und Fangio im Training einen unglaublichen Rundendurchschnitt von 200,35 km/h auf den Asphalt zaubert, vollzieht sich beim *22. Gran Premio d'Italia* wie schon am Nürburgring das große Alfa-Siechtum. »Toulou« de Graffenrieds Alfetta ist bereits nach zwei Runden mit Laderschaden draußen, in der siebten Runde geht der Motor in Nino Farinas Tipo 159M hoch und nach 39 von 80 Runden wird Juan-Manuel Fangio zum Fußgänger, als ein Kolben im 8-Zylinder-Triebwerk seiner Alfetta kollabiert. Farina hat zuvor noch Bonettos Tipo 159M übernehmen können, inszeniert eine grandiose Aufholjagd auf den zweitplazierten Ferrari von Gonzalez, fährt sogar neuen Rundenrekord, ehe ein gerissener Benzintank den Weltmeister in der 70. Runde zu einem weiteren, diesmal nicht einkalkulierten Boxenaufenthalt zwingt. Nino Farina steht diesen denkwürdigen *Großen Preis von Italien* dennoch bis zum Ende auf Rang Drei durch, auch wenn sich ein Großteil des nachgefüllten Treibstoffs Runde um Runde wieder auf die Strecke ergießt... Alberto Ascari gewinnt erneut im Ferrari Tipo 375, Teamkollege José Froilan Gonzalez wird knapp 45 Sekunden dahinter als Zweiter abgewunken und die beiden anderen Werkswagen von Gigi Villoresi und Piero Taruffi komplettieren auf dem vierten bzw. fünften Platz das grandiose Resultat für die Scuderia Ferrari. Damit kommen vor dem letzten WM-Lauf des Jahres, dem *Großen Preis von Spanien* am 28. Oktober 1951 noch drei Fahrer für den Titel in Frage: Fangio liegt mit 27 zu 25 Zählern vor Ascari und auch Gonzalez hat mit 21 Punkten eine Chance auf die Weltmeisterschaft. Seit fast vier Monaten hat Alfa Romeo gegen Ferrari nicht mehr gewinnen können und auf dem

14. Juli 1951 - was den Franzosen ihr Nationalfeiertag, wird den Ferraristi der erste Sieg ihrer Marke bei einem Lauf zur Formel-1-WM: José Froilan Gonzalez gewinnt im Ferrari Tipo 375 den britischen Grand Prix in Silverstone.

*Nürburgring,
29. Juli 1951:
Der zweite
Nachkriegs-
Grand-Prix
von Deutsch-
land, der erste
mit der For-
mel 1 und mit
WM-Status.*

Piero Taruffi steuert seinen Ferrari zuerst in die Boxengasse, der rechte Hinterradreifen wirft Gummifetzen. Eine Runde später rasselt der nächste Ferrari mit Luigi Villoresi zum Reifenwechsel herein. In der achten Runde dröhnt der zweitplazierte Ferrari von Alberto Ascari noch einmal auf der Start- und Zielgeraden vorbei. Ascari gestikuliert wild, ja, auch er wird in der nächsten Runde wegen defekter Reifen an die Box rollen müssen. Die Ferraris sollten ohne Tankstop durchfahren, hatten Zusatztanks montiert, doch das enorme Startgewicht konnten die kleineren Reifen auf den Bodenwellen und Unebenheiten nicht mehr verkraften. Fangio führt auf der Alfetta und fährt gleichwohl möglichst reifenschonend, er muß schließlich noch zweimal zum Nachtanken an die Box kommen. Ascaris Ferrari hat hingegen dank der Zusatztanks in dieser Hinsicht keine Sorgen. Mit frischen Reifen greift der Italiener noch einmal an, auch wenn er abgeschlagen auf Platz Drei liegt, aber Ascari braucht bald wieder neue Reifen, dreht sich wenig später und wird in der 55. Runde sogar von Spitzenreiter Fangio überrundet. Gonzalez liegt auf Platz Zwei, gut 30 Sekunden hinter der Alfetta, die doch zuletzt immer wieder von motorischen Altersgebrechen eingebremst worden war. Ein Defekt - und Ferraris Argentinier wäre Weltmeister. Doch Juan Manuel Fangio dreht stoisch seine Runden an der Spitze des Feldes. Das Kreischen der Alfetta klingt kerngesund, Fangio spuckt seinen Kaugummi aus und beginnt leise zu beten, weiß die Rennlegende im Nachhinein anzumerken. Und wie in jedem anständigen Märchen gehen alle Wünsche in Erfüllung: Nach zwei Stunden, 46 Minuten und 54,10 Sekunden sieht Juan Manuel Fangio als Erster die schwarz weiß-karierte Zielflagge und ist Weltmeister! 300 000 Zuschauer skandieren »Fangio, Fangio, Fangio« und als der 40jährige Argentinier nach der Ehrenrunde die Alfa-Box ansteuert, spürt er einen Kloß im Hals. So ist das also, wenn man Weltmeister wird...

Pedralbes-Stadtkurs von Barcelona steht prompt der Vorjahressieger Alberto Ascari mit dem Tipo 375 wieder auf dem besten Startplatz. Dreizehn Monate zuvor ist Juan Manuel Fangio ebenfalls als Tabellenführer in den letzten WM-Lauf gestartet und hat den Titel trotzdem noch verloren: Keine guten Vorzeichen für den 40jährigen Argentinier...

Unsere Geschichtsbücher kodifizieren Fakten, Daten, Meinungen. Der allzu vertrauensselige Leser glaubt, so ist es gewesen, so ist es gekommen und so steht es denn geschrieben. »Fatum« sagt der Lateiner, »Kismet« der Mohammedaner, »Schicksal« der Deutsche, aber »Pustekuchen« der Schreiber dieser Zeilen: Denn vieles hätte ganz anders kommen können, auch an jenem 28. Oktober des Jahres 1951 im sonnigen Barcelona. Was wäre gewesen, wenn Fangio nicht den Titel gewonnen hätte...? Denkbar, daß er in der Folge über-

haupt keine Weltmeisterschaft mehr geholt hätte, vollkommen demoralisiert und enttäuscht gewesen wäre...? Was wie Blasphemie klingt, ist nur Konjunktiv: Juan-Manuel Fangio HAT all seine fünf WM-Titel mit Fug und Recht gewonnen, basta. Aber mit etwas Phantasie mag man sich ausmalen, wie der *Große Preis von Spanien* anno 1951 verlaufen wäre, wenn Ferraris Renningenieure nicht das Risiko eingegangen wären, für den letzten WM-Lauf des Jahres die kleineren 16 Zoll-Pirelli-Reifen statt der gewohnten 17 Zoll-Garnitur aufzuziehen. Der Pedralbes-Kurs war extrem holprig, ein kleinerer Radumfang sollte die Schläge auf die Hinterachse, den neuralgischen Punkt des Tipo 375, erheblich reduzieren, so die Kalkulation bei Aurelio Lampredi. Nach sechs der insgesamt 70 Runden Renndistanz wissen die Ferrari-Verantwortlichen, daß ihre Rechnung nicht aufgehen würde...

Der allmächtige Ascari

Die legendäre Alfetta hatte gerade noch einmal den Ferrari Tipo 375 besiegen können, doch wenn Alfa Corse der Konkurrenz aus Maranello auch in Zukunft Paroli bieten wollte, hätten sich Colombo & Co. wohl auf eine Neukonstruktion kaprizieren müssen. Alfa Romeo wurde zwecks finanzieller Unterstützung sogar bei der italienischen Regierung vorstellig, doch die Finanzierung eines neuen Formel-1-Projektes ließ sich nicht verwirklichen. Viele Insider rechneten damit, daß Alfa Corse nun den Mittelmotor-Rennwagen Tipo 512 von

Wilfredo Ricart ausmotten würde, doch stattdessen verkündete die Firmenleitung kurz vor Beginn der Rennsaison 1952 den Rückzug aus der Formel 1. Diese Entscheidung hatte verheerende Folgen, denn nun war der Rennstall von Enzo Ferrari allein auf weiter Flur. Antonio Lago hatte bereits Anfang 1951 seinen Abschied von der Formel-1-Bühne verkündet, für die ohnehin chancenlosen Talbot-Lagos gab es somit keine Chance auf Weiterentwicklung. Die Maserati-Brüder, die ihr kränkelndes Unternehmen 1937 an Graf Orsi verkauft hatten, konnten seit 1947 zwar wieder eigene Konstruktionen entwickeln, doch ihr ehrgeiziges Formel-1-Projekt namens OSCA entpuppte sich als Flop. Der V 12-Saugmotor mit 4,5 Liter Hubraum leistete nur knapp 300 PS. Der Italiener Franco Rol hatte 1951 bei der WM-Premiere des OSCA beim *Großen Preis von Italien* mit 13 Runden Rückstand den neunten und letzten Platz belegt. Der fahrerisch gewiß talentiertere siamesische Prinz Birabongse Bhanutej Bhanubandh - kurz Prinz Bira genannt - war beim folgenden spanischen Grand Prix bereits in der ersten Runde mit Motorschaden draußen. Auch die vertraglich vereinbarte Kooperation mit Amédée Gordini platzte, weil der Italo-

Der kleine Prinz der Formel 1 - Prinz »Bira« Birabongse Bhanutej Bhanubandh von Siam, auf seiner Brust das Wappen mit der weißen Maus, nach der »Prince Charming« bereits in den 30er Jahren seinen privaten, in England stationierten Rennstall »The White Mouse Stable« getauft hatte.

Franzose wieder einmal in akuten Geldnöten steckte. Simca hatte seine ohnehin bescheidenen Finanzquellen ganz versiegen lassen, so daß zuvor schon das ehrgeizige 1,5-Liter-Kompressor-Projekt des umtriebigen Gordini auf Grund gelaufen war. Bei Graf Orsi in Modena liefen die Geschäfte mittlerweile zwar etwas besser, aber ein konkurrenzfähiges Formel-1-Design für die Rückkehr eines offiziellen Maserati-Werksteams war nicht vorhanden. Und die beiden britischen Nationalrennwagen namens BRM hatten zwar das Kunststück fertiggebracht, 1951 beim Heim-Grand-Prix in Silverstone alle Trainingssitzungen zu versäumen und trotzdem am Renntag mit Reg Parnell und Peter Walker am Steuer die Plätze Fünf und Sieben zu erobern. Doch die beiden tapferen Briten zogen sich schwere Brandblasen an den Füßen zu, weil der V 16-Kompressormotor die unzureichend isolierten Auspuffrohre und Pedale zu glühenden Grilleisen erhitzte. Silverstone blieb im übrigen der einzige halbwegs ernsthafte Auftritt des BRM-Rennstalls während der WM-Läufe des Jahres 1951...

Angesichts dieser Konstellation gab es für die Tipo 375 von Enzo Ferrari keine ernsthafte Konkurrenz mehr. Nun schlugen jedoch die Rennveranstalter Alarm: Mit dieser Formel 1 war kein Staat zu machen, die Mehrzahl der Grand-Prix-Rennen wurde für die Formel 2 ausgeschrieben! Auch die internationale Motorsportdachorganisation zog die Konsequenzen. Bis zur Einführung der neuen 2,5-Liter-Formel-1 ab der Saison 1954 würde die Fahrerweltmeisterschaft eben auf Rennwagen der Formel 2 ausgetragen. Die FIA machte aus der Not eine Tugend, versprach doch diese Lösung eine größere Vielfalt der Konstruktio-

allzu hoch gesteckten Hoffnungen. Unterm Strich ergab sich also ein interessantes Bewerberfeld, das spannendere Rennen um die Weltmeisterschaft versprach als die ausgezehrte Formel 1...

...doch erstens kommt es anders, und zweitens als man denkt: Das zweijährige Interregnum der Formel 2, die Zeit ohne Königsklasse in der Fahrerweltmeisterschaftswertung, bescherte die totale Überlegenheit der Kombination Alberto Ascari/Ferrari Tipo 500. Eine Fülle erstklassiger Rennfahrer steuerte den zuverlässigen, kleinen Vierzylinder-Rennwagen, der anfänglich rund 170 PS abgab. Doch einzig Ascari vermochte, den kompakten Ferrari so behutsam und präzise wie kein anderer über die Grand-Prix-Strecken zu lenken. Bei der vergleichsweise bescheidenen Motorleistung eines Formel-2-Rennwagens machte sich wildes Querstellen und Räubern nur negativ bemerkbar. Diese fragilen Rennwägelchen mußten sauber auf der Ideallinie gehalten werden: Da hieß es vorausdenken, über die nächste Kurve hinaus anpeilen, geradezu Anlauf nehmen und bloß nicht den Schwung, nur nicht an Fahrt verlieren, denn mangels üppiger PS-Kraft war verlorenes Terrain mit Gewalttaktionen nicht mehr wettzumachen. Die Kunst wohldosierten Gaspedaleinsatzes beherrschte »Ciccio« perfekt, das »Veilchen«, wie die Italiener ihren beliebten und etwas beleibten Alberto Ascari neckten. Der Milanese zeigte keine Starallüren, lebte das bescheidene Glück im stillen Winkel vor, mit Gattin Mietta und den Bambini Tonio und Patricia. Unter seinen stets im gleichen Hellblau des Sturzhelmes gewirkten Rennpullovern und kurzärmeligen Polo-Shirts wölbte sich der Bauch des pastafreudigen Familienvaters. Neben seiner

internationalen Rennkarriere betrieb der bodenständige Sohn des großen Antonio Ascari mit Geschick und Erfolg eine große Fiat-Vertretung in seiner Vaterstadt Mailand. Und wenn man dann noch Rennen um Rennen gewinnt und sich auf einem Ferrari zweimal in Folge den Weltmeistertitel holt, dann ist es nur folgerichtig, daß Alberto Ascari in Italien schon zu Lebzeiten zur Legende wurde. Von den 17 WM-Läufen der Jahre 1952/53 konnte Ascari allein elf für sich entscheiden, neun Formel-2-GP's gewann »Ciccio« dabei hintereinander, bis in die Gegenwart ein einsamer Rekord.

Die Dominanz des Alberto Ascari begann allerdings erst im dritten WM-Lauf des Rennjahres 1952. Der Italiener hatte sich mit Ferrari auf den Start bei den *500 Meilen von Indianapolis* vorbereitet und verzichtete auf den *Großen Preis der Schweiz*, der am 18. Mai den Reigen der Fahrerweltmeisterschaft eröffnete. Was den Auftakt der neuen Saison bildete, markierte zugleich das Ende einer großen Rennfahrerkarriere. Denn vor dem Formel-2-Grand-Prix war Rudolf Caracciola beim *Preis von Bern für internationale Rennsportwagen* kurz vor der tückischen Forsthauskurve schwer verunglückt. In seinem Mercedes 300 SL hatte er den Anschluß zu seinen Teamkollegen Karl Kling und Hermann Lang verpaßt, weil seine Bremsen nachließen. Dieses Manko führte in der zwölften von 18 Runden dazu, daß »Caratsch« gegen eine 20 Zentimeter starke Tanne knallte und sich einen Beinbruch sowie schwere Fleischwunden zuzog. Die Karriere des vielleicht besten, zumindest aber legendärsten deutschen Rennfahrers war zuende. Rudolf Caracciola verbrachte fünf Monate lang in Gips, mußte zwei Operationen über sich ergehen lassen und blieb fast zwei Jahre an den Rollstuhl gefesselt. Bald darauf erkrankt Rudolf Caracciola an Leberkrebs und erliegt 1959 seinem schweren Leiden. Im Gedenken an den Rennfahrer, der den Ruhm von Mercedes-Benz über drei Jahrzehnte hinweg mehrte, stehen in Untertürkheim am Tage der Beisetzung Caracciolas die Werksbänder still. Sieben Jahre sind es an jenem Sonntag im Mai des Jahres 1952 noch bis dahin: Der schwere Unfall des schon seit dem 2. Weltkrieg in Lugano lebenden Meisterfahrers lastet über

nen. Aus Italien waren natürlich Ferrari und Maserati dabei: Aurelio Lampredi hatte gerade einen genial einfachen Zwei-Liter-Vierzylinder vom Reißbrett auf die Rennstrecke gebracht, während in Modena von Vittorio Bellantini und Alberto Massimino der neue Formel-2-Maserati Tipo A6GCM auf die Räder gestellt worden war. In Frankreich besaß Amédée Gordini zwar keine Finanziers, verfügte aber über kompakte 2-Liter-Sechszylinder-Simca-Gordinis, die den Ferraris anfänglich arg zusetzen konnten. Aus England kam eine Fülle von Tüftlern mit Altas, Connaughts, Coopers, ERAs und HWMs auf den Kontinent, zumal eine neue Generation von Rennfahrern sich auf der Insel für höhere Aufgaben qualifiziert hatte: Die Zeit war reif für Stirling Moss, Mike Hawthorn und Peter Collins, die Elite englischer Nachkriegsrennfahrer. Selbst in Deutschland gab es hausgemachte Formel-2-Konstruktionen, weckten die BMW-328-Ableger Veritas und AFM von Max Loof und Lorenz Dietrich bzw. von Alex von Falkenhausen und Hans Stuck manche

dem *Großen Preis der Schweiz*. Ferrari-Neuzugang Nino Farina führt in Abwesenheit von Ascari 17 Runden lang, ehe er mit Zündschaden seinen Tipo 500 abstellen muß und Teamkollege Piero Taruffi seinen ersten und einzigen Grand-Prix-Sieg auf vier Rädern heimfahren kann. Alberto Ascari hat bei seinem Indianapolis-Trip kein Glück: 12 Tage nach dem *Großen Preis der Schweiz* endet das einzige ernsthafte Indy-500-Debüt eines europäischen Grand-Prix-Rennfahrers der fünfziger Jahre mit einem Ausfall seines V12-Ferrari »Specials«. Die ersten beiden WM-Läufe sind vorbei und erst jetzt, beim total verregneten *Großen Preis von Belgien* am 22. Juni 1952, beginnt Ascaris unglaubliche Siegesserie, selbst Ex-Weltmeister Nino Farina kann in Spa-Francorchamps seinem jüngeren Teamkollegen nicht folgen und hat als Zweitplazierter nach über dreistündiger Regenschlacht fast zwei Minuten Rückstand...

Ein Konkurrent fehlt allerdings: Juan Manuel Fangio. Der Weltmeister aus Argentinien hat den *Großen Preis der Schweiz* auslassen müssen, weil sein neuer, 160 PS-starker Maserati-Sechszylinder nicht rechtzeitig für das Rennen auf dem Bremgartenkurs fertig geworden ist. Doch für Fangio soll es noch schlimmer kommen, er wird 1952 keinen einzigen WM-Lauf bestreiten. Das Verhängnis nimmt seinen Lauf, als »El Chueco am Wochenende des 7. und 8. Juni bei zwei Rennen starten möchte. Leider findet das eine am Samstag in Nordirland auf dem Dundrod-Straßenkurs statt, das andere am Sonntag in Monza... Fangio probiert die Qua-

dratur des Kreises: Der Weltmeister will nach seinem irischen Gastspiel im BRM V16 zusammen mit Prinz Bira in dessen Privatflugzeug von Belfast aus gen Mailand fliegen, um noch pünktlich am Sonntag erstmals den neuen Formel-2-Maserati beim *Gran Premio dell'Autodromo Monza* pilotieren zu können. Doch Biras OSCA-Rennwagen verendet schon vor dem Rennen in Dundrod und der thailändische Prinz sucht beizeiten das Weite. Juan Manuel Fangio fällt mit dem einmal mehr schlecht vorbereiteten BRM zwar frühzeitig aus, schafft gemeinsam mit Louis Rosier deshalb jedoch

das Kunststück einen Linienflug nach London zu erwischen. Doch dort gibt es keinen Direktflug mehr nach Italien. Fangio und Rosier fliegen deshalb nach Paris: Vielleicht gibt es ja in Orly einen Anschlußflug...? Doch das Rennfahrer-Duo hat Pech: Wegen schwerer Gewitterstürme werden nach der Ankunft in Paris alle Flüge gestrichen... Es ist fast Mitternacht und Rosier fährt Fangio in seinem privaten Renault nach Lyon: Vielleicht hat der Sturm bis zur Ankunft nachgelassen und man kann dann von dort aus nach Italien fliegen? Gegen 7.00 Uhr morgens sind die beiden in Lyon, aber es gibt

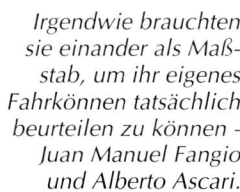

Irgendwie brauchten sie einander als Maßstab, um ihr eigenes Fahrkönnen tatsächlich beurteilen zu können - Juan Manuel Fangio und Alberto Ascari.

keinen Flug, der Fangio noch rechtzeitig nach Italien bringt. Rosier überläßt sein Auto Fangio und der Weltmeister hetzt wie ein Besessener über die Alpen. Gegen 14.00 Uhr am Sonntagnachmittag trifft er völlig übernächtigt in Monza ein. Es reicht noch für eine Dusche, dann schluckt Fangio noch ein paar Aspirin, setzt seinen braunen Sturzhelm auf und steigt in den neuen Maserati, den er zuvor noch keinen Meter gefahren ist. Aber Hauptsache der Weltmeister ist am Start, auch wenn er ohne einzige Trainingsrunde ganz am Ende des Feldes ins Rennen gehen muß. Keine zehn Minuten später befindet sich Juan Manuel Fangio auf dem Weg ins Krankenhaus... In der zweiten Runde ist der Maserati des Argentiniers von der Strecke abgekommen und in der zweiten Lesmo-Kurve gegen eine Strohballenreihe geprallt, um von dort in die Luft katapultiert zu werden. Augenzeugen berichten später, daß sich der Maserati viermal überschlagen habe. Fangio wird aus dem Wrack herausgeschleudert und verliert das Bewußtsein. Daß der amtierende Weltmeister den schwersten Unfall seiner Rennkarriere überlebt, verdankt er auch dem Automobilsportweltverband. Denn die FIA hatte mit Beginn der Rennsaison 1952 verbindlich die Sturzhelmpflicht eingeführt. Die Grand-Prix-Heroen hatten sich zuvor noch darüber mokiert, daß Sturzhelme nur von ängstlichen Naturen, aber nicht von wahren Männern getragen würden. Doch der Sturzhelm schützt Fangio vor tödlichen Kopfverletzungen: Der Monza-Unfall beschert dem Weltmeister den Bruch mehrerer Nackenwirbel, Fangio muß fast drei Monate lang in einem Gipskorsett verharren. Kurioserweise gibt dies dem Argentinier die Gelegenheit, obendrein einen schlecht verheilten Bruch eines weiter zurückliegenden Rennunfalls auszukurieren! Fortan habe er jedenfalls keine Anfälle heftiger Kopfschmerzen mehr zu beklagen, gibt Juan Manuel Fangio zu Protokoll. Und »El Chueco« wird später auch eingestehen, daß er damals seine Lektion fürs Leben gelernt hat: Er wird nichts mehr unnötig erzwingen wollen, wird Müdigkeit nicht mehr überspielen und Risiken nüchtern abwägen. Auch im Motorsport galt immer wieder das ungeschriebene Gesetz des »They never come back« der ausgeknockten

Robert Manzon mit seinem Gordini in leichten Schwierigkeiten. Die Formel-2-Rennwagen der Frontmotor-Ära waren zwar klein und giftig, verziehen aber unendlich viel.

und entthronten Schwergewichts-Boxweltmeister: Viele Rennfahrer verloren nach schweren Unfällen zwar nicht ihr Leben, wohl aber den nötigen PUNCH, umschreiben heutzutage Sport-Psychologen wie Professor Dr. Hans Eberspächer das Phänomen. Das gebrannte Kind scheut bekanntlich das Feuer, wußte schon immer der Volksmund. Doch für wirkliche Ausnahmepersönlichkeiten gilt solches wohl nicht: Juan Manuel Fangio scheint während jener schweren Wochen und Monate der Rekonvaleszenz in Viareggio vielleicht erst zu der einsamen Güteklasse gereift zu sein, die ihm noch vier weitere WM-Titel in Folge bescheren sollte. Und noch ein Letztes: Auch ein Fahrgenie wie Ayrton Senna mag die physischen und psychischen Anstrengungen wie dereinst Juan Manuel Fangio ein einziges Mal unterschätzt haben. Als Senna am 23. April 1993 nach über zwölf Stunden Flugzeit gerade mal sieben Minuten vor Beginn des ersten inoffiziellen Trainings zum *13. Gran Premio di San*

Premiere anno 1952 - der neue Werks-Maserati A6GCM mit José Froilan Gonzalez beim Gran Premio d'Italia in Monza, ein Sechszylinder-Reihenmotor gegen den vierzylindrigen Ferrari Tipo 500.

Marino in Imola eintrudelte und sich sogleich in das Cockpit seines McLaren zwängte, produzierte er prompt einen unfreiwilligen Ausritt in die Leitplanken. Zwei weitere Ausrutscher des sonst so unfehlbaren Brasilianers folgten an jenem letzten Aprilwochenende der Formel-1-Rennsaison 1993. Senna gab zwar zu Protokoll, daß Fehler im Computerprogramm der aktiven Radaufhängung an den ungewohnten

Im (Wind-)Schatten von Alberto Ascari: Ex-Weltmeister Nino Farina folgt seinem zwölf Jahre jüngeren Capo bei Ferrari. Monza, 8. Juni 1952, als die künftige Curva Parabolica noch aus zwei kopfsteingepflasterten Rechtskurven, der Porfido und der Vedano, bestand. Jenes Rennen, das Juan Manuel Fangio beinahe zum Verhängnis wurde.

Drehern schuld gewesen seien. Aber vielleicht genügt auch die wesentlich simplere Erklärung, daß auch ein Ayrton Senna nur ein Mensch gewesen ist, dessen hochsensibilisierten Reflexe im Zustand der Übermüdung nachlassen. Ob Brems-Fading oder Brain-Fading, wer mag da richten wollen...? Ayrton Senna hat sich danach jedenfalls nicht mehr Hals über Kopf solch einem Reiseabenteuer ausgesetzt: Es ist die tragische Ironie, daß der Ausnahmerennfahrer ein Jahr später in Imola wohlvorbereitet antrat, um festentschlossen und hochkonzentriert den WM-Kampf mit Michael Schumacher aufzunehmen, nur um pünktlich zum Rendezvous mit dem Tod zur Stelle zu sein.

Zurück in die fernen und doch so nahen fünfziger Jahre, wo Juan Manuel Fangio also für die komplette WM-Saison 1952 ausfällt und Alberto Ascari die verbliebene Konkurrenz nach Strich und Faden vergeigt. Oder genauer gesagt: vergeigen wird, denn nur eine Woche nach Ascaris Sieg in Spa erleidet die Scuderia Ferrari eine sensationelle Niederlage beim Marne-Grand-Prix in Reims. Der zählt zwar nicht zur Weltmeisterschaft, aber sieben Tage vor dem eigentlichen französischen Grand Prix

und WM-Lauf in Rouen schlägt Jean Behra mit seinem Gordini-Sechszylinder die komplett versammelte Maranello-Armada. Alberto Ascari vermag sich zwar im Windschatten des sensationell fahrenden Franzosen zu halten, doch bei Rundenschnitten von 180 km/h überhitzt der Ferrari und Ascari muß aufgeben. Der 30jährige Behra fährt brillant, auch wenn böswillige Zeitgenossen mutmaßen, daß in seinem Gordini ein 2,5-Liter-Motor steckt. Es ist jammerschade, daß die Gordini-Crew mangels

Einfach gebaut, aber in den Jahren 1952/53 kaum zu schlagen: Der Zweiliter-Vierzylinder-Ferrari mit zwei Nockenwellen, zwei Weber-Doppelvergasern, mit 185 PS bei 7 500 U/min gut genug für 14 Siege bei 15-WM-Läufen.

ausreichender Finanzen diesen Erfolg nie wieder wird bestätigen können, trotz erstklassiger Fahrerbesetzung mit Jean Behra, Robert Manzon, Maurice Trintignant und Prinz Bira. Eine Woche nach dem Triumph von Reims regiert wieder die Kombination Alberto Ascari/Ferrari Tipo 500. In Rouen überrundet »Ciccio« das gesamte Feld, inklusive des erneut zweitplazierten Nino Farina. Keine zwei Wochen später in Silverstone dasselbe Spiel: Ascari vorn und alle anderen von ihm überrundet. Beim Großen Preis von Deutschland auf dem Nürburgring setzt sich der allmächtige Alberto endgültig die Krone auf. Vom Start weg führt Ascari, sieht wieder einmal wie der sichere Sieger aus, als er unverrichteter Dinge zwei Runden vor Ende des Rennens außerplanmäßig an die Boxen rollt, um eilends für seinen Ferrari Tipo 500 Öl nachzufassen. Die Führung ist futsch, Ferrari-Teamkollege Nino Farina hat einen Vorsprung von neun Sekunden, ehe

Ascari wieder ins Rollen kommt. Doch innerhalb einer einzigen Runde macht Alberto Ascari den Rückstand wett und passiert Farina eingangs der letzten Runde auf der Start- und Zielgeraden. Auf den verbleibenden 22,81 Kilometern der Nürburgring-Nordschleife nimmt der kommende Weltmeister seinem Rivalen noch einmal über 14 Sekunden ab und gewinnt zum dritten Mal in Folge den *Großen Preis von Deutschland*. Das beschert Alberto Ascari die ehrenvolle Auszeichnung *Meister des Nürburgrings*, was aber viel bedeutsamer ist: Der 34jährige Italiener sichert sich mit seinem Sieg in der Eifel auch vorzeitig den Gewinn des WM-Titels!

Selbstredend gewinnt Alberto Ascari mit seinem Ferrari noch die beiden letzten WM-Läufe des Jahres 1952 in Zandvoort und in Monza, doch zu jenem Saisonabschluß beim *Gran Premio d'Italia* bekommen die Tipo 500 ernsthafte Konkurrenz in Gestalt des von Gioacchino Colombo überarbeiteten Maserati A6GCM. José Froilan Gonzalez schießt aus der zweiten Startreihe in Führung und bleibt fast bis Rennmitte vorn, weil sein Maserati mit weniger Sprit ins Rennen geschickt worden ist. Während die Ferraris mit 160 Liter Sprit an Bord nonstop über eine volle Grand-Prix-Distanz kommen, also je nach Strecke zwischen 22 bis 25 Liter Rennbenzin für 100 Kilometer benötigen, konsumiert der neue Maserati-Sechszylinder im Vergleich dazu stolze 33 Liter eines Gebräus aus Aceton, Methylalkohol und Benzol. Der Maserati von Gonzalez muß also Treibstoff nachfassen, was den Argentinier jedoch nur auf den vierten Platz zurückwirft. Mit vehementen Einsatz fängt »El Cabézon« nacheinander noch die Ferraris von Nino Farina und Luigi Villoresi ab und muß sich im Ziel mit über einer Minute Rückstand nur Alberto Ascari geschlagen zu geben. José Froilan Gonzalez ist ein vorzüglicher Rennfahrer, aber um endlich gegen die Ferrari Tipo 500 einen WM-Lauf zu gewinnen, benötigt die Maserati-Crew gleichwohl noch ein volles Jahr und den wiedergenesenen Juan Manuel Fangio...

Der Triumph des Alberto Ascari markiert auch den schleichenden Abstieg seines italienischen Vorgängers auf dem WM-Thron: Dottore Giuseppe Farina kann das Tempo, das

sein jüngerer Teamgefährte vorlegt, nicht mithalten. Farina reagiert mit einer Mischung aus verletztem Stolz und noch haarsträubenderer Fahrweise. Immer häufiger beginnt er über seine Verhältnisse zu fahren, immer öfter scheint auch das Schicksal es nicht mehr gut zu meinen mit dem 46jährigen Turiner. Beim WM-Auftakt der Rennsaison 1953 am 18. Januar in Buenos Aires hat das Comeback von Juan Manuel Fangio ungeahnte Menschenmassen angelockt. Die Organisatoren des *Großen Preises von Argentinien* können nicht verhindern, daß das enthusiasmierte Publikum während des Rennens direkt an den Streckenrand drängt. Als in der 32. von 97 Runden ein kleiner Junge die Strecke überqueren will, läuft er genau in die Fahrtrichtung des heranbrausenden Ferrari von Nino Farina. Der Italiener verliert beim verzweifelten Ausweichmanöver die Kontrolle über seinen Rennwagen und rast mitten in eine Zuschauergruppe. Die Formel-1-Weltmeisterschaft erlebt ihre erste Tragödie. Darüber, wieviele Menschen damals ums Leben gekommen sind, gibt es divergierende Angaben: Von neun, von zehn, gar von fünfzehn Toten ist die Rede, ganz zu schweigen von der Zahl der Verletzten. In dem allgemeinen Chaos wird auch noch ein Kind vom Cooper-Bristol des Briten Alan Brown erfaßt und sofort getötet. Auf dem Weg zu Farinas Unfallstelle soll angeblich auch noch ein Rettungswagen zwei weitere Zuschauer überfahren haben. Ein berittener Polizist, der die Menge von der Straße habe zurückdrängen wollen, sei von dem entfesselten Mob vom Pferd gerissen und zu Tode getrampelt worden. Giuseppe Farina selbst zieht sich bei dem schrecklichen Unfall keine ernsthafteren Verletzungen zu, Zeitzeugen sprechen von einem geradezu stoischen Gleichmut, mit dem der Italiener die Katastrophe hingenommen habe. Vielleicht war dieser morbide wirkende Fatalismus Farinas auch nur ein Schutzschild nach außen hin...? Nach seinem zweiten Platz im WM-Klassement 1952 wird Farina am Ende der Rennsaison 1953 WM-Dritter hinter Alberto Ascari und Juan Manuel Fangio. Am Nürburgring kann er sogar noch einmal einen Grand Prix gewinnen, profitiert allerdings vom Pech des einmal mehr souverän führenden Ascari, dem bei Tempo 230 das rechte Vorderrad seines Ferraris abhanden gekommen ist. Der Weltmeister bringt trotzdem das Kunststück fertig, auf drei Rädern und der noch verbliebenen Bremstrommel bis in die Boxengasse weiterzuschlittern! Auch wenn Nino Farina für

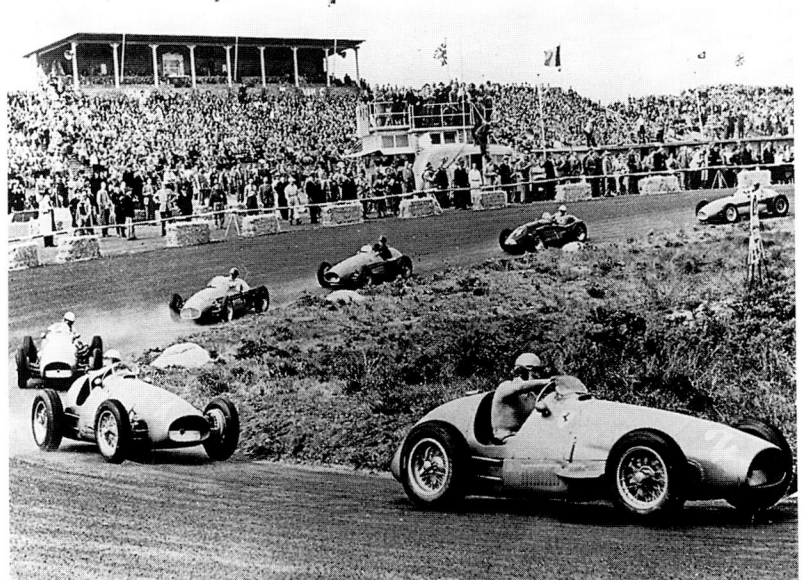

Die gewohnte Ordnung in der Ära der Weltmeisterschaft für Formel-2-Rennwagen: Kurz nach dem Start zum Großen Preis der Niederlande am 7. Juni 1953 stürmen vorneweg drei Werks-Ferraris mit Alberto Ascari, Gigi Villoresi und Nino Farina, dahinter folgen Juan Manuel Fangio im besten Werks-Maserati, dann der vierte Werks-Ferrari mit Mike Hawthorn vor Stirling Moss in einem Connaught und Toulou de Graffenried mit seinem privaten Maserati. Ascari behält die Führung bis ins Ziel.

den Sieg im *Großen Preis von Deutschland* noch Juan Manuel Fangio und Mike Hawthorn niederringen muß, hat ihm Alberto Ascari mit seiner Dreirad-Einlage an jenem 2. August 1953 wieder einmal die Schau gestohlen. Niemand kann ahnen, daß jenes Rennen am Nürburgring der letzte Grand-Prix-Sieg für den Dottore sein wird. Drei Wochen später, beim *Großen Preis der Schweiz*, gewinnt wieder Ascari und sichert sich zum zweiten Mal in Folge den WM-Titel. Giuseppe Farina beklagt sich allerdings bitterlich, weil Ascari eine Ferrari-Stallorder nicht beachtet habe. Der alte und neue Weltmeister hat nämlich in der 41. von 65 Runden seine Führung auf dem Bremgartenkurs verloren, weil er an den Boxen eine Vergaserdüse und eine Zündkerze wechseln lassen muß. Als nun in der 46. Runde der zweitplazierte Maserati des jungen Argentiniers Onofre Marimon mit Motorschaden ausfällt, liegen drei Werks-Ferraris vorn. Nino Farina hat 80 Sekunden Vorsprung vor seinen beiden Teamkollegen Mike Hawthorn und Alberto Ascari. Die Ferrari-Box gibt Farina das Zeichen REGULARE, langsamer fahren, der Vorsprung ist so groß, Dir kann nichts mehr passieren. Farina hält sich daran, Alberto Ascari nicht: Der Weltmeister will seinen Titel verteidigen, der Sieg im *Großen Preis der Schweiz* machts möglich und in der 55. Runde schnappt sich Ascari nach Hawthorn auch den völlig überrumpelten Farina. Der stellt nach Rennende wutentbrannt Ascari zur Rede, der will nicht einsehen, warum er Farina den Sieg nicht hätte stehlen sollen, schließlich habe er seinen WM-Titel vorzeitig sichern können, Stallorder hin, Stallorder her...

Bei jenem Grand Prix der Schweiz schafft Altmeister Hermann Lang übrigens das Kunststück, als erster Deutscher in der Geschichte der Fahrer-Weltmeisterschaft WM-Punkte zu holen. In Vertretung für den verletzten José Froilan Gonzalez wird der 44jährige am Volant eines Werks-Maseratis Fünfter. Doch die Generation der Vorkriegs-Rennasse steht bald nicht mehr im Rampenlicht. Die Engländer Stirling Moss und Peter Collins, 23 bzw. 21 Jahre jung, beginnen im Grand-Prix-Sport Fuß zu fassen. Ihr 24jähriger Landsmann Mike

Hawthorn ist bereits Ferrari-Werksrennfahrer und hat auch schon seinen ersten Grand Prix gewonnen, einen der dramatischsten WM-Läufe aller Zeiten. Denn bei jenem *Grand Prix* des französischen Automobilclubs am 5. Juli 1953 tobt in Reims auf den langen Landstraßengeraden eine erbitterte Windschattenschlacht zwischen den Ferraris von Ascari und Hawthorn und den Maseratis von Fangio und Gonzalez. Nach über zweieinhalbstündiger Auseinandersetzung jagt am Ende der junge Brite als Erster ins Ziel, eine Sekunde vor Fangio. Gonzalez wird Dritter, Ascari »nur« Vierter: Zum ersten Mal seit über einem Jahr wird der amtierende Weltmeister in einem WM-Lauf geschlagen! Ausgerechnet Mike Hawthorn, der Neuling im Rennstall von Enzo Ferrari, bringt das Kunststück fertig, seinen CAPO Alberto Ascari zu besiegen!

Aus Argentinien kommt mit Onofre Marimon ein weiterer Weltklasse-Rennfahrer: Der 29jährige Fangio-Schützling fährt 1953 seine

ersten Grand-Prix-Rennen bei Maserati und erweist sich schon bald als vielversprechendes Talent. Sein Grand-Prix-Debüt auf dem gefährlichen Ardennenkurs von Spa-Francorchamps beendet Marimon mit einem famosen dritten Platz. Viel Pech, einige mechanische Defekte und vielleicht auch etwas Übermut verhindern weitere Rennerfolge. Geradezu typisch für Onofre Marimon endet auch der letzte Weltmeisterschaftslauf der Saison 1953, der *Große Preis von Italien* in Monza, zugleich das allerletzte WM-Rennen für die Formel-2-Monopostos und trotz des furiosen Hawthorn-Sieges in Reims ein noch dramatischeres Rennen. Während 50 von insgesamt 80 Runden beharkt sich pausenlos ein Führungsquartett, bestehend aus den Ferraris von Ascari und Farina und den Maseratis von Fangio und Marimon, ehe der jüngere der beiden Argentinier wegen eines beschädigten Ölkühlers die Boxen aufsuchen muß. Marimon wird von den drei Spitzenreitern überrundet, behält Kontakt zu dem Führungstrio Ascari-Farina-Fangio und

Nürburgring, 2. August 1953: Duell um Platz Zwei beim Großen Preis von Deutschland, Juan Manuel Fangio bleibt mit seinem Maserati bis ins Ziel vor Mike Hawthorn, der Ferrari-Entdeckung des Jahres.

Onofre Marimon im Werks-Maserati - am 31. Juli 1954 wird der Argentinier das erste Todesopfer, das die Formel 1 fordert.

mischt trotz seiner Überrundung zur Unterstützung seines Freundes und Landsmannes auch wieder kräftig bei den Positionskämpfen mit. Bis eben zu jener letzten Runde vor der Anfahrt auf die Start- und Zielgerade: Die Curva Parabolica existiert damals noch nicht, erst 1955, nach der Ergänzung des Monza-Grand-Prix-Kurses mit dem Bau eines Steilwandovals, wird aus den beiden Rechtskurven Porfido und Vedano die bis heute berühmt-berüchtigte Spitzkehre. Obendrein holpern die Formel-Rennwagen an dieser tückischen Stelle damals auch noch über ein kleinformatiges Kopfsteinpflaster! Soll auch heißen: Was genau bei der letzten Passage dieser Doppelrechtskurve an jenem 13. September 1953 geschah,

ist in der Überlieferung der Grand-Prix-Chronisten bis heute umstritten. Fakt ist, daß vor der letzten Rechtskurve Ascari vor dem überrundeten Marimon, und vor den eigentlich Zweit- und Drittplazierten Farina und Fangio führte. Tatsache bleibt, daß einige hundert Meter später Fangio klar vor Farina als Erster über die Ziellinie raste. Was war innerhalb von Sekundenbruchteilen passiert? Hatte Marimon im helfenden Übereifer oder gar in voller Absicht zugunsten Fangios den führenden Ascari abgeschossen? Oder beging etwa der unfehlbare Ascari selbst einen Fauxpas und wurde beim anschließenden Dreher vom unschuldigen Marimon gerammt? Farina mußte jedenfalls den beiden kollidierenden Konkurrenten ausweichen und der in Lauerstellung abwartende Fangio erspähte rechtzeitig die Lücke, um ungehindert durchzupfeilen, dem ersten und einzigen Maserati-WM-Sieg über die Ferrari Tipo 500 entgegen. Zumindest letzteres stimmt. Aber vielleicht hat auch der verbissen attackierende Farina die Kollision zwischen Ascari und Marimon ausgelöst...? So bleibt

denn doch einiges im legendenhaften Dunkel der Renngeschichte: Im Zeitalter der fernsehüberwachten Formel 1-Grands-Prix mag uns Nachgeborene dies mit Kopfschütteln erfüllen, aber selbst scheinbar eindeutige Augenzeugen-Videos bedürfen der Interpretation und die sind wiederum oft Ansichtssache, im wahrsten Sinne des Wortes - oder sind Sie der Überzeugung, daß Alain Prost beim *Großen Preis von Japan 1989* Ayrton Senna in die Falle gelockt hat und absichtlich eine Kollision provozierte? Oder trägt nicht doch der Brasilianer schuld, weil er partout vorbei wollte, wo doch keine Lücke war? Oder hätte Prost einfach nachgeben müssen? Und was war ein Jahr später in Suzuka? Hat Senna nicht den vermaledeiten Prost und sich gleich mit dazu nach dem Start mit Absicht ins Kiesbett geschickt? Oder war das alles wirklich nur eine Kollision, wie sie überall, bei jedem Rennen passieren kann? Und wie war das doch mit Michael Schumacher und Damon Hill in Adelaide? Fragen über Fragen, die selbst wir Grand-Prix-Videoten von heute nicht mit hundertprozentig reinem Gewissen zu beantworten vermögen - sofern wir nicht zu der treu ergebenen Schar von Skribenten, fest verschworenen Anhängern, Fans und Verehrern zählen, die ihre rennfahrenden Idole als über jeden Zweifel erhaben wähnen. Fehler passieren nun mal im Rennsport, und sie unterlaufen auch den besten Formel-1-Rennfahrern. Damals wie heute.

Sternstunden

Mit Beginn der Rennsaison 1954 griff das neue 2,5-Liter-Reglement der Formel 1. Die Fahrer-WM mit Formel-2-Rennwagen hatte trotz der Dominanz der Kombination Ascari/Ferrari guten Grand-Prix-Sport geboten, doch die Perspektiven der neuen Formel 1 weckten ganz besondere Erwartungen: Zur Jahreswende 1952/53 hatte der Vorstand der Daimler-Benz AG grünes Licht gegeben, die neuen Silberpfeile aus Untertürkheim würden ab 1954 bei den Läufen zur Formel-1-WM starten! Vor der Rückkehr in den Grand-Prix-Sport tummelten sich die Schwaben zunächst mit dem aus dem Serien-300er entwickelten Sechszylinder-Reihenmotor bei Sportwagenrennen. Der fast 180 PS leistende 300 SL gewinnt mit Hermann Lang/Fritz Riess bei den *24 Stunden von LeMans* anno 1952, als der klare Spitzenreiter »Pierre Levegh« alias Pierre Bouillin nach fast 23stündiger Solofahrt den Motor seines Talbot-Lago T 26 überdreht. Im November desselben Jahres gewinnen Karl Kling/Hans Klenk mit dem Mercedes-Benz-Flügeltürer auch die mörderische *Carrera Panamericana* über 3113 Kilometer quer durch Mexiko. Es ist jenes Langstreckenrennen, das Kling daheim in Deutschland buchstäblich mit einem Schlag zum großen Rennfahrer-Helden werden läßt, als nämlich ein Aasgeier in die Windschutzscheibe knallt. Karl Kling hält seinen Mercedes trotzdem auf Kurs und gewinnt mit neuer Scheibe und Schutzgitter die Carrera, was auch mit den Ausschlag gibt, daß Deutschlands Sportjournalisten wenige Wochen später den 42jährigen Gießener zum »Sportler des Jahres 1952« küren, während Rennleiter Alfred Neubauer bereits emsig nach einem neuen Rudolf Caracciola für die Formel-

1-Silberpfeile sucht und in Juan-Manuel Fangio die ideale Besetzung finden wird. Derweil entsteht in Untertürkheim unter der Regie der Herren Nallinger, Scherenberg, Uhlenhaut, Kraus & Co. der neue Monoposto mit der Typenbezeichnung W 196, eine Mixtur aus innovativer Ingenieurleidenschaft und deutscher Gründlichkeit, mit einem Achtzylinder-Reihenmotor als Herzstück, ein Zweiventiler, der mit Bosch-Benzineinspritzung bis zu 280 PS bei 8700/min mobilisiert. Von Stund an wird im erfolgreichen Rennmotorenbau kein Weg mehr an der Direkteinspritzung vorbeiführen. Die Esso AG in Hamburg mixt ein Gebräu aus 45 Prozent Benzol, 25 Prozent Methyl-Alkohol, 25 Prozent hochoktanigem Benzin, 3 Prozent Aceton sowie 2 Prozent Nitro-Benzol, denn Mitte der 50er Jahre rümpft noch niemand die Nase oder denkt gar an krebserregende Substanzen... Selbstverständlich rollten die deutschen Silberpfeile wieder auf deutschen Continental-Reifen an den Start, während die Hannoveraner zuvor das Formel-1-Feld der Konkurrenz von Pirelli, Englebert und Dunlop überlassen hatten. Die Formel 1 wurde nicht nur als technische, sondern auch als nationale Herausforderung begriffen: 1955 bescherte Alfred Teves einen hydraulischen Bremskraftverstärker, Bosch die Doppelzündung undundund... Zweifelsohne, vom immensen Schub der Formel 1 damals profitieren unsere Autos auch heute noch. Ob unsere Enkel von aktiven Radaufhängungen, elektronischem Gaspedal und ähnlichen Leckerbissen einen Nutzen haben werden...?

Weltmeister Alberto Ascari schien die Zeichen der Zeit geahnt zu haben. Dottore Gianni Lancia und der über 60jährige Konstrukteur

der legendären Grand-Prix-Rennwagen P 2 und P 3 von Alfa Romeo, Vittorio Jano, lancierten ein neues Formel-1-Projekt. Verglichen mit dem, was Ferrari für 1954 plante, mußte Gianni Lancias neuer D50 umso verlockendere Anziehung auf »Ciccio« ausüben, vom viel großzügigeren Salär als beim knauserigen Commendatore ganz zu schweigen. Alberto Ascari unterschrieb bei Lancia, ohne ahnen zu können, daß der extrem leichte und wendige Lancia D50 mit seinem mittragendem V8-Motor von nicht enden wollenden Kinderkrankheiten geplagt sein würde.

Bei Ferrari setzte Chefkonstrukteur Aurelio Lampredi weiterhin auf den bewährten Vierzylinder-Motor: Was in der Zweiliter-Formel-2 überlegen war, müßte mit größeren Zylinderbuchsen und anderer Kurbelwelle auch für die neue Formel 1 genügen? Aus dem Tipo 500 wird solchermaßen der Tipo 625, der 235 PS bei 7000/min leistet und ein Trockengewicht von 650 kg auf die Waage bringt. Der neue Mercedes W 196 wird in seiner Stromlinienvariante 720 kg wiegen, der Lancia D50 mit 250 PS nur 620 kg. Lampredi konzentriert seine Anstrengungen daher auf den neuen Ferrari Tipo 553 mit kleinerem Radstand und bauchigen Seitentanks. Zwischen 580 und 600 kg wiegt dieser liebevoll »Squalo« (Haifisch) getaufte Ferrari, der dank eines neuen Zylinderkopfs 240 bis 250 PS unter der Haube hat. Die Ferrari-Fahrer können sich mit dem nervösen Verhalten des Squalo jedoch nur schwer anfreunden. Die ungewohnten Seitentanks verändern den Schwerpunkt des Tipo 553, der Grenzbereich zwischen Haftung und Abflug ist viel schmaler bemessen, als es Farina, Gonzalez, Hawthorn & Co. gewohnt sind. Schon bei

seiner Saisonpremiere am 11. April 1954 beim GP von Syrakus fackelt Gonzalez den neuen Tipo 553 unfreiwillig ab, als der Argentinier seinem verunglückten Teamkollegen Hawthorn zu Hilfe kommt, dessen Tipo 625 lichterloh in Flammen steht. Der unweit entfernt geparkte Squalo macht sich selbständig und rollt in das brennende Wrack... Nino Farina siegt in einem Ferrari Tipo 625 und gilt insgeheim als Titelfavorit, weil die neuen Rennwagen von Lancia und Mercedes-Benz zu Saisonbeginn nicht fertig werden... Doch Juan Manuel Fangio besorgt sich einen der neuen Maserati 250 F mit 6-Zylinder-Reihenmotor: Ehe Mer-

cedes-Benz überhaupt in die Formel-1-WM eingreift, führt der Werksfahrer Nummer 1 der Untertürkheimer nach zwei Siegen bereits deutlich in der WM-Wertung, während Farina nur eine Woche vor dem Grand Prix in Reims beim Training zum *Supercortemaggiore*-Sportwagenrennen in Monza schwer verunglückt und für den Rest der Saison ausfällt. Damit in Reims überhaupt italienische Formel-1-Rennfahrer starten können, erlaubt Gianni Lancia seinen Werksfahrern Alberto Ascari und Luigi Villoresi, beim *Grand Prix de l'ACF* für Maserati zu fahren...

In Reims staunt die Konkurrenz derweil über

den Luxus bei Mercedes-Benz, Rennmotoren bereits nach nur 600 Kilometern Laufleistung vorsorglich auszuwechseln. Im Vergleich zu den hochbeinigen Ferraris, Maseratis und Gordinis wirken die vollverkleideten Mercedes W 196 wie von einem anderen Stern. Der Achtzylinder-Reihenmotor ist um 60° zur Seite gekippt, was eine flache, windschnittigere Karosserie beschert. Weil das Reglement damals noch nicht ausdrücklich freistehende Räder für Formel-1-Rennwagen vorschreibt, setzt man auf dem Hochgeschwindigkeitskurs von Reims konsequent auf ein vollverkleidetes Stromlinienmodell. Der W 196-Monoposto mit

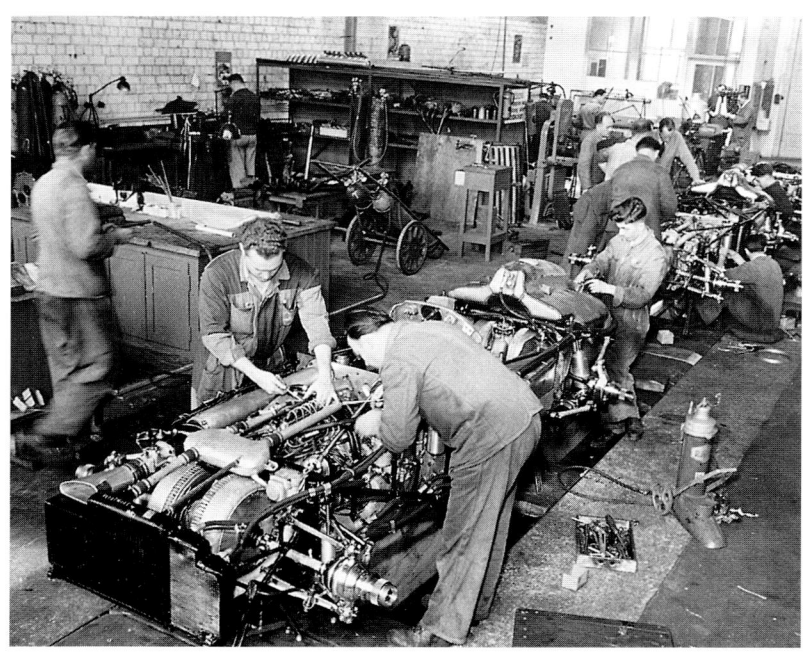

»Made in Germany« wird in den 50er Jahren wieder zum Begriff - die Mercedes-Benz-Formel-1-Rennabteilung in Untertürkheim.

freistehenden Rädern und kürzerem Radstand für kurvenreichere Strecken soll erst noch nachfolgen: Welch ein Aufwand, welche Planung! Der Rest ist Renngeschichte, am 4. Juli 1954 feiern Juan Manuel Fangio und Karl Kling einen Doppelsieg für Mercedes-Benz. Der 26jährige Hans Herrmann liegt auf dem dritten Platz und fährt die schnellste Rennrunde, ehe ein Motorschaden den dreifachen Mercedes-Benz-Triumph verhindert. Die Werks-Ferraris von Gonzalez, Hawthorn und Trintignant sind ebenso ausgefallen wie die Werks-Maseratis von Marimon und Ascari. Auf den Tag genau 40 Jahre nach dem dreifachen Mercedes-Sieg beim französischen Grand Prix in Lyon geht der Stern von Untertürkheim über Reims auf. Und so wie anno 1914, vier Wochen vor Ausbruch des Ersten Weltkrieges, ernten die Deutschen jetzt, neun Jahre nach Ende des Zweiten Weltkrieges, nicht nur anerkennende Worte... Gut eine Stunde nach Ende des Rennens in Reims wird im Berner Wankdorf-Stadion die deutsche Elf auch noch Fußball-Weltmeister und so bringt jener 4. Juli 1954 auf einen sportlichen Nenner, was bald als Wirtschaftswunder bezeichnet werden wird. Nur einer

aus dem Mercedes-Werksrennstall scheint an diesem Sonntagnachmittag nicht ganz glücklich zu sein: Der 43jährige Karl Kling hatte sich noch mehr vorgenommen, als hinter Juan Manuel Fangio Zweiter zu werden... Kling führte kurzzeitig, ehe Fangio sich absetzen konnte und zwei unfreiwillige Ausrutscher den Deutschen 18 Sekunden zurückwarfen. Bei leicht einsetzendem Regen und konkurrenzloser Führung nahm Fangio etwas Gas weg, Kling gelang es aufzuschließen und noch einmal zu attackieren, doch nach einer Renndauer von zwei Stunden, 42 Minuten und 47,9 Sekunden lag Fangio mit einer Zehntelsekunde Vorsprung vorn. Beide Wagen überquerten fast Rad an Rad die Ziellinie: »Habe ich gewonnen?«, lautete angeblich Klings erste Frage nach Ende der Auslaufrunde. Der unvergessene Richard von Frankenberg unterstellte, Karl Kling habe in einer Mischung aus Ehrgeiz und Selbstüberschätzung damals den Weltmeistertitel angepeilt: »Kling hatte vergessen, daß es eben einfach menschenunmöglich ist, im ersten Jahr einer Grand-Prix Laufbahn, mit 43 Jahren dazuhin, Leute einzuholen, die wie Fangio, Moss, Farina, Ascari, seit Jahren praktisch an jedem Sonntag ein großes Rennen gefahren sind.« Fangio schlagen zu wollen, mutet ein wenig an wie der Kampf Don Quijotes mit den Windmühlen. Doch Karl Kling, kriegsbedingt ein spätberufener Rennfahrer, war couragiert genug, sich den lebenslangen Vorwurf zu ersparen, es gegen Fangio nicht wenigstens mal probiert zu haben...

Auch für die Mercedes-Benz-Rennabteilung sollen die Bäume nicht in den Himmel wachsen. Nur dreizehn Tage nach dem Triumph von Reims erleiden die beiden Stromlinien-Silberpfeile von Fangio und Kling beim britischen Grand Prix eine bittere Niederlage. Der wellige Flugplatzkurs von Silverstone wird von José Froilan Gonzalez in einem Ferrari Tipo 625 fast konkurrenzlos gemeistert, während sich

Ein Bündnis gegen die Silberpfeile: Gianni Lancia und Alberto Ascari mit dem neuen Lancia D 50.

Juan Manuel Fangio mit den jungen britischen Löwen Stirling Moss und Mike Hawthorn herumbalgen muß: Englischer Landregen und eine Kollision mit einem als Streckenbegrenzung verwendeten Faß werfen Fangio zurück, herausspringende Gängen und ein gegen Rennende nur noch auf sieben Töpfen laufender Motor bescheren »El Chueco« die Überrundung und den vierten Platz. Karl Kling wird gar nur Siebter. Ein Kuriosum am Rande: Weil die Zeitnahme in Silverstone nicht über Uhren mit akkurater Zehntelsekundenanzeige verfügt, teilen sich Gonzalez, Hawthorn, Marimon, Fangio, Moss, Behra und Ascari den WM-Punkt für die schnellste Rennrunde mit jeweils einer Bestzeit von »exakt« einer Minute und fünfzig Sekunden...

Mercedes-Benz arrangiert schleunigst Testfahrten am Nürburgring, für den *Großen Preis von Deutschland* werden drei neue W 196 Monopostos für Fangio, Kling und den Altmeister Hermann Lang eingesetzt, Hans Herrmann fährt die Stromlinienversion des W 196. Doch die Rennwagen werden sehr spät fertig, die

Wohlgerundete Formen - José Froilan Gonzalez und sein Ferrari Squalo.

Schwaben verpassen das komplette Freitagstraining, das Stirling Moss in seinem jetzt werksunterstützten Maserati als Schnellster abschließt. Am Samstag bleiben den Mercedes-Benz-Rennfahrern nur noch drei Stunden übrig, um auf Zeiten zu kommen! Kling wird Opfer der ungewohnt hektischen Vorbereitung: Auf seiner ersten Trainingsrunde bricht dem Gießener das rechte Vorderrad weg, Kling muß am Sonntag mit der letzten Startposition vorliebnehmen... Fangio braucht nur ein, zwei Runden, um sich auf seinen neuen W 196 mit freistehenden Rädern einzustellen und dann mit 9.50,1 Minuten die Bestmarke des gesamten Rennwochenendes zu setzen. Als der Argentinier wieder an die Mercedes-Box rollt, wartet bereits sein Freund und Landsmann José Froilan Gonzalez mit einer Hiobsbotschaft: Onofre Marimon ist kurz vor der Wehrseifenbrücke tödlich verunglückt. Der 30jährige ist der erste Rennfahrer, der in der Formel 1 ums Leben kommt.

350 000 Zuschauer sollen sich am 1. August 1954 zum Nürburgring aufgemacht haben. Die Silberpfeil-Ära vor dem Zweiten Weltkrieg liegt nicht einmal zwei Jahrzehnte zurück: Und alle wollen dabei sein, wenn Mercedes-Benz gewinnt. Juan Manuel Fangio läßt das Volksfest in der Eifel nicht platzen, auch wenn es Überwindung kostet, nach Marimons tödlichem Unfall zu starten. José Froilan Gonzalez schafft es nicht, die Erinnerung an »Pinocchio«, wie sie Onofre Marimon nannten, zu verdrängen. Gonzalez erwischt zwar den besten Start und kommt auch aus der ersten von 22 Runden als Spitzenreiter zurück. Doch bereits auf der Gegengeraden nach der Südkehre schnappt sich Fangio den Ferrari, dessen Fahrer zusehends langsamer wird: Als auch noch Lang und der furios auftrumpfende Kling vorbeiziehen, beordert die Ferrari-Crew Gonzalez an die Box, wo Mike Hawthorn den Tipo 625 mit der Startnummer Eins übernimmt. »El Cabézon« wird nach dieser Saison nur noch sporadisch in der Formel 1 starten, es scheint, als wäre in ihm das Feuer erloschen.

Fangio liegt vorn, Kling hat mittlerweile auch Lang überholt. Das »Hermännle« versucht dran zu bleiben und rutscht dabei in der 11. Runde am Streckenabschnitt »Flugplatz« in die

Reims, 4. Juli 1954: Start in ein neues Kapitel der Renngeschichte! Juan Manuel Fangio (Nr. 18) und Karl Kling (Nr. 20) übernehmen in ihren beiden Mercedes-Benz W 196 mit Stromlinienverkleidung sofort die Spitze, Alberto Ascari (Nr. 10) ist mit dem Werks-Maserati ebenso bald draußen wie José Froilan Gonzalez (Nr. 2) und Mike Hawthorn (Nr. 6) in ihren Ferrari Squalos sowie Maserati-Teamkollege Onofre Marimon (Nr. 12). Mit der Nr. 46 Prinz Bira auf einem privaten Maserati und in derselben Startreihe, von Gonzalez verdeckt, der dritte Silberpfeil von Hans Herrmann.

41ᴱ GRAND PRIX DE L'A.C.F.
REIMS
4 JUILLET 1954

PROGRAMME OFFICIEL   PRIX : 100 FR.

Botanik. So endet der letzte Grand Prix des 45jährigen Rennasses der Vorkriegsjahre. In Monza bekommt Hermann Lang noch einmal eine Chance, zieht aber im teaminternen Trainingsduell mit Hans Herrmann den kürzeren und muß den W 196 dem jüngeren Landsmann überlassen: »I find halt in der Lesmokurv' des Loch net und des koscht mi die Zehntelsekunde, die mir hintenach fehlet!«, resigniert der Schwabe nach einer großen Rennfahrerkarriere. Karl Kling schickt sich an, ein neues Kapitel deutscher Rennfahrer-Geschichte zu schreiben. Entgegen der Mercedes-Benz-Stallregie übernimmt der Gießener in der 15. Runde die Spitze. Fangio läßt sich trotzdem nicht irritieren, vielleicht mag er auch etwas von Klings Problemen ahnen. Denn später wird der Deutsche erklären, daß er wegen einer undichten Treibstoffleitung frühzeitig wußte, nochmals Benzin nachfassen müssen: Und für den außerplanmäßigen Boxenstop habe er deshalb einfach etwas Zeit herausschinden wollen... Zwei Runden später rollt Kling an die Mercedes-Benz-Box: Eine defekte Zugstrebe wird repariert, etwas Sprit nachgefüllt und dann steuert Karl Kling den angeschlagenen W 196 auf Rang Vier ins Ziel. Nein, der kühne Deutsche wird nie in einem Formel-1-WM-Lauf siegen, allein die Mercedes-Benz-Stallorder gestattet Karl Kling, am 19. September 1954 den *Großen Preis von Berlin* auf der Avus vor Fangio und Herrmann zu gewinnen... Juan Manuel Fangio siegt am Nürburgring und drei Wochen später auch auf dem schweizer Bremgartenkurs, womit der Argentinier bereits zwei Rennen vor Saisonschluß Weltmeister ist! Hinter Gonzalez wird Hans Herrmann mit seinem Silberpfeil Dritter und schafft damit zum ersten und einzigen Mal bei einem Formel-1-WM-Lauf den Sprung aufs Treppchen, während Karl Kling sich wieder einmal etwas übernimmt und nach einem Dreher nebst begeisternder Aufholjagd dann doch noch mit Motorschaden ausfällt. So endet der letzte Formel-1-GP in der Schweiz: Im Jahr darauf ereignet sich in LeMans die größte Katastrophe in der Geschichte des Motorsports, eine Tragödie, die in der Schweiz dazu führt, daß Autorennen auf eidgenössischem Grund und Boden per Gesetz untersagt werden...

Hans Liska gestaltet das Mercedes-Benz-Werbeplakat nach dem Triumph von Reims und fügt dem siegreichen W 196 in künstlerischer Freiheit noch einen chromglänzenden Kühlergrill Marke »Stern von Untertürkheim« hinzu...

...während Walter Gotschke hinter dem siegreichen Mercedes-Benz von Fangio den Maserati von Prinz Bira kreiseln läßt und dabei selbst etwas ins Schleudern gerät: Denn die thailändische Majestät war im Rennen mit der Startnummer 46 und obendrein ohne Maserati-Chromdreizack im Kühler unterwegs. Gelle, nachgeborene Journalisten sind fürchterliche Besserwisser. Dafür stimmt die Nummer 28 im Gotschke-Bild: Paul Frère, Fachjournalist (!) aus Belgien und damals in Reims mit einem Gordini am Start.

Die Weltmeisterschaft 1954 ist entschieden, doch jetzt beginnt der spannendste Teil der Formel-1-Saison: Beim 25. GP von Italien sind die Lancia D50 zwar immer noch nicht einsatzbereit, aber Alberto Ascari darf mit Erlaubnis von Gianni Lancia einen Werks-Ferrari Tipo 625 steuern! Der zweifache Ex-Weltmeister fährt brillant, führt lange Zeit vor Fangio, muß sich dann jedoch den Attacken eines jungen englischen Rennfahrers beugen: In der 45. von 80 Runden übernimmt Stirling Moss erstmals die Spitze in einem Formel-1-WM-Lauf. Alberto Ascari kontert erfolgreich, überdreht dabei jedoch den Ferrari-Vierzylinder... Moss liegt nun klar an der Spitze, der 24jährige Brite ist in Monza offizieller Maserati-Werksfahrer und scheint einem sicheren Sieg entgegenzusteuern. Mercedes-Benz-Rennleiter Alfred Neubauer hat seine Ansichten über den jungen Engländer schon vor Monza revidiert: Vor Jah-

resfrist riet er Stirling Moss, erst mal tüchtig Erfahrung in der Formel 1 zu sammeln, bevor er sich nochmals um einen Platz im Mercedes-Benz-Team zu bewerben erdreiste. Vater Alfred Moss nahm sich die Ratschläge Neubauers zu Herzen und kaufte seinem Sprößling mit großzügiger Unterstützung von BP einen Maserati 250F zum Preis von 5500 Pfund, damals umgerechnet 75 000 Mark. Zur Orientierung: Der Mercedes-Benz 300 SL kostete zwei Jahre später rund 30 000 Mark, ein VW-Käfer um die 5000 Mark. Letzterer Betrag dürfte um 1954 in der Bundesrepublik etwa dem Jahresgehalt eines durchschnittlichen Angestellten entsprochen haben. Stirlings Leib-und-Magen-Mechaniker Alf Francis baute den neuen 250F etwas um: Zum Entsetzen von Maserati-Chefschrauber Guerino Bertocchi bestand Moss darauf, die traditionelle »italienische Pedalerie« mit Gaspedal in der Mitte und

Schwer unter einen Hut zu bringen:
Karl Kling und Juan Manuel Fangio
von Mercedes-Benz-Rennleiter
Alfred Neubauer vereint.

Nürburgring, 1. August 1954: Sternstunde für
das deutsche Publikum. Aus der Startrunde
kehrt Juan Manuel Fangio als Spitzenreiter
vor José Froilan Gonzalez zurück.
Rechts neben dem vorbeirasenden
Mercedes-Benz übrigens die offizielle
Rundenanzeige, mit etwas gutem Willen ist
auf der Schiefertafel eine mit Kreide hand-
gemalte Ziffer zu erkennen: Richtig, die 21!
Soviel Runden sind auf dem Eifelkurs noch
zu absolvieren.

Im englischen Land-
regen untergegan-
gen: Fangio und
Mercedes-Benz,
verfolgt vom sieg-
reichen Ferrari mit
Gonzalez,
Silverstone am
17. Juli 1954.

Nicht der Nürburgring, aber an vielen Stellen ähnlich pittoresk: Der Bremgartenkurs, auf dem Juan Manuel Fangio am 22. August 1954 den letzten Formel-1-Grand-Prix der Schweiz gewinnt, der tatsächlich auf eidgenössischem Territorium stattfindet.

Sekundenbruchteile nach dem Start zum 25. Großen Preis von Italien am 5. September 1954 in Monza, ganz vorn im Bild und doch vom sechsten Startplatz in der zweiten Reihe ganz schlecht weggekommen: Gigi Villoresi (Nr. 22) in einem Werks-Maserati 250F, der ursprünglich eine Reihe hinter ihm plazierte Sergio Mantovani (Nr. 18) ist mit seinem Werks-Maserati 250F bereits vorbeigezogen. Auf dem Foto auch noch festgehalten: Hans Herrmann (Nr. 12) in einem Mercedes-Benz W 196 Typ »Monoposto«, Umberto Maglioli (Nr. 38) mit einem Werks-Ferrari Tipo 625, Mike Hawthorn (Nr. 40) in einem weiteren Werks-Tipo 625 und Karl Kling (Nr. 14), der sich mit seinem Mercedes-Benz W 196 Typ »Stromlinie« aus Reihe Zwei resolut an die Spitze des Feldes setzt, nur um dann nach einem Dreher und einem späteren Unfall wieder einmal auszuscheiden.

Noch einmal der Berner Straßenkurs und der Formel-1-Sicherheitsstandard anno 1954: Kopfsteinpflaster, hölzerne Leitplanken und unmittelbar am Streckenrand Zuschauer, die buchstäblich hautnah miterleben, wie Hans Herrmann mit seinem Mercedes-Benz W 196 zum dritten Platz rast.

Ein einziges Mal gewinnt Karl Kling ein Formel-1-Rennen: Aber der Sieg beim Großen Preis von Berlin am 19. September auf der Avus ist so gut arrangiert wie dieses Foto. In der vereinbarten Reihenfolge ziehen Kling, Fangio und Hermann durch die berühmt-berüchtigte Nordkurve. Der tapfere Jean Behra gibt seinem kleinen Gordini kräftig die Sporen, um mit den überlegenen Silberpfeilen eine Zeitlang mitzuhalten. Keine fünf Jahre später wird der Franzose fast an derselben Stelle tödlich verunglücken.

Bremse rechts zu ändern... Beim ersten WM-Auftritt mit dem grünlackierten Rennwagen gibt Stirling ein Musterbeispiel des rechten, wohldosierten Gaspedaleinsatzes und wird Dritter in Spa-Francorchamps. Danach verhindern technische Probleme weitere gute Plazierungen, doch der 24jährige Brite fährt stets vorne mit und verpaßt am 5. September 1954 mit viel Pech seinen ersten Grand-Prix-Sieg... Fangio hat mit über 20 Sekunden Rückstand keine Siegchance mehr, als eine defekte Ölleitung den führenden Maserati in der 68. Runde an die Boxen zwingt. Moss kehrt noch einmal auf die Strecke zurück, doch kurz nach der Porfido-Kurve geht sein Reihen-6-Zylinder endgültig ein. Stirling bugsiert seinen waidwunden Rennwagen eigenhändig über die Ziellinie und wird noch als Zehnter klassiert, nachdem Juan Manuel Fangio nach 80 Runden als Sieger des GP von Italien abgewunken wird. Am 22. November 1954 bekommt Stirling Moss die späte, aber verdiente Belohnung: »Habe Möglichkeit, Moss in diesem Jahr als Fahrer unterzubringen. Dringdrahtet Antwort. Neubauer.«, heißt es in einem Telegramm an Moss-Manager Ken Gregory. Stirling Moss

Im Stadtplan von Barcelona hieß das breiteste Asphaltband »Avenida de Generalissimo Franco« und diente als Start- und Zielgerade des Pedralbes-Straßenkurses. Am 24. Oktober 1954 übernimmt Alberto Ascari im Lancia D50 vom Start weg die Führung im Großen Preis von Spanien. Es folgen Juan Manuel Fangio (Mercedes-Benz), Jean Behra (der sich ganz rechts im Bild mit seinem kleinen Gordini aus der vorletzten Startreihe nach vorn gemogelt hat!), Harry Schell (Maserati), Gigi Villoresi (Lancia), Mike Hawthorn (Ferrari), Roberto Mieres (Maserati Nr. 10), Stirling Moss (Maserati Nr. 8), Hans Herrmann (Mercedes-Benz), Karl Kling (Mercedes-Benz) und der Rest.

notiert damals in seinem Tagebuch ein einziges Wort: »Wow!« Die britische Presse sieht den Werksvertrag mit Mercedes-Benz etwas anders: Darf ein englischer Rennfahrer ein Jahrzehnt nach Ende des Zweiten Weltkrieges für einen deutschen Autokonzern fahren? Erinnerungen an Dick Seaman werden wach, der im Nazi-Deutschland für Mercedes-Benz Rennen fuhr und 1939 beim *Großen Preis von Belgien* in einem Silberpfeil tödlich verunglückte. Und nicht unerwähnt bleibt auch, daß Stirling Jude ist... Stirling Moss sagt seinen Landsleuten klipp und klar, daß er den Ehrgeiz habe, den Weltmeistertitel irgendwann einmal in einem britischen Rennwagen zu holen, aber da kein konkurrenzfähiges Fabrikat auf der Insel vorhanden sei, wäre es töricht, die große Chance bei Mercedes-Benz nicht wahrzunehmen. An der Seite, genauer: im Windschatten von Fangio wird Moss tatsächlich zum schnellsten

Rennfahrer der Welt reifen, vorerst ist er aber noch der Schüler. Beim WM-Abschluß anno 1954 in Barcelona bekommt das der Brite unfreiwillig zu spüren, als er im ersten Training zum *Großen Preis von Spanien* den Ersatzwagen des Maserati-Werksteams verschrottet, weil der mit der italienischen Pedalanordnung ausgestattet ist und der gute Stirling Gas- und Bremspedal verwechselt...

Die Schlagzeilen gehören auf dem Pedralbes-Stadtkurs der Renn-Premiere des Lancia D50: Ascari schlägt Fangio im Zweikampf um den besten Startplatz mit einer Sekunde Vorsprung, Villoresi schafft im zweiten Lancia die fünftbeste Trainingszeit. Vittorio Janos Lancia scheint nur aus Motor und Getriebe zu bestehen, er wirkt kompakter als sämtliche Konkurrenten, auch wenn das filigrane Erscheinungsbild von den wuchtigen, pontonartigen Kraftstofftanks kontrastiert wird, die seitlich mit Ver-

strebungen zwischen den Rädern fixiert sind. Zwar übernimmt am 24. Oktober 1954 zunächst Harry Schell, der playboyhaft in Paris lebende US-Amerikaner, mit seinem Werks-Maserati für zwei Runden die Spitze, doch danach beherrscht Alberto Ascari mit dem Lancia das Feld. Fast zehn Sekunden Vorsprung fährt er innerhalb von nur sechs Runden auf Schell heraus, dann stoppt eine defekte Kupplung die Siegesfahrt des Italieners. Sein Nachfolger auf dem WM-Thron, Juan Manuel Fangio, fährt in Barcelona nur hinterher: Der W 196 läuft unrund, gegen Rennende droht der Motor an Überhitzung zu verenden, als ein heftig aufkommender Küstenwind Laub und Papierabfälle auf den Wasserkühler wirbelt. Doch Fangio rettet den stumpf gewordenen Silberpfeil auf Platz Drei ins Ziel, während Mike Hawthorn den Ferrari »Squalo« zu einem klaren Sieg steuert und Luigi Musso in seinem dritten Formel-1-WM-Lauf mit einem Maserati Zweiter wird, worauf der 30jährige Diplomatensohn endgültig einen Stammplatz im Maserati-Werksteam von Graf Orsi erhält und künftig als große italienische Nachwuchshoffnung gehandelt wird. Eine Rolle, die bald auch der sechs Jahre jüngere Eugenio Castellotti spielt, den Gianni Lancia neben Ascari und Villoresi für die Formel-1-Saison 1955 verpflichtet. Lancia fordert Mercedes-Benz heraus, das Duell Ascari gegen Fangio weckt Vorfreude auf ein großes Rennjahr.

Das Jahr der Tragödien

Der *Gran Premio de la Republica Argentina* eröffnet am 16. Januar 1955 die neue Formel-1-WM-Saison. Mercedes-Benz hat den W 196-Monoposto um fast 70 Kilogramm abgespeckt, der Motor wird mittels einer neuen Luftzuführung besser beatmet und leistet über 280 PS. Es wird gemunkelt, daß der deutsche Automobilkonzern im vergangenen Jahr rund sechs Millionen Mark in seinen Formel-1-Rennstall gesteckt hat. Mercedes-Benz hat 1954 rund 670 000 Neuwagen produziert, was einer Steigerung von fast 40 Prozent gegenüber dem Vorjahr entspricht, die Rückkehr in den GP-Sport scheint Früchte zu tragen. In Buenos Aires bringt Juan Manuel Fangio bei brütender Hitze von 35° im Schatten seinen Heim-GP nach rund drei Stunden im Alleingang zuende, was nur noch seinem Landsmann Roberto Mieres gelingt, mit fünf Runden Rückstand auf Sieger Fangio allerdings. Alle anderen Konkurrenten müssen sich am Lenkrad ablösen lassen: Zeitgenössische Statistiker registrieren sage und schreibe 16 Fahrerwechsel während dieses denkwürdigen Grand Prix! Alberto Ascari ist

nach einem Dreher mit seinem Lancia D50 in Führung liegend ausgefallen. Ein Ölfleck oder ein Fahrfehler? Der Lancia konzentriert seinen Benzinballast in der Wagenmitte und verhält sich im Grenzbereich ähnlich widerborstig wie der Ferrari »Squalo«. Was angesichts des seit Beginn der 50er Jahre merklich gewandelten Fahrstils Risiken in sich birgt: Die Spitzenkönner lassen ihre Formel-1-Boliden im eleganten Four-Wheel-Spin um die Kurven driften. Der

geschickte Einsatz des Gaspedals zwingt das Gefährt um die Ecken, die Ära des Powerslides hat begonnen. Mit den ebenso abrupt wie vehement einsetzenden Kompressormotoren war kontrolliertes Sliden viel zu gefährlich, mit den weitaus schwächeren Formel-2-Rennwagen in Ermangelung schierer PS-Kraft noch zu zeitraubend. Stirling Moss beherrscht den neuen Stil fast perfekt, doch in Buenos Aires gibt es Probleme besonderer Art: Wegen

Vorbereitungen auf den möglicherweise heißesten Formel-1-WM-Lauf aller Zeiten: Auf der anno 1955 vielleicht modernsten Rennstrecke der Welt, dem Autodromo Municipal de la Ciudad de Buenos Aires, schieben die Ferrari-Mechaniker den Tipo 625 von Giuseppe Farina zum Vorstart. Abwechselnd auch noch von Umberto Maglioli und Maurice Trintignant bewegt, landet die Startnummer 10 schließlich auf dem dritten Platz.

Der Maestro im Alleingang: Juan Manuel Fangio ist am 16. Januar 1955 weder von der Hitze noch von der Formel-1-Konkurrenz zu bezwingen.

Dampfblasenbildung in der Treibstoffzufuhr stellt er seinen W 196 am Streckenrand ab, so stellt es der Brite nüchtern in seinen Memoiren dar, während andere Quellen berichten, daß Stirling physisch fix und fertig gewesen sei und deshalb habe anhalten müssen. Ab diesem Zeitpunkt vereinigen sich dann wieder die Erinnerungen: Stirling berichtet, Sanitäter hätten ihn, trotz seiner heftigen Proteste, in einen Krankenwagen verfrachtet... Immerhin, der Brite kommt irgendwie doch noch an die Mercedes-Benz-Box zurück, wo er den W 196 von Hans Herrmann übernimmt, der mittlerweile auch schon von Karl Kling gefahren wurde. Die Dreier-Seilschaft Herrmann-Kling-Moss landet am Ende auf Platz Vier: Das ist der Stoff, aus dem Rennlegenden geschneidert werden. Juan Manuel Fangio zieht sich am rechten Bein Brandwunden zu, die rechtsliegenden Auspuffrohre haben das Rohrrahmen-Chassis in einen glühenden Grill verwandelt: »Alles brannte, selbst das Steuerrad. In bestimmten Augenblicken gab es Temperaturen bis zu 120°. Ich kam erst etwas zu Atem, als die Hälfte des

Rennens vorüber war. Gott sei Dank ist alles gut abgelaufen. Nie...nie...nie werde ich dieses Rennen vergessen...!«

Über vier Monate später beschert der zweite WM-Lauf der Saison ein ähnlich unvergeßliches Rennen. Zum ersten Mal seit fünf Jahren ist die Formel 1 an jenem 22. Mai 1955 wieder zu Gast im Fürstentum Monaco. Alfred Hitchcock dreht mit Cary Grant und Grace Kelly *Über den Dächern von Nizza* und macht auch in Monte Carlo Filmaufnahmen, was Fürst Rainier noch viel Freude bereiten wird. Ganz anderen Grund zur Freude besitzt Stirling Moss: Im neuen Mercedes-Benz-300-SLR-Rennsportwagen hat der Engländer gerade erst mit Beifahrer Denis Jenkinson die *Mille Miglia* in neuer Rekordzeit vor Juan Manuel Fangio in einem zweiten 300 SLR gewonnen. Der vollbärtige Motorsport-Journalist Jenkinson war schon 1949 bei Gespannweltmeister Eric Oliver »Schmiermaxe«. Für die tausend Meilen quer durch Italien hat »Jenks« den Vorläufer aller Rallye-Gebetbücher entwickelt: Jenkinson hat auf einem aufgerollten Papierband Informationen über den Streckenverlauf notiert, Details, die er Moss zubrüllt oder sicherheitshalber mit einem System von 15 verschiedenen Handzeichen anzeigt... In der Begeisterung über den Sieg von Moss droht fast unterzugehen, daß in Padua ein Alfa Romeo in die Zuschauermenge gerast ist: Ein Kind kommt ums Leben, 15 weitere Zuschauer, darunter elf Jungen und Mädchen, werden lebensgefährlich verletzt. Zum Auftakt der europäischen Formel-1-Saison ist Mario Alborghetti beim *Grand Prix de Pau* tödlich verunglückt, sein Arzani-Volpini verletzt neun Rennbesucher. Und nun

Auto und Fahrer »very groggy« - Stirling Moss bei seiner Premiere als Mercedes-Benz-Werksrennfahrer.

Zwei Meister ihres Fachs: Denis Jenkinson, als Co-Pilot ebenso exzellent wie als Motorsportjournalist, und sein Lieblings-Chauffeur Stirling Moss im Frühjahr 1955 am alten Hockenheimring bei Testfahrten vor der Mille Miglia

erleidet Hans Herrmann in Monte Carlo einen Trainingsunfall, den er mit angebrochener Wirbelsäule und weiteren schweren Brüchen auf wundersame Weise überlebt. Mercedes-Benz verpflichtet vor Ort den Franzosen André Simon, Renningenieur Rudolf Uhlenhaut darf ja nicht fahren, weil er für wichtigere Dinge benötigt wird. Uhlenhaut kurvt trotzdem für ein paar Runden in einem Formel-1-Rennwagen durch Monte Carlo: Er testet den privaten Maserati 250F, den Stirling Moss für den Grand Prix gegen bares Geld an Lance Macklin vermietet hat! Uhlenhaut interessiert sich für die Benzineinspritzung des Maseratis und die neuartigen Scheibenbremsen, über die in Monte Carlo nur noch Mike Hawthorns Vanwall verfügt...

Fangio und Moss führen im Rennen überlegen, doch alle W 196 fallen sensationell mit Motorschäden aus! In der 81. Runde erwischt es zuletzt auch noch Stirling Moss, womit nun also Alberto Ascari die Führung übernehmen könnte, doch noch hat er seine 81. Runde nicht beendet. Als »Ciccio« aus dem Tunnel in Richtung Hafen-Schikane einlenkt, schleudert sein Lancia D50 quer über die Piste, bricht durch Strohballen und Sandsäcke und landet im Hafenbecken! Ascari taucht aus eigener Kraft aus den Fluten des Mittelmeers auf, Glück im Unglück... So gewinnt der 37jährige Maurice Trintignant, der joviale Weingutbesit-

zer und Bürgermeister von Vergèze, mit einem Werks-Ferrari Tipo 625, während den größten Applaus wohl Louis Chiron einheimst: Mit 55 Jahren und 292 Tagen auf dem Buckel und fünf Runden Rückstand wird der Altmeister bei seinem Heim-GP in Monte Carlo als Lancia-Gastfahrer Sechster, kein anderer Fahrer am Start eines Formel 1-WM-Laufes war älter als Louis Chiron...

Alberto Ascari kommt nach seinem spektakulären Ausrutscher für kurze Zeit ins Krankenhaus. Hans Herrmann erinnert sich: »Er wurde

»Dem Ingeniör ist nichts zu schwör«: Mercedes-Benz-Renningenieur Rudolf Uhlenhaut hat gerade im Training zum Großen Preis von Monaco 1955 den privaten Maserati 250F von Stirling Moss getestet, Mechaniker Alf Francis (mit dem Rücken zur Kamera) und der eigentliche »Leih-Pilot« Lance Macklin zollen ihren Respekt.

mit einem Nasenbeinbruch ins Zimmer neben mir eingeliefert. 'Ich möchte wissen, was ich hier soll? Ich fühle mich gesund', sagte er immer wieder. `Ich will hinaus.' Man erfüllte seinen Wunsch und entließ ihn auf eigene Verantwortung.« Am Donnerstag nach dem GP von Monaco ist Alberto Ascari längst wieder daheim bei seiner Familie in Mailand: Am Morgen hat Eugenio Castellotti angerufen, ob »Ciccio« nicht Lust hätte, nach Monza zu kommen. Castellotti will den neuen Ferrari Tipo 750-Rennsportwagen testen. Ascari sagt zu und erreicht in Anzug und Krawatte gegen Mittag das Autodromo di Monza. Seine berühmte braune Lederreisetasche, in der er stets seinen himmelblauen Sturzhelm mitführt, hat er nicht dabei. Mit Castellotti und Villoresi sitzt er im Fahrerlager-Restaurant: »Nicht wahr, es ist das Beste, daß man nach solchen Unfällen gleich wieder einen Wagen besteigt. Man muß vermeiden, daß ein Schock zurückbleibt, man muß im Training bleiben...«, soll Ascari gescherzt haben und bittet Castellotti, den Tipo 750-Spyder mal ausprobieren zu dürfen. Ascari legt sein Jackett ab, klettert in das Ferrari-Cockpit, steigert im zweiten Durchgang das Tempo und kommt aus der dritten Runde nicht mehr zurück. Bei 240 km/h hat sich der Ferrari in der Vialone-Kurve überschlagen, Alberto Ascari wird herausgeschleudert und stirbt kurze Zeit später in den Armen seines besten Freundes

Im Mercedes W 196 ist Moss nach dem Abschlußtraining jedenfalls Drittschnellster, eine Zehntelsekunde hinter den beiden zeitgleichen Bestzeiten von Fangio und Ascari, während Macklin im Moss'schen Maserati 8,2 Sekunden auf seinen englischen Landsmann einbüßt und die Qualifikation für den monegassischen Grand Prix klar verpaßt.

Luigi Villoresi... Man weiß von Albertos Aberglauben: Ohne seinen gewohnten blauen Sturzhelm hätte er sich nie hinter das Lenkrad eines Rennwagens gesetzt. Sofort beginnen Journalisten eine mystische Zahlenkabbalistik anzustellen. Alberto Ascari ist mit 36 Jahren verunglückt, im selben Alter wie sein berühmter Vater Antonio. Der lebte genau 13 463 Tage, als er am am 26. Juli 1925 beim französischen GP auf dem Kurs von Montlhéry zu Tode kam. In einer Linkskurve, wie 30 Jahre später sein Sohn Alberto Ascari. Der stirbt am 26. Mai 1955 in Monza, hat 13 466 Tage gelebt, drei Tage länger als sein Vater. Hatte das Schicksal somit eigentlich Monte Carlo als Ort der Tragödie vorgesehen? Aber Alberto überlebte den Sturz ins Hafenbecken und mag er da nicht geglaubt haben, seinem vorbestimmten Schicksal entgangen zu sein? Ließ er deshalb also in Monza alle Vorsicht beiseite? Auch andere obskure Erklärungen werden bemüht: Albertos Krawatte sei wohl vom Fahrtwind ins Gesicht geweht worden. Oder ein Gartenarbeiter sei über den Kurs spaziert. Ob Ascari neben dem Schock und einem gebrochenen Nasenbein eine nicht auskurierte Gehirnerschütterung von seinem Monaco-Unfall davongetragen haben könnte? Ein Blackout am Lenkrad als Ursache für den Monza-Sturz? Oder doch ein Defekt am Ferrari, gar ein Reifenschaden? Enzo Ferrari wehrte sich stets wortreich gegen diese Erklärung: »Bei einem Unfall kommen immer mehrere Ursachen zusammen, eine Vielzahl von Gründen, und wenn man diese im einzelnen überprüft, zeigt es sich, daß die Mehrzahl dieser Gründe und Ursachen dem Menschen zuzuschreiben sind.« Juan Manuel Fangio spricht davon, sei-

nen größten Gegner verloren zu haben. Gianni Lancia löst seinen Formel-1-Rennstall auf, aus tiefer Erschütterung, nicht zuletzt jedoch auch aus Geldnöten. Fiat vermittelt die D50 an Enzo Ferrari weiter und spendiert einen jährlichen Zuschuß von 50 Millionen Lire, was umgerechnet damals durchaus beachtliche 500 000 Mark waren. Zwei Monate nach dem Tod Alberto Ascaris werden sechs Lancia D50 samt Ersatzteilen nach Maranello gebracht. Vittorio Jano kommt als Projektleiter, was das Ende der Karriere Aurelio Lampredis einleiten wird. Der Vater des Tipo 500 hat sich in allzu kühne Ideen verrannt, indem er sich mit der Konstruktion eines Zweizylinder-Formel-1-Motors mit stolzen 118 mm x 114 mm für Bohrung und Hub kaprizierte...

Auch aus den USA dringt traurige Kunde: Bei den *500 Meilen von Indianapolis*, damals ja immer noch zum Kalender der Formel-1-WM zählend, kommt Vorjahressieger Bill Vukovich ums Leben, als sich sein Hopkins-Special über-

schlägt und in Flammen aufgeht. Die schwarze Serie scheint nicht abzureißen, wenigstens geht der GP von Belgien ohne Zwischenfälle über die Bühne: Fangio und Moss feiern einen ungefährdeten Doppelsieg, Farina wird in einem Ferrari-»Super-Squalo« Dritter. Es sollte Farinas letzter Formel-1-GP gewesen sein, denn beim WM-Finale in Monza tritt der Dottore nach zwei irrwitzigen Trainingsunfällen bei Tempo 250 nicht an: Die Reifen der Lancia-Ferrari D50 sind den Belastungen des neuen Steilwandovals, das den alten Grand-Prix-Kurs ergänzt, nicht gewachsen: Enzo Ferrari hat aus vertraglichen Gründen die auf Pirelli geeichten Lancias kurzerhand auf seine belgische Hausmarke Englebert umrüsten lassen müssen... Der ebenso elegante wie introvertierte Nino Farina verabschiedet sich bald darauf aus dem GP-Sport: Er hat überlebt, trotz haarsträubendster Unfälle, trotz der primitiv zu nennenden Sicherheitsstandards seiner Zeit. Ist es paradox, daß ausgerechnet die Formel 1

In seiner Vaterstadt Monte Carlo bestreitet Louis Chiron (hier noch im Training hinter dem kurze Zeit später schwer verunglückten Hans Herrmann) in einem Lancia D50 den letzten Grand Prix seiner motorsportlichen Karriere. Mit fast 56 Jahren ist Chiron damit der älteste Rennfahrer, der je bei einem Formel-1-WM-Lauf startete!

Monte Carlo 1955 - der ungeahnte Abschied von Alberto Ascari.

Das klassische Gedränge in der Gasometer-Kurve unmittelbar nach dem Start in Monte Carlo: Fangio und Moss sind bereits durch und liegen mit ihren beiden Mercedes-Benz vor den beiden Lancias von Castellotti und Ascari sowie den Maseratis von Behra und Mieres in Führung. Im dichtgedrängten Pulk zu erkennen: André Simon mit der Nr. 4, bei Mercedes-Benz Ersatzmann für Hans Herrmann, Luigi Musso und Cesare Perdisa in den beiden Werks-Maseratis mit den Startnummern 38 und 40. Dahinter der Vanwall von Mike Hawthorn, ein Stück von Gigi Villoresis Lancia und ganz formatfüllend der spätere Sieger Maurice Trintignant im Werks-Ferrari mit der Nr. 44. Im Werks-Ferrari mit der Nr. 42 wird Nino Farina am Ende Vierter. Erst ab 1963 wird der Grand Prix de Monaco auf der Geraden nach der Gasometer-Kurve gestartet.

ihrem ersten Weltmeister Jahre später doch noch das Leben kosten wird? Am 30. Juni 1966 macht sich Nino Farina über die Alpen nach Frankreich auf, um rechtzeitig zum französischen Grand Prix nach Reims zu gelangen. In der Nähe von Chambéry gerät der Lotus Cortina des 59jährigen mitten im Frühsommer auf Glatteis und rast in einen Telegrafenmast. Das ist das Ende des ersten Formel-1-Weltmeisters...

Anno 1955 startet der größte Teil der Formel-1-Elite nach dem *Großen Preis von Belgien* bei den *24 Stunden von LeMans*, dem Höhepunkt der Sportwagen-WM. Das Rennen an jenem Samstagnachmittag des 11. Juni ist keine zweieinhalb Stunden alt, als Mike Hawthorn in einem Jaguar D-Typ und Juan Manuel Fangio in einem Mercedes-Benz 300 SLR erbittert um die Führung kämpfen. Hawthorn ist am 10. April 1929 geboren und vereint alle Eigenschaften, die Astrologen seinem Sternzeichen Widder gemeinhin zuschreiben: impulsiv bis aufbrausend, aggressiv und jähzornig, hochbegabt und ehrgeizig. Mike ist den Reizen des süßen Lebens und diverser Biere zugetan, von seinem sensationellen ersten GP-Sieg in Reims anno 1953 behält die hübsche Jacqueline Delaunay ein Souvenir zurück, das neun Monate später das Licht der Welt erblickt und auf den Namen Arnaud Michael getauft wird. Eine schwere Nierenerkrankung peinigt Mike Hawthorn sein kurzes Leben lang, aber noch schmerzhafter für den jungen Engländer erweist sich der enttäuschende Verlauf seiner Formel-1-Saison 1955 bei Vanwall, zumal sein Landsmann Stirling Moss immer stärker ins Blickfeld der Öffentlichkeit rückt, jener Ausnahmerennfahrer, den Hawthorn in böswilliger Anspielung auf Stirlings jüdische Herkunft

Eine Woche nach der Tragödie von LeMans, die Rennen gehen weiter: Aber der Große Preis der Niederlande am 19. Juni ist nur einer von insgesamt drei Formel-1-WM-Läufen, die in der zweiten Hälfte der Saison 1955 überhaupt noch stattfinden werden. Mercedes-Benz beherrscht die Grand-Prix-Szenerie auf der ganzen Linie: Fangio (8) erwischt in Zandvoort einmal mehr den besten Start, vor Kling (12) und Moss (10). Luigi Musso im Werks-Maserati (18) wird am Ende Dritter vor seinem argentinischen Teamkollegen Roberto Mieres (16).

Ein Atommeiler, eine asphaltierte Pferderennbahn und ein vierfacher Mercedes-Benz-Sieg, ausnahmsweise mit Moss als Sieger vor Fangio, Kling und Taruffi: Der britische Grand Prix findet am 16. Juli 1955 erstmals in Aintree bei Liverpool statt und beschert weit über 100 000 Zuschauern ein Formel-1-Rennen, das nicht wenige englische Zeitgenossen als »German Blitzkrieg« bezeichnen.

schon mal »Moses« tituliert...

In LeMans hat Mike Hawthorn endlich wieder einmal ein potentielles Siegerauto: Gegen 18.20 Uhr, kurz vor Ende der 35. Runde, überholt der führende Jaguar den Austin-Healey von Lance Macklin. Statt auf der Start- und Zielgeraden weiter Gas zu geben, steigt Hawthorn abrupt in die Eisen. Während des hitzigen Duells mit Fangio hat er vergessen, daß er am Ende dieser Runde zum Auftanken an die Box kommen soll. Macklin reißt seinen Austin Healey nach links, doch dort rast mit weit über 200 km/h bereits der Mercedes 300 SLR von Pierre Levegh heran. Der Franzose hat keine Chance, auszuweichen oder noch eine Voll-

bremsung einzuleiten, aber in den letzten Sekundenbruchteilen seines Lebens reißt der 49jährige den rechten Arm hoch, um den nachfolgenden Fangio zu warnen. Dann prallt der silberne Mercedes-Benz 300 SLR auf den Austin-Healey und wird in die vollbesetzten Zuschauerränge der Haupttribüne katapultiert. Juan Manuel Fangio findet auf wundersame Art und Weise ein freies Stück Straße, um dem Inferno und dem zurückschleudernden Austin-Healey Macklins zu entkommen. Zeit seines Lebens wird Fangio davon sprechen, daß ihm Levegh mit seiner letzten Geste das Leben gerettet habe. Pierre Bouillin, der sich im Gedenken an seinen rennfahrenden Onkel Alfred

Levegh beim Start seiner eigenen Motorsport-Karriere »Pierre Levegh« nannte, rast in den Tod und mit ihm sterben so viele Menschen wie nie zuvor und niemals danach bei einem Autorennen. Der veranstaltende »Automobile Club de l'Ouest« spricht später von 81 Toten und noch mehr Verletzten, die die größte Katastrophe in der Geschichte des Motorsports gefordert habe. Es gibt andere zeitgenössische Zahlenangaben, die von noch mehr Opfern berichten. Trotz dieses Blutbades bricht der 84jährige Rennleiter Charles Faroux die *24 Stunden* nicht ab. Während die beiden verbliebenen Werks-Mercedes gegen zwei Uhr morgens aus dem Rennen genommen werden, fährt das Jaguar-Team weiter und gewinnt mit Mike Hawthorn und Ivor Bueb...

Polizei und Staatsanwaltschaft ermitteln, doch es kommt zu keiner Anklage. Die Grand-Prix-Veranstalter in Frankreich, Deutschland, der Schweiz und Spanien sagen ihre Formel-1-WM-Läufe im Verlauf des Sommers ab. Höhere Sicherheitsstandards werden angemahnt, doch Leitplanken, Fangzäune und Sicherheitsstreifen sind Mitte der 50er Jahre noch ferne Zukunft. Allein das Bewußtsein setzt sich durch, daß wenigstens die Zuschauer besser geschützt werden müssen. Eine Überzeugung, die vielen klassischen Straßenkursen den Garaus machen wird. Drei Formel-1-WM-Läufe werden noch gefahren: In Zandvoort gewinnt Fangio, in Aintree Moss und in Monza noch einmal Fangio, der natürlich seinen WM-Titel erfolgreich verteidigt. Moss hat die »Follow-the-Master«-Rolle bei Mercedes-Benz anstandslos akzeptiert, dafür darf er in seiner Heimat auch seinen ersten GP-Sieg feiern. In Aintree bei Liverpool, dort wo das berühmt-berüchtigte *Grand National Steeplechase*, stattfindet, hat Mirabel D. Topham aus den Straßen am Rande ihrer Pferderennbahn einen GP-Kurs zusammenasphaltieren lassen. Lange vor der Ära Ecclestone gibt es bereits einen Hauptsponsor für den Formel-1-WM-Lauf: Der *Daily Telegraph* rührt kräftig die Werbetrommel, auch wenn die britischen Zeitungsleser vor dem Grand Prix viel eher die Berichte über das Schicksal von Ruth Ellis goutieren, die tags zuvor im Holloway-Gefängnis gehängt worden ist, weil sie ihren Liebhaber, den Rennfahrer (!)

Widerstreitende Prinzipien: Im gedrungenen Cooper-»Bobtail« gibt Jack Brabham ein bescheidenes Debüt in der Formel-1-WM. Doch die Zukunft wird den unterschätzten britischen Mittelmotor-Rennwagen gehören und nicht den traditionsreichen Frontmotor-Monopostos Marke Ferrari: Auch ein Rennfahrer-Typus wie Mike Hawthorn, der hier einen Tipo 625 steuert, wird im Grand-Prix-Sport bald nicht mehr anzutreffen sein. Die Nacht vor dem britischen Grand Prix in Aintree hat der blonde Mike wüst durchzecht, das Rennen gibt er wegen anhaltender Übelkeit auf.

David Blakely, ermordet hat... Mike Hawthorn verbringt die Nacht vor dem britischen GP mit einem Saufgelage, dessen alkoholische Spätfolgen auch am Renntag anhalten, so daß sich der zur Scuderia Ferrari zurückgekehrte Engländer bei Rennmitte von Eugenio Castel-

Mit Tempo 260 durch die neue Steilwandpassage des Autodroms von Monza: Juan Manuel Fangio gewinnt am 11. September 1955 den vorerst letzten Formel-1-WM-Lauf für Mercedes-Benz. Dem Weltmeister folgen die Stallgefährten Stirling Moss, Karl Kling und Piero Taruffi.

lotti ablösen läßt. Ein schweigsamer, schwarzhaariger Australier namens Jack Brabham hat zu diesem Zeitpunkt bereits seinen ersten Formel-1-GP hinter sich, nachdem der 29jährige Autoingenieur seinen winzigen Mittelmotor-Cooper mit Ventilschaden abstellen mußte. »Black Jack« startete vom letzten Startplatz aus, bescheidene 140 PS mobilisierte das Gefährt, das Vater und Sohn Cooper, die Konstrukteure, liebevoll »Bobtail« getauft hatten. Daß dem »Stummelschwanz« mit Mittelmotor die Zukunft der Formel 1 gehören wird, ist damals undenkbar... In Aintree belegt Mercedes-Benz 1955 in der Reihenfolge Moss - Fangio - Kling - Taruffi die ersten vier Plätze, was in einem WM-Grand-Prix zuvor und danach nur noch Ferrari gelungen ist, nämlich 1952 auf Nürburgring und 1961 in Spa.

Auf der frisch renovierten und um ein Steil-

wandoval erweiterten Monza-Rennbahn endet das (trotz Imola 1994) schlimmste Jahr der Motorsportgeschichte. Die Kombination mit dem alten Kurs beschert den Zuschauern auf der Haupttribüne sogar zwei Passagen des GP-Feldes. Die Rundenschnitte steigen von ehedem 185 auf 215 km/h, weil die Steilkurven Tempo 260 und mehr zulassen... Schon seit Mai 1955 - also noch vor der Katastrophe von LeMans - hat der Daimler-Benz-Vorstand die Weichen für den Rückzug aus der Formel 1-WM gestellt. Auch in Monza, bei ihrem letzten Auftritt auf der Grand-Prix-Bühne, können sich die Mercedes-Benz W 196 wieder einmal nur selbst schlagen, indem sie ausfallen: Bei Moss kapituliert eine Antriebswelle, bei Kling der Kardantrieb. Fangio läßt sich in der Schlußrunde nicht mehr von seinem Teamkollegen Taruffi übertölpeln und gewinnt den letzten Formel-1-Grand-Prix für Mercedes-Benz. Wie beim siegreichen Comeback der Silberpfeile in Reims anno 1954 trägt Fangios Stromlinien-Wagen auch an jenem 11. September 1955 die Startnummer 18, als ob sich der Kreis damit geschlossen hätte... Mercedes-Benz gewinnt 1955 nach der Formel-1-WM auch noch die Sportwagen-WM und die Tourenwagen-EM. In Untertürkheim muß man sich und anderen nichts mehr beweisen, Mercedes-Benz bläst zum Rückzug. Juan Manuel Fangio wird sagen, daß der Autokonzern in zwei Jahren Renneinsatz soviel technische Erkenntnisse für den Serienbau gesammelt hat, wie dies nicht einmal bei zehnjährigen Versuchsreihen in der Untertürkheimer Entwicklungsabteilung möglich gewesen wäre. Vom bis heute werbewirksamen Nachruhm des kurzen Formel-1-Gastspiels ganz zu schweigen. Alfred Neubauer wird immer wieder kundtun, daß irgendwann in schöner Zukunft »sich auch wieder die großen Werke in der Formel 1 engagieren werden«. Als der legendäre Mercedes-Benz-Rennleiter am 22. August 1980 im Alter von 90 Jahren stirbt, hat sich seine Prophezeiung erfüllt, doch anders als es sich der große »Don Alfredo« gedacht haben mag. Renault, Ford, Fiat, Alfa Romeo, bald auch BMW, Honda und die Sportwagenmanufaktur Porsche engagieren sich in der Formel 1. Nur Mercedes-Benz fehlt - vorerst noch...

Die Roten und die Grünen

Die beiden besten Rennfahrer der Welt sind durch den Rückzug von Mercedes-Benz wieder auf dem Markt. Juan Manuel Fangio denkt mit 44 Jahren an seinen Rücktritt. Vize-Weltmeister Stirling Moss erhält Offerten, doch endlich wieder für ein britisches Team zu fahren. BRM hat einen neuen Vierzylinder entwickelt, den Typ P25, ein kompaktes Gefährt, das anfänglich knapp 250 PS bei 9000/min mobilisiert und 1956 von Mike Hawthorn und Tony Brooks pilotiert wird. Brooks, angehender Zahnarzt und 23 Jahre jung, hat am 23. Oktober 1955 auf Sizilien das letzte Formel-1-Rennen des Jahres, den sehr gut besetzten *Gran Premio Siracusa*, mit einem Connaught gewinnen können. Stirling Moss probierte sowohl den BRM als auch den Connaught aus und er testete auch den dritten GP-Rennwagen im »British Racing Green«, den Vanwall. Mit dem hatte der junge Brite Peter Collins in der Formel 1 debütiert, ehe er von Enzo Ferrari verpflichtet worden war. Die Kollektion grüner Formel-1-Rennwagen erfüllte nicht die Ansprüche, die Stirling Moss an ein Siegerauto stellte: Der Connaught war zu schwer und verfügte über zu wenig PS. Mit dem BRM gelangen nur mittelprächtige Zeiten. Der Vanwall zeigte ein gutes Handling, litt aber unter Übergewicht. Immerhin, Stirling Moss hatte seine nationale Pflicht erfüllt: Eine Umfrage unter den siebzehn führenden englischen Motor-Journalisten kam zu dem Resultat, daß es besser wäre, wenn Stirling 1956 für Maserati Formel-1-Rennen fahren würde...

Während der kommende Weltmeister, denn das war Stirling Moss für alle Experten, tatsächlich wieder in das Werksteam des Grafen Orsi wechselte, hatte sich der amtierende Champi-on entschlossen, doch noch eine weitere Saison dranzuhängen. Am 16. September 1955 war in Buenos Aires Präsident Peron gestürzt worden, Fangio galt als guter Bekannter des geschaßten Staatschefs. Die neue argentinische Regierung hetzte Fangio prompt die Steuerfahndung auf den Hals. Weitere Repressalien drohten und Fangio reiste lieber wieder nach Europa zurück, um mit Enzo Ferrari handelseinig zu werden. Das ganze Arrangement ähnelte mehr einer Vernunftehe, denn einer Liebesheirat. Fangio forderte eine stattliche Mitgift, Ferrari zahlte zähneknirschend rund zwölf Millionen Lire, über ein Fünftel der Summe, die Fiat damals jährlich für den Formel-1-Rennstall aus Maranello locker machte: »Fangio, ich weiß, Du kostest einen Haufen Geld, aber ich brauche Dich.« Der Lancia-Ferrari D50 entwickelt ohne die Konkurrenz der Silberpfeile Siegerpotential, doch die ursprüngliche Konstruktion Vittorio Janos wird gründlich modifiziert, böse Zungen behaupten: regelrecht ruiniert. So nehmen die Seitentankverkleidungen nur noch die Auspuffrohre auf, die Kraftstofftanks werden im Fahrzeugheck untergebracht und der V8-Motor dient nicht mehr als tragendes Element. Hier scheint nichts mehr daran erinnern zu dürfen, daß der D50 einmal ein Lancia und kein echter Ferrari war.

Bei all den modifikatorischen Bemühungen zieht ausgerechnet die Numero Uno auf mysteriöse Art und Weise die Defekte an. Beim Saisonauftakt am 22. Januar 1956 in Argentinien startet Fangio zwar aus der Pole Position, doch im Rennen hat Fangio von Beginn an Ärger mit der Benzinpumpe und muß nach 23 von 98 Runden aufgeben. Luigi Musso wird an die Boxen beordert, um seinen Lancia-Ferrari abzutreten, Fangio kehrt an fünfter Stelle wieder ins Rennen zurück, rasselt vier Runden später von der Piste und wird von eifrigen Helfern wieder auf die Strecke geschoben. Eigentlich ein Grund zur Disqualifikation, doch diesbezügliche Proteste von Maserati-Teamchef Nello Ugolini werden später unisono abgeschmettert, wir sind schließlich in Buenos Aires... Juan Manuel Fangio arbeitet sich an den führenden Stirling Moss im waidwunden Werks-Maserati heran, fährt dabei die schnellste Rennrunde und gewinnt nach über drei Stunden mit 25 Sekunden Vorsprung vor dem zweiten Werks-Maserati von Jean Behra.

Die europäische Formel-1-Saison kommt im April ins Rollen. Fangio gewinnt den Grand Prix von Syrakus, doch dann gibt es für Ferrari empfindliche Rückschläge: Bei der *Daily-Express-Trophy* in Silverstone fallen beide D50 von Fangio und Collins aus, während Gastfahrer Stirling Moss mit dem Vanvall sensationell gewinnt. Tags darauf, am 6. Mai 1956, kassiert auch die andere Hälfte des Ferrari-Werksteams eine Niederlage beim Grand Prix von Neapel: Die D50 von Castellotti und Musso bleiben mit Motorschäden auf der Strecke, so daß der Franzose Robert Manzon im alten Sechszylinder-Gordini einen unerwarteten Erfolg feiern kann. Der französische Formel-1-Rennstall wird Ende des Jahres dichtmachen, weil Amédée Gordini wieder einmal das nötige Kleingeld fehlt, um seinen neuen T32-Reihen-Achtzylinder voranzubringen. Gordini tritt danach in die Dienste von Renault, um aus Serienmodellen Sportversionen zu entwickeln. Zwei Jahrzehnte später, als Renault mit einem 1,5-Liter-Turbolader in die Formel 1 einsteigt, ziert den Motorblock die Aufschrift »Renault-

Bäumchen-wechsle-Dich-Spiel: Der Lancia D50 nennt sich zwar Lancia-Ferrari, präsentiert sich jedoch beim Großen Preis von Argentinien am 22. Januar 1956 nach wie vor in seiner gewohnten Gestalt. Juan Manuel Fangio hat seinen D 50 bereits abstellen müssen und steuert hier den Wagen seines Teamkollegen Luigi Musso dem Sieg entgegen.

Einer der außergewöhnlichsten Formel-1-Rennfahrer aller Zeiten: Der 40jährige Playboy und Polo-Spieler Carlos Menditeguy führt 1956 seinen Heim-Grand-Prix in Buenos Aires an! Doch mit gebrochener Antriebswelle strandet Menditeguys Maserati 250F vorzeitig am Rande der Piste.

Gordini« - ein kleines Denkmal für einen großen Einzelkämpfer, der 1979 stirbt. In jenem Jahr, in dem ein Renault-Gordini-Turbo in Dijon erstmals einen Formel-1-GP gewinnt.

Die Scuderia Ferrari gerät weiter in Nöte: Stirling Moss gewinnt mit seinem Werks-Maserati 250F den 2. WM-Lauf des Jahres in Monte Carlo. Juan Manuel Fangio hat seinen Lancia-

Ferrari D50 in der Sainte-Devote-Kurve demoliert, der Maestro hat ausnahmsweise einen ganz schlechten Tag erwischt und schlägt sich an einer Mauer auch noch ein Hinterrad an. Castellotti darf mit dem zerknitterten D50 weiterfahren, während Fangio in den D50 von Collins wechselt! Am Ende reicht es trotz einer furiosen Schlußattacke nur noch zum zweiten Platz für den Weltmeister. Doch drei Wochen später kommt es beim belgischen GP noch schlimmer: Fangio dominiert zwar nach Belieben und fährt die Pole Position heraus, fast fünf Sekunden schneller als die Zeit des zweitplazierten Stirling Moss, doch im Rennen verliert der Argentinier den sicheren Sieg durch einen Schaden am Differential. Um ganz sicher zu gehen, war »El Chueco« im Lancia-Ferrari von Peter Collins gestartet, der prompt mit dem Rennwagen von Fangio in Spa seinen ersten Formel-1-GP gewinnt! In der WM führen nun Collins und Moss mit 11 Punkten vor Behra mit zehn und Fangio mit neun Zählern! Und Peter Collins gewinnt auch den nächsten WM-Lauf in Reims, drei Zehntelsekunden vor seinem Teamkollegen Eugenio Castellotti. Die Ferrari-Stallregie hat den Sieger bestimmt, Castellotti tobt und Fangio solidarisiert sich mit seinem italienischen Teamkollegen. Die Scuderia scheint den Maestro unter Druck setzen zu wollen, indem nun Peter Collins bevorzugt wird. Wieder einmal lag Fangio vorn, als ihm aus einer defekten Benzinleitung rundenlang ätzender Treibstoff ins Gesicht, auf den Bauch und die Oberschenkel spritzte. Am Ende reicht es dem schmerzgeplagten Fangio nur zu Platz Vier und der schnellsten Runde des Rennens. Enzo Ferrari berührt die Unruhe in seinem Rennstall überhaupt nicht: Tags zuvor, am 30. Juni 1956, ist sein einziges Kind aus der Ehe mit seiner Frau Laura, Dino Ferrari, mit 24 Jahren nach langer schwerer Krankheit gestorben. Enzo Ferrari wird sich in der Folge immer mehr abschotten, er läßt sich nur noch per Telefon von den Einsätzen seiner Scuderia informieren, allein beim Training zum italienischen Formel-1-Grand-Prix bekommt ihn die Öffentlichkeit noch zu Gesicht, was schon zu Lebzeiten die Legende Ferrari nähren hilft. Eine andere Legende wird bei jenem GP-Wochenende in Reims noch einmal vergeblich wiederbelebt:

Der 1. Juli 1956 bringt den ersten und letzten Auftritt eines Bugatti bei einem Formel-1-WM-Lauf. Doch Maurice Trintignant qualifiziert den nagelneuen Bugatti T251 nur für den 18. von 20 Startplätzen, der querliegend als Mittelmotor eingebaute Reihen-8-Zylinder wird von technischen Problemen geplagt, zudem bringt das 265 PS starke Gefährt 750 kg auf die Waage. Trintignant gibt nach 18 von 61 Runden auf: Das Gaspedal klemmt, das Bugatti-Comeback ist beendet.

Reims 1956 wäre beinahe auch der erste und einzige GP-Start für einen gewissen Anthony Colin Bruce Chapman gewesen. Der 28jährige Ingenieur aus dem Londoner Vorort Richmond baute, fuhr und verkaufte seit 1950 unter dem Firmennamen »Lotus« eigene Renn- und Sportwagen und hatte für den neuen For-

*Monte Carlo, 13. Mai 1956:
In der ersten Startreihe Fangio/-
Lancia-Ferrari (20), der spätere Sieger
Moss/Maserati (28), Castellotti/Lancia-
Ferrari (22), Reihe Zwei mit
Behra/Maserati (30) und Schell/
Vanwall (16), Reihe Drei
Trintignant/Vanwall (14),
Perdisa/Maserati (32) und Musso/
Lancia-Ferrari (24), Reihe Vier
Collins/Lancia-Ferrari (26), da Silva
Ramos/Gordini (6) und der Rest...*

*Monza, 2. September 1956, der
letzte Auftritt eines Gordini bei
einem Formel-1-WM-Lauf:
Hernando da Silva Ramos, ein 1925
in Paris geborener Brasilianer,
unterwegs mit dem Typ 32 -
nach drei Rennrunden ist der
Reihenachtzylinder hinüber.*

mel-1-Vanwall nebenbei das Gitterrohrrahmen-Chassis und die Radaufhängungen entworfen und dem Team von Tony Vandervell und Rennleiter David Yorke außerdem Frank Costin weiterempfohlen, der um den hochbauenden Vierzylinder-Norton-Motor eine markante Stromlinienverkleidung schneiderte. Der grüne Vanwall bot weitaus weniger Luftwiderstand als die gedrungeneren Lancia-Ferraris und Maseratis. Weil Vanwall-Werksfahrer Maurice Trintignant ja den Bugatti steuerte, war neben Harry Schell und dem für ein Rennen von BRM ausgeliehenen Mike Hawthorn der dritte Vanwall für Colin Chapman frei. »Chunky« war

schnell, hatte aber das Pech, im Training den Vanwall seines Teamkollegen Hawthorn so heftig zu rammen, daß Chapmans Vanwall nicht mehr für das Rennen in Reims repariert werden konnte. Der französische GP bescherte 1956 trotzdem einen ersten Vorgeschmack auf das enorme Potential des Vanwall, denn Harry Schell gelang es in einer mitreißenden Aufholjagd das führende Lancia-Ferrari-Trio aufzumischen, ehe eine defekte Einspritzpumpe den grünen Spuk beendete... Zwei Wochen später trumpft in Silverstone der neue BRM P25 auf: Mike Hawthorn führt vor seinem Teamkollegen Tony Brooks, Juan Manuel Fangio attackiert, dreht sich in der Becketts-Kurve und fällt weit zurück. Die Chancen auf seinen 4. WM-Titel sinken ins Bodenlose. Doch Brooks muß an der Box einen gebrochenen Gaszug reparieren lassen, wieder zurück im Rennen klemmt der Schieber bei Vollgas und der rennfahrende Dentist überschlägt sich mit dem BRM, der sofort in Flammen aufgeht. »Dieser BRM P25 war ein absolutes Todes-Fahrzeug«,

Auch der beste Rennfahrer der Welt erwischt einmal einen schlechten Tag: Juan Manuel Fangio anno 1956 in Monte Carlo mit dem Lancia-Ferrari - zerknirscht und zerknittert.

Spa-Francorchamps, 3. Juni 1956 - der erste Sieg für Peter Collins.

erinnert sich Tony Brooks Jahrzehnte später, »wahnsinnig schnell auf der Geraden, aber absolut nervös in Kurven. Wenn man mit dem Ding hätte driften wollen, wäre es unweigerlich rausgeflogen. Daß dieses Vehikel in Flammen aufging, war das Beste, was passieren konnte...« Schon zuvor war Hawthorns BRM

mit einem Gelenkwellenbruch ausgeschieden. Kein guter Tag für die britische GP-Elite, denn auch der führende Stirling Moss und der zweitplazierte Roy Salvadori fallen ebenso aus, wie der lange Zeit beste Lancia-Ferrari von Peter Collins. Und so gewinnt Juan Manuel Fangio doch noch in Silverstone, während Collins den

D50 des spanischen Marquis Alfonso de Portago übernimmt und noch auf Rang Zwei steuert. Mit einem souveränen Sieg nach 22 langen Nürburgring-Runden bei über dreieinhalbstündiger Renndauer scheint Juan Manuel Fangio vor dem letzten WM-Lauf in Monza den Titelkampf endgültig entschieden zu haben: Alle vier anderen Lancia-Ferraris sind auf der Strecke geblieben und Fangio übernimmt mit 30 Punkten die Führung in der Weltmeisterschaft. Collins und Behra folgen mit 22 Zählern, Moss hat 19. Aufgrund des Reglements hat beim Finale in Monza allein Collins eine theoretische Chance, Fangios vierten Titelgewinn zu verhindern. Maximal fünf Resultate aus neun Rennen, inklusive des Indy-Resultats, werden 1956 gewertet. Fangio hat vor Monza das Maß schon voll, Collins verfügt erst über vier Plazierungen in den Punkterän-

Reims, 1. Juli 1956: Collins übernimmt vor seinen Stallgefährten Castellotti und Fangio die Führung, dahinter kommen Moss (2), Schell (22), Behra (4) und Hawthorn (24), der Rest des Feldes, angeführt von de Portago im vierten Lancia-Ferrari, steht noch. Wieder einmal hat Starter Toto Roche mit seinen Flaggensignalen für totale Verwirrung gesorgt, ganz rechts hinten am Bildrand bemühen sich noch Mechaniker, den Maserati von Villoresi anzuschieben.

im Wort: Einer heißt Don Alfonso Cabeza de Vaca y Leighton, der 17. Marquis de Portago, am 11. Oktober 1928 in London geboren, aufgewachsen in Biarritz, während sein adliger Vater für Franco im Spanischen Bürgerkrieg kämpfte. »Fon« ist ein sportlicher Playboy, zweimal ritt er beim *Grand National* in Aintree mit, qualifizierte sich für das spanische Olympia-Team im Bobfahren und besaß einen Flugschein samt eigenem Flugzeug, lange bevor sich GP-Rennfahrer als Piloten am Steuerknüppel betätigten. »Fon« war ein Lebemann, hatte aber Stil. Exzesse, bei denen Frauen, Drogen und Alkohol die Hauptrolle spielten, meisterte Alfonso de Portago mit spanischer Grandezza: Mehr Spaß als James Hunt (bei dem das immer ein wenig vulgär wirkte) und »Fon« dürften in dieser und anderer Hinsicht unter den F1-Piloten nur noch Innes Ireland und Mike »The Bike« Hailwood genossen haben.

Der zweite adlige Herr im Team von Enzo Ferrari sollte anno 1956 in Monza seinen ersten Formel-1-GP fahren dürfen: Wolfgang Graf Berghe von Trips, am 4. Mai 1928 geborener Sproß aus altem rheinischen Landadel, ein nachdenklicher junger Herr, zwischen agrarwirtschaftlichem Studium und schnellem Spielzeug aus dem Hause Porsche erwachsen geworden. In einem Land, das Heroen wie Caracciola und Rosemeyer hervorgebracht hatte, fand Trips erst über Umwege und Unfälle zur Rolle des Hoffnungsträgers der automobilophilen Nation. Beim Freitagstraining sitzt er zum ersten Mal in einem Formel-1-Rennwagen und braucht nur kurze Zeit, um mit dem Lancia-Ferrari D50 in der Curva Grande rauszufliegen. Als »Count Crash« an die Ferrari-Box zurückgehumpelt ist, lächeln sie alle über seine Erklärungen: So, so, das rechte Vorderrad habe plötzlich geflattert? Ach ja, der Lancia-Ferrari sei plötzlich nicht mehr zu lenken gewesen? Sie glauben ihm kein Wort und sparen sich die Mühe genauerer Untersuchung, weil das D50-Wrack nicht mehr zu reparieren ist. Ein eklatanter Fehler, denn später wird man tatsächlich feststellen, daß ein gebrochener Lenkhebel den Unfall des deutschen Grafen verursachte. Doch zu diesem Zeitpunkt hat Luigi Musso wegen desselben Defektes bereits den sicheren Sieg in seinem Heim-GP verloren

gen. Bei einem Sieg in Monza wäre der Brite ebenfalls bei 30 Punkten und damit Weltmeister, weil Fangio einen seiner drei Siege mit Musso teilte, während Collins mit Monza dann dreimal solo gesiegt hätte. Mit dem Extra-Punkt für die schnellste Rennrunde hätte der Brite sogar auf 31 Zähler kommen können: Doch all diese Rechnungen würden nicht aufgehen, wenn Fangio in Monza Zweiter würde. Diese verwirrenden Spielereien mit Streichresultaten sollten noch bis in die 80er Jahre hinein in

immer wieder veränderter Form beibehalten werden und tatsächlich so manche Titelvergabe auf fragwürdige Art und Weise beeinflussen. Immerhin, 1956 schien alles überschaubar zu sein: Denn wie sollte Collins seiner Nummer Eins bei Ferrari, dem dreifachen Weltmeister Fangio, den vierten Titel streitig machen können? Doch bei der Scuderia Ferrari herrscht Hektik, weil beim Heim-GP in Monza sechs D50 eingesetzt werden sollen. Enzo Ferrari steht bei zwei jungen, adligen Herrenfahrern und Juan-Manuel Fangio beinahe seine vierte Fahrerweltmeisterschaft...

Aber die Scuderia Ferrari plagen vor dem *Großen Preis von Italien* ganz andere Sorgen: Die Lancia-Ferraris rollen vertragsgemäß auf Englebert-Reifen, doch genau wie im Vorjahr werfen die belgischen Pneus Blasen, ein paar schnelle Runden und Fangio & Co. fliegen die Gummifetzen um die Ohren, die Belastungen im Steilwandoval sind zu stark. Juan Manuel Fangio rät zu Bedachtsamkeit, neben ihm in der ersten Startreihe stehen die beiden Team-kollegen Eugenio Castellotti und Luigi Musso: »Ihr dürft ja euren Heim-Grand-Prix gewinnen«, doziert der Maestro weise, »aber wir sollten mit Blick auf unsere Reifen die Sache ruhiger angehen. Vom Start weg bestimme ich das Tempo, ihr folgt mir und werdet eure Reifen nicht ruinieren. Zehn Runden vor Schluß lasse ich euch beide vorbei und dann könnt ihr alleine ausmachen, wer gewinnt, ich bin bei dieser Konstellation sowieso wieder Weltmeister.« Castellotti und Musso verzichten stolz auf solche Absprachen: »Nein, jeder fährt sein eigenes Rennen.« Schließlich geht es vor über 100 000 Tifosi in Monza um das ehrenvolle Erbe Ascaris, was auch Enzo Ferrari seine beiden Landsleute spüren läßt. Die italienische Presse schreibt die Rivalität zwischen dem 32jährigen Musso und dem 25jährigen Castellotti zum nationalen Prestigeduell hoch, so daß Adrenalin und Bleifuß den Heim-GP vom Start weg bestimmen: Musso und Castellotti übernehmen resolut die Spitze und überholen einander ohne Rücksicht auf Verluste. Nach fünf von 50 Runden steuern beide Kampfhähne mit Reifenschäden die Ferrari-Box an... Alfonso de Portago überlebt bei Tempo 250 in der Steilwandsektion einen Reifenschaden, auch Eugenio Castellotti wirft ein geplatzter Pneu aus dem Rennen und dann kommt Juan Manuel Fangio mit gebrochenem Lenkhebel an die Box: Sein D50 kann zwar repariert werden,

Lehrer und Schüler: Juan Manuel Fangio und Peter Collins, links am Bildrand Luigi Musso.

Fahrerlagerstimmung in Monza anno 1956 - die Raubtiere des Enzo Ferrari hinter Gittern.

Hart an der Grenze des Frühstarts übernehmen Musso (28) und Castellotti (24) resolut die Führung im WM-Finale, während Ferrari-Teamkollege Fangio (22) versucht, sich aus dem italienischen Prestige-Duell herauszuhalten. Collins (26) muß im vierten Lancia-Ferrari dem stehengebliebenen Vanwall von Taruffi (16) ausweichen. Zu erkennen auch der spätere Gewinner Moss (36), Behra (32), Villoresi (34) in seinem letzten Grand Prix, rechts daneben mit verdeckten Startnummern Maglioli/Maserati und de Portago/Lancia-Ferrari und der Rest - Schell (18), Salvadori (44), Trintignant (20), de Graffenried (14), Gerini (42), Leston (2) und Piotti (40), der später noch seinen Maserati-Kollegen Moss mit »Schiebung« zum Sieg verhelfen wird.

doch der Argentinier fällt aussichtslos zurück und soll deshalb Mussos Lancia-Ferrari übernehmen. Der will in Monza jedoch lieber alleine gewinnen und ignoriert die Signale. Castellotti übernimmt Fangios D50 mit vier Runden Rückstand, während der Maestro chancenlos in der Ferrari-Box zusehen muß, wie sein WM-Titel in die Binsen zu gehen droht: Moss - Musso - Collins lautet die Reihenfolge an der Spitze, der junge Brite hat doch noch die Chance, Weltmeister zu werden, aber er verzichtet. Bei einem routinemäßigen Reifenstop in der 35. Runde räumt Collins freiwillig das Cockpit seines D50 zugunsten von Fangio! Der kann es schier nicht fassen, bedankt sich bei seinem Teamkollegen und rast auf Platz Drei davon, dem vierten WM-Titel entgegen... Peter Collins kommentiert: »Es wäre zu früh für mich gewesen, Weltmeister zu werden. Ich bin einfach noch zu jung. Ich will mein Leben und das Rennfahren weiter genießen. Wenn ich heute den Titel geholt hätte, wären damit unzählige Verpflichtungen auf mich zugekommen. Außerdem hat Fangio die Weltmeisterschaft sowieso verdient.« Peter Collins ist damals 25, ein Gentleman und kein Hellseher, er ahnt nicht, daß ihm das Schicksal nur diese eine Chance zum Titelgewinn bescheren wird...

Fünf Runden vor Rennende geht dem klar führenden Stirling Moss der Sprit aus. Luigi Piotti schiebt mit seinem privaten Maserati 250F den Werks-Maserati des Briten zum Nachtanken an die Box! Es gibt Proteste, doch disqualifiziert wird Stirling Moss nicht: Denn die Hilfe sei ja von einem Kollegen gekommen, der auch einen Maserati fuhr, argumentiert der clevere Moss nach Rennende und überzeugt damit die italienischen Funktionäre... Moss gewinnt, weil kurz vor Schluß am führenden Lancia-Ferrari Luigi Mussos ein Lenkhebel bricht! Fangio wird Zweiter und verläßt frustriert als alter und neuer Champion die Scuderia Ferrari, um 1957 für das Maserati-Werksteam von Graf Orsi fahren. Stirling Moss wechselt zum Vanwall-Team von Tony Vandervell. Enzo Ferrari holt Mike Hawthorn zurück, die italienische Presse schwärmt blumig von der »Squadra Primavera«. Doch Enzo Ferraris Scuderia gewinnt 1957 keinen einzigen Formel-1-WM-Lauf und binnen vier Jahren werden alle sechs Fahrer seines jungen, frühlingshaften Teams tödlich verunglückt sein: Eugenio Castellotti und Alfonso de Portago 1957, Luigi Musso und Peter Collins 1958, Mike Hawthorn 1959 und zuletzt Wolfgang von Trips 1961...

Der Größte

Beim *Großen Preis von Argentinien* am 13. Januar 1957 sind Fangio und Moss noch einmal Teamkollegen: Weil Tony Vandervell seine Vanvalls nicht gemeldet hat, klettert Stirling noch einmal in einen Maserati 250F. »Ein liebenswerter, leicht zu fahrender Rennwagen«, erinnert sich der Engländer. Der Lancia-Ferrari-V8 verfügte zwar über mehr PS, der Vanvall besaß mit Scheibenbremsen und Benzineinspritzung die zukunftsträchtigste Technik, doch vom Handling her war der gutmütige Maserati 250F am besten. Sage und schreibe 21 Exemplare des 250F waren seit 1954 bis Ende 1956 angefertigt worden! In der Lightweight-Version von 1956 hatten die Maserati-Ingenieure den Reihen-Sechszylinder, den es nach einer Vergaser- nun auch in einer Einspritz-Version gab, leicht gekippt, so daß sich die Kardanwelle links vom Fahrersitz vorbeiführen ließ. Dadurch konnten Moss & Co. zum Ende der Saison 1956 etwa 20 Zentimeter tiefer Platz nehmen, was im Zusammenspiel mit einer neuen Verkleidung dem drei Jahre alten 250F einen wesentlich geringeren Luftwiderstand bescherte. Der Maserati war damit zwar nicht der schnellste, aber sicher der ausgereifteste Formel-1-Rennwagen seiner Epoche, als er in die Hände von Juan Manuel Fangio kam. 1957 ist der vierfache Weltmeister mit fast 46 Jahren der älteste aktive Formel-1-Rennfahrer. Bei Sportwagenrennen scheint Stirling Moss dem Argentinier den Rang abgelaufen zu haben. Doch damals wie heute stellt Stirling fest: »Fangio und ich standen von 1956 an fast auf demselben Level. Wir waren echte Rivalen - zumindest im Sportwagen. In der Formel 1 war Fangio jedoch immer wieder das kleine, aber entscheidende Quentchen schneller. Und unterm Strich ist er der größte Rennfahrer aller Zeiten.«

In seiner letzten vollen Formel-1-Rennsaison unterstreicht Juan Manuel Fangio dieses Urteil seines größten Rivalen auf grandiose Art und Weise: Seinen Heim-GP in Buenos Aires gewinnt er am 13. Januar 1957 zum vierten Mal in Folge, nachdem er ein Drittel der Renndistanz in ruhiger Lauerstellung zusah, wie Behra, Castellotti und Collins sich gegenseitig die Führung abjagten. Dann legt der Maestro nach und ist nicht mehr zu halten. Nein, Fangio ist kein billiger »Abstauber«. Gewiß sind Moss und seine späteren Epigonen wie Peterson, Villeneuve & Co. fürs Auge die spektakuläreren Fahrkünstler gewesen, doch zu Formel-1-Titelehren kamen sie nie, es waren kühle Taktiker vom Schlage eines Fangio und seiner Nachfolger namens Stewart, Lauda oder Prost, die Weltmeister wurden. Dazwischen ist noch genügend Raum in der nach oben offenen Richterskala, um auch andere GP-Heroen wie Jim Clark und Ayrton Senna gebührend einzuordnen. Die Frage nach dem »größten Formel-1-Fahrer aller Zeiten« - die doch gerade mal ein halbes Jahrhundert umfassen - ist müßig und verlockend zugleich. Der wahre Champion ist Rennfahrer und Taktiker zugleich, übt im richtigen Zeitpunkt Zurückhaltung, um im entscheidenden Moment die

Der Meister im Kreise seiner Jünger - Juan Manuel Fangio von links nach rechts umringt von Stirling Moss, Alfonso de Portago, Wolfgang von Trips, Eugenio Castellotti und Hans Herrmann.

Ende der Wiederbelebungsversuche: Der Lancia-Ferrari D50 mit Seitentank-Attrappen hat ausgedient - Cesare Perdisa steuert eines der letzten Exemplare beim argentinischen Grand Prix am 13. Januar 1957 auf den 6. Platz, unterstützt von Peter Collins und Wolfgang von Trips, der damit zu seinem ersten Start in einem Formel-1-WM-Lauf kommt.

eigenen Grenzen fast spielerisch leicht und sicher zu überschreiten. Diese Kunst demonstriert Juan Manuel Fangio in der Rennsaison 1957 in vollendeter Form.

Maserati braucht mit einem Fangio eigentlich keine technische Aufrüstung, gleichwohl experimentiert man mit einem neuen V12-Motor, der bei 9500/min über 300 PS freisetzt. Das Triebwerk wird in ein 250F-Chassis implantiert und Werksfahrer Jean Behra stellt damit am 14. März 1957 auf dem Autodrom von Modena einen neuen inoffiziellen Rundenrekord auf. Enzo Ferrari soll daraufhin zum Telefon gegriffen haben, um Eugenio Castellotti sofort nach Modena zu beordern, denn die Bestzeit auf der »Hausteststrecke« von Maserati und Ferrari sei eine Sache höchsten Prestiges, basta! Noch am Nachmittag trifft Castellotti von einem Kurz-Urlaub aus Florenz ein. Dann dreht er im neuen Ferrari Tipo 801 kurz nach 17.00 Uhr seine ersten Runden und verunglückt wenige Minuten später in der S-Kurve nach Start und Ziel tödlich. Seiner schieren Eitelkeit zuliebe habe Enzo Ferrari das Leben

eines Rennfahrers geopfert, wird sich Luigi Villoresi noch Jahrzehnte nach dem tragischen Tod Eugenio Castellottis ereifern. Castellottis Ende wird Jahre später am selben Unglücksort noch einmal auf makabre Art und Weise in Erinnerung gerufen. Die nach dem toten Idol benannte »Scuderia Eugenio Castellotti« testet auf dem Kurs von Modena, Giulio Cabianca steuert am 15. Juni 1961 einen altgedienten Cooper-Ferrari aus den Tagen der 2,5-Liter-Formel-1. Bei Vollgas bleibt das Gaspedal hängen, der unglückliche Cabianca rast geradeaus von der Strecke, durch ein geöffnetes Tor schnurstracks weiter in den Modeneser Stadtverkehr und stößt mit einem Taxi zusammen ... Die drei Insassen und der 38jährige Rennfahrer

Vom einstigen Lancia D50 bleibt im Prinzip nur noch der V8-Motor erhalten, doch der Ferrari Tipo 801 gewinnt 1957 keinen einzigen Lauf zur Formel-1-WM.

sind auf der Stelle tot. Zurück in das Jahr 1957, als für die Scuderia Ferrari die nächste Hiobsbotschaft kommt: Bei der *Mille Miglia*, jener wilden Jagd mit 400 PS-starken Rennsportwagen über öffentliche Straßen quer durch Italien, rasen Alfonso de Portago und sein Beifahrer Willie Nelson mit ihrem Ferrari bei Tempo 200 in das Publikum am Streckenrand. Zehn Zuschauer, darunter fünf Kinder, sowie der spanische Grande und sein amerikanischer Kompagnon finden den Tod. Das Blutbad bedeutet das Ende des Straßen-Klassikers. Gegen Enzo Ferrari und die Firma Englebert führt die Staatsanwaltschaft Ermittlungen wegen Totschlags. Die Untersuchungen werden nach viereinhalb Jahren eingestellt. Weder der Rennstallbesitzer noch die Reifenfirma seien für den Unfall verantwortlich zu machen. Doch Enzo Ferrari bleibt in Italien lange Zeit in der öffentlichen Kritik, selbst der Vatikan attackiert den »grausigen Saturn, der seine eigenen Kinder bei lebendigem Leib verschlingt«.

Nur eine Woche nach der Tragödie geht die Formel-1-Weltmeisterschaft des Jahres 1957 beim *Großen Preis von Monaco* in ihre zweite Runde. Und wieder demonstriert Juan Manuel Fangio sein schier untrügliches Gespür, brenzligen Situationen zu entgehen. »El Chueco« begnügt sich trotz seiner Pole Position mit einem vorsichtigen Start, hält locker den dritten Platz, als Spitzenreiter Stirling Moss in der Hafenschikane geradeaus fährt und sein Vanwall die Holzbarrieren durchbricht und der dichtauf folgende Peter Collins seinen Ferrari bei einem verzweifelten Ausweichmanöver ausgangs der Schikane zertrümmert. Fangio fädelt seinen Maserati unbeschadet durch die trümmerübersäte Engstelle, während gleich

dahinter Mike Hawthorn rausfliegt... So gewinnt der Weltmeister auch den zweiten WM-Lauf, der in Monte Carlo ausnahmsweise sogar über 105 Runden ausgetragen wird. Pech für Jack Brabham, der sonst bei den üblichen 100 Runden mit seinem winzigen Formel-2-Cooper Dritter geworden wäre, doch in Runde 101 stoppt eine defekte Benzinpumpe den Mittelmotor-Rennwagen und »Black Jack« schiebt sein Gefährt eigenhändig zum sechsten und letzten Platz über die Ziellinie. Bei einem Hubraum von 1960 Kubikzentimeter fehlen dem Cooper-Climax mindestens 70 PS auf die Maseratis, Ferraris und Vanvalls. Doch es dauert kein Jahr und dann wird der kleine englische Rennwagen die gewohnten Kräfteverhältnisse in der Formel 1 vollkommen auf den Kopf stellen... Ein anderes britisches GP-Team kann zwar den 4. Platz des 27jährigen Stuart Lewis-Evans verbuchen, doch der Connaught-

Rennstall kommt trotzdem unter den Hammer: Die Suez-Krise hat im Spätherbst 1956 in Großbritannien zu Benzin-Rationierungen geführt, Industrie, Wirtschaft und Politik haben andere Sorgen als die Formel 1, Connaught bringt kein Budget zusammen. Zwei Connaught-Rennwagen ersteigt der Freund und Berater von Stuart Lewis-Evans, ein 26jähriger Geschäftsmann und Motorsport-Enthusiast namens Bernie Ecclestone. Beim GP von Monaco 1958 setzt Bernie seine beiden Connaught für Paul Emery und Bruce Kessler ein, doch die qualifizieren sich ebensowenig für einen der 16 Startplätze wie der Rennstallbesitzer, der höchstpersönlich am Volant Platz nimmt...

Weil kurzfristig die WM-Läufe in Belgien und den Niederlanden abgesagt werden, durchlebt der GP-Sport 1957 ein anderthalb Monate währendes »Sommerloch«, ehe der

Monte Carlo, 19. Mai 1957: Fangio/Maserati (32), Collins/Ferrari (26), Moss/Vanwall (18), Brooks/Vanwall (20), Hawthorn/Ferrari (28), Schell/Maserati (38), von Trips/Ferrari (24), Menditeguy/Maserati (36, von Brooks halb verdeckt), Gregory/Maserati (2), Lewis-Evans/Connaught (10) und der Rest, inklusive des winzigen Coopers von Jack Brabham.

Solange der V8 lief, für einige Runden auf dem dritten Platz in Monte Carlo: Wolfgang von Trips mit dem Ferrari Tipo 801.

Die ungeahnte Zukunft der Formel 1 - Jack Brabham im Cooper-Climax, Rouen, 7. Juli 1957.

Altmetall für Bernie Ecclestone - der Connaught, hier in Spa-Francorchamps mit Piero Scotti am Volant: Der 46jährige Newcomer aus Italien hatte sich 1956 gegen bares Geld einen der britischen Rennwagen für den Großen Preis von Belgien geliehen. Nach elf Runden gab Scotti auf und fuhr nie wieder einen Formel-1-Grand-Prix.

fahrerherz begehrt. »Wie geschaffen für mich«, tut Juan Manuel Fangio voller Entzücken kund, fährt die Pole Position heraus und nimmt mit seinem dritten Sieg in Folge bereits Kurs auf WM-Titel Nummer 5. Herbert Mackay-Fraser, ein 29jähriges Rennfahrertalent aus den USA, hält in Rouen bei seinem allerersten GP-Einsatz den tückischen BRM P25 sensationell auf Punktekurs, ehe das Getriebe streikt. »Mac« hat eine große Zukunft vor sich, ehe er eine Woche später in Reims mit einem Formel-2-Rennwagen seines Freundes Colin Chapman verunglückt und auf makabre Weise in die Annalen des Motorsports eingeht: Herbert Mackay-Fraser ist der erste Rennfahrer, der in einem Lotus ums Leben kommt.

Beim britischen GP in Aintree fühlt sich Juan Manuel Fangio für einmal nicht ganz auf der Höhe, was allerdings auch für seinen Maserati gilt, der bei Halbdistanz mit Motorschaden ausfällt, als der Argentier abgeschlagen auf Rang Sechs liegt. Der Mann des Tages heißt Stirling Moss, der kurz zuvor noch im Krankenhaus gelegen ist und am 20. Juli 1957 den Vanwall ausgerechnet beim Heim-GP zum ersten Sieg in einem Formel-1-WM-Lauf steuert. Weil Stirlings Vanwall chronische Zündungsprobleme quälen, wechselt er auf den Wagen seines Teamkollegen Tony Brooks, der immer noch unter Verletzungen von seinem schweren LeMans-Unfall leidet. Moss übernimmt den Vanwall auf dem neunten Platz und gewinnt nach einer begeisternden Aufholjagd, weil es kurz vor Rennende die Kupplung des Maseratis von Spitzenreiter Jean Behra zerreißt und sich auf dem Metallschrott ausgerechnet der zweitplazierte Mike Hawthorn einen Reifenschaden einfängt!

Zwei Wochen nach dem Sieg von Aintree muß der Rennstall von Tony Vandervell am Nürburgring Lehrgeld zahlen. Der Vanwall mag zwar mit rund 290 PS bei 7400/min der stärkste Formel-1-Rennwagen des Jahrgangs 1957 sein, doch sein Fahrgestell erweist sich für den achterbahnartigen Eifelkurs als kaum auszubalancieren. Womit Stirling Moss beim Großen Preis von Deutschland am 4. August 1957 keine Rolle spielen wird. Juan Manuel Fangio hingegen ist am Nürburgring wieder in seinem Element. Der 46jährige sichert sich mit

französische Formel-1-WM-Lauf am 7. Juli die Spitzenrennfahrer auf den tückischen Straßenkurs nach Rouen führt, inmitten des Waldgebiets bei Les Essarts und Elbeuf. Seit dem letzten *Grand Prix de l'ACF* anno 1952 ist die

Strecke auf eine Rundenlänge von sechseinhalb Kilometer erweitert worden und bietet mit langen Geraden, schnellen und langsamen Kurven, Gefäll- und Steigungsabschnitten nebst einer haarigen Spitzkehre alles, was das Renn-

seiner Freitagszeit von 9.25,6 Minuten den besten Startplatz und unterbietet damit seinen eigenen Rundenrekord aus dem Vorjahr um volle 16 Sekunden! Eine grandiose Bestmarke, selbst wenn man berücksichtigt, daß diese Verbesserung auch durch einen neuen Asphaltbelag begünstigt wird. Einen Wermutstropfen gilt es gleichwohl zu schlucken: Nach den Erfahrungen des Trainings ist klar, daß Fangio im Rennen seine Pirellis einmal wechseln lassen muß, während die Ferraris von Hawthorn, Collins und Musso mit den härteren Engleberts durchfahren können. Bei Maserati starten Fangio, Behra und Schell mit nur halbgefüllten 260-Liter-Tanks, so soll ein ausreichender Zeitvorsprung für Reifenwechsel und Auftanken herausgefahren werden. Bei strahlendem Sommerwetter am Rennsonntag hat Fangio seinen Vorsprung auf seine Verfolger Hawthorn und Collins auf etwa 28 Sekunden ausgebaut, als er am Ende der 12. von 22 Runden die Maserati-Box anpeilt. Mit einem Sieg am Nürburgring wäre der Argentinier zum fünften Mal Weltmeister, doch der Stop dauert viel zu lange, erst 45 Sekunden hinter Hawthorn und Collins rollt Fangio auf Rang Drei wieder ins Rennen zurück. Noch sind seine neuen Reifen nicht angefahren, noch kann »El Chueco« keine Zeit gutmachen. Als Hawthorn und Collins die 13. Runde beenden, signalisiert die Ferrari-Box ihnen 45 Sekunden Vorsprung auf Fangio. Tatsächlich taucht der Maserati erst 48 Sekunden später auf. Weil auf Nordschleife eine Runde nun mal über 22 Kilometer lang ist und

Der Bann ist gebrochen: Nach dem Premieren-Sieg in Aintree gewinnt Stirling Moss mit dem Vanwall auch die beiden italienischen Formel-1-WM-Läufe auf dem Pescara-Straßenkurs und hier, am 8. September 1957, in Monza.

Sprechfunkverkehr mit der Box leider erst zwei Jahrzehnte später gebräuchlich wird, kann man bei Ferrari seinen Fahrern nur mit einer Runde Verzögerung anzeigen, was Sache ist. Nach der 14. Runde bekommen Hawthorn und Collins das Schild »48 Sekunden Vorsprung« zu sehen. Fangio muß Probleme haben, schließen die beiden Spitzenreiter ebenso messerscharf wie Ferrari Rennleiter Romolo Tavoni. Nach der 15. Runde signalisiert man den beiden Briten zwar nurmehr ein Plus von 43 Sekunden, doch bei nur noch sieben verbleibenden Runden kann selbst ein Fangio diesen Rückstand niemals mehr wettmachen... Aber Juan Manuel Fangio fährt längst jenseits von Gut und Böse und hat nach dieser 15. Runde tatsächlich nur noch 31 Sekunden Rückstand auf das führende Ferrari-Duo. Als Hawthorn und Collins das entsprechende Signal am Ende der 16. Runde erblicken, trifft sie dieser Schlag vollkommen unvorbereitet: Zwölf Sekunden hat Fangio innerhalb einer einzigen Runde wettgemacht!

Das Publikum tobt, wittert eine Sensation. Jetzt reagieren die beiden Briten und riskieren alles, um die Attacke des Weltmeisters noch zu parieren. Aber an diesem ersten Sonntagnachmittag im August des Jahres 1957 hätte wohl nichts und niemand mehr Juan Manuel Fangio vom Sieg im *Großen Preis von Deutschland* abhalten können. Nach 17 Runden ist der Vorsprung der beiden Ferraris auf 26 Sekunden geschmolzen, in der nächsten Runde sind es nur noch 20 Sekunden, dann verbessert Fangio seinen gerade erst aufgestellten Rundenrekord noch einmal um fast zwei Sekunden: 9.23,4 Minuten, ein damals unglaublicher Schnitt von 145,7 km/h, der den Rückstand des Weltmeisters auf 13 Sekunden verringert. Auch Mike Hawthorn und Peter Collins fahren an ihrem absoluten Limit, doch am Ende der 20. Runde sitzt ihnen Juan Manuel Fangio bereits im Nacken. Eine absolute Traumrunde von 9.17,4 Minuten hat der Maestro sich und seinem Maserati abgerungen und bei einem Schnitt von 147,8 km/h den Abstand auf drei Sekunden verkürzt. Als die drei Spitzenreiter zum vorletzten Mal die Südkehre passiert haben, attackiert Fangio den zweitplazierten Collins und kommt in der Hatzenbach-Passage endgültig vorbei, um auch noch in derselben 21. Runde Hawthorn im Streckenabschnitt »Bergwerk« zu überholen und seinen 24. und letzten Sieg in einem Formel-1-WM-Lauf zu feiern: »Ich habe Dinge getan, die ich niemals zuvor

Taktiker unter sich: Maserati-Rennmechaniker Guerino Bertocchi und Juan Manuel Fangio.

Ferraris neue Hoffnung - der Dino V6.

Als das Publikum noch besseren Einblick auf die harte Lenkradarbeit seiner Formel-1-Heroen nehmen konnte: Bruce Halford in seinem privaten Maserati 250F gegen Peter Collins im Ferrari Tipo 801, Monza 1957.

lockend und sehr subjektiv, damit jedoch weder zu beweisen noch zu widerlegen. Aber jene Glücklichen, die Juan Manuel Fangio damals am Nürburgring erlebt haben, wissen, wer der Größte war...

Der Rest der Formel-1-WM-Saison 1957 wird von Stirling Moss und Vanwall dominiert: Moss gewinnt den einzigen Formel-1-WM-Lauf, der je auf dem ebenso malerischen wie gefährlichen Straßenkurs von Pescara ausgetragen wurde. Mit einer Rundenlänge von 25,579 km ist dies zugleich der längste Kurs, der je im Formel-1-WM Kalender auftauchte. Und noch

Abschied von der Formel-1-Bühne: Juan Manuel Fangio mit dem Maserati 250F, Reims, 6. Juli 1958.

getan habe«, vertraut der jetzt fünffache Weltmeister noch auf dem Podium dem geschlagenen Mike Hawthorn an, um im selben Atemzug hinzuzufügen: »Und ich möchte niemals wieder so fahren...« Es gibt Rennen, die eigentlich nicht mehr zu gewinnen sind. Und es gibt seltene Sternstunden, in denen ein Künstler am Volant die Gesetze der Physik aufzuheben scheint, um am Ende dann doch noch zu sie-

gen. So wie am 4. August 1957 am Nürburgring. War Fangio der größte Formel-1-Rennfahrer? Und was ist mit Senna? Clark? Prost? Wer noch? Die Frage ist reizvoll, die Antwort unmöglich, denn jede Epoche des Motorsports hat ihre Heroen, die sich fairerweise nur mit ihren zeitgenössischen Konkurrenten vergleichen lassen. Der Rest ist Spekulation oder einfach persönliche Geschmackssache, sehr ver-

Der letzte große Auftritt des fünffachen Weltmeisters in Deutschland: Juan Manuel Fangio im Mercedes-Benz W 196 (mit 3-Liter-Motor) zusammen mit Michael Schumacher im Mercedes W 154 am Norisring, 28. Juni 1992 - die Vergangenheit und die Zukunft der Formel 1.

ein Rekord: Aus Angst vor allzu großer Hitzeentwicklung am Nachmittag wurde dieser Pescara-GP bereits um 9.30 Uhr Ortszeit gestartet... Auch beim folgenden, zweiten italienischen WM-Lauf in Monza triumphiert Stirling Moss mit dem Vanwall. Was Juan Manuel Fangio im nächsten Jahr machen wird, bleibt unklar, zumal Maserati sich werksseitig aus der Formel 1 zurückzieht. Ferrari testet einen aufgebohrten Formel-2-Rennwagen, dessen V6-Motor angeblich noch von Dino Ferrari entworfen worden sein soll und deshalb »Dino« genannt wird. Das neue Triebwerk begnügt sich mit hochoktanigem Flugbenzin und erfüllt damit bereits das neue Treibstoffreglement für die Saison 1958. Auf Druck der Ölgesellschaften, die in den 50er Jahren nach wie vor den größten Teil der Rennbudgets finanzieren, soll in der Formel 1 der besseren Werbemöglichkeit wegen (!) künftig mit »handelsüblichem Benzin« gefahren werden. Doch weil dies mit den vorhandenen Rennmotoren nicht zu bewerkstelligen ist, einigen sich alle Beteiligten darauf, daß vorerst wenigstens noch Flugbenzin, »Av(iation-)Gas« mit 100 bis 130 Oktan getankt werden darf. Selbst dieser Kompromiß bereitet den auf alkoholhaltige Spezialmischungen geeichten Vierzylinder-Motoren von BRM und Vanvall jedoch gehörige Probleme. Und was macht der fünffache Weltmeister? Natürlich fährt Fangio Anfang 1958 noch einmal die »Temporada«-Formel-1-Rennserie in seiner Heimat: Beim argentinischen GP, über dessen epochalen Verlauf noch im nächsten Kapitel zu berichten sein wird, setzt der Maestro in Eigenregie einen Maserati 250F ein, startet aus der Pole Position und wird nach einem Reifenwechsel am Ende doch nur Vierter. Wenige Wochen später wird Fangio vor dem kubanischen Sportwagen-Grand-Prix von den kommunistischen Revolutionären Fidel Castros entführt, die damit ihre Stärke beweisen und das Battista-Regime blamieren. Fangio wird zwar kein Haar gekrümmt, aber Castros Rebellen lassen den Weltmeister erst nach dem Rennen wieder frei... Die europäische Formel-1-Saison beginnt, doch Fangio fährt im Mai 1958 erstmals in Indianapolis: Weder der Dayton-Offenhauser noch der Novi V8 sind konkurrenzfähige Rennwagen und so verzichtet der Weltmeister nach Testrunden auf die Qualifikation, zumal nun doch wieder ein Formel-1-Projekt lockt: Guerrino Bertocchi und der Stamm des einstigen Maserati-Werksteams haben den 250F noch einmal abgespeckt, der überarbeitete 6-Zylinder soll um die 280 PS leisten. Fangio will mit diesem Maserati-»Piccolo« vier WM-Läufe bestreiten, der erste Auftritt ist für den 6. Juli 1958 geplant, beim französischen GP in Reims, also dort, wo zehn Jahre zuvor »El Chueco« erstmals auf der europäischen Formel-1-Bühne auftauchte. Doch der modifizierte Maserati liegt unruhig und läßt an Durchzugskraft zu wünschen übrig. Vom achten Startplatz aus kämpft Fangio eine Zeitlang mit Behra und Moss um Platz Zwei, dann bricht das Kupplungspedal, Bertocchi bekniet den Champion weiterzumachen und der rollt noch ein letztes Mal hinaus und wird Vierter. Der 47jährige Weltmeister verkündet nach dem Rennen: »Es hat keinen Zweck, mit Autos dieser Art weiter Rennen zu fahren. Ich höre auf!« So tritt ein Mann zurück, der schon zu Lebzeiten zur Legende geworden ist: Etwas Besseres als Fangio hätte der Formel 1 und dem Motorsport schlechthin nicht widerfahren können.

Der falsche Mann?

Was Ergebnislisten und WM-Tabellen widerspiegeln ist nur ein Teil der Wahrheit. Technik und Tragik haben das Geschehen auf der Grand-Prix-Bühne nur allzuoft beeinflußt. Auch die Geschichte der Formel 1 wimmelt nur so von Ungerechtigkeiten, die größte heißt in Frageform gekleidet: Wieso hat es ausgerechnet Stirling Moss nie geschafft, Weltmeister zu werden? Stirling selbst hat für diese Fragestellung längst nur noch ein dezentes Lächeln übrig: Gerade der Nimbus des ewigen Zweiten hat bis heute Ruhm und Reichtum des brillanten Rennfahrers und Geschäftsmanns befördert. Auch ohne WM-Titel stand nach dem Rücktritt von Juan Manuel Fangio fest, daß Stirling Moss der beste und bestverdienende Rennfahrer der Welt war. Und trotzdem bleibt die Frage: Warum ist Stirling Moss nie Weltmeister geworden?

Das neue Formel-1-Reglement sah für 1958 nicht nur die Umstellung auf Flugbenzin vor, sondern verkürzte die WM-Läufe von 500 auf 300 km bzw. von drei auf maximal zwei Stunden Renndauer. Die Formel-1-Boliden mußten weniger Treibstoff an Bord nehmen, was leichtere Bauweise möglich machte und entscheidend dazu beitrug, daß die fragil wirkenden Mittelmotor-Konstruktionen von Charles und John Cooper den mächtigen Frontmotor-Rennwagen so unerwartet schnell den Rang ablaufen konnten. Und ein wenig half auch das Glück, so wie am 19. Januar 1958 beim Saisonauftakt in Argentinien. Das Rennen war bereits vom offiziellen CSI-Terminplan der Formel-1-WM gestrichen worden, doch die Veranstalter bekamen dann doch noch das Startgeld zusammen und der argentinische GP zählte plötzlich wieder zur Weltmeisterschaft:

Vanvall und BRM hatten die Umrüstung ihrer Vierzylinder-Motoren auf »AvGas« nicht abgeschlossen und legten Protest ein. Doch der überraschende Ausgang des Rennens in Buenos Aires bewegte die englischen Teams, auf ihren Einspruch zu verzichten... Nur zehn Rennwagen gingen in Argentinien an den Start, auch eine Art Rekord in der Geschichte der Formel 1. Zu den drei Ferrari-Dino der Werksfahrer Hawthorn, Collins und Musso gesellten sich sechs private Maserati 250F, davon vier ehemalige Werkswagen unter Fangio, Behra, Menditeguy und Schell, dazu zwei ältere Modelle für Godia und Gould. Der zehnte Rennwagen auf der Meldeliste gehörte dem schottischen Whiskey-Magnaten Rob Walker: Ein Formel-2-Cooper T43, dessen 1,5-Liter-Climax-Motor auf 1,96 Liter Hubraum aufgebohrt worden war und durch die Umstellung auf den neuen Treibstoff nur noch 165 PS bei etwa 6500/min mobilisierte, über 100 PS weniger als die hochbeinige Konkurrenz. Dafür wog der Cooper allerdings nur 360 kg, fast 200 kg weniger als etwa ein Ferrari. In Ermangelung seines Vanwall fuhr Stirling Moss den Winzling, der sich willig um die Kurven dirigieren ließ und auf Fangios Bestzeit nur zwei Sekunden verlor, was immerhin zum 7. Startplatz reichte. Doch zu allem Überfluß setzte sich Stirling Moss vor dem Rennen beinahe noch selbst außer Gefecht, als er Ehefrau Katie huckepack auf seinen Rücken nahm und die Unglückliche einen Finger in das rechte Auge ihres Gatten bohrte: Stirling Moss mußte den GP im Piraten-Look mit schwarzer Augenklappe absolvieren... Doch als Collins beim Start eine Halbwelle brach, Hawthorn einen Dreher produzierte und Fangio ebenso wie Behra mit

ihren Maserati in Nöte kamen, lag nach 35 von 80 Runden der Cooper vorn! Doch allen war klar, Moss würde bald die Boxen zum Reifenwechsel ansteuern müssen, Alf Francis hatte bereits alle Utensilien aufgebaut, hielt auch schon mal einen Reifen raus - alles Bluff: Erst als 20 Runden vor Schluß Stirling 33 Sekunden vor Luigi Musso lag, begriff man bei Ferrari. Doch die Gegenattacke kam zu spät, Moss rettete fast auf der Karkasse fahrend einen Vorsprung von 2,7 Sekunden ins Ziel! Der erste Sieg eines Mittelmotor-Rennwagens bei einem Lauf zur Formel-1-WM ähnelt aus heutiger Sicht dem Menetekel an der Wand, das König Nebukadnezar gleichwohl ebenso wenig störte, wie anno 1958 jener Cooper-Sieg die Rennteams von Ferrari, Vanwall und BRM: »Die Ochsen haben den Karren immer gezogen und ihn nie geschoben«, soll Enzo Ferrari getönt haben - und qualifiziert sich damit auf längere Sicht als Hornochse. Vier Monate später gewinnt ein kleiner Cooper-Climax von Rob Walker den zweiten WM-Lauf in Monte Carlo, diesmal mit Maurice Trintignant am Lenkrad... Doch selbst ein junges Genie wie Colin Chapman, der in Monaco erstmals mit zwei seiner fragilen Lotus-12-Climax für Graham Hill und Cliff Allison auftaucht, baut damals noch auf den Frontmotor: Doch wie die Cooper-Familie baut Chapman aufgebohrte Climax-Motoren aus Coventry ein, Triebwerke, die ursprünglich einmal ersonnen wurden, um Feuerwehrspritzpumpen anzutreiben. Der von Walter Hassan entwickelte Climax FPF mit zwei obenliegenden Nockenwellen sorgt entscheidend dafür, daß in den 50er Jahren in Großbritannien eine Spezialindustrie entsteht, die zur Basis künftiger Formel-1-Erfolge wird. Aus England kom-

tantische Startprozedur hat zuvor die Siegchancen der Ferraris weitgehend zunichte gemacht, weil Hawthorn, Musso und Collins aufgrund fehlerhafter Signale mit völlig überhitzten Motoren weggekrochen sind, während die Vanwalls problemlos das Kommando übernehmen können. Moss unterläuft ein Schaltfehler, so kommt Brooks zum Sieg, obwohl kurz vor dem Ziel auch sein Getriebe bricht. Hawthorn wird Zweiter, sein Ferrari V6 explodiert buchstäblich beim Passieren der Ziellinie. Auch der Drittplazierte, Stuart Lewis-Evans, bringt ein defektes Fahrzeug ins Ziel: An seinem Vanwall ist die Vorderradaufhängung gebrochen. Womit erst der Vierte, Cliff Allison im schmächtigen Lotus-Climax, noch über einen intakten Rennwagen verfügt: Nicht auszudenken,

men die ersten Leichtmetallfelgen im »Wobbly-Web«-Design, die ab 1958 in der Formel 1 allmählich die Speichenräder Marke Borani abzulösen beginnen.

In Zandvoort stellt Stirling Moss mit seinem Vanwall endlich die gewohnte Hackordnung her und feiert einen eindrucksvollen Start-Ziel-Sieg, während Harry Schell und Jean Behra in ihren BRM P25 die Plätze Zwei und Drei belegen. Eine Runde hinter diesen drei Frontmotor-Rennwagen reicht es Roy Salvadori im Werks-Cooper T45 mit einem rund 194 PS leistenden 2,2-Liter-Climax-Triebwerk zum vierten Platz vor dem fast 100 PS stärkeren Ferrari-Dino von Mike Hawthorn. Der schreibt daraufhin seinem Brötchengeber Enzo Ferrari einen geharnischten Brief: So könne es nicht weitergehen... Der Commendatore zeigt sich beeindruckt von der Kritik und verspricht Besserung. Beim belgischen GP präsentieren sich die Dinos in ungeahnt guter Verfassung, was allerdings auch daran liegt, daß sie auf dem schnellen Kurs von Spa ihre PS-Stärke ausspielen können: Hawthorn fährt die Pole Position heraus, während ganz hinten, auf dem 19. und letzten Startplatz, mit fast 34 Sekunden Rückstand Maria Teresa de Filippis mit ihrem Maserati 250F steht. Erstmals fährt eine Frau bei einem Formel-1-WM-Lauf mit, und die 31jährige Römerin kommt immerhin ins Ziel, allerdings auf dem zehnten und letzten Platz. Eine dilet-

wenn der belgische GP über 30 Runden gefahren worden wäre, so wie es im Rennprogramm stand, ehe die Veranstalter entschieden, daß mit 24 Runden und einer Renndistanz von insgesamt 338,40 Kilometer dem neuen Reglement genüge geleistet wäre.

Kritiker haben Mike Hawthorn immer wieder seine enorm schwankenden Leistungen vorgeworfen. Sprunghaft wie sein Charakter, sei auch sein Fahrstil gewesen. Aber es gab Tage, an denen Hawthorn die gesamte Weltklasse nach Belieben verblasen konnte, so wie an jenem 6. Juli 1958 in Reims, als der blonde Engländer wieder solch eine Sternstunde erlebte wie fünf Jahre zuvor, als er an gleicher Stelle Juan Manuel Fangio besiegte, der nun in der französischen Champagner-Metropole seinen Abschied von der Formel 1 nehmen sollte. Es herrschte eine seltsame Unruhe im Rennstall von Enzo Ferrari, ein Konglomerat aus üblen Intrigen, gezieltem Druck und wechselseitigem Ausspielen, kurzum: jene Konstellation, die Enzo Ferrari so liebend gerne förderte, um aus seinen Rennfahrern das Beste herauszuholen

und doch so oft das Schlimmste zu bewirken. Peter Collins war diesmal in die Schußlinie des »Alten« geraten und sollte in Reims nur im Rahmenrennen starten! Eine Strafe dafür, daß Collins mit seinem Kumpel Hawthorn zwei Wochen zuvor bei den *24 Stunden von LeMans* gelästert hatte, sie würden diesen Nonsens nicht mitmachen und lieber rechtzeitig am Sonntag zum Mittagessen wieder in England sein? Hatte Collins nicht Wort gehalten und die Kupplung des Werks-Ferraris mit Absicht ruiniert? Ferrari Rennleiter Romolo Tavoni soll noch weiteres Öl ins Feuer gegossen haben: Der eigentliche Grund für die »Denkpause« von Peter Collins sei der Protest Luigi Mussos gewesen, die beiden Engländer würden gegen ihn intrigieren. Musso dürften vor dem Rennen in Reims tatsächlich gewaltige Sorgen geplagt haben: Da gab es seine außereheliche Beziehung zu Fiamma Breschi und außerdem sollen den Römer auch hohe Spielschulden gedrückt haben. Ein anonymes Schreiben sei Musso noch am Abend vor dem französischen Grand Prix zugegangen: »Du mußt siegen«, lautete die Botschaft - kolportierte kein geringerer als Enzo Ferrari, der sich später wahrhaft rührend um Mussos Freundin Fiamma kümmerte. Mit 10 Millionen Francs alter Währung war der französische Grand Prix damals dank der massiven Unterstützung von BP das mit Abstand bestdotierte Formel-1-Rennen der Welt, was mit eine Rolle gespielt haben mag, daß Luigi Musso bereit war, noch mehr zu riskieren. Hatte er hier im vergangenen Jahr nicht den *Grand Prix de Reims* gewonnen? Und lag er in der Formel-1-WM nicht auf Schlagdistanz zu Moss und Hawthorn? Luigi Musso versuchte alles, um den Kontakt zu Spitzenreiter Mike Hawthorn nicht abreißen zu lassen - und er versuchte

etwas zuviel: In der langgezogenen Rechtskurve nach Start und Ziel kam der Ferrari des Italieners bei Tempo 240 nur ein paar Handbreit von der Ideallinie ab, geriet auf die Grasnarbe und überschlug sich. Das war das Ende Luigi Mussos. Romolo Tavoni erlitt einen Nervenzusammenbruch, Hawthorn, Collins und Trips saßen nach dem Rennen schweigend beisammen und dann sagte irgendjemand das, was in solchen Augenblicken der Formel-1-Geschichte immer wieder gesagt worden ist. Sätze, die Mike Hawthorn wie folgt überliefert hat: »He's gone and that's it; nothing we can do. Let's go out and have a drink.«

Vor dem britischen Grand Prix in Silverstone führen zwei Engländer im WM-Klassement, zwischen Stirling Moss und Mike Hawthorn steht es 23:23. Das Duell schlägt auf der Insel alle in seinen Bann, doch der lachende Dritte ist ausgerechnet Peter Collins, der mit seinem Ferrari-Dino einen ebenso überraschenden wie ungefährdeten Start-Ziel-Sieg herausfährt. Moss fällt aus, Hawthorn erbt den zweiten Platz und kassiert den Extrapunkt für die schnellste Rennrunde, was ihm sieben WM-Punkte beschert, während der souveräne Sieger Collins nur bescheidene acht Zähler einheimst. Noch Jahrzehnte später stellt Tony Brooks fest: »Mike hat sich damals exakt an die Spielregeln des absurden Punktesystems gehalten. Deswegen hat er letztlich auch die Weltmeisterschaft geholt, obwohl er nur ein einziges Rennen gewinnen

Die Entdeckung der Saison 1958: Tony Brooks, mit seinem Vanwall dreifacher Grand-Prix-Sieger und Dritter des WM-Schlußklassements.

Maria Teresa de Filippis,
die erste Rennfahrerin am Start
eines Formel-1-WM-Laufes.

Reims, 6. Juli 1958: Toto Roche hat mit der
Trikolore beim Start zum französischen Grand
Prix wieder einmal Verwirrung ausgelöst und
wird vom herannahenden Rest des Feldes beinahe überrollt. Vorneweg stürmt Harry Schell (16)
mit dem BRM P 25 davon, für Luigi Musso (2) im
Ferrari Dino wird das Rennen tödlich enden,
während sein Teamkollege Mike Hawthorn (4)
den einzigen Saisonsieg herausfährt.
Stirling Moss (8), mit dem Vanwall, wegen
Wolfgang von Trips (6) im Ferrari Dino in Nöten,
wird Zweiter und damit zum ersten und einzigen
Mal in diesem Jahr von Mike Hawthorn bezwungen. Die beiden anderen Vanwalls mit
Tony Brooks (10) und Stuart Lewis-Evans (12)
scheiden aus, Jack Brabham (22) wird mit dem
Cooper-Climax Sechster und Juan Manuel Fangio
(34) beendet im Maserati seinen letzten Grand
Prix auf dem vierten Platz.

Die tödlichen Unfälle im Formel-1-Jahr 1958 reißen nicht ab: Peter Collins kommt im Ferrari Dino ums Leben.

konnte, während Stirling viermal siegte und ich immerhin dreimal. Daß Stirling nicht Weltmeister wurde, lag nicht zuletzt an dieser merkwürdigen Punkteregelung, die einen GP-Sieg so gering honorierte. Aber Mike hat sich daran orientiert und damit Erfolg gehabt. That's racing...« Tony Brooks gewinnt am 3. August 1958 den nächsten WM-Lauf auf dem Nürburgring, doch dieser *Große Preis von Deutschland* beschert der Formel 1 eine neue Tragödie, denn Peter Collins verunglückt tödlich, als

Stuart Lewis-Evans zieht sich im letzten Rennen der Saison lebensgefährliche Verbrennungen zu, denen er schließlich Tage später erliegt.
Sein Vanwall war von einem Motorschaden aus der Bahn geworfen worden, das Verhängnis nahm seinen Lauf.

sein Ferrari im Streckenabschnitt »Pflanzgarten« von der Piste gerät und sich überschlägt. Mike Hawthorn sitzt bei dem Unfall seines Freundes buchstäblich erste Reihe Mitte und wird diese schockierende Szene nicht mehr vergessen können. Mike hat genug von der Formel 1 und will aufhören. Aber noch führt er in der Weltmeisterschaft und bei Ferrari beknien sie ihn weiterzumachen, wo er doch sechs Punkte Vorsprung hat auf Moss. Und so entschließt sich Mike Hawthorn dann doch

diese Sache noch zuende bringen, auch für den toten Freund Peter Collins...

Nur noch drei WM-Läufe stehen auf dem GP-Kalender, nur die besten sechs Resultate zählen. Hawthorn hat schon sechsmal Punkte geholt, Moss erst viermal. Stirling kann also mindestens noch zweimal voll punkten, ohne durch Streichresultate WM-Zähler einzubüßen. Keine gute Ausgangsposition für Mike Hawthorn vor dem *GP von Portugal*, der in Porto auf einem 7,4 Kilometer langen Straßenkurs über Trambahnschienen und Kopfsteinpflaster führt, vorbei an massiven Laternenpfählen und Strommasten. Zum Entsetzen von Hawthorn haben ihm die Rennveranstalter die Startnummer 22 zugeteilt: Musso und Collins waren in ihren Ferrari-Dino jeweils mit Startnummer 2 tödlich verunglückt. Teamkollege Trips ist nicht abergläubisch und tauscht seine Startnummer 24 gegen Hawthorns 22. Am Ende mag dies in Porto vielleicht doch Glück gebracht haben, auch wenn Hawthorn das Duell mit Moss verliert, weil die Trommelbremsen des Ferrari rascher abbauen als die Scheibenbremsen des Vanwall. Doch Hawthorn liegt auf dem zweiten Platz, den er sich im letzten Renndrittel nach einer Rekordrunde zurückerobert hat. Die Vanwall-Boxencrew reagiert und zeigt Moss eine Tafel: »HAW-REC«, also »HAWthorn has lap-RECord«. Doch Stirling liest »HAW-REG«, was soviel heißt wie »HAWthorn drives REGular«, also daß Hawthorn konstante Zeiten fährt. Moss wähnt sich daher immer noch im Besitz dieses Extra-Zählers: Am Ende der Saison fehlt ihm ein einziger Punkt zum Gewinn des WM-Titels... Aber es kommt noch pikanter: Moss hat in Porto seinen an dritter Stelle liegenden Teamkollegen Lewis-Evans überrundet, in seiner Schlußrunde läuft das Vanwall-Tandem auf Hawthorn auf. Doch Moss verzichtet darauf, den Ferrari zu überrunden, Stirling winkt auch Lewis-Evans nicht mehr vorbei, der bei einer »Entrundung« Hawthorn noch hätte gefährlich werden können. Denn der blonde Mike dreht sich in seiner letzten Runde und würgt dabei den Motor ab. Hawthorn versucht den Ferrari anzuschieben, muß ihn dazu aber entgegen der Streckenrichtung eine leichte Schräge hinabrollen lassen, springt wieder ins Cockpit und haut

Weltmeister Mike Hawthorn erklärt am Ende des Jahres seinen Rücktritt: Ein einziger Sieg und die zuvor bei Hawthorn nie gekannte Zuverlässigkeit haben zum Titelgewinn gereicht. Ein Vierteljahr nach dem Gewinn der Weltmeisterschaft verunglückt Mike Hawthorn tödlich, weil er auf einer Landstraße eine Art von Privatrennen fährt.

einen Gang rein - der Sechszylinder regt sich wieder, über fünf Minuten nach Moss überquert Hawthorn die Ziellinie, ist damit Zweiter und soll für seine Schiebeaktion disqualifiziert werden! Doch ausgerechnet Stirling Moss tritt als Kronzeuge für seinen WM-Rivalen auf: Nein, Mike Hawthorn habe den Ferrari nicht auf der Rennstrecke geschoben, sondern abseits der Piste, könne deshalb also auch nicht wegen »Fahrens entgegen der Rennstrecke« bestraft werden. Stirlings Fair Play obsiegt und Mike Hawthorn behält den zweiten Platz. Im modernen Zeitalter sich gegenseitig prügelnder und beschimpfender Formel-1-Primadonnen klingt das alles wie ein Märchen...

In Monza scheidet Moss aus, Hawthorn führt und könnte bei einem Sieg vorzeitig Weltmeister werden, doch Vanwall-Teamkollege Tony Brooks schafft es, den Ferrari noch abzufangen und zu gewinnen. Ferrari-Neuling Phil Hill fährt ein beeindruckendes Rennen, führt zeitweise sogar, während »Taffy« Trips wieder einmal übernervös startet und in der ersten Lesmo-Kurve in das Heck von Harry Schells BRM kracht. Der Ferrari überschlägt sich und wirft seinen unglücklichen Fahrer mit Karacho in einen Rosenbusch: Wolfgang Graf Berghe von Trips überlebt, doch die Behandlung seines zerschundenen linken Kniegelenks dauert Monate und »Count Crash« verliert für 1959 seinen Platz bei Ferrari.

Vor dem letzten WM-Lauf in Casablanca steht es im Titelkampf nun 40 zu 32 für Hawthorn. Wenn Stirling Moss in Ain Diab gewinnt und die schnellste Rennrunde fährt, kommt er auf 41 Punkte. Durch die Streichresultateregelung kann Mike Hawthorn nur dann noch WM-Zähler einstreichen, wenn er beim *Großen Preis von Marokko* mindestens auf Platz Zwei ins Ziel fährt. Mit den sechs Punkten dafür könnte er die vier WM-Zähler für den dritten Platz beim GP von Argentinien streichen, würde am Ende also zu seinen 40 Punkten zwei weitere hinzuaddieren, hieße also 42:41 und Titelgewinn für Hawthorn. Die Rechnung ist im Grunde einfach und sie geht am Ende tatsächlich genau so für Mike Hawthorn auf: Stirling Moss gewinnt zwar auf dem Wüstenkurs, fährt auch die schnellste Rennrunde, doch Mike Hawthorn reicht der zweite Platz zur Weltmeisterschaft! Tony Brooks bedrängt bis zur 30. von 53 Runden den Ferrari, doch dann vereitelt ein Ventilschaden seines Vanwall die Wende. So gewinnt Moss und sichert Vanwall obendrein den erstmals ausgeschriebenen Konstrukteurspokal, doch die Fahrerweltmeisterschaft geht an Mike Hawthorn, der mit fast anderthalb Minuten Rückstand Zweiter wird, bestens nach hinten abgeschirmt von seinem Teamkollegen Phil Hill, der acht Zehntel hinter dem neuen Champion die Zielflagge kreuzt.

Aber was ist ein verlorener WM-Titel gegen ein Leben? Kurz vor dem Ziel ist Stuart Lewis-Evans schwer verunglückt, als der Motor seines Vanwall explodiert und der Rennwagen auf dem eigenen Öl von der Piste schleudert. Stuart kann sich zwar aus eigener Kraft aus dem brennenden Vanwall-Cockpit befreien, doch die Flammen haben bereits seinen Overall in Brand gesetzt. Im Schock rennt Lewis-Evans den mit Feuerlöschern gewappneten Streckenposten davon und zieht sich schwerste Verbrennungen zu, denen er sechs Tage später erliegt. Bernie Ecclestone wollte für Stuart Lewis Evans in der Saison 1959 einen Cooper-Climax einsetzen. Nach dem Tod seines Freundes hat der umtriebige Motorradhändler vorerst genug vom Rennsport. Anfang der 60er Jahre wird Bernie Ecclestone mit Immobilien zu einem außergewöhnlich erfolgreichen Geschäftsmann, der über Kontakte zum damaligen Cooper-Rennleiter Roy Salvadori auch wieder Geschmack an der Formel 1 findet und einen jungen Rennfahrer namens Jochen Rindt kennenlernt, dessen Geschäfte er bald als Freund und Manager betreuen wird.

Der Tod von Stuart Lewis-Evans trifft auch Tony Vandervell. Der Großindustrielle ist physisch und psychisch schwer angeschlagen, in der Rennsaison 1959 wird es kein Vanwall-Team mehr geben. Und auch Mike Hawthorn, der erste englische Formel-1-Weltmeister tritt zurück. Mike will heiraten und das Autogeschäft seines vor vier Jahren tödlich verunglückten Vaters Leslie fortführen. Am 22. Januar 1959 ist Mike Hawthorn in seinem getunten Jaguar unterwegs nach London. Ganz in der Nähe der Stelle, wo sein Vater bei einem Autounfall ums Leben kam, auf der Umgehungsstraße bei Guildford, holt Hawthorn junior einen weißen Mercedes-Benz 300 SL mit dem Kennzeichen »ROB 2« ein: Mike kennt Fahrzeug und Fahrer, das ist der »Gullwing« von Formel-1-Rennstallbesitzer Rob Walker. Und in diesem Augenblick erwacht der impulsive Rennfahrer Mike Hawthorn: Er überholt und zieht auf gleiche Höhe mit dem Mercedes, beginnt wild zu gestikulieren, ja, jetzt hat ihn Rob Walker erkannt und das Rennen beginnt. Bei Tempo 180 hat Mike Hawthorn die Nase vorn, als sein Jaguar in einer Rechtskurve auf regennasser Fahrbahn ins Schleudern gerät, sich sich um die eigene Achse dreht, noch einen entgegenkommenden LKW streift und dann gegen einen Baum knallt. So stirbt, ebenso unerwartet wie unnötig, Mike Hawthorn, der Automobilweltmeister.

Das Ende der Dinosaurier

Die Serie von tödlichen Unfällen im Verlauf der Rennsaison 1958 führte die »Commission Sportive Internationale« zu einer für viele Konstrukteure überraschenden Entscheidung. Am 29. Oktober 1958 präsentierte die CSI ein neues Formel-1-Reglement, demzufolge ab dem 1. Januar 1961 eine Formel für 1,5-Liter-Saugmotoren die seit 1954 gültige 2,5-Liter-Grand-Prix-Formel ablösen sollte. Die kleine Formel 2 wurde damit zur First Class des Automobilsports aufgewertet, doch nicht wie anno 1952/53 als Notlösung gegen magere Startfelder, sondern weil die mittlerweile fast 300 PS starken Formel-1-Boliden nach Ansicht der CSI zu schnell geworden waren. Für die neuen Formel-1-Rennwagen wurden Sicherheitsmaßnahmen wie Überrollbügel, Stromkreisunterbrecher und automatischer Anlasser vorgeschrieben. Von Seiten der britischen Konstrukteure brach ein Sturm der Empörung los: Da hatte man die italienische Dominanz im GP-Sport gebrochen und dann bastelte die CSI am Reglement herum. Ferrari und Porsche konnten sich mit der neuen Formel 1 durchaus anfreunden, verfügte man doch bereits über entsprechende Formel-2-Modelle. Der CSI-Beschluß beschleunigte ungeahnt das Ende einer Spezies schöner, mächtiger Frontmotor-Rennwagen. Ihr Abgang von der GP-Bühne ähnelte dem abrupten Aussterben der Dinosaurier. Daß dies sich bereits in der Formel-1-Saison 1959 vollzog, erklärt sich aus einer Verkettung vielerlei Umstände, die dem Mittelmotor-Konzept früher als eigentlich absehbar zum Durchbruch verhalfen.

Da hatten Charles und John Cooper sowie Lotus-Boß Colin Chapman den Chef von Coventry Climax, Leonard Lee, überzeugen können, ein 2,5-Liter-Triebwerk zu bauen. Dieser »Full-Size-FPF« brachte bei einem Hubraum von 2495 Kubikzentimetern anfänglich etwa 240 PS bei 6750/min. Ein gewaltiger Leistungssprung, aber ein Klacks im Vergleich zu den 300 PS, die der Ferrari-Dino-V6 entwickelte. Doch der Ferrari brachte im Renntrimm über 100 kg mehr auf die Waage als der neue Cooper T51, der mit dem neuen Climax-Motor sogar das bessere Leistungsgewicht besaß. Als Vorteil erwies sich auch, daß Roy Salvadori das Cooper-Team verlassen hatte, um auf den neuen Aston Martin DBR4/250 mit Frontmotor umzusteigen. Der 36jährige Londoner mit den italienischen Eltern hatte 1958 mit dem Cooper in der Formel-1-WM 15 Punkte eingeheimst, während sein Teamkollege Jack Brabham nur auf drei WM-Zähler gekommen war. Nun war Salvadori weg und zu dem grundsoliden Ingenieur aus Australien gesellten sich noch der bebrillte Kettenraucher Masten Gregory aus den USA und der gerade erst 21jährige neuseeländische Formel-1-Novize Bruce McLaren. John Cooper war später stets überzeugt, daß Jack Brabham ohne Roy Salvadoris Wechsel zu Aston Martin 1959 nicht Weltmeister geworden wäre, weil sie sich dann wichtige WM-Punkte gegenseitig abgejagt hätten.

Stirling Moss entschied sich, mit Rob Walker gemeinsame Sache zu machen und dessen privaten Cooper-Climax zu steuern. Um die Achillesferse des Cooper zu kurieren, das reichlich überforderte ERSA-Citroen-Viergang-Getriebe, gab Rob Walker bei Valerio Colotti in Modena eine Spezialkonstruktion mit fünf Vorwärtsgängen in Auftrag. Dieses Colotti-Getriebe kostete Stirling Moss mit ziemlicher Sicherheit die Weltmeisterschaft. Gleich bei den ersten beiden WM-Läufen in Monte Carlo und Zandvoort lag Stirling jeweils kurz vor Rennende klar in Führung, als das Spezialgetriebe streikte. Die Feinmechaniker in Modena hatten beim Fertigen der hochwertigen Innereien geschludert, Colotti kurierte erst gegen Saisonmitte den Pfusch - zu spät für Stirling Moss...

Blieb Tony Brooks als heißester Titelanwärter. Ferrari hatte den 27jährigen Engländer zusammen mit dessen Landsmann Cliff Allison, dem hünenhaften US-Amerikaner Dan Gurney sowie dem tollkühnen, aber launenhaften Franzosen Jean Behra verpflichtet, um gemeinsam mit Phil Hill und Olivier Gendebien ein neues Fahrerteam für die Formel-1-WM aufzubauen: »Sicher bin ich mir bewußt, daß ich mit einem Quentchen mehr Glück als letzter Formel-1-Weltmeister auf einem Frontmotor-Rennwagen in die Renngeschichte eingegangen wäre«, erinnert sich Tony Brooks über drei Jahrzehnte später. »Der Dino 246 war 1959 auf Hochgeschwindigkeitskursen praktisch nicht zu schlagen. In Reims und auf der Avus habe ich problemlos gewinnen können. Zwischen diesen beiden WM-Läufen verpaßte Ferrari ausgerechnet meinen Heim-GP in Silverstone. In Italien wurde gestreikt, die Dinos kamen nicht nach England. Der Lightweight-Vanwall, den ich dann dort fuhr, war absolut chancenlos und überstand nicht einmal das erste Rennviertel. Zu meinem Bedauern hatten die belgischen Rennveranstalter zuvor schon den Grand Prix in Spa-Francorchamps abgesagt. Auch das wäre eine Strecke für den Ferrari-Dino und meine Wenigkeit gewesen. Naja, dann gab es noch Monza, wo ich zwischen den Coopers von Stirling Moss und Jack Brab-

Der beste Renningenieur wird 1959 Weltmeister: Jack Brabham perfektioniert mit seinem Cooper-Climax die Kunst effizienter Vorbereitung auf einen Grand Prix. Den Rest besorgt das ebenfalls erstaunliche Fahrgefühl des Australiers.

ham in der ersten Startreihe stand. Doch gleich beim Start verbrannte ich die Kupplung und war draußen, meine Mechaniker hatten mir nicht gesagt, daß sie fürs Rennen eine neue Kupplung eingebaut hatten, die natürlich noch nicht richtig eingefahren war. Aber selbst nach diesem unnötigen Malheur hatte ich beim letzten WM-Lauf der Saison noch eine Titelchance gegen Jack und Stirling...« Tony Brooks erzählt das locker, ohne eine allzu offensichtliche Spur des Bedauerns. »Nein, das ist lange her und es hat eine ganze Menge anderer Rennfahrer gegeben, die den Titel mehr verdient gehabt hätten und die ebenfalls leer ausgegangen sind. Sicher war es schade, auf diese Art und Weise die Formel-1-Weltmeisterschaft zu verpassen, aber mein Leben ist auch ohne den Titel ganz gut weitergegangen.«

Bescheidenheit und Zurückhaltung sind auch Charaktermerkmale jenes Rennfahrers, der anno 1959 die Formel-1-WM gewinnen sollte: Jack Brabham wurde völlig unerwartet, aber nicht unbedingt zu Unrecht Titelträger. Günther Molter, weitsichtiger Motorsportexperte und persönlicher Freund Jack Brabhams, formuliert es treffend: »Liest man heute noch einmal die Rennberichte jener Zeit nach, dann fällt auf, daß Brabham höchst selten seinen wirklichen Fähigkeiten entsprechend beurteilt wurde. So waren einige maßgebende Fachjournalisten keineswegs bereit, ihn als zur Spitzenklasse gehörend einzustufen. Sie taten

überrascht, wenn er eine eindrucksvolle Leistung zeigte, und man spürte aus ihren Berichten, daß sie eigentlich von ihm alles andere als einen Sieg in der Weltmeisterschaft erwarteten. Jack Brabham war eben zu zurückhaltend und bescheiden, um von einigen meiner Kollegen jene Beurteilung zu erlangen, die er eigentlich von Rechts wegen verdient hätte.« Beim Auftakt der WM am 10. Mai 1959 in Monte Carlo gewann Jack Brabham mit 33 Jahren seinen ersten Formel-1-GP: Stirling Moss hatte über eine Minute Vorsprung besessen, als 18 Runden vor Rennende sein Colotti-Getriebe zerbröselte. »Black Jack« kam mit dem ERSA-Citroen-Getriebe ins Ziel, auch wenn glühend heiße Rohrleitungen Cockpit und Pedale seines Cooper-Climax derart aufgeheizt hatten, daß sich Brabham an den Fußsohlen Brandblasen zuzog.

Der Auftritt des neuen Formel-2-Porsche mit Wolfgang von Trips war mit dem 12. Startplatz vielversprechend ausgefallen, ehe »Taffy« bereits in der zweiten Runde in eine Mauer knallte und obendrein den Ferrari von Cliff Allison und den Lotus von Bruce Halford in eine Kollision verwickelte. War ein Ölfleck oder ausgelaufenes Benzin eines Vordermannes daran schuld? Oder lag es wieder einmal nur an der übernervösen, hektischen Fahrweise, die Trips so oft zu Beginn eines Rennens überkam? Fakt war, daß »Count Crash« nach dem Unfall eine schlechte Presse hatte, frei

nach dem Motto: Wieso konnte man den neuen Porsche einem solch unsicheren Kantonisten anvertrauen?

Drei Wochen später, beim *Großen Preis der Niederlande*, schafft nach einem Jahrzehnt ebenso peinlicher wie vergeblicher Bemühungen BRM doch noch den ersten Sieg in einem Formel-1-WM-Lauf! Joakim Bonnier ist der Glückspilz, der sowohl vom Können als auch von der Pechsträhne eines Stirling Moss profitierte. Denn ausgerechnet Stirling hatte zuvor in Zandvoort nach intensiven Testfahrten mit dem BRM P25 akute Bremsprobleme kurieren und auch eine brauchbare Abstimmung aussortieren können. Sinnigerweise fiel Moss dann im Grand Prix als Spitzenreiter mit seinem Walker-Cooper aus, so daß der 29jährige Bonnier das Rennen gewinnen konnte, zumal auch die beiden Werks-Cooper von Brabham und

Stirling Moss ist nach wie vor der beste Rennfahrer der Welt und scheitert doch wieder einmal an den Tücken der Technik: Das 5-Gang-Colotti-Getriebe seines Cooper-Climax erweist sich allzu lange als Achillesferse.

Gregory Getriebeprobleme bekamen. Der 28jährige GP-Debütant Innes Ireland steuerte einen Werks-Lotus auf den vierten Rang: Der trinkfeste Schotte, während der Suez-Krise 1956 als Fallschirmjäger-Offizier im Einsatz, stieg rasch zur Nummer Eins bei Lotus auf, bis Boß Colin Chapman einen anderen Schotten entdeckte, einen jungen Farmersohn und angehenden Schafzüchter namens Jim Clark.

Vor dem französischen GP in Reims hatte Stirling Moss auf Anregung von Rob Walker kurzfristig umgesattelt: Wegen des steten Ärgers mit dem Colotti-Getriebe, fuhr Moss einen verkappten Werkswagen. BRM hatte dem privaten »British Racing Partnership«-Team von Vater Alfred Moss und Stirlings Manager Ken Gregory einen P25 zur Verfügung gestellt. Sir Alfred Owen höchstpersönlich, der 1952 den maroden »British Motor Research Trust« übernommen hatte, stimmte diesem außergewöhnlichen Deal zu und brüskierte seine Untergebenen Raymond Mays und Peter Berthon. Natürlich war Stirling Moss in Reims mit dem BRP-BRM schneller als die

Werks-BRM von Bonnier, Schell und Flockhart. Doch auch mit dem kränklich-blaßgrünen BRP-BRM kam Stirling Moss nicht ins Ziel: Als Moss sich vor der Thillois-Kurve dreht, weil unter der stechenden Sonne der Asphalt aufgebrochen ist, schafft er es nicht mehr den abgesoffenen BRM anzuschieben. Siegeschancen hatte Stirling freilich nicht, dazu war sein BRM mit 285 km/h Spitze auf verlorenem Posten gegen die Ferraris, die Tempo 300 schafften: Tony Brooks glückte ein unangefochtener Start-Ziel-Sieg, Phil Hill komplettierte mit Platz Zwei den Ferrari-Triumph, der allerdings von einem handfesten Skandal überschattet wurde. Auf seiner Hausstrecke platzte Jean Behra erst der Motor und dann der Kragen: Am Start hatte »Jeannot« seinen Ferrari abgewürgt, kämpfte sich vom letzten bis auf den dritten Platz nach vorn, als ein Kolbenfresser dem wilden Treiben ein vorzeitiges Ende bereitete. Ferrari-Rennleiter Romolo Tavoni hatte an den Boxen sofort den Drehzahlmesser beäugt und blaffte Behra vor versammelter Mannschaft an, den Motor sinnlos überdreht zu haben. Das war zuviel für

Jean Behra, mit einem rechten Haken streckte er Tavoni zu Boden... Das ist Behras Abschied von Ferrari, keine vier Wochen später kommt der 38jährige Franzose während eines Rahmenrennens zum *Großen Preis von Deutschland* ums Leben. Dieser GP findet 1959 ausnahmsweise auf der Berliner Avus statt, deren berüchtigte Nordkurve Jean Behra zum Verhängnis wird: Regen hat die geklinkerte Steilwandpassage spiegelglatt gemacht, Behra gerät mit seinem Porsche RSK ins Schleudern, die Fliehkraft zwingt den Sportwagen in Richtung des oberen Kurvenrandes, weit über den gelben Markierungsstrich hinweg, der als Grenzlinie den gefährlichen Scheitelpunkt der Nordkurve markiert. Der Spyder knallt gegen einen Betonklotz, auf dem im Zweiten Weltkrieg ein Flakgeschütz postiert war, Behra wird gegen einen Laternenpfahl geschleudert, der für den französischen Rennfahrerstar zur Guillotine wird.

Der tödliche Unfall am Samstag vor dem deutschen Formel-1-GP unterstrich auf tragische Art und Weise die Fehlentscheidung des AvD, nach rückläufigen Zuschauereinnahmen den Großen Preis vom Nürburgring auf die West-Berliner Stadtautobahn zu verlegen. Der Kommentar von Stirling Moss sagt alles: »Wenn man in Deutschland eine der schlechtesten Rennstrecken der Welt und wahrscheinlich eine der besten Rennstrecken der Welt hat, finde ich es sehr bedauerlich, daß man ausgerechnet die schlechteste ausgewählt hat, um dort zu fahren.« Der Avus-GP bescherte ein bis heute in der Formel-1-Geschichte einmaliges Kuriosum, den »Großen Preis in zwei Hälften«: Aus begründeter Angst vor Reifenschäden in der Nordkurve ließ der AvD die Renndistanz von 60 Runden in zwei Durchgängen à 30 Runden abspulen, für das Schlußklassement wurden die beiden Laufzeiten addiert... Nur 15 Fix-Starter sind eingeladen worden, was dem AvD nach Schätzung von Hans Herrmann rund 100 000 Mark Startgeld

(Zeitlose Schönheit: Der Ferrari Dino mit der für die Saison 1959 von Fantuzzi umgestylten Verkleidung.

spart, denn auf der kürzeren Avus müssen nicht soviele Lückenbüßer engagiert werden wie am Nürburgring, dessen Miete zudem 10 000 Mark teurer gekommen wäre. Der freie Teil der Stadt Berlin will sportpolitisch Flagge zeigen, doch Zuschauermassen, wie sie vor dem Zweiten Weltkrieg zu den Avus-Rennen mit den Silberpfeilen strömten, bleiben an jenem 2. August 1959 aus, der deutsche Grand Prix wird wieder in die Eifel zurückkehren. Weil Porsche nach Behras Tod den Formel-2-Werkswagen von Wolfgang von Trips zurück-

zieht, darf der schnellste Mann des Trainings doch noch starten: Cliff Allison war nur Ersatzfahrer bei Ferrari, fuhr aber mit einem Schnitt von 237,5 km/h Trainingsbestzeit, um sich dann doch nur auf den vorletzten Startplatz einreihen zu können. Ebenso kurios fällt die Erklärung für seine Traumrunde aus: Der 27jährige weiß, daß sein älterer Dino-V6 nicht ganz so hoch dreht wie die Motoren seiner drei Teamkollegen und nimmt die Nordkurve deshalb gleich beim ersten Anlauf mit durchgetretenem Gaspedal - und fliegt beinahe raus!

Über drei Jahrzehnte später wie einst im Mai mit Tony Brooks im Einsatz.

An der Box erfährt Allison, daß er Bestzeit gefahren ist, vor allem aber, daß die Ferrari-Mechaniker über Nacht einen längeren fünften Gang eingebaut hatten, ohne ihr Versuchskaninchen darüber zu informieren. Auch ohne ähnliche Experimente feiert Ferrari am Renn-

Monte Carlo, 10. Mai 1959 - das führende Trio und die alte Hafenschikane: Jean Behra im Ferrari Dino vor Stirling Moss und Jack Brabham mit ihren Cooper-Climax-Rennwagen.

Der neue Formel-2-Werks-Porsche und »Count Crash« in Monte Carlo: Immer wenn es wirklich ernst wurde, zeigte Wolfgang Graf Berghe von Trips Nerven. Beim Großen Preis von Monaco im Jahr 1959 kam der Deutsche gerade mal bis zur zweiten von 100 Runden.

sonntag einen klaren Dreifachsieg in der Reihenfolge Tony Brooks, Dan Gurney und Phil Hill: Rundenbestzeiten von 240 km/h bescheren der Avus sogar für einige Zeit den Ruf der schnellsten Rennstrecke der Welt, denn in Indianapolis schaffen die US-Bleifußspezialisten damals lediglich Rundenschnitte von knapp 235 km/h. Bemerkenswerter als dieser Umstand ist jedoch der schwere Unfall von Hans Herrmann im zweiten Lauf, zu dem sich nur noch neun Starter (!) eingefunden haben. Bei Tempo 290 auf der Anfahrt zur Südkehre versagen die Bremsen des BRP-BRM, Herrmann peilt Strohballen als Bremshilfe an, wobei sich der Rennwagen überschlägt: »Ich hatte Riesenglück, daß ich vorher aus dem Cockpit herausgefallen bin, meine Landung auf dem Beton war natürlich fürchterlich, ich weiß nicht, wie oft ich mich überschlagen habe, aber so unglaublich das klingen mag, außer Prellungen, Hautabschürfungen und einem Schock habe ich von dem fürchterlichen Unfall nichts davongetragen, es war wirklich wie ein Wunder. Ich hatte unheimliches Glück damals.«

Jack Brabham hat nach dem deutschen GP im WM-Klassement nur noch vier Punkte Vor-

Colin Chapmans »Mini-Vanwall« - der Lotus Typ 16, hier mit Bruce Halford am Steuer.

Reims, 5. Juli 1959: Tony Brooks (24) und Phil Hill (26) feiern beim französischen Grand Prix einen allseits erwarteten Doppelsieg für Ferrari, doch Jack Brabham (8) schafft mit seinem von der PS-Zahl deutlich unterlegenen Cooper-Climax den dritten Platz. Kurz nach dem Start mischen auch noch Stirling Moss (2) im privaten BRP-BRM P25 und Masten Gregory (10) im zweiten Werks-Cooper mit. Dahinter folgen bereits mit Abstand Bruce McLaren (12) im dritten Werks-Cooper, Harry Schell (6), Jo Bonnier (verdeckt) und Ron Flockhart (44) in den drei Werks-BRM P25 sowie Maurice Trintignant (14) im Walker-Cooper mit Innes Irelands Lotus im Nacken. Ganz links von der Linie, die die Start- und Zielgerade vom Boxenbereich trennt, kommt der zweite Werks-Lotus von Graham Hill ins Rollen.

sprung auf Tony Brooks; beim *Großen Preis von Portugal* im Monsanto-Park von Lissabon meldet sich auch noch Stirling Moss in den Kreis der Titelaspiranten zurück: Die Saison ist nicht nur von steten Ausfällen, sondern auch vom Ende seiner Ehe überschattet gewesen, aber jetzt hält wenigstens Stirlings Colotti-Getriebe. Im Training nimmt Moss dem zweitplazierten Jack Brabham über zwei Sekunden ab, im Rennen überrundet er mit seinem Walker-Cooper das komplette Feld! WM-Spitzenreiter Jack Brabham hat Glück im Unglück, als er mit dem portugiesischen Lokalmatador Mario Cabral kollidiert. Der Werks-Cooper prallt in einen Telegrafenmast, Brabham bleibt mitten auf der Strecke liegen und wird fast von seinem Teamkollegen Masten Gregory überfahren. »Black Jack« kommt mit Hautabschürfungen davon und seine WM-Chance bleibt

auch intakt, weil Tony Brooks mit fünf Runden Rückstand nur Neunter wird. In Monza grillt Brooks beim Start die Kupplung, so daß Stirling Moss auch den italienischen GP gewinnt: Erstmals hat damit ein Cooper-Climax auf einem Hochgeschwindigkeitskurs gegen die Frontmotor-Dinosaurier die Nase vorn, was allerdings auch ein wenig daran liegt, daß die Scuderia Ferrari wieder einmal der List der Herren Moss, Walker und Francis auf den Leim geht und zu spät merkt, daß Stirling nonstop ohne Reifenwechsel durchfährt. Vor dem letzten WM-Lauf in den USA besitzen damit noch immer drei Fahrer Titelchancen: Jack Brabham führt mit 31 Punkten, Stirling Moss folgt mit 25,5, Tony Brooks bleibt auf seinen 23 Zählern sitzen.

Das Saisonfinale steigt erst am 12. Dezember auf dem holprigen Flugplatzkurs von Sebring. Indianapolis zum Trotz wird zum ersten Mal

ein echter Formel-1-GP in den USA gestartet. Tony Brooks ist bald aus dem Titelrennen: Teamkollege Wolfgang von Trips, in Gnaden wieder von Enzo Ferrari aufgenommen, rammt in der ersten von 42 Runden den Ferrari des Engländers. Tony Brooks rollt sofort zur Schadenskontrolle an die Boxen: »Ich hatte in meiner Karriere zwei schlimme Unfälle, weil ich mit beschädigten Fahrzeugen weiter meine Runden drehen wollte. 1956 wäre ich deshalb in Silverstone beinahe im Formel-1-BRM verbrannt und 1957 flog ich in LeMans mit dem Aston Martin hinaus. Auch da hätte ich tot sein können. Damals hatte ich mir geschworen, nur noch mit völlig intakten Rennwagen weiterzufahren und deshalb bin ich in Sebring auch sofort nach der Kollision mit ´Taffy´ an die Ferrari-Box gekommen. Mein Dino hatte bei dem Rammstoß tatsächlich nichts Ernsthaftes abbekommen, trotz des Zeitverlustes bin ich noch Dritter geworden und manche meinen sogar, daß ich ohne den Boxenstop gewonnen hätte. Das wäre der WM-Titel gewesen, weil Jacks Punkte für den vierten Platz wegen dieser kuriosen Streichresultateregelung nicht in die Wertung gelangt wären. Aber die Entscheidung, damals anzuhalten und den Ferrari auf eventuelle Schäden durchzuchecken, war die

Wie gewonnen, so zerronnen: Am 31. Mai 1959 gewinnt Joakim Bonnier in Zandvoort den ersten Formel-1-Grand-Prix für BRM, eine Woche später in Reims läßt der P25-Vierzylinder den schwedischen Rennfahrer wieder einmal im Stich.

Allen Unkenrufen zum Trotz: Jack Brabham ist durchaus ein würdiger Weltmeister, was auch seine Kritiker spätestens in der Saison 1960 einräumen müssen, als der 34jährige Australier seinen Titel mit Erfolg verteidigt.

Stirling Moss mit dem Walker-Cooper in der berüchtigten Nordkurve der Avus - ein verlorenes Wochenende in West-Berlin: Am Samstag vor dem Großen Preis von Deutschland ist Jean Behra tödlich verunglückt. Wegen der extremen Belastung der Rennwagen in der Steilkurve wird der WM-Lauf sicherheitshalber in zwei Durchgängen ausgetragen. Das monotone Renngeschehen endet beinahe mit einer weiteren Tragödie, als sich Hans Herrmann mit dem BRP-BRM überschlägt.

einzig richtige. Du darfst im Leben keine unkalkulierbaren Risiken eingehen, gerade deshalb habe ich in der Formel 1 überlebt.« So zieht Stirling Moss in Sebring vom Start weg auf und davon. Jack Brabham setzt sich auf Platz Zwei fest, nach hinten abgeschirmt von seinem jungen Teamkollegen Bruce McLaren.

Bei diesem Stand würde Moss auf 32,5 Punkte kommen, Brabham auf 33. Wenn Stirling noch die schnellste Runde dreht, würde ihn der Extra-Punkt auf 33,5 WM-Zähler hieven, was die erste Weltmeisterschaft für Stirling Moss...

Wäre, hätte, könnte - die steten Konjunktive des Scheiterns: Denn in der sechsten von 42

Runden bricht wieder einmal das Colotti-Getriebe im Walker-Cooper. Im zweiten Walker-Cooper von Maurice Trintignant wird dieses vermaledeite Colotti-Getriebe halten: Der Franzose verpaßt am Ende den Sieg um sechs Zehntel. Armer Stirling, glücklicher »Black Jack«: Dem geht als Spitzenreiter zwar zwei Kilometer vor dem Ziel das Benzin aus, so daß sich der irritierte Bruce McLaren erst überlegen muß, ob er seinen Cooper Teamkollegen überhaupt überholen darf. Aber Jack winkt ihn vorbei, und mit 22 Jahren wird »Brucie« der jüngste Rennfahrer, der einen Formel-1-WM-Lauf gewonnen hat. In der heißen Sonne von Sebring befällt indes Jack Brabham schiere Panik, vielleicht doch noch seinen sichergeglaubten WM-Titel zu verlieren: Der Australier schiebt seinen Cooper bis zur völligen Erschöpfung über die Ziellinie, um noch als Vierter klassiert zu werden. Sisyphus bei der Arbeit, denn selbstredend fallen die mühsam erschobenen drei WM-Punkte dem Streichresultatemodus zum Opfer. Doch im Gegensatz zum griechischen Sagenmythos hat Jack Brabhams Tortur ein Ende: Im Ziel sinkt er zu Boden, bekommt eine Cola und erfährt endgültig, daß er Weltmeister ist, allen Unkenrufen zum Trotz.

Schwanengesänge

Die Formel-1-Saison 1960 markiert das Ende einer Epoche, zum letzten Mal tauchen Frontmotor-Rennwagen bei WM-Läufen auf. Nach 1960 wird sich nur noch einmal ein Frontmotor-Monoposto in die Formel 1 verirren, der Ferguson-Climax P99, der das Manko eines im Fahrzeugbug eingebauten Triebwerks mit den Vorzügen eines Allrad-Antriebs zu kompensieren sucht. Am 15. Juli 1961 steuert der 48jährige Hobby-Rennfahrer Jack Fairman das merkwürdige Gefährt beim britischen GP, wird im strömenden Regen dann von Stirling Moss abgelöst, dessen eigener Walker-Lotus frühzeitig ausgefallen ist. Der P99 wird zwar wegen Schiebestarts später disqualifiziert, doch Moss attestiert dem Allradler trotz der sintflutartig niederprasselnden Wassermassen einen »raketenhaften Antritt« und startet später noch einmal spaßeshalber mit dem Ferguson bei einem Formel-1-Rennen in Oulton Park und gewinnt auf trockener Piste! Bis heute blieb dies der einzige Sieg für einen Formel-1-Rennwagen mit Allradantrieb - und der letzte Triumph für einen Grand-Prix-Boliden mit Frontmotor. Während die klassischen GP-Rennwagen ins Museum wandern, hat das Ferguson-Four-Wheel-Drive-System noch eine Weile eine Zukunft: BRM experimentiert 1964 in der Formel 1 damit, ehe Andy Granatelli und Colin Chapman den Allradantrieb bei den *Indy 500* einsetzen, gepaart mit einer mächtigen Pratt & Whitney-Turbine. Den Turbinenrennwagen und den Allradantrieb wird der experimentierfreudige Mr. Lotus noch einmal in der Formel 1 ausprobieren - und scheitern.

Schwerer als mit dem Abschied vom Frontmotordesign tun sich die englischen GP-Rennställe mit dem 1960 auslaufenden Formel-1-

Reglement: Bis zum letzten Moment rechnet man bei Cooper, BRM, Lotus und Aston Martin doch noch mit einer Verlängerung der alten 2,5-Liter-Formel, die genannten Teams entwickeln für die Saison 1960 komplett neue Rennwagen, während Ferrari kostenbewußt seinem kaum modifizierten Frontmotor-Dino 246 treu bleibt. Die besten Fahrer, Tony Brooks und Dan Gurney, haben die Scuderia verlassen. Phil Hill und Wolfgang von Trips bleiben und werden im ersten Jahr der 1,5-Liter-Formel-1 dafür mit absoluten Spitzenfahrzeugen Marke Ferrari belohnt. Ausgerechnet der fast schon abgeschriebene Deutsche demonstriert 1960 bislang nie für möglich gehaltene

Zuverlässigkeit: Bei neun Starts in der Formel-1-WM klassiert sich der mittlerweile 32jährige Graf Trips immerhin fünfmal in den WM-Punkten, »Taffy« hat sich gemausert.

Aston Martin zog sich zu Saisonmitte samt seiner chancenlosen Frontmotorkonstruktion zurück, ein paar Rennen länger überstand das skurrile »Scarab«-Formel-1-Projekt des US-Amerikaners Lance Reventlow. Der 24jährige Sohn von Barbara Hutton, Erbin der amerikanischen Woolworth-Kette, verfügte über Geld wie Heu, eher bescheidenes Rennfahrertalent und grenzenloses Selbstbewußtsein. Reventlov wollte die europäischen »Formel-1-Bastelbuden« mit seinen Frontmotor-Scarabs in Grund

Wehmütiger Ausblick: Dieses merkwürdige Gefährt, der allradgetriebene Ferguson P99, ist in der Rennsaison 1961 der letzte Frontmotorrennwagen, der bei einem Formel-1-WM-Lauf startet. Stirling Moss gewinnt hier am 23. September 1961 den Gold Cup in Oulton Park, der letzte Sieg eines Frontmotorrennwagens bei einem Formel-1-Rennen.

Selbst Enzo Ferrari opfert heilige Prinzipien: Beim Großen Preis von Monaco am 29. Mai 1960 startet erstmals ein Mittelmotor-Ferrari. Der US-Amerikaner Richie Ginther wird mit dem Prototyp Sechster in Monte Carlo, doch erst mit der Grand-Prix-Saison 1961 verabschiedet sich Ferrari endgültig vom veralteten Frontmotorkonzept.

Ein junger Millionär aus den USA und sein gescheiterter Traum, die Formel 1 im Handstreich zu erobern - Lance Reventlov und sein Scarab.

zylinder aus dem Bug des alten P25 ins Heck des neuen P48 verpflanzt, obendrein gabs für die Hinterachse eine in Wagenmitte montierte Scheibenbremse, deren Wirkung mitunter zu wünschen übrig ließ: In Zandvoort versagte die merkwürdige Konstruktion, der hilflose Dan Gurney raste geradeaus und tötete einen 18jährigen Zuschauer.

Noch gewagter ging Colin Chapman vor, dessen Lotus 18 extreme Leichtbauweise auszeichnete: Der simple Gitterrohrrahmenkasten baute so schmal wie der angeflanschte Climax-Vierzylinder und brachte nur 380 kg auf die Waage, selbst der neue »Lowline«-Cooper T53 wog fast 50 kg mehr. In Sachen Straßenlage setzte der Lotus 18 neue Standards dank Colin Chapmans einzigartigem Genie für Radaufhängungen. Sein neuestes Produkt wies hinten jeweils doppelte Längslenker sowie jeweils einen unteren Dreieckslenker auf, der zusammen mit der Antriebswelle den Radträger hielt.

Kurskorrektur auch bei BRM - Dan Gurney mit dem neuen P48-Mittelmotor-Rennwagen in Monte Carlo.

und Boden fahren. »Scarab« - zu deutsch »Mistkäfer« und unter der wortwörtlichen Bezeichnung Skarabäus im Ägypten der Pharaonen als Glücksbringer gebräuchlich - sollte sich über klangvollere Namen der Automobilgeschichte lustig machen, doch die amerikanische Herausforderung geriet zum phänomenalen Rohrkrepierer. Lance Reventlow und

Chuck Daigh fuhren in Monaco mit den etwa 230 PS leistenden Scarab-Vierzylindern um etwa 15 Sekunden schlechtere Trainingszeiten als die Konkurrenz.

Die Cooper-Lektion des Vorjahres gelernt hatten BRM und Lotus, beide Rennställe setzten 1960 auf Mittelmotorrennwagen: Die Crew um Renningenieur Tony Rudd hatte den Vier-

Gedämpft wurde das filigrane Werk vorn wie hinten durch zwei außenliegende Schraubenfedern. Auf obenliegende Querlenker verzichtete Chapman zunächst, so daß bei einem Bruch der Antriebswelle auch das entsprechende Hinterrad wegkrachte. Innes Ireland hätte mit dem neuen Lotus um ein Haar den WM-Auftakt in Buenos Aires gewonnen, triumphierte dann jedoch mit erstaunlicher Leichtigkeit bei der *Glover Trophy* in Goodwood und bei der *International Trophy* in Silverstone, wo tags

zuvor der allseits beliebte Harry Schell mit seinem privaten Cooper-Climax tödlich verunglückt war. Stirling Moss wußte, was die Stunde geschlagen hatte: Rob Walker bestellte bei Colin Chapman einen Lotus 18, wobei auf Wunsch von Moss Gitterrohrahmen und Aufhängungen etwas robuster als bei den Werkswagen ausfielen. Chapman erprobte in seinem eigenem Team eine erstaunliche Auswahl an Nachwuchsfahrern: Neben Innes Ireland fuhren Alan Stacey und John Surtees, der mit MV

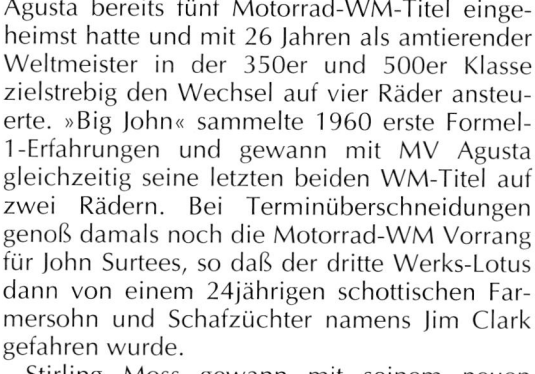

Agusta bereits fünf Motorrad-WM-Titel eingeheimst hatte und mit 26 Jahren als amtierender Weltmeister in der 350er und 500er Klasse zielstrebig den Wechsel auf vier Räder ansteuerte. »Big John« sammelte 1960 erste Formel-1-Erfahrungen und gewann mit MV Agusta gleichzeitig seine letzten beiden WM-Titel auf zwei Rädern. Bei Terminüberschneidungen genoß damals noch die Motorrad-WM Vorrang für John Surtees, so daß der dritte Werks-Lotus dann von einem 24jährigen schottischen Farmersohn und Schafzüchter namens Jim Clark gefahren wurde.

Stirling Moss gewann mit seinem neuen Lotus auf Anhieb in Monte Carlo, während Weltmeister Jack Brabham nach kurzer Führung von der Strecke rutschte: Vielleicht hatte er die abtrocknende Piste unterschätzt, vielleicht spürte er den Druck von Stirling Moss im Nacken, so wie ihm dies zehn Jahre später am selben Ort mit einem gewissen Jochen Rindt widerfahren sollte. All dies reichte, um den neuen Cooper in der Sainte-Devote-Kurve in eine Mauer zu pflanzen. So bescherte Stirling Moss Konstrukteur Colin Chapman den ersten GP-Sieg eines Lotus, wobei der Erfolg an einem seidenen Faden, genauer gesagt an den Kühlwasser-Rohrleitungen hing, die allein den Climax-Motor noch mit dem Chassis verbanden. Sämtliche Anlenkpunkte für das Triebwerk waren bereits angebrochen. Ein Zitat Colin Chapmans machte die Runde: »Meine Rennwagen müssen nur solange halten, bis das Rennen zuende ist!«

Auch in Zandvoort verfolgte Stirling Moss den führenden Jack Brabham, doch bei Tempo 160 wirbelte der Cooper einen massiven Backstein aus einer Streckenbegrenzung hoch, der das rechte Vorderrad des Walker-Lotus zertrümmerte. Moss eierte zur Box zurück, bis ein Ersatzrad montiert war, vergingen drei Minuten, so daß der Brite mit über einer Runde Rückstand auf dem zwölften Platz ins Rennen zurückkehrte. Nach 50 von 75 Runden lag Stirling auf dem siebten Rang, nach 65 Runden entrundete er sich vom immer noch führenden Jack Brabham und kam als Vierter ins Ziel, knapp eine Sekunde hinter Graham Hill im BRM! Brabham gewann zwar den holländischen GP, aber Moss hatte dem Weltmeister

Die letzten Auftritte des legendären Maserati 250F - der Argentinier Antonio Creus bei seinem Heim-Grand-Prix am 7. Februar 1960 in Buenos Aires - auf der Innenbahn zieht Maurice Trintignant im Walker-Cooper vorbei.

Zweirad-Weltmeister auf vier Rädern unterwegs - das Debüt von Motorrad-Champion John Surtees in der Formel-1-WM beim Großen Preis von Monaco 1960.

Zweirad-Weltmeister auf vier Rädern unterwegs - das Debüt von Motorrad-Champion John Surtees in der Formel-1-WM beim Großen Preis von Monaco 1960.

Monte Carlo, 29. Mai 1960, die Epoche der 2,5-Liter-Formel-1 geht zuende - und mit ihr auch die Zeit der Grand-Prix-Rennwagen mit Frontmotor.
Joakim Bonnier/BRM (2) vor Tony Brooks/Cooper (verdeckt), Jack Brabham/Cooper (8), Chris Bristow/Cooper (16), Stirling Moss/Lotus (28), Innes Ireland/Lotus (22), auf
den Plätzen Sieben und Acht die einzigen Fahrzeuge mit Frontmotor im Feld der 16 Starter: Wolfgang von Trips und Phil Hill in ihren Ferrari Dinos, denen schon der
Mittelmotor-Prototyp von Richie Ginther folgt.

wieder einmal die Schau gestohlen. Mit dem Lotus 18 schien Stirling endlich den WM-Titel gewinnen zu können. Doch dann kam jenes verhängnisvolle GP-Wochenende in Spa-Francorchamps, 14 Kilometer atemberaubender Wahnsinn, irrwitzige Passagen an Häusern und Gehöften vorbei: 1950 hatte Nino Farina in der Alfetta mit 350 PS auf seiner schnellsten Runde einen Schnitt von über 185 km/h erreicht, zehn Jahre später schaffte Jack Brabham im Cooper-Climax mit 240 PS einen Schnitt von 220 km/h. Mit dem Fortschritt im Rennwagenbau schienen die Sicherheitsstandards der Strecken nicht unbedingt Schritt gehalten zu haben, es war bezeichnend, daß in der Saison 1960 die »Grand Prix Drivers Association« entstand. Der Schock von Spa saß tief.

Den Anfang machte am Samstagmorgen der Trainingsunfall von Stirling Moss: Bei Tempo 230 in der langgezogenen, abschüssigen Rechtskurve von Bournenville brach das linke Hinterrad des Walker-Lotus weg, die Wucht des Aufpralls schleuderte Stirling auf die gegenüberliegende Fahrbahnseite zurück. Eine Viertelstunde verging, ehe ein Arzt zu Hilfe kam und der bewußtlose, aus Kopf und Nase blutende Rennfahrer abtransportiert werden konnte. Aber Stirling Moss überlebte, auch wenn so ziemlich alle Knochen seines zerschundenen Körpers gebrochen waren. Kaum hat sich der Schock über diesen Unfall gelegt, da ist schon wieder weit jenseits von Tempo 200 ein Lotus 18 verunglückt: Der 26jährige Michael Taylor überlebt mit schwersten Verletzungen, kann aber noch berichten, daß die Lenksäule gebrochen war. Colin Chapman zieht die drei noch im Training verbliebenen Lotus 18 zurück, die Inspektion fördert zutage, daß bei den Rennwagen von Ireland und Stacey die Hinterradaufhängungen angebrochen sind. Chapman spricht von bedauerlichen Materialfehlern und läßt aus England neugefertigte Teile einfliegen, Ireland, Stacey und Clark werden am Rennsonntag, dem 19. Juni 1960 starten. Das Publikum weiß nichts von solchen Details, es verfolgt fasziniert den Kampf um den sechsten Platz, für den es anno 1960 erstmals einen WM-Punkt gibt, nachdem der Extra-Punkt für die schnellste Rennrunde gestrichen wurde: Der 31jährige Lokalmatador

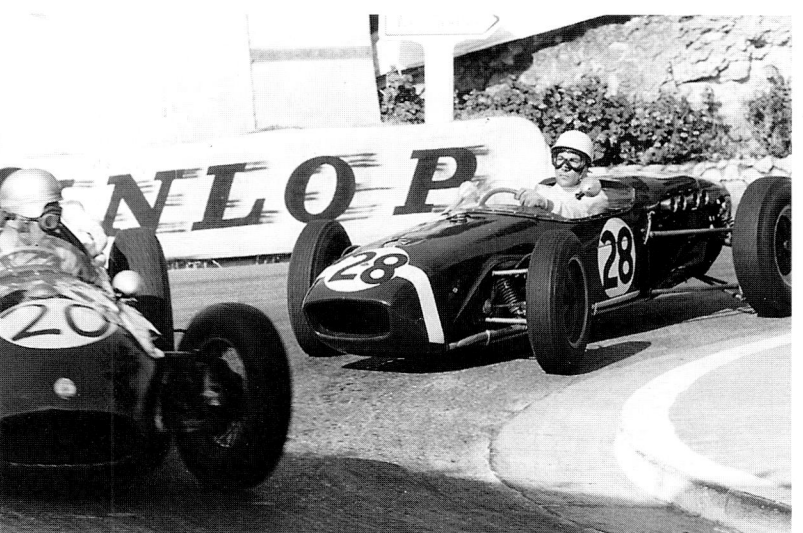

Stirling Moss beschert Konstrukteur Colin Chapman den ersten Sieg eines Lotus in einem Formel-1-WM-Lauf: Doch der neue Lotus 18 wird dem begnadeten Rennfahrer in Spa-Francorchamps beinahe das Leben und mit ziemlicher Sicherheit die Weltmeisterschaft kosten.

Willy Mairesse fährt für Ferrari seinen ersten Formel-1-GP und wird von Chris Bristow in einem privaten Cooper-Climax gehetzt. Der 22jährige Engländer ist schnell, jung und mutig, ein Mann mit Zukunft. Aber er hat keine Ahnung, auf welches Spiel er sich mit »Wild Willy« einläßt: Chris Bristow will nur irgendwie vorbei, fast 25 Jahre später wird es einem Stefan Bellof mit dem Spa-Experten Jacky Ickx ähnlich ergehen. Bristow probiert es in Bournenville an einer unmöglichen Stelle und rast mit über 200 km/h gegen die Böschung. Die Nachricht von seinem Tod verbreitet sich rasch, doch das Rennen läuft weiter und findet mit Alan Stacey noch ein zweites Opfer: Der 26jährige Engländer hat es trotz einer Unterschenkelprothese an seinem rechten Bein bis in die Formel 1 gebracht. Seine Rennwagen, auch den Werks-Lotus, fährt er mit Hilfe eines Handgashebels am Schaltstock. Nach den schlimmen Unfällen von Moss und Taylor will Stacey kein unnötiges Risiko eingehen, behutsam lenkt er seinen Lotus 18 auf Rang Sechs nach vorn, als 12 Runden vor Rennende ein Vogel über die Masta-Gerade fliegt. Etwa 230 km/h ist der Lotus schnell, als das Tier förmlich in die Rennbrille des unglücklichen Alan Stacey platzt: Der Lotus rast unkontrolliert von der Strecke und überschlägt sich mehrfach. Alan Staceys Leichnam findet sich weit abseits des

brennenden Wracks, überall an Rennbrille, Helm und Overall kleben Federn.

Jack Brabham gewinnt das Rennen in Spa, er siegt auch in Reims und in Silverstone, womit der Titelverteidiger erstmals im Verlauf des Jahres 1960 die Spitzenposition in der WM-Wertung übernimmt. Mit der Präzision eines Schweizer Uhrwerks hat sein Cooper-Teamkollege Bruce McLaren nach dem Erfolg beim Saisonauftakt in Buenos Aires fleißig Punkte

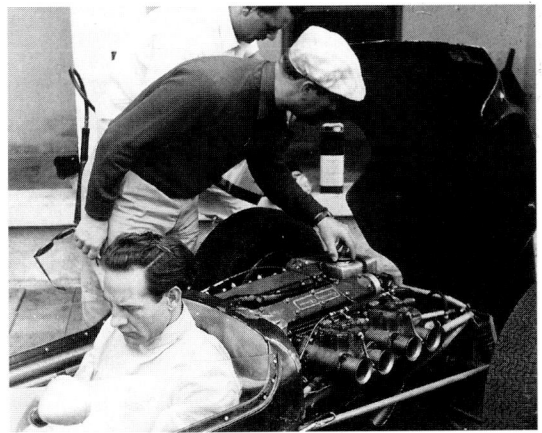

Innes Ireland und Colin Chapman - eine Beziehung, die auch im Gefolge der tragischen Ereignisse von Spa-Francorchamps in die Brüche gehen wird.

gesammelt, so daß erst der vierte GP-Sieg in Folge »Black Jack« die Führung bringt. In Silverstone hat der Champion beim britischen Grand Prix auch ein wenig das Glück des Tüchtigen, denn Graham Hill, am Start mit seinem abgewürgten BRM gestrandet und prompt von Tony Brooks' Cooper gerammt, fährt ein furioses Rennen, holt Spitzenreiter Jack Brabham wieder ein und übernimmt in der 54. von 77 Runden die Führung! Doch wieder einmal läßt die Bremswirkung des BRM P48 nach und als die beiden Ferraris von Phil Hill und Wolfgang von Trips zum zweiten Mal zur Überrundung anstehen, verliert Graham Hill den Sieg: »Ich war ein wenig zu schnell für meine Bremsen: Ich drehte mich, rutschte in den Graben und damit war es vorbei. Ich war sehr enttäuscht und fühlte mich auf dem Fußmarsch zu den Boxen sehr entmutigt. Aber die Menge empfing mich begeistert, was ein wenig half, den Trübsinn zu vertreiben.« Drei Monate später gibt es den besten Trost für den verpaßten GP-Erfolg: Am 17. September 1960 bringt Gattin Bette Hill Sohn Damon zur Welt. Dem Sprößling wird 34 Jahre später das gelingen, was seinem Vater nie geglückt ist, ein Sieg im britischen Grand-Prix.

Jack Brabham führt mit 32 Punkten im WM-Klassement, Bruce McLaren kommt mit seinem vierten Rang von Silverstone auf 27 Zähler, was angesichts einer ungewöhnlichen Konstellation im Terminkalender dazu führt, daß »Black Jack« bereits beim nächsten Formel-1-WM-Lauf in Portugal vorzeitig wieder Weltmeister wird. Zum einen hat der AvD nach dem letztjährigen Avus-Fiasko zwar seinen *Großen Preis von Deutschland* wieder zum Nürburgring verlegt, doch dieses Rennen für die Formel 2 ausgeschrieben! Dies zieht den Verlust des WM-Status nach sich, doch der AvD hofft, das mit dem angeblich so publikumsträchtigen Vorgriff auf das künftige Reglement mehr als wettzumachen, das ja 1961 die kleinen 1,5-Liter-Formel-2-Rennwagen zu Formel-1-Boliden befördert. Mit dem Porsche von Joakim Bonnier gibt es auf der Südschleife (!) des Nürburgrings sogar einen Heimsieg, doch nicht nur des strömenden Regens wegen wird der Mini-GP zum Reinfall. Der italienische GP am 4. September 1960 zählt zwar zur WM, wird jedoch von sämtlichen britischen Teams boykottiert, weil das Rennen auf dem kombinierten Straßen- und Steilwandkurs von Monza stattfindet. Zu gefährlich, heißt es bei Cooper, Lotus und BRM. So bleiben die Ferraristi in Monza unter sich und Phil Hill feiert seinen ersten Sieg in einem Formel-1-WM-Lauf, der erste GP-Sieg für einen Formel-1-Rennfahrer aus den USA und der allerletzte für einen Rennwagen mit Frontmotor. Der neue Weltmeister ist daher bereits am 14. August 1960 beim *Großen Preis von Portugal* gekürt worden und heißt wieder Jack Brabham: Der Australier feiert auf dem Straßenkurs von Porto seinen fünften GP-Sieg in Folge, der zugleich als einer der kuriosesten in die Geschichte der Formel 1-WM eingeht, weil sich »Black Jack« in der zweiten Runde des Grand Prix mit den Rennreifen seines Coopers in den Straßenbahnschienen entlang der Avenida da Boavista verhakt. »Ich konnte einfach nicht mehr nach links einlenken und schoß den Straßenbahnschienen entlang geradeaus. Ehe ich meinen Cooper abbremsen und wieder aus den Schienen rausbugsieren konnte, war das halbe Feld davongefahren«, resümiert Jack Brabham jene absurde Situation, die ihn bis auf den achten Platz zurückwirft, was den Australier trotzdem nicht davon abhält, am Ende doch noch zu gewinnen. Teamkollege Bruce McLaren komplettiert den Doppelsieg von Cooper sowohl beim portugiesischen Grand Prix als auch in der Fahrerweltmeisterschaft. Nach Ascari und Fangio ist Brabham der dritte Rennfahrer, der seinen WM-Titel erfolgreich verteidigen kann, dies wird Jahrzehnte später erst wieder Alain Prost und Ayrton Senna gelingen. Mit Blickrichtung auf Stirling Moss formuliert es Günther Molter, der Freund und Kenner Jack Brabhams: »Ein Fahrer ist nicht allein dann der beste Fahrer der Welt, wenn er der Schnellste ist, sondern seine gesamten Erfolge sind von weitaus größerer Bedeutung. Es gehört meines Erachtens viel mehr dazu, die richtige taktische Einstellung zu einem bestimmten Rennen zu haben und das verfügbare Material so einzusetzen, daß es auch ankommt, als durch kurze, mitreißende Sprints das Publikum zu begei

Zuversicht mit Blick auf das neue 1,5-Liter-Reglement, das die Formel 2 zur Formel 1 aufwertet: Enzo Ferrari und Porsche-Rennleiter Huschke von Hanstein.

stern. Man sollte außerdem nicht übersehen, daß die technischen Kenntnisse eines Fahrers ebenso eine große Rolle spielen. Jack Brabham war stets an der technischen Vorbereitung seines Cooper-Climax beteiligt. Er sorgte für eine äußerst gründliche und sorgfältige Vorbereitung, was wiederum einen großen Teil des Erfolges ausmacht. Jack war darüber hinaus an der Weiterentwicklung des Cooper-Climax, besonders aber an seiner Abstimmung auf die jeweilige Strecke, in hohem Maße beteiligt. Faßt man alle diese Punkte zusammen, dann kann man sagen, daß 1959 und 1960 der beste Mann zu jener Zeit Weltmeister geworden ist.« Die letzten Zweifler mußten sich sechs Jahre später korrigieren, als Jack Brabham das einmalige Kunststück schaffte, auf seiner eigenen Formel-1-Konstruktion Weltmeister zu werden. Es ist kein Zufall, daß gerade Brabham und sein jüngerer Teamkollege McLaren die bei Cooper gesammelten Erfahrungen nutzten, um alsbald selbst Rennwagen zu bauen. Es ist aber auch das traurige Schicksal von Charles und John Cooper, daß ihr Familien-Team ohne die beiden rennfahrenden Ingenieure binnen weniger Jahre von der Bildfläche verschwinden wird.

Phil Hill im Ferrari Dino mit fremder Hilfe unterwegs zum dritten Platz in Monte Carlo: Lahmenden Rennpferden gibt man den Gnadenschuß, für den letzten Vertreter der klassischen Grand-Prix-Rennwagen reicht ein Fußtritt.

Der letzte Herrenfahrer

Ferrari hatte die Saison 1960 genutzt, um bestens gerüstet in die neue Formel-1-Ära zu starten: Der V6-Motor im Tipo 156-Chassis mit den beiden markanten »Nasenlöchern« leistete in seiner besten Version mit 120° Zylinderwinkel, zwei obenliegenden Nockenwellen und drei Doppelvergasern 190 PS bei 9500/min. Damit war Ferrari im Jahr 1961 das Maß aller Dinge. Die neuen V8-Motoren von Climax und BRM tauchten erst gegen Ende der Saison auf, so daß nicht nur Cooper und Lotus, sondern auch BRM auf den veralteten Climax-FPF-Vierzylinder zurückgreifen mußten, der nur bescheidene 150 PS bei 7500/min mobilisierte. Grund zur Zuversicht schien Porsche zu haben, denn der luftgekühlte 1,5-Liter-RSK-Vierzylinder-Boxermotor mit Sechsganggetriebe hatte in der Formel 2 für Spitzenresultate gesorgt. Stirling Moss hatte zwar das Angebot aus Zuffenhausen dankend abgelehnt, Nummer Eins im Werksteam mit Jo Bonnier und Dan Gurney zu werden, doch der Brite ließ durchblicken, daß Bonnier dank des bewährten Porsche 718 für ihn WM-Favorit sei. 160 PS soll der Vierzylinder gebracht haben, aber Porsche verzettelte sich mit dem Einsatz einer Kugelfischer-Benzineinspritzung, das hochbeinige Fahrwerk erwies sich auch als Handkap und der dann doch dringend benötigte luftgekühlte Achtzylinder kam ein Jahr zu spät. Zudem blieb Porsche 1961 der einzige Formel-1-Rennstall, der noch in Treue fest zu Trommelbremsen hielt.

Seinen Prinzipien treu blieb John Surtees: Colin Chapman hatte ihm für 1961 einen Werksvertrag als Nummer Eins offeriert, als zweiter Fahrer sollte Jim Clark bleiben. Was Mr. Lotus jedoch verschwieg: Innes Ireland, der zum privaten BRP-Rennstall abgeschoben werden sollte, besaß noch einen gültigen Lotus-Vertrag mit Nummer-Eins-Status! Chapman hatte nicht mit offenen Karten gespielt, was für Surtees Grund genug war, auf den Lotus-Werksvertrag zu verzichten. »Big John« war weg, Ireland stand auf der Abschußliste und so begann sich die einzigartige Partnerschaft zwischen Colin Chapman und Jimmy Clark zu entwickeln.

Mit verdeckten Karten spielte auch Ferrari: Vor dem ersten WM-Lauf in Monte Carlo startete kein Werkswagen. Beim Syrakus-GP am 25. April 1961 war trotzdem ein Tipo 156 mit dem alten 65° Triebwerk am Start, jedoch unter der Bewerbung der »Federazione Italiana Scuderie Automobilische«, kurz FISA genannt, dem Zusammenschluß einer Gruppe der führenden italienischen Automobil Rennställe - also nicht mit der späteren Sportbehörde FISA des Weltverbandes FIA zu verwechseln! Enzo Ferrari hatte einen Semi-Werkswagen zur Verfügung gestellt, um einem italienischen Nachwuchsrennfahrer die Chance zu geben, sich in der Formel 1 zu etablieren. Den Zuschlag hatte der 26jährige Giancarlo Baghetti erhalten: Der Sohn eines Mailänder Großindustriellen hatte den Ferrari nur kurz getestet und gewann trotzdem in Syrakus gegen die komplett versammelten Werksteams von Cooper, Lotus, BRM und Porsche! Italien feierte einen neuen Stern am Rennfahrerhimmel, zumal Baghetti drei Wochen später auch sein zweites Formel-1-Rennen gewann, den allerdings mager besetzten *Gran Premio di Napoli*, der am selben Rennsonntag stattfand wie der erste Lauf zur Formel-1-WM in Monte Carlo. Doch ausgerechnet die erste Fahrer-Garnitur der Scuderia

Ferrari wurde am 14. Mai 1961 beim GP von Monaco geschlagen: Richie Ginther, Phil Hill und Wolfgang von Trips zogen mit dem neuen Tipo 156 gegen einen alten Lotus 18 den kürzeren. Der wurde allerdings von Stirling Moss gefahren. Bis zum Schluß hetzten sie den Walker-Lotus, Ginther fuhr sage und schreibe drei Sekunden schneller als im Training, aber Moss egalisierte sofort die neue Rekordrunde von

»Reitet für Deutschland...« - Wolfgang Graf Berghe von Trips und seine Leidenschaft für besondere Pferdestärken.

Das Duell des Jahres mit tragischem Ausgang:
Phil Hill (4) und Wolfgang von Trips (2)
am 18. Juni 1961 in Spa-Francorchamps.
Die erste Startreihe komplettiert ein dritter Ferrari
Tipo 156 in gelber Farbe, eine Reverenz an den
Belgier Olivier Gendebien, der als Gastfahrer bei
seinem Heim-Grand-Prix Vierter wird. Der beleibte
Herr links neben der Startlinie, mit Anzug und
Krawatte angetan, ist Carlo Chiti, der Konstrukteur
des Ferrari Tipo 156.

1.36,3 Minuten bei einem Schnitt von 117,6 km/h. Die absolute Rundenbestzeit aus den Tagen der um über 100 PS stärkeren 2,5-Liter-Formel-1 war nur eine Zehntel besser! Am Ende des 100-Runden-Roulettes hat Moss 3,6 Sekunden Vorsprung auf den 30jährigen Kalifornier: »Ich habe immer darauf gewartet, daß die Ferraris kommen würden, ich dachte, sie würden mit mir Katz und Maus spielen«, erinnert sich Stirling Moss, »und sie ließen mich nie verschnaufen, drei Stunden lang mußte ich am absoluten Limit fahren - und sie kamen nicht heran, obwohl sie 30 PS mehr hatten als mein alter Lotus-Climax, eigentlich unglaublich...«

Doch selbst ein Stirling Moss in Bestform konnte allein auf einem extremen Fahrerkurs wie in Monte Carlo und später am Nürburgring etwas gegen die Ferraris ausrichten. Schon eine Woche später, am Pfingstmontag, dem 22. Mai 1961, folgte beim GP der Niederlande in Zandvoort die Retourkutsche, Ferrari dominierte und erstmals hieß der Sieger Wolfgang Graf Berghe von Trips! Der Deutsche hatte von

der Rennwagentechnik eher bescheidene Kenntnisse, Richie Ginther und Phil Hill erledigten das Gros der Entwicklungsarbeit zusammen mit Testfahrer Martino Severi. Doch der Ferrari Tipo 156 war 1961 ein absolutes Siegerauto, auch mit einem »Bruder Leichtfuß« an Bord, der die Formel 1 für die moderne Version mittelalterlicher Ritterturniere zu halten schien. »Taffy« blieb stets der fesche Sportsmann und der letzte Herrenfahrer: Aber einen kurzen Sommer fuhr dieser Wolfgang von Trips gegen sein Image und über seine Verhältnisse... Der erste Sieg eines Deutschen bei einem Lauf zur Formel-1-WM beschert nebenbei ein Kuriosum: Alle 15 gestarteten Rennwagen sind ins Ziel gekommen, im einzigen Formel-1-WM-Lauf aller Zeiten ohne jeglichen Ausfall hat es nicht einmal einen Boxenstop gegeben!

Neun Zehntel lag Phil Hill in Zandvoort hinter Wolfgang von Trips, vier Wochen später dreht der Kalifornier den Spieß um und behält beim GP von Belgien mit sieben Zehntel Vorsprung die Oberhand gegen den Deutschen. Die Scuderia Ferrari beherrscht das Feld auch

Wuchtig und breit ausladend, eben deutsche Wertarbeit - das Chassis des Formel-1-Porsches, der eigentlich einmal eine Formel-2-Konstruktion war: Anno 1961 war solche Rohrrahmenbauweise noch allgemein verbreiteter Standard, ehe Colin Chapman nur ein Jahr später mit dem Monocoque-Chassis auftauchte, seiner »Lotus-Badewanne für Jimmy Clark.«

Laut Stirling Moss vor Saisonbeginn der heimliche Favorit auf den WM-Titel: Joakim Bonnier mit seinem Porsche in Monte Carlo - doch am Ende eines enttäuschenden Jahres hatte der Schwede nur magere drei WM-Punkte sammeln können.

Reims, 2. Juli 1961: Das gewohnte Bild - vorneweg die Ferraris mit Phil Hill (16), Wolfgang von Trips (20) und Ritchie Ginther (18), dahinter Stirling Moss/Lotus (26), Graham Hill/BRM (22), Jim Clark/Lotus (8), John Surtees/Cooper (40), Bruce McLaren/Cooper (4), Innes Ireland/Lotus (6), Tony Brooks/BRM (24) und Dan Gurney/Porsche (12). Hinter dem Amerikaner zu erkennen: sein Teamkollege Joakim Bonnier (10) und in dessen Schlepptau der spätere Sensationssieger Giancarlo Baghetti/Ferrari.

Jim Clark - Chapmans neuer Liebling und definitiver Idealrennfahrer, hier im Lotus-21-Climax beim belgischen Grand Prix 1961.

in Reims, doch auf dem Hochgeschwindigkeitskurs wird das Werks-Trio Hill/Trips/Ginther bei 34° im Schatten förmlich aufgerieben, so daß die Führung völlig überraschend an Giancarlo Baghetti fällt, der in dem FISA-Ferrari seinen allerersten Formel-1-WM-Lauf bestreitet! Die beiden Werks-Porsche von Jo Bonnier und Dan Gurney attackieren, ziehen aus Baghettis Windschatten mehrmals in Front, doch der Italiener hat das Glück des Tüchtigen, als zwei Runden vor Rennende Bonnier mit rauchendem Motor zurückfällt. Nun hat Baghetti nur noch einen Kontrahenten und den trickst er eiskalt in der letzten Runde aus. Giancarlo Baghetti ist der erste und einzige Rennfahrer der Welt, der auf Anhieb bei seinem ersten Start gleich einen Formel-1-WM-Lauf gewinnt! Reims war dabei das dritte Formel-1-Rennen des 26jährigen, alle drei endeten siegreich für ihn: Ein neuer Tazio Nuvolari schien geboren - oder doch eher ein Alberto Ascari, so kühl und beherrscht wie Baghetti in Reims agierte... Es ist die besondere Tragik der Rennfahrerkarriere des Giancarlo Baghetti, daß sie bereits mit dem absoluten Höhepunkt begann. Der fraglos talentierte Mailänder wurde stets an seinem Sieg von Reims gemessen, nur um unter dieser Belastung immer bescheidenere Resultate zu produzieren. Aus Rache ist er Journalist geworden, um seine verfehlte GP-Laufbahn nachträglich mit Gloriolen zu verbrämen, unterstellte ihm später einmal Enzo Ferrari. Giancarlo Baghetti beschönigt ganz und gar nicht: »Es ist damals wie heute dasselbe, wenn Du zwei, drei Jahre lang keine Spitzenresultate bringst, bist Du schnell aus der Formel 1, so ist das nun mal.«

In Aintree wirft Baghetti seinen Ferrari schon im Training von der Piste, um im Rennen sein Gefährt vollends zu zertrümmern... Der englische Dauerregen scheint wie geschaffen für Stirling Moss, doch Wolfgang Graf Berghe von Trips erlebt im britischen GP seine fahrerische Sternstunde. »Taffy« dreht fehlerlos Runde um Runde, während die Konkurrenz inklusive Stirling Moss ins Aus kreiselt. Nein, an diesem 15. Juli 1961 kann nichts und niemand Wolfgang von Trips aufhalten. Selbst als der Regen stoppt und die Piste gegen Rennende langsam abtrocknet, bleibt der Deutsche unantastbar

Auf Anhieb zum Grand-Prix-Sieg: Beim Herausbeschleunigen aus der Thillois-Kurve hält Giancarlo Baghetti mit seinem Ferrari Tipo 156 die Werks-Porsche von Dan Gurney und Joakim Bonnier in Schach.

Auftanken - Weltmeister Phil Hill in Reims mit Trinkflasche samt Strohhalm an Bord.

und siegt mit über 45 Sekunden Vorsprung auf Phil Hill, der von Richie Ginther noch kampflos auf den zweiten Platz vorgelassen wird. Doch selbst diese noble Geste ändert nichts daran, daß Trips vor seinem Heim-GP am Nürburgring die Führung im WM-Klassement zurückerobert hat! Die Nation steht kopf und eine Woche vor dem *Großen Preis von Deutschland* sagt Wolfgang von Trips in einem Interview: »Für mich ist Rennen Kampf, für mich ist Rennen Auseinandersetzung mit einem anderen Fahrzeug und einem anderen

Fahrer, also sozusagen auch ein Zweikampf. Und in einem solchen Zweikampf kann man sich derartig aufheizen, das heißt man kann zu derartiger Rage kommen, ich meine sportlicher Rage, nicht irgendwie Wut oder sowas, sondern es macht einem ja Spaß, diese Sache, daß man da auch vielleicht irgendwann mal über seine Verhältnisse geht. Und da liegt auch eine Gefahr drin.« Diese Sätze ähneln einer unbewußten Prophezeiung, die binnen weniger Wochen zur bitteren Wahrheit wird. Trips ist in jenen Tagen am Zenit seines Lebens angelangt und reflektiert Dinge, die ein künftiger Weltmeister verdrängen sollte, wenn er den Titel auch tatsächlich einheimsen möchte. Über 300 000 Zuschauer sehen am Nürburgring, wie ihr Idol auf den letzten Kilometern den Titelrivalen Phil Hill doch noch abfängt und Zweiter wird. Der 33jährige Deutsche fährt ein bravouröses Rennen, aber Sieger im vielleicht größten Rennen seiner Karriere wird Stirling Moss: Seine besten Trainingszeiten fuhr Moss bei trockener Piste mit den Dunlop-Regenreifen Typ »Green Spot«, die sind zu weich und halten ohne Regen niemals eine GP-Distanz durch, warnen die Reifentechniker. Stirling Moss startet trotzdem mit den Green Spots, während Ferrari für Trips, Hill, Ginther und Mairesse Trockenreifen aufziehen läßt. Der alte Walker-Lotus liegt vorn, wie in Monaco blasen die Ferrari zum Halali: Trips fährt als erster Formel-1-Rennfahrer eine Runde unter neun Minuten, dann legt Phil Hill mit 8.57,8 Minuten und einem Schnitt von

152,7 km/h die neue Bestzeit vor, aber Moss bleibt vorn, zumal gegen Rennende starker Regen einsetzt, womit seine Verfolger endgültig verspielt haben. Moss gewinnt mit 20 Sekunden Vorsprung, sein 16. GP-Sieg in einem Formel-1-WM-Lauf wird sein letzter sein, aber davon ahnt an jenem Sonntag in der Eifel niemand etwas... Das Publikum tröstet sich damit, daß Wolfgang von Trips die Führung im WM-Klassement auf 33:29 ausgebaut hat, womit der Deutsche bereits in Monza Weltmeister werden könnte. Aber der schöne, schnelle Sommer des Grafen Trips neigt sich dem Ende zu und es gibt noch immer keine Stallregie bei Ferrari. Trips kann sich nicht sicher sein, den WM-Titel einheimsen zu dürfen, auch wenn er sich die Führung im Zwischenklassement redlich verdient hat. Der italienische Grand Prix am 10. September 1961 in Monza ist für die Scuderia Ferrari natürlich das wichtigste Rennen des Jahres. Neben Trips, Hill, Ginther und Baghetti wird deshalb noch

Das Idol einer Nation - Wolfgang Graf Berghe von Trips (4.5.1928 - 10.9.1961)

ein weiterer Tipo 156 mit dem Mexikaner Ricardo Rodriguez auf den Straßenkurs geschickt, der erneut in Kombination mit dem Steilwandoval gefahren wird. Ricardo ist erst 19 und gilt ebenso wie sein zwei Jahre älterer Bruder Pedro als draufgängerisches Naturtalent. Pedro Rodriguez kümmert sich um die Geschäfte seines reichen Vaters, der jüngere Ricardo hat mehr Zeit für den Motorsport und gilt bald als der Schnellere der beiden Brüder. In Monza verpaßt der mexikanische Formel-1-Debütant nur um eine Zehntelsekunde die Pole Position gegen Trips. Mit 215 km/h im Schnitt sind die 190 PS leistenden Tipo 156 fast genauso schnell wie die Frontmotor-Ferraris im Vorjahr mit 300 PS!

In der Formel 1 hat Wolfgang von Trips 1956 und 1958 zwei schwere Monza-Unfälle überlebt: Ob Trips in seinen letzten Stunden an diese Unfälle gedacht hat? Katapultierte sich »Taffy« nicht so oft schon in den ersten Runden durch Übernervosität und Hektik selbst von der Strecke? Die Psychologie kennt den

Tankservice beim Porsche von Carel Godin de Beaufort am Rande des Formel-1-Rennens auf dem Flugplatzkurs von Zeltweg, 17. September 1961.

Begriff der »Selffulfilling Prophecy«: Je öfter und je intensiver man sich etwas einredet, um so eher arbeitet man damit selbst auf dieses Ereignis hin, die Prophezeiung erfüllt sich durch eigenes Zutun. »Ein Rennfahrer darf nicht denken, darf nicht über sein Tun im Moment des Rennens reflektieren, dann würde er verkrampfen, langsamer werden, Fehler begehen«, erläutert ein Vierteljahrhundert später der Sportpsychologe Professor Hans Eberspächer. Vielleicht mag Wolfgang von Trips am 10. September 1961 für Sekundenbruchteile ein Stück zu weit vorausgedacht haben, um nicht den Anschluß zum führenden Kontrahenten Phil Hill zu verlieren. Denn wieder einmal hat Trips den Start verhauen, kommt nur als Sechster aus der ersten Runde zurück, schnappt sich dann Brabham und Clark auf der Anfahrt zur Curva Parabolica und muß vor der Spitzkehre dann doch viel eher bremsen als Clark im leichteren Lotus. Trotzdem zieht der Deutsche seinen Ferrari auf die Ideallinie - und kollidiert mit dem Rennwagen des Schotten... Der Ferrari rast die Bösung hoch und schleudert von dort in die Zuschauerränge. Mit Wolfgang Graf Berghe von Trips sterben 13 Rennbesucher. Bis heute die größte Zahl von Opfern, die je ein Formel-1-Rennen forderte. Jim Clark steht unter schwerem Schock, aber ehe der 25jährige Schotte als Zeuge gehört werden kann, ist er mit Colin Chapman längst nach England abgeflogen. Erst zwei Jahre später wird die italienische Justiz Clark von jeder Mitschuld freisprechen.

Rainer Günzler und Günther Jendrich brechen nach Bekanntwerden des tödlichen Unfalls ihre Hörfunk-Live-Reportage aus Monza kurzerhand ab. Noch gibt es keine weltweiten Formel-1-Direktübertragungen im Fernsehen und so tönt es dann am späten Sonntagnachmittag des 10. September 1961 aus Hunderttausenden von Radiogeräten von Hamburg bis München: »Meine Damen und Herren, liebe Hörer in Deutschland, ich muß Ihnen nicht sagen, wie uns dieses Ereignis in seiner ganzen elementaren Tragik im Augenblick beeindruckt. Und Sie werden verstehen können, daß uns im Augenblick Positionen, Rundenzeiten und Ergebnisse recht wenig interessieren. Nehmen Sie es uns nicht übel, wenn wir das Ende des Rennens nicht mehr abwarten...« Am Ende des Jahres 1961 wird Wolfgang Graf Berghe von Trips von Deutschlands Sportjournalisten mit knapper Mehrheit zum »Sportler des Jahres« gewählt. In Monza hat Phil Hill gewonnen, im einzigen Ferrari, der ins Ziel gekommen ist: Der 34jährige Amerikaner erspart der Formel 1, einen Toten zum Weltmeister küren zu müssen. Für diesen Gipfel makabrer Absurdität läßt sich das Schicksal - oder wer oder was sonst auch immer - noch neun Jahre Zeit, um in Monza Jochen Rindt zu treffen.

Der neue König - noch ohne Krone

Im November 1961 verlassen acht führende Köpfe der Scuderia Ferrari im Zorn die Rennabteilung, allen voran Carlo Chiti und Romolo Tavoni. Nicht allein der autokratische Führungsstil des großen Enzo sei auslösendes Moment gewesen: Signora Laura Ferrari habe seit der Umwandlung des Familienunternehmens zur Sefac-AG ihre Nase zu intensiv in Firmenangelegenheiten gesteckt. Ferraris Gattin soll dem kaufmännischen Leiter von Ferrari sogar ein paar Ohrfeigen verpaßt haben...

Chiti und die anderen Abtrünnigen heben in Bologna das Unternehmen »Automobili Turismo e Sport« aus der Taufe - kurz ATS genannt. Mit Unterstützung des bolivianischen Multi-Millionärs Jaime Ortiz Patino wird ein Grand-Prix-Rennwagen gebaut, der die WM gewinnen soll, um dann als Basis für einen exklusiven Sportwagen zu dienen, der sämtliche Ferrari-Produkte auch in den Umsatzzahlen schlagen würde. Der Traum von der Vendetta auf der Rennstrecke endete in einem Fiasko und ruinierte die Formel-1-Karrieren von Phil Hill und Giancarlo Baghetti, die Ende 1962 enttäuscht die Scuderia Ferrari verlassen hatten, um bei ATS vom Regen in die Traufe zu kommen. Titelverteidiger Phil Hill und Ferrari hatten 1962 keinen einzigen WM-Lauf gewinnen können, ehe der junge Ingenieur Mauro

Forghieri das Ferrari-Team wieder in den Griff bekam, war die Rennsaison schon vorbei. Der sensible Kalifornier Phil Hill vertraute den Fähigkeiten Carlo Chitis, doch dessen ATS-V8 tauchte erst im Juni 1963 in Spa auf und glänzte durch haarsträubende Details, wie Verstärkungsstreben oberhalb des Triebwerks, die vor einem Motorwechsel durchsägt und nach der Montage auch wieder zusammengeschweißt werden mußten.

Ferrari durchlebte 1962 ein schwieriges Jahr, zumal die neuen V8-Motoren von Climax und BRM den italienischen V6 an Leistung bald übertrafen und dank der Qualität englischen Chassisbaus weitere Vorteile besaßen. Enzo Ferrari reagierte beizeiten mit einem sensationellen Arrangement: Der Rennstall von Rob Walker würde exklusiv für Stirling Moss bei allen WM-Läufen der Saison 1962 einen Werks-Ferrari erhalten! Ein Jahrzehnt hatte sich

Mit dem »Rebellen-Ferrari« auf verlorenem Posten: Giancarlo Baghetti im ATS von Carlo Chiti beim Großen Preis von Belgien, Spa-Francorchamps, 9. Juni 1963.

Wendezeit - der Acht-zylinder-Climax wird ab 1962 zum meistverbreite-ten Triebwerk in der 1,5-Liter-Formel-1: Der Südafrikaner Tony Maggs fährt hier mit dem Werks-Cooper-Climax-V8 auf den zweiten Platz beim französischen Grand Prix in Rouen.

Stirling gegen jede Offerte aus Maranello gesträubt, weil er 1951 von Enzo Ferrari zu einem Rennen nach Bari eingeladen worden war, nur um dort festzustellen, daß Taruffi und nicht Moss den Rennwagen fahren durfte. Doch zum Vollzug der Traumehe sollte es leider nicht kommen, weil am 23. April 1962 ein Unfall beim Formel-1-Rennen um die *Glover Trophy* in Goodwood die Rennkarriere von Stirling Moss abrupt beendete. Moss war mit seinem privaten Lotus 18/21-V8-Climax zur Reparatur des Schaltgestänges an der Box und machte danach erfolgreich Jagd auf den Rundenrekord, als sein Lotus urplötzlich über die *St. Mary's Corner* hinweg in einen Erdwall raste. Es steht schlimm um Moss, denn neben mehrfachen Arm- und Beinbrüchen erleidet er eine Hirnquetschung. Einen Monat lang dämmert Stirling in einem komaähnlichen Zustand dahin, an den Unfallhergang kann er sich später nicht mehr erinnern, ein halbes Jahr lang bleibt seine linke Körperhälfte fast völlig gelähmt, erst zur Jahreswende 1962/63 ist auch sein linkes Auge gerettet, das durch den Aufprall in den Schädel gequetscht worden war. Wann wird Moss wieder fahren? Bald schon spürt Stirling Moss den Druck und die Erwartungshaltung der Medien. Am 1. Mai 1963, ausgerechnet in Goodwood, prüft sich der 33jährige eine halbe Stunde lang in einem Lotus, danach erklärt Stirling Moss seinen

Rücktritt: »Ich ließ mich zu früh auf diesen Test ein, Ende 1965 wäre ich wirklich wieder fit und stark genug für ein Formel-1-Comeback gewesen«, stellt Stirling heute fest: »Es hätte damals durchaus noch klappen können, aber ob es der Mühe noch wert gewesen wäre? Ich weiß nicht, ob ich die Kommerzialisierung des Rennsports, die damals angefangen hat, so gut gefunden hätte.«

Der alte König ist abgetreten, ohne jemals die WM-Krone getragen zu haben. Der Kronprätendent ist schon bald gefunden, doch Jim Clark bleibt 1962 ungekrönt: Colin Chapman wird noch zum Königsmacher für den Schotten und stiftet die wohl erfolgreichste Zweierbeziehung der Formel-1-Geschichte, trotz illustrer Pärchen wie Stewart/Tyrrell und Senna/Dennis, die noch folgen werden. In Jim Clark muß der geniale Konstrukteur sein ebenbürtiges Pendant auf Fahrerseite erkannt haben. Ende der Rennsaison 1961 setzt Mr. Lotus endgültig auf den 25jährigen Jimmy. Innes Ireland fährt zwar am 8. Oktober 1961 in Watkins Glen den ersten GP-Sieg eines Lotus-Werkswagens heraus, doch Chapman feuert den 31jährigen, um Clark zur Nummer Eins zu machen, den scheuen Landwirt und Schafzüchter aus dem kleinen Flecken Chirnside, einen bescheidenen jungen Mann, mit der unstillbaren Leidenschaft Rennen zu fahren. Seiner Kundschaft - Jack Brabham und Rob

Walker gehörten mit dazu - hatte Colin Chapman scheinheilig versprochen, für 1962 identisches Material wie Team Lotus zu verkaufen. Doch die dann gelieferten Lotus 24 waren übernervöse Grazien, die in Nähe des Grenzbereiches ohne Vorwarnung zickig wurden und das Geld nicht wert waren. Wie mußte sich die gut zahlende Käuferschaft hinters Licht geführt fühlen, als beim ersten WM-Lauf der Saison 1962 in Zandvoort Chapman dann »Jimmys Liegestuhl« auspackte, den ultraleichten und extrem schmalen Lotus 25, mit der flachsten Sitzposition, in die bis dato ein Formel-1-Rennfahrer genötigt worden war. Die Schalenbauweise des neuen Lotus degradierte die herkömmlichen Gitterrohrrahmen zu Altmetall. Das aus Alublechen kastenförmig zusammengenietete »Monocoque« erwies sich als viel verwindungsfester und wurde zum zukunftsweisenden Standard im Rennwagenbau. Der begeisterte Hobby-Pilot Chapman hatte dafür ein bekanntes Konstruktionsprinzip aus dem Flugzeugbau übernommen, auch ein Genie braucht Inspiration... Jim Clark stürmt in

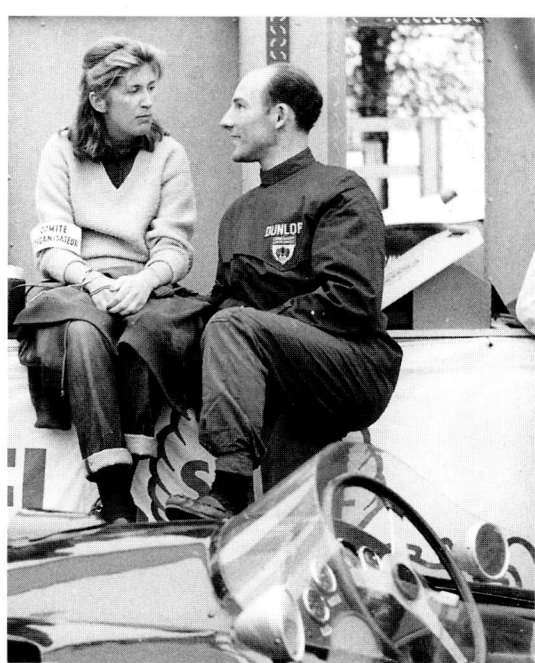

Selbst bei kritischer Würdigung der Beste seit Fangio: Stirling Moss.

Zandvoort mit dem Lotus 25 vorneweg, gefolgt von Graham Hill im neuen V8-BRM P57 mit Benzineinspritzung und Dan Gurney im gleichfalls neuen Porsche 804 mit dem langersehnten, luftgekühlten Achtzylinder-Boxermotor, zu dessen besserer Kühlung obenauf ein Gebläserad aus Kunststoff wirbelt. Die Kreation aus Zuffenhausen wirkte endlich wie ein richtiger Formel-1-Rennwagen: flach, schlank und schnittig, profitierte aber mit anfänglich etwa 178 PS vor allen Dingen von dem Können des baumlangen Dan Gurney. Jim Clark - Graham Hill - Dan Gurney 1962 also an der Spitze in Zandvoort, nennen wir noch den Viertplazierten, John Surtees mit einem Lola-Climax-V8, dann wäre bereits das Quartett benannt, das die kommenden vier Jahre der 1,5-Liter-Formel-1 beherrschen wird. Aus der Viererbande kommt beim niederländischen GP jedoch nur Hill ohne technische Probleme durch: Drei Jahre zuvor hat Jo Bonnier an selber Stelle den ersten GP-Sieg für BRM herausgefahren, doch der zweite BRM-Erfolg in Zandvoort ist für das Team aus Bourne noch viel wichtiger, hatte doch Rennstallbesitzer Sir Alfred Owen das Ultimatum gestellt, 1962 mindestens zwei WM-Läufe zu gewinnen, sonst werde der ganze Laden dicht gemacht. Eine Million Pfund hatte Owen innerhalb eines Jahrzehnts für BRM verschwendet, Cooper und Lotus erreichten zur selben Zeit mit Jahresbudgets von 85 000 Pfund Spitzenresultate, was Sir Alfred Owen dazu veranlaßte, für 1962 ein Limit von 90 000 Pfund festzusetzen, das Rennleiter Tony Rudd jedoch für die Entwicklung des neuen V8-Modells bereits zum Auftakt in Zandvoort fast vollständig verblasen hatte: Der Sieg von Graham Hill besserte insofern die BRM-Kriegskasse auf und diente gleichzeitig als Argumentationshilfe für einen pfundigen Nachschlag aus dem Owen-Trust.

Zandvoort, 20. Mai 1962, in der ersten Startreihe (von links nach rechts): Surtees/Lola, G. Hill/BRM, Clark/Lotus, zweite Reihe Brabham/Lotus, McLaren/Cooper, dritte Reihe Ireland/Lotus, Ginther/BRM, Gurney/Porsche und der Rest.

Neben dem Pflaster liegt der Strand: Dan Gurney mit dem neuen Porsche 804 in Zandvoort.

Tempo 220 kollidieren. Taylor kommt mit Schürfungen und Prellungen davonkommt, Mairesse zieht sich schwere Verbrennungen zu. »Wild Willy« überlebt das Inferno, doch seine Karriere wird bis zu ihrem Ende von ähnlich spektakulären Unfällen begleitet: 1963 in LeMans kommt der Belgier beinahe in den Flammen seines Ferraris um, kaum genesen, verunglückt Mairesse beim GP am Nürburgring, ein abgerissenes Rad seines Ferraris erschlägt einen Sanitäter, zahlreiche Zuschauer werden verletzt. Willy Mairesse überlebt wieder einmal, aber ein Comeback in der Formel 1 gibt es nicht mehr für »Wild Willy«, den leidenschaftlichsten Draufgänger, der je die GP-Bühne betreten hat. Nach seinem letzten Unfall 1968 in LeMans liegt der 40jährige fast zwei Wochen lang im Koma, aber er kommt durch und möchte weiter Rennen fahren. Doch diesmal gibt ihm niemand mehr einen Wagen. Am 4. September 1969 wird Willy Mairesse tot in einem Hotelzimmer in Ostende aufgefunden. Mit einer Überdosis Schlaftabletten hat er seinem Leben ein Ende gesetzt.

Eine andere Kämpfernatur bestreitet am 17. Juni 1962 in Spa erstmals einen Formel-1-GP: Joseph Siffert aus dem schweizerischen Fribourg, ein gelernter Karosseriebauer, der mit Altmetall und gebrauchten Autos, was manchmal identisch war, gehandelt hatte, um zunächst Motorradrennen und dann in der Formel Junior fahren zu können. Auf dem Hochgeschwindigkeitskurs in den Ardennen hat der 25jährige »Seppi« mit seinem alten Lotus-Climax-Vierzylinder keine Chance und wird mit drei Runden Rückstand Zehnter, aber für den Schweizer hat ein langer Weg ganz nach oben begonnen: Zweimal in Folge, 1964 und 1965, wird er als Privatfahrer den *Mittelmeer-GP* in Enna gewinnen und sogar Jim Clark im Werks-Lotus schlagen, um dann im Formel-1-Rennstall von Rob Walker schließ-

Unter der Regie von Tony Rudd und dank des bedingungslosen Einsatzes von Graham Hill und Richie Ginther mauserte sich BRM 1962 zu einem Ausbund an Schnelligkeit und Zuverlässigkeit. Der Weg zum Gewinn der Fahrer-WM und der Markenwertung war jedoch noch weit: In Monte Carlo fiel Graham Hill ebenso aus wie sein Lotus-Rivale Jim Clark, wurde aber noch als Sechster klassiert.

Während der Schotte zwei Wochen später in Spa endlich seinen längst verdienten ersten GP-Sieg feiern kann, landet Graham Hill stolze 45 Sekunden hinter dem Lotus 25 auf dem zweiten Platz. Dieser belgische Grand Prix ist haarscharf an einer Katastrophe vorbeigeschlittert, als beim erbitterten Kampf um den zweiten Platz der Werks-Lotus von Trevor Taylor und der Ferrari von Willy Mairesse bei

109

*Der Porsche 804 -
ein Siegertyp, der
ein Jahr zu spät
kam.*

gen von Gurney und Bonnier wieder am Start, doch der Amerikaner leidet an einer fiebrigen Erkältung und schafft mit dem Porsche 804 nur einen Startplatz in Reihe Drei. Vater Gurney, ehedem Baß-Bariton an der New Yorker Metropolitan Opera, ist eigens nach Europa geflogen, um seinem Sohn erstmals bei einem Formel-1-WM-Lauf die Daumen zu drücken, was zu helfen scheint: Sohn Dan gewinnt tatsächlich den französischen Grand Prix, hat jedoch auch von den technischen Problemen der Herren Hill, Clark, Surtees und McLaren profitiert, die alle vor ihm lagen. Doch bereits eine Woche nach Rouen feiern Gurney und Bonnier auf der »Hausrennstrecke« Solitude sogar einen Doppelsieg: Es scheint, als würde Ferry Porsche damit auch für die Formel-1-Saison 1963 sein Plazet geben, doch diese Hoffnungen erfüllen sich nicht. Das Familienunternehmen führt den Nachfolger für den Porsche 356 ein: Für Entwicklung und Produkton des neuen 911er werden Millioneninvestitionen fällig. Huschke von Hanstein erinnert sich: »Wir hatten 1962 einen Etat von anderthalb Millionen Mark für die komplette GP-Saison, dann mußte gespart werden. Aber keine fünf Jahre später gaben wir für unsere Teilnahme an der Sportwagen-WM vier bis fünf Millionen Mark aus.« Es sollte zwei Jahrzehnte dauern, bis Porsche wieder in die Formel 1 zurückkehrte, aber das ist eine ganz andere Geschichte.

*»Wild Willy« -
tragischer Held in
einem Abenteuer-
roman, das sich
Leben nannte:
Willy Mairesse mit
dem Werks-Ferrari
auf seinem Heim-
kurs in Spa-Fran-
corchamps,
17. Juni 1962.*

lich Jo Bonnier den Rang abzulaufen und in der Sportwagen-WM zum schnellsten Mann im Porsche-Werksteam aufzusteigen. Jo Siffert - das ist Hans Falladas Roman »Ein Mann will nach oben« mit Benzin und Rennöl geschrieben.

1962 ist das Jahr der Streiks in der europäischen Metallindustrie: Ferrari muß deshalb auf eine Teilnahme am französischen Grand Prix verzichten, auch in der Bundesrepublik wird gestreikt und Porsche hat deshalb in Spa aussetzen müssen. In Rouen sind die Werkswa-

Die Formel-1-WM 1962 bleibt spannend: In Aintree zelebriert Jim Clark einen jener makellosen Auftritte, wie sie in den kommenden Jahren zu seinem Markenzeichen werden. Pole Position und ein Start-Ziel-Sieg machen den Schotten zum heißen Titelanwärter: Graham Hill 19, Jim Clark 18, Bruce McLaren 16, Phil Hill 14 und John Surtees 13 Punkte lautet der Zwischenstand, noch sind vier WM-Läufe zu fahren - und nur die besten fünf Resultate gelangen in die Wertung! Am Nürburgring kommt es am 5. August zum Rennen des Jahres: Aus der Wasserschlacht in der Eifel geht Graham Hill als glücklicher, aber nicht unverdienter Sieger hervor, insbesondere wenn man ins Kalkül zieht, daß der Engländer im Freitagstraining bei Tempo 230 unverletzt die Kollision seines BRM mit einer 16-Millimeter-Filmkamera überstanden hat, die sich vom Überrollbügel des Porsches von Carel Godin de Beaufort losgerissen hatte. Im Rennen kämpfen Hill, Surtees und Gurney zweieinhalb Stunden um den Sieg, liegen nie weiter als fünf Sekunden auseinander und wechseln ständig

die Positionen. Jim Clark wird Vierter, muß aber wohl als moralischer Sieger gelten, schließlich ist der Schotte am Start stehengeblieben: Jimmy Clark war nämlich so sehr mit Maßnahmen gegen das Beschlagen seiner Rennbrille beschäftigt, daß er prompt vergaß, nach Anlassen des Motors die Benzinpumpe hinzuzuschalten, weshalb der Lotus-Climax beim Fallen der Startflagge abgesoffen ist. Der dramatische Rennverlauf stellt ein besonderes Debüt ein wenig in den Schatten: Ex-Weltmeister Jack Brabham absolviert seinen ersten Grand Prix auf einem Brabham! Schon während seiner letzten beiden Jahre bei Cooper hatte »Black Jack« zusammen mit seinem australischen Landsmann Ron Tauranac die Firma »Motor Racing Developments« gegründet, um unter anderem auch Formel-Junior-Rennwagen zu entwickeln und somit pikanterweise gerade seinen Arbeitgebern Charles und John Cooper Kunden abzujagen. Nun hat Brabham endgültig den Absprung gewagt und setzt einen Trend, dem wenige Jahre später sinnigerweise sein ehemaliger Cooper-Team-

kollege Bruce McLaren folgen wird: Aus dem GP-Rennfahrer wird zugleich der Formel-1-Teamchef! Das kostet Kraft, viel Zeit und noch mehr Geld. Aber Jack Brabham und Bruce McLaren haben den richtigen Zeitpunkt erwischt, den John Surtees, vor allem aber Graham Hill verpassen werden.

Fast anderthalb Monate nach der Regenschlacht am Nürburgring, glückt BRM beim nächsten WM-Lauf in Monza sogar ein Doppelsieg. Graham Hill gewinnt sicher vor Richie Ginther, Jim Clarks Lotus fällt frühzeitig mit Getriebeschaden aus. Unter normalen Umständen wäre damit die Titelvergabe fast schon entschieden, doch die Streichresultateregelung hält die Weltmeisterschaft offen: Hill hat zwar 37 Punkte gesammelt, in die Wertung kommen jedoch nur fünf Ergebnisse, womit der BRM-Fahrer bereits den Punkt für den sechsten Platz in Monaco abschreiben kann. Bruce McLaren kommt auf 22 Zähler, hat aber bereits fünfmal gepunktet. Jim Clark bleibt auf seinen 21 Punkten sitzen, hat aber erst drei Resultate anrechnen können. Wenn der Schotte die beiden noch ausstehenden WM-Läufe gewinnt, erreicht er 39 Punkte und ist Weltmeister, selbst wenn Graham Hill noch zweimal Zweiter werden würde! Hill würde dann zwar auch auf 39 Punkte kommen, hätte bei dieser Konstellation jedoch einen Sieg weniger aufzuweisen als Clark...

Jimmy Clark gewinnt tatsächlich den vorletzten WM-Lauf am 7. Oktober 1962 in Watkins Glen im Staat New York, jenen US-GP, der den letzten Auftritt eines Porsche-Formel-1-Werksteams bringt. Dan Gurney beendet das Rennen als Fünfter, Joakim Bonnier wird mit 21 Runden Rückstand noch als Dreizehnter und Letzter gewertet. Das Jahr 1962 endet für Rob Walker tragisch: Der Schock über den Unfall seines Freundes und Fahrers Stirling

Solitude, 15. Juli 1962: Kontraste - Carel Godin de Beaufort, der korpulente niederländische Graf und sein ähnlich voluminöser Porsche. Dahinter ein aufstrebender deutscher Nachwuchsrennfahrer namens Gerhard Mitter, ein ehemaliges Flüchtlingskind, das sich in der schwäbischen Fremde hart und zäh nach oben geschuftet hat und für den Grand Prix vor den Toren Stuttgarts einen Lotus 21 der Ecurie Filipinetti geliehen hat. De Beaufort wird Fünfter, Mitter Sechster und 1963 wird der Wahl-Böblinger sich den zweiten Porsche des Niederländers für den Großen Preis von Deutschland mieten und mit dem vier Jahre alten Gefährt am Nürburgring sensationellerweise drei WM-Punkte einheimsen!

die Spitze und baut sie bis auf eine halbe Minute aus. Doch der Schotte wird nicht Weltmeister: Eine Schraube im Gehäuse des Verteilertriebes löst sich, Jim Clark stellt seinen verendenden Lotus-Climax in der 62. von 82 Runden an der Box ab. Damit ist Graham Hill automatisch Weltmeister und gewinnt obendrein auch den *Großen Preis von Südafrika*. Ein Glückstreffer? Graham Hill hat mit Abstand die meisten WM-Punkte gesammelt und wäre ohne die verflixten Streichresultate längst vor dem südafrikanischen GP Titelträger gewesen. Auf seiner umjubelten Auslaufrunde fährt er mit seinem BRM unbeabsichtigt einem kleinen Jungen über den Fuß: Graham Hill, der neue Weltmeister, entschuldigt sich sofort und korrespondiert noch eine ganze Weile mit dem Kind. Es sind die letzten romantisch-schönen Jahre der Formel 1, die Jahre, in denen ein Graham Hill bei der *Rallye Monte Carlo* und den *24 Stunden von LeMans* startet und jede Saison mindestens zwanzig Formel-1-Rennen bestreitet. Die Zahl der Journalisten, die dem Formel-1-Troß folgt, ist noch überschaubar, ein Jim Clark nimmt sich nach Trai-

Moss scheint endlich überwunden, doch beim Training zum ersten, noch nicht zur WM-zählenden *Großen Preis von Mexiko* kommt der 20jährige Ricardo Rodriguez mit dem Walker-Lotus 24 ums Leben, vor dem WM-Finale im südafrikanischen East London stirbt der Rhodesier Gary Hocking nach einem Unfall mit dem zweiten Lotus 24 von Rob Walker während des Trainings zum *Natal GP*. Hocking war 1961 mit MV Agusta Doppel-Weltmeister in der 350er und 500er Motorrad-WM und wollte wie John Surtees in die Formel 1 wechseln. Rob Walker wird trotzdem wei-

termachen, Jo Bonnier verpflichten und mit völlig zweitklassigem Material, das ein Stirling Moss stets überspielen konnte, für lange Zeit im sportlichen Mittelmaß versinken.

Und dann kommt es endlich am 29. Dezember 1962 zur Titelvergabe: Jim Clark steht auf der Pole Position und ein NBC-Fernsehreporter will von Graham Hill kurz vor dem Start wissen: »Well, Graham, was stört Sie an Tagen wie diesem?« - »Leute wie Sie, die ankommen und mir solche Fragen stellen.« Ähnlich schlagfertig kann der BRM-Fahrer auf der Rennstrecke nicht reagieren: Clark übernimmt

Aintree, 21. Juli 1962: Rechts außen, wie gewohnt auf der Pole Position, steht Jim Clark mit seinem Lotus und wird den Start gegen John Surtees/Lola und Innes Ireland/Lotus für sich entscheiden und die Führung bis ins Ziel behalten.
In Reihe Zwei Bruce McLaren/Cooper, links daneben Graham Hill/BRM, dritte Startreihe die beiden Werks-Porsche von Dan Gurney und Joakim Bonnier nebst dem BRM von Richie Ginther.

Abschied vom Haifischmaul:
Neues Styling für den Formel-1-Ferrari von Lorenzo Bandini beim deutschen Grand Prix 1962.

Nürburgring, 5. August 1962:
Im Formationsflug zur Regenschlacht.
Dan Gurney/Porsche (7), Graham
Hill/BRM (11), John Surtees/Lola (14),
Richie Ginther/BRM (12), Phil Hill/Ferrari
(1), Joakim Bonnier/Porsche (8), Ricardo
Rodriguez/Ferrari (3), Lorenzo Bandini (4),
Maurice Trintignant/Lotus (17),
Jack Brabham, erstmals mit einem Formel-
1-Brabham (16) bei einem WM-Lauf am
Start, Bruce McLaren/Cooper (9),
Roy Salvadori/Lola (15), Ian Burgess/-
Cooper (25), Giancarlo Baghetti/Ferrari
(2), der Jo Siffert/Lotus (19) leicht verdeckt,
rechts vom Schweizer Carel Godin de
Beaufort/Porsche (18) usw. -
ganz hinten stehengeblieben und tief in
die Regengischt getaucht: Jim Clark, der
vergessen hatte, die Benzinpumpe seines
Lotus-Climax einzuschalten.

Watkins Glen, 7. Oktober 1962,
der US-Grand-Prix sieht den letzten Auftritt eines Porsche-Werks-
teams in der Formel 1:
Dan Gurney (mit einer wahrhaft
atemberaubenden Schutzmaske)
und Joakim Bonnier nehmen
Abschied.

Graham Hill
gewinnt 1962
seinen ersten
von zwei WM-
Titeln - mit
seinem trocke-
nen britischen
Humor wird er
in der breiten
Öffentlichkeit
zum vielleicht
besten Bot-
schafter der
Formel 1.

ning und Rennen ausführlich Zeit, um Rede und Antwort zu stehen. Ganz selbstverständlich gelangen auch noch Normalsterbliche ins Fahrerlager, werden nicht nur mit Autogrammen abgespeist, sondern erhaschen sogar ab und an ein paar Sätze ihres Idols. Es sind die letzten Jahre vor der Vertreibung aus dem Paradies. Die 1,5-Liter-Formel-1 kostet relativ wenig Geld, bei den Rennen tummeln sich viele Privatfahrer, denn die englische Rennindustrie liefert weltweit für alle Formeln und

Klassen, was Motorsportlers Herz begehrt. Keith Duckworth und Mike Costin erzielen mit ihrer »Cosworth Engineering Limited« erste Erfolge beim Tuning von Ford-Motoren. Mike Hewland konstruiert spezielle Renngetriebe, die neue Maßstäbe setzen. Mit seiner »Five Speed HD Gearbox« beliefert er 1963 mit dem Rennstall von Jack Brabham erstmals ein GP-Team. Wenige Jahre später werden Cosworth-Motoren und Hewland-Getriebe eine schier unschlagbare Kombination bilden und

in der Formel 1 fast die Monopolstellung einnehmen. Mitte der 60er Jahre gehen die beschaulichen Tage ihrem Ende entgegen, aus dem Sport von einst wird nicht nur, aber vor allem Show-Business, in der schnellen Formel 1 weitaus früher als in anderen Sparten. Genießen wir deshalb um so mehr die letzten Jahre des Übergangs und die Erfolge des unverdorbensten und bescheidensten Champions in der Geschichte des Motorsports, Vorhang auf für Jim Clark!

Die Formel Clark

Jim Clark bestritt in der Rennsaison 1963 insgesamt 20 Formel-1-Rennen, darunter alle zehn WM-Läufe. Der 27jährige Schotte gewann zwölfmal, davon siebenmal im Rahmen der Weltmeisterschaft. 14mal stand Clark auf der Pole Position, 11mal fuhr er auch die schnellste Rennrunde. Sieben GP-Siege während einer WM-Saison glückten erst wieder einem Alain Prost im Jahr 1984, wohlgemerkt aber bei insgesamt 16 WM-Läufen. Auch der gegenwärtige Rekord von Nigel Mansell mit neun GP-Siegen in einer Saison kam 1992 bei 16 Rennen zur Formel-1-WM zustande.

Zeitgenossen rätselten: »What makes Jim Clark tick?« Im Rennwagen funktionierte Jimmy mit der Präzision eines Schweizer Uhrwerks, was man von seinem Lotus nicht immer sagen konnte. Gewiß, jener Lotus 25, den der Schotte auch in der Saison 1963 fuhr, war damals das Nonplusultra in der Formel 1. Der Climax-V8, von Weber-Vergasern auf Lucas-Benzineinspritzung umgerüstet, befand sich mit 196 PS bei 9500/min mindestens auf dem Niveau von BRM und Ferrari. Doch Clarks Dominanz resultierte nicht allein aus technischer Überlegenheit, sondern lag vor allem an seiner Einstellung: Clark war unendlich dankbar dafür, daß ihm Chapman kostenlos einen Rennwagen anvertraute. Hinter dem Lenkrad sei Jim wie verwandelt gewesen, berichten Freunde. Brillant und konzentriert, entspannt und schnell entschlossen. Außerhalb des Cockpits wirkte Clark nervös, kaute sogar Fingernägel. Sein Leben in Edington Mains, auf der alten Farm seiner Eltern, muß manchen seiner Kollegen ziemlich dumpf und öde vorgekommen sein. Clarks enervierende Unentschlossenheit in seinem Privatleben nahm ab und zu notorische Züge an, von der quälenden Entscheidung, welches Menue im Restaurant bestellt werden könnte, bis hin zu der Frage ob und wen er heiraten sollte. Volksmund und Vorurteil attestieren jedem Genie gewisse Verschrobenheit. Gerade deshalb sucht das wahre Genie nach Möglichkeiten, sich auszudrücken. Jim Clark hatte den für ihn einzig richtigen Weg gefunden, am Steuer eines Formel-1-Rennwagens. Colin Chapman sagte damals: »Wenn Jim als Rennfahrer einen Fehler hat, dann den, daß er zu bemüht ist, seinen eigenen Fahrstil den Unzulänglichkeiten seines Rennwagens anzupassen. Jim bringt dann einfach seine natürlichen Fähigkeiten ins Spiel, und am Ende ist er dann möglicherweise sogar schneller, als er es selbst in einem ideal abgestimmten Fahrzeug gewesen wäre.«

Die Saison 1963 begann gleichwohl mit Anlaufschwierigkeiten für die Nummer Eins bei Lotus: Titelverteidiger Graham Hill gewann den WM-Auftakt in Monte Carlo - sein erster von insgesamt einmal fünf Siegen auf dem unvergleichlichen Stadtrundkurs, die Hill zu »Mr. Monaco« machen sollten. Jim Clark führte bis zur 79. von 100 Runden, als das Getriebe seines Lotus 25 blockierte. Hinter Graham Hill, Richie Ginther und Ferrari-Neuzugang John Surtees landete Bruce McLaren auf dem vierten Platz. Für die Nummer Eins bei Cooper hatte eine extrem schwierige Saison begonnen, die dazu beitrug, daß der 26jährige McLaren sich selbständig machte, um eigene Rennwagen zu bauen. Die Entwicklung des neuen Cooper T60 litt unter dem schweren Autounfall von John Cooper, der den Junior-Chef für Monate ins Krankenhaus beförderte. Vater Charles Cooper litt unterdessen an einer Her-

zerkrankung, der er am 2. Oktober 1964 erliegen sollte. Die Leitung des Cooper-Formel-1-Teams übernahm deshalb vorübergehend Ken Tyrrell, ein Ex-Rennfahrer und Besitzer einer großen Sägemühle samt Holzhandlung in Surrey. Tyrrell machte seine Sache so ordentlich, daß ihm die Coopers für 1964 die eigenständige Betreuung ihres Werksteams in der neu eingeführten Formel 3 anvertrauten. Als Fahrer steuerte Ken Tyrrell damals einen jungen Schotten bei, John Young Stewart, der sich schon damals lieber »Jackie« nannte und in Beatles-Manier die Haare ebenso lang stehen ließ wie seinen rechten Fuß auf dem Gaspedal eines Rennwagens.

Sein schottischer Landsmann Jim Clark verpaßte derweil im Jahre 1963 nur vier Tage nach dem *GP von Monaco* den Gewinn der *500 Meilen von Indianapolis*. Der »Rookie« aus Europa hatte mit dem Lotus 29 die altertümlichen Frontmotor-Roadster nach Strich und Faden verblasen, nur Parnelli Jones widerstand den Attacken Jim Clarks, weil die US-Rennfunktionäre den bulligen Watson-Offy trotz steten Ölverlustes nicht disqualifizierten und danach eine zweite Gelb-Phase den Heim-Sieg rettete. Parnelli Jones kassierte eine Siegprämie von 148 513 Dollar, für Jim Clark blieben immerhin noch 55 000 Dollar zuzüglich einer Sonderzahlung von 45 000 Dollar, die Ford locker machte. Man würde mit dem Lotus-Team von Colin Chapman noch weitere große Pläne schmieden. Zurück in Europa begann Jim Clark seinen Siegeszug in der Formel-1-WM: Bei strömendem Regen demoralisierte der Schotte in Spa sämtliche Konkurrenten und siegte mit fast fünf Minuten Vorsprung auf Bruce McLaren! Immer heftiger werdendes

Zwei grundverschiedene Genies haben sich gefunden - Jim Clark und Colin Chapman, die perfekte Formel-1-Ehe.

Unwetter hatte den Rennschnitt von anfänglich 210 km/h auf Tempo 130 gesenkt, dem Regensturm trotzte am Ende noch ein Fähnlein von sechs aufrechten Formel-1-Rennfahrern. Auch auf trockener Piste ist Jim Clark nicht zu schlagen und gewinnt prompt auch die nächsten drei WM-Läufe in Zandvoort, Reims und Silverstone.

Während Jim Clark die Grand-Prix-Saison 1963 fast nach Belieben beherrscht, beginnt mit Hilfe von John Surtees eine erstaunliche Roßkur für das lahmende Cavallino Rampante. Bosch hat für den Ferrari-V6 eine neue Benzineinspritzung entwickelt und Surtees krönt die Ferrari-Renaissance mit einem Sieg am Nürburgring, profitiert bei seinem begeisternden

Monte Carlo, 26. Mai 1963: Graham Hill/BRM gewinnt seinen ersten Grand Prix de Monaco, vier weitere Siege im Fürstentum werden noch folgen und ihm den inoffiziellen Titel »Mr. Monaco« eintragen. In der Startrunde heften sich Jim Clark/Lotus, Richie Ginther/BRM, John Surtees/Ferrari, Bruce McLaren/Cooper und Dan Gurney/Brabham dem amtierenden Weltmeister auf die Fersen.

Nach Jack Brabham wird auch Bruce McLaren das Cooper-Werksteam verlassen und wie der Australier eigene Rennwagen bauen und fahren - das Team von John Cooper zählt schon bald nicht mehr zur absoluten Formel-1-Spitzenklasse.

Zweikampf mit Clark allerdings davon, daß der Climax-Motor im Lotus von Aussetzern geplagt wird. Der 27jährige Gerhard Mitter wird mit einem Porsche 718 von Carel Godin de Beaufort sensationell Vierter. Der Wahlschwabe aus dem Sudetenland ist talentiert, hat aber für

stete Formel-1-Einsätze weder Geld noch Zeit, seine Auto-Werkstätten in Böblingen und Tübingen brauchen einen Chef, da reicht es gerade mal für Porsche-Werkseinsätze in der Berg-EM und der Sportwagen-WM. In England, Italien oder Frankreich hätte es einer wie Mit-

ter leichter gehabt. Aber Gerhard Mitter ist nun mal in Deutschland zuhause, wo man das GP-Geschehen zu ignorieren beginnt, wo die übermächtige Erinnerung an die Silberpfeil-Ära alles Interesse am GP-Sport der Gegenwart zu lähmen scheint, wo man sich über die »englischen Bastlerbuden der Formel 1« mokiert. Nein, in diesem Umfeld können keine Grand-Prix-Rennfahrer gedeihen, das werden auch Kurt Ahrens und Hubert Hahne zu spüren bekommen. Gerhard Mitter gibt jedoch seinen Traum nie auf, Ford Deutschland will den 33jährigen für 1970 in einem Formel-1-Rennstall unterbringen. Doch am 1. August 1969 kommt der Böblinger auf dem Nürburgring ums Leben, als sein BMW-Formel-2-Werkswagen beim Freitagstraining zum GP von Deutschland am Schwedenkreuz von der Strecke rast, wahrscheinlich weil die Lenkung gebrochen ist...

Ist es tragische Ironie, daß Jim Clark seinen ersten WM-Titel ausgerechnet in Monza sicherstellt, dort wo er zwei Jahre zuvor am Unfall von Wolfgang Graf Berghe von Trips beteiligt war? Am 8. September 1963 gewinnt Clark jedenfalls den GP von Italien und beseitigt damit auch die letzten theoretischen Zweifel am Gewinn der Weltmeisterschaft. Doch die Schatten der Vergangenheit werden den Tag des Titelgewinns verdunkeln: Die italienische Polizei zitiert Jim Clark gleich nach der Siegerehrung zum Verhör, man hat noch einige Fragen in Zusammenhang mit dem Trips-

Reims, 30. Juni 1963: Jim Clark/Lotus (18) gewinnt seinen dritten Grand Prix in Folge. Unmittelbar nach dem Start scheint Dan Gurney/Brabham (8) noch Paroli bieten zu können, dahinter folgen Graham Hill/BRM (2), Jack Brabham/Brabham (6), Bruce McLaren/Cooper (10), Tony Maggs/Cooper (12), Trevor Taylor/Lotus (20), John Surtees/Ferrari (16), Jo Bonnier/Cooper (44), Richie Ginther/BRM (4), Innes Ireland/BRP (32), Jo Siffert/Lotus (36) und der rauchverhüllte Rest des Feldes.

Von Rennleiter »Toto« Roche zum Schiebestart genötigt, erreicht Graham Hill am Ende im neuen BRM P61 als Dritter das Ziel - und wird dann sinnigerweise wegen unerlaubter Starthilfe disqualifiziert.

Nürburgring, 4. August 1963: Viermal hintereinander hat Jim Clark gewonnen, doch in der Eifel schafft John Surtees das Kunststück, den Schotten endlich wieder einmal zu bezwingen. Clark sichert sich dafür einen Monat später beim nächsten WM-Lauf in Monza vorzeitig seinen ersten Formel-1-Titel.

Monte Carlo, 10. Mai 1964: In Lauerstellung hinter Graham Hill/BRM und Dan Gurney/Brabham der kommende Weltmeister, John Surtees mit dem Ferrari Tipo 158 V8. Beim Großen Preis von Monaco scheitert »Big John« allerdings noch an einem Getriebeschaden.

Unfall... Clark gewinnt 1963 auch noch die beiden letzten Rennen der Formel-1-WM in Mexiko und Südafrika: Wer soll den Schotten noch schlagen? Zumal Chapman den bewährten Lotus 25 noch verfeinert und Jim Clark mit diesem Lotus 33 bis weit in den Sommer 1964 hinein sicher auf den Gewinn seines zweiten WM-Titels zuzusteuern scheint. In Monte Carlo verliert Clark zwar den Sieg, demonstriert aber an jenem 10. Mai 1964, daß man trotz eines angebrochenen, schließlich ersatzlos abmontierten Querstabilisators und eines Motorschadens noch Vierter werden kann... Jim Clark hält sich dafür mit einem Sieg in Zandvoort schadlos, um dann nach Indianapolis zu düsen, zu jener Auflage von *Indy 500*, die vom Tod der beiden US-Stars Dave McDonald und Eddie Sachs überschattet wird. Das flammende Inferno der Massenkollision sorgt für einen Neustart. Clark führt, als er sich bei Tempo 200 einen Reifenschaden einfängt, von der Strecke rast und zum Glück nirgendwo anschlägt. In der Formel 1 gewinnt Jim Clark beim GP von Belgien, profitiert dabei jedoch für einmal etwas vom Pech der Konkurrenz, denn der Sieg gebührt eigentlich Dan Gurney, der mit seinem Brabham-Climax in Spa souverän führt, als sein Benzin ausgeht. Gurney fährt deshalb drei Runden vor Schluß an seine Box, doch die Brabham-Crew hat keinen Treibstoff parat! Gurney rast notgedrungen weiter und bleibt prompt in der letzten Runde mit leerem Tank liegen. Graham Hill führt, doch auch ihm geht der Sprit aus, so daß Bruce McLaren die Spitze übernimmt, ehe auch sein Cooper ohne Treibstoff in Richtung Zielstrich rollt, nur um wenige Meter vor der rettenden Linie doch noch von Jim Clark abgefangen zu werden. Daß der Schotte gewonnen hat, erfährt er erst, als er auf seiner Auslaufrunde ebenfalls ohne Benzin auf der Strecke bleibt...

Weil es aber auch im GP-Sport ausgleichende Gerechtigkeit zu geben scheint, fällt der klare Spitzenreiter Jim Clark in Rouen aus, so daß Dan Gurney doch noch den ersten Formel-1-WM-Lauf für Brabham gewinnt. Aber am 11. Juli 1964 stellt Clark wieder die gewohnte Hackordnung her. Bei der Formel-1-Premiere auf dem Kurs von Brands Hatch in der Grafschaft Kent feiert Jimmy einen seiner

Rouen, 28. Juni 1964: Erstmals gewinnt ein Brabham-Rennwagen einen Lauf zur Formel-1-WM. Dan Gurney glückt die Premiere, während sein Teamchef Jack Brabham hier im Bild gerade dem dritten Platz entgegenfährt. »Black Jack« konzentrierte sich während der Zeit der 1,5-Liter-Formel-1 zusehends auf die Organisation und Finanzierung seiner Rennsportaktivitäten. Das ließ viele Zeitgenossen rasch vergessen, wie schnell der Ex-Weltmeister tatsächlich noch war.

klassischen Erfolge: Pole Position, Start-Ziel-Sieg und schnellste Runde, aber der Titelverteidiger muß sich strecken, denn Graham Hill im BRM P261 sitzt Clarks Lotus fast die gesamte Distanz über im Nacken und hat im Ziel nur 2,8 Sekunden Rückstand. John Surtees landet mit dem Ferrari 158 fast 80 Sekunden dahinter auf dem dritten Rang. Womit sich nach fünf von zehn WM-Läufen Clark auf dem besten Weg zur Titelverteidigung befindet: 30 Punkte hat der Weltmeister gesammelt, Hill folgt dichtauf mit 26 Zählern, hat aber bereits in allen fünf Rennen gepunktet, wo doch wieder mal nur die besten sechs Resultate in die Wertung gelangen. Gurney und Surtees zählen zweifelsohne zur fahrerischen Extraklasse, verfügen aber nur über jeweils 10 WM-Punkte. Wer soll da Jim Clarks Titelverteidigung noch gefährden? Doch bis zum letzten WM-Lauf der Saison in Mexiko-City wird Clark keinen einzigen Punkt mehr einfahren, dabei zwar stets die erste Geige spielen, aber ohne sein Meisterstück auch vollenden zu können. Während Clarks Lotus von unerklärlichen Defekten heimgesucht wird, krönen innerhalb von drei Monaten John Surtees und die Scuderia Ferrari ihren ungeahnten Schlußspurt mit dem Titelgewinn. Noch heute ist es »Big John« unerklärlich, daß »in einer Saison, in der so viele Dinge in Maranello schiefgingen, ich am Ende dann in einem Rennen, in dem mein Ferrari

wieder einmal absolut nicht konkurrenzfähig war, sogar mit der Weltmeisterschaft belohnt worden bin.« Ferrari brachte viel zu spät einen V8-Motor mit etwa 200 PS Leistung, gleichzeitig warf Mauro Forghieri noch einen 12-Zylinder-Boxer ins Gefecht: »Für Enzo Ferrari und seine Mannschaft begann die Formel-1-WM-Saison ohnehin immer erst nach den 24 Stunden von LeMans«, ergänzt John Surtees die Ursachen für die Konfusion in Maranello. 1964 war das Jahr, in dem Ford Millionen investierte, um in LeMans erstmals mit drei der neuen GT 40 gegen die Ferrari-Armada anzutreten. Es war der Beginn eines grandiosen Zweikampfes, bei dem am Ende der US-Gigant obsiegte, allerdings noch bis 1966 auf den ersten LeMans-Sieg warten mußte. Für Enzo Ferrari, der 1963 eine Offerte aus Dearborn abgelehnt hatte, seine Sportwagenschmiede an Ford zu verkaufen, mag dieses Duell von höchster Priorität gewesen sein, reduzierte aber tatsächlich die Erfolgschancen in der Formel 1. John Surtees gewann am 2. August 1964 auf dem Nürburgring den ersten Saison-GP für die Scuderia, jenes Rennen, in dem der neue Formel-1-Rennwagen von Honda debütierte, der RA 271 mit quer zur Fahrtrichtung eingebautem V12-Motor mit 48 Ventilen und sechs Doppelvergasern. Drehfreudig wie eine Kreissäge, raunen die Insider und berichten, daß der Honda bei 12 500/min gut 225 PS leistet. Doch der

28jährige Amerikaner Ronnie Bucknum ist sicher nicht der Rennfahrer, der den neuen Honda ausgerechnet noch am Nürburgring auszuloten vermag. Bucknum qualifiziert sich für den 22. und letzten Startplatz und gerät im Rennen bei Tempo 160 von der Strecke, bleibt aber unverletzt. Tags zuvor ist Graf Carel Godin de Beaufort mit seinem alten Porsche 718 in der Bergwerk-Passage so schwer verunglückt, daß der 30jährige Niederländer am Montag nach dem Grand Prix seine schweren Verletzungen erliegt. Die Formel 1 der 60er Jahre verlor mit de Beaufort eine ihrer sympathischsten Erscheinungen: Der ebenso korpulente wie humorvolle Zwei-Meter-Mann fuhr ohne Schuhe, um überhaupt ins Cockpit zu passen, eine Abmagerungskur verhalf dem Adligen sogar zu WM-Punkten...

Ein Ferrari gewinnt auch den nächsten WM-Lauf am 23. August 1964 auf dem Flugplatzkurs von Zeltweg, dem steiermärker »Rüttelfeld bei Knittelfeld«: Lorenzo Bandini siegt, weil das favorisierte Quartett Hill/Surtees/Clark/Gurney Opfer der holprigen Strecke wird. Es ist jenes Rennen, in dem der Werks-Cooper von Phil Hill völlig ausbrennt und sehr symbolhaft das Ende der Formel-1-Karriere des nachdenklichen Ex-Weltmeisters markiert. Ein Stern verglüht, ein anderer strahlt auf: Jochen Rindt fährt mit 22 sein erstes Formel-1-Rennen in einem Brabham-Climax von Rob Walker - bis die Lenkung bricht. In Mainz ist Rindt zur Welt gekommen, die Eltern hat er 16 Monate später

John Surtees, vom Motorrad-Weltmeister zum Formel-1-Champion - ein wohl nie mehr erreichbarer Rekord.

Nürburgring, 2. August 1964: Die Japaner kommen! Der Honda mit quer zur Hinterachse eingebautem V12-Motor gibt sein Formel-1-Debüt und ist ein Jahr später bereits gut genug für den ersten Grand-Prix-Sieg. Doch in den ersten Jahren des neuen 3-Liter-Reglements kommt Honda trotz der Zusammenarbeit mit John Surtees nur noch zu einem weiteren Sieg in einem Formel-1-WM-Lauf. Die Japaner legen eine lange Denkpause ein - und werden über ein Jahrzehnt später die dominierende Rolle im Grand-Prix-Sport spielen.

bei einem der Bombenangriffe auf Hamburg verloren. Als Vollwaise und Erbe eines ansehnlichen Vermögens wächst Jochen Rindt bei seiner Großmutter in Graz auf. Als Teenager entwickelt er Interesse an schnellen Autos und findet rasch den Weg in den Motorsport. Der junge Österreicher - oder wie es später manchmal so kurios formuliert wurde: »der gebürtige Deutsche mit österreichischer Rennfahrer-Lizenz« - legt sich Anfang 1964 einen Formel-2-Brabham zu und besiegt in Crystal Palace sogar Graham Hill. Für 1965 bekommt Jochen Rindt einen Formel-1-Vertrag bei Cooper...

John Surtees gewinnt in seinem Ferrari Tipo 158 den italienischen GP in Monza und sein Sieg wiegt durch die Ausfälle von Graham Hill und Jim Clark doppelt schwer: Hill führt zwar nach wie vor mit 32 Punkten vor Clark mit 30, aber Surtees liegt nun mit 28 Punkten in nächster Nähe und hat - ebenso wie Clark - bislang nur viermal gepunktet, während Hill mit bereits sechs Ergebnissen von der Streichresultateregelung tangiert wird. Pikanterweise hatte Hills BRM-Rennstall gegen den Start von John Surtees Protest eingelegt, weil der noch bis Donnerstag vor dem *Gran Premio* seine von

der *Tourist Trophy* herrührenden Unfallverletzungen in einem Londoner Krankenhaus auskuriert habe... Eine Auseinandersetzung mit den Funktionären des italienischen Automobilclubs fällt hingegen nicht zur Freude von Ferrari aus. Der ACI weigert sich, den Ferrari 250 LM für die GT-Klasse zu homologieren. Laut CSI-Reglement muß dafür eine Mindestzahl von 100 Stück gebaut worden sein, soviel hat Ferrari aber nicht hergestellt, sagen die Sportfunktionäre und verweigern dem 250 LM die Homologation als »Gran Turismo«. Enzo Ferrari schäumt: Schon sein legendärer GTO, der so unter Druck der AC Cobras geraten ist, hat das »O« für »omologato« bekommen, obwohl nur 36 Exemplare gefertigt worden sind. Enzo Ferrari kündigt wütend an: Nie wieder wolle er seine Automobile bei einem Rennen in Italien starten lassen, bei Auftritten im Ausland würden Ferrari Fahrzeuge nie mehr in der italienischen Rennfarbe Rot antreten! Der Zwist löst sich Ende des Jahres in Wohlgefallen auf, weil der 250 LM in die neugeschaffene Sportwagen-Kategorie eingestuft wird. Doch bei den letzten beiden Formel-1-WM-Läufen des Jahres 1964 starten die Werks-Ferrari in den weiß-blauen Farben von Luigi Chinettis »North American Racing Team«, das auch als offizieller Bewerber auftritt! In Watkins Glen gewinnt Graham Hill, John Surtees rutscht von der Piste, wird trotzdem noch Zweiter, während Spitzenreiter Jim Clark seinen Lotus mit defekter Benzineinspritzung abstellen muß. Der Schotte wechselt sogar noch auf den Wagen seines Teamkollegen Mike Spence: Wenn er damit auch laut Reglement keine WM-Zähler kassieren darf, so könnte er mit einem Sieg die Punkteausbeute von Hill und Surtees verringern. Aber diese Taktik scheitert an einer defekten Benzinpumpe... Vor dem

Lorenzo Bandini mit dem V6-Ferrari beim Grand Prix de Monaco 1964 in der Hafenschikane - drei Jahre später wird diese Engstelle dem besten italienischen Rennfahrer der 60er Jahre zum tödlichen Verhängnis.

letzten WM-Lauf in Mexiko haben wieder einmal die Rechenkünstler das Wort: Hill führt mit 39 Punkten, obwohl er 41 gesammelt hat, doch zwei Punkte aus Spa sind dem Wertungsmodus zum Opfer gefallen. Ohne diese Regelung wäre der Schnauzbart am Ende der Saison Weltmeister gewesen. Surtees folgt mit 34, Clark nach wie vor mit 30 WM-Zählern. Wenn Clark den *Großen Preis von Mexiko* gewinnt, Hill höchstens Vierter und Surtees höchstens Dritter wird, behält der Schotte seinen WM-Titel! Clark gibt denn an jenem 25. Oktober 1964 konsequent Vollgas und stürmt vom Start weg auf und davon, während Hill und Surtees nach der ersten Runde nur auf den Plätzen 10 und 13 auftauchen. Hill arbeitet sich bis auf den dritten Platz hinter Clark und Gurney vor, das würde ihm reichen um Weltmeister zu werden, doch im Nacken des BRM sitzt der 12-Zylinder-Ferrari von Bandini, dahinter folgt Surtees. Beim Anbremsen der langsamsten Stelle des Kurses touchiert Bandinis Ferrari den BRM von Hill, während der Italiener weiterfahren kann, muß der Engländer an die Boxen, um die verbogenen Auspuffrohre seines Rennwagens entfernen zu lassen... Ein absichtliches Foul? Graham Hill ist nicht wütend auf Lorenzo Bandini: »Es war für mich offensichtlich, daß er ein verzweifeltes Manöver machte, um mich zu überholen - er übernahm sich einfach dabei. Nun schön, das war das - mein Pech.« Zwanzig Jahre später wird sein Sohn Damon eine Weltmeisterschaft ebenfalls durch eine Kollision verlieren und ähnlich gefaßt reagieren. Clark führt, 20 Sekunden dahinter folgt Gurney, fast 40 Sekunden hinter dem Amerikaner liegt Bandini, dahinter kommt Surtees. Aber Jim Clarks Lotus verliert Öl, wird immer langsamer: Eingangs der letzten Runde zieht Dan Gurney vorbei, Clark fällt kurz darauf aus!

Solitude, 28. Juli 1963: Wenn sein Lotus hielt, war Jim Clark im Prinzip nicht zu schlagen. Zum Glück für die Konkurrenz erfüllten Colin Chapmans geniale Konstruktionen immer wieder die heimlichen Sehnsüchte der anderen Formel-1-Rennställe.

Nun wäre Graham Hill doch noch Weltmeister, aber Lorenzo Bandini verhindert dies, indem er seinen Capo John Surtees passieren läßt: Hinter Dan Gurney wird John dadurch Zweiter, was zum Titelgewinn reicht. Sieben Zehntelsekunden hinter dem neuen Champion folgt sein italienischer Teamkollege, der die WM entschieden hat.

John Surtees kann 1965 seinen Titel nicht verteidigen, der neue 12-Zylinder-Ferrari Tipo 1512 erreicht nie völlige Rennreife. Doch viel entscheidender ist »Big Johns« fürchterlicher Unfall am 24. September 1965 vor den letzten beiden Formel-1-WM-Läufen, als er beim Training zu einem Rennen der hochdotierten Can-Am-Serie im kanadischen Mosport mit einem Lola T 70 schwer verunglückt und vier Tage im

Die Kollision mit Graham Hill beim WM-Finale 1964 in Mexiko belastete lange Zeit seinen Ruf: Doch im Schatten von John Surtees reifte »Renzo« Bandini auch fahrerisch. In der Saison 1967 wäre er wahrscheinlich in der Lage gewesen, in der Formel-1-WM ein ernsthaftes Wort mitzureden. Wäre, hätte, könnte - die ewigen Konjunktive, die die Tragödien der Formel 1 immer begleitet haben.

Am 1. August 1965 gewann Jim Clark auf dem Nürburgring den deutschen Grand Prix und wurde damit zum zweiten Mal Weltmeister - früher im Verlauf einer Saison ist bislang niemand mehr zum Formel-1-Champion gekürt worden.

Koma liegt: John Surtees, der einzige Rennfahrer der Welt, der auf zwei und auf vier Rädern zu Weltmeisterehren kam, hat nie einen Hehl daraus gemacht, daß sein Formel-1-Titelgewinn im Jahre 1964 sicher eine unerhört glückliche Angelegenheit gewesen sei, bei weitem aber nicht so glücklich wie die schicksalhafte Fügung, die ihn den Unfall von Mosport überleben ließ.

In der Formel 1 herrschte Wendezeit-Stimmung, denn 1965 ging die 1,5-Liter-Formel in ihre letzte Saison. Seit November 1963 stand fest, daß zum 1. Januar 1966 ein neues Reglement in Kraft treten würde. Sportprototypen und Indy-Rennwagen mobilisierten bereits weit über 400 PS, doppelt soviel wie die Formel-1-Monopostos, die doch eigentlich die höchste Klasse des Automoilsports darstellen sollten. Schiere Kraft mußte wieder in den GP-Sport zurückkehren, Kraft aus Saugmotoren mit drei Liter Hubraum. Ein Hintertürchen für eine etwaige Weiternutzung der alten Motoren ließ man offen: Auch aufgeladene 1,5-Liter-Triebwerke sollten künftig in der Formel 1 erlaubt sein. Doch es dauerte ein Jahrzehnt, ehe erstmals dieser konstruktionstechnisch aufwendige Weg beschritten wurde und der Renault-Turbo den GP-Sport revolutionierte. Mit Blick auf Innovationen im Automobilbau gestattete das neue Regelwerk auch eine Zeitlang den Einsatz von Kreiskolbenmotoren und Turbinen. Nur Colin Chapman riskierte den Einsatz eines Turbinen-Rennwagens, mit einem Wankelmotor wagte sich überhaupt niemand in die Formel

1. So wurde die Rennsaison 1965 ein Jahr des Übergangs: Alle Rennställe verzichteten weitgehend auf Neukonstruktionen und suchten parallel bereits nach geeigneten Triebwerken für das nächste Jahr, zumal Coventry Climax angekündigt hatte, keinen 3-Liter-Motor zu bauen und sich Ende 1965 aus der Formel 1 zurückzuziehen. Somit blieb in der letzten Saison der »Formel Clark« alles beim alten, nur mit dem feinen Unterschied, daß der Lotus des Schotten meistens hielt: Jim Clark gewann sechs WM-Läufe hintereinander und brachte bereits am 1. August 1965 mit dem Sieg beim *Großen Preis von Deutschland* seinen zweiten WM-Titel unter Dach und Fach. So früh in der Saison stand nie wieder ein Formel-1-Weltmeister fest. Der spannendste GP des Jahres fand denn in Monaco statt, einfach weil Jimmy gar nicht am Start war, sondern lieber tags darauf endlich die *500 Meilen von Indianapolis* gewann, während ein 25jähriger Rookie namens Mario Andretti sensationell Dritter wurde. Sieger in Monaco wurde somit Graham Hill, obwohl er in der Hafenschikane den Notausgang hatte nehmen müssen und seinen BRM eigenhändig wieder zurückschob. Erstmals seit Alberto Ascari versenkte mit dem Australier Paul Hawkins wieder jemand einen Formel-1-Rennwagen im Hafenbecken von Monte Carlo. Während der Lotus 33 absoff, blieb Hawkins glücklicherweise unverletzt. Und weil auch Dan Gurney in Indianapolis startete, durfte im verwaisten Brabham-Climax der 27jährige Rennmechaniker Denis Hulme

seinen ersten Grand Prix fahren und demonstrierte auf Anhieb das, wofür der sympathische Brummbär noch berühmt werden sollte, eine zurückhaltende, aber unglaublich effektive Fahrweise. Eine defekte Radnabe kostete Hulme sichere Punkte. Das war Monaco 1965, danach war Jim Clark wieder mit von der Partie und dominierte nach Belieben. Nur Colin Chapman geriet in Schwierigkeiten, als er vor dem Start in Zandvoort einen Polizisten zusammenschlug: Der Uniformierte hatte die an Chapmans Gürtel befestigte Offiziellen-Armbinde übersehen und wollte Mr. Lotus aus dem Boxenbereich zerren. Chapman wurde nach dem Rennen verhaftet und verbrachte eine Nacht im Gefängnis. Vize-Weltmeister wurde 1965 wieder Graham Hill, der bei zehn WM-Läufen sage und schreibe neunmal punktete! Sein neuer Teamkollege bei BRM hieß Jackie Stewart. Der 26jährige Schotte war von Colin Chapman heftigst umgarnt worden, doch Stewart, vor dem Start seiner Rennfahrerkarriere ernsthafter britischer Olympiakandidat im Tontaubenschießen, entschied sich in weiser Voraussicht gegen diese Avancen. Stewart, beizeiten als bester Newcomer seit Clark gehandelt, gewann in Monza seinen ersten GP und wurde in seiner ersten Formel-1-Saison auf Anhieb WM-Dritter! Es war nicht nur sein außerordentliches Fahrtalent, sondern auch seine Qualität als Public-Relation-Genie, was der Schotte in die Formel-1-Szenerie einbrachte. Erst mit Jackie Stewart wurde der GP-Sport wirklich zum Big Bußineß für Rennfahrer. Daß der tüchtige Schotte nicht nur zum ersten Dollar-Millionär unter den Grand-Prix-Stars aufstieg, sondern seinen Einfluß auch für Sicherheitsmaßnahmen nutzte, hat seine Beliebtheit bei vielen gestandenen Rennfunktionären nicht erhöht, zählt jedoch noch mehr als drei WM-Titel und 27 GP-Siege. Das Geld, das Stewart & Co. anhäuften, lag buchstäblich auf der Straße, als sich nach Dunlop nun auch Goodyear und Firestone in der Formel 1 engagierten und das Zeitalter der »Reifenkriege« einleiteten: Die Gummimischungen wurden immer ausgeklügelter, die Reifen immer breiter, die Formel-1-Rennwagen immer schneller, die Brieftaschen der Teamchefs und ihrer rennfahrenden Angestellten immer dicker...

Black Jack, do it again!

Jack Brabham und Ron Tauranac suchten am konsequentesten nach pragmatischen Antworten auf das Dreiliter-Reglement: Der Lohn fiel reich aus, weil die Konkurrenz noch kaum über ausgereifte 3-Liter-Rennmotoren verfügte. BRM manövrierte sich mit dem von Tony Rudd propagierten H16-Zylindermotor in eine Sackgasse. Das notorisch unzuverlässige Triebwerk wog 252 kg, zu denen sich noch 54 kg für Getriebe und Kupplung aufaddierten, viel zu viel für 400 PS. Auch Colin Chapman setzte neben aufgebohrten Climax-Motoren den BRM-H16 ein und wartete auf einen von Ford finanzierten V8-Rennmotor, für den Lotus 1967 exklusiven Zugriff besaß. Ende 1965 hatte Chapman den damaligen PR-Direktor von Ford Großbritannien, Walter Hayes, überzeugen können, bescheidene 100 000 Pfund in die Entwicklung eines Dreiliter-Formel-1-Trieb-

werks zu stecken, dessen auf 1 600 Kubikzentimeter annähernd halbierte Version obendrein in der neuen Formel 2 zum Einsatz kommen sollte. Mr. Lotus präsentierte auch gleich den Konstrukteur: Keith Duckworth würde in seiner 1958 mit Mike Costin gegründeten »Cosworth Engineering Limited« den Motor entwerfen, der einmal mit 155 GP-Siegen als erfolgreichstes Formel-1-Triebwerk Geschichte machen sollte. Doch diese glorreiche Zukunft des Ford-Cosworth DFV war 1966/67 gewiß nicht absehbar.

So fiel die Favoritenrolle Ferrari zu, verfügten die Italiener doch über einen erfolgreichen 3,3-Liter-V12-Motor aus dem 330er Prototyp, der in der zurückgetunten Version für 360 PS gut sein sollte. John Surtees war von seinem Mosport-Unfall wieder genesen und bester Dinge. Solange jedenfalls, bis er in Silverstone bei der *International Trophy*, der letzten Gene-

ralprobe vor dem WM-Auftakt in Monte Carlo, von Jack Brabham im neuen Brabham BT19 mit Repco-V8-Motor geschlagen wurde. Wie konnte ein auf einem Oldsmobile-V8 basierender »Hausmacher-Motor« aus Melbourne mit lumpigen 290 PS ein hochgezüchtetes V12-Renntriebwerk abhängen? John Surtees behauptet bis heute, auf dem Motorenprüfstand in Maranello mit Bestürzung die tatsächlichen Werte seines V12 erfahren zu haben: 270 PS. Surtees drängte deshalb darauf, in Monte Carlo den handlicheren 2,4-Liter-Dino-V6 zu fahren, doch Rennleiter Eugenio Dragoni entschied, daß die Numero Uno auch den neuen, großen V12 fahren müsse. Lorenzo Bandini bekam den Ferrari 246 und wurde damit in Monaco Zweiter, John Surtees fiel beizeiten wegen eines Differentialschadens aus. Selbst der Sieg von »Big John« mit dem V12 in

Kein Glück mit 16-Zylinder-Motoren - der BRM H16 mit Jackie Stewart.

Monte Carlo,
22. Mai 1966:
John Surtees und der
neue Dreiliter-Ferrari
V12 - eine Ehe geht in
die Brüche.

Spa vermag den Bruch nicht mehr zu kitten: Dragoni wirft Surtees vor, nicht das gesamte Feld überrundet zu haben. Und gewonnen habe der Engländer nur, weil Jochen Rindt von Problemen mit dem Differential seines Cooper-Maseratis gebremst worden sei... John Surtees führt noch ein Gespräch mit Enzo Ferrari, danach ist die Scheidung perfekt. Wahrscheinlich haben die beiden Dickschädel damals die beiden Formel-1-WM-Titel von 1966 und 1967 verschenkt. Surtees fährt den Rest der Saison für Cooper-Maserati, um dann bei seinem Formel-1-Engagement mit Honda zu scheitern. Es folgen ein verlorenes Jahr bei BRM, eine abenteuerlich-schöne Zeit als Rennfahrer und Teamchef in einer Person sowie das endgültige finanzielle Aus seines Formel-1-Teams am Ende der Saison 1978 - aber hinterher ist man ja bekanntlich immer klüger.

Das Cooper-Werksteam erlebte zu Beginn der neuen Formel-1-Ära eine kurze Renaissance. John Cooper hatte nach dem Tod seines Vaters den Rennstall für über 200 000 Pfund an die »Chipstead Motor Group« veräußert, den britischen Maserati-Importeur. So kam es dazu, daß für Cooper die fast zehn Jahre alten Maserati-V12 aus der 2,5-Liter-Formel-1 ausgemottet, mit Lucas-Benzineinspritzung ausgestattet und auf 3-Liter-Hubraum aufgebohrt wurden. Rund 350 PS trieben den 600 kg schweren Cooper-Maserati T81 an, doch mit dem Können von John Surtees und Jochen Rindt gepaart, reicht das 1966 zu exzellenten Resultaten. Der Österreicher verliert zwar den

Kampf um die Vize-Weltmeisterschaft gegen Surtees, doch nach dem Vorjahres-Sieg bei den *24 Stunden von LeMans* hat Rindt nun auch seinen Durchbruch in der Formel 1 geschafft. Im Regen von Spa ist Jochen unter schwierigsten Bedingungen Zweiter geworden: Wenige Kilometer nach dem Start war in der Rechtskurve von Burnenville ein gewaltiger Platzregen losgebrochen, der auf einen Streich sieben Rennwagen von der Strecke spülte, darunter auch Stewarts BRM P261. Der Schotte erlitt eine schwere Gehirnerschütterung und saß mit gebrochenem Schlüsselbein hilflos im verbogenen Cockpit festgeklemmt, mitten im Benzin, das aus den aufgeplatzten Tanks auslief. Graham Hill, ebenfalls mit seinem BRM von der Strecke abgekommen, eilt zu Hilfe und kann den verletzten Teamkollegen nach über einer

halben Stunde befreien... Dieser Unfall wird für Jackie Stewart zu seinem Damaskus-Erlebnis, das aus dem sorglosen Saulus den missionarischen Paulus macht, der Sicherheit predigt und sich anschickt, die Rennstreckenbetreiber mit Leitplanke und Fangzaun zu bekehren.

Die sportliche Wende der Saison 1966 vollzieht sich am 3. Juli in Reims: Am souverän führenden Ferrari Tipo 312 von WM-Spitzenreiter Lorenzo Bandini reißt nach 32 von 48 Runden der Gaszug. Renzo wird einem Sieg nie wieder so nah kommen, denn ein Metallarbeiterstreik verhindert den Start der Scuderia Ferrari beim nächsten WM-Lauf in Brands Hatch. Und als die Italiener in Zandvoort wieder mit dabei sind, diktiert bereits Jack Brabham das Geschehen, ein Mann von 40 Jahren, dessen Fahrkunst und Ingenieurwissen sie alle schon längst vergessen zu haben schienen. Dan Gurney war eigene Wege gegangen, um mit seinem amerikanischen Landsmann und Cobra-Schöpfer Carroll Shelby ein ebenso ehrgeiziges wie letztlich erfolgloses Formel-1-Projekt zu starten, den Eagle mit Weslake-V12-Motor, schnell und schön, aber meistens unzuverlässig. 1967 gewinnt Dan Gurney mit dem Eagle den belgischen GP, aber weitere Erfolge bleiben aus und so klingt die Formel-1-Karriere eines Rennfahrers aus, der das Potential eines Weltmeisters hatte. Anstelle von Gurney nimmt Brabham Denis Hulme als festen Partner in sein GP-Team auf. Die einfache Konstruktion ist immer die beste Lösung, das war Brabhams Erfolgsrezept seiner großen Jahre bei

Gelungenes Altmetall-Recycling - Cooper kommt anno 1966 mit zehn Jahre alten Maserati-V12-Motoren zu Achtungserfolgen: Beim Großen Preis von Deutschland auf dem Nürburgring wird Neuzugang John Surtees Zweiter und wird mit einem Sieg am Saisonende in Mexiko sogar noch Vize-Weltmeister.

Brands Hatch, 16. Juli 1966, der erste Doppelsieg für Brabham-Repco: WM-Spitzenreiter Jack Brabham gewinnt vor seinem Teamkollegen Denis Hulme. Nur beim Start kann Dan Gurney mit seinem Eagle (Nr. 16) mithalten. Dahinter reihen sich John Surtees/-Cooper-Maserati, Graham Hill/BRM, Jim Clark/Lotus-Climax und der von seinem schlimmen Spa-Unfall wiedergenesene Jackie Stewart/BRM ein.

Juni 1968 verunglückt Scarfiotti mit einem Werks-Porsche beim Training zum Berg-EM-Lauf in Roßfeld tödlich. Ein Jahr zuvor ist bereits die größte italienische Rennfahrerhoffnung ums Leben gekommen: Lorenzo Bandini, dem die Saison 1967 endlich den großen Durchbruch in der Formel 1 zu bringen schien. Ferrari hat den Tipo 312-Dreiventiler überarbeitet, die Auspuffanlage liegt nun zwischen den beiden Zylinderbänken, das berühmte »Schlangennest« entsteht und beschert mit weiteren Detailänderungen eine Ausbeute von 400 PS, in der späteren Vierventil-Version wohl noch etwas mehr. Beim ersten WM-Lauf am 2. Januar 1967 in Kyalami, den Cooper-Maserati-Neuzugang Pedro Rodriguez mit Glück und Geschick gewinnt, fehlt die Scuderia Ferrari noch. Der neue Rennleiter, der Journalist Franco Lini, hat neben Lorenzo Bandini den 23jährigen Neuseeländer Chris Amon ver-

Cooper. Und diese Maxime befähigt »Black Jack« zu Beginn der Dreiliter-Formel noch einmal zu großen Erfolgen. Tauranac hat ein kompaktes Rohrrahmenchassis entworfen, den BT 19, dem nun ein Repco-V8 angeflanscht wird, ein Triebwerk, das Phil Irving und Frank Hallam im fernen Australien aus einem 3,5-Liter-Oldsmobile-Serienblock entwickelt haben. Bestenfalls 300 PS bei 8000/min leistet dieser Motor, aber das reicht Jack Brabham 1966 um vier Formel-1-WM-Läufe in Folge zu gewinnen, in Reims, in Brands Hatch, in Zandvoort und am Nürburgring. Und trotz eines Ausfalls beim GP von Italien wird Brabham auf Brabham in Monza vorzeitig Weltmeister! »Der Sieg am Nürburgring bedeutete mir mehr als jeder andere Erfolg in diesem Jahr«, wird Jack Brabham am Ende der Saison voller Genugtuung feststellen. Und sein Freund Günther Molter schildert zutiefst beeindruckt das Arbeitsklima im Brabham-Rennstall: »Es gab bei seinem Team keine Standesunterschiede, alle zogen sie am gleichen Strang. Man konnte in der Werkstatt in Guildford, wo die Rennwagen gebaut wurden, Denis Hulme dabei antreffen, wie er einen Rohrrahmen verschweißte oder

bei der Demontage seines Wagens mithalf.« Es ist bedauerlich, daß Jack Brabhams Sieg im Großen Preis von Deutschland von schweren Unfällen überschattet wird. Im Training verunglückt der 36jährige Franzose Guy Ligier mit seinem privaten Cooper-Maserati und zieht sich einen Beinbruch zu. Im Rennen wird der 33jährige Brite John Taylor im Bereich »Quiddelbacher Höhe« von einem Konkurrenten geschnitten, Taylors Brabham gerät ins Schleudern und wird vom Formel-2-Matra des GP-Debütanten Jacky Ickx gerammt. Während der 21jährige Belgier unverletzt davonkommt, erleidet Taylor schwere Verbrennungen, denen er einen Monat später, am 8. September 1966, erliegt.

Gegen Saisonende 1966 scheint sich Ferrari wieder gefangen zu haben: Ludovico Scarfiotti gewinnt vor seinem Teamkollegen Mike Parkes in Monza, 14 Jahre sind es her, daß mit dem unvergessenen Alberto Ascari zum letzten Mal ein Italiener mit einem Ferrari beim Gran Premio siegte. Doch »Dodo« Scarfiotti ist kein zweiter Ascari und wird für Ferrari nur noch zwei weitere WM-Läufe fahren. 1968 heuert der 34jährige Turiner bei Cooper an, am 8.

Chris Amon - das ewige Talent, das in der Formel 1 stets scheitern wird.

*Monte Carlo,
7. Mai 1967:
Die Überreste des
Ferraris von Lorenzo
Bandini - das Ende
einer Tragödie.*

sich der Sohn eines Mechanikers aus San Cassiano di Romagna Schritt um Schritt nach oben gekämpft. Bandini hat gerade in Brands Hatch das *Race of Champions* äußerst knapp und unglücklich gegen Dan Gurney im Eagle verloren. Lorenzo scheint in der Form seines Lebens und sein Ferrari geht infernalisch gut: Am 7. Mai 1967 übernimmt der Italiener sofort die Spitze im GP von Monaco, während Pole-Setter Jack Brabham bereits in der ersten Runde ausfällt, weil an seinem Repco 740-V8 ein Pleuel reißt. Das Experiment, das neue, 350 PS-starke Triebwerk einzusetzen, wird Jack Brabham am Ende der Saison vermutlich die Titelverteidigung kosten, denn mit seinem ersten GP-Sieg legt Denis Hulme in Monte Carlo den Grundstein für seine unerwartete Weltmeisterschaft. Hulme und Stewart haben Bandini an der Spitze bald überrumpelt, der Schotte muß jedoch in der 15. von 100 Run-

*Spa-Francorchamps,
18. Juni 1967, schwere Zeiten für die Scuderia Ferrari: Chris Amon, die neue Nummer Eins, wird zwar Dritter beim belgischen Grand Prix, doch noch in der Startrunde ist Teamkollege Mike Parkes schwer verunglückt.*

Das erfolgreichste Triebwerk in der Geschichte der Formel 1 erlebt in Zandvoort, am 7. Mai 1967, seine Rennpremiere: Der Ford-Cosworth V8 gewinnt auf Anhieb im Lotus 49 mit Jim Clark.

pflichtet, ein ewiges Talent, das zusammen mit Mike »The Bike« Hailwood, dem mutmaßlich besten Motorrad-Rennfahrer aller Zeiten, ganz gewiß aber größtem Paradiesvogel auf zwei und vier Rädern, in Surbiton ein berühmtberüchtigtes Appartement teilt. Peter Revson, der millionenschwere Revlon-Kosmetikerbe, komplettiert die Rennfahrer-Kommune in der Ditton Road. Das Trio scheitert in den Swinging Sixties daran, in der Formel 1 Fuß zu fassen, dafür haben die drei Sonny Boys einen

Heidenspaß mit Mädchen, Moneten und Motoren. Doch nun bedankt sich Chris Amon für den Ferrari-Vertrag mit einem Sieg bei den *24 Stunden von Daytona* gegen die Ford-Armada und die Chaparrals von Jim Hall. Den siegreichen Tipo 330P4 steuert zusammen mit dem Neuseeländer Lorenzo Bandini. Der Italiener ist jetzt 31, auch er hat seine wilden Draufgängerjahre überstanden und rückt in die unumstrittene Rolle des Capo im Rennstall von Enzo Ferrari. Aus einfachen Verhältnissen hat

Lotus-Heimkehrer Graham Hill durchlebt 1967 alle nur erdenklichen Sorgen und Nöte, die einem mit den Rennwagen von Colin Chapman widerfahren können. Trotzdem schlägt sich der Schnauzbart auch gegen seinen Teamkollegen Jim Clark durchaus beachtlich, bleibt jedoch ohne Sieg.

fährt ab 1968 mit dem neuen Bell-Integralhelm. Das Medical Center des Grand-Prix-Trosses wird anderthalb Monate nach der Tragödie von Monaco entscheidend dazu beitragen, daß Mike Parkes nach seinem schweren Unfall in Spa eine Bein-Amputation erspart bleibt. Doch der Tod von Lorenzo Bandini markiert erst den Anfang einer Unglücksserie, die sich 1968 noch katastrophaler fortsetzt. Und bereits am 14. August 1967 fordert die Formel 1 das nächste Todesopfer, als der britische Privatrennfahrer Bob Anderson bei Testfahrten in Silverstone verunglückt...

Während die Scuderia Ferrari trauert und Chris Amon allmählich in die Rolle eines Spitzenfahrers heranzureifen scheint, tritt der neue Lotus 49 mit dem Ford-Cosworth-Motor auf den Plan: Der 90° V8-Vierventiler schmiegt sich als selbsttragendes Chassis-Element nahtlos an die ultraschlanke Silhouette des Lotus-Monocoques an. Graham Hill testet den Lotus 49-Cosworth in Snetterton, wegen dieses Rennwagens hat der Indy-Sieger von 1966 nach sieben Jahren BRM verlassen: »Es war ein wunderschöner Motor - großartig konstruiert. Er sah wie eine moderne Skulptur aus. Ich war der Erste, der ihn fuhr, und ich war in höchstem Maße gespannt, als ich vor diesem sehr modernen Grand-Prix-Motor saß, einem V8, der 400 PS abgab. Und genauso fühlte er sich an. Er hatte wirklich eine Menge Kraft, verglichen mit den anderen Formel-1-Wagen, die ich gefahren war. Sehr beeindruckend.« Am 4.

den seinen BRM mit Differentialschaden abstellen. Bandini probiert alles, um an Hulme dranzubleiben, doch der bald 31jährige Neuseeländer läßt sich den Sieg nicht mehr nehmen: 20 Sekunden Vorsprung hält er in der Schlußphase auf den Italiener, als das Verhängnis seinen Lauf nimmt. Die monegassischen Rennveranstalter haben es gut gemeint, ein schleudernder Rennwagen soll nicht mehr in das Hafenbecken stürzen können, deshalb sind die Strohballen bei der Schikane an einer robusten Holzplanke befestigt: In der 82. Runde gerät Bandinis Ferrari ins Schleudern, rasiert in der Schikane die Streckenbegrenzung, um dann breitseits in die strohballenbewehrte Barriere zu knallen, dann weiter geradeaus zu schlidern, gegen einen massiven Schiffspoller zu prallen und dann in Flammen aufzugehen. Lorenzo Bandini hat keine Chance. Gewiß, mittlerweile sind Rennoveralls und Mundschutz aus Nomex üblich, doch diese Bekleidung gewährt nur zehn, höchstens zwanzig Sekunden einen gewissen Schutz. Die Streckenposten aber trauen sich mangels Schutzkleidung nicht nah genug an das brennende Ferrari-Wrack heran. Über vier Minuten vergehen, bis die Flammen gelöscht sind und die angekohlte Leichtmetallröhre, die einmal

ein Ferrari war, umgedreht werden kann. Zu spät für Lorenzo Bandini, dessen Haut zu 70 Prozent verbrannt ist. Renzos geschundener Körper wehrt sich noch drei Tage gegen den Tod, vergeblich... Der grausige Unfall löst eine heftige Debatte über bessere Sicherheitsstandards aus, die Rennfahrer reagieren, lassen sich in großen Lettern Blutgruppe und Rhesusfaktor auf den Overall sticken, Stewart und Brabham beginnen Sicherheitsgurte anzulegen, bevor das Reglement dies vorschreibt, Gurney

Nürburgring, 6. August 1967: Das Meisterstück - Denis Hulme gewinnt den Großen Preis von Deutschland vor seinem Teamchef Jack Brabham. Der allseits unterschätzte Angestellte schlägt seinem Boß ein Schnippchen und holt sich am Ende der Saison tatsächlich den WM-Titel.

Juni 1967 gewinnt die neue Lotus-Blüte auf Anhieb ihre Rennpremiere in Zandvoort: Graham Hill führt aus der Pole Position, bleibt zwar schon nach elf Runden mit einem Ventilschaden auf der Strecke, doch fünf Runden später übernimmt Jim Clark im anderen Lotus 49-Cosworth die Spitze und feiert auf Anhieb einen Sieg. Der neue Lotus und sein Motor bleiben bis zum Saisonende und lange darüber hinaus der absolute Maßstab für alle Formel-1-Konkurrenten: Auch bei den verbleibenden 8 WM-Läufen des Jahres 1967 steht immer ein Lotus 49-Cosworth auf der Pole Position, sechsmal mit Clark, zweimal mit Hill am Volant. Daß beide Lotus-Werksfahrer keine echte Chance im WM-Titelkampf haben, liegt an vielen Kinderkrankheiten, die von Allerweltsdefekten bis hin zu Aufhängungsbrüchen reichen. Daß Jim Clark unter diesen Umständen sogar vier WM-Läufe gewinnt, ist erstaunlich genug, doch in Monza übertrifft der Schotte alles bisher Dagewesene: In der 13. von 68 Runden zwingt Clark ein Reifenschaden an die Box, nach dem Wechsel kehrt der Lotus auf Rang Sieben ins Rennen zurück und liegt damit wenige Meter vor Spitzenreiter Graham Hill, hat also fast genau eine Runde respektive 90 Sekunden Rückstand. Doch der unglaubliche Jim Clark fährt innerhalb von 47 Runden wieder bis auf den zweiten Platz nach vorn und übernimmt gar wieder die Spitze, als Teamkollege Hill mit Motorschaden ausrollt. Doch Clarks Parforcejagd hat zuviel Sprit gekostet, in der letzten Runde bleibt sein Lotus mit leerem Tank stehen, Surtees gewinnt im Honda vor Weltmeister Brabham... Diese Episode verdeutlicht die Überlegenheit der neuen Lotus-Cosworths, zeigt aber auch, warum die Brabham-Repcos sowohl die Fahrer-WM als auch die Markenwertung noch einmal erfolgreich verteidigen konnten: Jack Braham und Denis Hulme landeten bei elf WM-Läufen jeweils neunmal in den Punkterängen und gewannen dabei je zwei Rennen. Daß ausgerechnet der ungemein unterschätzte Denis Hulme seinem Teamchef Jack Brabham die WM-Krone abjagte, war ärgerlich für »Black Jack«. Aber er wollte ja stets neue Teile lieber zuerst bei seinem Rennwagen ausprobieren, nahm damit technische Risiken in Kauf, um gegenüber Hulme einen Vorteil zu besitzen. »Ich glaube, das hat mir erst den Gewinn der Weltmeisterschaft ermöglicht«, resümierte Denis Hulme. Der ehemalige Rennmechaniker bekam in seiner ersten Formel-1-Saison bei Brabham ein Gehalt von 2000 Pfund, im Jahr seines Titelgewinns verfügte Denis Hulme über Gesamteinkünfte von 7500 Pfund. Soviel kostete 1968 ein Cosworth-Formel-1-Motor... Daß der Neuseeländer auf ausgesprochenen Fahrerstrecken wie in Monte Carlo und auf dem Nürburgring siegte, war besonders pikant. Das Rennen in der Eifel blieb auch unvergessen wegen des atemberaubenden Auftritts von Jacky Ickx: Der Matra-Cosworth FVA des Tyrrell-Teams, mit dem der Belgier 1967 die Formel-2-EM gewinnt, bringt mit 220 PS etwa 60 Prozent der Leistung des Cosworth DFV im Lotus 49 von Jimmy Clark. Der Schotte fährt mit einer Traumrunde von 8.04,1 Minuten bei einem Rundenschnitt von 169,8 km/h Trainingsbestzeit, doch Jacky Ickx legt eine Zeit von 8.14,0 vor, nur noch Denis Hulme ist fünf Zehntel schneller! Weil der AvD für die Formel-2-Rennwagen innerhalb des deutschen GP eine getrennte Wertung vereinbart hat, muß sich der kleine Matra hinter allen 17 reinrassigen Formel-1-Boliden aufstellen. Ickx rast trotzdem bis auf Platz Vier nach vorn, ehe ein Querlenker seiner Fahrweise nicht mehr gewachsen ist. Die Formel 1 reißt sich um die Fahrkünste von »Monsieur X«: Für 1968 erhält Ferrari den Zuschlag. Die Italiener hätten zwar lieber Jackie Stewart verpflichtet, doch der Schotte zieht es vor, bei Ken Tyrrells neuem Formel-1-Rennstall zu unterschreiben, denn der bekommt Cosworth-Motoren. Ebenso wie Bruce McLaren, mit dem sich Weltmeister Denis Hulme zusammenspannt, während Jochen Rindt den freien Platz bei Brabham einnimmt und dabei glaubt, endlich das große Los in der Formel 1 gezogen zu haben. Die Karten für 1968 waren neu gemischt, aber das Trumpfas blieb Jimmy Clark im Lotus 49-Cosworth...

Die neue Zeitrechnung

Zum allzu frühen Start der neuen Rennsaison am 1. Januar 1968 in Kyalami gibt es nur einen Neuzugang im Formel-1-Fuhrpark: Ken Tyrrell hat für Jackie Stewart einen unlackierten Muletto nach Südafrika verfrachtet, den Matra MS 9 mit Cosworth-V8-Motor, der als Testfahrzeug diente und mit dem der Schotte im Rennen Dritter ist, ehe ein Pleuelschaden die Fahrt beendet. Der französische Rüstungs- und Raumfahrtkonzern Matra betreibt den Einstieg in die Formel 1, der Staat gewährt Subventionen in Höhe von sechs Millionen Francs und auch der neue nationale Mineralöl-Konzern ELF dreht den Geldhahn auf. Weil der eigene V12-Motor Sorgen bereitet, haben die Franzosen eine Alliance Cordiale mit ihrem bewährten Formel-2-Partner geschlossen: Tyrrell bringt Cosworth-V8-Motoren in die Formel-1-Ehe mit, Matra liefert das Chassis MS 10, das Team nennt sich »Matra-International«, während sich »Matra-Sports« dem V12-Rennwagen widmet. Kyalami wird zum Beginn einer erfolgsträchtigen Partnerschaft und markiert zugleich den Abschied von einer Ära: Team Lotus präsentiert seine Werkswagen letztmals im klassischen British Racing Green mit gelbem Mittelstreifen, den Colin Chapman sich zur Verzierung seines ersten Indy-Lotus einfallen ließ und so schön fand, daß er das Gelb auch auf seine Formel-1-Rennwagen pinselte. Chapman ist nicht nur auf technischem Gebiet ein Revolutionär: Der Lotus-Boß hat einen lukrativen Werbevertrag mit einem Tabakkonzern abgeschlossen, nach dem GP von Südafrika werden die Lotus-Werkswagen in Gold-Rot-Weiß antreten, ganz nach dem Muster der »Gold Leaf Navy Cut«-Zigarettenschachtel, für die in Wort und Bild auch auf

den Seitenverkleidungen Reklame gemacht wird. Puristen rümpfen die Nase über die rollenden Glimmstengel, ARD und ZDF verzichten wegen der »skandalösen Schleichwerbung« das ganze Jahr auf die Übertragung von Formel-1-Rennen. Der Abschied von gestern, das ist noch einmal die Stunde von Jimmy Clark. In Kyalami gewinnt der Schotte seinen 25. Formel-1-WM-Lauf und übertrifft damit Fangios Rekord von 24 GP-Siegen. Clark wird 32, seine Fahrkunst ist gereift, fehlerfrei, der absolute Maßstab für alle anderen Rennfahrer der Welt. Sein Lotus 49-Cosworth erweist sich der Konkurrenz nach wie vor als überlegen. Wer, wenn nicht Jim Clark, sollte 1968 Weltmeister werden? Beim europäischen Formel-1-Auftakt am 17. März 1968 in Brands Hatch fehlt der Schotte, weil er lieber in Indianapolis den neuen Lotus 56 mit Ferguson-Allrad-Antrieb testet, ein keilförmiges Turbinen-Geschoß, mit dem der BRM-Werksrennfahrer Mike Spence am 7. Mai 1968 tödlich verunglücken wird, einen Monat nach Jim Clark.

Am ersten April-Wochenende startet der Schotte bei einem Formel-2-Rennen auf dem 1966 neu eröffneten Hockenheimring, einer Strecke für Motoren und kräftige Bleifüße, nichts für sensible Könner des Rennmetiers. Der Lotus 48 wird im Training von Problemen mit der Benzineinspritzung geplagt, Clark qualifiziert sich nur für den siebten Startplatz. Am Rennsonntag, dem 7. April 1968, regnet es, Jean-Pierre Beltoise schießt mit seinem Matra in Front, Jim Clark hat Schwierigkeiten, der Spitzengruppe zu folgen, verliert schließlich ganz den Kontakt und fährt sein Rennen allein, ohne Windschatten-Begleitung. Der Schotte liegt einsam auf dem achten Platz, als er in die

fünfte von zwanzig Runden hineinbeschleunigt. Der Lotus passiert die Nordkurve und verschwindet aus den Augen der Rennbesucher in Richtung Ostkurve. Die lange Gerade dorthin ist umsäumt von dichtem Wald, es gibt damals weder Randstreifen noch Leitplanken oder gar Fangzäune. Jim Clark muß seinen Lotus annähernd auf Höchstgeschwindigkeit gebracht haben, das wären etwa 240 km/h, als ein Streckenposten in Höhe von Rennkilometer 2,5 sieht, wie der Lotus ins Schlingern gerät und links von der Strecke in den Wald rast. Der Rennwagen knallt in Höhe des Cockpits gegen einen Baum, das Chassis krümmt sich unter der Wucht des Aufpralls wie eine Banane, Jim Clark ist auf der Stelle tot.

Es ist viel gerätselt worden, warum der beste Rennfahrer seiner Zeit in Hockenheim verunglückt ist: Augenzeugenangaben fehlten, weder Film noch Foto hielten den Unfallhergang fest. War eine Radaufhängung gebrochen? Colin Chapman wies dies stets zurück, eine von Lotus angestrengte Untersuchung hätte diesen Verdacht nicht bestätigt. Gerüchte, Zuschauer hätten die Rennstrecke in dem Moment überquert, als Clarks Lotus heranjagte, dürften ins Reich der blühenden Phantasie gehören. Hat ein kapitaler Motorschaden den Rennwagen aus der Bahn geworfen? Auf gerader Strecke? Und dann gibt es die Theorie vom »slow puncture«: Im Verlauf des Rennens habe der rechte Hinterradreifen durch einen Defekt immer mehr Luft verloren, bis der Reifendruck so weit gesunken war, daß es den Lotus von der Strecke warf. Eine Erklärung, die man in Lotus-Kreisen angeblich für plausibel hielt. Doch die Ursachenforschung brachte uns Jim Clark nicht mehr zurück, ein Schuldiger, wenn

Auspuffrohre wie Orgelpfeifen - der französische Matra V12...

es denn überhaupt einen gab, wurde nicht gefunden, auch das hatte in der Formel 1 schon immer Tradition. Eine Ära war zuendegegangen und Clarks Rennfahrerkollegen wurde schlagartig vor Augen geführt, daß selbst der Beste unter ihnen nicht gegen technische Defekte gefeit war. Es heißt, Colin Chapmans Charakter habe sich nach Hockenheim vollkommen verhärtet, aber Mr. Lotus blieb weiter im Rennsport. Sein Team sollte von weiteren tödlichen Unfällen nicht verschont bleiben, aber insgeheim mag sich Chapman jedesmal gesagt haben, daß es nach dem tragischen Ende von Jim Clark nicht noch schlimmer kommen könnte...

Am 12. Mai 1968, auf dem Höhepunkt weltweiter Rebellion, Unruhe und Umwälzung, gewinnt Graham Hill im spanischen Jarama den ersten Formel-1-WM-Lauf der Zeitrechnung nach Jim Clark. Sinnigerweise fehlte ausgerechnet der Mann, der den verwaisten Thron des toten Formel-1-Herrschers auf lange Sicht okkupieren sollte: Jackie Stewart mußte wegen eines angebrochenen Handgelenks sowohl beim spanischen als auch beim monegassischen Grand Prix passen, was den bald 29jährigen Schotten 1968 wahrscheinlich den WM-Titel kostet. Aber vielleicht war es eine Form höherer Gerechtigkeit, daß am Ende der Saison Graham Hill jene Weltmeisterschaft gewann, die ohne die Tragödie von Hockenheim wohl seinem unvergessenen Teamkollegen vorbehalten gewesen wäre.

Die zwei Jahre lang mit souveräner Zuverlässigkeit auftrumpfenden Brabham-Repcos hatten nichts mehr mit dem Ausgang der WM zu tun: John Judd hatte erstmals einen richtigen Rennmotor entwickelt, doch dieser Repco 860-V8 mit Vierventil-Zylinderkopf wurde zur Achillesferse des neuen, immer noch in Gitterrohrrahmen-Bauweise gefertigten Brabham BT 26. Mit 390 PS stand das Triebwerk zwar gut im Futter, so daß Jochen Rindt zweimal auf die Pole Position fuhr. Doch notorische Fertigungsprobleme, Pannen bei den Zulieferern, mangelnde Qualitätssicherung und nicht zuletzt die schiere Distanz zur Repco-Werkstatt im fernen Australien ließen die Saison 1968 für Jack Brabham und Jochen Rindt zu einem Fiasko werden. Stete Ausfälle sorgten für eine miserable Bilanz: Rindt wurde immerhin zweimal Dritter, Brabham kam auf zwei WM-Punkte, soviel wie Silvio Moser mit einem alten Brabham-Repco aus der Saison 1966 einfuhr, der tapfere kleine Privatier aus der Schweiz, der 1974 nach einem Unfall in Monza sein Leben ließ.

Graham Hill gewann auch den dritten WM-Lauf des Jahres 1968 in Monte Carlo, allerdings hatte der Schnauzbart wie zuvor schon in Spanien etwas Glück, weil Ferrari ein Jahr nach dem tödlichen Unfall von Lorenzo Bandini auf einen Start verzichtete und der Stewart-Ersatz Johnny Servoz-Gavin mit dem Tyrrell-Matra zwar schnell war und drei Runden führte, dann jedoch mit gebrochener Antriebswelle scheiterte. Richard Attwood ritt eine verzweifelte Schlußattacke im zweiten Werks-BRM, doch trotz eines Rundenrekords von »Dickie« blieb Graham Hill mit 2,2 Sekunden Vorsprung vorn. Nur fünf Rennwagen kamen ins Ziel: Was wäre passiert, wenn der GP von Monaco nicht aufgrund des Bandini-Unfalls von 100 auf 80 Runden verkürzt worden wäre? Graham Hill hatte so den ersten Renneinsatz des modifizierten Lotus 49B mit Bravour hinter sich gebracht. Neben einem kompakteren Hewland-Getrieb fiel besonders die keilförmige Heckverkleidung des 49B auf, die samt der kleinen Bugflossen größeren Anpreßdruck auf Vorder- und Hinterachse bringen sollte. Die neue Formel-1-Generation benötigte immer bessere und breitere Reifen, um die Pferdestärken auf die Piste loszulassen. Aerodynamische Hilfsmittel unterstützten bald die Suche nach optimalem Schlupf und schnellerer Kurvenfahrt. Die Idee dazu lag buchstäblich in der Luft, seit der Texaner Jim Hall seine Chaparral-Sportprototypen ab 1966 mit hoch auf dem

...1968 zumeist im Einsatz mit Jean-Pierre Beltoise.

Kyalami, 1. Januar 1968: Jim Clarks 25. Grand-Prix-Sieg - und niemand hätte damals geglaubt, daß es sein letzter bleiben sollte.

»Keiner kennt den Tag noch die Stunde.« - Jim Clark.

Der Rennstall von Jack Brabham kommt mit dem neuen Repco V8 auf die Verliererstraße: Aber mit einer Konsequenz, die »Black Jack« als Mensch und als Rennfahrer so außergewöhnlich machte, setzte der Australier nach den tödlichen Unfällen während der Saison 1968 erstmals Sicherheitsgurte ein. Teamkollege Jochen Rindt fühlte sich damals bei Brabham »absolut sicher.«

Wagenheck montierten und vom Cockpit aus im Neigungswinkel verstellbaren Tragflächen ausstattete. Diese Flügel verliehen Abtrieb, der zu verbesserter Straßenlage, neutralerem Fahrverhalten und höheren Kurvengeschwindigkeiten verhalf. Jetzt zog auch die Formel 1 nach, in Spa-Francorchamps kreuzten 1968 erstmals Ferrari und Brabham mit hochstehenden Flügeln auf. Was Hobby-Flieger wie Jack Brabham und Colin Chapman aufgrund ihrer Erfahrungen in der Pilotenkanzel nun im GP-Sport mit umgekehrten Tragflügelprofilen ausprobierten, verfeinerte Jim Hall 1970 mit einem weiteren Geniestreich: Sein Chaparral 2J war der erste Ground-Effect-Car! Ein kleiner Hilfsmotor

saugte die Luft unter dem sorgfältig abgedichteten Sportwagen weg und erzeugte dabei Unterdruck, der dem Chaparral höhere Kurvengeschwindigkeiten gestattete. Acht Jahre später kupferte Gordon Murray dieses Prinzip für seinen Brabham BT 46B-»Vacuum Cleaner« ab, der allerdings wie sein texanisches Vorbild alsbald für illegal erklärt wurde. Was hätte dieser Jim Hall alles in der Formel 1 anstellen können! Seine Chaparrals fuhren nicht nur mit Flügeln, sondern verfügten auch über automatische Getriebe und Ende der 70er Jahre bereits über ein Kohlefaserchassis, das John Barnard für den Indy-Car mit der Typenbezeichnung 2K kreiert hatte.

In Spa eröffnen Chris Amon, Jack Brabham und Jochen Rindt das Flügel-Zeitalter der Formel 1, der Sieg fällt jedoch Bruce McLaren zu, weil Spitzenreiter Jackie Stewart zu Beginn der letzten Runde einen Tankstop einlegen muß. McLaren gewinnt mit seinem Eigenbau zum ersten und einzigen Mal einen Formel-1-WM-Lauf, hält dies jedoch zunächst für einen Scherz, weil er Stewarts Boxenhalt nicht mitbekommen hat... Bei strömendem Regen, der 1968 zum ständigen Begleiter des GP-Zirkus zu werden scheint, gewinnt Jackie Stewart in Zandvoort endlich das erste Rennen mit dem Matra MS 10-Cosworth, Jean-Pierre Beltoise komplettiert mit dem französischen V12 den Doppelsieg für Matra, was auch ein Resultat der damals überlegenen Dunlop-Regenreifen ist. Lotus antwortet auf ausbleibende Erfolge

Monte Carlo, 26. Mai 1968: Graham Hill unterwegs zum Sieg.

mit einer »Super-Schwinge«, die beim Training zum französischen GP in Rouen um ein Haar zum tödlichen Fallbeil für den 25jährigen Jackie Oliver wird: Bei Tempo 200 ist der auf den hinteren Radträgern abgestützte Heckflügel kollabiert, Oliver entkommt dem Unfall unverletzt. Im Rennen feiert der 23jährige Jacky Ickx im Ferrari seinen ersten GP-Sieg, weil er Geschick bei der Reifenwahl beweist: Ickx ist als einziger aus dem Kreis der Spitzenfahrer mit Regenpneus unterwegs, als der Himmel sämtliche Schleusen öffnet. Doch das Rennen wird überschattet vom Unfall des Franzosen Jo Schlesser, der nach Jim Clark, Mike Spence und Ludovico Scarfiotti das vierte Todesopfer der Saison 1968 wird: Schlesser durfte auf Initiative von Honda-France den neuen Honda RA 302 lenken, ein ultraleichtes Geschoß mit luftgekühlten 120° V8-Motor.

John Surtees hielt den neuen Honda keineswegs für rennreif, doch der 40jährige Jo Schlesser startete trotzdem, geriet auf regennasser Piste ins Schleudern und überschlug sich auf der Anfahrt zur Spitzkehre »Nouveau Monde«. Jo Schlesser kommt im Aufschlagsbrand ums Leben. Sein Freund Guy Ligier erweist dem toten Kompagnon die letzte Reverenz: Ligiers Rennwagen werden als Typenbezeichnung stets die Initialen JS tragen, in Erinnerung an Jo Schlesser, eines der sinnlosesten vieler sinnloser Opfer in der Formel 1.

1968 ist das Jahr, in dem Rob Walker noch einmal an die legendären Erfolge mit Stirling Moss anknüpft: Der Whiskey-Millionär hat von Chapman für den britischen GP einen neuen Lotus 49B losgeeist, der anderthalb Stunden nach Beginn des ersten Trainings in Brands Hatch eintrifft. Jo Siffert schafft trotzdem eine Zeit, die für den vierten Startplatz taugt. Und

Beschwingte Zeiten - Chris Amon mit dem aerodynamisch »beflügelten« Ferrari V12 beim Großen Preis von Belgien am 9. Juni 1968.

als die Werks-Lotus von Hill und Oliver im Rennen ausgefallen sind, führt der 32jährige Schweizer und verteidigt seine unerwartete Spitzenposition bravourös gegen den wild attackierenden Chris Amon im Ferrari. »Seppi« läßt sich seinen ersten GP-Sieg von nichts und niemandem mehr wegschnappen. Und so verpaßt Chris Amon am Tag seines 25. Geburtstages einmal mehr eine Gelegenheit, endlich einen Formel-1-WM-Lauf zu gewinnen. Die dramatische Saison hält weitere Überraschungen bereit, denn der Nürburgring beschert Wetterbedingungen, unter denen nie zuvor und niemals wieder ein WM-Grand-Prix gefahren worden ist. Man schreibt das erste Augustwochenende und Nebel paart sich mit pausenlosen Regenfällen: Am Samstag fällt das Vormittagstraining aus, alle Rahmenrennen werden abgesagt. Für die Formel 1 wird am Sonntagvormittag (!) noch ein zusätzliches gezeitetes Training anberaumt, kurz vor 15.00 Uhr werden 20 Rennwagen in Nebel und Nässe hinausgejagt. Jackie Stewart übernimmt noch in der ersten Runde kurz nach der Schwalbenschwanz-Passage die Führung und wird fortan vom Rest der Konkurrenten nicht mehr gesehen, was nicht nur am Nebel liegt... Der Apostel der Sicherheit wandelt über den Wassern und verstößt gegen eigene Prinzipien in einem Rennen, in dem angeblich einige Fahrer gar nicht merkten, ob und von wem sie überholt worden waren. »Die Zielflagge ist für mich eine Erlösung, mehr Entfesselung und Befreiung, als ich je gekannt habe. Ich fuhr noch kein ähnlich furchtbares Rennen«, kommentiert Jackie Stewart: »Wer Dir unmittelbar nach dem Rennen sagt, er mag den Nürburgring, der lügt Dich an.«

Die Formel-1-WM geht in die Schlußphase und Weltmeister Denis Hulme meldet sich in den Kreis der Titelaspiranten zurück: In Monza siegt der Neuseeländer überlegen, mit Blick auf höhere Endgeschwindigkeit hat »Denny the Bear« auf Flügel an seinem McLaren-Cosworth verzichtet. Vor den drei letzten WM-Läufen können vier Fahrer Weltmeister werden: Graham Hill 30, Jacky Ickx 27, Jackie Stewart 26 und Denis Hulme 24 WM-Zähler lautet die Reihenfolge. Doch schon beim nächsten GP in St. Jovite nördlich von Montreal verabschiedet

Den Erfolg fast verschlafen:
Bruce McLaren - nach
Brabham auf Brabham nun
auch McLaren auf McLaren
als Grand-Prix-Sieger.

Honda-Studien bei Ferrari: Die japanische Lehrzeit
in der Formel 1 geht 1968 zuende, beschleunigt
durch den tödlichen Unfall von Jo Schlesser in
Rouen. Honda zieht sich auf Jahre zurück.

sich Ickx mit einem Unfall unfreiwillig aus dem Quartett der Titelaspiranten, als der Gasschieber seines Ferraris im Training klemmt: Ein Beinbruch setzt den Belgier zwei Rennen außer Gefecht. Wie zum Hohn beherrscht Ferrari mit Chris Amon diesen kanadischen Grand Prix, ehe nach 73 von 90 Runden der Neuseeländer für seine unfreiwillige Kunst des

Schaltens ohne Kupplung mit einem Getriebesalat bestraft wird. Und wieder gewinnt Denis Hulme: 33:33 steht es zwischen dem Weltmeister und Graham Hill, Stewart hat 27 Punkte. Der Schotte nutzt seine letzte Chance und siegt am 6. Oktober in Watkins Glen, Hill wird trotz eines verbogenen Lenkrads (!) Zweiter, Hulme scheidet nach einem spektakulären Unfall aus,

Zandvoort, 23. Juni
1968 - der erste Sieg
für die Kombination
Jackie Stewart und
Tyrrell-Matra.

bleibt aber glücklicherweise unverletzt. Der US-Grand-Prix gibt zwei amerikanischen Spitzenfahrern die Chance zum Formel-1-Debüt: Mario Andretti und Bobby Unser starten in den Werksteams von Lotus und BRM. Schon in Monza hatten die beiden am Freitag trainiert, waren dann in Richtung USA gedüst, um beim Hoosier 100-Rennen im Bundesstaat Indiana zu fahren, dem bestdotierten US-Sandbahnrennen (!) in direkter Nähe des Domizils von A.J. Foyt. Solche Dirt-Track-Races mit Midget-Roadstern wurden damals ebenso für die USAC-Meisterschaft, den Vorläufer der Indy-Car-Serie, gewertet wie die 500 Meilen von Indianapolis. Nach diesem Ausflug wollten Andretti und Unser wieder nach Italien zurückjetten, um in Monza den Formel-1-GP zu bestreiten. Doch das CSI-Reglement verhin-

Jo Siffert - mit dem Lotus 49 von Rob Walker endlich Grand-Prix-Sieger!

dert diesen Pendelverkehr: »Ein Fahrer, der in einem Wettbewerb starten will oder gestartet ist, der für die Weltmeisterschaft der Fahrer zählt, darf 24 Stunden vor dem WM-Lauf in keinem anderen Rennen starten.« Der 34jährige Bobby Unser will ohnehin nicht in den GP Zirkus wechseln, das Gastspiel in Watkins Glen bleibt einmalig. Doch der 28jährige Mario Andretti ist ein fahrerisches Juwel, das sich Colin Chapman für die Formel 1 und für Lotus sichern will: Der Italo-Amerikaner fährt die Pole Position heraus und läßt sich auch nicht vom besser gestarteten Jackie Stewart abhängen, jedenfalls solange der Lotus 49B hält. Mario Andretti, das ist der amerikanische Traum, der manchmal eben doch in Erfüllung geht: Denn der künftige US-Rennsportstar wurde am 28. Februar 1940 in Montona bei Triest geboren, jener Gegend Italiens, die nach dem Zweiten Weltkrieg Jugoslawien zugeschlagen wird. Die Kommunisten vertreiben die italienische Bevölkerung. Die Andrettis werden in ein Internierungslager gesperrt und danach als »Displaced Persons« nach Italien

abgeschoben. Bis 1955 hält es Vater Andretti in der Nähe von Lucca aus, dann wandert er mit Frau und Kindern in die USA aus. Sie gelangen nach Pennsylvania in einen Ort namens Nazareth, wo es das italienischen Einwandererkind zum amerikanischen Rennfahrerhelden bringen wird: Mario Andretti wird auch die Formel 1 erobern, leider mit einiger Verspätung.

Hill 39, Stewart 36, Hulme 33 lautet der Stand vor dem Finale in Mexiko-City: Die Olympischen Spiele und blutige Studentenunruhen sind vorbei, am 3. November 1968 gibts die Formel 1 als Zugabe. Für Hill und Stewart gilt: Wer siegt, ist Weltmeister. Hulme muß unbedingt gewinnen, aber sein McLaren rutscht früh mit gebrochenem Federbein von der Strecke. Jackie Stewart und Graham Hill liefern sich an der Spitze des Feldes einen grandiosen Zweikampf, in den sich zwischenzeitlich sogar Seppi Siffert einschaltet, ehe in der 26. von 65 Runden das Gasgestänge seines Walker-Lotus bricht. Hill führt wieder knapp vor Stewart, als der Matra-Cosworth des Schotten von Aussetzern geplagt wird und am Ende bis auf den siebten Platz zurückfällt: Nein, es ist nicht der Tag des Jackie Stewart, noch nicht... Graham Hill gewinnt mit seinem Lotus den *Gran Premio de Mexico* und die Formel 1-WM, fast sieben Monate sind seit dem tödlichen Unfall von Jim Clark vergangen. Wieviel der Weltmeistertitel wert sei, will die Journaille wissen: »It isn't really worth much at all«, antwortet der Champion.

Monza, 8. September 1968: Denis Hulme (Nr. 1, Bildmitte, kurz vor dem Passieren der Startlinie) kann mit seinem McLaren auf dem Hochgeschwindigkeitskurs auch ohne Flügel gewinnen.

Die neue Ordnung

Zwei Trends haben sich Ende 1968 im GP-Sport durchgesetzt: Zum einen sind alle Rennwagen mit meterhohen Flügeln und Spoilern bewehrt, zum anderen ist die Formel 1 zur »Formel Ford« mutiert. Bei zwölf WM-Läufen siegten elfmal Fahrzeuge mit dem Ford-Cosworth-V8. Der »Cossie« glänzte in seiner zweiten Rennsaison mit ungeahnter Zuverlässigkeit. Dank erweiterter Fertigungskapazitäten konnten immer mehr Teams mit dem Rennmotor von der Stange beliefert werden, der zum Stückpreis von 7 500 Pfund die Konkurrenzfähigkeit garantierte, die andere Rennställe mit eigenen kostspieligen Triebwerksentwicklungen nie erreicht hatten. Kein Wunder, daß 1969 viele Konkurrenten resignierten: Honda und Eagle-Weslake zogen sich zurück, Matra verzichtete vorerst auf den Einsatz des eigenen V12 und Brabham rüstete seine BT 26-Rennwagen auf Cosworth um. Für Jochen Rindt, den es zu Lotus gezogen hatte, kam Jacky Ickx, während das Formel-1-Team von Ferrari mit Chris Amon zum Ein-Mann-Betrieb schrumpfte. Mauro Forghieri konzentriert seine Arbeit auf den neuen 12-Zylinder-Boxermotor, der erst in der Saison 1970 zum Einsatz kommt. An anderer Front kämpft Enzo Ferrari: Zur Rettung seines Lebenswerks schließt die 71jährige Rennsport-Legende ein Abkommen mit Gianni Agnelli. Fiat übernimmt 40 Prozent aller Ferrari-Aktien, 49 Prozent darf Enzo Ferrari bis zu seinem Tod halten, 10 Prozent verbleiben dem außerehelichen Ferrari-Sproß Piero Lardi, ein Prozent der Aktien gehört Sergio Pininfarina. Der Deal sichert die Rennsportaktivitäten der Scuderia Ferrari, Fiat wird sich nicht einmischen, noch nicht... Ein anderer Traditions-rennstall wird zu Grabe getragen: Hauptspon-sor Chipstead Group steigt aus und John Cooper findet für sein Formel-1-Team keine neuen Geldgeber. Am 11. Juni 1969 werden die Restbestände des Cooper-Rennstalls öffentlich versteigert. Vic Elfords ehemaliger Werks-T86C mit BRM-V12-Motor kommt für bescheidene 1500 Pfund unter den Hammer... Elford hat zuvor die Ehre, zum letzten Mal einen Cooper in einem Formel-1-WM-Lauf zu steuern: Autosammler und Rennsportmäzen Colin Crabbe hat für den GP von Monaco aus seiner Kollektion einen alten Cooper-Maserati V12 gemeldet, unter dem sinnigen Rennstallnamen »Antique Automobiles Limited« lenkt Vic Elford den Oldtimer mit sechs Runden Rückstand auf dem siebten und letzten Rang ins Ziel...

Dieser allgemeine Exodus dünnt die Formel-1-Felder in der Saison 1969 zusehends aus: 14 Rennwagen fahren beim europäischen WM-Auftakt in Barcelona, jeweils 13 starten in Clermont-Ferrand und am Nürburgring. Das mag eine Art von Gesundschrumpfung gewesen sein, doch aus zeitgenössischem Blickwinkel sah diese Entwicklung durchaus dramatisch aus, zumal sich die Saison zu einem Alleingang von Jackie Stewart entwickelte, was der Formel 1 ein erhebliches Quantum an Spannung raubte. Das Jahr 1969 erlebte den Durchbruch des »Systems Stewart«, des Zusammenspiels von besten technischen Voraussetzungen und einem nüchtern kalkulierenden Perfektionisten. Ken Tyrrell sorgte für die besten Cosworth-Exemplare und neue, etwas bauchige Matra-Monocoques, die für eine bessere Verteilung der Benzinlast sorgten. Dunlop präsentierte Reifen, die sich auf fast allen Rennstrecken als konkurrenzfähig erwiesen. Doch dieses Instrumentarium bedurfte auch eines außergewöhnlichen Virtuosen: Jean-Pierre Beltoise vermochte jedenfalls keinen einzigen GP-Sieg herauszufahren, zum Gewinnen war schon ein Jackie Stewart nötig. Der WM-Triumph des Schotten fiel umso deutlicher aus, weil Lotus sich vollkommen verzettelte. Colin Chapman hatte revolutionäre Schlüsse aus der verregneten Saison 1968 und seinen Indianapolis-Erfahrungen gezogen: Der Allradantrieb schien die zukunftsweisende Lösung für alle Traktionsprobleme in der Formel 1 zu sein, dachte Chapman und stellte den keilförmigen Lotus 63 auf die Räder. Das Kunstwerk mit innenliegenden Scheibenbremsen brachte 545 kg auf die Waage, doch die zusätzlichen Zahnräder in der Kraftübertragung fraßen zuviel von den 430 Cosworth-PS. Im Regen und auf kurvigen Kursen hätte das Allrad-Konzept Vorteile versprochen, doch ehe der Lotus 63 und seine Epigonen bei Matra, McLaren und Cosworth (!) zum ersten Roll-Out antraten, waren die Rennen in Barcelona und Monte Carlo vorbei und selbst der große Regen blieb das ganze Jahr über aus. Die gummigewordene Dreifaltigkeit von Dunlop, Goodyear und Firestone versorgte die Formel-1-Boliden mit immer besser haftenden, walzenförmigen Pneus, immer mehr Mischungen und Profile wurden ins Spiel gebracht, was die Chancen des Lotus 63 nochmals verringerte. Obendrein hatte sich Colin Chapman eine besondere Laus ins Nest gesetzt: Jochen Rindt.

An die Seite von Weltmeister Graham Hill wollte der Lotus-Boß ursprünglich den 26jährigen Piers Courage plazieren. Doch der Sohn eines millionenschweren Brauerei-Chefs und frischvermählte Gatte von Lady Sally Curzon,

er schon geahnt hätte, daß ihm zum Erreichen seines Ziels nicht mehr viel Zeit bleiben würde.

Jackie Stewart hat den WM-Auftakt in Kyalami im Stil von Jim Clark gewonnen: Von der Spitze weg, rasch ein Zeitpolster gegenüber der demoralisierten Konkurrenz aufbauend, um dann nur soviel Gas geben zu müssen wie nötig, doch allzeit bereit, das Tempo bei Bedarf sofort zu verschärfen. Zwei Monate später gewinnt Stewart auch den zweiten Lauf zur Formel-1-WM: Auf dem Straßenkurs am Montjuich-Park liegen Rindt, Hill, Amon und Siffert vor Stewarts neuem Matra MS 80, doch nach 57 von 90 Runden ist »Jack the Hair« trotzdem wieder einsamer Spitzenreiter. Sein Motor verliert wegen eines gebrochenen Auspuffs fast 1000 Touren, und doch siegt Jackie Stewart am

Tochter des britschen Gentleman Driver Earl Howe, spannte sein Talent lieber mit dem gleichaltrigen Frank Williams zusammen. Der hatte zwar kein Geld, aber von Kindheit an eine unstillbare Leidenschaft für den Motorsport. Das lustige Vagabundieren von Rennstrecke zu Rennstrecke, wich bald dem ernsthaften Interesse, im ganz großen Geschäft mitzumischen. Für betuchte Rennsportverrückte bot Frank Williams auf Mietbasis Renneinsätze an, den Gewinn steckte er 1968 in sein eigenes Formel-2-Team mit Piers Courage. Im Jahr darauf wurde für 3500 Pfund ein ausrangiertes Brabham BT 26-Chassis angeschafft und mit einem Ford-Cosworth bestückt, klare Sache, daß Piers Courage den Williams-Brabham fahren würde, während Colin Chapman längst Jochen Rindt verpflichtet hatte. Jack Brabham wollte den Österreicher liebend gern behalten, doch bei Lotus winkte nicht nur ein höheres Salär, sondern auch die scheinbar bessere Zukunftsperspektive. Rindt lehnte den Allrad-Lotus ab, er wollte lieber mit dem guten alten 49er Jagd auf Stewart, seinen Freund und

Nachbarn am Genfer See, machen. So spielten Lotus-Testpilot John Miles und Mario Andretti Versuchskaninchen für den Typ 63, wobei der furchtlose US-Star, anno 1969 zum ersten und einzigen Mal Sieger bei den *500 Meilen von Indianapolis*, am Nürburgring einen schweren Unfall überlebt. Jochen Rindt erbarmt sich gegen Ende der Saison, fährt den Allrad-Lotus ein einziges Mal und wird auf trockener Piste beim *Gold-Cup-Race* in Oulton Park Zweiter hinter Jacky Ickx im Brabham BT 26-Cosworth. Tja, was wäre gewesen, wenn...? Aber Jochen Rindt hatte es eilig und wollte ohne weitere Umwege endlich Weltmeister werden, als ob

Colin Chapmans große Fehlkalkulation - der Lotus 63 mit Allradantrieb, hier am Nürburgring von Mario Andretti gesteuert. Rechts im Hintergrund bereitet sich Jochen Rindt auf den Einsatz im bewährten Lotus 49 vor.

Ein Transporter, ein Brabham BT 26-Cosworth, zwei Mechaniker, ein Rennfahrer und ein Boß - das war der Formel-1-Rennstall von Frank Williams (links im Bild) anno 1969. Mit Piers Courage (rechts) glückten zwei zweite Plätze in Monte Carlo und in Watkins Glen.

Ende mit zwei Runden Vorsprung vor Bruce McLaren! In Erinnerung bleibt dieser spanische Grand Prix wegen der Unfälle von Graham Hill und Jochen Rindt: An beiden Werks-Lotus 49B bricht bei Tempo 240 in der langgezogenen Linkskurve nach Start und Ziel der Heckflügel, Hill erwischt es zuerst: »Ich drehte und drehte mich wie ein Kreisel, fuhr dann quer über die Straße und drehte mich in die Leitplanken auf der anderen Seite. Der Wagen machte so etwas wie einen horizontalen Radschlag an der Leitplanke auf der rechten Straßenseite. Dabei brachen alle möglichen Teile ab und flogen in alle Richtungen. Ich saß im Cockpit, durch die Sicherheitsgurte in den Sitz gepreßt, und hing über dem Lenkrad. Es gab nichts, was ich hätte tun können - der Wagen war vollkommen außer Kontrolle. Schließlich kam ich zum Stillstand und war in der Lage auszusteigen. Ich dankte meinem Glücksstern, daß ich okay war und mir nichts passiert war.« Graham Hill kann seinen Teamkollegen Jochen Rindt nicht mehr rechtzeitig warnen, auch die Heckschwinge des Lotus mit der Startnummer 2 verwindet sich und bricht in sich zusammen. Rindt rast fast an derselben Stelle von der Piste wie zuvor schon Hill, zu allem Überfluß knallt der wild schleudernde Rennwagen noch in das andere Wrack und überschlägt sich: Daß Jochen Rindt mit Gehirnerschütterung, Nasenbeinbruch und diversen Prellungen davonkommt, gleicht

einem Wunder. Auch an den Werks-Brabham brechen wie zuvor schon in Kyalami die Doppeldecker-Schwingen, Brabham und Ickx bleiben Unfälle erspart, aber die CSI sieht sich genötigt, die immer ungehemmtere Geflügelzucht in den Formel-1-Rennställen zu beenden. Am Rande des GP von Monaco verbietet die Internationale Sportkommission alle »aerodynamischen Hilfsmittel, die nicht unmittelbar dem Fahrzeugrumpf entspringen«, das kappt die meterhohen Schwingen, läßt aber durchaus noch Leitbleche, Frontspoiler und kleineres Flügelwerk zu, deren Größe zum GP in Zandvoort von der CSI mit einem neuen Regelwerk festgelegt wird. In Monte Carlo fährt das komplette Feld vorerst fast vollständig gestript. Auch ohne Leitwerk dominiert Jackie Stewart im Matra MS 80, doch er fällt ebenso wegen eines gebrochenen Kreuzgelenkes aus wie sein Teamkollege Jean-Pierre Beltoise. Die Tyrrell-Crew lernt rasch: Bis zum Ende der Saison wird Stewart nur noch ein einziges Mal wegen eines technischen Defektes die Waffen strecken müssen. So kommt Graham Hill am 18. Mai 1969 zu seinem fünften Erfolg in Monte Carlo, sein insgesamt 14. GP-Sieg wird der letzte. Noch sechs Jahre wird der joviale Gentleman weiter in der Formel 1 starten, um am Ende nur noch hinterherzufahren. Doch selbst in dieser Zeit verwelkenden Ruhms bleibt der schlagfertig-charmante Schnurrbartträger einer der besten Repräsentanten des

Motorsports. 1969 wird zum Schicksalsjahr für den amtierenden Weltmeister: Beim »Großen Preis der USA« am 5. Oktober, jenem Rennen, das seinem Teamkollegen Jochen Rindt den längst überfälligen ersten GP-Sieg beschert, verunglückt Graham Hill wegen eines Reifendefekts. Mit gebrochenem rechten Kniegelenk und gerissenen Sehnen wird Hill ins Krankenhaus verfrachtet, seine Karriere scheint beendet, aber der unverwüstliche Brite wird im privaten Formel-1-Rennstall von Rob Walker ein begeisterndes Comeback feiern. Doch an erstklassiges Rennwagenmaterial wird Graham Hill nie wieder kommen.

Die neue Ordnung im Grand-Prix-Zirkus diktiert Jackie Stewart - und dies auch außerhalb der Rennstrecken. Der *Große Preis von Belgien* am 8. Juni 1969 fällt aus, weil die Veranstalter in Spa-Francorchamps nicht auf die Sicherheitsforderungen der »Grand Prix Drivers Association« eingehen. Die Absage des Rennens ist der erste spektakuläre Erfolg der GPDA, deren nomineller Vorsitzender noch immer Joakim

Ein Mann will nach oben - Jochen Rindt und Gattin Nina.

MS 80 in Woodcote Corner verschrottet. Noch herrschen keine paradiesischen Zustände für die Numero Uno eines Formel-1-Top-Teams: Es gibt weder einen Ersatzwagen noch läßt sich das demolierte Chassis über Nacht reparieren. Stewart übernimmt den Matra MS 80 von Beltoise, so daß der Franzose fürs Rennen in den vierradgetriebenen MS 84 umsteigen muß. Jochen Rindt treibt Jackie Stewart an den Rand einer Niederlage, bis sich nach zwei Dritteln der Renndistanz eine seitliche Begrenzungsscheibe am Heckflügel des Lotus löst und am linken Hinterreifen zu scheuern beginnt. Der Österreicher muß an die Box und verliert über eine halbe Minute, ehe seine Mechaniker das verbogene Stück Blech abgeschnitten haben. Den zweiten Platz büßt Rindt mit einem weiteren Boxenhalt ein, weil seinem Lotus am Ende das Benzin ausgeht. So rettet sich hinter Jackie Stewart der glückliche Jacky Ickx trotz leerer Tanks noch als Zweiter ins Ziel: Seit Teamchef Jack Brabham sich bei einem Unfall während eines Reifentests in Silverstone das linke Bein gebrochen hat, gilt dem 24jährigen Belgier erstmals ungeteilte Aufmerksamkeit. Ickx kommt rechtzeitig in Form, um am heißgeliebten Nürburgring endlich flügge zu werden.

In der Eifel fehlt die Scuderia Ferrari, Chris Amon soll erst in Monza wieder starten, und zwar mit dem neuen 312B mit 12-Zylinder-Boxermotor. Aber der jüngste Ferrari erweist sich bei Testfahrten als äußerst unzuverlässig: Amon wird keinen einzigen Grand Prix mehr für Ferrari fahren. Dem neuen Formel-1-Projekt gibt er keine Zukunft mehr, nach drei Jahren verläßt Chris Amon die Scuderia Ferrari - die größte von unendlich vielen Fehlentscheidungen des Neuseeländers. So tritt am Nürburgring nur ein Formel-1-Team ohne Cosworth-Motor an: Doch auch bei BRM kriselt es. Sir Alfred Owen hat Tony Rudd, den Chef seiner Rennabteilung, gefeuert, John Surtees und

Bonnier heißt, während Jackie Stewart, Jochen Rindt und Graham Hill längst die treibenden Kräfte innerhalb dieser Interessengemeinschaft der Formel-1-Rennfahrer sind. Auf der Rennstrecke gibt der Schotte ohnehin den Ton an: Stewart gewinnt die nächsten drei WM-Läufe in Zandvoort, Clermont-Ferrand und Silverstone. Der Sieg im britischen GP beschließt am 19. Juli 1969 die erste Saisonhälfte: Stewart steuert ungefährdet auf den WM-Titel zu, doch der Weg zum fünften GP-Erfolg des Jahres war steinig. Im Training hat Stewart seinen Matra

Jackie Oliver stehen mit den unzuverlässigen P139-V12 auf verlorenem Posten. Designer Tony Southgate wird kommen, doch der Personalwechsel wird BRM erst 1970 aus der Talsohle bringen. Louis Stanley, der Ehemann von Sir Alfred Owens Schwester Jean, beginnt sich immer mehr einzuschalten und gerät mit John Surtees immer häufiger in Konflikt. Nach einem desolaten Training mit dem BRM P139 verzichtet »Big John« auf den Start am Nürburgring. Am Ende der Saison hat John Surtees endgültig die Nase voll: Wie schon in der neugeschaffenen Formel 5 000 will Surtees ab 1970 auch in der Formel 1 eigene Konstruktionen einsetzen.

Jacky Ickx übertrifft am Nürburgring alle Erwartungen. Im Training markiert der Belgier Ickx mit einer Zeit von 7.42,1 Minuten und einem Schnitt von 177,8 km/h die Pole Position, acht Rennfahrern gelingt es ebenfalls, unter der magischen Acht-Minuten-Barriere zu bleiben. Zum Ende der ebenso technikbegeisterten wie euphorischen 60er Jahre scheint alles machbar: Wo liegen noch die Grenzen des Möglichen, wenn keine zwei Wochen zuvor, am 21. Juli 1969, Neil Armstrong und Edwin Aldrin als erste Menschen den Mond betreten haben?! Doch nicht nur Astronauten werden zu Helden stilisiert: Jacky Ickx schafft es, dem unschlagbaren Jackie Stewart Paroli zu bieten

Nürburgring, 3. August 1969: Zwei Liebende haben sich gefunden - Jacky Ickx gewinnt auf dem Eifelkurs den Großen Preis von Deutschland.

und gilt fortan als kommender Weltmeister. Die 135 Kurven auf der Nürburgring-Nordschleife bieten genügend Spielraum für den wie entfesselt fahrenden Belgier, zu Beginn der achten von 14 Runden schnappt er sich nach einer Rekordrunde von 7.43,8 Minuten den vom Start weg führenden Matra. Jackie Stewart vermag nicht mehr zu kontern, immer öfter springen Gänge heraus, am Ende hat der Schotte fast eine Minute Rückstand auf den vielumjubelten Sieger Jacky Ickx. Für einmal will es scheinen, als hätte der kommende Champion endlich seinen Meister gefunden. Eine Zeitlang wird die Formel 1 noch von diesem Duell zweier ungleicher Rivalen zehren: Hier der langhaarige Rebell Stewart, der mit seinem Kampf für bessere Sicherheitsstandards und seinem ausgeprägten Geschäftssinn die heile Welt der Rennsportfunktionäre durcheinanderwirbelt, dort der kurzgeschorene Sonnyboy Ickx, dem egal zu sein scheint, ob hinter der nächsten Kurve mannsdicke Eichen oder Fangzäune stehen. Die Klischees können nicht dick genug aufgetragen werden, denn die Formel 1 und ihre Heroen beginnen für Boulevardjournalismus und Werbebranche interessant zu werden. Moderne Satellitentechnik macht weltweit Live-Übertragungen möglich, der Anreiz wächst, immer größere Budgets für Reklame auf Rennwagen zu verpinseln. Nicht von ungefähr taucht Bernie Ecclestone gerade jetzt wieder an den Rennstrecken auf: Als Freund und Manager von Jochen Rindt fängt er

dort an, wo er zehn Jahre nach dem tragischen Tod von Stuart Lewis-Evans aufgehört hat. Jochen ist bei Lotus nicht glücklich, Bernie sucht nach neuen Partnern. Jack Brabham würde den Österreicher sofort wieder verpflichten, denn »Black Jack« will sich vom Rennsport zurückziehen und Jacky Ickx wird wieder zu Ferrari wechseln. Ecclestone managt bereits Rindts Formel-2-Team mit großem Erfolg. Das wäre eine Kombination, die mit Konstrukteur Ron Tauranac zusammen den Rennstall von Jack Brabham fortführen könnte. Doch jetzt ist es Colin Chapman, der Schicksal spielt. Jochen Rindt wird nach dem britischen Grand Prix in Silverstone immer mehr die ungeteilte Aufmerksamkeit von Mr. Lotus zuteil - und endlich kommen die langersehnten Resultate. In Monza balgt sich Rindt in einer phänomenalen Windschattenschlacht mit Stewart, nur um sich am Ende um lächerliche acht Hundertstelsekunden dem neuen Weltmeister geschlagen geben zu müssen. In Kanada wird Rindt Dritter und in Watkins Glen kann der Österreicher im 50. Anlauf endlich seinen ersten GP-Sieg feiern! Jochen Rindt setzt wieder vollstes Vertrauen zu Lotus-Boß Colin Chapman. Zumal der geniale Konstrukteur ein neues Spielzeug in der Mache hat, das jede Sünde wert zu sein scheint. Jochen Rindt will Weltmeister werden und bleibt deshalb bei Lotus. Tragische Ironie, daß Rindt dieses Ziel 1970 auch bei Brabham hätte erreichen, vor allem aber: hätte überleben können.

Graham Hill - zum fünften und letzten Mal Sieger in Monte Carlo.

Der tote Weltmeister

Die Formel-1-Saison 1970 hatte alle Möglichkeiten, für positive Schlagzeilen zu sorgen: Die Sicherheitsvorkehrungen wurden besser, die Starterfelder voller und die Fahrer jünger. Im Schnitt traten über 20 Fahrer pro Rennen an, was bisweilen eine gesonderte Vorqualifikation nötig machte. 1970 war auch das Jahr der »jungen Löwen«: In Monte Carlo feierte Ronnie Peterson seine GP-Premiere, in Zandvoort gaben François Cevert und Clay Regazzoni ihr Debüt, in Brands Hatch rückte Emerson Fittipaldi erstmals in der Formel 1-WM aus. Mit March, De Tomaso, Alfa Romeo - in Kooperation mit McLaren - sowie Surtees und Tyrrell stießen neue Konstrukteure hinzu. Der GP-Zirkus bescherte mehr Abwechslung denn je. Bei den 13 WM-Läufen gab es sieben verschiedene Sieger auf immerhin fünf verschiedenen Fabrikaten. Elf Rennfahrern gelang das Kunststück, mindestens einmal während eines WM-Laufes in Front zu liegen, nämlich Jochen Rindt, Jacky Ickx, Clay Regazzoni, Denis Hulme, Jack Brabham, Jackie Stewart, Pedro Rodriguez, Chris Amon, Jean Pierre Beltoise, Emerson Fittipaldi und Jackie Oliver. Doch die Formel-1-Saison 1970 bleibt so einzigartig in unserer Erinnerung, weil nach einer Serie von tödlichen Unfällen am Ende auch der WM Titel an einen Toten ging. Daß Jochen Rindt vier Wochen nach seinem Trainingsunfall in Monza Weltmeister wurde, trägt den Anschein höherer Gerechtigkeit. Der bis dato in seiner Karriere von Ausfällen nur so gebeutelte Österreicher gelangte Mitte der Saison auf die Straße des Erfolgs, nichts schien mehr schiefgehen zu können, Rindt gewann Rennen in Monte Carlo, Clermont-Ferrand und Brands Hatch, die er eigentlich schon verloren hatte.

Das Glück schien endlich auch Jochen Rindt zu lächeln und führte doch geradewegs ins Verderben, weil es dem designierten Champion vorgegaukelt haben mag, gegenüber jedem Unheil gefeit zu sein. Denn der neue Lotus 72, der seine revolutionäre Keilform seinen an die Fahrzeugseiten versetzten Wasserkühlern verdankte, war 1970 noch keineswegs ausgereift. Die nun auch an der Vorderachse innenbords montierten Scheibenbremsen mußten in Trainingspausen stets von einem hurtig aufgesetzten Gebläse abgekühlt werden. Jochen Rindts Teamkollege John Miles überlebte am Österreichring einen haarsträubenden Unfall, als eine der beiden vorderen Bremswellen brach. Hat Jochen Rindt die Warnsignale ignoriert? Nach dem Rennen in Zeltweg würde es angesichts seines immensen Vorsprungs reichen, die nächsten Rennen sicher auf Ankommen zu fahren. Aber mit Taktik ist das in der unkalkulierbaren Formel 1 so eine Sache: Insgeheim scheint Rindt sich am liebsten schon in Monza zum Weltmeister krönen zu wollen, aus eigener Kraft. Doch die Zwölfzylinder-Ferraris von Ickx, Regazzoni und Giunti sind auf den Geraden schneller. Rindt will mithalten, läßt Frontspoiler und Heckflügel abmontieren, der Lotus 72 wird instabiler, erreicht aber höhere Top-Speed und bekommt vor dem Abschlußtraining noch einen stärkeren Cosworth V8. Jochen Rindt glaubt, alles im Griff zu haben. Doch den sicherheitsbewußten Rennfahrer stören die Beingurte im Schritt... Als der Lotus 72 am Nachmittag des 5. September 1970 beim Anbremsen der Curva Parabolica außer Kontrolle gerät, sich in die Leitplanken bohrt und dann im Sandbett am Rande der Piste zum Stehen kommt, hat das

scharfkantige Armaturenbrett Jochen Rindts Luftröhre durchtrennt. Der Österreicher hatte nur die Schultergurte angelegt und war beim Aufprall nach vorn gerutscht, um vom Volant seines Lotus guillotiniert zu werden.

Das Glück, das ihn vier kurze Monate lang von Monaco bis Monza begleitet hat, mag Jochen Rindt dazu verleitet haben, für ein paar kurze Augenblicke ein paar Risiken zuviel in Kauf zu nehmen. Bis zum dritten WM-Lauf am 10. Mai 1970 in Monte Carlo hat Jochen Rindt keinen einzigen Punkt auf dem Konto. Jack Brabham dominiert bis dahin mit seinem neuen BT 33, seiner ersten Formel-1-Konstruktion in Monocoque-Bauweise. In Kyalami hat »Black Jack« souverän gewonnen und alle Kritiker düpiert, die ihm seinen Rücktritt empfohlen hatten. In Jarama hetzt Brabham den Spitzenreiter Jackie Stewart, doch der Australier hat Pech, daß sein Cosworth V8 die Jagd nicht durchsteht. Weltmeister Stewart feiert seinen ersten und einzigen Saisonsieg mit dem neuen March 701, der schon bei seinem Renndebüt hoffnungslos veraltet ist. Binnen weniger Monate hat ein Vierer-Konsortium aus Ex-Rennfahrern und Konstrukteuren sechs Formel-1-Rennwagen auf die Räder gestellt: STP-Boß Andy Granatelli zahlt für Schützling Mario Andretti, Chris Amon und Jo Siffert, einen halboffiziellen Werkswagen gibt es ab Monaco für Ronnie Peterson. Ken Tyrrell hat zwei weitere March für Weltmeister Jackie Stewart und ELF-Protégé Johnny Servoz-Gavin geordert, weil er Cosworth-Kunde bleiben will, kein anderes Chassis bekommt und seine Hoffnungen schon gar nicht auf den neuen Matra-Simca V12 setzen möchte, den die Franzosen mit Chrysler-Geldern für 1970 ausgemottet und aufgepäppelt haben. Der March 701 ist eine brave, aber keine sonderlich geglückte Konstruktion. Weshalb Ken Tyrrell frühzeitig seinen Designer Derek Gardner beauftragt, einen eigenen Formel-1-Rennwagen für Jackie Stewart zu zeichnen, ein Modell, das sich als verfeinerte Kopie jenes Matra MS 80 erweisen wird, mit dem Stewart im Vorjahr noch Weltmeister wurde. Bis dieser Tyrrell 001 auftaucht, ist die Rennsaison 1970 jedoch fast schon vorbei.

Jack Brabham führt in Monte Carlo kurz vor Schluß vor Jochen Rindt, der zuvor das gesamte Rennwochenende eigentlich nie so recht im Bilde gewesen ist: Der Lotus 72 hat sich bei seiner Premiere in Jarama vorerst als Reinfall erwiesen, Rindt ist wieder mit dem alten Lotus 49C ausgerückt und kommt im Rennen allmählich auf den Geschmack, dank eigenen Einsatzes und vieler Ausfälle vor ihm. Bis zur vorletzten Runde verkürzt der Österreicher seinen Rückstand auf Brabham auf 1,5 Sekunden, unter normalen Umständen reicht das trotzdem nicht für den Sieg, wo doch Überholen in Monte Carlo schon damals ohne kooperatives Verhalten des Vordermannes der Quadratur von Kreisen gleichkommt. Aber Brabham läßt sich beim Anbremsen der Gasometer-Kurve irritieren, glaubt, Rindt säße ihm schon direkt im Nacken, und verpaßt vor der letzten Spitz-

Jochen Rindt - ein Leben für die Formel 1.

kehre seinen Bremspunkt, um geradeaus in die Strohballen zu fahren: So gewinnt Jochen Rindt den GP von Monaco, doch vom Titelgewinn kann noch lange keine Rede sein. Der Blackout von »Black Jack« ist in Spa-Francorchamps

vergessen, der Australier scheint zum Spitzenduo Pedro Rodriguez/Chris Amon aufschließen zu können, bis sich der Australier vor Malmedy verbremst, noch einmal aufholt und dann mit defekter Kupplung ausscheidet, während

Zum Abschied von der Rennfahrerkarriere mit 45 Jahren beinahe noch ein WM-Titel - Jack Brabham testet den neuen BT 33, den ersten Formel-1-Brabham mit Monocoque-Chassis.

Zwei Formel-1-Neulinge - Ronnie Peterson im Kampf mit dem störrischen March 701.

sein neuer Adjutant Rolf Stommelen im zweiten BT 33 erstmals WM-Punkte holt. Ford und die Fachzeitschrift *auto motor und sport* haben den 27jährigen Deutschen in die Formel 1 gebracht und der ehemalige Porsche-Werksfahrer bedankt sich mit respektablen Leistungen. Doch um Formel-1-Siege fahren andere: BRM-Heimkehrer Pedro Rodriguez gewinnt mit dem neuen P153-V12 in Spa mit einem Gesamtschnitt von 241,308 km/h, schneller wird es nur noch anno 1971 beim italienischen GP zur Sache gehen, dem letzten Formel-1-WM-Lauf in Monza vor Einbau von Bremskurven. Aber dann fährt auch die Formel 1 längst nicht mehr auf dem alten belgischen GP-Straßenkurs. Der 30jährige Rodriguez ist in der Form seines Lebens: Im Porsche 917 liefert er sich haarsträubende Zweikämpfe mit Jo Siffert in der Sportwagen-WM. Der Schweizer ist in der Formel 1 hingegen auf die Standspur geraten: Porsche wollte Siffert nicht zu Ferrari ziehen lassen, finanzierte »Seppi« deshalb den Platz bei March, wo der Schweizer jedoch keinen einzigen WM-Punkt holt. Am Ende der Saison muß Siffert deshalb zufrieden sein, als zweiter Mann neben Rodriguez beim wiedererstarkten BRM-Team unterzukommen.

Der GP in Spa fand nur dank günstiger Wetterlage statt: Bei Regen hätte die Fahrervereinigung GPDA das Rennen boykottiert. Die besten Rennfahrer der Welt sind durch eine Serie von Unfällen wachgerüttelt worden. In Jarama wäre Jacky Ickx in seinem Ferrari nach einer Kollision mit Jackie Olivers BRM beinahe lebendigen Leibes verbrannt. Schwere Verbrennungen hat sich auch Denis Hulme bei einem Trainingsunfall in Indianapolis zugezogen, doch dann kommt es für das McLaren-Team noch viel schlimmer: Am 2. Juni 1970 kommt Bruce McLaren in Goodwood bei Testfahrten mit dem neuen Can-Am-Modell M8D ums Leben. Daß sein verwaistes Unternehmen diesen Schlag übersteht, ist eines jener Wunder

der Rennsaison 1970 und das Verdienst des unverwüstlichen Denis Hulme und des Managements um Teddy Mayer, Phil Kerr und Tyler Alexander. Sie führen das Lebenswerk von Bruce McLaren in Colnbrook weiter. Ron Dennis, der den heutigen Ruhm und die Spitzenstellung von McLaren erst über ein Jahrzehnt später begründen wird, ist 1970 noch Rennmechaniker bei Jack Brabham.

In Zandvoort fährt Jochen Rindt erstmals wieder den gründlich überarbeiteten Lotus 72 und gewinnt souverän den niederländischen Grand Prix. Der 29jährige Österreicher muß sich kurzzeitig mit Jacky Ickx im 450-PS-starken Ferrari auseinandersetzen, doch der Belgier wird nach einem Reifenwechsel ohnehin nur Dritter. Ihm zu Seite steht in Zandvoort erstmals Gianclaudio Regazzoni, den alle nur »Clay« mit Vornamen nennen: Im zweiten Ferrari 312B wird der Schweizer auf Anhieb Vierter, was in Spa zuvor schon Ignazio Giunti gelungen war, ein hochtalentierter Italiener von 28 Jahren, der sich mit dem Tessiner Regazzoni wechselweise am Lenkrad des zweiten Formel-1-Ferraris ablösen soll. Doch der 30jährige »Rega« erweist sich als der Schnellere und bekommt auf Dauer den zweiten Werkswagen aus Maranello. Regazzoni im Ferrari, das ist fast die Wiederkehr der heroischen 50er Jahre. Der Mann aus Lugano bremst am härtesten, malträtiert jeden Motor bis zur Schmerzgrenze und verfügt über jenes schier

unerschöpfliche Reservoir an Mut und Draufgängertum, das Rennfahrer zu Heroen und Publikumslieblingen macht. »Rega« holt mit dem Bologneser Tecno-Rennstall der Gebrüder Luciano und Gianfranco Pederzani 1970 die Formel-2-EM und schafft in seiner ersten Formel-1-Saison gleich seinen ersten GP-Sieg und Rang Drei in der Weltmeisterschaft! Doch in Zandvoort werden Regazzonis Debüt und Rindts Sieg von einer neuerlichen Tragödie überschattet. Auf der Jagd nach dem Ferrari des Schweizers rast Piers Courage von der Piste und überschlägt sich mit seinem Williams-De Tomaso, der sofort in Flammen aufgeht und seinen hilflosen Fahrer unter sich begräbt. Der Tod seines Freundes markiert einen tiefen Einschnitt im weiteren Lebensweg von Frank Williams: Fortan wird es mit seinem Rennstall Jahr für Jahr immer tiefer bergab gehen. Am Ende der Talfahrt wird Frank Williams nur noch Angestellter seines einstigen Formel-1-Teams sein.

Jochen Rindt gewinnt auch in Clermont-Ferrand und übernimmt erstmals in seiner Karriere die Führung in der Formel-1-WM, doch von deutlicher Überlegenheit seines Lotus 72 beim französischen GP kann keine Rede sein, zumal auch der Österreicher mit einem kleinen Handikap von der sechsten Position ins Rennen starten mußte: Ein von Beltoises Matra-Simca hochgeschleuderter Stein hat im Training Rindts Oberlippe getroffen, der Österreicher

fährt der besseren Kühlung halber nämlich mit seinem alten Helm samt Rennbrille und Mundschutz. Die Wunde schmerzt und muß genäht werden, doch Rindt hat Glück gehabt. Zwei Jahre später wird seinen Landsmann Helmut Marko ein ähnlicher Zwischenfall in Clermont Ferrand ein Auge und eine vielversprechende Rennfahrerkarriere kosten.

Anno 1970 fährt Rindt auf Abwarten: Spitzenreiter Jacky Ickx fällt wegen eines Ventilschadens an seinem Ferrari wieder einmal aus, der neue Mann am Kopf des Feldes heißt Jean-Pierre Beltoise, doch ein Reifenschaden und eine defekte Benzinpumpe beenden die Siegesfahrt des Matra-Simca vor heimischem Publikum. Jochen Rindt übernimmt die Führung, Chris Amon läßt sich von einem kurzen Zwischenspurt des Österreichers beeindrucken und begnügt sich, mit acht Sekunden Rückstand wieder einmal nur Zweiter zu werden. Irgendwie ergeht es dem ungläubig staunenden Jochen Rindt wie dem legendären König Midas: Alles, was er anfaßt, wird zu Gold. Auch in Brands Hatch, wo Jacky Ickx

sieben Runden vorneweg grandios aufgeigt, ehe sein fragiles Instrument namens Ferrari 312B nach sieben von 80 Runden wie gewohnt schlappmacht: Der Weg ist frei für ein begeisterndes Duell zwischen Jochen Rindt

und Jack Brabham, doch diesmal zeigt »Black Jack« keine Nerven wie in Monte Carlo, sondern vermag den Österreicher zu distanzieren. Mit 13 Sekunden Vorsprung steuert Brabham in die letzte Runde, um ein paar Hundert Meter vor dem Ziel noch von Rindt überholt zu werden, weil dem BT 33 der Sprit ausgegangen ist. Irgendjemand bei Brabham hat sich verrechnet und dem Boß zuwenig Benzin in den Tank gekippt. Zwei Jahrzehnte später wird der schweigsame Jack Brabham dann doch das Geheimnis ausplaudern: Der kleine Rennmechaniker Ron Dennis habe sich damals in Brands Hatch um eine Gallone vertan.

Disqualifizierte Sieger sind nicht erst seit Michael Schumacher Alltag in der Formel 1: Anno 1970 stellen die Rennkommissare nach dem britischen GP fest, daß der Lotus-Heckflügel zu hoch ist, nämlich 80,2 cm statt zulässi-

Zwei große, unerfüllte Hoffnungen -
Piers Courage und der De Tomaso:
Frank Williams verliert seinen renn-
fahrenden Freund in Zandvoort.
Bis zum 1. Mai 1994 in Imola wird
Piers Courage der einzige Fahrer
bleiben, der in einem von Williams
betreuten Formel-1-Rennwagen ums
Leben kommt.

ger 80 cm. Jochen Rindt wird deshalb aus der Wertung genommen, doch Colin Chapman legt Protest ein. Beim Aufladen des Siegerwagens zur traditionellen Ehrenrunde auf einem Traktor-Hänger sei der Lotus-Heckflügel verbogen worden. Rindts Mechaniker dürfen den Flügel noch mal abbauen und neu anschrauben - und siehe da, jetzt liegt die Abtriebsfläche mit einem Mittelwert von 79,8 Zentimetern innerhalb des erlaubten Limits! Wer hätte das gedacht, gelle? Im Lotus-Camp darf herzlich gelacht und gefeiert werden. Jochen Rindt befindet sich mit jetzt 36 WM-Punkten auf Titelkurs, dessen nächste Station nicht wie eigentlich vorgesehen der Nürburgring ist. Denn vier Wochen vor dem *Großen Preis von Deutschland* hat die Interessenvertretung der Formel-1-Piloten, angeführt von Jackie Stewart und Jochen Rindt, die Nürburgring GmbH aufgefordert, drastische Maßnahmen zur Verbesserung der Sicherheitsvorkehrungen zu treffen, andernfalls werde das Rennen boykottiert. Die Forderungen der GPDA sind so schnell nicht zu erfüllen, so daß der AvD den *Großen Preis von Deutschland* kurzfristig auf den Hockenheimring verlegt. Nach dem tödlichen Unfall von Jim Clark ist der Hochgeschwindigkeitskurs mit Auslaufzonen, Leitplanken, Fangzäunen und Bremskurven versehen worden und feiert solchermaßen sicherheitstechnisch up-to-date seine Formel-1-Premiere. Die akribisch ausgefeilte Aerodynamik späterer GP-Boliden wird den klassischen Windschattenschlachten bald ein Ende bereiten, doch 1970 ist das noch ganz anders, da saugen sich bei Tempo 280 die Rennwagen förmlich in das Heck des vorausfahrenden Konkurrenten, um mit dem durch den geringeren Luftwiderstand erzielten Überschuß an Geschwindigkeit dann prompt

Jochen Rindt und sein revolutionärer Lotus 72.

Fast klassische Eleganz - der konventionelle, aber unglaublich schnelle Ferrari 312B mit Clay Regazzoni am Volant.

vorbeizupfeilen. Jacky Ickx und Jochen Rindt wechseln sich in Hockenheim ständig in der Führung ab, bei hochsommerlicher Hitze platzen die Motoren der Konkurrenten gleich reihenweise. Es ist jener Sommer, in dem Cosworth mit den fälligen Motorrevisionen nicht mehr nachkommt und die 12-zylindrige Konkurrenz das Kommando übernimmt... Doch vor über 100 000 Zuschauern im vollbesetzten Motodrom vermag sich Jochen Rindt mit dem Lotus 72 noch einmal durchzusetzen und besiegt am Ende Jacky Ickx mit sieben Zehntel Vorsprung. Auf den Rängen wird kräftig mit Böllerschüssen und Feuerwerksraketen gefeiert, während der 29jährige Österreicher sich auf seine Weise bei Colin Chapman bedankt: »Mit Deinem Auto hätte heute sogar ein Affe hinterm Lenkrad gewonnen!«

Glücksbringende Verstärkung für Rolf Stommelen im zweiten Werks-Brabham am Hockenheimring.

Alles gewonnen und alles verloren.

Jochen Rindt ist auf dem Höhepunkt seiner Karriere angelangt, doch nicht einmal fünf Wochen bleiben dem Rennfahrer, um die Vorfreude auf den greifbar nahen WM-Titel auszukosten: Ausgerechnet beim eigentlichen Heim-GP auf dem 1969 eröffneten Österreichring fällt sein Lotus mit Motorschaden aus. Gegen die immer stärkeren Ferrari von Jacky Ickx und Clay Regazzoni wäre auf dem wunderschönen und ultraschnellen Kurs von Zeltweg jedoch ohnehin nichts auszurichten gewesen, mag man sich bei Lotus trösten, zumal auch die beiden nächstfolgenden Konkurrenten im WM-Klassement, Jack Brabham und Jackie Stewart, keine Punkte holen. Vor Monza führt Rindt nach wie vor mit 45 Punkten vor Brabham mit 25 sowie Stewart und Ickx mit jeweils 19 Zählern. Bei noch vier ausstehenden WM-Läufen gibt es keinen Zweifel mehr, daß Jochen Rindt Weltmeister wird.

Doch der 5. September 1970 in Monza macht alles zunichte. Was als absurde Fußnote zum Ende der Saison bleibt, ist der WM-Titel für einen Toten. Es ist das eingetreten, was die schweigende Mehrheit im GP-Zirkus herbeigesehnt hat, nicht wenige aber auch als makabre Krönung befürchteten. Jacky Ickx verbleibt nach seinem Sieg im kanadischen GP als einziger Konkurrent, der bei den letzten beiden WM-Läufen in Watkins Glen und Mexiko City noch Jochen Rindts 45 Punkte überbieten könnte. Zwei Siege würden den 25jährigen Belgier zum Champion machen. Und Ickx ist tatsächlich sehr nahe dran... Beim US-GP hält Ickx Platz Zwei, als ihn eine gebrochene Benzinleitung zu einer Reparatur an die Ferrari-Box zwingt. Doch Spitzenreiter Jackie Stewart im neuen Tyrrell 001 fällt noch kurz vor Rennende mit Motorschaden aus. Was wäre gewesen, wenn Jacky Ickx ohne Boxenstop hätte durchfahren können? Am Ende wird der Belgier noch Vierter. Den letzten WM-Lauf des Jahres 1970 in Mexiko City wird er wieder souverän gewinnen. Der tote Jochen Rindt ist Weltmeister, während Lotus bereits einen neuen Champion feiern kann: Zum ersten Mal seit der Tragödie von Monza ist der Rennstall von Colin Chapman wieder am Start und prompt gewinnt der 23jährige Brasilianer Emerson Fittipaldi in Watkins Glen beim vierten GP-Start seiner Karriere!

Das Finale in Mexiko-City gerät zum würdigen Nachspiel einer schlimmen Saison: Das fanatisierte Publikum durchbricht sämtliche Absperrungen und plaziert sich unmittelbar an den Rand der Strecke, die Formel 1 fährt trotzdem, denn die Teamchefs haben Angst, daß die Massen bei einem Boykott zum Sturm auf Boxen und Fahrerlager blasen. So startet Jack Brabham in den letzten GP seiner langen Karriere, den er 13 Runden vor Schluß auf Platz Drei liegend mit Motorschaden beendet. Mit 44 Jahren wäre »Black Jack« beinahe noch in Reichweite seines vierten WM-Titels gekommen. Hätte der Australier in Monte Carlo und Brands Hatch gewonnen, wäre die Punkteausbeute von Jochen Rindt auf 39 Zähler geschrumpft. Jacky Ickx kommt mit seinem Sieg in Mexiko aber auf 40 WM-Punkte. Nicht auszudenken, oder?!

In stillen Stunden mag man glauben, daß irgendein Irrwitziger diese Geschichte inszeniert hat, der Teufel möglicherweise. Doch das würde bedeuten, daß sich hinter dieser Tragödie, doch noch eine Art Sinn offenbaren würde. Kaum zu glauben? Es wäre schön, wenn wenigstens Jochen Rindt eine Antwort darauf erhalten hätte.

Stewart und Cosworth schlagen zurück

Die zweite Hälfte der Rennsaison 1970 hatte Ferrari eine imposante Siegesserie beschert. Der 12-Zylinder-Boxermotor aus Maranello war mit 460 PS bei 12 000/min der neue Maßstab in der Formel 1. Jacky Ickx spielte das Leistungsvermögen des Tipo 312B überzeugend aus, Clay Regazzoni erwies sich als kongenialer Partner und mit Mario Andretti hatte Enzo Ferrari für 1971 gar noch einen dritten Star verpflichtet: Wer sollte dieses Team besiegen können? Doch schon zu Jahresbeginn erleiden die großen Erwartungen einen fürchterlichen Rückschlag, als am 10. Januar 1971 Ignazio Giunti im neuen Ferrari 312-Sportprototyp ums Leben kommt, weil Jean-Pierre Beltoise seinen Matra-Simca zur Boxengasse schiebt und der Italiener in das unerwartete Hindernis rast. Der Tragödie folgt ein monatelanges juristisches Nachspiel, Beltoise droht eine Sperre, wird zwischenzeitlich wieder rehabilitiert, ehe ihm mitten in der Saison rückwirkend vom 10. Januar bis zum 9. September 1971 die Lizenz entzogen wird. Dem Franzosen gelingen in dieser angespannten Situation keine Resultate, die Matra-Simca V12 leiden unter akutem Leistungsmangel, was böse Zungen auch auf die Verpflichtung von Chris Amon zurückführen, der seine chronische Erfolglosigkeit als Morgengabe mitgebracht habe. Amon gewinnt trotzdem seinen ersten Grand Prix, doch der am 24. Januar 1971 in zwei Läufen ausgetragene *Große Preis von Argentinien* zählt nicht zur Formel-1-WM! Als moralischer Sieger jenes Rennens kann sich Rolf Stommelen fühlen, der mit einem Surtees TS7 den ersten Lauf gewonnen hatte, im zweiten Heat aber mit Amon kollidiert war: Der Siegener ist für 1971 also zum Rennstall von John Surtees gelotst worden, doch nach einigen passablen Resultaten geht das Verhältnis zu »Big John« in die Brüche. Forderungen aus dem Umfeld von Rolf Stommelen nach »besserer Behandlung« werden zum Bumerang, denn auch mit dem Chassis, das Surtees sonst selbst fährt, gibt es keine berauschenden Resultate. Und als Mike Hailwood in Monza die Chance bekommt, einen Surtees TS9 zu fahren, sind die Tage von Rolf Stommelen im Team des Ex-Weltmeisters gezählt und die Türen für den jungen Deutschen auch bei anderen Rennställen zu.

Goodyear sorgt für die folgenreichste Innovation in der Formel 1 und präsentiert zum Saisonauftakt in Kyalami erstmals völlig profillose Rennreifen. Auch Firestone schickt bald diese »Slicks« ins Gefecht und die Reifenkonzerne werden in ihren Versuchslabors immer besser haftende Mischungen kreieren. Bald ersinnen die wahren Hexenmeister der Formel 1 auch die »Qualifyers«, extrem kurzlebige Gummiwalzen, die die sensiblen Renngeschosse wie mit Klebstoff auf dem Asphalt halten, um sich nach ein, zwei Runden hurtigem Gebrauchs zu einer öligen Masse aufzulösen. Doch der Fortschritt hat seinen Preis: Dunlop steigt schon Ende 1970 aus dem teuren Wettrüsten aus und die Kombination Stewart/Tyrrell kommt unter die Fittiche von Goodyear. Auf der anderen Seite müssen die Rennwagen mehr denn je mit den neuesten Produkten ihrer Reifenlieferanten harmonieren: Was Ferrari 1971 nicht gelingen wird, denn der neue Tipo 312 B2 von Mauro Forghieri beschreitet ungewohnte Wege der Hinterachsgeometrie. Die winzigen, fast horizontal liegenden Federbeine sorgten in Kombination mit den neuen, profillosen Ultra-Niederquerschnittsreifen von Firestone für nicht zu kurierende Vibrationen. Gegen Ende der Saison stieg ein frustrierter Jacky Ickx deshalb lieber auf den alten, aber mit konventioneller Hinterachse ausgestatteten Tipo 312B um. Doch zu diesem Zeitpunkt hatte der 26jährige Belgier bereits alle Chancen auf den WM-Titel verspielt, zumal dem ehedem so starken und zuverlässigen Ferrari-Boxermotor immer häufiger die Luft ausging. Ford-Cosworth hatte reagiert und für Jackie Stewart spezielle Treibsätze gezündet: Die anderen Kunden mochten über solche bevorzugte Behandlung zwar maulen, während Duckworth & Co. im selben Atemzug den Einsatz solcher »Experimental-Motoren« entschieden dementierten. Tatsache blieb, daß Stewart so oder so der Konkurrenz davonfuhr.

Die Erfolgskombination Stewart/Tyrrell/Ford/Goodyear kam jedoch nicht auf Anhieb ins Rollen: Ferrari gewann mit Mario Andretti den WM-Auftakt in Kyalami und den nicht zur WM-zählenden *Questor Grand Prix* im kalifornischen Ontario, mit dem neuen Tipo 312B2 siegte Clay Regazzoni beim *Race of Champions* in Brands Hatch und selbst bei der schlecht besetzten *Spring Trophy* in Oulton Park mußte sich Jackie Stewart dem neuen BRM P160 von Pedro Rodriguez und sogar dem alten McLaren M14A von Peter Gethin beugen! Erst der zweite WM-Lauf am 18. April 1971 im Montjuich-Park von Barcelona brachte die Wende für den 32jährigen Schotten, bescherte den ersten Sieg für den Tyrrell-Cosworth nach einem fulminanten Zweikampf mit dem heimlichen Titelfavoriten Jacky Ickx im alten Ferrari 312B. Ein Jahr lang, seit Jarama 1970, hatte Stewart auf seinen 13. GP-Sieg warten müssen...

Die Mitschuld am tödlichen Unfall von Ignazio Giunti überschattet die weitere Karriere von Jean-Pierre Beltoise. Am Ende der Saison verläßt der Franzose nach vier Formel-1-Jahren den Matra-Rennstall, für den er hier den MS 120B am 18. April 1971 auf dem Montjuich-Straßenkurs von Barcelona zum sechsten Platz lenkt.

Die Formel-1-Felder halten sich auf zahlenmäßig beachtlichem Level, denn clevere Rennstallbesitzer, namentlich die Herren Mosley, Rees und Herd bei March, vermieten Cockpits gegen Cash. So kommen 1971 auch der Spanier Alex Soler-Roig, der US-Amerikaner Skip Barber, der Italiener »Nanni Galli«, der Brite Mike Beuttler und ein 22jähriger Österreicher namens Andreas Nikolaus Lauda zu werksbetreuten Einsätzen in einem der torpedoförmigen March 711 mit tablettartigem Spoiler auf der Fahrzeugnase. Alfa Romeo finanziert Andrea de Adamich mit eigenen Motoren eine komplette Formel-1-Saison bei March. Von den Schecks dieser Gastfahrer wird der Einsatz der neuen Nummer Eins finanziert: Ronnie Peterson hat mit Rechtsanwalt Max Mosley einen Vertrag geschlossen, der den Schweden bis einschließlich 1972 an March bindet, selbst ein Colin Chapman vermag mit einem lukrativen Angebot den Kontrakt nicht zu knacken. Peterson erhält bei March ein bescheidenes Grundgehalt, das sich 1970 auf 2000 Pfund und 1971 auf 5000 Pfund beläuft. 1972 wird

der Vize-Weltmeister mit 10 000 Pfund entlohnt. Niki Lauda wird im September 1971 einen Bankkredit von 35 000 Pfund aufnehmen, um für 1972 das zweite March-Formel-1-Cockpit neben Peterson zu ergattern. Für weitere 8000 Pfund - ein Sonderpreis - sichert sich Lauda auch noch seine zweite Formel-2-Saison im March-Werksteam. Kein anderer Rennstall scheint den jungen Mann aus Österreich damals allzu ernst zu nehmen, aber March braucht Laudas Geldspritze dringend, um den Winter zu überleben.

Was Ronnie Peterson schon 1971 wert ist, demonstriert der Schwede in der Formel 1 erstmals in Monte Carlo: Jackie Stewart steuert aus der Pole Position einem klaren Start-Ziel-Sieg

Bei Team Surtees 1971 auf dem absteigenden Ast - Rolf Stommelen.

Der klare WM-Favorit scheitert: Jacky Ickx im neuen Ferrari 312B2.

Monte Carlo, 23. Mai 1971: Jackie Stewart gewinnt mit dem Tyrrell-Cosworth nach Barcelona seinen zweiten Grand Prix der Saison.

entgegen, nach dem Rennen wird man erfahren, daß sein Tyrrell aufgrund eines defekten Bremskraftverteilers fast das gesamte Rennen hindurch ohne Hinterradbremsen auskommen mußte... Doch die Show stiehlt dem Schotten der zweitplazierte Ronnie Peterson: Vor einem Jahr hat Ronnie in Monaco sein Debüt in der Formel-1-WM gegeben, jetzt ist er spektakulär nach vorn gedriftet, hat Jacky Ickx besiegt und holt zum ersten Mal WM-Punkte. 27 Jahre ist der Schwede, ein Naturtalent, dem völlig egal scheint, wie gut oder schlecht sein Wagen liegt, Künstler Peterson macht stets das Beste daraus und wird zur großen Entdeckung der Saison 1971.

Die Bezeichnung »größte Enttäuschung der Saison« verdient sich hingegen Jacky Ickx: Der Sieg im regenüberfluteten Zandvoort wird 1971 der einzige Erfolg des Belgiers bei einem Formel-1-WM-Lauf bleiben, weil sich Ickx zuwenig gegen die technischen Probleme mit dem Tipo 312B2 aufbäumt. Beim niederländischen Grand Prix bietet Ickx für einmal eine fahrerische Meisterleistung und bezwingt in einem packenden Duell Pedro Rodriguez, wobei die Firestone-Reifen dem Ferrari und dem BRM auf der nassen Piste enorme Vorteile bescheren. Der Goodyear-bereifte Tyrrell von Jackie Stewart landet chancenlos auf dem 11. Platz. Zandvoort hätte an jenem 20. Juni 1971

Schauplatz für die vielleicht größte Sensation in der GP-Geschichte werden können: Der in Indianapolis erprobte und für das Formel-1-Reglement leicht modifizierte Turbinen-Lotus 56B rollt nicht nur auf Firestone-Pneus in den Regen von Zandvoort, sondern verfügt auch über Allradantrieb. Leider sitzt ein Nobody, der 30jährige Dave Walker, am Volant und fährt seinen ersten Formel-1-WM-Lauf. Vom 22. Startplatz aus hat sich der Australier nach fünf Runden bereits auf den zehnten Rang vorgekämpft, fährt schnellere Zeiten als das Spitzenduo Ickx/Rodriguez - und versenkt die Lotus-Turbine in den Dünensand, weil er Graham Hills Brabham unbedingt noch vor der

»Rent a March« lautet 1971 das Motto
für Rennfahrer, die über genügend
Geld verfügen und sich den Traum von
der Formel 1 erfüllen wollen.
Der Spanier Alex Soler-Roig wird auf
diese Art und Weise einige Rennen
lang Werksfahrer im STP-March 711.

Monströs, kompliziert und erfolglos - die allradgetriebene Lotus-Formel-1-Turbine.

Tarzankurve überholen will... Eine zweite, derartig große Chance bekommen weder Dave Walker noch der Lotus 56B. Denn im Trockenen werden die fast 500 PS Leistung doch zu stark von den bis zu 350 Liter Kerosin gebremst, die das keilförmige Gefährt je nach Grand-Prix-Länge und Streckencharakteristik mitschleppen muß. Chapman wird sich wieder verstärkt auf den Lotus 72 konzentrieren, der anno 1971 plötzlich nicht mehr in der Lage ist, einen Formel-1-WM-Lauf zu gewinnen. Das Design der Hinterradaufhängung wird mehrfach überarbeitet, doch erst gegen Ende der Saison harmoniert der Lotus mit den Firestone-Slicks. Emerson Fittipaldi und Lotus werden 1971 unter Wert geschlagen.

Die Diskussion um die Sicherheit von Rennstrecken reißt auch 1971 nicht ab: Auf dem Hockenheimring zeigt man Flagge und organisiert ein nicht zur WM-zählendes Formel-1-Rennen, das an Jochen Rindts letzten GP-Sieg erinnern soll und von Jacky Ickx gewonnen wird. Doch der *Große Preis von Deutschland* ist bis auf weiteres in die Eifel zurückgekehrt, wo der Nürburgring für 5,6 Millionen Mark sicherheitstechnisch auf Vordermann gebracht worden ist. Ickx lästert, man habe die Nordschleife zur Champs-Elysées planiert, die Mehrzahl seiner Kollegen sieht das etwas diffe-

renzierter. Zum Leidwesen des Belgiers ist ohnehin zuvor schon sein Heim-GP in Spa ersatzlos gestrichen worden. Die Zukunft gehört halbwegs sicheren Retortenkursen, wie sie der Pastis-Millionär und Motorsportfreund Paul Ricard zwischen Marseille und Toulon bei Le Castellet hat erbauen lassen. Jener 5,81 Kilometer lange »Circuit Paul Ricard« beherbergt am 4. Juli 1971 erstmals den Formel-1-Zirkus und bietet das Schule machende Ambiente: Weite Auslaufzonen, Leitplanken und Fangzäune korrespondieren mit einem hochmodernen Boxengebäude, das Empfangsräume für VIPs sowie ein großzügiges Kommunikationszentrum offeriert. Der neue Kurs nimmt all das vorweg, was unter der Regie eines Bernie Ecclestone einmal weltweit Formel-1-Standard werden soll.

In der sonnenüberfluteten Provence erwarten die Insider einen Triumph der Ferrari-Zwölfzylinder, für die die 1,8 Kilometer lange Mistral-Gerade von Le Castellet wie geschaffen zu sein scheint. Und dennoch gewinnt Jackie Stewart, dessen Tyrrell-Ford erstmals eine schneepflugartige Frontverkleidung trägt, die bald auch bei anderen Formel-1-Rennwagen Mode wird. Neu im Trend ist auch die Ram-Box oberhalb des Ansaugtrakts der V8- und V12-Motoren, eine aerodynamisch geformte Staudruckkammer, die bei Fahrtwind den Triebwerken eine wesentlich konzentriertere Dosis Luft einpreßt. Stewart schafft auf der Mistral 288 km/h Top-Speed, die Ferraris bleiben ebenso auf der Strecke wie der BRM von Rodriguez und so sorgt François Cevert gar für einen Tyrrell-Doppelsieg! Vor einem Jahr hatte ELF den schlaksigen jungen Mann aus Paris in das Formel-1-Team von Ken Tyrrell gehievt, weil Johnny Servoz-Gavin mitten in der Saison seinen Rücktritt erklärt hatte. François Cevert, Ronnie Peterson und Emerson Fittpaldi repräsentieren die neue

Formel-1-Generation, die »jungen Löwen« zeigen ihre Krallen, folgen den Spuren von Jackie Stewart, auch modisch voll im Trend der 70er Jahre, mit langen Mähnen, buschigen Koteletten und großen Sonnenbrillen im Strahlemann-Gesicht. Das Risiko war schon immer groß, doch jetzt gibt es wirklich viel Geld zu verdienen, was viele gestandene Rennfunktionäre den jungen Helden, die so viel von Sicherheit reden, zu mißgönnen scheinen. Binnen eines Jahrzehnts haben sich Spielregeln und Gangart in der Vollgas-Branche rapide gewandelt. Anno 1960 donnerte die Formel 1 in Silverstone mit einem Schnitt von knapp 180 km/h über die Piste des ehemaligen Militärflugplatzes, 1971 schaffen Stewart & Co. 215 km/h! Dafür kassieren die Formel-1-Stars aber auch mehr Geld als ihre Kollegen zu Beginn der 60er Jahre, argumentieren anno 1971 nicht wenige Zeitgenossen: Aber das Fernsehen, die Reifenfirmen und immer mehr Sponsoren lassen die Geldquellen immer üppiger sprudeln, die Rennfahrer und ihre Bosse schöpfen eben den Regeln des Marktes entsprechend ab. Hohe Nachfrage bei begrenztem, exklusiv gehaltenem Angebot bedingt hohe Kosten, aber auch hohe Preise. Mit etwas Geschick läßt sich an der Preisschraube noch gewaltig weiterdrehen. Am Ende der Saison 1971 wird nicht von ungefähr Bernie Ecclestone das Brabham-Formel-1-Team vom mittlerweile alleinigen Besitzer Ron Tauranac übernehmen und bald die beherrschende Rolle im Grand-Prix-Geschäft spielen.

Wir befinden uns zwar erst im Jahr 1971, aber das Sponsoring von Formel-1-WM-Läufen nimmt bereits seinen Anfang: *Woolmark British Grand Prix* heißt das Rennen und neben der Wollsiegel-Werbung eröffnen John Player, Yardley und Brooke Bond Oxo in Silverstone die Ära der »Hospitality«, der stilgerechten Verköstigung mehr oder minder wichtiger Zeitgenossen, Geschäftspartner und Adabeis mitten im Fahrerlager in direkter Nachbarschaft des Formel-1-Zirkus. Gaumen- und Nervenkitzel, panem et circenses, Brot und Spiele, aber nicht mehr wie im antiken Rom für die Plebejer, sondern exklusiv für die Upper Class. Und was kassierten damals die leitenden und lenkenden Angestellten auf der Rennstrecke von

Der mit Jochen Rindt so erfolgreiche Lotus 72 kommt nicht mehr ins Rollen: 1971 gewinnt das Team von Colin Chapman zum ersten Mal seit einem Jahrzehnt keinen einzigen Grand Prix mehr.

Silverstone? Legt man die damals verschiedentlich publizierten Prämiensysteme zugrunde, so erhielt Jackie Stewart für seinen Sieg pauschal 20 000 Schweizer Franken. Weil der Schotte auch schon nach einem Viertel, nach der Hälfte und nach drei Vierteln der Renndistanz vorne gewesen war, gab es hierfür jeweils 4000 sFr, summasummarum also 12 000 weitere Fränkli. 7700 Franken waren als Grundgebühr zu entrichten, weil Stewart mit seinem Tyrrell auf einem der ersten 20 Startplätze gelandet war, weitere 2600 Franken standen »Jack the Hair« als Zusatzprämie aufgrund seiner Vorjahresresultate zu, und nicht zuletzt gabs für seine zweitbeste Trainingszeit noch mal 525 Franken. Macht unterm Strich eine Summe von 42 125 Schweizer Franken, wobei allerdings noch nichts über den Verteilungsschlüssel zwischen Team und Fahrer gesagt ist. Als Zubrot spendierten die Sponsoren »Woolmark« und »Daily Express« übrigens noch jeweils 100 Pfund für Stewarts Trainingszeit. Stetig wachsender Inflationsrate zum Trotz

dürften heutige Formel-1-Stars angesichts dieser Summen milde lächeln: Der Preisgeldschlüssel moderner FOCA-Zeiten bescherte anno 1992 für Pole Position und den Start-Ziel-Sieg eines Nigel Mansell unter dem Strich 229 625 Dollar...

Aber noch soviel Geld kann kein Risiko der

Pedro Rodriguez

Welt und kein Menschenleben aufwiegen: Sechs Tage vor dem Formel-1-GP in Silverstone wurde Pedro Rodriguez Opfer seiner Rennleidenschaft - und einer ordentlichen Startprämie. Der Porsche-Werksfahrer startete bei einem Interserie-Rennen am Norisring auf einem privaten Ferrari 512M des Schweizers Herbert Müller und führte das Feld an, um dann im wörtlichsten wie grausigsten Sinne auf einen weitaus langsameren Konkurrenten zu treffen. Nicht einmal der Tod seines jüngeren Bruders Ricardo hatte den 31jährigen Einzelgänger auf Dauer davon abhalten können, Rennen zu fahren. Die Formel 1 verlor mit Pedro Rodriguez einen ihrer mutigsten Repräsentanten, seine Rolle als Teamleader bei BRM übernahm ein Mann vom gleichen Schlag - Jo Siffert. »Seppi« und Pedro waren erbitterte Rivalen, und doch verband sie zeitlebens großer Respekt vor der Fahrkunst des anderen miteinander. Siffert und Rodrguez gehörten zusammen wie Weiß und Schwarz, wie Feuer und Wasser. Und ein grausames Schicksal wollte es, daß der Schweizer den Mexikaner nur um dreieinhalb Monate überlebte.

Nach der neuerlichen Niederlage samt Ausfall in Silverstone bleibt Jacky Ickx nur noch der Nürburgring, um doch noch vielleicht eine Wende im Titelkampf mit Jackie Stewart zu erzwingen: Mit 19:42 im Rückstand wirkt der Belgier auf dem umgestalteten Eifelkurs allzu übermotiviert. Stewart fährt im Freitagstraining

Auf dem Höhepunkt seines Könnens angelangt, doch gegen einen verhängnisvollen technischen Defekt nicht gefeit - Jo Siffert und sein BRM P160.

mit 7.19,0 Minuten Bestzeit, was einem damals schier unglaublichen Schnitt von 187,3 km/h entsprach. Tags darauf kontert Ickx mit seiner Bestzeit von 7.19,2. Das Duell lockt am Rennsonntag, dem 1. August 1971, angeblich 250 000 Zuschauer, die den mit 12 Runden kürzesten GP aller Zeiten auf der Nordschleife erleben sollten. Und sie alle werden maßlos enttäuscht: Nicht einmal zwei Runden dauert es, da schmeißt Ickx auf der Jagd nach dem enteilten Stewart den Ferrari im Abschnitt »Wippermann« in die Leitplanken... Jackie Stewart und François Cevert feiern einen überlegenen Tyrrell-Doppelsieg, womit der Schotte die Grundlage für seinen vorzeitigen Titelgewinn zwei Wochen später in Zeltweg legt.

Daß Stewart und auch Cevert am Österreichring ausfielen, war nicht mehr als ein Wermutstropfen in allgemeiner Champagnerlaune. Denn Zeltweg sieht einen ungemein populären Sieger: Jo Siffert, der vom Start weg geführt hatte und mit dem BRM P160 gegen Ende der Saison zu ungeahnter Hochform auflief. Der 35jährige Schweizer scheint auch drei Wochen später als Sieger der Windschattenschlacht in Monza hervorgehen zu können, ehe ein hakeliges Getriebe Sifferts Soloflucht stoppt. Weil mit Stewart, Ickx und Regazzoni drei weitere Mitfavoriten ausgeschieden sind, kommt die Stunde der Außenseiter, zu denen mittlerweile auch Chris Amon zählt. Nach dem deutschen GP hatten die Matra-Ingenieure eine Rennpause eingelegt, um die Leistungs-

schwäche ihres V12-Motors zu kurieren. Offenkundig mit Erfolg: Zu Beginn des letzten Rennviertels in Monza übernimmt Amon im Matra-Simca MS 120B das Kommando. Doch beim Abreißen eines seiner Schutzvisiere am Sturzhelm erwischt der Pechvogel gleich noch alle anderen verbliebenen Visiere! Hilflos dem Fahrtwind ausgeliefert landet der Neuseeländer abgeschlagen auf dem sechsten Platz. Bleibt für die letzte Runde im Autodrom von Monza noch ein Quintett für den Sieg übrig, der schließlich dem Briten Peter Gethin in einem BRM P160 zufällt, der mit einer Hundertstelsekunde Vorsprung den March 711 von Ronnie Peterson schlägt! Wir werden allerdings nie erfahren, ob dies tatsächlich das knappste Ergebnis in der Geschichte der Formel-1-Weltmeisterschaft war, denn 1971 wurden in Monza noch keine Tausendstelsekunden gemessen, dafür aber 1986 im spanischen Jerez, wo Ayrton Senna im Lotus-Renault um 14 Tausendstelsekunden seinen Rivalen Nigel Mansell im Williams-Honda hinter sich lassen kann...

Die Saison klingt mit Tyrrell-Siegen aus: In Mosport gewinnt Jackie Stewart den ersten Formel-1-WM-Lauf, der vorzeitig abgebrochen wird. Nach 64 statt geplanter 80 Runden ist Schluß, weil nach Dauerregen plötzlich dichter Nebel aufzieht. Hinter Ronnie Peterson wird der erstaunliche US-Amerikaner Mark Donohue bei seinem Formel-1-Debüt in einem von seinem Freund Roger Penske gekauften

Perfekte Partnerschaft - Ken Tyrrell und Jackie Stewart.

McLaren M19 auf Anhieb Dritter. Penske wird 1972 als Repräsentant von Porsche die lukrative Can-Am-Serie mit dem Porsche 917/10-Turbo-Spyder erobern und die langjährige McLaren-Dominanz beenden. Sinnigerweise gewinnt Penske 1972 die *Indy 500* mit einem McLaren-Offy, den Stammpilot und Renningenieur Mark Donohue zum Sieg lenkt. In Watkins Glen, beim letzten Formel-1-WM-Lauf der Saison 1971, kommt François Cevert zu seinem ersten und, wie sich leider noch erweisen wird, einzigen GP-Sieg. Beinahe unbemerkt gibt Jo Bonnier seinen Ausstand aus der Formel-1. Der langjährige GPDA-Präsident wird in seinem letzten Grand Prix auf dem 16. Platz klassiert. Mit 42 Jahren will sich der Schwede jedoch nicht völlig aus dem Renngeschehen zurückziehen. Am 11. Juni 1972 startet Bonnier in LeMans und kommt bei einer Kollision seines Lola-Cosworth mit einem langsameren Konkurrenten ums Leben. Es ist jenes Rennen, das mit dem Sieg von Graham Hill und Henri Pescarolo endet, womit Jo Bonniers einstigem BRM-Kollegen das immer noch einmalige Kunststück glückt, sowohl die Formel-1-WM als auch die *500 Meilen von Indianapolis* und die *24 Stunden von LeMans* zu gewinnen.

Das GP-Jahr 1971 ist eigentlich beendet, als für den 24. Oktober noch kurzfristig ein Formel-1-Rennen anberaumt wird. Der Termin ist durch die Absage des mexikanischen Grand Prix freigeworden, so heben ein Tabakkonzern und die Rennstreckenbetreiber von Brands Hatch das *World Championships Victory Race* zu Ehren von Jackie Stewart aus der Taufe. Es soll ein beschaulicher Saisonausklang werden, ein junger Argentinier namens Carlos Alberto Reutemann darf als Belohnung für Platz Zwei im Schlußklassement der Formel-2-EM einen Werks-Brabham BT 33 fahren. Jo Siffert gilt als Favorit, der Kurs liegt dem Schweizer, hier hat er seinen ersten GP gewonnen. Doch »Seppi« verpatzt seine Pole Position und muß sich wieder mühsam nach vorn arbeiten. Nach 14 Runden liegt er auf Rang Vier, als sein BRM auf gerader Strecke in der Senke von Pilgrims Drop ins Schleudern gerät, nach links gegen die Böschung rast, sich mehrfach überschlägt und sofort in Flammen aufgeht... Fünf Tage später, am 29. Oktober 1971, werden Jo Sifferts sterbliche Überreste zu Grabe getragen, über 50 000 Menschen säumen den Trauerzug durch die Straßen von Fribourg. Rob Walker läßt das tragische Schicksal seines Freundes nicht ruhen, lange Zeit später wird er von BRM-Verantwortlichen erfahren, daß Jo Sifferts tödlicher Unfall durch eine gebrochene Hinterradaufhängung verursacht worden ist. Noch ein paar Jahre lang wird nach jedem Formel-1-WM-Lauf an den Rennfahrer mit der »kämpferisch beeindruckendsten Leistung« der »Prix Rouge et Blanc Jo Siffert« vergeben, doch diese noble Geste hält sich nicht auf Dauer. Die Zeit heilt alle Wunden und löscht auch alle Erinnerungen.

Brasilianisches Feuerwerk

Jackie Stewart, Ken Tyrrell, Ford und Goodyear hatten in einer konzertierten Aktion die Formel-1-WM fast im Handstreich erobert. Mit François Cevert sammelte ein hoffnungsvoller Nachwuchsfahrer bereits erste Meriten, während Konstrukteur Derek Gardner längst eine neue schlagkräftige Waffe schmiedete, den ultra-kompakten Tyrrell 005, mit einem Radstand von nicht einmal 2,39 Meter nur noch vom Ferrari 312 B2 um knapp vier Zentimeter unterboten. Wer mochte angesichts dieser Konstellation an einer erfolgreichen Titelverteidigung von Jackie Stewart ernsthaft zweifeln? Der frühe WM-Auftakt am 23. Januar 1972 mit dem *Großen Preis von Argentinien* scheint die bestehenden Machtverhältnisse unverändert in die neue Rennsaison hinüberzuretten: Jackie Stewart macht kurzen Prozeß und feiert in Buenos Aires einen niemals gefährdeten Start-Ziel-Sieg. Alles beim alten?

Keineswegs. Carlos Reutemann vollbringt vor heimischem Publikum die Sensation, den Vorjahres-Brabham BT 34 von Graham Hill auf die Pole Position zu stellen. Mit 28 Jahren feiert »El Lole« Carlos Reutemann ein spätes, aber um so eindrucksvolleres Grand-Prix-Debüt, auch wenn es dem Argentinier am Ende »nur« zum siebten Platz reicht. Viele vermeintliche Experten stuften den »Indianer« gleichwohl noch lange als gnadenloses Rauhbein ein, weil Reutemann 1970 zu Beginn seiner europäischen Formel-2-Auftritte durch allzu rüde Fahrweise aufgefallen war. Einen bemerkenswerten Einstand gab bei McLaren Peter Revson: 1971 hatte er für die Truppe aus Colnbrook die Can-Am-Serie gewonnen und war mit dem keilförmigen McLaren M16A Zweiter in Indianapolis geworden. Damit verdiente sich der 32jährige New Yorker zurecht eine zweite Chance in der Formel 1, nachdem er bereits 1964 vier Grands Prix in einem privaten Lotus-BRM des Parnell-Rennstalls absolviert hatte, ohne damals zu nennenswerten Erfolgen gekommen zu sein. Viele mochten »Revvie« für einen arroganten, schnöselhaften Playboy-Fahrer halten, aber der selbstbewußte, gut aussehende US-Amerikaner düpierte alsbald sämtliche Kritiker mit konstanten Leistungen. Am Ende der Saison 1972 war er Fünfter im Schlußklassement der Formel-1-WM! Noch stärker in Szene und in die Punkteränge setzte sich sein unverwüstlicher Teamkollege Denis Hulme, für den es in der Weltmeisterschaft zu Rang Drei reichte: Unter der Regie von Teddy Mayer und mit der tatkräftigen Hilfe von »Denny the Bear«, der guten Seele des Rennstalls, ging es mit dem McLaren-Team wieder aufwärts.

Eine neue, traumhafte Ära sollte für BRM anbrechen: Der Philip-Morris-Tabakkonzern stieg mit über zwei Millionen Mark Jahresetat als Hauptsponsor ein, die Marlboro-Reklame gehört seitdem als feste Größe zum GP-Zirkus, auch wenn die Werbe-Ehe mit BRM nur zwei Jahre lang hielt. Rennleiter Louis Stanley hatte Großes vor, rückte mit fünf, sechs BRM-Rennwagen zu jedem WM-Lauf an, doch mit Organisation und technischer Betreuung dieses aufgeblasenen Teams war die Truppe aus Bourne restlos überfordert. Der P160 wäre auch 1972 eine scharfe Waffe gewesen, wenn man nach dem Tod von Jo Siffert einen Spitzenfahrer hätte verpflichten können. Doch Jean-Pierre Beltoise vermochte als neue Nummer Eins nur einmal, bei seinem allerdings grandiosen Sieg im Regen-Grand-Prix von Monaco zu überzeugen. Vielleicht wäre manches anders gekommen, wenn Dr. Helmut Marko länger für BRM hätte fahren können. Der promovierte Jurist hatte sich 1971 mit entschlossenem Auftreten einen Platz im BRM-Werksteam erkämpft, nachdem er zuvor mit dem Niederländer Gijs van Lennep in einem Porsche 917 den Klassiker in LeMans gewonnen hatte. Jochen Rindt hatte sich sechs Jahre zuvor mit einem LeMans-Sieg für höhere Aufgaben empfohlen. Helmut Marko, Jahrgang 1943, in der Grazer Rennfahrer-Clique um Rindt groß geworden, galt in Österreich als der legitime Nachfolger des toten Weltmeisters, zumal sich der sechs Jahre jüngere Niki Lauda als Nummer Zwei im Formel-1-Werksteam von March nicht gerade mit Ruhm bekleckerte.

Beim *Großen Preis von Frankreich* in Clermont-Ferrand sitzt Marko endlich in einem exzellent vorbereiteten BRM P160, um damit prompt schnellster Fahrer seines Teams zu

Carlos Reutemann

Peter Revson

sein. Der Österreicher hat auf dem »kleinen Nürburgring« im französischen Massif Central die ersten WM-Punkte in Reichweite, als der March von Ronnie Peterson einen Stein hochwirbelt, der das Helmvisier des dichtauffolgenden Helmut Marko durchschlägt. Alle ärztliche Kunst vermag nicht, sein verletztes linkes Auge zu retten. Die Formel-1-Karriere des Österreichers war vorbei, ehe sie überhaupt richtig begonnen hatte. Es ist merkwürdige Ironie des Schicksals, daß ausgerechnet Niki Lauda ein halbes Jahr später bei BRM ein Cockpit ergattern sollte, um sich damit letztendlich erst für höhere Aufgaben bei Ferrari qualifizieren zu können.

Der junge Lauda fristet bei March ein Schattendasein, denn natürlich konzentriert sich alles im Team auf Ronnie Peterson. Robin Herd und Max Mosley haben dem Schweden einen Rennwagen versprochen, der Ronnie den WM-Titel verschaffen sollte: den revolutionären March 721X, mit weit nach vorn gerückter Fahrerposition, einem zwischen Motor und Achsantrieb plazierten Getriebe, auf dem Papier ein genialer Entwurf, auf der Rennstrecke ein zwischen Über- und Untersteuern hin- und herpendelndes Fiasko. Niki Lauda, das Grand-Prix-Greenhorn, aber trotzdem schon der bessere Testfahrer als Naturtalent Ronnie Peterson, ahnt beizeiten, daß der 721X eine Fehlgeburt ist. Aber wer glaubt damals schon einem Lauda, den selbst die

österreichische Presse als »Niete der Nation« bespöttelt? In letzter Verzweiflung bastelt Robin Herd aus dem March 722-Formel-2-Chassis mit Zusatztanks und Cosworth-Hewland-Antriebseinheit im Heck einen »Formel-1-Zwitter«, mit dem Ronnie Peterson sogar noch neun WM-Punkte ergattert, während Niki Lauda vollkommen in der Versenkung verschwindet. Lauda kostet das Jahr bei March fast die Karriere, Peterson verliert wahrscheinlich noch viel mehr, denn Ronnies mutige Entscheidung, auch 1972 bei March zu bleiben, verbaut ihm letztlich die Chance, wenigstens einmal Formel-1-Weltmeister zu werden. Fortan wird er immer zeitversetzt, fast stets ein Jahr zu spät in das Team kommen, mit dem Titelehren möglich wären. Nicht auszumalen, wenn Ronnie Peterson schon 1972 zu Colin Chapman gekommen wäre...

So aber bleibt es Emerson Fittipaldi noch ein Jahr lang erspart, sich mit dem furiosen Peterson auseinandersetzen zu müssen. Und dem 25jährigen »Fitti« gelingt es, den seit einer Saison sieglosen Rennstall auf WM-Kurs zu bringen. Einen jüngeren Champion hat es in der Geschichte der Formel 1 nie gegeben, zeitweise schien es so, als hätte Chapman in dem jungen, aber überaus ernsthaften und analytisch denkenden Brasilianer einen neuen Jim Clark gefunden: Der Rohdiamant Fittipaldi, geschliffen in der miserablen Lotus-Saison 1971, im Jahr Eins nach dem Tode Jochen Rindts, beginnt zu glänzen. Wobei sein Lotus im Prinzip nicht einmal mehr Lotus heißt: Mit dem neuen Sponsor hat Colin Chapman nicht nur die Farbe, sondern auch den Namen seiner Rennwagen gewechselt. Der schwarze Lotus 72 mit den dezenten goldenen Lettern und Zierstreifen heißt fortan wie die neu auf den Markt eingeführte Zigarettenmarke »John Player Special« oder, in diskreterer Kurzversion, JPS 72D. Beim WM-Auftakt 1972 in Buenos Aires kämpft sich Emerson Fittipaldi aus der dritten Startreihe rasch auf Rang Zwei vor Jackie Stewart vor und beginnt den Schotten hartnäckig zu attackieren. Ein hakeliges Getriebe, zu hohe Motortemperatur und schließlich eine gebrochene Hinterradaufhängung setzen den Bemühungen des jungen Brasilianers indes ein unverdientes Ende. In Kyalami wiederholt

sich der Zweikampf, doch diesmal fällt der führende Jackie Stewart aus, der sich zuvor schon der Attacken von Mike Hailwood zu erwehren hatte, ehe der Surtees TS9B des ehemaligen Motorrad-Champions mit gebrochener Hinterradaufhängung strandet. »Fitti« geht in Front, wird aber noch von Denis Hulme im McLaren auf den zweiten Platz verwiesen. Angesichts des spannenden Rennverlaufs geht das ohnehin bescheidene Debüt des neuen deutschen »Eifelland-Formel-1-Rennstalls« in schierer Bedeutungslosigkeit unter. Caravan-Produzent Günther Hennerici, mit einem eigenen Team bereits seit 1970 in den Formeln 2 und 3 präsent, hat sich mit Rolf Stommelen zusammengespannt. Hennerici bestellt ein neues March-721-Chassis und Ford Deutschland vermittelt zwei gute Cosworth-Motoren. Der ebenso schlagzeilenträchtige wie großspurige deutsche Designer Luigi Colani tritt sodann auf den Plan und entwirft eine neue Verkleidung, die dem herkömmlichen Formel-1-Design in jeglicher Hinsicht überlegen sei. Doch die schicken Plastikhüllen müssen schon beim Debüt in Südafrika fallen, weil die Kühler dank der Colani-Aerodynamik zuwenig Frischluft bekommen. Was von dem ursprünglichen Entwurf bleibt, ist eine skurrile Cockpitverkleidung mit einem einzigen, periskopartig nach oben ragenden Rückspiegel. Das reicht Hennerici & Co., um das Gefährt als »neuen deutschen Formel-1-Rennwagen« zu titulieren und

Vom Musketier zum Zigaretten-Cowboy - Jean-Pierre Beltoise.

Helmut Marko

auf die Typenbezeichnung »Eifelland-March 21/1« zu taufen. Doch das kleine Team ist restlos überfordert und Rolf Stommelen ruiniert in dieser Saison schuldlos seinen Ruf als Grand-Prix-Rennfahrer: Hennerici veräußert schließlich seine Wohnwagenfirma an einen Fensterhersteller, der kein Interesse daran hat, den Formel-1-Tante-Emma-Laden weiterzuführen. Stommelen, Rennleiter Koblitschek und die Mechaniker übernehmen das technische Inventar des Eifelland-Grand-Prix-Teams: Etwa 20 000 Mark kostet sie damals ein Einsatz während eines Formel-1-WM-Laufes. Noch dreimal sieht man Stommelen am Start, dann endet in Zeltweg das Eifelland-Abenteuer in Ermangelung interessierter Sponsoren...

Im Windschatten von Emerson Fittipaldi fassen weitere Rennfahrer aus Brasilien 1972 in der Formel 1 Fuß: Emersons drei Jahre älterer Bruder Wilson Fittipaldi hat bei Brabham Unterschlupf gefunden und auch Carlos Pace, schon in Sao Paulo der ewige Rivale der Fittipaldi-Brüder, ist über die Formel 3 bei Frank Williams untergekommen. Der britische Rennstallbesitzer setzt Pace in einem Vorjahres-March 711 neben Stammfahrer Henri Pescarolo ein. Während »Pepsi-Cola« in einer alptraumhaften Saison von Unfall zu Unfall eilt, fährt Carlos Pace zweimal in die WM-Punkteränge. Der »Brasilien-Express« via England in Richtung Formel 1 ist ins Rollen gekommen und wird dem GP-Zirkus ein schier unerschöpfliches Reservoir von Ausnahme-Rennfahrern bescheren. Nicht von ungefähr findet

am 30. März 1972 auf dem Kurs von Interlagos der erste brasilianische Formel-1-Grand-Prix statt, den pikanterweise der Argentinier Carlos Reutemann gewinnt, weil der überlegen führende Emerson Fittipaldi fünf Runden vor Schluß mit gebrochener Aufhängung ausscheidet. Dafür gewinnt »Fitti« am 23. April die *International Trophy* in Silverstone und trifft bestens motiviert beim 3. WM-Lauf der Saison in Jarama ein, wo Jackie Stewart immer noch vergebens auf den neuen Tyrrell 005 wartet. Der Schotte erlebt eines seiner schwärzesten Rennwochenenden und muß sich nicht nur dem Lotus von Fittipaldi, sondern auch dem Ferrari von Ickx geschlagen geben, ehe der Champion dann auch noch seinen Tyrrell 003 in die Leitplanken verfrachtet. Ob wirklich eine Ölspur oder ausgelaufenes Kühlwasser für die unfreiwillige Rutschpartie verantwortlich war...? Sicher ist, daß Emerson Fittipaldi am 1. Mai 1972 den spanischen Grand Prix gewinnt, nach über anderthalb Jahren feiert Lotus wieder einen Sieg bei einem Lauf zur Formel-1-WM. Jacky Ickx ist im überarbeiteten Ferrari 312B2 nah dran, insbesondere als zwischenzeitlich Nieselregen aufzieht. Aber »Fitti« fährt durch und hat das Glück des Tüchtigen, weil er buchstäblich mit dem letzten Tropfen Benzin ins Ziel rollt. Für Jacky Ickx läuft die Zeit allmählich ab, 1972 wird die letzte Saison, in der der Belgier dem WM-Titel doch noch einmal nahe kommen könnte. Ferrari verfügt seit Beginn des Jahres in Fiorano über eine hauseigene Teststrecke, doch die eigentlich fällige Neukonstruktion für die Formel 1 kommt nicht, weil der Traditionsrennstall sich auf die Marken-WM bei den 3-Liter-Sportprototypen konzentriert. Der neue Rennleiter Peter Schetty, ein Schweizer, der mit einem Ferrari Berg-Europameister gewesen ist, und der neue Chefmechaniker Ermanno Cuoghi sorgen für eine vorbildliche Vorbereitung der Tipo 312P. Bei zehn von elf Läufen zur Marken-WM tritt Ferrari an und siegt zehnmal! Nur in LeMans überläßt man Matra-Simca das Feld, weil man den eigenen Formel-1-Motoren nicht zutraut, die 24stündige Tortur durchzustehen. Der klare Gewinn der Marken-WM kostet jedoch wahrscheinlich den Erfolg in der Formel 1: Jacky Ickx ist 1972 auf der Höhe seines Kön-

Lerne leiden ohne zu klagen - die March-Werksrennfahrer Ronnie Peterson und Niki Lauda.

nens, der Belgier gewinnt sechs Rennen zur Marken-WM, selbst ein Ronnie Peterson muß sich zumeist geschlagen geben. Ickx ist jetzt 27 und reif genug für den Titel in der Formel-1-WM. Doch sein Ferrari 312B2 läßt an Zuverlässigkeit zu wünschen übrig, was den Belgier in der Saison 1972 mindestens zwei GP-Siege in Brands Hatch und in Monza kostet und ihm die WM-Chance raubt. Zuvor muß sich der belgische »Regenmeister« ausgerechnet bei sintflutartigen Bedingungen in Monte Carlo Jean-Pierre Beltoise im BRM P160 geschlagen geben. Dieser *Große Preis von Monaco* beweist zugleich, daß der amtierende Weltmeister tatsächlich verwundbar geworden ist: Jackie Stewart schafft mit seinem Tyrrell nur noch den achten Startplatz und geht im Rennen beim verzweifelten Kampf mit den Wassermassen fast unter. Zweimal dreht sich der Champion, sein Tyrrell 004 bleibt zwar unbeschädigt, doch Stewarts Moral ist schwer angeschlagen: Am Ende hat ihn Beltoise zweimal überrundet! Jackie Stewart fühlt sich hundeelend, verzichtet auf Testfahrten in Nivelles, dem neuen Schauplatz des belgischen GP und begibt sich stattdessen in ärztliche Obhut: Die Diagnose ist alarmierend, den bald 33jährigen Weltmeister plagt ein Magengeschwür... Die ständigen Testfahrten, der randvolle Formel-1-Terminkalender, dazu die ständige Hin-und-Herfliegerei zwischen Europa und Nordamerika, weil »Jack the Hair« 1971 in der gut dotierten Can-Am-Serie einen Werks-Lola fuhr - Jackie Stewart muß dem erfolgreichsten Jahr seiner Rennfahrerkarriere Tribut zollen, der dauernde Streß ist dem Weltmeister buchstäblich auf den Magen geschlagen. Die Grand-Prix-Elite wird ein paar Jahre später daraus ihre Lehren ziehen: Für die kommenden Rennfahrergenerationen gilt alleinige Konzentration auf die Formel 1, auch wenn anderswo üppige Startgelder locken. Allerdings sind auch die Jahresgagen für Spitzenfahrer bis dahin so hochdotiert, daß Gehaltsaufbesserung mit motorsportlichen Gastspielen abseits des GP-Zirkus ohnehin obsolet geworden ist. Anno 1972 legt Jackie Stewart also eine Zwangspause ein, kommt aber glücklicherweise an einer Operation vorbei und versäumt auch nur einen WM-Lauf, denn der für den 18. Juni terminierte *Große Preis der Niederlande* wird abgesagt. So fehlt der amtierende Weltmeister also nur beim belgischen GP in Nivelles. Anstelle der ebenso gefährlichen wie imposanten Strecke von Spa-Francorchamps ist der schiere »Micky-Maus-Kurs« aus der Retorte geschlüpft, ein Asphaltband, auf dem Reißbrett konzipiert und im Süden von Brüssel aus dem Boden gestampft, die Zukunft der Formel-1-Rennstrecken, aber öde und langweilig. Wie zum Hohn findet der belgische Grand Prix nur zweimal in Nivelles

Notnagel - aus einem Formel-2-March und einem Cosworth V8 mitsamt Hewland-Getriebe schneidert Robin Herd in Windeseile den March 721G zurecht: Zunächst nur für Mike Beuttler, später für das komplette Werksteam (im Hintergrund Mike Hailwood im Surtees).

Unter Brüdern - Wilson Fittipaldi (links) bekommt weltmeisterlichen Rat von Emerson Fittipaldi.

statt, denn nach 1974 geraten die Streckenbesitzer in Finanznöte...

In Abwesenheit von Jackie Stewart setzt sich Emerson Fittipaldi souverän durch, nur in den ersten Runden sind die beiden Ferraris von Clay Regazzoni und Jacky Ickx eine Konkurrenz, dann ist der schwarze Lotus 72D auf und davon. Mit dem zweiten Grand-Prix-Sieg der Saison baut Emerson sein Konto auf 28 WM-Punkte aus. Jacky Ickx fällt bei seinem Heim-Grand-Prix wegen eines klemmenden Gasgestänges aus, während Teamkollege Clay Regazzoni nach zwei Dritteln der Renndistanz bei einem Überrundungsmanöver an »Nanni Galli« gerät und mit dessen »Hausmacher-Ferrari« der Gebrüder Pederzani kollidiert, dem Tecno PA 123. Sinnigerweise darf ausgerechnet »Bösewicht« Galli beim nächsten WM-Lauf in Clermont Ferrand den Ferrari von Regazzoni übernehmen, weil sich der Schweizer zwischenzeitlich bei einem Fußballspiel mit seinen Mechanikern ein Handgelenk gebrochen hat...

Der *Große Preis von Frankreich* am 2. Juli 1972 erlebt das Comeback des Weltmeisters: Jackie Stewart wirkt erholt, das Haar ist etwas kürzer geschoren, aber ansonsten ist der Schot-

te wieder ganz der alte. Hinter Chris Amon im neuen Matra-Simca 120 D und dem McLaren M19C von Denis Hulme stellt Stewart seinen Tyrrell 003 auf Startplatz Drei vor Jacky Ickx. WM-Spitzenreiter Emerson Fittipaldi schafft auf dem ausgesprochenen Fahrerkurs nur die achtbeste Trainingszeit. Größter Pechvogel ist François Cevert: Der Zweitplazierte von Nivelles fährt mit dem erstmals eingesetzten Tyrrell 005 am Freitag auf Anhieb die schnellste Trainingsrunde, nur um die beeindruckende Neukonstruktion danach irreparabel in die Leitplanken zu setzen. Ausgleichende Gerechtigkeit für das arg gebeutelte Team von Ken Tyrrell: Jackie Stewart gewinnt den französischen Grand Prix, weil der souverän führende Chris Amon wegen eines Reifenschadens an die Matra-Box muß. Jener WM-Lauf in Clermont-Ferrand soll seine letzte Chance gewesen sein, doch noch einen Formel-1-WM-Lauf zu gewinnen. Am Ende der Saison 1972 macht Matra-Simca den Formel-1-Rennstall dicht und Chris Amon ziert sich zu lange damit, bei March zu unterschreiben, so daß für den Neuseeländer 1973 nur noch ein Platz beim chancenlosen Tecno-Team übrig bleibt.

Amon kehrt den Italienern noch vor Saisonende den Rücken, um für 1974 mit einem eigenen Formel-1-Rennwagen zu fahren. Doch der Amon AF 101 kostet seinen Fahrer viel Geld und bei einem Unfall beinahe das Leben... Chris Amons großes Können wird 1976 noch einmal kurz aufblitzen, als er mit dem schnellen, aber arg unterfinanzierten Ensign von Mo Nunn ein paar GP bestreitet. Unterm Strich bleibt das Fazit, daß der Neuseeländer aus seinen Möglichkeiten zuwenig gemacht hat: Ob alles anders gekommen wäre, wenn Chris Amon nicht schon so früh bei Ferrari einen Platz bekommen hätte? Die Frage ist müßig, aber berechtigt...

Der nächste WM-Lauf der Saison 1972 findet in Brands Hatch statt und kann getrost als das Rennen des Jahres bezeichnet werden: Denn die drei besten Rennfahrer der Saison 1972 liefern sich einen phantastischen Kampf, der eine Vorentscheidung für die Formel-1-WM bringen wird. Jacky Ickx will mit einem Sieg die Wende in der Weltmeisterschaft erzwingen, führt in großem Stil aus der Pole Position heraus 49 von 76 Runden lang das Feld an, hart bedrängt, aber nie überholt von Emerson Fittipaldi und Jackie Stewart. Doch einmal mehr läßt der Ferrari seinen Piloten im Stich, ein lecker Ölkühler sorgt für den Exitus des mittlerweile über 470 PS-starken 12-Zylinders. Damit ist die letzte realistische Chance auf den WM-Titel dahin, auch wenn Ickx noch eindrucksvoll den *Großen Preis von Deutschland* gewinnen wird. In Brands Hatch sind an der Spitze des Feldes nun also Fittipaldi und Stewart unter sich, der Sieger dieses Duells wird Kurs auf die Weltmeisterschaft nehmen. Mit dem neuen Tyrrell 005 hatte der Schotte im Training einen schweren Unfall, mit dem bewährten Tyrrell 003 ist für Stewart im Rennen gegen die Kombination Emerson Fittipaldi/Lotus 72D nichts mehr auszurichten: Der Schotte fährt sich die Seele aus dem Leib, erzielt gleich zweimal Rundenbestzeit und vermag den Brasilianer trotzdem nicht mehr zu packen. Am Ende fehlen Stewart vier Sekunden auf »Fitti«, bei nunmehr 16 Punkten Rückstand in der WM-Wertung scheint Stewarts WM-Titel endgültig verloren, zumal am Nürburgring die beiden Kronprätendenten leer ausgehen: Fittipaldi scheidet

In neuer Livree 1972 wieder für fünf Grand-Prix-Siege und den WM-Titel gut - der Lotus 72 und Emerson Fittipaldi.

Die bescheidenen Reste dessen, was Designer Luigi Colani unter einem Formel-1-Rennwagen mißverstand - Rolf Stommelen und der Zwitter namens »Eifelland-March«.

an zweiter Stelle aus, Stewart scheint Punkte gutmachen zu können, doch beim Kampf um Platz Zwei macht Regazzoni in der letzten Runde die Tür zu, der Tyrrell landet in den Leitplanken, Regazzoni steigt als Zweiter hinter Ickx aufs Siegertreppchen und sorgt damit für einen sensationellen Ferrari-Doppelsieg. Was für den großen Enzo Ferrari Grund genug ist, wieder einmal seinen Rückzug vom Grand-Prix-Sport anzukündigen! In Maranello braucht man Geld und mit seinem Theaterdonner macht der große Zampano darauf aufmerksam:

Natürlich fährt die Scuderia Ferrari 1973 weiter in der Formel 1, doch das Programm läuft auf Sparflamme und manövriert das Team und seinen Stammfahrer Jacky Ickx in eine Sackgasse...

Um zu retten, was noch zu retten ist, setzt Ken Tyrrell in Zeltweg erstmals in einem Rennen den neuen 005 ein: Stewart stürmt auf und davon, ehe er nach 24 von 54 Runden doch wieder von seinem Rivalen Fittipaldi eingefangen und überholt wird. Bei Rennende ist der Schotte bis auf Rang Sieben zurückgefallen,

ständige Vibrationen haben dem neuen Tyrrell zugesetzt, während »Fitti« knapp vor Denis Hulme seinen vierten GP-Sieg des Jahres feiert und mit nunmehr 52 Punkten den WM-Titel schon beim nächsten Rennen in Monza sichern kann. Im 50. Jahre seines Bestehens sind im Autodromo auf allseitigen Wunsch der Formel-1-Elite zwei Bremskurven eingebaut worden, die die exorbitant hoch gewordenen Tempi drosseln und auch die spektakulären, aber riskanten Windschattenprozessionen auseinanderhacken helfen. John Surtees rückt zum ersten und einzigen Mal in der Saison 1972 während eines Formel-1-Grand-Prix aus, »Big John« will den neuen TS14 selber unter Rennbedingungen testen. Im Training ist der 38jährige Ex-Weltmeister zwar deutlich hinter Mike Hailwood, aber immer noch schneller als seine anderen beiden Vertragsfahrer Andrea de Adamich und Tim Schenken... Nach 20 Runden endet mit stotterndem Motor der allerletzte Formel-1-Grand-Prix von John Surtees wegen ständiger Dampfblasenbildung in der Benzin-

zufuhr. Glücksgöttin Fortuna schüttet ihr Füllhorn lieber über einen 25 Jahre jungen Brasilianer namens Emerson Fittipaldi aus: Zwei Jahre nach dem Tod von Jochen Rindt in Monza rückt Colin Chapman mit einer Minimalbesetzung an. Unter der Bewerbung »Worldwide Racing« ist wie im Vorjahr nur ein einziger Lotus gemeldet worden, sicher ist sicher, italienische Staatsanwälte könnten sich ja so manches einfallen lassen. Doch auf der Anfahrt nach Monza überschlägt sich der Renntransporter, was dem mitgeführten JPS 72D nicht gut bekommt. Eilends wird ein Ersatzwagen herangekarrt, kurz vor dem Start wird im allerletzten Augenblick noch ein defekter Gummitank ausgetauscht, Emerson Fittipaldi kann das Rennen von Startplatz Sechs aufnehmen und gewinnt auch noch, weil 10 Runden vor Schluß Spitzenreiter Jacky Ickx aufgeben muß. Spiel, Satz und Sieg: Damit ist der Brasilianer vorzeitig Weltmeister! Wie zum Trotz hält sich der entthronte Champion Jackie Stewart mit zwei makellosen Siegen in den

letzten beiden WM-Läufen der Saison 1972 schadlos. Mit dem neuen Tyrrell 005 gewinnt der Schotte in Mosport Park und in Watkins Glen seinen 21. und 22. WM-Lauf, während der gerade erst gekürte Weltmeister Emerson Fittipaldi in beiden Rennen keine Rolle spielt. Beim US-Grand-Prix sorgt François Cevert gar für einen Tyrrell-Doppelsieg, während Patrick Depailler als Tyrrell-Gastfahrer bei seinem zweiten WM-Lauf nach Clermont-Ferrand mit Platz Sieben zur weiteren Auffüllung der Teamkasse beiträgt: Fast 100 000 Dollar Preisgeld kann der Rennstall von Ken Tyrrell nach dem Rennen in Watkins Glen einstreichen, ein neuer Rekord in der Geschichte der Formel 1 und auch eine Form von Trost für die verpaßte Titelverteidigung... Es ist jener US-Grand-Prix in Watkins Glen, bei dem ein krausköpfiger Südafrikaner namens Jody Scheckter im zarten Alter von 22 Jahren sein WM-Debüt gibt. In der Formel Ford und in der Formel 3 hat er alles in Grund und Boden gefahren, jetzt erobert er die Formel 1 im Sauseschritt: Im dritten Werks-McLaren M19C katapultiert sich der Südafrikaner gleich auf Rang Vier nach vorn und greift sich sodann Emerson Fittipaldi! Daß Scheckter am Ende wegen eines Drehers sichere WM-Punkte verpaßt, trübt seine Leistung keineswegs. Bald werden sie Jody Scheckter »Baby Bear« nennen, in Anspielung auf die Nummer Eins im McLaren-Team, »Denny the Bear« Hulme. Aber treffender ist ein zweiter Kosename für das Formel-1-Küken: »Fletcher« - entlehnt aus dem Film Die Möwe Jonathan, der Name, den in dem Streifen eine junge Möwe trägt, die viel zu früh zu fliegen versucht und dann über den Felsklippen abstürzt...

Formel 1 im Fegefeuer

Der Grand-Prix-Sport gerät zur Jahreswende 1972/73 in eine entscheidende Umbruchsphase. Die »Formula One Association«, die spätere FOCA, damals noch ohne den Zusatz »Constructors«, aber schon entscheidend geprägt von Brabham-Rennstallbesitzer Bernie Ecclestone, beginnt an der Preisschraube zu drehen. Die Start- und Preisgelder in Höhe von bisher 420 000 Schweizer Franken pro WM-Lauf sollen auf 750 000 Franken pro Grand Prix oder alternativ 600 000 Franken plus 50 prozentiger Gewinnbeteiligung an den Einnahmen eines Formel-1-Weekends erhöht werden. Die im Interessenverband »Grand Prix International« zusammengeschlossenen Rennveranstalter wollen höchstens 500 000 Schweizer Fränkli zahlen und werden darin von der CSI unterstützt: Über Monate hinweg bleibt unklar, ob die Fahrerweltmeisterschaft 1973 tatsächlich noch mit Formel-1-Rennwagen ausgetragen wird. Alle beteiligten Parteien raufen sich dann doch noch zusammen, allerdings ohne daß ein Vertrag zustande kommt. Doch an diesem Punkt beginnt Bernie Ecclestone seinen

Der schnellste Rennfahrer der Saison 1973 - Lotus-Neuzugang Ronnie Peterson in Monte Carlo.

Rücktritt verkündet und François Cevert zur Nummer Eins im Rennstall von Ken Tyrrell aufrücken wird. So ist es geplant...

Es ist müßig zu spekulieren, ob Chapman besser damit gefahren wäre, eine klare Stallregie auszugeben, anstelle sich auf eine Joint-Number-One-Klausel in den Verträgen mit Fittipaldi und Peterson einzulassen. Per Teamorder vereinbart war nur, daß Emerson seinen Heim-Grand-Prix in Brasilien und Ronnie sein schwedisches Heimspiel gewinnen sollte, was im Falle von Peterson prompt schiefging. Aber so erfolgreich wie Emerson Fittipaldi in die Saison 1973 startete, wäre es absurd gewesen, den im Training schnelleren, im Rennen jedoch zumeist vom Pech verfolgten Schweden plötzlich zur Nummer Eins zu küren. »Fitti« triumphiert am 28. Januar beim *Großen Preis von Argentinien* und am 11. Februar beim *Großen Preis von Brasilien*. Sein Start-Ziel-Sieg auf dem heimischen Interlagos-Kurs war gewiß weltmeisterlich, doch noch beeindruckender fährt Emerson in Buenos Aires, als er klug die Reifen schont, um dann im letzten Renndrittel zur Attacke zu blasen und die beiden führenden Tyrrell von Stewart und Cevert noch abzufangen. Fittipaldis Galashow läßt leider auch etwas den Einstand der neuen Nummer Eins bei BRM verblassen: Clay Regazzoni, bei Ferrari aufgrund von Budgetkürzungen nicht mehr weiterverpflichtet, hatte den überarbeiteten BRM P160E auf die Pole Position gestellt und führte bis zur 28. Runde, ehe seine Firestone-Reifen ein Opfer der hurtigen Gangart des Tessiners wurden und überhitzten. Das sollte jedoch der beste Auftritt des Schweizers in der Saison 1973 bleiben. Auf Druck von Marlboro hatte BRM-Boß Louis Stanley seinen Grand-Prix-Troß auf drei Rennwagen reduziert, doch mit den aufgemöbelten P 160ern und den Firestone-Pneus war 1973 nicht mehr viel zu erreichen. Clay Regazzoni resigniert früh, Jean Pierre Beltoise punktet tapfer, doch der 24jährige Niki Lauda verblüfft als dritter Mann

langen Marsch zur völligen Autonomie des Grand-Prix-Zirkus...

Der tragische Flammentod von Jo Siffert hatte eine ganz andere Debatte ausgelöst: Nach schärferen Vorschriften für die bereits seit 1970 obligatorischen Feuerlöschanlagen an Bord der Grand-Prix-Boliden folgt in der Saison 1973 eine weitere Korrektur. Die neuen, flexiblen Sicherheitstanks mit selbstschließenden Verbindungsstücken zwischen den einzelnen Behältnissen von jeweils höchstens 80 Liter Fassungsvermögen müssen von »verformbaren Strukturen« geschützt werden. Mit diesen seitlichen Knautschzonen erhöht sich das zulässige Mindestgewicht von 550 auf 575 kg. So konsequent auf Sicherheit ausgelegt ist die Formel 1 bis dato noch nie in eine neue Rennsaison gestartet - und wird trotzdem eines ihrer schlimmsten Jahre erleben...

Der mit Abstand schnellste Formel-1-Rennfahrer der Saison wird keineswegs auch Weltmeister: Ronnie Peterson hat das Pech, daß sein Lotus 72D zu Saisonbeginn allzuoft an technischen Gebrechen scheitert, während Teamkollege Emerson Fittipaldi neben eigener

Fahrkunst auch ein wenig von einer unglaublichen Glückssträhne profitiert und die ersten drei von vier WM-Läufen gewinnen kann. Vielleicht mag Peterson mitunter auch etwas zu schnell für seinen arg strapazierten Lotus gewesen sein, aber Fakt bleibt, daß der Schwede den Weltmeister aus Brasilien bei 15 Trainingsduellen mit 11:4 glatt abbürstet, sich dabei neunmal die Pole Position holt und viermal gewinnt. Colin Chapman besitzt am Ende der Saison mit sieben GP-Siegen zwar das erfolgreichste Formel-1-Team und gewinnt folgerichtig die Konstrukteurs-Trophäe. Doch die Fahrer-WM hat sich längst Jackie Stewart geschnappt, tatkräftig unterstützt von seiner Nummer Zwei bei Tyrrell: François Cevert, der sich oft genug nur darauf beschränkt hat, seinem schottischen Teamkollegen den Rücken freizuhalten. Besonders augenfällig exerziert der loyale Franzose diese Stalldisziplin beim *Großen Preis von Deutschland* vor, als Cevert den offenkundig nicht wesentlich schnelleren Stewart vom Start bis ins Ziel beschattet. Diese Zurückhaltung soll sich auszahlen, dann, wenn Jackie Stewart zum Ende der Saison seinen

im BRM-Team: Nach der miserablen Saison bei March wäre niemand auf den Gedanken gekommen, Lauda freiwillig eine zweite Chance in der Formel 1 zu geben. Aber der damals mit über zwei Millionen Schilling verschuldete Lauda gaukelt Louis Stanley vor, einen Großsponsor an der Angel zu haben. Lauda darf sich bei BRM einkaufen, die Überweisung der ersten Rate soll relativ spät erfolgen... Von seinen BRM-Preisgeldern will Lauda die Beträge abstottern, die der angebliche Sponsor überweisen soll. Bei den ersten fünf von 15 WM-Läufen steht Lauda in der Startaufstellung stets hinter seinen Teamkollegen Regazzoni und Beltoise, immerhin kassiert der Österreicher in Zolder seine ersten und einzigen WM-Punkte in der gesamten Saison. Doch dann kommt der für viele Beobachter überraschende Durchbruch: Beim *Grand Prix de Monaco* verteidigt Niki Lauda bis zum Ausfall seines BRM tapfer den dritten Platz gegen die Attacken von Jacky Ickx im Werks-Ferrari. Fernsehzuschauer Enzo Ferrari wird sich bald bei dem Österreicher melden.

Ein Jahr für besondere Helden - Mike Hailwood mit dem Surtees TS 14.

Die Tage von Jacky Ickx bei der Scuderia Ferrari sind gezählt, seit sich der neue Tipo 312B3 als Flop erweist: Der erste Formel-1-Ferrari in vollständiger Monococque-Bauweise, pikanterweise in England bei der Spezialfirma TC Prototypes von John Thompson gebaut, erfüllt die hochgesteckten Erwartungen nicht. Fiat greift ein und beordert den kaltge-

stellten Mauro Forghieri an die Formel-1-Front zurück. Jacky Ickx hat sich zuvor bitter beklagt, wirkt allerdings auch selbst immer lustloser. Nach dem britischen Grand Prix trennen sich die Wege von Ferrari und Ickx. Der 28jährige Belgier fährt am Nürburgring einen Werks-McLaren und wird Dritter. Anstandshalber läßt Ferrari Ickx noch einmal in Monza den inzwischen von Forghieri modifizierten 312B3 fahren, doch Arturo Merzario verfügt über die zwei schnellsten von drei vorhandenen Fahrzeugen. Ickx beendet ein unauffälliges Rennen auf dem achten Rang, das ist der Ausstand eines Stars, der mit Ferrari hätte Weltmeister werden müssen. Viele Jahre später wird Jacky Ickx eingestehen: »Wenn ich heute nochmal zwanzig wäre, würde ich es wahrscheinlich nicht mehr bis in die Formel 1 schaffen, einfach weil ich mich nie damit abfinden konnte, mein ganzes Leben auf den Grand-Prix-Sport und seine kommerziellen Verpflichtungen aus-

Aufgestiegen - Jochen Mass darf bei Surtees vereinzelte Gastspiele in der Formel 1 geben.

zurichten. Mit Haut und Haaren sich der Formel 1 zu verschreiben, wie es mittlerweile notwendig geworden ist, war nie und nimmer mein Fall gewesen.«

Sein großer Rivale Jackie Stewart ist zu Beginn der Saison 1973 an einer Wegscheide seines Lebens angelangt. Der Schotte gewinnt am 3. März zwar in Kyalami den dritten WM-Lauf, aber die Umstände dieses Sieges müssen einen wie Stewart nachdenklich stimmen: Beim Abschlußtraining versagen die Bremsen seines Tyrrell 005, mit Tempo 280 rast der Rennwagen von der Piste, durchschlägt drei Fangzäune und bleibt an einer Betonwand hängen. Jackie Stewart überlebt und gewinnt tags drauf mit dem Tyrrell 006 seines Teamkollegen François Cevert. Ein grandioser Sieg, dem der Makel anhaftet, daß Stewart wohl trotz gelber Flaggen überholt hat, aber aufgrund sich widersprechender Zeugen nicht disqualifiziert wird. Der Schotte profitiert auch vom Pech des Denis Hulme, der im 84. Grand Prix seiner Karriere mit dem neuen McLaren M23 erstmals auf der Pole Position stand und ohne einen ärgerlichen Reifenschaden diesen *Großen Preis von Südafrika* wohl gewonnen

hätte. »Colnbrook Concorde« nennen sie an den Boxen die kompakte, keilförmige Konstruktion von Gordon Coppuck: Der McLaren M23 ist ein großer Wurf und in einem Atemzug mit dem Lotus 72 von Colin Chapman und

Maurice Philippe zu nennen, was man von dem Tyrrell 005 nicht unbedingt behaupten kann. Doch wahrscheinlich macht der Kyalami-Unfall Jackie Stewart besonders nachdenklich, bei dem Clay Regazzoni sein Leben allein dem selbstlos agierenden Mike Hailwood verdankt, der den bewußtlosen Schweizer aus dem brennenden BRM-Wrack zerrt. Die Streckenposten tragen wieder einmal keine Schutzkleidung und wagen sich nicht heran...

Während der 44jährige Graham Hill seinen tadellosen Ruf am Volant des neuen, in Eigenregie eingesetzten Shadow-Cosworth beschädigt, weiß Jackie Stewart, was die Uhr geschlagen hat. Am 5. April 1973 teilt Stewart unter dem Siegel der Verschwiegenheit Tyrrell und Ford mit, zum Jahresende den Rennsport aufzugeben: »Alle Rennfahrer um mich herum waren tot - Jim Clark, Jochen Rindt, Joakim Bonnier, Piers Courage, Bruce McLaren. Mit allen war ich eng befreundet gewesen. Und obgleich meine Söhne noch zu klein waren, um das alles zu begreifen, spielte es in ihrem Unterbewußtsein doch sicher eine große Rolle. Und Kinder können untereinander recht grausam sein. Ich erinnere mich, wie Paul, der ältere von beiden, heimkam und seine Mutter fragte, wann ich wohl sterben würde, weil seine Schulkameraden herzlos behauptet hatten, daß

Mit der in Eigenregie eingesetzten Neukonstruktion namens »Shadow« beginnt Graham Hill seinen guten Ruf zu beschädigen.

jeder Vater, der Rennfahrer sei, sterben müsse. Kinderlogik, wenn man so will. Natürlich ließ mir das keine Ruhe, und diese kleinen nervösen Plinkereien gingen mir bald auf die Nerven. Ich begann mich zu fragen, was ich denn eigentlich täte und für wen. Das war der Punkt, an dem ich schließlich beschloß, aufzuhören, gleichgültig wie die Weltmeisterschaft ausgehen würde. Und das gab mir um so mehr Anlaß sicherzustellen, daß ich meine noch ausstehenden Verpflichtungen in dieser Saison würde voll erfüllen können. Ich war den Rest der Zeit tatsächlich in bester Form.« Was Stewart auch den Künsten von Günther Traub zu verdanken hatte, der als Sporttherapeut das Tourenwagen-Fahrerteam von Ford betreute. Kondition und Fitneß begannen im Motorsport allmählich eine immer größere Rolle zu spielen. Neben Jackie Stewart zählte zu den »Capri-Tretern«, die auf Home-Trainern, in der Loipe und auf der Turnmatte gescheucht wurden, auch ein 26jähriger Deutscher namens Jochen Mass, der 1973 mit einem dritten Werks-Surtees zu ersten, sporadischen Formel-1-Gastspielen kommen sollte. Entscheidend gefördert hatte ihn Jochen Neerpasch, der ehemalige Porsche-Werksfahrer und Ford-Rennleiter, der 1973 die BMW-Rennabteilung zu grandiosen Erfolgen führte und obendrein die Weichen für künftige Grand-Prix-Erfolge stellte. Denn BMW kehrte mit einem von Paul Rosche entwickelten 2-Liter-Triebwerk als Motorenlieferant in die Formel 2 zurück und gewann mit March und Jean-Pierre Jarier geradezu deklassierend den EM-Titel. Als Zugabe hatte Neerpasch von Ford einen baumlangen, stets gut gelaunten Bayern wieder mit nach München gebracht, den erst 22jährigen Hans-Joachim Stuck, Sohn des legendären Auto-Union-Rennfahrers. Auch Stuck junior wird man wie Jochen Mass bald in den Formel-1-Startaufstellungen finden, leider nicht soweit vorn, wie es das fahrerische Kaliber durchaus hätte erwarten lassen. Aber Jochen Neerpasch wird fast zwei Jahrzehnte später wieder eine herausragende Rolle spielen, als es gilt, einem jungen deutschen Rennfahrer namens Michael Schumacher den Weg in die Formel 1 zu ebnen...

Der europäische Part der Formel-1-Saison bietet von Rennen zu Rennen immer neue Überraschungen: Im Montjuich-Park degradiert Ronnie Peterson erstmals seinen Teamgefährten zum Mitläufer: Weltmeister Emerson Fittipaldi gewinnt trotzdem, weil Petersons Lotus nach 57 von 75 Runden mit Getriebeschaden liegenbleibt und der Brasilianer sich mit plattem linken Hinterrad ins Ziel rettet. Carlos Reutemann verpaßt im neuen Brabham BT 42 des jungen Südafrikaners Gordon Murray den greifbar nahen Sieg, als sieben Runden vor Rennende eine Hinterachswelle bricht. Der am 20. Mai 1973 folgende belgische Grand Prix beschert noch ein viel absurderes Finale: Vom wallonischen Retortenkurs Nivelles ist die Formel 1 ins flämische Zolder gewechselt, doch der auf der 4,22 Kilometer kurzen Strecke frisch aufgetragene Asphalt bricht immer wieder auf, schon im Training gibt es haarsträubende Unfälle. Ein neuer Belag verspricht Besserung, verhindert einen Boykott und beschert den Formel-1-Rennstallbesitzern prompt einen der größten Schrotthaufen in der Geschichte des Grand-Prix-Sports. Denn am Rennsonntag herrscht wärmere Witterung, Asphalt und Rennfahrer geraten ins Schwitzen, acht von 23 gestarteten Fahrzeugen rutschen von der aufbrechenden Piste in Fangzäune und Leitplanken hinein. Jackie Stewart erweist sich als bester Pfadfinder und gewinnt auch zwei Wochen später den *Großen Preis von Monaco*, womit »Jack the Hair« seinen 25. GP-Sieg feiern kann und damit den Rekord seines unvergessenen schottischen Landsmanns Jim Clark egalisiert. Emerson Fittipaldi fährt zwar noch in der Schlußrunde neue absolute Bestzeit auf dem gründlich veränderten und um die »Schwimmbad-Passage« am Hafen erweiterten Straßenkurs, aber Stewart bleibt mit 1,3 Sekunden vorn und verkürzt im WM-Klassement den Rückstand auf 37:41 Punkte. In der allgemeinen Begeisterung über ein spannendes Rennen und das packende Titelduell, geht das bemerkenswerte Grand-Prix-Debüt eines unkonventionellen, aber überaus sympathischen Lebenskünstlers namens James Hunt fast unter. Der 25jährige Engländer kurvt mit seinem blütenweißen March 731G in Reichweite von WM-Punkten, ehe in der 74. von 78 Runden der Cosworth V8 verendet. Der ebenso junge wie füllige Lord Alexander Fermor-Hesketh finan-

ziert aus seinem Privatvermögen die Karriere des Nachwuchsrennfahrers aus Belmont in der Grafschaft Surrey. Deshalb zieren die Rennwagen Ihrer Lordschaft auch keine Werbeaufkleber. Ein junger Designer namens Harvey Postlethwaite sorgt dafür, daß die champagnerselige Seilschaft noch sagenhafte 14 WM-Punkte einfährt. In Watkins Glen verpaßt Hunt seinen ersten GP-Sieg nur um sieben Zehntelsekunden, was Lord Hesketh derart überzeugt, daß Postlethwaite für die kommende Saison 1974 einen eigenen Formel-1-Rennwagen konstruieren darf.

Ein anderer zukünftiger Champion steht am 1. Juli 1973 kurz vor seinem ersten Triumph: Jody Scheckter führt im McLaren M23 vom Start weg beim französischen Grand Prix in Le Castellet. Der 23jährige Stern am Rennfahrerhimmel zieht zwar in seinem Kometenschweif das Quartett Peterson/Stewart/Hulme/Fittipaldi mit sich, doch die etablierten Stars finden keinen Weg vorbei. 41 von 54 Runden spielt Scheckter mit den besten Rennfahrern der Welt Katz und Maus, dann platzt ausgerechnet dem sonst so besonnenen Emerson Fittipaldi der Kragen. In der Virage du Pont, der Rechtskurve vor Start und Ziel, riskiert er ein Überholmanöver, das schiefgeht und den Brasilianer sehr wahrscheinlich um die Titelverteidigung bringt. Scheckter hat die Nase seines McLaren vorn, als er beim Einlenken mit dem Lotus von Fittipaldi kollidiert, beide Kontrahenten fliegen raus. Sinnigerweise gewinnt Ronnie Peterson dadurch im 40. Anlauf seinen ersten Grand Prix. Platz Vier reicht Jackie Stewart, um mit 42:41 Punkten erstmals in der Saison die WM-Führung zu übernehmen und nicht wieder abzugeben. Jody Scheckter, der Held von Le Castellet, wird keine 13 Tage später beim britischen Grand Prix in Silverstone zum Buhmann: Als das 28 Wagen starke Feld aus der Startrunde zurückkehrt, dreht sich Scheckter bei Tempo 230 in Woodcote Corner und löst eine Karambolage aus, bei der neun Rennwagen miteinander kollidieren. Bis auf Andrea de Adamich, der mit gebrochenen Beinen hilflos in seinem Brabham eingeklemmt ist, kommen alle Fahrer unverletzt davon. Trotz voller Tanks ist kein Feuer ausgebrochen, es scheint, als sei die Formel 1 weitaus sicherer als andere

Carlos Reutemann setzt sich mit dem neuen Brabham BT 42 von Gordon Murray von Rennen zu Rennen besser ins Szene - der erste Grand-Prix-Sieg des Argentiniers ist bald nur noch eine Frage der Zeit.

Motorsportdisziplinen. Schließlich sind am 20. Mai 1973 bei einem Massensturz beim Motor-rad-Grand-Prix in Monza Jarno Saarinen und Renzo Pasolini ums Leben gekommen. Drei Tage zuvor ist Art Pollard nach einem Unfall beim Qualifying für die *500 Meilen von Indianapolis* verbrannt. Am 4. Juni sorgt gleich beim Start eine Kollision für den sofortigen Abbruch: Salt Walther entgeht nur mit viel Glück dem Schicksal von Art Pollard. Regenfälle verhindern den Neustart des Spektakels, erst am 6. Juni geht es weiter. Bis in der 71. von 200 Runden Swede Savage mit seinem Eagle in die Boxenmauer rast. Monate später wird Savage seinen schweren Brandverletzungen erlegen... Weltmeister Emerson Fittipaldi mag sich damals nicht im Traum vorgestellt haben, über ein Jahrzehnt später selber einmal sein Einkommen bei den 500 Meilen aufbessern zu müssen. Noch ist aus dem jungen »Fitti« nicht der gestandene »Emmo« geworden und noch ist der Sommer des Jahres 1973 nicht vorbei: Beim Formel-2-EM-Lauf in Rouen verunglückt der hochtalentierte Schotte Gerry Birrell tödlich, als sein Chevron vermutlich nach einem Reifendefekt unter eine lose angebrachte Leitplanke rast. Die Formel 1 bleibt von solchen Katastrophen nur noch bis zum 29. Juli 1973 verschont.

Der 25jährige Engländer Roger Williamson gilt auf der Insel als eine der größten Grand-Prix-Hoffnungen. Sein väterlicher Freund und Mentor Tom Wheatcroft, der Besitzer der wahrscheinlich größten Rennwagen-Sammlung der Welt und Eigentümer der faszinierenden Vorkriegsrennstrecke von Donington Park, fördert das brillante Rennfahrertalent. Williamson hat 1972 die Britische Formel 3-Meisterschaft quasi im Alleingang gewonnen und unterbietet im Februar 1973 bei Testfahrten im BRM sämtliche Bestzeiten der Stammfahrer von Louis Stanley. Mit einem neuen March-BMW siegt Roger Williamson dann auf Anhieb beim Formel-2-EM-Lauf in Monza. Beim britischen Grand Prix sitzt Williamson erstmals im offiziellen STP-Werks-March. Es gibt auch Kontakte zu Ken Tyrrell, der einen zweiten Mann für die kommende Saison neben François Cevert sucht. Das Duo Wheatcroft/Williamson hat noch viel vor, als es am letzten Juli-Wochenende des Jahres 1973 nach Zandvoort kommt.

Der Dünenkurs ist mit Millionenaufwand umgerüstet worden, nachdem die CSI im Vorjahr aus Sicherheitsgründen die Formel 1 nicht starten ließ. 1973 gibt es Doppelleitplanken, Fangzäune, breitere Auslaufzonen und sogar eine Bremskurve. Nach menschlichem Ermessen zählt Zandvoort nun zu den sichersten Rennstrecken in Europa. Eine Einschätzung, die unfreiwilligerweise Emerson Fittipaldi nach

dem Samstagtraining bestätigen kann: Bei Tempo 200 bricht die linke Vorderradfelge seines Lotus 72, der Weltmeister rast in die Leitplanken und kommt mit einem verstauchten linken Fußgelenk noch relativ glimpflich davon. Gleichwohl wird ihn diese Verletzung die mögliche Titelverteidigung kosten. Am Sonntag muß »Fitti« nach drei Runden aufgeben, der rasch angeschwollene Knöchel schmerzt zu sehr und wird den Brasilianer auch auf dem Nürburgring behindern. Aber was bedeutet das noch, als in Zandvoort in der achten von 72 Runden das Inferno hereinbricht: Roger Williamson liegt auf Platz 13, als sein March in einer schnellen Links-Rechts-Kombination namens »Hondenvlak« geradeaus schießt und mit über 200 km/h in die Leitplanken rast, sich überschlägt, Feuer fängt und kopfüber am Streckenrand zum Halt zu kommt. Erst jetzt schaltet die Senderegie des niederländischen Fernsehens auf eine Führungskamera in unmittelbarer Nähe des Unfalls und präsentiert nun die grausigsten Szenen, die wohl je einem bei einem Formel-1-Grand-Prix übertragen worden sind. Die TV-Regie zeigt erbarmungslos den verzweifelten Kampf von David Purley um das Leben seines Rennfahrerkollegen Roger Williamson. Purley

Roger Williamson - Hinrichtungen durch öffentliche Verbrennung schienen bis zu jenem fürchterlichen 29. Juli 1973 in Zandvoort nur eine schaurige Spezialität des Mittelalters.

hat seinen March 731G am Streckenrand abgestellt, um sofort zu Hilfe zu eilen. Während die hilflosen Streckenposten sich ohne Schutzkleidung nicht an das brennende Wrack herantrauen, versucht der 28jährige Rennfahrer mit einem Feuerlöscher die Flammen zu stoppen und den schräg umgekippten March wieder umzudrehen. Doch David Purley bleibt allein, niemand unterstützt ihn bei seinen Rettungsversuchen: Als die Feuerwehr Minuten nach dem Unfall die Flammen zu löschen beginnt, ist Roger Williamson längst bei lebendigem Leibe verbrannt. »Ich konnte sehen, daß er lebte, ich hörte ihn um Hilfe rufen, aber ich schaffte es nicht den Wagen umzudrehen. Ich forderte die umstehenden Streckenposten auf, mir zu helfen. Wenn ich dieses verdammte Fahrzeug hätte umdrehen können, dann wäre alles gut geworden, dann hätten wir ihn rausbekommen«, wird David Purley später fassungslos zu Protokoll geben. Auf immer bleibt sein Name mit der Tragödie von Zandvoort verbunden bleiben, auch wenn seine eigene Grand-Prix-Karriere 1977 mit einem schweren Unfall in Silverstone endet. Am 2. Juli 1985 stürzt David Purley mit einer Kunstflugmaschine über der Kanalküste bei Bognor Regis ab. Nur 40 Jahre alt ist der Mann geworden, der vergeblich versuchte, das Leben seines Freundes Roger Williamson zu retten.

Daß Jackie Stewart und François Cevert nach dem Ausfall von Ronnie Peterson einen überlegenen Tyrrell-Doppelsieg sicherstellen, interessiert nach Rennschluß nur die Grand-Prix-Hardliner. Daß Stewart mit seinem 26. GP-Sieg den Rekord von Jim Clark überboten hat, ist ein Fall für die Statistiker. Andere Fragen interessieren jetzt: Warum haben Stewart & Co. nicht angehalten und David Purleys Rettungsversuche unterstützt? Niki Lauda, so geht die böse Legende, soll geantwortet haben, man werde in der Formel 1 nicht fürs Anhalten bezahlt. Niemand hat den Grand Prix abgebrochen, eine kollektive Hilfsaktion hätte wohl das Leben von Roger Williamson retten können. Daß dies möglich gewesen wäre, erweist sich drei Jahre später beim Nürburgring-Unfall von Niki Lauda. So absurd es im Nachhinein klingen mag: Roger Williamson hatte das tödlich endende Pech, daß sein brennendes

Wrack nicht mitten auf der Strecke liegen blieb und jede weitere Durchfahrt verhinderte.

Für den Nürburgring-Grand-Prix fährt die unlängst gegründete ONS-Streckensicherungsstaffel alles auf, was an Menschen und Maschinen verfügbar ist, es darf an jenem 5. August 1973 nichts passieren. Über der Haupttribüne stürzt ein Drachenflieger zu Tode, am Rennsonntag wirft ein Reifenschaden den BRM von Niki Lauda im Streckenabschnitt »Kesselchen« in die Leitplanken. Der P160E überschlägt sich beinahe, Lauda kommt mit einem gebrochenen rechten Handgelenk noch relativ glimpflich davon. Gegen solche Unfälle schützt auch keine ONS-Staffel. Jackie Stewart feiert am Nürburgring seinen 27. GP-Sieg, von dem man bald wissen wird, daß es sein letzter war. Im WM-Klassement führt der Schotte nun mit 60 Punkten vor Cevert mit 45 und Fittipaldi mit 42 Zählern. In Zeltweg versucht »Fitti«, dem Titelkampf noch eine Wende zu geben, auch Ronnie Peterson gehorcht der Lotus-Stallorder und überläßt dem langsameren Teamkollegen die Spitze, doch sechs Runden vor Schluß beendet eine defekte Benzinleitung Emersons Siegesfahrt. Stewart wird hinter Peterson Zweiter und kann sich beim nächsten WM-Lauf in Monza vorzeitig seinen dritten WM-Titel sichern. Colin Chapman verzichtet beim italienischen Grand Prix auf jede weitere Stallregie, Ronnie Peterson darf gewinnen, während sich der Zweitplazierte Emerson Fittipaldi empört: Ein Sieg hätte ihm weiterhin eine mathematische Chance auf den Titelgewinn eröffnet. »Fitti« zieht die Konsequenz und wechselt für sehr viel Geld zu McLaren, das ab 1974 von Marlboro großzügig alimentiert wird.

Jackie Stewart gewinnt am 9. September den Titel auf eine Art und Weise, die eines Champions würdig ist: »Als ich 1973 in Monza in der siebten Runde an die Boxen mußte, weil ein Nagel mir einen Reifen beschädigt hatte, ging ich in letzter Position mit einigem Abstand auf den Vorletzten wieder ins Rennen. Doch ich fuhr technisch ein ebenso gutes Rennen wie eh und je. Nicht, weil ich jetzt unbedingt alles herausholen wollte, sondern weil ich mich verpflichtet fühlte, den Rückstand aufzuholen. Und das aus gutem Grund: Ein vierter Platz in jenem Grand Prix würde mir

zum Titel verhelfen. Ich muß Ihnen sagen, daß ich, als ich an diesem Tag von den Boxen wegkam, keine Hoffnung mehr auf einen vierten Platz in mir spürte. Aber ich wußte, ich hatte mich so gut wie nur möglich zu verkaufen. Ich fuhr den Wagen dann wirklich an den Grenzen seiner und meiner eigenen Möglichkeiten. Und ich wurde damit belohnt, daß ich durch das ganze Feld bis auf Platz Vier vorrücken konnte. Schön, ich hatte ja ein lohnendes Ziel vor Augen; Mann und Maschine gaben nicht ohne Grund alles, was sie hatten. Ich bemerkte, wie die Menge in Aufregung geriet. Sie schauten nach mir, wie sie es gleich nach dem Boxenstop nicht getan hatten. Sie wollten mich vorwärtskommen sehen; der Nervenkitzel, die Spannung breitete sich über sie und mich gleichermaßen aus. Da waren einmal die Zeichen, die mir Ken Tyrrell gab: ›14s ASCARI oder FANGIO‹ - bloß um mich bei Laune zu halten, um mir die Aufholjagd zu erleichtern, nicht müde zu werden. Bald schon hatte ich einen der bedeutenden Gegner eingeholt, einen, an dem ich unbedingt vorbei mußte - an diesem Tag habe ich tatsächlich ein Übersoll erfüllt.«

Die Saison ist gelaufen, der verregnete *Große Preis von Kanada* beschert am 23. September 1973 noch das Kuriosum, daß aufgrund chaotischer Zeitnahme, einer Vielzahl von Boxenstops und des erstmaligen Einsatzes eines Pace-Cars wohl auf immer unklar bleibt, ob der zum Sieger erklärte Peter Revson auch tatsächlich gewonnen hat. Ansprüche auf den ersten Platz erheben nämlich auch Emerson Fittipaldi, Jackie Oliver im UOP-Shadow von Don Nicholls, Howden Ganley im ISO-Williams und Jean-Pierre Beltoise im BRM. Aber was soll's, die WM ist ohnehin entschieden, bei Tyrrell rüstet sich Jackie Stewart zum 100. und letzten Formel-1-GP seiner großen Karriere. Doch am frühen Samstagmorgen des 6. Oktober 1973 verunglückt sein Freund und Teamkollege François Cevert beim Training in Watkins Glen tödlich. In einer High-Speed-Passage ist Cevert von der Strecke geraten, der Tyrrell wird von einer Leitplanke in zwei Teile zerschnitten, der unglückliche Fahrer regelrecht guillotiniert: François Cevert, der 29jährige Strahlemann der Formel 1, hat nicht den Hauch einer Chance.

Nürburgring, 5. August 1973: Jackie Stewart gewinnt bestens abgeschirmt von François Cevert den Großen Preis von Deutschland - kurz nach dem Start folgen noch dichtauf Ronnie Peterson im Lotus und McLaren-Gastfahrer Jacky Ickx.

Ken Tyrrell zieht die Nennungen für Jackie Stewart und Chris Amon zurück. Acht Tage später verkündet Weltmeister Stewart offiziell seinen Rücktritt - das ist der triste Ausklang einer verheerenden Rennsaison und das Ende einer Ära. Weniger Stewarts grandioses Gespür fürs Rennfahren als vielmehr sein ausgeprägter Geschäftssinn setzte Maßstäbe. Der Schotte war der erste absolute Vollprofi in der Geschichte des modernen Motorsports, der der Kommerzialisierung der Formel 1 den Weg ebnete: Nun war die Epoche der immer schnelleren, aber auch immer besser verdie-

nenden Epigonen angebrochen. Mit Jackie Stewart hatte der Grand-Prix-Zirkus seinen ersten weltweit wirksamen Medienstar, der sich obendrein genau zum richtigen Zeitpunkt von der Formel-1-Bühne verabschiedete - lebend. Etwas Besseres kann man einem Rennfahrer nicht wünschen.

An jenem Tag, an dem François Cevert tödlich verunglückt, interessiert sich die Welt indes für weitaus wichtigere Angelegenheiten: An Jom-Kippur, dem höchsten jüdischen Feiertag, beginnt der vierte Nahost-Krieg, als Ägypten und Syrien völlig überraschend Israel

angreifen. Zwar wird am 25. Oktober unter Vermittlung der USA und der UdSSR ein Waffenstillstand zwischen den Kriegsparteien geschlossen, doch die arabischen Ölförderländer verhängen in der Folge einen Lieferboykott gegen die USA und die Niederlande. Die Ölfördermengen werden um ein Viertel reduziert, die Preise für einen Barrel Rohöl zunächst um 70 Prozent und zum 1. Januar 1974 noch einmal um das Doppelte erhöht. Dem Ölschock folgt die Ölkrise samt autofreiem Sonntag - und dem Motorsport droht weltweit der Benzinhahn zugedreht zu werden...

Das springende Pferd lernt wieder galoppieren

Die »Monte« wird der Ölkrise wegen gestrichen, überall in Europa erwägen die Regierungen aus »Gründen der Energieeinsparung« sämtliche Motorsportveranstaltungen zu verbieten. Doch der Formel-1-Zirkus reagiert mit der ihm eigenen Mischung aus Ignoranz und Selbstbewußtsein: Nein, Bernie Ecclestones Truppe schwimmt gegen den Strom und entzieht sich den mahnend erhobenen Zeigefingern, um in Südamerika planmäßig in die neue Grand-Prix-Saison 1974 zu starten. Diese wurstige »Jetzt-erst-recht«-Stimmung wird sich als stark genug erweisen, um die Formel 1 durch eines ihrer besten Jahre zu bringen. Sogar neue Teams gesellen sich hinzu: Lola mit Graham Hill und Guy Edwards, Ende des Jahres auch Roger Penske mit einer Eigenkonstruktion für Mark Donohue und Ex-Lotus-Designer Maurice Phillippe, der für Mario Andretti den Parnelli VPJ 4 konstruiert. Ein gewisser Ron Dennis will nach Formel-2-Erfolgen mit seinem »Rondel«-Team in den Grand-Prix-Sport wechseln, muß aber mangels Sponsoren vorerst noch einen Rückzieher machen. Im Verlauf der Saison 1974 tauchen sage und schreibe 20 verschiedene Formel-1-Fabrikate bei den WM-Läufen auf, insgesamt 56 Rennfahrer schaffen es, bei mindestens einem Grand-Prix zu starten, ein weiteres Dutzend von Neulingen scheitert im Qualifying. Derart vielfältiger Andrang herrschte nie zuvor im Grand-Prix-Zirkus. Formel-1-Konstrukteure und CSI verständigen sich im Verlauf der Saison auf maximal 25 Startplätze pro WM-Lauf, zuvor werden beim belgischen Grand Prix gleich 31 Rennwagen zum Start zugelassen. Aus Sicherheitsgründen wird bei allen WM-Läufen nur noch in der 2-2-2-Formation mit jeweils zwei Rennwagen pro Reihe gestartet. Mit der Saison 1974 wird es üblich, den Teams und ihren Fahrern feste Startnummern zuzuteilen.

Auch wenn am Ende der Saison Emerson Fittipaldi seinen zweiten WM-Titel einheimst und der gestandene Clay Regazzoni nur knapp geschlagen Vizemeister wird, so bringt die Saison 1974 den Durchbruch und die ersten Grand-Prix-Siege für Niki Lauda, Carlos Reutemann und Jody Scheckter. Nimmt man Ronnie Peterson noch hinzu, so sind die sechs Rennfahrer bereits genannt, die im Verlauf des Jahres ernsthafte Ansprüche auf die WM-Krone anmeldeten, aber aus den verschiedensten Gründen nicht einlösen konnten. Peterson fuhr mit der ominösen Startnummer 1 und mußte nicht allein deshalb als Top-Favorit für die Stewart-Nachfolge gelten. Doch der lang erwartete Modellwechsel vom Lotus 72 auf den Anfang 1974 vorgestellten Typ 76 scheiterte kläglich: Neben einem doppelten Heckflügel glänzte der neue Lotus mit einer speziellen Halbautomatik, die die Formel 1 hätte revolutionieren können - so sie denn funktioniert hätte. Von der Wirkungsweise ähnelte die Chapman'sche Idee dem, was Porsche über ein Jahrzehnt später als »Tiptronic« erst im Rennsport, später dann in Serie einsetzte. Am Schaltknauf des Lotus 76 konnten Ronnie Peterson und sein neuer Teamkollege Jacky Ickx per Knopfdruck die elektronisch gesteuerte Kupplung betätigen, was in der Theorie schnellere Gangwechsel ermöglichen sollte. Der Typ 76 besaß vier Pedale, in der ursprünglichen Anordnung ganz links die Kupplung, die nur noch für den Start benötigt wurde, in der Mitte zwei Bremspedale und ganz rechts das Gaspedal. Ein versierter Testfahrer wie Emerson Fittipaldi hätte den neuen Lotus möglicherweise zur Rennreife bringen können, doch der solchen Mühen abholde Jacky Ickx und das intuitive Fahrgenie Ronnie Peterson vermochten dies nicht: Der Schwede bedrängte Chapman, wieder den bewährten Lotus 72 einzusetzen. Prompt gewann Peterson den nächsten WM-Lauf in Monte Carlo! Dank Ronnies

Mit dem Wechsel zu Lotus vom Regen in die Traufe gekommen: Jacky Ickx.

großem Einsatz gab es noch zwei weitere GP-Siege in Dijon und Monza, aber da war der 30jährige Lotus-Star schon aus dem Titelrennen.

Gleiches galt auch für Carlos Reutemann, der mit dem neuen Brabham BT 44 die ersten drei WM-Läufe hätte gewinnen können, aber wegen läppischer Kleinigkeiten erst in Kyalami zum längst verdienten Premierensieg kam. Der trapezförmige Monocoque-Querschnitt des Brabham sorgte im Zusammenspiel mit dem schneepflugartigen, zweigeteilten Frontkühler für gehörigen Abtrieb ohne zuviel an Top-Speed zu rauben. Auf schnellen Strecken war die Gordon-Murray-Konstruktion eine Klasse für sich, doch das Team von Bernie Ecclestone verspielte durch Motorschäden und einige unfreiwillige Ausritte des forschen Argentiniers mögliche Titelchancen. »El Lole« gewann zwar noch in Zeltweg und Watkins Glen, doch das war für den 31jährigen zu wenig und zu spät, um noch im Titelkampf ein Wörtchen mitreden zu können.

Hätte, wäre, könnte - diese ständigen Konjunktive und die vagen Begriffe wie Glück, Zufall, Schicksal spielten 1974 mehr denn je die Hauptrolle. Und wieder einmal forderte der Nervenkitzel Menschenleben: Am 22. März verunglückte Peter Revson in Kyalami tödlich, als an seinem UOP-Shadow die linke Vorderradaufhängung brach. »Revvie«, der 35jährige Ex-Playboy, der sich zum absoluten Spitzenfahrer gemausert hatte, hinterließ eine Lücke, die der junge Waliser Tom Pryce von Rennen zu Rennen besser zu schließen vermochte. Der hochtalentierte Pryce blieb dem Shadow-Team selbst in schwierigsten Zeiten treu, nur um fast auf den Tag genau drei Jahre nach Peter Revson ebenfalls in Kyalami ums Leben zu kommen. Das zweite Opfer der Formel-1-Saison 1974 heißt Helmut Koinigg. Wie Tom Pryce war der 25jährige Österreicher über die Formel Super-Vau und die Formel 2 in die Grand-Prix-Szene aufgestiegen und hatte sich für die letzten beiden WM-Läufe des Jahres einen Platz im Team von John Surtees erkämpft. »Big John« waren wegen chronischer Erfolglosigkeit seiner Konstruktionen sowohl Carlos Pace als auch Jochen Mass mitten in der Saison davongelaufen, um alsbald bei Brabham und McLaren unterzukommen. Bei seinem ersten Grand Prix in Mosport fuhr Helmut Koinigg mit dem Surtees TS16 tapfer durch und wurde Zehnter vor Formel-1-Heimkehrer Rolf Stommelen, der seit Zeltweg im Embassy-Lola- Team von Altmeister Graham Hill fuhr. Koiniggs zweite Grand Prix im Surtees endete tödlich: Während am 6. Oktober 1974 beim Saisonfinale in Watkins Glen alles auf die Entscheidung in der Fahrer-WM wartete, ging der Unfall des jungen Österreichers zunächst fast völlig unter. In der zehnten von 59 Runden war der Surtees von der Strecke geraten, hatte zwei nur lose verankerte Fangzäune niedergemäht und war dann nahezu ungebremst unter eine dreifache Leitplanke gerast. Genau ein Jahr nach François Cevert mußte auch Helmut Koinigg in Watkins Glen wegen bodenlosem Leichtsinn in Sachen Streckensicherung sterben...

Doch für die Mehrzahl der Chronisten verbindet sich mit dem 6. Oktober 1974 in Watkins Glen das unfaßbare Kunststück der Scuderia Ferrari, trotz überragender Leistungen während der gesamten Saison buchstäblich in letzter Sekunde die Formel-1-WM zu verspielen. Fiat hatte die Zügel beim Rennstall mit dem springenden Pferd im Wappen fest an sich

gezogen: Gianni Agnelli spendierte 1974 mehr Lire denn je und schickte mit dem 25jährigen Luca di Montezemolo den entscheidenden Kontrolleur und Verbindungsmann aus seinem Familienclan nach Maranello. Ein Glücksgriff, ähnlich wie die neue Fahrerbesetzung mit Niki Lauda und Clay Regazzoni. Dank Agip und Marlboro konnte sich Ferrari wieder zwei Spitzenfahrer leisten, wobei zu Beginn der Saison 1974 nicht wenige zweifelten, ob Niki Lauda tatsächlich in diese Kategorie einzuordnen wäre. »Rega«, das war der Rennfahrer klassischen Typs, eher lustbetont denn übermäßig ehrgeizig, deshalb aber auch Formschwankungen unterworfen. Lauda repräsentierte das krasse Gegenteil und damit zugleich den Formel-1-Heroen der Zukunft: Den Testfahrer aus Hingabe und Leidenschaft, den Mann mit computergenauer Analysefähigkeit, der alles über seinen Rennwagen wissen will. Im Sommer 1974 bekannte Niki Lauda in einem Interview mit dem Magazin *Playboy*: »Noch vor fünf Jahren ist der Fahrer am Freitag gekommen, hat ein bißchen trainiert, am Sonntag ist er sein Rennen gefahren. Da war mehr die persönliche Leistung am Wochenende entscheidend, unabhängig vom Auto. Heute ist es so, daß man einfach von Montag bis Donnerstag fahren muß, um in der Lage zu sein, am Freitag/Sonnabend/Sonntag eine Leistung zu bringen. Die ganze Technik ist derart kompliziert geworden, daß man nicht einfach am Freitag hingehen kann, sich in sein Auto reinsetzt und fährt. Man muß sich die ganze Woche über damit beschäftigen.« Und über seine eigene Rolle räsonierte Lauda damals: »Es gibt keinen Ingenieur, der sich rein theoretisch hinsetzt und aufgrund seiner Hochschulbildung ein superschnelles Auto baut, er muß ein Auto mit einem Fahrer drinnen bauen. Und der Fahrer muß ihm sagen, was das Auto macht. Der Ingenieur muß eine Basis schaffen, der Fahrer muß von dieser Basis aus weiterbauen. Jackie Stewart ist deswegen dreimal Weltmeister geworden. Er hat das Auto gemacht. Wenn ich ein Auto bauen könnte, mit dem ich gewinne und nur mit 70 Prozent Einsatz fahre, das wäre das beste.« Das »System Lauda« perfektionierte sich von Testfahrt zu Testfahrt, von Rennen zu Rennen. Mit etwas Glück und ein wenig mehr Erfahrung hätte es dem Wiener schon in seinem ersten Jahr bei Ferrari zum Titel gereicht. Am 28. April 1974 gewinnt Lauda in Jarama seinen ersten Formel-1-GP, was zugleich den 50. Sieg für Ferrari bei einem WM-Lauf bedeutete. Keine drei Monate später übernimmt der Österreicher erstmals die Spitze in der Fahrer-WM...

Im schwedischen Anderstorp feiert Jody Scheckter vor seinem Tyrrell-Teamkollegen Patrick Depailler seinen Premierensieg: Der 24jährige Südafrikaner hatte eine erstaunliche Wandlung hinter sich gebracht, vergessen war

Schon 1974 reif für den WM-Titel - der 12-Zylinder-Boxermotor im Ferrari 312B3-Chassis.

seine Sturm-und-Drang-Zeit bei McLaren, fleißig und zuverlässig sammelte Scheckter WM-Punkte. Im Gegensatz zu den nervösen Vorgängermodellen 005 und 006 legte Derek Gardners neuer Tyrrell 007 ein wesentlich gutmütigeres Verhalten an den Tag, was den wilden Reitern Scheckter und Depailler eine etwas gemäßigtere Gangart ermöglichte. Der fast 30jährige Franzose stand vorerst noch im Schatten des jüngeren Südafrikaners, was den fahrerischen Qualitäten des Mannes aus Clermont-Ferrand jedoch schon 1974 nicht gerecht wurde. So qualifizierte sich Patrick Depailler in Monte Carlo für Startplatz Vier neben dem späteren Sieger Ronnie Peterson und noch vor Jody Scheckter. Von jener vierten Position aus hatten seine Landsleute Beltoise und Cevert 1972 beziehungsweise 1973 sofort nach dem Start die Spitze an sich reißen können. Wir dürfen bis heute spekulieren, was wäre gewesen, wenn Patrick Depailler nicht wegen eines Defektes an seinem Tyrrell 007 mit dem alten 006/2 aus der letzten Reihe ins Rennen hätte starten müssen? In Anderstorp stellt der Franzose den Tyrrell sogar auf die Pole Position, fährt auch die schnellste Rennrunde, doch Scheckter darf mit vier Zehntel Vorsprung gewinnen... Der passionierte Gauloises-Kettenraucher hält sich am Ende der Saison mit dem Gewinn der Formel-2-EM schadlos, wobei Patrick Depailler seinem nicht minder schnellen Kollegen im March-BMW-Werksteam, Hans Joachim Stuck, das Nachsehen gibt.

Ähnlich wie Scheckter betätigt sich auch Emerson Fittipaldi als fleißiger Punktesammler: Mit seinem McLaren M23 kann er zwar zu Saisonbeginn in Interlagos und in Nivelles gewinnen, doch danach ist sein rot-weißer Renner nicht mehr gut genug für erste Plätze. Auch die Experimente mit verschiedenen Flügeln, Flippern und Frontverkleidungen nebst diversen Radstand-Varianten bringen den M23 einen ganzen Sommer lang nicht auf die Siegstraße zurück. Und als Fittipaldi beim französischen Grand Prix erstmals im Verlauf der Saison sogar ausscheidet, verliert er sogleich auch die WM-Führung an Niki Lauda. Doch nun beginnt sich für den Österreicher das Glück zu wenden: Beim nächsten Grand Prix am 20. Juli 1974 in Brands Hatch führt Lauda vollkommen ungefährdet, als etwa zehn Runden vor Rennende der rechte Hinterradreifen seines Ferrari Luft zu verlieren beginnt. Lauda ignoriert die Signale von seiner Box, will ohne Reifenwechsel durchfahren - und pokert zu hoch. Fünf Runden vor Schluß zieht Scheckter in Front, als Laudas Ferrari zwei Runden vor Schluß auf der blanken Felge in die Boxengasse humpelt, ist auch schon Fittipaldi vorbeigezogen. Ein neues Rad wird montiert, Lauda liegt auf dem fünften Platz, doch am Ende der Boxengasse wird dem Ferrari die Rückkehr auf die Rennstrecke verwehrt! Als die CSI dann Wochen später dem Österreicher doch noch die zwei verlorengegangenen WM-Punkte gutschreibt, ist die Formel-1-WM für ihn bereits verloren: Am Nürburgring verpatzt Lauda nach einer

Jody Scheckter

traumhaften Trainingsrunde von 7.00,8 Minuten die Pole Position und muß sich nicht nur von Regazzoni, sondern auch von Scheckter ausbeschleunigen lassen. Um nicht frühzeitig den Kontakt zu »Rega« zu verlieren, versucht der Österreicher noch vor der Nordkehre am Tyrrell vorbeizukommen: Das Manöver mißlingt, Lauda verschrottet seinen Ferrari keine zwei Kilometer nach dem Start. Clay Regazzoni gewinnt den *Großen Preis von Deutschland* und übernimmt die Führung im WM-Klassement.

Carlos Reutemann

Fortan schwinden Niki Laudas Titelchancen von Rennen zu Rennen: In Zeltweg fällt sein Ferrari ebenso mit Motorschaden aus wie in Monza. Teamkollege Clay Regazzoni übernimmt im italienischen Grand Prix die Führung, scheint auf dem Weg zum Titelgewinn, ehe auch sein 12-Zylinder-Boxermotor eine häßliche blaue Rauchfahne hinter sich herzieht. »Rega« geht nach einem Boxenstop noch einmal auf die Strecke, um seinem angeschlagenen Triebwerk mit einem letzten Tritt aufs Gaspedal endgültig den Todesstoß zu versetzen: Wir sind schließlich in Monza... Schon zuvor in Zeltweg hat Regazzoni durch einen Reifenschaden kurz vor Rennschluß einen sicheren zweiten Platz verloren, als Fünfter ret-

*Der Fahrer Ihrer Lord-
schaft - James Hunt
im Hesketh 308.*

tet der Tessiner noch zwei WM-Punkte. Hätte Clay ohne die betrübliche Reifenpanne seinen zweiten Platz bis ins Ziel gehalten, wäre er Weltmeister geworden, rechnen nicht nur eidgenössische Formel-1-Fans später nach.

Nach den Ausfällen der beiden Ferrari gewinnt Ronnie Peterson in Monza vor Emerson Fittipaldi und Jody Scheckter. Bei nurmehr zwei verbliebenen WM-Läufen in Kanada und den USA gibt es somit noch sage und schreibe fünf Titel-Kandidaten. Nach Punkten lautet die Reihenfolge: Regazzoni 46, Scheckter 45, Fittipaldi 43, Lauda 38 und Peterson 31. Nach dem kanadischen Grand Prix am 22. September 1974 in Mosport verbleiben nur noch drei WM-Aspiranten: Emerson Fittipaldi kann seinen dritten Saisonsieg einheimsen, mit Routine und Kalkül stellt »Fitti« den bisherigen Saisonverlauf geradezu auf den Kopf. Und wieder einmal profitiert der Brasilianer vom Mißgeschick Niki Laudas, denn der Österreicher will seine letzte Chance auf den Titelgewinn offen halten und fährt der Konkurrenz bis zur 68. von 80 Runden auf und davon. Dann spielt im hinteren Teil des Feldes John Watson Schicksal: An seinem Brabham BT 44 ist etwas an der Vorderachse gebrochen, »Wattie« rodelt über die Grasnarbe und wirbelt Dreck auf die Strecke. Niki Lauda rast als Erster heran: »Die Flaggen waren noch nicht draußen, es ging alles so schnell, ich hatte keine Chance.« Laudas WM-Hoffnungen zerschellen an den Leitplanken, »Fitti« gewinnt, Regazzoni wird Zweiter, Peterson Dritter. Auch der Schwede

ist damit wie Lauda aus dem Titelrennen. Scheckter hat seinen Tyrrell von der Strecke gedreht, bleibt aber mit 45 Punkten noch theoretisch in Reichweite der Weltmeisterschaft. Fittipaldi und Regazzoni liegen mit 52 Zählern gleichauf, was dem Brasilianer aber aufgrund der besseren Plazierungen - drei Siege gegen einen - schon zum Titelgewinn reichen würde. Das alles ist viel zu viel für das Nervenkostüm der Ferraristi: Bei eiligst anberaumten Testfahrten in Watkins Glen, dem Schauplatz des WM-Finales, verschrottet Regazzoni einen nagelneuen Tipo 312B3, schleunigst muß aus Maranello Ersatz eingeflogen werden, doch optimale Vorbereitung ist nicht mehr möglich für den letzten WM-Lauf am 6. Oktober 1974. McLaren-Teamchef Teddy Mayer setzt erstmals in der Formel 1 eine der bereits bei den *500 Meilen von Indianapolis* gebräuchlichen Sprechfunkanlagen für Emerson Fittipaldi ein. In der sorgfältigen Vorbereitung auf das WM-Finale geht fast unter, daß Denis Hulme in Watkins Glen seinen 112. und letzten Grand Prix fährt. So diskret und bescheiden wie er vor zehn Jahren die Formel-1-Bühne betrat, so nimmt der 38jährige Ex-Weltmeister auch seinen Abschied. Nach fünf Runden geht der Cosworth seines McLaren hoch und Denis Hulme entschwebt alsbald per Hubschrauber, ohne sich für den Ausgang des Titelkampfes zu interessieren. Vom Motorsport kommt der wohl schweigsamste und aufrichtigste Formel-1-Champion aller Zeiten jedoch nicht los: Am 4. Oktober 1992 fährt Denis Hulme bei einem

Tourenwagenrennen im australischen Bathurst einen BMW M3 und erleidet am Lenkrad einen tödlichen Herzinfarkt.

Der Indian Summer des ersten Oktoberwochenendes anno 1974 scheint wieder einmal alle Chaoten aus dem US-Bundesstaat New York nach Watkins Glen gelockt zu haben: Diverse Mietwagen und ein Greyhound-Bus werden am Rande der Rennstrecke abgefackelt, der Mob veranstaltet seinen eigenen Zirkus, vielleicht weil sich die Formel-1-WM vollkommen unspektakulär entscheidet. Vorneweg stellen Reutemann und Pace den ersten Brabham-Doppelsieg seit 1969 sicher, während der viertplazierte Jody Scheckter nach 45 von 59 Runden ausscheidet. Emerson Fittipaldi konzentriert sich allein auf das Ziel, vor dem Ferrari von Clay Regazzoni zu bleiben. Am Ende wird der Stratege »Fitti« Vierter und mit seinem zweiten WM-Titel reich belohnt. Clay Regazzoni kann dem McLaren des Brasilianers nur ein paar Runden lang folgen, sein Ferrari liegt unruhig. Zweimal steuert er die Box an, ein Stoßdämpfer ist defekt, die Reifen werden gewechselt, aber der Tessiner fährt das Rennen auf dem elften und vorletzten Platz zuende, als ob er bis zum Schluß noch auf ein Wunder warten würde.

Ein vielversprechendes Formel-1-Debüt - doch Hans-Joachim Stuck verliert gleichwohl in Ermangelung von Sponsoren für 1975 seinen Stammplatz bei March.

Monza, 8. September 1974: Der verheißungsvolle Anfang von dem, was sich schließlich als Ende der Titelhoffnungen für Ferrari erweist - aus der Startrunde kommt Niki Lauda bereits mit stattlichem Vorsprung auf die drei Brabham BT 44 von Carlos Reutemann, Carlos Pace und John Watson in Richtung der Curva Parabolica, während Ferrari-Teamkollege und WM-Spitzenreiter Clay Regazzoni vor Ronnie Peterson/Lotus 72D und Emerson Fittipaldi/McLaren M23 den fünften Platz einnimmt.

Die Ära Lauda

In Italien begann eine leidenschaftliche Pressekampagne: Ferrari habe den Titel verloren, weil es keine klare Stallregie zugunsten von Regazzoni gegeben habe. Lauda, dem schnelleren Mann im Team, wurde gar der Vorwurf gemacht, in Jarama und Zandvoort vor dem Tessiner gewonnen zu haben, denn bei umgekehrtem Einlauf wäre ja »Rega« Weltmeister geworden... Die Scuderia Ferrari selbst stand voll und ganz hinter Niki Lauda: »Das Ferrari-Team war damals absolut erstklassig. Wenn ich verlangt hätte, eckige Räder aufzuziehen, wäre das sofort geschehen. Die Kooperation zwischen Team und Fahrern war phantastisch, absolut hundertprozentig.« Bei Beginn der Saison 1975 herrschte in Maranello gleichwohl Verunsicherung, denn der Modellwechsel auf den neuen Ferrari 312T, dessen »T« für »trasversale« stand und das quer zur Fahrtrichtung vor der Hinterachse montierte Getriebe bezeichnete, verzögerte sich. Nach zwei Test-Unfällen von Regazzoni stand der neue Ferrari erst zum dritten WM-Lauf am 1. März 1975 in Kyalami zur Verfügung. Doch Lauda landete nach einem Trainingsunfall mit seinem reparierten 312T nur auf dem fünften Platz, Regazzoni mußte sieben Runden vor Rennende mit gebrochenem Gasgestänge aufgeben. Nein, von überlegenem Material konnte bei Ferrari noch lange nicht die Rede sein.

Die Konkurrenz der Scuderia setzte 1975 fast durchweg nur auf überarbeitete Vorjahreskonstruktionen, was auch daran lag, daß im Gefolge weltweiter Rezession viele Sponsoren die Budgets gekürzt hatten: Weltmeister Emerson Fittipaldi und sein neuer Teamkollege Jochen Mass verfügten über die bewährten McLaren M23. »Fitti« gewann den Saisonauftakt in Buenos Aires in überzeugender Manier und wurde in Interlagos Zweiter, wo Jochen Mass mit Rang Drei erstmals zu WM-Punkten kam. Auch bei Brabham hatte Gordon Murray das `74er Modell äußerlich kaum wahrnehmbar überarbeitet, während Bernie Ecclestone den italienischen Aperitif-Krösus Martini als Sponsor an Land gezogen hatte. Das südamerikanische Brabham-Doppel Reutemann/Pace war von Anfang an erfolgträchtig: Pace gewann seinen Heim-Grand-Prix in Interlagos und Ecclestone sah in dem Brasilianer bald einen potentiellen Weltmeister. Geraume Zeit nach dem tragischen Tod von Carlos Pace bei einem Flugzeugabsturz am 18. März 1977 bei Sao Paulo stellte der FOCA-Boß fest: »Wenn Carlos noch leben würde, hätte ich Niki Lauda nicht gebraucht...«

Auch Tyrrell setzte weiter auf den bewährten 007, den Jody Scheckter zum Sieg bei seinem südafrikanischen Heim-Grand-Prix lenkte. Doch dies blieb der einzige Saisonhöhepunkt für den Krauskopf. Noch schlimmer traf es Lotus: Colin Chapman mußte weiter auf den nicht länger konkurrenzfähigen Lotus 72 setzen, weil auch Sponsor John Player den Saisonetat zusammengestrichen hatte. Jacky Ickx suchte mitten in der Saison das Weite, Ronnie Peterson blieb und verlor ein ganz entscheidendes Jahr in seiner Formel-1-Karriere. Der Schwede gewann 1975 kein einziges Rennen mehr und bereute insgeheim, nicht doch im neuen Shadow DN5A Platz genommen zu haben, denn die neueste Kreation von Tony Southgate besaß von Anfang an Siegespotential. Jean-Pierre Jarier und Tom Pryce waren denn auch mit dem Shadow immer wieder ganz weit vorn zu finden, doch außer einigen Pole Positions und dem Sieg des Walisers beim nicht zur WM zählenden *Race of Champions* in Brands Hatch gab es enttäuschenderweise keine nennenswerten Erfolge.

Graham Hill stand in seinem 46. Lebensjahr und begann sich mit dem Gedanken an Rücktritt vertraut zu machen: Der *Große Preis von Brasilien* sollte dann tatsächlich der 176. und letzte Grand-Prix-Start des schnauzbärtigen Gentleman werden, weil »Grandpa Graham« später ausgerechnet an der Qualifikation für »sein« Rennen in Monte Carlo scheiterte. Der zweifache Weltmeister hätte vielleicht 1972 nach seinem Le-Mans-Sieg aufhören sollen, doch Graham wollte noch sein eigenes Formel-1-Team aufziehen und nach zwei überaus mageren Jahren mit Shadow und Lola trugen die Fahrzeuge seines Rennstalls nun auch seinen eigenen Namen. Designer Andy Smallman hatte die Lola-Fahrwerke gründlich überarbeitet, Rolf Stommelen fuhr in Kyalami den ersten »Hill GH1« auf den siebten Rang, nur rund neun Sekunden hinter Jochen Mass im Werks-McLaren M23, das war mehr als beachtlich und versprach einiges für die Zukunft. Stommelen war vom 14. Platz gestartet, seine Bestzeit lag gleichwohl nur 1,06 Sekunden hinter Paces Pole Position - das waren noch ausgeglichene Grand-Prix Felder... Mit dabei im Rennen in Kyalami war erstmals auch eine 32jährige Italienerin, Lella Lombardi, die erste Frau, die sich seit Teresa de Filippis wieder für einen Formel-1-GP qualifizieren konnte. Sie stand in der vorletzten Startreihe, 3,27 Sekunden hinter Paces Bestzeit. Mit ihren Sponsorgeldern sicherte die Lombardi das Überleben des March-GP-Teams. Vittorio Brambilla sollte im neuen March 751 noch eine ganze Reihe

ungeahnt erfolgreicher Vorstellungen liefern, während Hans-Joachim Stuck trotz seines vielversprechenden Formel-1-Debüts im Vorjahr solange auf weitere March-Einsätze warten mußte, bis Lella Lombardis Gönner, Graf Zanon, auch für den langen Bayern etwas Geld locker machte. In Kyalami schied die »Tigerin von Turin« wegen sinkenden Benzindrucks aus, aber schon beim nächsten Grand Prix in Montjuich profitierte sie von den chaotischen Umständen des Rennens und klassierte sich auf dem sechsten Rang, womit Lella Lombardi bis heute die erste und bislang einzige Frau blieb, die sich innerhalb der WM-Punkteränge plazieren konnte. Man(n) kann diese Leistung nicht hoch genug einschätzen, gerade weil sowenige Rennfahrerinnen es überhaupt bis in die Formel 1 brachten und es dann durchweg nicht schafften, sich überhaupt für einen WM-Lauf zu qualifizieren: Die Engländerin Divina Galica ebensowenig wie die Südafrikanerin

Desiré Wilson, die anno 1980 in der britischen Aurora-Serie wenigstens als erste und einzige Frau ein Formel-1-Rennen gewann, und zuletzt die Italienerin Giovanna Amati, die 1992 beim maroden Brabham-Team als Lockvogel für Sponsorgelder dienen sollte und nach dem dritten, kläglichen Scheitern in der Qualifikation wieder einpacken durfte. Lella Lombardi hingegen startete bis 1976 bei insgesamt zwölf Formel-1-WM-Läufen - alle Achtung vor dieser tapferen, kleinen Rennfahrerin, die im März 1992 mit 48 Jahren einem Krebsleiden erlag.

Das Rennen, in dem Lella Lombardi einen halben WM-Punkt kassierte, hat traurige Geschichte gemacht. Schon im Vorfeld jenes spanischen Grand Prix am 27. April 1975 hatten sich die kritischen Stimmen gemehrt, wonach der pittoreske Kurs am Stadtrand von Barcelona zu gefährlich für die Formel 1 geworden sei. Doch beängstigend nah plazierte Zuschauertribünen gab es nun mal auch in

Monte Carlo und so wurden die Bedenken beiseite gewischt, trotz eines Boykotts des Freitagstrainings wie zu GPDA-Zeiten von Stewart, Rindt & Co. Doch der von Emerson Fittipaldi angeführte Widerstand brach kläglich zusammen, als die CSI höchstoffiziell verkündete, daß unter den gegebenen Bedingungen durchaus gefahren werden könne. Sowohl Rennveranstalter als auch Teamchefs sprachen ein Machtwort, die sicherheitsbewußten Boykotteure besannen sich und fanden wieder ihre Identität als gutbezahlte Marionetten. Nur ein Rennfahrer blieb konsequent: Emerson Fittipaldi drehte drei Pflichtrunden im zweiten Gang, damit konnte er weder vom Veranstalter noch von der CSI gesperrt werden, hatte aber mit fast 47 Sekunden Rückstand auf die Bestmarken von Lauda und Regazzoni die Qualifikation verpaßt und brauchte am Rennsonntag nicht zu starten. »Fittis« Bruder Wilson und Arturo Merzario zogen es vor, eine langsame

Vom Titelkandidaten der Saison 1974 zum Mitläufer im Jahr 1975 - Jody Scheckter im Tyrrell 007.

Teamchef und Jochen Rindt wegen gebrochener Heckschwingen schwer verunglückten, rast nun der Deutsche in die Leitplanken. Motor und Chassis reißt es auseinander, beide Hälften des Wracks werden über die Leitplanken katapultiert und richten ein Blutbad unter den dichtgedrängten Reihen von Zuschauern, Streckenposten und Fotografen an. Vier Opfer werden auf der Stelle getötet, ein weiterer stirbt im Krankenhaus, mindestens neun Menschen erleiden schwerste Verletzungen, darunter auch Rolf Stommelen, der sich Arme, Beine und Rippen gebrochen hat. Es ist stets das alte Lied, zwischen Triumph und Tragödie liegen in der Formel 1 nur Millimeter und Hundertstelsekunden: Rolf fuhr das Rennen seines Lebens, aber er sah nicht die Zielflagge... Auch Carlos Pace ist direkt in den Unfall verwickelt, und so führt nun plötzlich Jochen Mass in einem Rennen, das keinen normal denkenden und mitfühlenden Betrachter mehr interessiert. Das Rennen läuft weiter, noch vier lange Runden. Gewiß, das Duell des alten Kämpen Jacky Ickx mit dem jungen Deutschen ist sehenswert, immer wieder gelingt es dem jungen Deutschen Jochen Mass, die Angriffe des Belgiers

Rennrunde zu drehen und dann wegen »Defekts« an die Box zu rollen und aufzugeben, das rettete sogar noch das Startgeld...

Der Rest wollte ein ganz normales Rennen fahren: Niki Lauda führte vom Start weg, wurde aber auf der Anfahrt zur ersten Spitzkehre von Mario Andrettis Parnelli touchiert. Der Ferrari geriet nach rechts und stieß mit dem anderen Tipo 312T von Clay Regazzoni zusammen, womit die Siegeshoffnungen der favorisierten Scuderia ein jähes Ende gefunden hatten. Die Jagd war völlig offen, hier schien jeder seine Siegeschance zu haben. Mario Andretti führte kurz, wurde noch in der ersten Runde von James Hunt im Hesketh überholt, auf den Rängen Drei und Vier kurvten John Watson im Surtees und Rolf Stommelen im Hill. In der dritten Runde flogen schon wieder die Fetzen, als auf dem Öl von Scheckters Tyrrell neben Reutemann und Donohue auch die beiden Grand-Prix-Debütanten Roelof Wunde-

rink und Alan Jones ausrutschten. Aber den Namen des Holländers würde man sich ja ebensowenig merken müssen wie den des bulligen Australiers, der den Hesketh in die Leitplanken pflanzte, den der britische Millionär Harry Stiller eigens Ihrer Lordschaft abgekauft hatte, um dem 28jährigen Jones die Formel-1-Premiere zu ermöglichen. Aber auch Spitzenreiter James Hunt setzte seinen Werks-Hesketh unsanft in die Stahlbarrieren, so daß nun wieder Mario Andretti führte, ehe in der 17. von 75 vorgesehenen Runden die Aufhängung seines US-Rennwagens brach. Damit lag nun Rolf Stommelen vorn! Eisern verteidigte er seine Führung gegen Carlos Pace und Ronnie Peterson, so als wäre dies die selbstverständlichste Sache der Welt. Mochten Graham Hill und seine Boxencrew ihren Augen kaum trauen: Rolf Stommelen führt, bis in der 26. Runde der Heckflügel seines Hill GH1 bricht. Fast genau an der Stelle, an der sechs Jahre zuvor sein

Ein halber Punkt beim Großen Preis von Spanien anno 1975 - ein Rekord mit Verdacht auf Ewigkeitswert: Lella Lombardi, die einzige Formel-1-Amazone, die es jemals geschafft hat, sich bei einem WM-Lauf in den Punkterängen zu plazieren.

Montjuich Park, 27. April 1975: »Bösewicht« Mario Andretti (27) hat die Kollision der beiden Ferraris von Clay Regazzoni und Niki Lauda (12) ausgelöst. John Watson riskiert im Surtees TS 16 Kopf und Kragen, um einen Zusammenstoß zu vermeiden. Dahinter Patrick Depailler (4) im Tyrrell 007, James Hunt im Hesketh 308 und rechts noch ein Stück March 751, den Vittorio Brambilla zu einem hurtigen Ausweichmanöver zwingt. Der Auftakt zu einem tragischen Rennen, das schließlich vorzeitig abgebrochen werden muß.

abzuwehren, bis der spanische Grand Prix endlich abgebrochen wird.

Der Statistik zufolge war dies der erste Sieg eines deutschen Rennfahrers in einem Formel-1-WM-Lauf seit 14 Jahren, seit Wolfgang Graf Berghe von Trips. Aber was zählte angesichts der tödlichen Katastrophe dieser Abbruchsieg mit halbierter Punktwertung? Zwanzig Jahre nach den Geschehnissen mag es scheinen, als hätte dieser »Sieg« die gesamte Formel-1-Karriere des Jochen Mass überschattet. Natürlich ist diese Vorstellung absurd, Tatsache bleibt aber, daß Mass nach Montjuich niemals wieder einen Formel-1-GP hat gewinnen können. Aber das ist eine andere Geschichte, traurig, aber nicht tragisch.

Nun begann man in Monte Carlo in eiliger Betriebsamkeit das zu tun, was man besser schon in Barcelona getan hätte: Nämlich alles nach damaligem Ermessen Mögliche, um Rennfahrer und Zuschauer vor den Folgen eines Unfalls zu schützen. Dreifache Leitplanken und Maschendrahtzäune wurden aufgebaut, Bergekräne herangekarrt, um havarierte

Rennwagen möglichst schnell von der schmalen Piste zu entfernen. Obendrein begrenzten die monegassischen Veranstalter die Starterzahl auf 18, wobei die Rennwagen zum sonntäglichen Grand Prix nicht mehr paarweise in Zweierreihen positioniert, sondern schräg versetzt zueinander gruppiert wurden. Es sollte nicht mehr lange dauern, bis diese Formation für alle Formel-1-WM-Läufe bindender Sicherheitsstandard wurde. Der *Grand Prix de Monaco* an jenem verregneten 11. Mai 1975 verlief denn auch ohne dramatische Vorkommnisse und bescherte uns den Beginn dessen, was man im Abstand von Jahren und Jahrzehnten als die »Ära Lauda« bezeichnen kann. Niki Lauda fuhr in Monte Carlo fast unbedrängt und in großem Stil den langersehnten Sieg heraus. Sicherlich war der Ferrari 312T in der Kombination von überragender Motorleistung und kompaktem Fahrwerk der beste Grand-Prix-Rennwagen des Jahres, aber Laudas Alleingang in der Formel-1-WM ließ sich zu diesem Zeitpunkt der Saison noch keineswegs absehen. Im Ziel lag der Österreicher nicht einmal drei

Sekunden vor Titelverteidiger Emerson Fittipaldi, weil Lauda angesichts einer ständig blinkenden Öldruckanzeige seinen Ferrari schonen mußte. Man bedenke: Vor Monte Carlo wies Laudas WM-Konto erst 5 Punkte auf, was im Zwischenklassement hinter Fittipaldi (15), Pace (12), Reutemann (12), Mass (9,5), Scheckter (9), Hunt (7), Depailler (6) und Regazzoni (6) nur für den neunten Platz reichte! Um bei der Vergabe des WM-Titels mitreden zu können, mußte endlich ein Sieg her, erst recht mit diesem exorbitant guten Tipo 312T. Enzo Ferrari ließ vor dem Abtransport seiner Formel-1-Renner nach Monte Carlo Niki Lauda noch einmal ausrichten: Attenzione, wir haben seit 20 Jahren nicht mehr in Monaco gewonnen, es wird also höchste Zeit, daß sich daran etwas ändert. Der Commendatore übt subtilen Druck aus, unter dem bei Ferrari schon ganz andere Fahrer zugrunde gegangen sind. Doch bei Niki Lauda beginnt in jenem Moment, fast ganz unten, mit dem Rücken zur Wand die Erfolgskurve. Daß der Österreicher schließlich zur Rennlegende wird, dafür sorgen erst andere schicksalhafte Ereignisse. Lauda selbst hat später einmal den Gewinn seines ersten WM-Titels relativiert: »Da paßte einfach alles. Unser Auto war großartig, in Tausenden Testkilometern hatten wir es entwickelt. Es war das Auto der Stunde, und der Fahrer hangelt sich mit einem solchen Auto nach oben, auch fahrerisch wird man perfekt, sicherer - und umgekehrt: Man trifft auf jeder Strecke sofort die perfekte Abstimmung, früher als die Konkurrenz. Und wenn man im Rennen vorne ist, ein paar schnelle Runden hinzaubert, hat man alles unter Kontrolle.« Erst einmal oben angelangt, wird die ganze Sache möglicherweise etwas einfacher. Das Kunststück ist nur, überhaupt soweit nach oben zu kommen...

Nach seinem Sieg in Monaco gerät der Lauda-Express ins Rollen und bleibt in mitunter monotoner Regelmäßigkeit auf WM-Kurs, zumal bei McLaren Fittipaldi und Mass über das problematische Handling ihrer M23 klagen. Bis man in Colnbrook die richtige Aufhängungsgeometrie ausgetüftelt hat, bleibt der Brasilianer bei drei WM-Läufen ohne Punkte, während Lauda zweimal siegt und sich angesichts der günstigen Konstellation beim Titel-

Nur etwas für Statistiker: Jochen Mass gewinnt als erster deutscher Rennfahrer seit Wolfgang Graf Berghe von Trips einen Lauf zur Formel-1-WM - aber der neue Mann bei McLaren wird sich über diesen Abbruchsieg beim spanischen Grand Prix nie so recht freuen können.

James Hunt gewinnt mit dem Hesketh in Zandvoort seinen ersten Grand Prix und wird -dank Emerson Fittipaldis überraschendem Wechsel - für 1976 bei McLaren Teamkollege von Jochen Mass.

kampf in Zandvoort sogar mit dem zweiten Platz hinter Sensationssieger James Hunt begnügen kann. Da ist es sogar zu verschmerzen, daß Rennleiter Montezemolo im allgemeinen Chaos in der Pit Lane von Petersons Lotus überrollt wird und sich einen Beinbruch zuzieht. Mit einem Start-Ziel-Sieg beim *Großen Preis von Frankreich* kommt Lauda schließlich auf 47 WM-Punkte, was ihm einen Vorsprung von 22 Zählern auf Reutemann, den Zweiten des Zwischenklassements, beschert. Die Vorentscheidung in Sachen Titelvergabe ist gefallen, die nächsten WM-Läufe entschädigen dafür mit turbulentem Renngeschehen: In Silverstone wechselt die Führung zwischen Pace, Pryce, Regazzoni, Scheckter, Jarier, Hunt und Emerson Fittipaldi, ehe in der 56. von 67

Runden die Sintflut niedergeht. Binnen weniger Sekunden steht überall zentimeterhoch das Wasser, zwölf Rennwagen werden von der Strecke gespült, nur sechs Teilnehmer sind von Unfällen verschont geblieben, als der britische Grand Prix in der 57. Runde abgebrochen und Emerson Fittipaldi zum Sieger erklärt wird. Nach all dem Regen in Silverstone bleibt es ausgerechnet am Nürburgring trocken: Der deutsche Grand Prix in der Eifel beschert Hitzerekorde und eine Serie von Reifenschäden, die den Rennverlauf entscheiden. Es hätte gut und gerne das Rennen von Jochen Mass werden können, der am Freitag die zweitbeste Zeit gefahren ist. Lauda hat 7.00,6 Minuten vorgelegt, Mass war nur 1,2 Sekunden langsamer. Aber während Niki Lauda am Samstag als erster und einziger Rennfahrer mit einer Zeit von 6.58,6 Minuten auf der alten Nordschleife unter der magischen Sieben-Minuten-Schallmauer bleibt, fliegt Jochen Mass von der Piste und muß seinen Heim-Grand-Prix im Ersatzfahrzeug bestreiten. Am Rennsonntag liegt der Deutsche nach dem Start auf dem vierten Platz, als noch in der ersten Runde bei Tempo 280 in der »Fuchsröhre« ein Reifen platzt und der McLaren zwischen den Leitplanken Ping-Pong spielt. Jochen entsteigt dem Wrack völlig unverletzt und bekennt später, nicht unbedingt geglaubt zu haben, da noch mal lebend rauszukommen. An der Spitze liefern sich Niki Lauda und Patrick Depailler ein begeisterndes Duell, der WM-Spitzenreiter kann den Franzosen nicht abhängen. Erst eine angebrochene Radaufhängung des Tyrrell beendet den Zweikampf. Aber auch Lauda gerät in Nöte, als er mit zerfetztem linken Vorderreifen nebst abgerissener Frontspoilerhälfte in die Boxengasse rattert. Carlos Reutemann erbt die Führung und gewinnt den GP von Deutschland, weil er sich mit seinem Brabham keinen Reifenschaden einfängt. Dieses Kunststück gelingt auch einem kleinen, drahtigen Franzosen namens Jacques Laffite. Der 31jährige Spätstarter hat erst ein Jahr zuvor am Nürburgring sein Grand-Prix-Debüt im Williams-Cosworth geben dürfen, jetzt wird er in diesem Gefährt mit über anderthalb Minuten Rückstand sensationeller Zweiter. Die Formel-2-EM 1975 hat »Jacquot« bereits so gut wie sicher in der Tasche, man

wird von Laffite noch hören. Guy Ligier verpflichtet Laffite und nicht Beltoise für seinen neuen französische Nationalrennwagen, der gerade von Gérard Ducarouge konstruiert wird und 1976 exklusiv jenen V12-Motor erhält, mit dem Matra dreimal in Folge in LeMans sowie die letzten beiden Marken-WM-Titel gewonnen hat - jenes Triebwerk also, das anno 1975 noch Shadow allzu halbherzig ausprobiert hat. Der kuriose Rennverlauf am Nürburgring produziert noch weitere Helden: Alan Jones holt sich im Hill GH1 zwei WM-Punkte und Harald Ertl wird in seinem ersten Formel-1-GP Achter. Der Motorsport-Journalist und Self-Made-Rennfahrer, von Hause aus Österreicher, aber schon seit Jahren in Mannheim ansässig, hat Harry Stiller den Hesketh 308/1 abgekauft und

Am Wendepunkt seiner Formel-1-Karriere - Mario Andretti: Mit dem Parnelli-Rennwagen ist für den begnadeten Rennfahrer kein Staat zu machen. Der Weg des Italo-Amerikaners führt zurück zu Lotus und Colin Chapman, der ihm 1968 das Grand-Prix-Debüt ermöglichte.

Mark Donohue, der wahrscheinlich schnellste Renningenieur, der jemals am Lenkrad eines Formel-1-Rennwagens saß, stirbt an den Folgen eines Unfalls am Österreichring.

verpaßt wegen nachlassender Bremsen einen WM-Punkt. Grund genug für den 27jährigen, mit seinem Hesketh auch noch bei den nächsten beiden WM-Läufen auszurücken. In Monza balgt sich der nach einem Reifenwechsel überrundete Ertl unbekümmert mit Leuten wie Hunt und Pryce herum. Bei aller Professionalität im heraufziehenden Computer-Zeitalter der Formel 1, was war Mitte der 70er Jahre doch noch alles möglich!

Auch tödliche Unfälle. Die gehörten zur Tagesordnung: In Zeltweg, wo Rolf Stommelen in den Formel-1-Zirkus zurückkehrte, verunglückt im sonntäglichen Warm-Up Mark Donohue, als an seinem March, den Roger Penske als vorübergehenden Ersatz für die mittlerweile ausgemusterte Eigenkonstruktion angeschafft hat, bei Tempo 270 der linke Vorderreifen platzt. Der außer Kontrolle geratene Rennwagen mäht sämtliche Fangzäune nieder und erfaßt zwei Streckenposten, von denen einer seinen schweren Verletzungen geraume Zeit später erliegen sollte. Donohue selbst ist bei Bewußtsein, doch ein Pfosten der Sicherheitszäune hat seinen behelmten Kopf getroffen, im Gehirn des 38jährigen US-Amerikaners bildet sich ein Blutgerinsel, Mark Donohue fällt in ein tiefes Koma und stirbt am Mittwoch nach dem Rennen in einer Grazer Klinik. Seine Witwe Eden mochte nicht das ungeschriebene Gesetz des Formel-1-Zirkus akzeptieren, über technische Fehler und Versäumnisse den Mantel des Schweigens zu hüllen und verklagte den Reifengiganten Goodyear. Erst Jahre später endete das Verfahren mit einem außergerichtlichen Vergleich.

Der österreichische Grand Prix steht unter einem Unstern, die notwendigen Reparaturen nach dem Donohue-Unfall und ein schwerer Wolkenbruch sorgen für eine erhebliche Verzögerung des Starts. Niki Lauda hält in der Wasserschlacht von Zeltweg anfangs die Spitze, ehe James Hunt und Vittorio Brambilla vorbeirauschen, um den Sieg unter sich auszumachen. »Monza-Gorilla« hatten sie den jüngeren der beiden Brambilla-Brüder immer abfällig tituliert, in Zeltweg feiert der 37jährige Italiener seinen ersten Grand-Prix-Sieg, nachdem er zuvor schon in Zolder und Anderstorp geführt hatte. Als nach immer heftigeren Regenfällen

der *Große Preis von Österreich* nach 29 Runden abgebrochen wurde, lag »Vittorio der Schreckliche« vorn und feierte dann doch noch standesgemäß seinen Erfolg, indem er die Front seines Marchs noch in der Auslaufrunde bei einem Unfall zertrümmerte.

Der frühzeitige Abbruch des Rennens halbierte wieder einmal nur die WM-Punkte und sorgte dafür, daß Niki Lauda nicht schon in seiner Heimat zum neuen Champion gekürt werden konnte. So fand denn zum Entzücken der Ferraristi die Inthronisation im königlichen Park von Monza statt, wobei hier Regazzoni den Leithammel spielen darf, während Lauda sich eisern hinter seinem Teamkollegen hält. Zwei Wochen vor Monza hatte »Rega« als einziger Repräsentant von Ferrari im französischen Dijon den *Großen Preis der Schweiz* gewonnen. Das Experiment eines schweizerischen Formel-1-Rennens im Exil wurde sechs Jahre später noch einmal wiederholt, dann sogar mit WM-Status. Aber es blieb bei diesem Versuch, das seit der LeMans-Katastrophe von 1955 bestehende Verbot von Rundstreckenrennen auf diese Weise auch für einen Formel-1-GP zu umgehen. Mag sein, daß Regazzoni in Dijon wieder Geschmack am Siegen gefunden hatte, natürlich durfte er aber wohl auch angesichts der eindeutigen WM-Situation in Monza ohne Rücksicht auf Verluste Tempo machen, während sein Teamkollege und Kronprätendent wohl wegen eines defekten Stoßdämpfers alsbald den Anschluß verlor. Niki Lauda mußte deswegen sogar noch kurz vor Rennschluß den aufrückenden Titelverteidiger Emerson Fittipaldi vorbeilassen, doch der dritte Rang reichte allemal zum Gewinn der Weltmeisterschaft. Die Tifosi stürmten enthusiastischer denn je zu Zehntausenden die Strecke, es war vollbracht, Ferrari war zum ersten Mal seit elf Jahren Formel-1-Weltmeister geworden! Und der neue Champion gewann auch noch den letzten Grand Prix der Saison am 5. Oktober 1975 in Watkins Glen, profitierte dabei aber gegen einen entfesselt fahrenden Emerson Fittipaldi vom Einsatz des Ferrari-Kollegen Clay Regazzoni: Der nach einem Boxenstop zur Überrundung fällige Tessiner läßt Lauda anstandslos passieren, verweigert solches jedoch dem wütenden Fittipaldi! Fünf Runden lang hält

»Rega« die Blockade aufrecht, sämtliche Flaggensignale ignorierend: »Fitti« hat 13 Sekunden auf Lauda verloren, als die Rennleitung Regazzoni endlich die schwarze Flagge zeigt. Der Schweizer rollt zwar kurz an die Ferrari-Box, mochte aber die Disqualifikation nicht akzeptieren und kehrt wieder ins Rennen zurück, ehe ihn die eigene Boxencrew zur Aufgabe bewegen kann. Zwischen Rennleitung und Teammanager Montezemolo kam es sogar noch zu Handgreiflichkeiten, aber das änderte nichts daran, daß Niki Lauda seinen fünften Saisonsieg feierte und daß Clay Regazzoni trotz Ignorierens der schwarzen Flagge selbstverständlich ungeschoren davon kam... Keine fünf Sekunden hinter Lauda raste Emerson Fittipaldi als Zweiter durchs Ziel. McLaren und »Fitti« waren wieder voll in Form, wenn jemand Ferrari im kommenden Jahr würde gefährlich werden können, dann nur diese Kombination. Die Vertragsverlängerung von Emerson Fittipaldi bei Marlboro-McLaren schien nur noch eine Formsache, bis sich am 22. November 1975, abends gegen 20.00 Uhr, »Fitti« von einem Münzfernsprecher am Zürcher Flughafen bei seinem Teamchef Teddy Mayer meldete: »Ich hab' Dich angerufen, um Dir zu sagen, daß ich nicht unterschreiben werde. Ich habe bei meinem Bruder Wilson für unser eigenes Team im nächsten Jahr unterzeichnet.« Binnen weniger Sekunden hatte sich einer der herausragendsten Rennfahrer der Formel-1-Geschichte für alle Zeiten von den vorderen Rängen des Grand-Prix-Sports verabschiedet, seinem Bruder zuliebe, der 1975 mit dem neuen brasilianischen Copersucar-Fittipaldi-Cosworth stets dem Feld hinterhergefahren war... Als Ersatzmann für den abgängigen Brasilianer griff sich Teddy Mayer James Hunt. Der 28jährige Engländer saß auf der Straße, nachdem Lord Hesketh nicht mehr länger Geld in das immer teurer werdende Hobby Formel 1 stecken wollte. Die Reste des Hesketh-Rennstalls wurden zwischen dem ehemaligen Teammanager »Bubbles« Horsley und dem millionenschweren austro-kanadischen Ölmagnaten Walter Wolf aufgeteilt. Wolf plante in Kooperation mit dem in chronischer Geldnot befindlichen Frank Williams die Gründung einen eigenen Formel-1-Rennstalls.

Jagdzeit - The Hunt is on

Der Formel-1-Zirkus rüstete sich für die neue Saison, als am 29. November 1975 der tragische Tod von Graham Hill nicht nur die Welt des Motorsports erschütterte. Auf dem Rückflug von Testfahrten in Le Castellet wollte der zweifache Ex-Weltmeister so rasch wie möglich nach London und riskierte mit seinem Privatflugzeug bei dichtem Nebel eine Landung auf dem Flugplatz von Elstree. Die Piper Aztec zerschellte beim Landeanflug, mit Graham Hill starben sein Rennfahrer Tony Brise, Designer Andy Smallman, Teammanager Ray Brimble und die Mechaniker Tony Alcock und Terry Richards. Mit einem Schlag war ein komplettes Formel 1-Team ausgelöscht, für Bette Hill und die Kinder Damon, Brigitte und Samantha begannen schlimme Zeiten, denn im Gefolge von Regreßansprüchen verlor die Familie fast ihr gesamtes Vermögen. Was blieb, waren Erinnerungen an den vielleicht besten Botschafter der Formel 1, dem es nicht vergönnt war, die Rennkarriere seines Sohnes Damon mitzuerleben und zu fördern. Erinnerungen auch an den 23jährigen Tony Brise, der wie einst Roger Williamson als größtes britisches Rennfahrertalent gehandelt wurde. Ironie des Schicksals oder doch eine Form von höherer Gerechtigkeit, daß am Ende der Rennsaison 1976 James Hunt Weltmeister wurde...?

Tatsache ist, daß die dramatischen Ereignisse dieses Formel-1-Jahres dazu geeignet waren, dem Grand-Prix-Zirkus endgültig jenes weltweite Interesse zu bescheren, das sich eben nicht mehr nur in Motorsport-Fachjournalen, sondern nun auch in Boulevardpresse und den abendlichen Hauptnachrichten des Fernsehens niederschlägt. Ein vom Flammentod wiederauferstandener Weltmeister im Duell mit einem nonchalant-pfiffigen Draufgänger, das war der Stoff, aus dem die Yellow Press Titelstories ohne Ende fabrizieren konnte. 1976 wurde die Formel 1 zu einem weltweiten Massenphänomen und für immer mehr Sponsoren interessant. Viel entscheidender war jedoch, daß nun auch die großen Automobilwerke mit Macht in die Formel-1-WM drängten: Renault rüstete sich 1976 mit Testfahrten für den Einstieg ins Turbo-Zeitalter, womit die Franzosen eine technologische Lawine lostraten, die den Grand-Prix-Sport vollkommen verändern sollte. Einstweilen herrschte in der Formel 1 noch die gewohnte Hackordnung: Der Ferrari 312T und Niki Lauda dominierten den Saisonauftakt mit Siegen in Interlagos und Kyalami, während Clay Regazzoni auf dem neu in den WM-Kalender aufgenommenen US-Straßenkurs von Long Beach einen ebenso makellosen wie überraschenden Triumph herausfuhr. Das Rennen in den Betonschluchten des US-Rentnerparadieses setzte künftige Standards, denn die Formel 1 gastierte des lieben Geldes wegen immer öfter bei solchen Städterennen: Die schwer zu zähmenden PS-Bestien und ihre Dompteure zwischen Betonmauern, Reifenstapeln und meterhohen Fangzäunen eingezwängt wie in einem gigantischen Käfig, ja, das war denn in der Tat das angemessene Szenario für den Grand-Prix-Zirkus. Bernie Ecclestone plante bald ähnliches gar für Paris und Moskau, was dem Publikum dann jedoch erspart blieb.

Als einziger ernsthafter Konkurrent für die Scuderia Ferrari erwies sich frühzeitig James Hunt, der den McLaren M23 mit neuem Hewland-Sechsganggetriebe sowohl in Brasilien als auch in Südafrika auf die Pole Position stellte, in den Rennen dann jedoch gegen Niki Lauda keine Chance besaß. Immerhin wurde aber Jochen Mass von Anfang an klar, wer im McLaren-Team künftig die erste Geige zu spielen gedacht. Als Kronprätendent hatte sich auch wie erwartet Emerson Fittipaldi verabschiedet. Mit dem brasilianischen, von Copersucar gesponserten Fittipaldi FD04 gelang es Emerson in der Saison 1976 nur lächerliche drei WM-Punkte zu holen. Einträchtig teilte sich »Fitti« damit Rang 16 im Schlußklassement mit einem anderen frustrierten Kollegen namens Carlos Reutemann. Der Argentinier vermochte sich nicht mit dem wuchtig ausladenden Brabham BT 45 anzufreunden, dessen Alfa-Romeo-Triebwerk nicht nur schwer und durstig, sondern zunächst auch extrem anfällig war. Bernie Ecclestone hatte sich den 12-Zylinder-Boxermotor nahezu kostenneutral gesichert, in der Marken-WM war Alfa Romeo damit 1975 unter Regie des Willy-Kauhsen-Racing-Teams mangels ernsthafter Konkurrenz zu Titelehren gekommen. Carlos Reutemann verlor frühzeitig die Lust an dem Projekt, während Teamkollege Carlos Pace sich tapfer in sein Los schickte und die Entwicklung des Brabham-Alfa tatsächlich in ungeahnte Bereiche vorwärts trieb.

Lichtjahre entfernt von solchen Perspektiven verschwindet ein großer Name der Formel-1-Geschichte sang- und klanglos in der Versenkung: BRM siecht dahin, als zur Jahreswende 1974/75 der Owen-Konzern sein teures Anhängsel liquidiert. Louis Stanley, der Schwiegersohn von Sir Alfred Owen, übernimmt die Restbestände des Formel-1-Rennstalls und schickt bei zehn WM-Läufen des Jahres 1975 jeweils einen »Stanley-BRM« ins

James Hunt im McLaren M23 -
das Schicksal gewährt eine
Chance auf die Formel-1-WM.
Eine Gelegenheit, die der
unkonventionelle Brite mit
ungeahnter Konsequenz
nutzen wird.

war. Denn nach dem Lotus-Gastspiel in Interlagos bestritt Mario für das Parnelli-Team die Rennen in Kyalami und Long Beach, ehe der chronisch unterfinanzierte US-Rennstall vor dem spanischen Grand Prix dichtmachte und Mario auf einmal doch wieder für Lotus verfügbar war. Die Liaison Chapman/Andretti erinnerte an ein Ehepaar, das sich nach einer heilsamen Trennungsphase doch noch einmal zusammenrauft und von vorne anfängt. Diesmal störten auch kein Graham Hill und kein Jochen Rindt den Ehefrieden: Bis Ende des Jahres 1976 wurde aus dem Lotus 77 dank Mario Andretti ein sehr konkurrenzfähiger Formel-1-Rennwagen, während Ronnie Peterson vom Gewinn des WM-Titels weiter denn je entfernt war. Die March-Truppe tanzte nämlich wieder einmal auf zu vielen Hochzeiten: Sowohl die Vorbereitungen für das »A-Team« Peterson/-Brambilla als auch für das in Reading stationierte »B-Team« Stuck/Merzario ließen zu wünschen übrig. Zu allem Überfluß erwischte Vittorio Brambilla eine ganz schlimme Saison und arbeitete bei einer Unzahl von unfreiwilligen Ausritten manches March-Chassis auf. Es war ein Jammer, von Rennen zu Rennen miterleben zu müssen, wie Ronnie Peterson wieder einmal sein Talent verschwendete, woran auch sein Sieg in Monza nichts ändern konnte. Pikanterweise hatte Peterson vor seinem Erfolg im *Großen Preis von Italien* gerade erst für 1977 bei Ken Tyrrell unterschrieben - die nächste Fehlentscheidung des Schweden folgte also auf dem Fuße...

Der Grat zwischen Tragik und Komik verlief in der Formel 1 immer schmaler: Puristen empörten sich darüber, daß Alan Jones auf dem neuen Surtees für Durex-Kondome warb. Ein paar Jahre später machte Arturo Merzario auf seinem Formel-1-Eigenbau-Rennwagen Reklame für ein Bestattungsinstitut... Niki Lauda

---

Rennen, ohne daß Mike Wilds und Bob Evans mit dem veralteten V12 gegen die Konkurrenz etwas ausrichten können. Allein um die BRM-Tradition aufrechtzuerhalten, delegiert »Big Lou« 1976 in Interlagos Ian Ashley mit dem Stanley-BRM ins Rennen. Nach drei Runden streikt die Ölpumpe: So endet der letzte Formel-1-Grand-Prix eines BRM...

Der andere britische Traditionsrennstall verliert Ronnie Peterson und gewinnt Mario Andretti zurück: 1976 wird für Lotus ein Jahr des Übergangs und der Neuorganisation. Schon zu Beginn des Trainings in Interlagos verunglückt Peterson mit dem neuen Typ 77, als sich aus einer undichten Leitung Kühlflüssigkeit über die Hinterräder ergießt. Im Rennen kollidieren beide Lotus-Fahrer, als Peterson Andretti zu überholen versucht... Ronnie Peterson zweifelt am neuen Lotus, dem »fully adjustable car«, bei dem Radstand und Spurbreite je nach Streckencharakteristik nahezu beliebig verstellt werden können. Die Doppel-Strategie, die Colin Chapman nach dem Fiasko der Saison

1975 verfolgt, verfängt nicht mehr bei seinem Spitzenfahrer. Chapman hatte parallel zum Typ 77 ein zweites Formel-1-Projekt lanciert. »Mr. Lotus« beschrieb auf 27 Schreibmaschinenseiten, was ein Siegerauto aufweisen müßte. Tony Rudd und die Schar der Lotus-Designer erledigten die Hausaufgaben mit Erfindung und Konstruktion des ersten »Wing Car« in der Grand-Prix-Geschichte. Doch dieser Lotus 78 war zu Beginn des Jahres 1976 nur eine ferne Verheißung: Ronnie hatte die Nase voll, zumal seine alten Freunde von March, Max Mosley und Robin Herd, längst Gewehr bei Fuß standen, um den Schweden aus seinem Lotus-Vertrag loszueisen. Im Gegenzug offerierten die cleveren March-Jungs dem verärgerten Colin Chapman einen schwedischen Rennfahrer namens Gunnar Nilsson, der 1975 die britische Formel-3-Meisterschaft für sich entschieden hatte und eigentlich weiterhin bei Mosley & Co. unter Vertrag stand. Der Lotus-Boß stimmte dem Deal zu - und hatte Glück, daß auch der 36jährige Mario Andretti wieder verfügbar

brachte das Kunststück fertig, beim Rasenmähen mit einem Kleintraktor umzukippen: Der Weltmeister hatte Glück, mit zwei angebrochenen Rippen davonzukommen, wenngleich er beim nächsten Formel-1-WM-Lauf am 2. Mai 1976 in Jarama mit beißendem Spott überzogen wurde. Der spanische Grand Prix bescherte eine erheblich veränderte Optik der neuen Generation von Formel-1-Rennwagen, denn laut Reglement mußten die üppig in die Höhe gewachsenen Lufthutzen über den Ansaugtrakten der Rennmotoren gestutzt werden. Bei den McLaren M23 wölbten sich links und rechts vom Überrollbügel des M23 nüsternartige Öffnungen hervor, die auf diese Weise die maximal zulässige Airbox-Höhe von 85 Zentimetern ab Unterkante des Chassis einhielten. An anderer Stelle hatten die Jungs von McLaren leider nicht so exakt nachgemessen, aber das ist eine andere Geschichte. Aus dem Rahmen des Gewohnten fiel in Jarama auch eine geradezu sensationelle Neukonstruktion, der sechsrädrige Tyrrell P34. Das dreiachsige Gefährt war schon im Vorjahr in einer Testversion gezeigt worden, aber daß Konstrukteur Derek Gardner damit ernsthaft in das Geschehen eingreifen wollte, schien eigentlich undenkbar. Und doch, in Jarama lenkte Patrick Depailler die überarbeitete Rennversion des Sixwheelers. Der neue P34 funktionierte auf Anhieb, nur Hunt und Lauda waren im Training einen Hauch schneller als Depailler. Die Tandem-Vorderachse des Tyrrell mit den vier winzigen Rädern bescherte eine geringere Stirnfläche und damit auch etwas weniger Luftwiderstand. Entscheidender war jedoch, daß der P34 durch die vierfache Bereifung vorne besseren Grip besaß und auch geringere Bremswege benötigte. Solange Goodyear mitspielte und Tyrrell mit ausreichend vielen Spezialmischungen versorgte, funktionierte die Idee Derek Gardners vorzüglich, so daß eine Zeitlang alle renommierten Formel-1-Konstrukteure mit Doppelachsen experimentierten, sowohl vorn à la Tyrrell P 34 als auch hinten beim Motortrieb. Für den Renneinsatz reichte es gleichwohl nie, dieses Kunststück blieb allein dem Team von Ken Tyrrell vorbehalten, das in Anderstorp sogar den ersten und einzigen Sieg eines Sixwheeler feiern konnte.

Der körperlich angeschlagene Niki Lauda konnte sich in Jarama nur bis zur 32. von 75 Runden vor James Hunt behaupten, zwei Umläufe später zog auch Jochen Mass an dem Ferrari vorbei, um fortan seinem führenden McLaren-Teamkollegen wie ein Schatten zu folgen. »Herman, the German«, wie ihn seine Boxen-Crew liebevoll uzte, holte endlich einmal den Hammer heraus: Mass war in Jarama schneller unterwegs als Hunt, Teamchef Teddy Mayer ließ gleichwohl »Hold Position« signalisieren. Doch Jochen blieb irritierend nah im Windschatten von James Hunt. Ob der Deutsche der Versuchung widerstehen würde...? Doch 10 Runden vor Schluß verendete der Cosworth-Motor des zweitplazierten McLaren: Jochen Mass war draußen und die Formel-1-Geschichte nahm ihren bekannten Gang, James Hunt gewann den *Großen Preis von Spanien* - und wurde nach dem Rennen diqualifiziert, weil sein McLaren 18 Millimeter zu breit war! Teddy Mayer ereiferte sich, für eine solche Lappalie bestraft zu werden und legte Gegenprotest ein... Nun sind 18 mm zuviel Spurweite an der Hinterachse gewiß nicht viel, doch groß genug, um allseits bekannte Spielregeln zu überschreiten. Doch das Internationale Berufungsgericht der FIA hob die Disqualifikation von James Hunt zwei Monate später, am 5. Juli 1976, trotzdem wieder auf, mit der frappierenden Begründung, ein Rennfahrer sei für den Regelverstoß seines Teams nicht verantwortlich zu machen. Mit dieser Logik hätte McLaren wohl auch mit einem 5-Liter-Triebwerk ungestraft siegen dürfen, vorausgesetzt der unschuldige James Hunt hätte nichts davon gewußt.

Dieses juristische Finassieren und Nachkarten war vorerst noch bedeutungslos, solange Niki Lauda und Ferrari auf der Rennstrecke alsbald wieder das Geschehen beherrschten. Der Österreicher gewann in Zolder und Monte Carlo geradezu nach Belieben und führte damit im WM-Zwischenklassement mit 51 Punkten vor Regazzoni mit 15 und Depailler mit 14, während es Hunt nach der Disqualifikation von Jarama, die ja noch gar nicht wieder aufgehoben war, gerade mal auf sechs WM-Zähler gebracht hatte. Am 13. Juni 1976 geriet Ferrari auf dem Kurs von Anderstorp wie

schon in den Vorjahren in arge Abstimmungsnöte, aber Lauda brachte den wüst übersteuernden Tipo 312 T2 wenigstens auf Rang Drei ins Ziel, hinter den beiden Tyrrell P34 von Scheckter und Depailler, die ihren Doppelsieg von 1974 wiederholten, diesmal jedoch nicht auf jeweils vier Rädern, sondern deren sechs. In Anderstorp einmal mehr nicht im Bilde war McLaren, wo James Hunt mit Mühe und Not zwei WM-Punkte einfuhr. Das bis dato schnellste Cosworth-Team hatte seit Jarama an Konkurrenzfähigkeit eingebüßt, erst als man zum französischen Grand Prix wieder beide Ölkühler seitlich hinter den beiden Wasserkühlern montiert hatte, stimmte die Balance. Schon einige Rennen zuvor experimentierte McLaren mit seitlichen Abdichtleisten an den Chassisrändern. Diese fest montierten Plastikschürzen sollten auf recht simple Art und Weise zusätzlichen Unterdruck aufbauen, um die Bodenhaftung des M23 zu verbessern, eine Methode, die von anderen Teams rasch kopiert wurde, ehe Colin Chapmans revolutionäres »Wing-Car«-Konzept mit aerodynamisch geformten Seitenkästen und Unterböden samt beweglichen Schürzen die Konkurrenz völlig in den Schatten stellte. Immerhin, McLaren und Hunt kamen im Sommer 1976 gerade noch rechtzeitig in die Gänge: Am 4. Juli 1976 gewann der Brite in Le Castellet, weil beide Ferraris mit kapitalen Motorschäden ausgefallen waren. Tags darauf bescherte die FIA Hunt noch weitere neun WM-Punkte von Jarama, so daß die Nummer 1 von McLaren zum Heim-Grand-Prix in Brands Hatch plötzlich 26 WM-Zähler aufwies. Noch lag Lauda mit doppelt soviel Punkten vorn, aber 80 000 britische Rennfans auf den restlos überfüllten Rängen wollten am 18. Juli James Hunt siegen sehen. »Give the people what they want«, lautete denn auch folgerichtig das Motto der RAC-Funktionäre...

Regazzoni katapultierte sich vom vierten Startplatz aus auf Höhe des einmal mehr führenden Teamkollegen Lauda. In dieser Formation rauschten die beiden Ferraris auf die erste Rechtskurve zu, Lauda links, Regazzoni rechts, beide auf der letzten Rille unterwegs auf Kollisionskurs. Es war idiotisch und mag »Rega« vielleicht auch später den Job in Mara-

Psychologen prägten den Begriff der »self-fulfilling prophecy«: Wenn irgendetwas schiefgehen kann, dann wird es auch schiefgehen. Am 1. August 1976 bestätigen Niki Lauda und der Nürburgring die Wissenschaftler.

nello gekostet haben: Während Lauda die Fahrt fortsetzte, drehte sich Regazzoni frontal dem Rest des Feldes entgegen. Ausgerechnet Hunts McLaren traf das Hindernis und brach sich nach einem meterhohen Luftsprung die Spurstange, was unter normalen Umständen das Ende gewesen wäre, zumal James diese erste Runde gar nicht komplett zuende fuhr, sondern gleich in Richtung Boxengasse abbog. Das Rennen wurde abgebrochen und zum Neustart durften nur die Fahrzeuge anrollen, die zum Zeitpunkt des Abbruchs tatsächlich noch auf der Piste waren. Die Rennleitung verweigerte Hunt deshalb die Teilnahme, als dies

über Lautsprecher verkündet wurde, reagierte das empörte Publikum mit einem Pfeifkonzert nebst einem Blechbüchsenbombardement: Hunt durfte prompt mit seinem mittlerweile wieder reparierten McLaren starten und lieferte Lauda einen großen Kampf, der durch Getriebeprobleme am Ferrari zugunsten des Engländers entschieden wurde. Trotz massiver Proteste von Ferrari, Tyrrell und Fittipaldi wurde James Hunt zum Sieger erklärt. Ferrari erhob Einspruch bei der FIA, doch Hunt behielt vorerst noch die neun Punkte. Gleichwohl führte Lauda immer noch überdeutlich mit 58 zu 35 Zählern gegenüber seinem englischen Konkur-

renten. Die erfolgreiche Titelverteidigung schien absolut sicher, bis zu jenem 1. August 1976 auf dem Nürburgring.

Zyniker könnten mit einiger Berechtigung darauf verweisen, daß Niki Lauda erst nach seinem Nürburgring-Unfall wirklich weltweite Popularität zu gewinnen vermochte. Auf der Strecke blieb der alte Eifelkurs, Überbleibsel aus einer Zeit, in der Rennfahrer noch klaglos den Rennfahrertod zu sterben hatten. Und das war trotz verschiedentlicher kosmetischer Kniffe so geblieben. Nein, die Nürburgring-Nordschleife war nicht reformierbar, nicht einmal in jenen allenthalben so reformgläubigen 70er

Jahren. Eine unwirtliche Bastion läßt sich nicht zum bequemen Bungalow schleifen. Der alten Eifel-Rennstrecke erging es wie den mächtigen Burgen des Mittelalters: Die Kriegstechnik hatte sich gewandelt, man benötigte keine unzugänglichen Wehrbauten mehr. Die Herrscher suchten sich etwas Komfortableres in der Ebene und überließen ihren alten Stammessitz dem Verfall.

Daß mit Weltmeister Niki Lauda ausgerechnet der schärfste Kritiker der Nordschleife verunglückte, war 50 Jahre nach der Einführung des *Großen Preises von Deutschland* die makabre Krönung des Ganzen. Vor dem Start hatte es wieder einmal zu regnen begonnen, Kenner des Eifelwetters rieten, man möge noch etwas zuwarten, von Westen her sei Wetterbesserung absehbar. Aber der Grand Prix war durch Unfälle in den Rahmenrennen in Verzug geraten, wozu noch warten? Alle Starter, bis auf Jochen Mass, hatten Regenreifen aufgezogen und so nahm denn alles seinen Lauf. Mass hatte den richtigen Riecher, kehrte aus der ersten Runde hinter Peterson auf Platz Zwei zurück, während die Hälfte des Feldes, Lauda inklusive, die Boxen ansteuerte, um auf Trockenreifen zu wechseln. In der zweiten Runde übernahm der Deutsche endgültig das Kommando in seinem Heim-Grand-Prix, als das Publikum entlang der Nordschleife von Streckensprecher Jochen Luck informiert

Das große Kuriosum - der Tyrrell P34-Sixwheeler beschert seinen Fahrern Jody Scheckter und Patrick Depailler beachtliche Erfolge.

Wieder ein verlorenes Jahr für Ronnie Peterson.

wurde, daß es einen Unfall gegeben habe und das Rennen vorerst abgebrochen werden müsse.

Ob Niki Lauda bei Kilometer 10,4 im Streckenabschnitt »Bergwerk« seinen Ferrari durch einen Fahrfehler oder einen technischen Defekt aus dem Griff verlor, bleibt offen, auch wenn vieles für erstere Variante spricht. Tatsache ist, daß Laudas Rennwagen bei Tempo 200 nach links in Richtung Böschung abdrehte, gegen die dort montierten Leitplanken knallte, in Flammen aufging und dann vom Surtees des Amerikaners Brett Lunger gerammt wurde, während der Hesketh von Guy Edwards zuvor um Haaresbreite dem Zusammenstoß entkam. Auch Harald Ertl im zweiten Hesketh und Arturo Merzario im Wolf-Williams - der Ersatzmann für den ausgerechnet vor dem Nürburgring gefeuerten Jacky Ickx - kamen noch vorbei, konnten in der Nähe stoppen und gemeinsam Niki Lauda retten. Dem Österreicher ist bei dem Unfall der Sturzhelm vom Kopf gerissen worden: Ein hochmodisches Modell im aktuellen »Ritterhelm-Design« mit tollen Belüftungsschlitzen, das nach den Ereignissen in der Eifel jedoch ganz rasch aus der Mode kommt. Lauda ist bei vollem Bewußtsein, doch die giftigen Kohlenmonoxiddämpfe haben seine Lungen und Atemwegsorgane geschädigt, was weitaus schwerer wiegt als die

Brandwunden an Kopf und Körper: Die Sache ist ernst, tödlich ernst. Eine Woche lang wird Niki Lauda in Lebensgefahr schweben und bereits die letzte Ölung erhalten, wie die Boulevardpresse reißerisch verkündet. Doch Lauda überlebt und denkt ganz und gar nicht ans Aufhören: »Als ich in der Intensivstation lag, waren das alles sekundäre Probleme. Der Unfall selbst berührt einen nicht, wenn die Erinnerung fehlt. Das Nachher ist viel ärger. Da liegt man im Bett, sieht nichts, hört fast nichts, hat Schläuche im Mund, die Lunge wird abgesaugt, man hört leise Stimmen, man klammert sich an Geräusche, sagt sich, jetzt darfst nicht ohnmächtig werden. Und solange Du eine solche Krise durchmachst, kommt Dir der Gedanke `aufhören' oder `weiterfahren' gar nicht. Du nimmst alle Kräfte zusammen, um aus der Krise rauszukommen. Und dann erst denkst Du darüber nach, wie es weitergehen soll.« Frühestens im Oktober könne er wieder Rennen fahren, prophezeien seine Ärzte, doch nach eiligst anberaumten Ferrari-Testfahrten wird Lauda bereits am 12. September 1976 in Monza starten! Die Formel 1 erlebt eines der erstaunlichsten Comebacks der Sportgeschichte nicht zuletzt deshalb, weil der noch nicht wieder völlig gesundete Weltmeister um seinen Platz im italienischen Traditionsrennstall bangen muß. Ronnie Peterson gilt

1975 ein heißer Kandidat auf einen Grand-Prix-Sieg, 1976 nur noch Ambitionen auf Zielankünfte: Jean-Pierre Jarier im Shadow.

Ein Rennfahrer beißt sich durch - während Carlos Reutemann frühzeitig resigniert, bringt Carlos Pace den neuen Brabham-Alfa-Romeo BT 45 mit großem Einsatz voran - und wird den Lohn für seine Mühe gleichwohl nie ernten.

als heißer Kandidat, Carlos Reutemann fährt in Monza den zweiten Ferrari neben Clay Regazzoni und hat bereits für nächstes Jahr unterschrieben, während »Rega« bei Ferrari auf der Abschußliste steht. Aus Protest nach dem Nürburgring-Unfall hat die Scuderia törichterweise auf den Start in Zeltweg verzichtet, aber zum Glück für die Italiener verpaßt Nürburgring-

Sieger James Hunt den ersten Platz, holt sich aber immerhin noch drei WM-Zähler, während John Watson den ersten und einzigen Grand-Prix-Sieg für Roger Penske herausfährt. Im Jahr zuvor ist in Zeltweg Penskes Freund und Kompagnon Mark Donohue tödlich verunglückt. Die Formel 1 bietet mitunter merkwürdigen Trost.

In Zandvoort tritt Ferrari mit einem Fahrzeug für Clay Regazzoni an, dennoch gewinnt James Hunt, vielleicht weil der Tessiner im Rennen zu spät aufgewacht ist. Gewiß, kurz vor Schluß ist »Rega« auf der Jagd nach Hunt von Alan Jones beim Überrunden gesperrt worden. Doch nicht nur bei Ferrari fragt man sich, wieso Clay erst in den letzten fünf von 75 Runden ernsthaften Druck auf den McLaren ausübte. Im Ziel fehlen dem Tessiner läppische neun Zehntel auf Hunt, so daß es in der WM-Wertung nur noch 58:56 für Lauda heißt! In Monza gibt es immerhin besonderen Beistand für die Scuderia Ferrari: Nach dem Abschlußtraining werden Benzinproben gezogen, keine sechs Stunden vor dem Start des Großen Preises von Italien verkündet der Rennveranstalter, daß beide Werks-McLaren und der Penske mit unerlaubt hochoktanigem Sprit gefahren seien und deshalb sämtliche Trainingszeiten vom Samstag gestrichen würden. Das ganze Prozedere riecht nach Schikane: Mit ihren Zeiten vom verregneten Freitagstraining wären die drei Benzinsünder gar nicht qualifiziert gewesen! Aber weil Arturo Merzario und der ultralangsame Österreicher Otto Stuppacher vorzeitig abgereist sind und auch Guy Edwards auf einen Start verzichtet, dürfen sich Hunt, Mass und Watson am Ende des Feldes aufstellen. »James the Shunt« kämpft sich mühsam auf den 12. Platz vor, ehe er seinen McLaren bei einem Ausritt im Sandbett vor der Lesmo-Kurve versenkt. Da ist es den Tifosi fast egal, daß Ronnie Peterson im March gewinnt: »Rega«

Die Hoffnungen nicht erfüllt - Jochen Mass vermag sich bei McLaren gegen James Hunt nicht zu behaupten.

wird wieder Zweiter, aber Niki Lauda holt sich als Vierter wertvolle WM-Punkte, die umso schwerer wiegen, weil gleich nach dem italienischen Grand Prix frohe Kunde von der FIA kommt. Niki Lauda wird zum Sieger des britischen Grand Prix erklärt, während James Hunt neun Punkte durch Disqualifikation verliert, womit es nun 64:47 für den Österreicher steht.

Bei drei noch verbliebenen WM-Läufen sind 17 Punkte Vorsprung unter normalen Umständen ein ausreichendes Polster. Doch Niki Lauda ist fahrerisch längst noch nicht auf seinem gewohnten Niveau, vor allem aber ist während der Rekonvaleszenz des Österreichers der Tipo 312T2 nur unzureichend weiterentwickelt worden. Der Ferrari läßt sich auf

Hans-Joachim Stuck sorgt im March 761 für einige gute Resultate, wird jedoch allzuoft von der mangelhaften Vorbereitung seines Teams unfreiwillig eingebremst. Der lange Grainauer soll seine große Chance in der Formel 1 aber noch bekommen - und bei Brabham nicht nutzen.

den Kursen von Mosport, Watkins Glen und Fuji nur unwillig auf halbwegs neutrales Fahrverhalten trimmen, während der McLaren M23 die Goodyear-Slicks bei den Herbstrennen wesentlich besser auf Betriebstemperatur bringt. James Hunt muß in Kanada und den USA hart kämpfen, aber der Engländer gewinnt beide Rennen, während Niki Lauda nur in Watkins Glen punktet. Das reicht dem Titelverteidiger, um in der Gesamtwertung mit 68:65 vorn zu bleiben, beschert aber dem ersten japanischen WM-Grand-Prix der Formel-1-Geschichte ein packendes Finale. Wobei erstaunlich genug war, daß die freundschaftlichen Beziehungen zwischen Lauda und Hunt trotz der überaus bewegten Saison nach wie vor intakt blieben. Ein Umstand, den man aus späteren Erfahrungen mit anderen WM-Duellen nicht hoch genug einschätzen kann. Während sämtlicher Trainingssitzungen auf dem Fuji International Speedway liegen die beiden Titelaspiranten nahezu gleichauf, am Ende ist Hunt nur 28 Hundertstel schneller als Lauda. Allein Mario Andretti gelingt es, im Lotus 77 die beiden Bestzeiten noch geringfügig zu unterbieten: Mit der Pole Position und

dem späteren Sieg wird der »Golden Boy« die erfolgreiche Renaissance des Rennstalls von Colin Chapman eindrucksvoll unterstreichen, doch dies interessiert angesichts des Titelduells nur am Rande. Alle Spekulationen über Taktik und Rennverlauf werden am Rennsonntag von sintflutartigen Regenmassen beiseite gespült. Soll man überhaupt starten? Aber mieses Wetter und katastrophale Streckenbedingungen waren noch nie ein ernsthafter Grund, um einen Formel-1-WM-Lauf zu kippen. Und so wird mit rund anderthalb Stunden Verspätung die Meute losgelassen.

James Hunt übernimmt resolut die Spitze, während Niki Lauda aus der ersten Runde nur als Zehnter bei Start und Ziel vorbeirauscht. Nach einem weiteren Umlauf im strömenden Regen hat Lauda genug und steuert die Ferrari-Box an: »Ich habe nicht die Absicht, mich umzubringen. Jedenfalls kein zweites Mal«, verkündet die Legende und steigt aus. Forghieri und Audetto versuchen Lauda zu einer Ausrede zu animieren, so unglaublich erscheint ihnen die Aufgabe: Der Österreicher soll wenigstens sagen, daß der Motor defekt ist. Aber Lauda braucht keine Ausreden, er hat

sich entschieden und diese Entscheidung wird ihm bei Ferrari noch gewaltige Probleme bescheren. Die Fahrerweltmeisterschaft 1976 war damit freilich noch nicht gelaufen: James Hunt führte lange, sehr lange. Als der Regen nachließ und die Ideallinie langsam abtrocknete, entschloß sich Hunt seine Regenreifen zu schonen und durchzufahren. In der 62. von 73 Runden zogen Depailler und Andretti vorbei: Der dritte Rang würde zum Titelgewinn genügen, auch Platz Vier wäre noch ausreichend, um mit Lauda punktemäßig gleichzuziehen und dann aufgrund der höheren Anzahl von Siegen Weltmeister zu werden. Aber in der 68. Runde humpelte der McLaren mit Reifendefekt vorn links an die Box. Eine halbe Minute dauerte es, bis vier neue Pneus aufgezogen waren, James Hunt reihte sich erst auf Platz Fünf hinter Andretti, Regazzoni, Jones und Depailler wieder ins Rennen ein. Von seiner tatsächlichen Plazierung fünf Runden vor Ende des Großen Preis von Japan hatte Hunt jedoch keinen blassen Schimmer: »Alles, was ich tun konnte, war so schnell wie möglich zu fahren und jedes Auto zu überholen, das vor mir auftauchte.« Daß Hunt dieses Hasardspiel noch

*Nürburgring,
1. August 1976:
Ein großes Kapitel
Renngeschichte geht
zuende - die Nordschleife
wird nie mehr Schau-
platz eines
Formel-1-Grand-Prix sein.
Jacques Laffite/Ligier, Jody
Scheckter/Tyrrell, Niki
Lauda/Ferrari und Mario
Andretti/Lotus auf dem
Weg in die
zweite Runde.*

zu einem erfolgreichen Ende brachte, nötigt Respekt ab, wurde indes auch von den nachlassenden Reifen bei Regazzoni und Jones begünstigt. Drei Runden vor Schluß schluckte der McLaren nacheinander den Ferrari und den Surtees, James Hunt war Dritter und damit also Weltmeister. Aber die frohe Kunde hatten Teddy Mayer & Co. ihrem Fahrer gleichwohl nicht vermitteln können: James Hunt brauste nach der Auslaufrunde spürbar erregt durch die Boxengasse, überzeugt, den WM-Titel verpaßt zu haben. Selbst als Teddy Mayer die frohe Botschaft lauthals verkündete und die jubelnden McLaren-Mechaniker ihren Champion aus dem Cockpit zerrten, brauchte James noch einige Augenblicke, um sein Glück auch wirklich zu begreifen. Bei seinen ersten spontanen Worten nach der Zielankunft war James Hunt dann jedoch wieder ganz der alte: »Give me a drink, give me a drink, give me a drink«, krächzte der neue Weltmeister...

Doppelte Revolution

Das Duell zwischen James Hunt und Niki Lauda schien zu zeigen, daß, Technik hin oder her, noch immer die Person des Fahrers den Auschlag gab über Sieg oder Niederlage. Doch bei Lotus und Renault arbeiteten findige Köpfe unabhängig voneinander an zwei Innovationen, die so manche Illusion korrigieren sollten. Das »Wing-Car«-Prinzip und der Abgasturbolader revolutionierten die Formel 1 und veränderten auch die Rolle des Rennfahrers. Mochte der Mann am Lenkrad noch so versiert sein, technische Nachteile seines Rennwagens waren selbst auf anspruchsvollen Kursen nicht mehr durch fahrerisches Können auszugleichen. Mit dem allseits erwünschten Engagement renommierter Autokonzerne ging die relative Chancengleichheit der Cosworth-Ära ihrem Ende entgegen. Millionen von Dollars, Pfund, Francs und Mark flossen in den immer schneller expandierenden Grand-Prix-Zirkus. Mit »Big Money« hielt auch »Hi-Tech« Einzug: Computer und Chips, Bits und Bytes eroberten die Szenerie, mittels telemetrischer Datenübertragung ließ sich bald das Verhalten eines Rennwagens präzise analysieren - etwaige Fahrfehler des Chauffeurs inklusive. Die britischen Rennställe vermochten mit immer per-

fekteren Wing-Cars den Niedergang der »Cossies« zu verzögern, doch zum Gewinner waren mit Beginn der 80er Jahre Turbo-Triebwerke vonnöten, deren Entwicklung nach Renault auch andere Firmen in Angriff nahmen, um als reine Motorlieferanten mit erfahrenen Formel-1-Teams zu kooperieren.

Mario Andretti gewann mit dem neuen Lotus 78 zwar die meisten WM-Läufe des Jahres, immerhin vier an der Zahl, gleichwohl landete der 37jährige Italo-Amerikaner im Schlußklassement nur auf dem dritten Rang hinter Niki Lauda und Jody Scheckter, die es auf jeweils drei Siege gebracht hatten. Daß Mario den greifbar nahen WM-Titel verpaßte, verdankte er zum einen der relativen Unzuverlässigkeit

der Cosworth-Experimentalmotoren. Die raren Stücke waren dank Magnesium-Gußteilen rund 20 kg leichter als ihre herkömmlichen DFV-Geschwister, brachten statt 480 PS bei 10 600/min um die 490 PS bei 11 300/min und wurden zuvörderst Lotus für Andretti und McLaren für Titelverteidiger Hunt zur Verfügung gestellt. Doch Mario blieb in Silverstone, Hockenheim, Zeltweg und Zandvoort viermal hintereinander mit Motorschäden auf der Strecke. Zum anderen leistete sich der »Golden Boy« nach absolut glanzvollen Vorstellungen immer wieder schier unglaubliche Fahrfehler: In Zolder hatte Andretti mit sagenhaften anderthalb Sekunden Vorsprung die Pole Position okkupiert, ließ sich von John Watson

Hockenheim, 31. Juli 1977: Fast auf den Tag genau ein Jahr nach seinem schweren Nürburgring-Unfall gewinnt Niki Lauda im Motodrom den Großen Preis von Deutschland und ebnet sich damit auch den Weg zu seiner zweiten Weltmeisterschaft.

*Gescheiterte Titel-Aspiranten:
Carlos Reutemann
im Ferrari 312T2 und
Mario Andretti im Lotus 78.*

*Französische Revolution -
Renault-Turbo mit Jean-Pierre Jabouille.*

Aus dem erfolgreichen
Penske wird der deutsche
ATS - Hans Heyer mogelt
sich damit in Hockenheim
ins Starterfeld.

Hans-Joachim Stuck
braucht zu lange, um mit
dem stets siegverdächtigen
Brabham-Alfa auf Resultate
zu kommen: Als der
»Strietzel« mit seinem
Teamkollegen John Watson
mithalten kann, steht
Niki Lauda bei Bernie
Ecclestone unter Vertrag
und Stuck darf gehen.

jedoch im strömenden Regen beim Start überrumpeln, nur um noch in der ersten Runde bei einem allzu gewagten Ausbremsmanöver sich und Watson aus dem Rennen zu katapultieren. Sinngerweise gewann ausgerechnet Andrettis Teamkollege Gunnar Nilsson im zweiten Lotus 78 diesen belgischen Grand Prix. Ein anderes Mißgeschick unterlief dem unglücklichen Mario in Zandvoort, als Niki Lauda im WM-Klassement auf 54 Punkte davongezogen war und der Lotus-Rennfahrer bei 22 Zählern Rückstand alles auf eine Karte setzen mußte - und verlor. Bei der Attacke auf den führenden James Hunt touchierte der Lotus den McLaren in der Tarzankurve: Hunt war sofort draußen, Andretti büßte seine Ungeduld mit einem gewaltigen Dreher und einem verendenden Motor.

Der Lotus 78 war mit seiner von Peter Wright ausgeklügelten Aerodynamik konsequent darauf getrimmt, soviel Abtrieb wie möglich zu produzieren. Gewiß, schon vor diesem revolutionären Entwurf hatte March gleich bei der allerersten Formel-1-Kreation vom Typ 701 tragflächenartig geformte Seitentanks verwendet. Doch das ganze Konzept schien wenig durchdacht und wurde schon beim Nachfolgemodell 711 wieder fallengelassen. Erst Lotus präsentierte das Grundprinzip des Wing-Car in Gestalt eines schmalen Monocoque-Chassis mit weit vorgerücktem Fahrersitz und zentralem Tank im Rücken des Piloten samt möglichst kompakt bauendem Triebwerk, also dem bewährten Cosworth V8. Links und rechts an diese Fahrzeugzelle angeflanscht waren zwei voluminöse Seitenkästen, die fast komplett den Raum zwischen Vorder- und Hinterrädern ausfüllten, auch die Kühler aufnahmen, dabei im Bereich des Unterbodens mit einem Flügelprofil versehen und zu den Seiten hin von beweglichen Abdichtleisten, den »Skirts« oder »Schürzen«, abgeschottet waren. Bei voller Fahrt wurde solchermaßen die anströmende Luft komprimiert und sorgte für entsprechenden Anpreßdruck. Dieser Ground Effect ermöglichte ungeahnte Kurvengeschwindigkeiten und bescherte ebenso unvermutete Gefahrenmomente: Sobald die beweglichen Seitenabdichtungen nicht perfekt auf dem Asphalt auflagen, verringerte sich der

Unterdruck. Eine nicht mehr korrekt abdichtende Schürze konnte verheerende Folgen haben und einen Formel-1-Rennwagen der Wing-Car-Generation buchstäblich aus der Bahn werfen.

Der Lotus 78 war ein genialer Wurf, aber er war noch lange nicht perfekt. Das Formel-1-Reglement ließ erst ab der Saison 1978 einen zentralen Tank zu, so daß dieses typische Konstruktionsmerkmal kommender Rennwagengenerationen erst beim weitaus eleganteren und noch ausgefeilteren Nachfolger mit der Typenbezeichnung 79 konsequent berücksichtigt werden konnte. Der 78er krankte vor allem noch an dem Problem, auf wirklich schnellen Strecken nicht genügend Top Speed zu entwickeln. Das Ausmaß des Ground Effect ließ sich vorerst noch wenig variieren und wirkte sich anno 1977 noch viel zu negativ auf die erreichbare Endgeschwindigkeit aus. Doch trotz dieses Handikaps hätte Mario Andretti schon 1977 den WM-Titel gewinnen müssen: »Das Auto war der Konkurrenz meilenweit voraus«, räsonierte Andretti Jahre später und beschrieb seine Rennerlebnisse mit dem Lotus 78 als »einfach wunderschön, er fährt sich, als wäre er auf die Straße gemalt worden.«

Doch die Weltmeisterschaft des Jahres 1977 gebührte nicht zu Unrecht Niki Lauda: Es war ein Titelgewinn frei nach dem Motto »jetzt erst recht«. Der 28jährige Österreicher agierte bei weitem nicht so überlegen wie vor seinem Nürburgring-Unfall, was weniger an Lauda als vielmehr an seinem ausgereizten Tipo 312T2 und der Stimmung in der Scuderia Ferrari lag. Laudas ebenso unerwarteten wie unerhörten Abgang beim Regen-Grand-Prix in Fuji hatten viele Zeitgenossen als Feigheit vor dem Feind interpretiert, Enzo Ferrari selbst schien seitdem an den fahrerischen Fähigkeiten Laudas zu zweifeln. Die Folgen des Nürburgring-Unfalls schienen den Ex-Weltmeister doch stärker als geahnt zu behindern, mit so einem Mann wäre nicht mehr ernsthaft zu rechnen, raunten die Auguren in Maranello. Es gab Gedankenspiele, Lauda bei Ferrari nur noch als Teammanager und Cheftester walten zu lassen. Doch Niki Lauda kämpfte um sein Ferrari-Cockpit und seinen Ruf als Rennfahrer, auch wenn Carlos Reutemann in der internen Maranello-Hack-

ordnung bald als Numero Uno gehandelt wurde. Erst recht, nachdem »El Lole« den zweiten WM-Lauf des Jahres in Interlagos gewonnen hatte und die Führung in der Weltmeisterschaft übernahm.

Der Sieg beim WM-Auftakt am 9. Januar 1977 in Buenos Aires war völlig überraschend Jody Scheckter in den Schoß gefallen: Der Südafrikaner hatte nach drei Gesellenjahren bei Tyrrell die Nase voll und war für eine schöne Stange Geld in das Team des austro-kanadischen Ölmagnaten Walter Wolf gewechselt. Wolf ließ gerne die Puppen tanzen, war aber auch ein Geschäftsmann, der rote Zahlen und Mißerfolge als persönliche Beleidigung empfand. Nach den überaus ärgerlichen Erfahrungen der Saison 1976 hatte Wolf deshalb seinen Formel-1-Rennstall gehörig umgekrempelt. Von Lotus war Peter Warr hinzugestoßen, durch den Kauf der »Frank Williams Racing Cars Ltd.« hatte sich Wolf die FOCA-Mitgliedschaft gesichert, während der unglückliche Frank Williams nur noch gutbezahlter Handlanger war. Daß Jody Scheckter im neuen, von Harvey Postlethwaite entworfenen Wolf WR1 gleich auf Anhieb vom elften Startplatz zum Sieg fuhr, war eine absolute Sensation. Nur der Mercedes-Benz W 196 anno 1954 und der Lotus 49 im Jahre 1967 hatten zuvor gleich beim allerersten Renneinsatz einen Formel-1-WM-Lauf gewonnen. Frank Williams fehlte in Buenos Aires, kurze Zeit später quittierte er seinen Job bei Walter Wolf und gründete die »Williams Grand Prix Engineering Ltd.« mit Firmensitz in Didcot, um in der Formel 1 wieder einmal von vorn anzufangen. Als Chefingenieur war ein gewisser Patrick Head mitgewechselt. Bei Walter Wolf Racing war Head nur zweiter Designer gewesen. Die Zeiten sollten sich ändern.

Niki Lauda machte in Maranello Druck: Nicht WM-Leader Reutemann, sondern der Österreicher unterzog sämtliche vorhandenen 312T2 umfangreichen Testfahrten. Selbstverständlich sicherte sich Lauda auch das Privileg, in der Woche vor dem südafrikanischen Grand Prix noch einmal in Kyalami auf Probefahrt zu gehen. Bestens vorbereitet feierte Lauda am 5. März 1977 tatsächlich den wohl wichtigsten Sieg seiner Karriere, denn nun mußten auch

Eine Zeitlang sieht es danach aus, als könnte Jody Scheckter 1977 mit dem neuen Wolf WR 1 den WM-Titel holen.

Unfreiwilliges Rendezvous zwischen Rupert Keegan/ Hesketh und Alex Ribeiro/March - die Bremsen eines Formel-1-Rennwagens werden immer besser, der Spielraum zum Überholen immer kleiner, wenn der Partner auf der Rennstrecke nicht nachgibt, passiert sowas fast zwangsläufig.

bösartige Kritiker einräumen, daß der Österreicher nach dem Nürburgring Unfall keineswegs seinen »winning instinct« eingebüßt hatte. Doch jenes Rennen in Kyalami wurde von einer Tragödie überschattet, die ihren Anfang nahm, als Renzo Zorzi seinen Shadow DN8 auf dem Randstreifen gegenüber der Boxengasse und der Start- und Zielgeraden abstellte. Eine abgerissene Benzinleitung hatte den Motor verenden lassen, etwas Treibstoff entzündete sich, doch der Brand schien eher harmloser Natur, zumal Zorzi seinen Rennwagen bereits eilends verlassen hatte. Zwei Streckenposten rannten von der Boxenseite aus über die Strecke, als über die Kuppe bei Start und Ziel ein dicht gedrängter Fahrzeugpulk in die 23. Runde raste: Hans-Joachim Stuck, im Werks-March bei diesem Grand Prix Ersatz für den mit Knöchelbruch pausierenden Ian Scheckter, führte die Gruppe an und konnte deshalb mit einem irrwitzigen Schlenker die Katastrophe noch vermeiden. Doch der unmittelbar folgende Tom Pryce erfaßte mit seinem Shadow DN8 bei Tempo 270 den 19jährigen Streckenposten Jansen van Vuuren. Der Feuerlöscher, den der junge Südafrikaner mitgeschleppt hatte, erschlug den 27jährigen Waliser, dessen Rennwagen unkontrolliert weiterraste und vor Crowthorne Corner in den Ligier von Jacques Laffite knallte. »Jacquot« entkam mit schweren Prellungen. Zwei Tote waren zu beklagen, doch der *Große Preis von Südafrika* wurde nicht abgebrochen. Nach Roger Williamson und Tony Brise war mit Tom Pryce binnen dreieinhalb Jahren die dritte große britische Rennfahrerhoffnung ums Leben gekommen. Toms 22jährige Ehefrau Nella hatte aus ihrer Abneigung gegen die Formel 1 nie einen Hehl gemacht, aber ihrem Mann zuliebe alle Bedenken stets zurückgestellt. Mit ihrer Bescheidenheit waren die beiden im Grand-Prix-Zirkus liebenswerte Außenseiter. Das, was Tom Pryce nicht vergönnt blieb, sollte seinem Nachfolger im Shadow-Team glücken: Alan Jones, in Ermangelung von Sponsoren nach einem einjährigen Gastspiel bei Surtees arbeitslos geworden, gewann kein halbes Jahr später, am 14. August 1977, den verregneten *Großen Preis von Österreich* vor Niki Lauda. »Den brauchts Euch net merken«, soll Lauda

damals über den 30jährigen Australier gelästert haben. Für Zorzi war bei Shadow ein anderer Italiener untergekommen: Der 23jährige Riccardo Patrese, der in Monte Carlo sein Grand-Prix-Debüt feierte und auf Anhieb Neunter wurde.

Nur 13 Tage nach den tragischen Ereignissen von Kyalami wurde die Grand-Prix-Gemeinde von der nächsten Hiobsbotschaft heimgesucht, als Carlos Pace beim Absturz seines Privatflugzeugs ums Leben kam. Der 32jährige Brasilianer hatte den Brabham-Alfa-Romeo mit Geduld und Können zu einem potentiellen Siegerauto entwickelt, auch wenn John Watson und der als Pace-Ersatz verpflichtete Hans-Joachim Stuck mit dem BT45 keinen einzigen Grand Prix gewinnen konnten. »Wattie« war mehrfach nahe dran am ersten Brabham-Alfa Sieg, scheiterte aber an allzu häufigen Defekten und einmal, in Dijon, am äußerst großen Durst des damals mit 525 PS bei 12200/min stärksten Formel-1-Triebwerks. Vom Start weg bis in die letzte Runde hinein hatte der Nordire geführt, ehe sein 12-Zylinder-Boxermotor mangels Treibstoff zu stottern begann und Watson doch noch von Andretti abgefangen wurde.

Jody Scheckter schien mit dem Wolf-Cosworth zeitweilig auf WM-Kurs zu steuern: Mochte der Sieg in Buenos Aires noch glücklicher Zufall gewesen sein, so bestätigte der Südafrikaner den steten Formanstieg von Fahrer und Rennwagen mit Spitzenresultaten und einem nun auch endgültig überzeugenden Grand-Prix-Sieg in Monte Carlo. Mit dem 100. Erfolg des legendären Ford-Cosworth DFV bei einem Formel-1-WM-Lauf übernahm Scheckter zugleich die Führung in der Weltmeisterschaft, die der 27jährige Südafrikaner dann jedoch durch technische Defekte und selbstverschuldete Unfälle bei den nächsten vier WM-Läufen verlor. Eine noch längere Durststrecke hatte bis dahin Titelverteidiger James Hunt zurückgelegt: Fünf GP in Folge war der Engländer ohne WM-Punkte geblieben, es rächte sich, daß McLaren zulange auf den bewährten M23 gesetzt hatte und die Entwicklung des neuen, wesentlich kompakteren M26 angesichts der Konzentration auf das Titelduell Hunt/Lauda sträflich vernachlässigt worden war. Zu allem

Überfluß erwies sich der neue McLaren keineswegs als ähnlich großer Wurf wie der M23 und bedurfte einer Reihe von Modifikationen, deren augenfälligste der Einbau eines zentralen Ölkühlers in die Frontverkleidung darstellte. Erst zum Beginn der europäischen Saison am 8. Mai 1977 in Jarama rückte James Hunt mit dem M26 überhaupt zu einem WM-Lauf aus, über zwei Monate später schaffte der Weltmeister damit den ersten Saisonsieg beim britischen Grand Prix in Silverstone, zu spät, um sich noch ernsthafte Hoffnungen auf die Titelverteidigung zu machen.

Bei jenem Rennen am 16. Juli 1977 startete Jean-Pierre Jabouille erstmals mit dem Renault-V6-Turbo mit der Typenbezeichnung RS01. Ein einziger Garrett-Lader brachte den Anderthalbliter-Motor bei 1,5 bis 1,7 bar Ladedruck auf etwa 500 PS bei 11000/min. Das hatte Jabouille zum 21. von 26 Startplätzen gereicht: Im Gegensatz zu seinem Schwager Jacques Laffite war der 34jährige Testfahrer und Renningenieur ein Spätberufener, der zuvor bei sporadischen Formel-1-Auftritten keinen nachhaltigen Eindruck hinterlassen hatte. Als 1976 Renault mit dem Gordini-V6 und vier französischen Rennfahrern werksseitig in die Formel-2-EM einstieg, war für Jean-Pierre Jabouille die letzte Chance gekommen: Der Renault-Testpilot mußte den EM-Titel holen, schließlich erprobte er ja bereits den Formel-1-Turbo. Jabouilles Kontrahenten Patrick Tambay und Michel Leclère verpaßten zwar ihre Chancen, doch ausgerechnet Formel-2-Neuling René Arnoux im Martini-Renault sah vor dem Finale auf dem Hockenheimring wie der sichere Champion aus. Gleichwohl brachte es die ausgeklügelte Stallregie zustande, Jean-Pierre Jabouille am Ende doch noch die ersehnte Europameisterschaft zu bescheren. »Le petit Arnoux« mußte in Ermangelung eines zweiten französischen Turbo-Renners noch ein paar Warteschleifen in der Formel 2 drehen, mit der Eigenkonstruktion seines Mentors Tico Martini danach ein bescheidenes Grand-Prix-Debüt durchleben, schließlich kurzzeitig bei Surtees fahren, um dann ab 1979 bei Renault endlich den ersehnten Unterschlupf zu finden. Jean-Pierre Jabouille führte vorerst allein die Turbo-Attacke von Renault an, vielbelächelt ob der

Gunnar Nilsson

zahllosen Lader-, Ventil- und Kolbenschäden: Nach 16 von 68 Runden beendete ein defekter Turbolader das Debüt in Silverstone. Zusammen mit Renault war Michelin in die Formel 1 gekommen: Die französischen Radialreifen bauten damals zwar noch längst nicht soviel Grip auf wie die Diagonalreifen von Goodyear, doch auf längere Sicht setzten Michelin-Neukonstruktionen die Maßstäbe. 1984 stieg Goodyear zunächst bei Regenreifen, ein Jahr später auch bei Slicks auf Radialkonstruktionen um.

Jenes Rennen in Silverstone bescherte auch zwei bemerkenswerten Nachwuchsrennfahrern die Grand-Prix-Premiere: Gilles Villeneuve,

Jahrgang 1950, und Patrick Tambay, Jahrgang 1949, starteten erstmals bei einem Lauf zur Formel-1-WM. Ein tragisches Schicksal sollte die Karrieren der beiden befreundeten Rennfahrer fünf Jahre später noch auf ungeahnte Art und Weise miteinander verbinden. Villeneuve galt als außergewöhnliches Talent, war gleichwohl ein Späteinsteiger: Aus Angst, als zu alt für die Formel 1 zu gelten, gab Gilles damals stets 1952 als Geburtsjahr an. Auch ein gewisser Damon Hill sollte sich später dieses probaten Verjüngungsmittels bedienen. Teddy Mayer ließ Villeneuve einen McLaren M23 fahren - und der Formel-1-Novize aus Kanada war in Silverstone auf Anhieb schneller als Jochen

Mass im neuen M26. Jochens Tage bei McLaren waren ohnehin gezählt: Der 31jährige Deutsche sollte in der Folge keine zweite Chance mehr bei einem Top-Team der Formel 1 bekommen. Teddy Mayers Wahl für einen Mass-Nachfolger fiel jedoch überraschenderweise nicht auf Gilles Villeneuve, sondern auf Patrick Tambay. Mit einem Ensign, den der sündhaft reiche Macao-Chinese Teddy Yip finanziert hatte, gelang es Tambay, immerhin fünf WM-Punkte einzufahren, soviele Zähler wie die etatmäßige Nummer Eins bei Ensign, Clay Regazzoni. Dies schien Teddy Mayer mehr beeindruckt zu haben, Gilles Villeneuve blieb somit frei für Enzo Ferrari. Wobei der

195

Frankokanadier damals keineswegs die erste Wahl darstellte: Ferrari kontaktierte zuerst Mario Andretti, Ronnie Peterson und Alan Jones, als der Platz von Niki Lauda unverhoffterweise frei wurde.

Der unfreiwillige Maranello-Abgänger Clay Regazzoni hatte anno 1977 im Team von Mo Nunn eine fast familiäre Aufnahme gefunden, aber das Ensign-Gastspiel bedeutete für »Rega« einen gewaltigen Abstieg. Der Tessiner nutzte die neugewonnene Freiheit jedoch, um einen langgehegten Abstecher zu den *500 Meilen von Indianapolis* zu unternehmen, Jahre bevor ausgediente Formel-1-Rennfahrer auch aus finanziellen Gründen auf dieselbe Idee kommen sollten. Aber noch war Regazzoni Grand-Prix-Pilot, auch wenn »Rega« für viele Zeitgenossen längst seinen fahrerischen Zenit überschritten zu haben schien. Ähnliches schien allmählich auch für Ronnie Peterson zu gelten, dessen Wechsel zu Tyrrell in ein Fiasko mündete. Der aerodynamisch verfeinerte Sixwheeler büßte in seiner zweiten Formel-1-Saison etliches von seinen Qualitäten ein. Das Gefährt brachte etwa 620 kg auf die Waage, rund 40 Kilo mehr als der knapp über dem Gewichtslimit liegende Lotus 78. Das aufwendige Lenk- und Aufhängungssystem bürdete dem Tyrrell P34 mehr Last auf, als Konstrukteur Derek Gardner lieb sein konnte. Zudem schien die neue Rennreifen-Generation von Goodyear nicht mehr sonderlich mit dem sechsrädrigen Tyrrell zu harmonieren. Maurice Philippe, der Vater des legendären Lotus 72, machte sich bald daran, Ken Tyrrell für 1978 wieder einen ganz konventionellen Formel-1-Rennwagen mit vier Rädern zu konstruieren. Ronnie Peterson hatte indessen viel von seiner Reputation eingebüßt, denn Teamkollege Patrick Depailler glückte mit dem Tyrrell P34 wenigstens eine Reihe ganz achtbarer Resultate. Nach WM-Punkten hieß es am Ende der Saison jedenfalls 20:7 für den 33jährigen Franzosen.

Die Saison 1977 ließ auch die dereinst so hoffnungsvollen Formel-1-Ambitionen der deutschen Formel-1-Heroen gen Null sinken: Nicht nur Jochen Mass war bei Jahresende out, auch Hans-Joachim Stuck hatte seine einzige Chance bei einem Top-Team verspielt. Bis sich der lange Grainauer auf den Brabham-Alfa eingeschossen hatte, um in Hockenheim und Zeltweg auf passable Resultate zu kommen, war der frisch gekürte Weltmeister Niki Lauda für Bernie Ecclestone verfügbar. Pech für »Strietzel« Stuck, doch im Vergleich mit seinem Teamkollegen John Watson war der Deutsche leider meistens einen Tick langsamer, auch wenn Stuck am Ende des Jahres drei WM-Zähler mehr aufweisen konnte als Watson. Vielleicht wäre die Formel-1-Karriere des Bayern etwas anders verlaufen, wenn er den US-Grand-Prix in Watkins Glen gewonnen hätte. Im strömenden Regen setzte sich Stuck sofort resolut an die Spitze, führte zum ersten und - wie sich noch herausstellen sollte - einzigen Mal einen Formel-1-WM-Lauf an, hatte jedoch das Pech, daß in der dritten von 59 Runden der Kupplungszug seines Brabham-Alfas riß. Zwölf weitere Runden lang ging die Kunst behutsamen Schaltens ohne Kupplung gut, dann sprang ein Gang heraus und der Brabham landete in den Leitplanken. Von nun an gings bergab: Stuck unterschrieb für 1978 bei Shadow und kam dort gemeinsam mit Clay Regazzoni vom Regen in die Traufe. Shadow-Sponsor Franco Ambrosio verschwand hinter schwedischen Gardinen und mit Konstrukteur Tony Southgate, Designer Dave Wass und Manager Jackie Oliver verließen Shadow-Boß Don Nicholls die führenden Köpfe seines Teams. Die abtrünnigen Herren nahmen gleich die Zeichnungen und Detailpläne für den nächstjährigen Shadow mit, um zusammen mit March-Mitbegründer Alan Rees einen eigenen Formel-1-Rennstall namens »Arrows« aufzuziehen. Derweil hatte der Wahl-Pfälzer Jochen Mass einen Vertrag mit dem Grand-Prix-Team des pfälzischen Leichtmetallfelgenherstellers Günter Schmid abgeschlossen. Unter dem Firmennamen seines damaligen Unternehmens »ATS« hatte Schmid die Restbestände des Penske-Formel-1-Rennstalls aufgekauft: Eigentlich hätte Hans-Joachim Stuck den ATS alias Penske fahren sollen, doch als der Grainauer nach dem Tod von Carlos Pace bei Brabham unterkommen konnte, zeigte sich Günter Schmid nach einer Abstandszahlung »für entstandene Umbauarbeiten im Cockpit« generös und ließ den Bayern ziehen. Stucks Ersatzmann Jean-Pierre Jarier holte auf Anhieb einen WM-Punkt für das neue Formel-1-Team, doch trotz des gelungenen ATS-Debüts äußerte sich Teamchef Günter Schmid zunehmend kritischer über die Qualitäten seines Rennfahrers: Eine eigenwillige Form von Problembewältigung, die auch Jariers Nachfolgern bei ATS und dem späteren Schmid-Team RIAL noch ein ums andere Mal widerfahren sollte. Immerhin bescherte Schmids Personen-Karussell so manchem Rennfahrer die Möglichkeit, sich in der Formel 1 zu versuchen: Selbst der deutsche Tourenwagen-Champion Hans Heyer durfte im ATS einmal Grand-Prix-Luft schnuppern, als er sich in Hockenheim zwar nicht für einen der 24 Startplätze qualifizieren konnte, sich aber ungebremst von den Sportkommissaren ins Rennen mogelte, nachdem Jones und Regazzoni beim Start kollidiert waren. Neun Runden lang fuhr Hans Heyer illegalerweise mit, dann löste sich das Schaltgestänge des ATS aus der Verankerung.

Fast auf den Tag genau ein Jahr nach seinem Nürburgring-Unfall gewinnt ausgerechnet Niki Lauda an jenem 31. Juli 1977 diesen *Großen Preis von Deutschland* und legt damit den Grundstein für seinen zweiten WM-Titel. Ausgerechnet 50 Jahre nach Eröffnung des Eifelkurses findet der deutsche Grand Prix im Motodrom von Hockenheim statt: FOCA und GPDA sind nicht mehr länger gewillt, auf dem Nürburgring anzutreten. Die CSI erklärt Anfang 1977 die Nordschleife als untauglich für Formel-1-Rennen. Weit über 80 Millionen Mark werden für einen viereinhalb Kilometer kurzen »neuen Nürburgring« verbaut, ehe die Formel 1 nach sieben Jahren vorübergehend wieder in die Eifel zurückkehrt. Doch die Zeiten haben sich geändert, der umgebaute Nürburgring ist nicht mehr das, was die Nordschleife einmal war. Auch die Ansprüche des Grand-Prix-Trosses sind mittlerweile erheblich gestiegen: Keine Autostunde vom Frankfurter Rhein-Main-Flughafen entfernt, locken beste Infrastruktur, umfangreiche Hotellerie, renommierte Kliniken für den Ernstfall, vor allem aber eine Rennstrecke, auf der Bernie Ecclestone sich sämtliche Werberechte sichern kann. Und im Vorfeld des deutschen Grand Prix lobt Niki Lauda: »Da die Aerodynamik unserer Wagen in den letzten Jahren immer leistungsentscheidender geworden ist, wird Hockenheim zu einem echten Kriterium. Diese Strecke ist nicht so gesichtslos, wie man sie immer darstellt. Durch die technische Weiterentwicklung der Formel 1 kann man sie eher als einen Problemkurs einstufen.« Der anschließende Sieg des Österreichers fällt ebenso konsequent wie deutlich aus: »Manche kannst nur überzeugen, wennst gewinnst«, philosophiert Lauda kurz und fügt süffisant hinzu: »Jeder Sieg ist schön, aber dieser ganz besonders.«

Als Niki Lauda in Zandvoort seinen dritten Saisonsieg feiert und den WM-Titel so gut wie sicher in der Tasche hat, läßt der clevere Taktiker die Bombe platzen. Lauda kündigt bei Ferrari! Parmalat und Bernie Ecclestone stehen bereit und machen den Österreicher zum bestbezahlten Kappenträger aller Zeiten. Lauda hat auch andere Gründe, Ferrari den Laufpaß zu geben: Es sei Zeit zu gehen, die Beziehung zum Team sei nicht mehr dieselbe wie einst, die Ehe wird geschieden und Lauda selbst macht Schluß, was für Enzo Ferrari noch viel

unerträglicher sein muß. Der große alte Mann der Formel 1 verdammt den Judas namens Lauda, der sich nicht für 30 Silberlinge, sondern für 30 Salamis an die Konkurrenz verkauft habe... Aber noch muß man bis zum 2. Oktober 1977 gemeinsam durchhalten, dann hat Niki Lauda mit dem vierten Platz in Watkins Glen endgültig den WM-Titel in der Tasche. Noch in der Nacht vor dem US-Grand-Prix haben sie Laudas Leibmechaniker Ermanno Cuoghi gefeuert, weil der ebenfalls zu Brabham wechseln will. Für den nächsten WM-Lauf in Kanada meldet Ferrari neben Reutemann und Lauda gar Villeneuve als dritten Fahrer, worauf Niki Lauda sich wenige Stunden vor Trainingsbeginn entschließt, nicht in Mosport anzutreten, weil er sich unwohl fühle...

Lauda wird nie wieder einen Grand Prix für Ferrari fahren: Am 23. Oktober 1977 sitzt Gilles Villeneuve im 312T2 mit der Startnummer 11 und kollidiert beim letzten WM-Lauf der Saison in Fuji mit dem Tyrrell von Ronnie Peterson. Der Ferrari, mit dem Lauda sechs

Monate zuvor in Kyalami gewonnen hat, wird förmlich in die Luft katapultiert und schlägt hinter den Leitplanken auf. Zwei Zuschauer werden getötet, sieben schwer verletzt, Villeneuve kommt mit dem Schrecken davon. Das Rennen endet mit einem Sieg von James Hunt, es soll der letzte Grand-Prix-Erfolg des Engländers bleiben. Fuji ist das letzte Rennen für Gunnar Nilsson, der seinen Lotus nach 63 von 73 Runden mit Getriebeschaden abstellt. Im neuen Arrows-Rennstall soll der 29jährige Schwede zusammen mit Riccardo Patrese fahren. Doch Gunnar Nilsson führt bald nur noch einen einzigen, aussichtslosen Kampf gegen ein zu spät diagnostiziertes Krebsleiden. Gunnar bleibt nur noch ein knappes Jahr, aber er schafft es mit bewundernswerter Energie, die Gründung seiner »Cancer Treatment Campaign« zur Krebsfrüherkennung zu betreiben. Von Chemotherapie und Operationen schwer gezeichnet, wird Gunnar Nilsson auch noch miterleben, wie sein Freund und Landsmann Ronnie Peterson zu Grabe getragen wird...

Ein Titel für Mario und Ronnie

Kennen Sie das Gefühl, sich ein, zwei Jahre abgestrampelt, für die Firma alles, aber auch wirklich alles aufgeopfert zu haben? Und just in dem Moment, in dem Sie die sehnlichst erwartete Gehaltserhöhung samt Prokura einzustreichen gedenken, da stellt Ihnen der Boß seinen neuen Geschäftsführer vor, mit dem Sie künftig das Büro teilen dürfen. Absurd? Wie in schlechten Romanen, so ist das Leben. Und manchmal auch die Formel 1, wo sich Mario Andretti gegenüber Lotus-Chef Colin Chapman mit Händen und Füßen gegen die Verpflichtung von Ronnie Peterson wehrte: »Sag' mir, wo geschrieben steht, daß wir zwei Stars im Team brauchen?« Und Mario erinnerte nicht von ungefähr an die Saison 1973, als Emerson Fittipaldi und Ronnie Peterson für Lotus zwar die meisten Siege einheimsten, die Fahrer-WM ihnen aber trotzdem durch die Lappen ging: »Ich will nicht, daß das wieder passiert.« Doch Chapman war der Boß und Peterson so billig wie nie zu bekommen. Das Jahr bei Tyrrell hatte dem Image des Schweden arg zugesetzt: Ronnie brachte sogar noch Geld mit, um das zweite Lotus-Cockpit zu bekommen! Der Schwede stand in seinem 34. Lebensjahr, noch eine verlorene Saison konnte und wollte er sich nicht mehr leisten. Bei Chapman würde Peterson wieder einen fahrbaren Untersatz erhalten, mit dem Spitzenresultate erreichbar wären. Schon der Lotus 78 war ein exzellenter

Rennwagen, doch sein Nachfolger, Typ 79, schlug die Konkurrenz endgültig aus dem Feld. Dieses bald als »Black Beauty« apostrophierte Gefährt debütierte zwar erst beim sechsten WM-Lauf der Saison 1978 im belgischen Zolder, doch das Warten hatte sich gelohnt: Andrettis Pole Position war fast 1,8 Sekunden besser als die Zeit des Trainingszweiten Carlos Reutemann. Mario gewann problemlos, während Ronnie im Vorjahresmodell noch Zweiter wurde. Allen Befürchtungen Andrettis zum Trotz, die Zweierbeziehung mit Peterson funktionierte bestens: Mario war die Nummer Eins, bekam das beste Material, während sich Ron-

nie anstandslos mit der Rolle des zweiten Manns abfand, auch wenn es den Anschein hatte, als ob der Schwede bisweilen in der Lage gewesen wäre, eine schnellere Gangart als sein Teamkollege einzuschlagen. Dies galt zumindest für die zweite Hälfte der Saison 1978, aber per Vertrag war gerade für solche Fälle vorgesehen, daß Mario Andretti gewinnen sollte, sofern denn beide Lotus problemlos an der Spitze des Feldes ihre Kreise ziehen würden. Diese Strategie bescherte vier Lotus-Doppelsiege in der Reihenfolge Andretti vor Peterson. Für Mario fielen noch zwei weitere Solo-Siege an, während Ronnie bei zwei Ren-

Mit der »Black Beauty« endlich am Ziel – Mario Andretti wird mit dem Lotus 79 Weltmeister.

nen siegte, in denen seine Nummer 1 wegen Benzinmangels bzw. eines Fahrfehlers auf der Strecke blieb. Es war erst jener fürchterliche Sonntag in Monza, der den Erfolg der Lotus-Zwillinge abrupt beendete. Ronnie Peterson mußte des öfteren erläutern, warum er sich an die Spielregeln bei Lotus hielt: »Mario hat es verdient, dieses Jahr Weltmeister zu werden - und das hat nichts mit den Verträgen zu tun, die wir unterschrieben haben.« Mario Andretti sagte lange nach Petersons Tod: »Ronnie war meiner festen Überzeugung nach ein völlig einzigartiger Mensch. Selbst nach all diesen Jahren im Rennsport umgab ihn noch immer diese Aura fast naiver Unschuld. Nein, da war nichts Falsches oder Hinterhältiges in seinem Charakter.«

Ehe der Lotus 79 auf die Grand-Prix-Bühne rollte, schien die Rennsaison 1978 durchaus offen zu sein: Niki Lauda sammelte im Brabham-Alfa WM-Punkte, auch wenn die Oberflächenkühlung des neuen Modells BT46 nicht funktionierte und Konstrukteur Gordon Murray deshalb wieder auf herkömmliche Wasserkühler an der Wagenfront umrüsten mußte. Bei Ferrari schien der sensible Carlos Reutemann seit dem Abgang von Lauda wie von einer zentnerschweren Last befreit. Gilles Villeneuve war zwar schnell, doch vorerst nur der hochtalentierte, aber unerfahrene Neuling, der in Long Beach den greifbar nahen Sieg durch eine dumme Kollision beim Überrunden von Clay Regazzoni verspielte. Der neue Ferrari 312T3, der in Kyalami erstmals eingesetzt wurde, war eine aerodynamisch verfeinerte Version seines im Grunde vier Jahre alten Vorgängers. Doch dank der Radialreifen von Michelin und des immer noch bärenstarken 12-Zylinders konnte ein hochmotivierter Carlos Reutemann oft genug überspielen, daß der neue Ferrari kein Ground-Effect-Car war: Der Argentinier gewann vier WM-Läufe. Hätte er sich nicht gleich in der ersten Runde in Monte Carlo bei einer Attacke von Laudas Brabham eine Felge samt Reifen angeschlagen, wäre wohl noch ein fünfter Sieg hinzugekommen. Und wenn Reutemann sich in Zeltweg nicht auf regennasser Piste ins Abseits gedreht hätte, wer weiß, ob das WM-Gesamtklassement nicht doch auf den Kopf gestellt worden

In der Geschichte der Formel-1-WM gab es keinen anderen Fahrer, der derart oft schneller war als seine Nummer Eins und sich dennoch loyal damit begnügte, nur die zweite Geige im Team zu spielen: So war Ronnie Peterson.

1978 fährt Gilles Villeneuve bei Ferrari seine erste komplette Formel-1-Saison: Nach dem Tod von Ronnie Peterson gilt der Kanadier bald als schnellster Formel-1-Rennfahrer.

Mit der mangelnden Konkurrenzfähigkeit des McLaren M23 läßt bei James Hunt auch immer mehr die eigene Motivation zu wünschen übrig. Im Hintergrund ein weiterer Problemfall: Clay Regazzoni im Shadow.

Besser zu Rad als im Shadow unterwegs: Nach der mißratenen Saison 1978 scheint der Ruf von Clay Regazzoni endgültig ruiniert. Doch weil sich Hans-Joachim Stuck zu schade ist, beim neuen Team von Frank Williams die Nummer Zwei zu spielen, bekommt der Tessiner noch einmal eine unglaubliche Chance.

wäre...? Wahrscheinlich dachte auch Enzo Ferrari, daß »El Lole« die vorhandenen Möglichkeiten zuwenig ausgeschöpft hätte und gab dem Argentinier Ende des Jahres den Laufpaß. Immerhin bewies der Saisonverlauf, daß sich Ferraris Wechsel zu Michelin auszahlte. Rivale Goodyear war alarmiert und belieferte nurmehr eine Handvoll von A-Teams mit den neuesten Mischungen, für das Grand-Prix-Fußvolk in der B-Klasse wurde nur Standardgummi von der Stange offeriert, Ware, die bald als »Holzreifen« verschrien war und die Abstände zwischen den Stars und den Mitläufern noch größer werden ließ.

Mit Blick auf das neue Flügelauto von Lotus rächte sich in der Saison 1978, daß nahezu sämtliche Formel-1-Rennställe die neue Idee aus dem Hause Chapman unterschätzt, völlig verschlafen oder einfach unzulänglich kopiert hatten. Am schlimmsten traf es McLaren: Der M26 war trotz ständiger Modifikationen kein Auto mehr, mit dem man noch WM-Läufe gewinnen konnte. Parallel dazu verlief der Abstieg von James Hunt: Der Weltmeister des Jahres 1976 schien allmählich das Interesse zu verlieren, seine Formschwankungen wurden immer größer, das süße Leben und eine Scheidung forderten ihren Preis. Auch McLaren geriet in eine tiefe Krise, zumal Konstrukteur Gordon Coppuck für 1979 mit dem M28 eine total mißglückte Wing-Car-Adaption auf die Räder stellte, ein Gefährt, das eigentlich für Ronnie Peterson gedacht war, nach den tragischen Ereignissen von Monza jedoch dem neuverpflichteten John Watson zum Hemmschuh wurde. Es dauerte keine zwei Jahre, bis Hauptsponsor Marlboro einen gewissen Ron Dennis ins Spiel brachte, der seinerseits einen Designer namens John Barnard an die Formel-1-Front beförderte: Die Geburt von »McLaren International«, wie der Traditionsrennstall ab 1980 heißen sollte, führte zu unglaublichen Erfolgen und beendete zwangsläufig die Ära von Teddy Mayer, dem Ron Dennis alsbald auch die letzten Firmenanteile abkaufte. James Hunt wechselte für 1979 ins Team von Walter Wolf und kam vom Regen in die Traufe. Mit seiner schonungslosen Form von Offenheit, die viele der Beautiful People im Grand-Prix-Zirkus brüskieren mußte, beendete Hunt nach dem *Großen Preis von Monaco* am 27. Mai 1979 seine Rennfahrerkarriere: In einem erbärmlichen Rennwagen wie dem neuen Wolf WR9 mochte James nicht länger sein Leben aufs Spiel setzen. James Hunt blieb der Formel 1 gleichwohl treu, indem er für die BBC die Reportagen eines Murray Walker mit bissigen Kommentaren würzte. James Hunt schien seine privaten Krisen und seinen ausschweifenden Lebensstil bestens überstanden zu haben, als der 43jährige am 15. Juni 1993 einer Herzattacke erlag.

Nicht nur bei McLaren und Wolf wurden in der Saison 1978 falsche Weichen gestellt, Ken Tyrrell beging wohl sogar den größten Fehler seines Lebens. Noch am 18. Dezember 1976 hatte der Holzhändler und Rennstallbesitzer sich das Anrecht gesichert, den neuen Renault-Turbomotor einsetzen zu dürfen. Doch nun verzichtete Tyrrell, diese Option einzulösen: Die Formel-1-Geschichte hätte ganz anders verlaufen können, aber so blieb Mitte der 80er Jahre ausgerechnet Tyrrell ironischerweise der letzte Rennstall, der ohne Turbokraft hinterherfahren mußte. Statt französischer Motoren war 1978 ein weiterer französischer Rennfahrer zu Ken Tyrrell gestoßen: Neben Patrick Depailler, der in Monaco seinen ersten, längst verdienten GP-Sieg feiern konnte, wußte Didier Pironi zu überzeugen. Der etwas pausbäckige junge Mann von 25 Jahren sammelte routiniert WM-Punkte und gewann obendrein noch in einem Werks-Renault die *24 Stunden von LeMans.*

Titelverteidiger Niki Lauda gelang in Anderstorp der erste GP-Sieg für Brabham-Alfa-Romeo, für die Mailänder war dies der erste Erfolg in einem WM-Lauf seit 1951, als Juan Manuel Fangio in Barcelona den letzten Sieg der legendären »Alfetta« herausgefahren hatte. Sinnigerweise gewann Lauda den schwedischen Grand Prix nur deshalb, weil Brabham-Designer Gordon Murray den kostruktiv bedingten Mangel seines BT46 an Ground Effect mit einem bei Jim Halls acht Jahre alten Can-Am-Chaparral 2J abgekupferten Trick kompensierte: Ein Gebläse am Fahrzeugheck saugte die Luft unter dem sorgsam abgedichteten Fahrzeugboden ab und erzeugte den erwünschten Unterdruck, der den BT46 förmlich auf die Piste preßte. Da bewegliche aerodynamische Hilfen laut Reglement verboten waren, versorgte das Gebläse des »Brabham-Staubsaugers« gleichzeitig den nun flach oberhalb des Motorgehäuses montierten Wasserkühler mit Frischluft. Dies sei der eigentliche Zweck des überdimensionalen Ventilators versicherte die Brabham-Crew treuherzig. Trotz massiver Proteste der Konkurrenz durften Lauda und Watson mit ihren »Sucker-Cars« starten, der anschließende Sieg des Österreichers hielt selbst dem CSI-Berufsgericht stand. Der Brabham sei gerade noch reglementkonform, wurde dem salomonischen

Urteil der Sportkommissare zufolge gleichwohlvon jedem weiteren Einsatz verbannt.

Härter ins Gericht ging der Londoner High Court mit dem Arrows-Rennstall: Am 31. Juli 1978 stand höchstrichterlich fest, daß die ehemaligen Shadow-Mitarbeiter um Designer Tony Southgate fertige Konstruktionspläne entwendet und für ihr eigenes Formel-1-Projekt genutzt zu hatten. Rund 40 Prozent der für den Arrows FA1 verwendeten Teile seien identisch mit dem durch Copyright geschützten Shadow DN9. Southgate & Co. dürften soetwas schon geahnt haben: Kaum verboten die Londoner Richter den weiteren Einsatz des FA1, da stand für Riccardo Patrese beim nächsten WM-Lauf in Zeltweg schon der neue Arrows A1 bereit! Clever waren die Jungs schon, das mußte man ihnen lassen: Auf dem neuen brasilianischen Formel-1-Kurs von Jacarepagua bei Rio de Janeiro hatte Patrese beim ersten Arrows-Einsatz das blütenweiße Gefährt auf den bescheidenen zehnten Rang ins Ziel gefahren. Keine zwei Monate später standen in Kyalami zwei Arrows am Start, deren Seitenkästen immer noch weiß waren. Der Rest der Verkleidung glänzte im Gold der deutschen Warsteiner-Brauerei. Riccardo Patrese war nach dem Training Siebter, Rolf Stommelen, dank des deutschen Sponsors im zweiten Arrows, ging aus der drittletzten Startreihe ins Rennen. Um so überraschender gelang es Patrese, in der 27. Runde die Spitze zu übernehmen! Die Gala-Vorstellung des 23jährigen Italieners endete in der 64. von 78 Runden mit einem Motorschaden, notierten damals die emsigen Chronisten. Aber welch ein Trost! Nach dieser grandiosen Show traten die beiden Arrows komplett im

Ken Tyrrell hat ein neues Talent unter Vertrag:
Der Franzose Didier Pironi (3) betätigt sich als eindrucksvoller Punktesammler und liefert sich beim deutschen Grand Prix am 30. Juli 1978 in Hockenheim mit Ex-Weltmeister Emerson Fittipaldi ein packendes Duell um Platz Vier, das am Ende der Brasilianer mit seinem neuen Copersucar-Fittipaldi für sich entscheidet.

goldenen Warsteiner-Look an, bis zur Saison 1980 blieb die deutsche Brauerei dem Rennstall von Jackie Oliver treu und ermöglichte damit nach Rolf Stommelen auch Jochen Mass noch ein längeres Formel-1-Gastspiel. Jahre waren ins Land gezogen, Patreses formidabler Kyalami-Auftritt hatte längst Eingang in die Annalen des Grand-Prix-Sports gefunden, da plauderte ein überaus kundiger Rennmechaniker, der 1978 in Kyalami für ein Team in der Nachbarbox von Arrows geschraubt hatte: Der gute Riccardo sei keineswegs wegen eines defekten Motors liegengeblieben, sondern weil sein Gefährt zuwenig Benzin im Tank hatte, denn der Arrows sollte künftiger Sponsorverträge zuliebe möglichst weit vorne mitfahren... Ähnliches ließ sich übrigens das Toleman-Team anno 1982 im britischen Grand Prix einfallen, als Derek Warwick ein unvergeßliches Rennen fuhr und sich mit dem als »The Flying Pig« treffend beschriebenen TG181 vom 16. Startplatz bis auf den zweiten Rang vorarbeitete. In der 41. von 76 Runden gab der arme Warwick auf, »Gleichlaufgelenk gebrochen« hieß es. Jahre später gab Derek Warwick zu, nur mit halbvollen Tanks ins Rennen geschickt worden zu sein... Diese Episoden mögen illustrieren, wie die Formel 1 tatsächlich funktio-

niert. Vergessen wir daher diesen Exkurs ganz schnell, bewahren tapfer unsere Illusionen und glauben weiter an eine fragwürdige Instanz wie himmlische Gerechtigkeit: Oder finden Sie eine bessere Erklärung dafür, daß die schlauen Köpfe von Arrows und dem späteren Nachkömmling Footwork über 250 Läufe zur Formel-1-WM bestritten haben, ohne auch nur ein einziges Mal zu gewinnen?

Riccardo Patrese sorgte noch ein anderes Mal für Schlagzeilen: Als mutmaßlicher Verursacher einer verhängnisvollen Massenkarambolage beim *Großen Preis von Italien* am 10. September 1978 in Monza. Das Startprozedere war vollkommen mißglückt, in den mittleren und hinteren Reihen waren einige Teilnehmer noch im Anrollen, als die Startampel plötzlich Grün zeigte. Prompt ballte sich das Feld auf der Anfahrt zur ersten Schikane zusammen, Patrese war auf der rechten Außenseite nach vorn geprescht und versuchte sich nach innen einzureihen, beim abrupten Einscheren muß der McLaren von James Hunt im Wege gewesen sein. Der Engländer versuchte wohl auszuweichen, möglicherweise war sein McLaren von dem Arrows sogar leicht touchiert worden, wie auch immer: Hunt kollidierte mit Peterson, dessen Lotus-78-Spare-Car in die Leitplanken

knallte und sofort Feuer fing. Acht weitere Rennwagen krachten ineinander, ein abgerissenes Rad traf Vittorio Brambilla. Während der Italiener wie tot in seinen Gurten hing, gelang es Hunt, Regazzoni und Depailler den im brennenden Lotus eingeklemmten Ronnie Peterson zu befreien. Das Rennen wurde abgebrochen, im allgemeinen Chaos sickerte durch, daß Peterson mit schweren Beinbrüchen und leichten Verbrennungen noch relativ glimpflich davongekommen sei, während es um den bewußtlosen Brambilla schlimm stünde. Das Rennen wurde noch einmal neu gestartet, drei Stunden nach dem Fiasko wollte es der Mann an der Ampel ganz besonders gut machen und wartete so lange, bis Andretti und Villeneuve in der ersten Reihe einen Frühstart produzierten. Bis ins Ziel lagen der Lotus und der Ferrari zwar vorn, doch die jeweils fällige Strafminute warf Andretti und Villeneuve auf den sechsten bzw. siebten Platz zurück, während Lauda und Watson einen unerwarteten Doppelsieg für Brabham-Alfa feiern durften. Mit diesem Resultat und dem Unfall von Ronnie Peterson stand jedoch fest, daß Mario Andretti nun endgültig Weltmeister war: »Es war ein langer, bestürzender Tag. Aber Gottseidank geht es wenigstens Ronnie besser, das genügt«, umschrieb der neue Champion seine Gefühle. Aus der Klinik kommt keine gute Kunde: Brambilla hat einen Schädelbruch und eine Gehirnquetschung erlitten. Doch der 40jährige Italiener wird überleben und keine zwölf Monate später sogar ein kurzes Formel-1-Comeback feiern. Nein, die Todesmeldung am Montagmorgen nach dem italienischen Grand Prix betrifft unerwarteterweise Ronnie Peterson. Während der Operation seiner gebrochenen Beine ist der 34jährige Schwede an einer Embolie verstorben. Es ist viel geschrieben, aber noch mehr verschwiegen worden über Petersons

Für Niki Lauda einen Wechsel wert: Von Ferrari stößt der amtierende Weltmeister zum Brabham-Alfa-Romeo-Rennstall von Bernie Ecclestone und findet dort den neuen Rennwagen vom Typ BT 46 vor.

Leicht geknickt und angeschlagen - der Arrows von Rolf Stommelen spiegelt aufs genaueste die Gemütslage seines Teams wider, nachdem der Londoner High Court feststellt, daß die Crew von Jackie Oliver ihren ersten Formel-1-Rennwagen getreu der bei Arrows abgekupferten Blaupausen entworfen hat.

letze Stunden im Hospital. Aber wie heißt es doch bei solchen Gelegenheiten? »Das bringt ihn uns doch nicht wieder...«

Sowohl die CSI und ihr neuer Vorsitzender, ein Franzose namens Jean-Marie Balestre, als auch die italienische Justiz - letztere allerdings erst nach jahrelangen Untersuchungen - sprachen am Ende Riccardo Patrese von dem Vorwurf frei, mitverantwortlich für die tragische Massenkarambolage gewesen zu sein. Doch Patrese hatte nach dem Schock über Ronnie Petersons Tod das Pech, als Grand Prix-Neuling für andere vermeintliche Vergehen aus vorigen Rennen einen Denkzettel verpaßt zu bekommen: Das Sicherheitskomitee der Grand-Prix-Rennfahrer, bestehend aus den Herren Lauda, Hunt, Fittipaldi und Scheckter, setzte durch, daß Patrese beim nächsten WM-Lauf in Watkins Glen aufgrund »unsportlicher Fahrweise« nicht starten durfte. Die Karriere Riccardo Patreses stand noch lange unter dem Schatten jener Septembertage des Jahres 1978. Daß der Italiener unter diesen Umständen noch 15 Jahre in der Formel 1 bleiben und obendrein mit 256 Grand-Prix-Starts einen einzigartigen Rekord aufstellen würde, spricht in jeder Hinsicht für seine Qualitäten.

Jean-Pierre Jarier sicherte sich das verwaiste Lotus-Cockpit für die beiden letzten WM-Läufe des Jahres und brachte sich mit zwei exzellenten Rennen wieder ins Gespräch, während sein einstiger Kollege bei ATS, der bedauernswerte Jochen Mass, bei Testfahrten in Silverstone mit dem neuen Wing-Car des Felgenherstellers Günter Schmid schwer verunglückte und

schlimme Knie- und Beinbrüche auskurieren mußte. Für 1979 kam Hans-Joachim Stuck zu ATS, um sich dort sämtliche Formel-1-Chancen zu verspielen. Jean Pierre Jarier, vom ATS-Boß als »zu langsam« ausgemustert, war bei den Rennen in Watkins Glen und Montreal schneller als der frischgekürte Weltmeister Mario Andretti, ein kurioses Nachspiel einer bemerkenswerten Rennsaison, auch wenn Jarier beidemal ausschied. 1978 sollte das letzte Jahr bleiben, in dem ein Rennfahrer mit einem Lotus Formel-1-Weltmeister wurde. Der erfolgreiche Typ 79 wurde von der Konkurrenz nicht nur kopiert, sondern alsbald übertroffen, nachdem andere Designer die feinen Kniffe der je nach Streckencharakter unterschiedlich geformten Unterböden noch besser in den Griff bekamen. Der neue Lotus 80 erwies sich als großer Flop, in der kommenden Saison gewann das Team von Colin Chapman kein einziges Rennen, nicht einmal mehr mit dem Typ 79. Neuzugang Carlos Reutemann verließ Lotus bereits zum Saisonende 1979 wieder, Mario Andretti, mittlerweile 39 geworden, blieb bis 1980, sollte jedoch nie wieder einen GP-Sieg feiern. 1981 wechselte der US-Ameri-

kaner ins Werksteam von Alfa Romeo, doch die neue Generation der Formel-1-Rennwagen mit reglementsbedingten, absurd minimalen Federwegen behagte Andretti nicht sonderlich. All seine Erfahrung zählte nun nichts mehr, entweder das Chassis funktionierte oder man konnte nur hinterherfahren: »So einfach war das«, sinnierte Mario, »und das erleichterte mir die Entscheidung, aus der Formel 1 auszusteigen. Ich hatte dies zuvor stets auf mich genommen, weil ich es geradezu liebte, Rennwagen zu fahren. Aber mit diesen Dingern machte es überhaupt keinen Spaß mehr.« Aber Mario hatte nichts verlernt: 1982, nach dem Tod von Gilles Villeneuve und dem schweren Unfall von Didier Pironi, rief Enzo Ferrari. In Monza stellte Andretti den Ferrari auf die Pole Position und wurde im Rennen vielumjubelter Dritter. Auf dem Retortenkurs von Las Vegas gab der damals 42jährige Andretti dem Ferrari ein letztes Mal die Sporen - das war Marios letzter Auftritt in der Formel 1. Nach 128 GP-Einsätzen zog es ihn in die CART- bzw. INDY-CAR-Serie zurück, wo er noch bis 1994 vorne mitfuhr und den Spaß hatte, der ihm in der Formel 1 abhanden gekommen war.

Monza, 10. September 1978:
Hinter der Spitze beim Gran Premio d'Italia bricht das Inferno aus, dessen Folgen das Leben von Ronnie Peterson kosten werden.
Vorneweg Villeneuve/Ferrari, Lauda/Brabham, Andretti/Lotus, Watson/Brabham, Jones/Williams, Scheckter/Wolf und Laffite/Ligier.
Im Hintergrund rechts kreiselt der Ferrari von Reutemann von der Strecke, während links hinten Pironis Tyrrell sein rechtes Hinterrad verliert und an Stucks Shadow das linke Vorderrad abgerissen wird.

Vielleicht die letzte Großtat des genialischen Lotus-Chefs Colin Chapman: Er gibt diesem jungen, muskulösen Engländer eine Chance in der Formel 1 - Nigel Mansell wird es »Mr. Lotus« stets zu danken wissen.

Die Saison 1978 bescherte auch Colin Chapman eine einschneidende Wende. Die mannigfaltig verzweigten Geschäfte von Mr. Lotus liefen nicht mehr so gut: Die Power-Boat-Produktion mußte eingestellt werden, die Verkaufszahlen der eigenen Sportwagen sanken ins Bodenlose, und dann spielte der Lotus-Boß eine obskure Rolle beim Zusammenbruch der De Lorean Company. Die skandalöse Pleite der mit staatlichen Millionen-Subventionen geförderten Sportwagenfabrik soll Chapman den Rest gegeben haben und mußte allzuoft als Erklärung für den tödlichen Herzinfarkt des 54jährigen Lotus-Chefs am 16. Dezember 1982 herhalten. Doch schon zuvor hatte auch das von Chapman am meisten geliebte Busi-

ness, die Formel 1, immer mehr Ärger bereitet. Jean Marie Balestre hatte seit Antritt seiner CSI-Präsidentschaft im Herbst 1978 nicht nur den Namen der Motorsportkommission des Automobilweltverbandes in FISA (»Fédération Internationale du Sport Automobile«) umbenannt, sondern schickte sich an, die Formel-1-Geschäfte neu zu ordnen. Es ging um die Ehre, das Reglement, die Sicherheit, vor allem aber um die Frage, wer im Grand-Prix-Geschäft das Sagen hatte. Das personifizierte Duell zwischen FISA/Balestre und FOCA/Ecclestone brachte die Formel 1 zeitweilig nahe an den Ruin. Colin Chapman geriet zwischen alle Stühle, als er wieder einmal in einem Geniestreich eine Lücke im Reglement ausnutzte, um für 1981 den Lotus 88 mit Doppel-Chassis zu kreieren, und dabei zeitgleich mit McLaren auch das Kohlefaser-Monocoque in den Grand-Prix-Sport einführte. Chapman wollte mit einer beweglich auf einem Federsystem gelagerten Chassis-Verkleidung das Schürzen-Verbot umgehen. Die Konkurrenz hätte dies zum aufwendigen Rennwagenneubau genötigt: Unter diesen Umständen mußte der Doppel-Chassis-Lotus herausprotestiert werden. Mittels hydropneumatisch oder per Preßluft aktivierten Federungen ließ sich ein Formel-1-Rennwagen herkömmlicher Bauart ohnehin viel einfacher absenken, um trotz des Verbots beweglicher Schürzen den Unterboden seitlich abdichten zu können. Vor der technischen Kontrolle in der Boxengasse brauchte der Fahrer nur per Knopfdruck sein Gefährt auf reglementgerechte 60 Millimeter Bodenfreiheit hochzupumpen. Dieser Kniff blieb erlaubt, Chapmans teure Neukonstruktion wurde verboten. Zutiefst frustriert ließen sich Mr. Lotus und seine Ingenieure etwas anderes einfallen, die aktive Radaufhängung, die per computergesteuertem Federungssystem stets den Idealabstand zwischen Chassis und Asphalt einhalten sollte, um stets optimalen Abtrieb erzeugen zu können. Lotus war der Konkurrenz wieder einmal meilenweit voraus, aber Colin Chapman sollte den Siegeszug der »Active Suspension« nicht mehr erleben.

Das Ambiente, das die Formel-1-Szenerie bis heute prägt, die Welt luxuriöser Motorhomes und opulenter Hospitality gestaltete Chapman

noch fleißig mit: Am Rande des *Grand Prix de Monaco* hatte er 1978 den in Monte Carlo ansässigen US-Amerikaner David Thieme kennengelernt. Der eitle Herr mit Zorro-Hut, Spitzbart und rechteckiger, silberumrandeter Sonnenbrille scheffelte Millionen im weltweiten Ölhandel und wurde mit seinem Unternehmenslogo ESSEX bald zum Hauptsponsor von Team Lotus. Thiemes Öl- und Geldquellen sprudelten zunächst reichlich: Seine Gäste aus dem Jet-Set wurden bei den Grand-Prix-Wochenenden von einem französischen Meisterkoch verpflegt, im Fahrerlager diente weithin sichtbar ein edel ausgestatteter Dreidecker-Bus als Anlaufstation für die Welt des Schönen, Guten und Baren. Dank Thieme setzte sich im Grand-Prix-Zirkus auch endgültig die Erkenntnis durch, daß man nicht nur ein eigenes Flugzeug, sondern auch einen eigenen Hubschrauber zur Bewältigung des Alltagslebens benötigte. Anfang 1981 brach dann Thiemes Ölimperium zusammen und »Little Zorro« saß alsbald in Untersuchungshaft: Auch dies Beispiel sollte bald Schule machen...

Wenigstens bei Rennfahrern besaß Colin Chapman nach wie vor ein gutes Gespür: Ende der Saison 1979 bekam Elio de Angelis nach Testfahrten in Le Castellet das zweite Lotus-Cockpit neben Mario Andretti. Der Millionärssohn und Pianovirtuose sollte 1982 auf dem Österreichring für den letzten Lotus-GP-Sieg zu Lebzeiten von Colin Chapman sorgen. Eddie Cheever, Jan Lammers und Stephen South waren damals beim Lotus-Examen in Südfrankreich durchgefallen. Ein weiterer Kandidat, ein junger Engländer mit markantem Schnauzbart, hatte Chapman hingegen beeindruckt: Nigel Mansell sollte bei Lotus eine Chance bekommen und durfte mit 27 Jahren in einem dritten Werks-Lotus sein Formel-1-Debüt anno 1980 beim *Großén Preis von Österreich* feiern.

Doch kehren wir in jene schicksalsträchtige Saison 1978 zurück, in der in Kyalami ein anderer Spätzünder seinen ersten Grand Prix fuhr: 29 Jahre war der Finne Keijo »Keke« Rosberg, der auf Umwegen über die Formel Super-Vau und Formel 2 doch noch im Grand-Prix-Zirkus gelandet war. Teddy Yip hatte damals bei Ron Tauranac ein Formel-1-Chassis geordert, das plumpe Gefährt wurde nach dem

Fluggesellschaft (Lauda Air) war dem zweifachen Formel-1-Weltmeister wichtiger geworden, da lockte nicht einmal mehr die Aussicht, mit dem neuen Brabham BT49-Cosworth wieder über ein absolutes Siegerauto zu verfügen. Niki Lauda war - vorerst - auf und davon, Nelson Piquet wurde über Nacht zur neuen Nummer 1 bei Brabham, fast auf den Tag genau 14 Monate nach seinem Grand-Prix-Debüt!

Jenes Rennen am Hockenheimring, bei dem Piquet anno 1978 seinen ersten Grand Prix bestritt, setzte einen weiteren Meilenstein der Formel-1-Geschichte: Erstmals traten Bernie Ecclestone und die FOCA de facto in Eigenregie als Veranstalter eines WM-Laufes auf. Der Automobilclub von Deutschland, AvD, hatte gegen Zahlung einer Pauschale auf die Einnahmen und die Werberechte verzichtet, dafür trugen die Formel-1-Bosse nun selbst das finanzielle Risiko bei der Organisation des *Großen Preises von Deutschland*. Die Rechnung ging auf, FOCA-Rechtsanwalt Max Mosley, ehedem Gründungsmitglied von March, hatte erfolgreich vorexerziert, in welche Richtung sich die Zukunft der Formel 1 bewegen würde. Mosley qualifizierte sich mit seinen Kenntnissen im Grand-Prix-Geschäft, seinem diplomatischen Geschick und nicht zuletzt dank seines perfekten, mehrsprachigen Auftretens bald für den Spitznamen »Silberzunge«. Max Mosleys Pech und wahrscheinlich sein Glück zugleich lag darin, daß ihm die politische Karriere in seiner englischen Heimat versagt blieb. Als Sproß des britischen Faschisten-Führers Sir Oswald Mosley war für die Tories mit Mosley junior kein Staat zu machen, die politischen Irrwege des Vaters verhinderten den Einstieg des 1940 geborenen Sohnes in die Politik. Wie wir mittlerweile wissen, hat es Max Mosley trotzdem bis zum Präsidenten gebracht.

vollständigen Vornamen seines Bestellers »Theodore« getauft. Eddie Cheever vermochte den Neuling für die ersten beiden WM-Läufe nicht zu qualifizieren, dies Kunststück gelang erst Keke Rosberg, der mit dem Theodore obendrein das nicht zur WM-zählende Rennen um die *BRDC International Trophy* gewann: In Silverstone hatte es in Strömen geregnet, die Favoriten waren von der Strecke gerutscht und so sprach die Mehrzahl der Beobachter von einem Zufallssieg. Allein Selfmademan Keke mag sich damals bestätigt gefühlt haben, auf dem richtigen Weg zu sein...

Einem anderen Grand-Prix-Debütanten des Jahres 1978 schien der Erfolg hingegen fast vorgezeichnet: Nelson Piquet, 25 Jahre jung, ein neuer brasilianischer Wunderknabe, nicht wie die Fittipaldis und der unvergessene Carlos Pace aus Sao Paulo, sondern aus Rio de Janeiro, ein hübscher Millionärssohn mit Lust auf Dolce Vita und Rennen, ein Naturtalent,

das 1977 auf Anhieb den dritten Platz in der Formel-3-EM erreicht und 1978 mit 13 Siegen britischer Formel-3-Champion wird. Noch im selben Jahr fährt Nelson in Hockenheim bei Ensign seinen ersten Formel-1-Grand Prix! Sein Teamkollege im Motodrom war damals Harald Ertl, der einen WM-Punkt in Reichweite hatte, dann aber ebenso wie zuvor Piquet mit Motorschaden ausfiel. Bernie Ecclestone sicherte sich alsbald die Dienste des jungen Brasilianers, womit Piquet gleich in einem Spitzenteam unterkam, was vieles leichter machte. Nelson vermochte 1979 bei Brabham-Alfa auf Anhieb seinem prominenten Stallgefährten Niki Lauda Paroli zu bieten: Nach Trainingsduellen stand es zwischen Lauda und Piquet 7:6, als der Österreicher nach zehn Trainingsrunden am Freitagmorgen vor dem kanadischen Grand Prix feststellte, nicht mehr länger im Kreis herumfahren zu wollen: »I feel, I have better things to do with my life...« Die eigene

Williams of Arabia

Manchmal werden Märchen wahr, wie von Feenhand berührt, nehmen dann Scheherezades Erzählungen aus Tausendundeiner Nacht Gestalt an und verschwistern sich mit den Gebrüdern Grimm. Denn nichts ist unmöglich, weder bei der Toyota-Reklame noch im Grand Prix-Zirkus. Dort gab es nämlich einen stets am Rande des finanziellen Ruins balancierenden Briten, der war jetzt 35 Jahre alt und hatte gerade wieder einmal ein eigenes Formel-1-Team mit zusammengepumpten Geld aus der Taufe gehoben, sich einen gebrauchten March samt zwei älterer Cosworth-Motoren besorgt und in einem ehemaligen Teppichmarkt im englischen Didcot Quartier bezogen. Auch bei diesem neuen Hungerleider-Rennstall von Frank Williams schien sich wieder einmal alles zu wiederholen, hätte sich im Frühjahr 1977 nicht ein wundersamer Zufall ereignet, als Tony Harris, ein mit Williams befreundeter Werbeagent, einen arabischen Geschäftsmann namens Al Fawzan anzapfte. Sagenhafte 100 000 Pfund zahlte der Mann dafür, daß der Schriftzug SAUDIA AIRLINES auf dem Heckflügel des vom Belgier Patrick Neve pilotierten Williams-March prangte. Frank Williams knüpfte alsbald emsige Kontakte zu arabischen Prinzen, um an weitere Geldsummen aus Riad zu kommen, so daß sein Kompagnon und Designer Patrick Head für die Saison 1978 einen eigenen Rennwagen bauen konnte. Für diesen Williams FW06 fand sich jedoch nur mit Mühe ein geeigneter Rennfahrer, denn »Williams Grand Prix Engineering« galt als Katastrophen-Team. Nur der Australier Alan Jones zeigte sich ernsthaft interessiert. Jones hatte 1977 mit dem Glück des Tüchtigen jenen verregneten Zelt-

weg-Grand-Prix für Shadow gewonnen, aber dem 31jährigen Australier eilte ganz und gar nicht der Ruf eines Klassefahrers voraus. Frank Williams bekannte später einmal: »Ich kann nicht behaupten, ich hätte Alan als einen künftigen Weltmeister eingeschätzt, als er damals zu uns kam, aber umgekehrt bin ich mir ziemlich sicher, daß er auch in uns nicht das kommende Weltmeister-Team gesehen hat. Was wir für 1978 brauchten, war ein guter Fahrer mit dem richtigen Gespür, ein Fahrer, der regelmäßig in die Punkte kommen sollte.« Alan Jones übertraf die Erwartungen bei weitem: Um ein Haar hätte der Australier bereits beim vierten GP-Einsatz des neuen FW06 in Long Beach gewonnen! Die Sache begann ernst zu werden: 1979 setzte Williams zwei Wagen ein. Hans-Joachim Stuck bekam ein Angebot, wechselte aber von Shadow lieber zu ATS: Was hätte der 28jährige »Strietzel« bei Williams alles erreichen können! So aber verschwand nach Jochen Mass auch die zweite große deutsche Formel-1-Hoffnung der 70er Jahre im zweiten Glied... Eine Prise Ehrgeiz fehlte wohl auch dem langen Grainauer, um zu höheren Formel-1-Weihen zu kommen. Aber dies war wohl auch Folge eines typisch deutschen Syndroms jener Jahre: BMW, Ford und Porsche boten stets Alternativen zum GP-Sport, die mit weitaus weniger Streß und Gefahr sehr hohe Einkünfte bescherten. Ein absoluter Spitzenfahrer wie Klaus Ludwig verzichtete ganz auf die riskante Formel 1: Der Erfolg in anderen Motorsportdisziplinen hat dem Roisdorfer rechtgegeben. Seine beispiellose Karriere zeigt aber auch, daß es in der Touren- und Sportwagenszene für deutsche Rennstars stets gut gefüllte Töpfe gab. Doch um in

der Formel 1 Erfolg zu haben, muß man hungrig sein...

So wie anno 1979 Alan Jones, Frank Williams und Patrick Head, die als krasse Außenseiter zur Attacke auf den WM-Titel bliesen. Das geeignete Werkzeug in Form des ersten Williams-Wing-Car mit der Typenbezeichnung FW07 stand leider erst beim fünften von 15 WM-Läufen zur Verfügung. Zu diesem Zeitpunkt hatten andere Konkurrenten längst wertvolle Punkte gesammelt, die 1979 besonders ins Gewicht fielen, weil sich FISA und FOCA auf ein merkwürdiges Zählsystem verständigt hatten. Die geplanten 16-WM Läufe (der schwedische Grand Prix wurde später wegen Geldmangel abgesagt) wurden in zwei getrennte Saisonhälften geteilt, in jeder Hälfte sollten nur die besten vier Resultate gewertet werden. Dieser Modus sollte die Formel-1-WM spannender machen, sorgte aber für eine ärgerliche Fülle von Streichresultaten und die absurde Situation, daß die überragende Kombina-

Ein Mann fürs Grobe - Alan Jones, vielleicht der schnellste Mann zu Wing-Car-Zeiten der Formel 1.

tion Jones/Williams in der zweiten Saisonhälfte sechs bis sieben Rennen hätte gewinnen können und trotzdem nicht Weltmeister geworden wäre. Zum Glück für die Formel 1 blieb allen diese Peinlichkeit erspart, denn Jones siegte »nur« viermal. In der Folge wurde der Streichresultate-Passus mehrfach geändert und mit der Saison 1991 ganz fallengelassen. Zweimal entschieden solche Punktestreichungen die WM: 1964 gegen Graham Hill, der eigentlich einen Punkt mehr verbucht hatte als Titelgewinner John Surtees, und 1988, als Alain Prost rein rechnerisch zwar die meisten WM-Zähler aufwies, Ayrton Senna jedoch aufgrund von Streichresultaten zu seinem ersten WM-Titel kam.

Zu Beginn der Saison 1979 beherrschten zwei andere Teams das Geschehen: Zunächst Ligier, dann Ferrari. Nach dem vorläufigen Rückzug des bisherigen V12-Motorenlieferanten Matra griffen die Franzosen auf den Cosworth V8 zurück und Chefkonstrukteur Gérard Ducarouge gelang mit dem kompakten Ligier JS11 ein großer Wurf. Jacques Laffite und sein neuer Teampartner Patrick Depailler deklassierten mit dem französischen Wing-Car in Buenos Aires und Interlagos die Konkurrenz. »Jacquot« gewann beide Rennen und galt als

ernsthafter Titelkandidat, was auch für Depailler nach seinem Sieg im spanischen Grand Prix galt. Doch beim hobbymäßigen Drachenfliegen im Massif-Central stürzte Patrick Depailler ab und fiel mit schwersten Arm- und Beinbrüchen für den Rest des Jahres aus. Guy Ligier verpflichtete Jacky Ickx als Ersatzmann, doch der 34jährige Belgier kam bei seinem Formel-1-Comeback mit dem Wing-Car-Fahrverhalten nie zurecht und vermochte Jacques Laffite beim Kampf um den WM-Titel nicht zu helfen. Die Weltmeisterschaft hatte mittlerweile Ferrari in Griffweite: Gilles Villeneuve war es gelungen, den für ein respektables Jahressalär von 3 Millionen Dollar verpflichteten Jody Scheckter in den Schatten zu stellen. Ausgerechnet in Kyalami gewann der Kanadier vor dem Südafrikaner, weil Scheckter mit seinen Michelin-Pneus härter umgesprungen war. Für den ersten Wing-Car von Ferrari, den Tipo 312T4, gab es gleich bei der Rennpremiere einen Doppelsieg, wobei der breit ausladende 12-Zylinder-Boxermotor den erhofften Ground-Effect stärker beschnitt als der kompakt bauende Cosworth V8, ein Handikap, das die Italiener in der Saison 1979 noch mit der nach wie vor imposanten Motorleistung von weit über 515 PS kompensieren konnten. Auch beim

vierten WM-Lauf des Jahres in Long Beach gab es einen Doppelsieg für Ferrari, nur mit dem Unterschied, daß Gilles Villeneuve seinen Capo Jody Scheckter noch deutlicher hinter sich ließ. Der Franko-Kanadier ging aggressiv und beherzt zur Sache, Gilles Villeneuve, das war Rennfahren fürs Auge und fürs Herz. Aber die Formel 1 vergibt keine Publikumspreise und nicht zuletzt Gilles kühner Übermut kostete, gepaart mit der Ferrari-Stallregie, greifbar nahe Titelehren. Es war der sechste WM-Lauf am 13. Mai 1979 im belgischen Zolder, der die eigentliche Wende einleiten sollte, nach einem Rennverlauf, der an Spannung kaum zu überbieten war. An der Spitze tobt eine gigantische Schlacht zwischen Depailler und Laffite, die sich bald der Attacken von Alan Jones erwehren müssen. In der 24. von 70 Runden übernimmt zum ersten Mal in der Geschichte der Formel-1-WM ein Williams-Rennwagen die Spitze eines Grand Prix. Als in der 40. Runde ein Zündungsdefekt die Solofahrt von Jones stoppt, führen wieder die beiden Ligiers, doch jetzt bauen ihre Goodyear-Reifen allmählich ab. Depailler rutscht von der Piste, während von hinten in Windeseile der Michelin-bereifte Ferrari von Jody Scheckter naht. Der Südafrikaner hatte das letztlich rennentscheidende Manöver bereits in der zweiten Runde vollzogen, indem er nämlich den vor ihm plazierten Williams von Clay Regazzoni mit einem Rempler vor der Schikane beiseite räumte und der dichtauf folgende Gilles Villeneuve ins Heck des beiseite schleudernden Williams knallte. »Rega« war draußen, Villeneuve fiel bis auf den letzten Platz zurück, während Scheckter unbedrängt durchfährt. 16 Runden vor Rennende übernimmt der Südafrikaner die Spitze und fährt seinen ersten Sieg für Ferrari heraus, während Laffite noch unter heftigem Druck des famosen Villeneuve gerät. Doch bei seiner Aufholjagd hat Gilles mehr Benzin verbraucht als ursprünglich kalkuliert:

So bleibt sein Ferrari in den letzten Runde liegen und wird nicht einmal mehr in den WM-Punkterängen klassiert. Was wäre gewesen, wenn...? Rechnen wir nach: Sechs WM-Punkte für den zweiten Platz in Belgien hätte Villeneuve voll anrechnen können, das wäre sein viertes von maximal vier verwertbaren Resultaten der ersten Saisonhälfte gewesen. Am Ende des Jahres hätte dies zum WM-Titel gereicht...

Diese läppischen sechs WM-Punkte aus der ersten Saisonhälfte hätte sich Gilles beinahe beim nächsten WM-Lauf in Monte Carlo geholt, wo er sich tapfer an die Stallorder hielt und hinter Spitzenreiter Jody Scheckter blieb, ehe ein Schaden an der Kraftübertragung die Fahrt des Franko-Kanadiers vorzeitig beendete. Nach Monte Carlo fand der nächste, der achte WM-Lauf der Saison am 1. Juli in Dijon statt. Doch dieser *Große Preis von Frankreich* zählt bereits zur zweiten Saisonhälfte, weil der für den 16. Juni vorgesehene schwedische Grand Prix zwar wieder vom Terminkalender gestrichen worden war, gleichwohl aber immer noch dem ersten der beiden Wertungsabschnitte zugeordnet blieb. Mit dem Rennen im Herzen von Burgund beginnt also bereits die zweite Halbzeit des Formel-1-Jahres. Wäre dies nicht der Fall gewesen, dann hätte Gilles Villeneuve die sechs Punkte für seinen zweiten Platz in Dijon voll anrechnen können und somit den WM-Titel ergattert...

Jener französische Grand Prix beschert Renault den langersehnten Sieg: Mit einem Ladedruck von 1,5 bar im Rennen dürfte der mit zwei KKK-Abgasturboladern bestückte Renault-V6 gut 520 PS mobilisiert haben, ausreichend Kraft, um Jean-Pierre Jabouille in Dijon-Prenois die Französische Revolution in der Formel 1 siegreich beenden zu lassen, oder, um Johann Wolfgang von Goethes *Kanonade von Valmy* zu zitieren: »Von hier und heute geht eine neue Epoche der Weltgeschichte aus, und ihr könnt sagen, ihr seid dabeigewesen.« Eigentlich wäre in Dijon anno 1979 sogar ein Renault-Doppelsieg fällig gewesen, doch René Arnoux zieht in einem unvergeßlichen Zweikampf gegen Gilles Villeneuve den kürzeren. Beide Kontrahenten fahren in der letzten Runde fast ständig Seite an Seite, touchieren einander, geraten von der Piste, halten dennoch Kurs, tauschen mehrfach die Positionen und liefern sich wahrscheinlich das schönste Duell, das je in einem Formel-1-Rennen stattgefunden hat. Auf diesen letzten 3,8 Kilometern bieten Villeneuve und Arnoux sich und ihrem Publikum all das, was die Faszination des Grand-Prix-Sports ausmacht. Danach schien es den beiden Rivalen fast unwichtig zu sein, wer im Ziel schließlich vorne gewesen war: »Camaraderie« nannten das dereinst die Herrenfahrer. Und irgendwie muß es das gewesen sein, was nicht allein Enzo Ferrari, sondern einfach jeden Formel-1-Fanatiker an Gilles Villeneuve begeisterte: Die schiere Lust und Leidenschaft, am Lenkrad eines Rennwagens alles zu riskieren, als gäbe es kein morgen. Daß dies auf Dauer nicht gut gehen konnte, mögen schon damals viele

Der Arbeitsplatz von Gilles Villeneuve.

geahnt haben, spätestens als Gilles in Zandvoort eine volle Runde auf der blanken Felge durchfahren wollte und prompt rausflog. Teamkollege Jody Scheckter ging da mit anderem Kalkül zur Sache. Über sechs Jahre lang hatte er auf der Hochschule des Motorsports studiert, mit Ferrari konnte er endlich zu Titelehren promovieren: »Was ich wollte, war einfach die Weltmeisterschaft zu gewinnen, deshalb zielten alle Einstellungsarbeiten an meinem Wagen daraufhin sicherzustellen, daß ich das Rennen in der bestmöglichen Position beende. Das mag natürlich absolut selbstverständlich klingen, aber Gilles schien sich ganz darauf verlegt zu haben, die schnellsten Rundenzeiten zu erzielen.« Scheckter fuhr für die WM-Krone, Villeneuve für die Galerie. »Zu diesem Zeitpunkt seines Lebens machte sich Gilles überhaupt keine Gedanken um die WM«, urteilte Jody Scheckter. Wie sagte doch Gilles Villeneuves immer wieder: »Ich bin Rennfahrer, das bedeutet für mich, Rennen zu gewinnen und nicht einfach Punkte auf mein Konto zu hamstern.«

Im neuen Ligier JS 11 entfaltet Jacques Laffite seine Fähigkeiten und hält bis Monza das Titelrennen offen.

Mit Berechnung zum WM-Titel - Jody Scheckter im Ferrari 312T4.

Zur Saisonmitte 1979 hatte die Scuderia Ferrari den Williams kaum noch etwas entgegenzusetzen. Den historischen, den allerersten Sieg für einen Formel-1-Rennwagen von Frank Williams holte sich beim britischen Grand Prix am 14. Juli 1979 allerdings Clay Regazzoni, weil sein Stallgefährte Alan Jones mit Motorschaden auf der Strecke blieb. Wie zum Trost gewann der Australier die nächsten drei GP in Folge, was Jody Scheckter bei einem Sieg beim nächsten WM-Lauf in Monza bereits vorzeitig zum Weltmeister machen konnte. Rechnerische Chancen auf den Titel besaßen auch noch Jacques Laffite und Gilles Villeneuve,

aber es war sonnenklar, daß Ferrari vor heimischem Publikum alles daran setzen würde, den WM-Titel unter Dach und Fach zu bringen. Es kam so, wie es kommen mußte: Jody Scheckter gewann, stets beschattet von Gilles Villeneuve, der den desgnierten Champion nach hinten abschirmte. Im Ziel trennten die beiden 46 Hundertsel. Anderthalb Jahrzehnte später wissen wir, daß Scheckters Titel bis heute die letzte Weltmeisterschaft für einen Ferrari-Fahrer blieb, aber das war an jenem 9. September 1979 ebensowenig absehbar wie der Ausklang der Rennsaison: Gilles Villeneuve wurde in Montreal Zweiter und gewann in Watkins

Glen. Hätte er sich in Monza nicht an die Stallorder gehalten und Scheckter überholt, hieße der Weltmeister des Jahres 1979 Gilles Villeneuve. Gewiß, dies ist wieder einmal eine Milchmädchenrechnung, denn widerspruchslos hat der Kanadier die Stallorder akzeptiert. Ob aber andere Kollegen seiner Zunft ähnlichen Charakter bewiesen hätten? Gilles Villeneuve mag sich keine drei Jahre später daran erinnert haben, als er in Imola seinem Ferrari-Partner Didier Pironi Vertrauen schenkte - und bitter enttäuscht wurde.

Wäre übrigens Alan Jones in Zolder nicht ausgefallen, sondern zum durchaus möglichen und verdienten Sieg gefahren, dann hätte der Australier bereits 1979 als Weltmeister in die Formel-1-Annalen eingehen können, mit dem übrigens pikanten Schlußklassement Jones 49, Scheckter 48, Villeneuve 47 Punkte...

Viel Spekulatius unterm Weihnachtsbaum anno 1979, aber die Herren Jones, Williams und Head durften sich am Ende des Jahres durchaus als »moralische Weltmeister« fühlen. Daß es selbst in der Formel 1 ab und an eine höhere Form von Gerechtigkeit gibt, bewies dann die Saison 1980: Jones und sein Williams waren über das gesamte Jahr gewiß die schnellste Kombination, während Titelverteidiger Ferrari sang- und klanglos unterging. Villeneuve und Scheckter gewannen keinen einzigen Grand Prix! Daß es am Ende für Alan Jones dann doch noch eng wurde und Nelson Piquet im Brabham-Cosworth nach seinem Sieg im zum ersten und einzigen Mal in Imola ausgetragenen *Gran Premio d'Italia* die Führung vor den letzten beiden WM-Läufen übernehmen konnte, schmeichelte vielleicht den Leistungen des Brasilianers, war aber auch die Quittung für viele verpaßte Gelegenheiten des »Aussies«. In Long Beach kollidierte AJ bei der Jagd auf den führenden Piquet mit dem überrundeten Giacomelli im Alfa Romeo. In Monte Carlo hetzte Jones den führenden Didier Pironi und überforderte dabei das Differential seines

Renault RS 10

Williams. Pironi, neu im Team von Guy Ligier und gerade zuvor GP-Sieger in Zolder, krachte wenig später in die Leitplanken, als ihm ein Gang herausgesprungen war: So gewann Carlos Reutemann, der neue zweite Mann bei Williams... Der Argentinier hatte Clay Regazzoni abgelöst: Ein bitterer Abschied für den Tessiner, der für 1980 wieder zu Mo Nunn und dessen Ensign-Team zurückkehrte und in Long Beach mit versagenden Bremsen in eine Betonwand raste. Das war das bedauerliche Ende einer außergewöhnlichen Rennfahrerkarriere. Im Rollstuhl tauchte Clay 1985 erstmals wieder bei einem Grand Prix im Fahrerlager auf, seiner Querschnittlähmung zum Trotz: »Ich will nicht bemitleidet werden, man braucht mich nicht zu bedauern, denn ich bin nicht mehr verzweifelt.«

Zwischen der FOCA von Bernie Ecclestone und der FISA von Jean Marie Balestre tobte indessen ein erbitterter Kampf: Balestre hatte für die Saison 1981 aus Sicherheitsgründen ein Verbot der beweglichen Schürzen angekündigt. Die in der FOCA vereinten britischen Konstrukteure fürchteten um ihre Überlegenheit: Mit erheblich reduziertem Ground-Effect hätte man gegen die Turbos von Renault und künftig auch Ferrari kaum noch etwas ausrichten können. Dieser grundlegende Konflikt entzündete sich zunächst an Kleinigkeiten: Weil die Rennfahrer der britischen FOCA-Teams auf Anweisung ihrer Chefs den Fahrerbesprechungen in Zolder und Monte Carlo ferngeblieben waren, setzte es von der FISA zuerst Geldbußen und danach Startverbote für den nächsten GP in Jarama! Doch Mitveranstalter dieses *Großen Preises von Spanien* war Bernie Ecclestone, und natürlich ließ die FOCA ihre gesperrten Fahrer starten, worauf die FISA diesem Lauf prompt den WM-Status entzog. Die Rennställe von Alfa Romeo, Ferrari und Renault reisten ab, während am 1. Juni 1980 die FOCA-Teams Arrows, ATS, Brabham, Ensign, Fittipaldi, Ligier, Lotus, McLaren, Osella, Theodore-Shadow, Tyrrell und Williams in Jarama die Probe aufs Exempel wagten und ein Formel-1-Rennen ohne WM-Status als Vorgeschmack auf eine eigene FOCA-WM fuhren. Vor dem französischen Grand Prix zahlte die FOCA jedoch besagte Geldbußen und Balestre

signalisierte plötzlich sein Einlenken in der Schürzen-Frage, als am 1. August 1980, acht Tage vor seinem 36. Geburtstag, Patrick Depailler bei Testfahrten am Hockenheimring ums Leben kam. Auf der Anfahrt zur Ostkurve geriet sein Alfa Romeo bei Vollgas von der Strecke und zerschellte an einer Leitplanke, hinter der Fangzäune aufgerollt lagen, die eine Woche später für den *Großen Preis von Deutschland* aufgebaut werden sollten... Depaillers sinnloser Tod entfachte eine neue Diskussion um die Wing-Cars: War an dem Alfa ein Aufhängungsteil gebrochen, weil es den enormen Abtriebskräften in der Ostkurve nicht standhielt? Hatte eine der Schürzen geklemmt und war dadurch schlagartig der Ground Effect abgerissen, so daß der Rennwagen nicht mehr auf der Strecke zu halten war? Hatte Weltmeister Jody Scheckter nicht erst drei Wochen zuvor seinen Rücktritt zum Saisonende angekündigt und damit begründet, daß die rapide gestiegenen Kurvengeschwindigkeiten ein zu hohes Risiko darstellten? Jean-Marie Balestre und die FISA werden sich mit ihrem Schürzenverbot aus Gründen der Sicherheit durchsetzen, aber die Findigkeit der Formel-1-Designer produziert in der Saison 1981 den hydraulisch absenkbaren Rennwagen, der bei der Kontrolle die vom neuen Reglement geforderten 60 Millimeter Bodenfreiheit aufweist, auf der Rennstrecke aber so dicht über dem

Asphalt bleibt, daß die fest montierten Schürzen eben doch wieder auf dem Boden schleifen und Ground Effect aufgebaut wird. Das neue Reglement, das den Rennfahrern mehr Sicherheit bescheren soll, bewirkt das Gegenteil: Die hohen Kurvengeschwindigkeiten bleiben, doch durch das Absenken der Fahrwerke gehen die Federwege gen Null, so daß Gesäß und Rücken der bedauernswerten Grand-Prix-Heroen noch ärger gestaucht werden.

Vor den beiden Finalrennen in Übersee stand es nach Imola also 54:53 für Nelson Piquet, wobei dem Brasilianer nun allerdings Streichresultate drohten, während Alan Jones bei erst vier Resultaten aus der zweiten Saisonhälfte zumindest noch einmal voll punkten konnte: Vor dem vorletzten Rennen der Saison 1980 in Montreal hieß dies gar, daß Jones im Falle eines Sieges vorzeitig Weltmeister wäre, sofern Piquet nur ausfallen oder schlechter als auf Rang Vier ins Ziel kommen würde. Der Brasilianer wäre selbst bei einem Sieg und gleichzeitigem Ausfall von Jones noch nicht neuer Champion gewesen! Garniert wurde das Rennen von bemerkenswerten Randereignissen: Mit Jody Scheckter scheiterte erstmals ein amtierender Weltmeister an der Qualifikationshürde eines Formel-1-Grand-Prix. Im Rennen mit dabei war hingegen Mike Thackwell: Mit 19 Jahren und 182 Tagen blieb der Neuseeländer bis heute der jüngste Debütant der Formel-

Dijon, 1. Juli 1979:
»Le jour de gloire est arrivé.«
- Jean-Pierre Jabouille gewinnt im Renault-Turbo den französischen Grand Prix, Teamkollege René Arnoux wirkt noch ganz lull und lall nach seinem furiosen Duell mit dem zweitplazierten Gilles Villeneuve.

1-Geschichte. Auch wenn seine Premiere bereits in der ersten Runde im Gefolge einer Massenkarambolage endete..

Der Williams von Jones scheint in der ersten S-Kurve nach dem Start um einen Hauch vor Piquets Brabham zu liegen: Der Australier zieht jedenfalls auf die Ideallinie und kollidiert mit seinem WM-Rivalen... Piquet knallt in die Leitplanken, während Jones seine Fahrt unerschütterlich fortsetzt und hinter ihm sechs weitere Rennwagen ineinanderkrachen. Das Rennen wird abgebrochen, Piquet muß im Ersatzwagen starten, führt trotzdem mit fast zehn Sekunden Vorsprung auf Jones, als in der 24. von 70 Runden der Cosworth im Brabham hochgeht: »Sicher hätte ich liebend gern die WM gewonnen«, trug Nelson das Schicksal mit gefaßter Miene, »aber noch bin ich bis 1981 in einem Drei-Jahres-Vertrag an Bernie Ecclestone gebunden. Wenn ich mir jetzt den Titel geholt hätte, würde ich deswegen überhaupt keine müde Mark mehr verdienen. Falls ich nächstes Jahr Weltmeister werde, dürften unsere Verhandlungen für 1982 sicherlich ganz interessant verlaufen...« Alan Jones

gewinnt den kanadischen Grand Prix und damit auch den WM-Titel: »The Championship? You take it any way it comes«, kommentierte AJ vielsagend...

Die Formel-1-Saison 1980 brachte personelle Einschnitte im Grand-Prix-Establishment: Patrick Depailler war tot, Clay Regazzoni an

den Rollstuhl gefesselt, Jody Scheckter trat zurück und auch Emerson Fittipaldi fuhr seinen letzten Grand Prix in seinem glücklosen Rennstall, den er zwei Jahre später endgültig dichtmachte. Es bedurfte einer Scheidung und erheblicher finanzieller Probleme, ehe »Fitti« 1984 sein erstes Indycar-Rennen in Long Beach fuhr. Bald hieß er in den Staaten »Emmo«, sollte zum CART- bzw. INDYCAR-Champion avancieren und sogar die Indy 500 gewinnen. Eine neue Rennfahrer-Generation, angeführt von Nelson Piquet, blies zur Wachablösung. Die gezielte Förderung durch ELF und Renault verhalf der Formel 1 anno 1980 zu neuen französischen Hoffnungsträgern: René Arnoux und Didier Pironi gewannen ihren ersten GP, und Alain Prost gab ein paar Wochen vor seinem 25. Geburtstag sein Grand-Prix-Debüt bei McLaren und holte auf Anhieb WM-Punkte. Der kleine, drahtige Franzose erwies sich beizeiten als Ausnahmekönner: Natürlich griff Renault zu und sicherte sich für die Saison 1981 die Dienste des jun-

Zu Saisonbeginn 1980 zweifacher Sieger - René Arnoux im Renault-Turbo, hart bedrängt von Jacques Laffite im Ligier.

*Schnell und ehr-
geizig, viele
bezeichneten
ihn schlicht als
arrogant -
Didier Pironi.*

gen Mannes, der aufgrund seiner akribischen Vorbereitung und seiner unspektakulär scheinenden, aber einfach makellos schnellen Fahrweise bald als »Le Professeur« tituliert wurde.

Glückliches Frankreich, seufzt der deutsche Betrachter und erinnert sich an leidgeprüfte Formel-1-Bemühungen mutiger und übermütiger Landsleute: Der Aachener Willi Kauhsen und sein Konstrukteur Klaus Kapitza wagten anno 1979 mit ihrem Hausmacher-Rennwagen WK 005 und Testfahrer Gianfranco Brancatelli den Sprung in den GP-Zirkus. In Jarama fehlten Brancatelli rund 4,5 Sekunden auf den letzten Startplatz, in Zolder waren es deren neun: Das war das Ende der Formel-1-Ambitionen von Willi Kauhsen. Der pfälzische Felgenfabrikant Günter Schmid hielt tapfer durch: Sein von einem jungen Österreicher namens Gustav Brunner entwickelter ATS D4 ermöglichte dem Niederländer Jan Lammers 1980 in Long Beach Startplatz vier, leider brach nach ein paar hundert Metern im Rennen eine Antriebs-

welle. 500 000 Mark kostete damals der Sitzplatz im ATS, für die gesamte Saison wohlgemerkt! Marc Surer zahlte eine Rate von 125 000 Schweizer Franken, weitere Gelder bleiben aus, weil Surers Sponsor, ein Uhrenfabrikant, in Finanznöte gerät. Ohne finanzstarke Argumente im Rücken spielte der Schweizer künftig nur die zweite Geige im Grand-Prix-Geschäft. Angedacht war das einmal anders: Jochen Neerpasch hatte als BMW-Rennleiter anno 1977 ein »Junior-Team« aus der Taufe gehoben, dessen Mitglieder Eddie Cheever, Marc Surer und Manfred Winkelhock über Einsätze im Renntourenwagen und der Formel 2 tatsächlich in den GP-Sport gelangen sollten. Neerpasch hielt einen BMW-Turbo-Motor von Paul Rosche in der Hinterhand, ein potentielles Formel-1-Triebwerk, das anno 1979 einen Renntourenwagen befeuerte, der von einem jungen Österreicher namens Markus Höttinger

gesteuert wurde. Der Vertrag für einen McLaren-BMW-Formel-1 war unterschriftsreif, doch im BMW-Vorstand lehnte man den Deal ab. Neerpasch zog die Konsequenzen und wollte mit dem Turbo-Motor zu Talbot nach Frankreich wechseln. Rosche und der ehemalige Neerpasch-Assistent Dieter Stappert bogen dies noch einmal um: Nach einem PR-Gastspiel in Gestalt der Pro-Car Serie mit dem neuen BMW M1 im GP-Rahmenprogramm stiegen die Münchener nun doch ernsthaft in die Formel 1 ein. Sinnigerweise war es Bernie Ecclestone, der im Spätsommer 1980 seinem Brabham-Rennstall die BMW-Motoren sicherte. Der FOCA-Boß wußte trotz des akuten Schürzen-Streits ganz genau, daß sein Team über kurz oder lang Turbo-Treibsätze brauchte, um konkurrenzfähig zu bleiben. Mangels der BMW-Turbos griff Talbot auf den 12-Zylinder-Matra zurück: Jacques Laffite wird damit in seinem Ligier

Patrick Depailler am Rande des brasilianischen Grand Prix 1980: Nach seinem schweren Drachenflieger-Unfall schafft es der Franzose, das Formel-1-Team von Alfa Romeo immer besser in Szene zu setzen. Doch am 1. August 1980 in Hockenheim hat Patrick Depailler keine Chance, einen Hochgeschwindigkeitsunfall in der Ostkurve zu überleben.

Hockenheim, 10. August 1980: Kleine Ursache -
große Wirkung.

Alan Jones muß wegen eines Reifenschadens an die Williams-Box und
verliert den sicheren Sieg im Großen
Preis von Deutschland.
Mit Kopfhörer-Garnitur sehr erregt
kommandierend:
Chefkonstrukteur Patrick Head.

1981 sogar zwei WM-Läufe gewinnen und sich bis zum letzten Rennen der Saison eine Chance auf den WM-Titel bewahren.Jochen Neerpasch hingegen ist bei dieser Konstellation gar nicht mehr vonnöten: Er beginnt geraume Zeit später als neuer Motorsportchef bei Mercedes-Benz erneut Kurs auf die Formel 1 zu nehmen. Und wieder wird Neerpasch ein »Junior-Team« formieren...

Um den deutschsprachigen Formel-1-Nachwuchs ist es in jenen Tagen still geworden: Die Saison 1980 hat zwei großen Hoffnungen den Tod gebracht: Der 24jährige Markus Höttinger stirbt am Hockenheimring im Formel-2-Rennwagen des »Mampe«-Likör-Erben Willy Maurer. Derek Warwick ist mit seinem Toleman am Hockenheimring in die Leitplanken geflogen, ein harmloser Unfall, doch das rechte Hinterrad reißt ab, wird hochgeschleudert und erschlägt Höttinger. Beim Formel-2-EM-Lauf in Zandvoort verunglückt Hans-Georg Bürger im verregneten Warm-Up. Der Rennfahrer aus Welschbillig in der Eifel erliegt zwei Tage später seinen schweren Kopfverletzungen. Blieb in diesem schlimmen Jahr noch eine dritte Hoffnung: Der 27jährige Manfred Winkelhock, der in der Formel-2-EM oft ganz vorn mitmischte, aber allzu selten die Zielflagge sah. Der

Schwabe durfte in Imola Ersatzmann für den von einer schmerzhaften Rückenprellung geplagten Jochen Mass spielen, doch Winkelhock vermochte sich als 28. des Trainings

ebensowenig zu qualifizieren wie ein gewisser Nigel Mansell, der in Zeltweg und Zandvoort für Lotus gerade seine beiden ersten GP absolviert hatte. Manfred Winkelhock mußte sich noch ein weiteres Jahr durchbeißen, ehe er mit fast 30 Jahren doch noch den Sprung in die Formel 1 schaffte, mit ATS und Günter Schmid. Bei allem Respekt und großer Sympathie für den Mann aus Waiblingen: In der allzu glamourösen und eiskalten Welt der Formel 1 war der tapfere Manfred Winkelhock zu rücksichtsvoll, zu anständig und wohl auch nicht das letzte Quentchen schnell genug, um die ganz große Karriere zu machen. Nein, es sollten noch zwei, drei Jahre vergehen, ehe ein anderer deutscher Rennfahrer für eine viel zu kurze Zeit in der Formel 1 für Furore sorgte. Wir werden noch von Stefan Bellof hören

Teamwork bei McLaren: Alain Prost liest den Anhalter John Watson auf.

Dabei sein ist alles - Marc Surer versucht mit dem ATS-Rennstall von Günter Schmid in der Formel 1 Fuß zu fassen.

Indianer-Aufstand

Wie langweilig wäre das Leben, wenn alles wie erwartet verlaufen würde. Es muß nicht immer tragisches Geschick obwalten, um in der Formel 1 für Abwechslung zu sorgen. Manchmal genügt nur ein couragiertes Aufbegehren innerhalb der festen Hackordnung. So

wie dies Carlos Reutemann in der Saison 1981 vorexerzierte. Voraussetzung hierfür war indes das Überleben des Grand-Prix-Sports in seiner bisherigen Form: Noch im November 1980 hatten FOCA und FISA jeweils eigene WM-Terminkalender publiziert. Erst der Einfluß der

Sponsoren verhinderte das Auseinanderbrechen in eine FIA Formula One World Championship und eine konkurrierende FOCA World Professional Drivers Championship. Vor der Einigung gewann am 7. Februar 1981 Carlos Reutemann den verregneten Großen Preis von

Ausgetrickst - per Knopfdruck liftet eine Hydraulik den Toleman-Hart von Brian Henton auf reglementskonformen Bodenabstand.

Südafrika in Kyalami, den nur FOCA-Teams mit voll-beschürzten Rennwagen bestritten hatten. Noch war eine eigene »Piraten-WM-Serie« der FOCA nicht vom Tisch, ehe sich beide Kontrahenten doch noch einigten: Am 4. März 1981 wurde jenes legendär gewordene »Concorde-Abkommen« abgeschlossen, das die grundsätzlichen Spielregeln der Formel 1 fixierte. Die FOCA sicherte sich darin die für die GP-Vermarktung unerläßlichen Rechte für Fernsehübertragungen, der Preis war der Verzicht auf die beweglichen Schürzen. Daß die cleveren Formel-1-Bosse einen Gummi-Paragraphen eingebaut hatten, der die Benutzung von hydraulischen Aufhängungen zuließ, mit deren Hilfe sich der Bodenabstand der nunmehr festmontierten Schürzen bei Kontrollen auf vorgeschriebene 60 Millimeter hochpumpen ließ, machte das Ganze alsbald zur Farce. Vorerst aber konnte am 15. März 1981 in Long Beach endlich die Formel-1-WM beginnen. Weltmeister Alan Jones gewinnt in überzeugender Manier, nachdem aus der Pole Position zunächst Riccardo Patrese im Arrows und ab der 25. Runde Carlos Reutemann im zweiten Williams geführt hat, ehe der Italiener ausfällt und Alan Jones wenig später einen kapitalen Fahrfehler seines argentinischen Teamkollegen

ausnutzt, um in der 32. von 80 Runden die Spitze zu übernehmen. Die Botschaft von Long Beach ist überdeutlich: Alles beim alten, die Kombination Jones/Williams FW07 bleibt überlegen. Doch zwei Wochen später erhält die Formel-1-WM beim *GP von Brasilien* einen ganz neuen Kick: Über Rio de Janeiro ist heftiger Regen aufgezogen, mit sicherem Instinkt für die Dauer solcher Wetterunbilden in seiner Vaterstadt läßt Pole-Setter Nelson Piquet für seinen Brabham-Cosworth Slicks aufziehen. Natürlich gießt es während des gesamten Grand Prix nahezu ununterbrochen... An der Spitze drehen die beiden Williams ungefährdet ihre Runden, Reutemann hat eine Startposition vor Jones gestanden und liegt dank Piquets Malheur sogleich in Front. Ungetrübt von den Wassermassen hält »El Lole« den ersten Platz. »Indianer« hatte ihn Jochen Rindt getauft, als er mit Reutemann in Hockenheim anno 1970 aneinandergeraten war. Alan Jones sollte noch ganz andere, besser unzitiert bleibende Beschimpfungen für seinen Williams-Kompagnon finden - nach diesem brasilianischen Grand Prix. 10,5 Sekunden liegt Reutemann vor dem Weltmeister, als die Williams-Box Order zum Positionswechsel gibt. Doch Carlos denkt gar nicht daran, Alan Jones vorbeizulas-

sen: »Vom Beginn meiner Karriere an bin ich in jedem Rennen gestartet, um zu gewinnen, aber in diesem Augenblick wurde ich darum gebeten, den Sieg einfach zu verschenken«, rechtfertigt er sich später: »Wenn ich dieser Anweisung gefolgt wäre, hätte ich sofort aufhören müssen, dann wäre ich kein Rennfahrer mehr gewesen.« Alan Jones empörte sich: »Ich habe Carlos immer für einen Gentleman gehalten, nie hätte ich gedacht, daß er sich so über die Stallorder hinwegsetzen würde. Nun kenne ich seinen Standpunkt und werde das nächste Mal dann eben auch mit ihm kämpfen, ihn drücken, ihn bedrängen und ihn mit den Rädern rammen.« Das war der Moment, in dem Williams die Fahrer-WM 1981 zu verlieren begann...

Der nächste GP in Buenos Aires beschert trockenes Wetter und keine Probleme für Nelson Piquet bei der richtigen Reifenwahl: Sein Brabham BT 49C funktioniert dank der hydropneumatischen Niveauregulierung wie ein herkömmlicher Wing-Car und bleibt beim argentinischen Formel-1-WM-Lauf eine Klasse für sich. Hätte nicht ein Zündungsdefekt den BT 49C seines mexikanischen Teamgefährten Hector Rebaque heimgesucht, wäre sogar ein blütenweißer Brabham-Doppelsieg herausgesprungen! Wenn ein Fahrer aus dem zweiten Glied wie Rebaque derart auftrumpfte, war es für Williams & Co. höchste Eisenbahn, selber auf eine »Trickaufhängung« umzurüsten, zumal die Proteste gegen den siegreichen Piquet-Brabham abgeschmettert wurden. Reutemann war bei seinem Heim-Grand-Prix Zweiter geworden, Jones hatte sich hinter Prost im Renault-Turbo mit dem vierten Rang begnügen müssen. Im WM-Klassement führte »El Lole« nun mit 21:18 Punkten vor dem amtierenden Weltmeister. Alan Jones sah rot. In Imola pflügt sich der Titelverteidiger vom achten Startplatz aus innerhalb von einer Runde auf den vierten Rang nach vorn, nur um sich bei einem allzu gewagten Überholmanöver am Williams seines Intimfeindes den eigenen Frontspoiler zu verbiegen... Am Ende wird Jones mit zwei Runden Rückstand Zwölfter, während Piquet seinen zweiten Saisonsieg feiern kann und Reutemann mit Rang Drei die Führung in der WM-Wertung knapp vor dem Brasilianer verteidigt. Alan Jones fühlt sich zutiefst in seiner Ehre gekränkt: Teamchef Frank Williams vermag das zerbrochene Verhältnis zwischen seinen beiden hochbezahlten Angestellten nicht mehr zu kitten. Mit jedem Rennen wird die Situation angespannter, in Zolder, auf jenem »Micky-Maus Kurs« mit einer verteufelt engen Boxengasse und einer schmalen Start- und Zielgeraden, überfährt Reutemann in der hoffnungslos überfüllten Boxengasse den Osella-Mechaniker Giovanni Amadeo. Der Tod ihres Kollegen erschütterte alle aus der Zunft der Formel 1-Schrauber: Vor dem Start am Sonntag protestierte man gegen die unzureichenden Sicherheitsbedingungen in der Boxengasse. Einige Rennfahrer solidarisierten sich und kletterten nach der Aufwärmrunde noch einmal aus ihren Cockpits, so daß das Feld zu einer weiteren Einführungsrunde auf den Kurs geschickt wurde. Doch nicht der Trainingsschnellste Reutemann, sondern Piquet führt die Formel-1-Kavalkade an, auch dahinter geht es nicht geordnet zu. Bei der neuerlichen Rückkehr auf die Zielgerade verpaßt der Brasilianer seine Startposition und wird noch auf eine weitere Runde durchgewunken, um sich danach erneut auf den zweiten Startplatz einzureihen! Bis Piquet im Renntempo aus seiner zusätzlichen Aufwärmrunde zurückkehrt, laufen einige andere Motoren der wartenden Meute bereits heiß. Riccardo Patreses Arrows-Cosworth säuft ab, entgegen allen Regeln der Vernunft und der FIA klettert Mechaniker Dave Luckett über die Boxenbegrenzung, um Patreses »Cossie« noch einmal mit einem Preßluftstarter zu neuem Leben zu erwecken. Als Luckett sich am Heck des Arrows zu schaffen machte, springt die Startampel auf Grün! Patreses Teamkollege Siegfried Stohr fährt mit seinem Arrows in den unglückseligen Mechaniker... Es kam einem Wunder gleich, daß Dave Luckett diesen Unfall schwerverletzt überlebte, aber es war ein Skandal, daß dieses Rennen

nicht sofort abgebrochen wurde. Bei Start und Ziel hielt man statt der roten Flagge ein schwarzes Tuch hinaus, zweimal raste das Feld vorbei, ehe der an dritter Stelle plazierte Didier Pironi seinen Ferrari und die hinter ihm liegende Konkurrenz merklich abbremste und endgültig zum Halt brachte...

Natürlich wurde noch einmal neu gestartet, ohne die Arrows von Patrese und Stohr, und nun ging alles glatt, Pironi übernimmt die Führung, während Alan Jones alsbald Nelson Piquets Brabham resolut in die Fangzäune rempelt. Mit dem immer rüder zur Sache gehenden Australier ist nicht mehr gut Kirschen essen, Spitzenreiter Pironi wehrt sich gegen den ungestüm drängenden Champion nur bis in die 13. Runde hinein, dann läßt er Jones, aber auch Reutemann und Laffite anstandslos passieren. Der Weltmeister zieht unwiderstehlich davon, nur um sieben Runden später seinen Williams heftig in die Leitplanken zu setzen. Der vierte Gang sei herausgesprungen... So gewinnt Carlos Reutemann den nach 54 Runden wegen Regens vorzeitig abgebrochenen GP von Belgien. In der WM-Wertung wurde die Situation für Alan Jones immer prekärer: Der verhaßte Teamkollege hatte nun 16 Punkte Vorsprung und dazwischen lag mit 12 Zählern Rückstand auf Reutemann noch Piquet. Daß Reutemann in Monte Carlo mit Getriebeschaden ausschied, schien AJ besonders anzustacheln: In Windeseile saß der verbliebene Williams dem souverän führenden Brabham von Nelson Piquet im Nacken. Der Brasilianer schien von den pausenlosen Attacken des Weltmeisters irritiert und geriet bei einem Überrundungsmanöver von der Ideallinie geradewegs in die Leitplanken. Nun war der Weg frei für Alan Jones, doch in der Schwüle von Monaco entwickelte sein Williams erstmals ein später geradezu chronisches Hitzeleiden: Dampfblasenbildung im Treibstoffsystem. Ein vorsorglicher Tankstop war da völlig vergebens, AJ kehrte zwar noch als Spitzenreiter ins Rennen zurück, wurde indes vier Runden vor Schluß von Gilles Villeneuve überholt. Dies war der erste GP-Sieg für den Ferrari 126CK-Turbo, auf einem Stadtkurs, der eigentlich die »Sauger« bevorteilte. Auf einem fast ähnlich langsamen Kurs, in Jarama nämlich,

fügte Gilles Villeneuve drei Wochen später gleich noch einen Sensationssieg hinzu. Alan Jones war zwar wieder einmal resolut vom Start weg an die Spitze des Feldes gepreßt, nur um seinen Williams in der 14. von 80 Runden von der Piste zu befördern! Es war ein Jammer, wie »Jonesy« seine WM-Chancen ruinierte, aber so erbte Gilles Villeneuve die Führung in einem Rennen, das den Kanadier endgültig zur Legende werden ließ. Sein Ferrari litt sichtbar unter dem aggregatsbedingten, damals noch nicht kurierten »Turbo-Loch«: Das verzögerte Ansprechverhalten auf den Gaspedaldruck machte den Kampf gegen die Meute von vier heftig drängenden Verfolgern zur reinen Verzweiflungstat. Konstrukteur Harvey Postlethwaite räumte später ein, daß sein Ferrari-Chassis höchstens ein Viertel des Abtriebs produzierte, der einen Williams oder

Schwere Zeiten für die Ford-Fraktion in der Formel 1 - auch wenn Cosworth-Mechaniker Chris vermerkt, daß der DFV-Motor mit der Nr. 234 sein bestes Triebwerk ist, das er jemals in drei Tagen zusammengebaut hat.

Brabham wie auf Schienen durch die Kurven fegen ließ. Nein, der 126CK war gewiß kein Siegerauto, aber mit Gilles Villeneuve gewann die mobile Straßensperre trotzdem vor den frustrierten Verfolgern Jacques Laffite, John Watson, Carlos Reutemann und Elio de Angelis. Das Spitzenquintett kreuzte die Ziellinie am Ende innerhalb von 1,3 Sekunden, 22 Hundertselsekunden Vorsprung reichten zugunsten von Villeneuve. Seine Jäger hätten zweifelsohne schnellere Runden vorlegen können, wenn sie von Gilles nicht gekonnt wie rücksichtslos eingebremst worden wären. Aber in Jarama gewann für einmal nicht die schnellste Kombination, sondern der schlichtweg unverschämteste Fahrer. Wie könnte doch der erste Lehrsatz aus dem ungeschriebenen Formel-1-Katechismus lauten? Wahre Größe erlangt man erst dann im Grand-Prix-Sport, wenn man Rennen gewinnt, die man eigentlich gar nicht gewinnen kann...

Gilles Villeneuves Husarenritt von Jarama mußte der 1981 bis dato sieglosen Turbo-Konkurrenz von Renault zu denken geben: Vor dem Heim-Grand-Prix in Dijon hatte Alain Prost bei sieben Rennen erst vier WM-Punkte einfahren können, für René Arnoux standen gar nur zwei Zähler zu Buche. Der Modellwechsel auf den neuen RE30 hatte sich verzögert, heute wissen wir, daß die desolate erste Saisonhälfte Prost 1981 wohl den durchaus greifbaren WM-Titel gekostet hat... Renault-Teamchef Gérard Larrousse und Rennleiter Jean Sage setzten für Dijon alle Hebel in Bewegung: Nach dem Abschlußtraining stand Arnoux auf der Pole Position, Prost war Dritter. Aber weil der übernervöse René den sonntäglichen Start verhunzte, kam alsbald nur noch Alain für einen Renault-Sieg in Frage. Während ganz vorn Piquet davonjagte, balgte sich Prost mit dem wiedererstarkten Watson im neuen McLaren mit Kohlefaserchassis. Nach 59 von 80 Runden lag Piquet rund sechs Sekunden vor dem Duo Prost/Watson, als der Himmel sämtliche Schleusen öffnete und das Rennen wegen sintflutartiger Regenfälle abgebrochen wurde. Nelson Piquet und Kollegen hätten angesichts der zurückgelegten Distanz voll punkten können, aber in Frankreich hieß es »corriger la fortune«: Weil noch nicht volle 75 % der

Gesamtdistanz zurückgelegt waren, konnte die Rennleitung einen nochmaligen Start anordnen! Die noch zu fahrenden 22 Runden würden mit den bereits absolvierten 58 Runden verrechnet. Honni soit qui mal y pense - ein Schuft, wer Böses dabei denkt... Alain Prost und Renault nutzten die zweite Chance, denn die nun aufgezogenen Qualifyers Marke Michelin hielten die verbliebenen 84 km auf der noch feuchten Piste bestens durch: So feierte der »Professor« am 5. Juli 1981 seinen ersten von später einmal insgesamt 51 GP-Siegen. In der Addition der Zeiten ist Piquet hinter Prost und Watson nur Dritter, aber weil beide Williams in Dijon ohne Punkte blieben, rückt der Brasilianer dem WM-Spitzenreiter Reutemann bis auf elf Zähler nahe. Irgendwie schien sich in dieser merkwürdigen Saison 1981 jeder seine Belohnung zu verdienen. Beim nächsten WM-Lauf in Silverstone traf es John Watson und das McLaren-Team. Seit 1977 hatte die mittlerweile von Ron Dennis geführte Truppe keinen GP mehr gewonnen. »Wattie« wartete sogar seit 1976 auf seinen zweiten GP-Sieg. In der vierten von 68 Runden spielt Gilles Villeneuve Schicksal, als er in Woodcote Corner mit seinem Ferrari aufs Gras gerät: Sein monumentaler Dreher sorgt für haarsträubende Ausweichmanöver, die den dichtauffolgenden Williams FW07C von Alan Jones und den McLaren MP4 von Andrea de Cesaris eliminieren. Dieses Mal ist der 22jährige Italiener ausnahmsweise unschuldig: Am Ende seiner ersten vollen Formel-1-Saison standen für den ungestümen »de Crasheris« zwölf Unfälle zu Buche, dank des revolutionären Kohlefaserchassis war der McLaren robust genug, um die Eskapaden seines heißspornigen Lenkers nicht mit Verletzungen zu bestrafen. John Watson hat in dem Chaos fast zum Stillstand abbremsen müssen, aus der nächsten Runde taucht er deshalb erst auf dem zehnten Platz auf, aber »Wattie« ist noch im Rennen und hat für einmal das Glück auf seiner Seite. Die Aufholjagd des Nordiren nötigt Respekt ab, Watson profitiert jedoch von den Ausfällen Piquets und Prosts. Der Brasilianer, im Training übrigens erstmals während eines GP-Wochenendes mit dem neuen Brabham-BMW-Turbo für ein paar Runden unterwegs, wird Opfer eines Reifen-

schadens, der seinen Brabham BT 49C in eine Begrenzungsmauer beförderte. Nelson hat Glück im Unglück, eine Knöchelverletzung erweist sich nach genauerer ärztlicher Untersuchung nicht als Bruch, der Brasilianer muß bei den nächsten WM-Läufen keine Zwangspause einlegen. Bei Spitzenreiter Alain Prost ist es ein Motorschaden, der einen sicheren Sieg verhindert. Teamkollege René Arnoux übernimmt die Führung, ehe sein V6-Turbo immer mehr Leistung verliert und acht Runden vor Schluß John Watson vorbeiziehen kann. Weil Arnoux alsbald mit Motorschaden ausrollte, erbte Carlos Reutemann den zweiten Platz, womit der Argentinier sein Punktekonto auf 43 erhöhte, 17 mehr als Nelson Piquet und sogar 19 mehr als Erzrivale Alan Jones. Dies war Reutemanns größter Vorsprung im Verlauf der Saison, von nun an begann der »Indianer« überraschenderweise Nerven zu zeigen und unter eklatanten Formschwankungen zu leiden. Der WM-Titel zerrann Carlos Reutemann buchstäblich zwischen den Fingern...

Alan Jones bäumte sich gegen den drohenden Verlust des WM-Titels auf: Trotz der immer größer werdenden PS-Überlegenheit der Turbo-Konkurrenz brillierte der Australier am 2. August 1981 auf dem Hochgeschwindigkeitskurs von Hockenheim, nur um kurz vor Rennende den hochverdienten Sieg wieder einmal zu verlieren. Wie in Monte Carlo bilden sich im Kraftstoffsystem Dampfblasen und zwingen den führenden Williams-Cosworth zu stotternder Gangart, die auch ein Boxenstop nicht kurieren kann. Ausgerechnet Nelson Piquet profitiert vom Pech des Weltmeisters und gewinnt, obwohl sein Brabham BT 49C zu Beginn des Rennens eine Schürze verloren hatte: »Daß ich trotzdem gewonnen habe, ist fast schon ein kleines Wunder«, räumte Piquet ein, während Jones mit dem Schicksal haderte: »Wie kann ein solcher Fehler zweimal vorkommen? Soviel Pech kann man wohl nur als Weltmeister haben.« Carlos Reutemann war in Hockenheim mit Motorschaden ausgefallen, am Österreichring wirkte der Argentinier noch uninspirierter, verbremste sich in der zweiten Runde vor dem »Hella-Licht-S« und bugsierte seinen Williams gerade noch in den Notausgang. Am Ende blieb der fünfte Platz, während

Die Siege in Monte Carlo und Jarama machen Gilles Villeneuve vollends zur Legende.

Nelson Piquet Dritter wurde, was den Rückstand des Brasilianers gegenüber Reutemann auf sechs WM-Punkte verringerte, während sich mit seinem Sieg in Zeltweg Jacques Laffite überraschenderweise zum Kreis der Titelkandidaten hinzugesellte. Das Nervenkostüm von Carlos Reutemann geriet beim nächsten WM Lauf in Zandvoort vollends durcheinander, als sich der Argentinier im ersten Rennviertel ebenso verzweifelt wie ungeschickt bemühte, den vor ihm liegenden Talbot-Ligier von Jacques Laffite zu überholen. Es ging um Platz Vier, es ging aber auch darum, den Rückstand zu dem auf Rang Drei umherkurvenden Nelson Piquet nicht noch größer werden zu lassen: In der 19. von 72 Runden hatte Reute-

mann seinen entscheidenden Blackout, als er in der Tarzankurve Laffites Talbot von der Strecke rammte und sein Williams bei dieser Aktion ein Rad einbüßte. Mit dem zweiten Platz hinter Prost zog Piquet nun mit dem immer nervöser agierenden Argentinier gleich, nach Punkten hieß es nun 45:45, wobei es nach Siegen bereits 3:2 für den Brasilianer stand. Auch der nächste GP in Monza ging wieder an Prost, während Reutemann von einem grandiosen zweiten Startplatz aus im Rennen doch nur hinter Jones und Piquet auf Rang Vier entlangfuhr. Der Australier fuhr übrigens trotz eines gebrochenem Fingers, ein schmerzhaftes Souvenir einer Schlägerei in London, die sich der Formel-1-Weltmeister mit

einem uneinsichtigen Unfallgegner im Straßenverkehr geliefert hatte... Erst ein gewaltiger Motorschaden an Piquets Brabham brachte in der letzten Runde unversehens die Wende: Der Brasilianer wurde zwar noch als Sechster gewertet, doch mit Rang Drei übernahm Reutemann vor den letzten beiden Rennen in Kanada und den USA wieder mit 49:46 Zählern die alleinige Führung im WM-Klassement. Rein rechnerisch kamen auch noch Prost und Jones mit jeweils 37 sowie Laffite mit 34 Punkten für den Titel in Frage.

Am 27. September 1981 hätte in Montreal wie ein Jahr zuvor Alan Jones nun auch Carlos Reutemann vorzeitig die Weltmeisterschaft ergattern können, doch heftiger Dauerregen

Zwei Schulbuben und ihr Lehrer? Nein, nur Renault-Sportchef Gérard Larrousse und seine beiden jungen Streithähne Alain Prost und René Arnoux.

ische Leistung, den kaum zu kontrollierenden Brabham BT 49C noch in die Punkteränge zu bringen. Nelson ist am Ende fix und fertig, hat aber zwei eminent wichtige WM-Punkte geholt. Vor dem letzten WM-Lauf kamen damit nur noch Reutemann (49 Punkte), Piquet (48) und Laffite (43) für den Titel in Frage.

Das denkwürdige Finale der Formel-1-WM fand erstmals in Las Vegas statt, am 17. Oktober 1981, auf einer Parkfläche vor dem Hotel »Caesar's Palace«, wo mit Betonmauern ein Kurvengeschlängel von rund 3,65 km Kürze abgepfercht worden war: Es war absurd, aber der Ort entsprach in seiner Symbolhaftigkeit durchaus dem Anlaß. Showdown in der Wüste, der GP-Zirkus zu Gast im kalifornischen Spielerparadies, das war sinnfällig genug, auch wenn aufrechte Zeitgenossen über den »Micky-Maus-Kurs« jammerten: Die Formel 1 der 80er Jahre war am absolut richtigen Ort gelandet...

In der brütenden Hitze fuhr Carlos Reutemann die Pole Position heraus: Der Argentinier wirkte zuversichtlich und auf die Sekunde genau topfit. Nelson Piquet hingegen kam ziemlich groggy in die Gluthitze von Las Vegas, der Brasilianer zollte auch der Tatsache Tribut, damals wohl als einziges Mitglied der Formel-1-Elite auf gezieltes Fitneßtraining zu verzichten. Nach einer spektakulären Trainingskollision mit Reutemann peinigten Piquet obendrein noch schmerzhafte Prellungen, so daß die Brabham-Crew ihrem Fahrer fürs Rennen noch eine Nackenstütze einbauten. Alles sprach für Carlos Reutemann, der nur vor dem gehandikapten Nelson Piquet ins Ziel zu kommen brauchte, um Weltmeister zu werden. Der Brasilianer hatte sich zudem mit Startplatz Vier begnügen müssen, »Jacquot« Laffite schien mit Position Zwölf bereits aus dem Titelkampf ausgeschieden zu sein. Und dann brachte es der

reduzierte die Chancen auf Null: Die Williams fahren ebenso wie die Brabhams auf Goodyear-Reifen, die unter diesen Bedingungen den Michelins unterlegen sind. Reutemann erwischt zwar den besten Start, wird aber fast an derselben Stelle wie im Vorjahr Piquet ausgerechnet von Jones »weggeräumt«! Die mutmaßliche Revancheaktion des Champions an seinem Teamkollegen wirft Reutemann weit zurück, bald taucht »El Lole« vollends in den Wassermassen unter... Mit Rundenschnitten

um die 140 km/h quälen sich die Formel-1-Boliden durch die Sintflut, von der Goodyear-Fraktion resigniert Alan Jones nach zwei Boxenstops, sein Titel ist damit futsch. Vorneweg zieht die Michelin-Truppe, angeführt von Jacques Laffite im Talbot-Ligier, während Alain Prosts Titelchance nach einer Kollision mit dem Lotus von Nigel Mansell endet. Gegen die Unbilden des Wetters und den mangelnden Grip seiner Goodyear-Regenreifen wehrt sich Nelson Piquet überaus tapfer: Es ist eine heroi-

Nelson Piquet im Glück - trotz abgerissener Schürze und weggeschlagenem Frontspoilers gewinnt der Brasilianer am 2. August den Großen Preis von Deutschland am Hockenheimring.

Zandvoort, 30. August 1981: Die Renaults von Alain Prost und René Arnoux übernehmen das Kommando, gefolgt von Nelson Piquet (5), Alan Jones (1), Carlos Reutemann (2), Jacques Laffite (26), Mario Andretti (22), John Watson (7), Elio de Angelis (11), Patrick Tambay und Didier Pironi, während Gilles Villeneuve - wer sonst? - seinem Ferrari vergeblich das Fliegen beibringt.

argentinische Unglücksrabe doch noch fertig, das wichtigste Rennen seiner Karriere sang- und klanglos zu verschenken.

Beim Start wird der unerwartet zögerliche Reutemann sofort von Jones, Villeneuve, Prost und Giacomelli überrumpelt. Doch Piquet kommt auch schlecht weg, hat zwischen sich und Reutemann noch Watson sowie den phänomenal weggespurteten Laffite. Carlos Reutemanns WM-Chancen sind noch intakt, aber nach nur zwei weiteren Runden ziehen Watson und Laffite vorbei! Nein, der »Indianer« ist

heute nicht auf dem Kriegspfad... Nun kommt sogar Piquet auf, wird ihm Reutemann die Tür zu machen? Ein Rempler, eine diskrete Berührung, kein plumpes, absichtliches Foul, sondern einfach eine in der Branche keineswegs unübliche Auseinandersetzung auf Kampflinie: Auch das hätte gereicht, um die WM-Krone zu retten. Aber Carlos Reutemann zeigt gegenüber seinem Rivalen Nelson Piquet nicht einmal einen Hauch von Widerstand: »Als ich auf ihn auflief, bremste er frühzeitig, um mich anstandslos vorbeizulassen. Er mach-

te es so leicht für mich, daß ich es nicht glauben konnte«, rätselte Piquet nach dem Rennen. Reutemann machte später geltend, nach der Trainingskollision mit Piquet sei das Handling seines Williams ruiniert gewesen. Der Wechsel auf den Ersatzwagen fürs Rennen hätte alles nur noch schlimmer gemacht, das Getriebe bereitete Ärger, zudem habe er wegen Bremsproblemen im Warm-Up seine Rennreifen nicht richtig anfahren können, sagte Carlos Reutemann, um sich dafür zu rechtfertigen, im entscheidenden Moment seiner Karriere ver-

Das blieb von Colin Chapmans revolutionärem, aber für illegal erklärten Doppelchassis-Rennwagen übrig - ein hastig gebauter Kompromiß mit der Typenbezeichnung Lotus 87, hier mit Nigel Mansell im Einsatz. Auf der silbrig glänzenden Seitenverkleidung prangte unlängst noch der »Essex«-Schriftzug von Mr. Thieme.

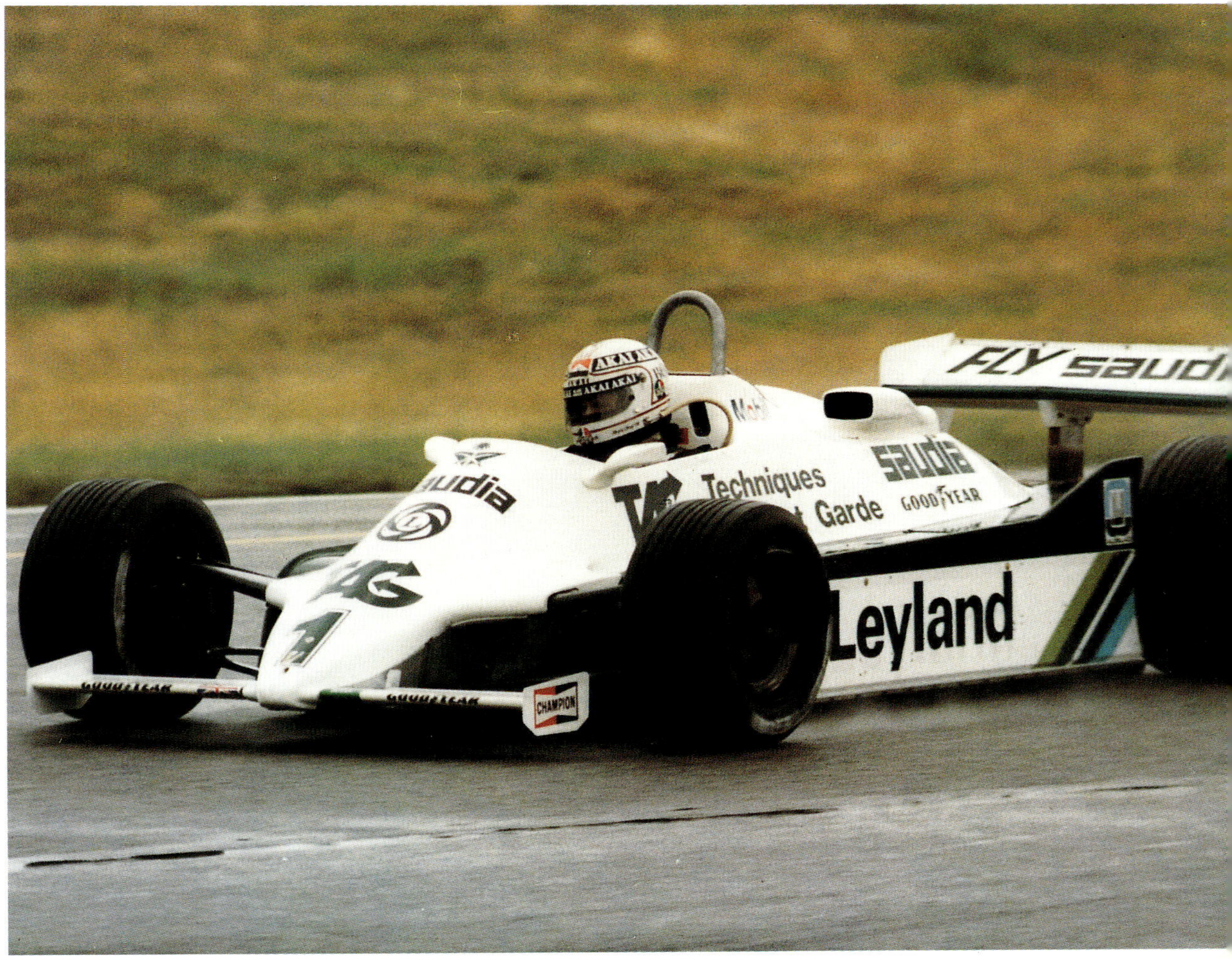

Blick zurück im Zorn - der Ärger um die verpaßte Titelverteidigung verleitete Alan Jones zu einem allzu voreiligen Rücktritt: Seine späteren Comeback-Versuche verliefen bescheiden und ruinierten den guten Ruf von »Jonesy« - der Australier war älter geworden und zulange nicht mehr im Grand-Prix-Geschäft gewesen, weshalb für ihn denn auch nur noch zweitklassiges Material namens Arrows und Lola zur Verfügung stand. Schade drum.

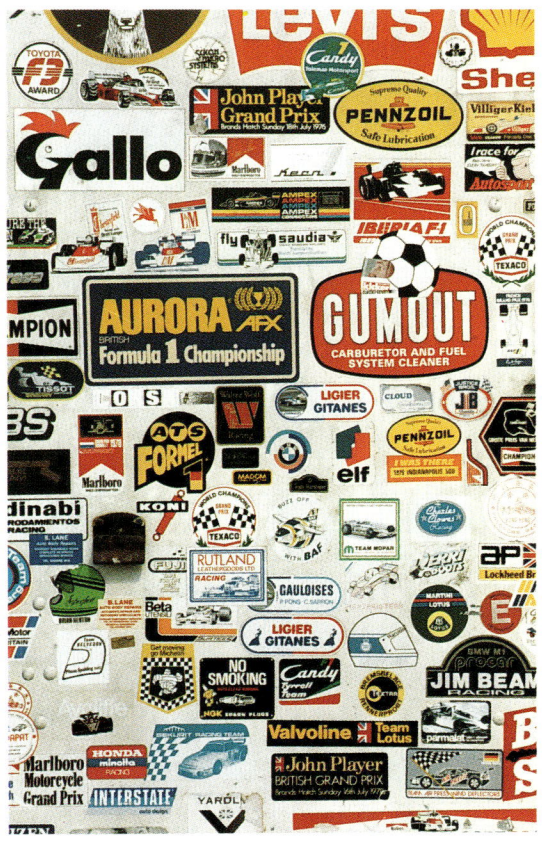

(334) Ein kleiner Überblick über die Geschichte des Formel-1-Sponsoring - was dem Champion die Trophäensammlung, war manchem Mechaniker die Aufklebersammlung im Renntransporter.

sagt zu haben. Ausgerechnet Alan Jones gewinnt souverän den Las-Vegas-GP, das genaue Gegenteil von dem Häufchen Elend am Volant des zweiten Williams. Es ist demütigend, daß Reutemann auch noch kurz vor Rennende von Jones überrundet wird. Nach dem Rennen soll Carlos seinem In-»Teamfeind« Versöhnung angeboten haben: »Laß uns das Kriegsbeil begraben«, sprach Reutemann, Jones antwortete: »Ja, in Deinem Nacken, Carlos!« Jacques Laffite hielt die WM noch eine Weile offen, als er kurze Zeit auf dem zweiten Rang fuhr, doch am Ende kreuzte »Jacquot« keine zwei Sekunden hinter Nelson Piquet als Sechster die Ziellinie. Piquet war völlig erschöpft, mußte nach dem Rennen halb besinnungslos aus dem Brabham-Cockpit gehoben werden. Doch der fünfte Platz war gerettet und Nelson mit einem Punkt Vorsprung neuer Weltmeister.

Der alte Champion, Alan Jones, verkündete zum Entsetzen von Frank Williams nach dem Rennen in Las Vegas seinen Rücktritt. Vielleicht mag AJ wirklich die Nase voll gehabt haben. Doch das beschauliche Leben mit Gattin Beverly und Adoptivsohn Christian auf der Farm im fernen Australien, verschönt mit ein paar Bierchen, war auf Dauer für »Jonesy«

nicht auszuhalten: Als dem füllig gewordenen Alan Jones die Erkenntnis dämmerte, sich viel zu früh aus der Formel 1 verabschiedet zu haben, blieb nur noch ein halbherziges Comeback auf einem mediokren Arrows-Cosworth 1983 in Long Beach. Als 1985 AJ dann mit dem Lola-Hart-Turbo von Carl Haas wieder regelmäßig im GP-Zirkus auftauchte, hatte der Australier seinen fahrerischen Zenit bereits überschritten. Ein paar Wochen nach der Pleite von Las Vegas erklärte auch Carlos Reutemann seinen Rücktritt, aber Frank Williams schaffte es irgendwie, den Argentinier für 1982 zu halten: In Kyalami wurde »El Lole« Zweiter, in Rio flog er nach einer Kollision mit Arnoux von der Piste. »Ich fuhr schlecht und machte alles falsch«, sinnierte Carlos Reutemann und beendete von heute auf morgen seine Formel-1-Karriere. Möglicherweise hatten auch einflußreiche Freunde signalisiert, daß angesichts des sich abzeichnenden Kriegs um die Falkland-Inseln ein Argentinier als Fahrer eines englischen Formel-1-Rennstalls keine Zukunft mehr am Rio de la Plata haben würde. Carlos Reutemann entschied sich für die politische Karriere in seiner Heimat und wurde 1991 gar zum Gouverneur seiner Heimatprovinz Santa Fe gewählt. Vielleicht wird »El Lole« noch einmal ganz oben an der Spitze des argentinischen Staates stehen. Auch ohne Formel-1-WM-Titel.

Tod und Verhängnis

Die Formel-1-Saison 1982 bescherte eine tragische Verkettung von Ereignissen, die weit über das Maß an Unfällen hinausging, das die Grand-Prix-Szene bis dato stillschweigend als Teil ihres Geschäfts akzeptiert hatte. Nach dem Schreckensjahr 1982 begann eine in der Formel 1 bis dahin ungeahnte Glückssträhne, die den GP-Sport vor tödlichen Unfällen bewahrte. Daß der unglückliche Elio de Angelis noch 1986 bei Testfahrten im Brabham-BMW sein Leben ließ, warf zwar einen Schatten auf das Hi-Tech-Zeitalter anscheinend unzerstörbarer Formel-1-Boliden im Kohlefaser-Einheitslook. Aber ganz beflissene Statistiker wiesen trotzdem mit Stolz darauf hin, daß seit 1982 kein Rennfahrer mehr bei einem Formel-1-GP ums Leben gekommen sei. Und wir alle dachten, so könne das ewig weitergehen. So verbindet sich die Formel-1-Saison 1982 mit dem Grand-Prix-Jahr 1994 durch die Zerstörung liebgewonnener Illusionen und die Erinnerung an zwei vollkommen unterschiedliche Rennfahrer, die zu ihrer Zeit das Herzstück dieses im Grunde längst herzlos gewordenen Busineß waren.

1982 hätte das Jahr von Ferrari werden müssen, der kompakte 1,5-Liter-V6-Motor mit 120° Zylinderwinkel mobilisierte mit zwei KKK-Turboladern bestückt erstaunlich standfeste 600 PS. Das neue, von Harvey Postlethwaite gezeichnete Chassis des Tipo 126C2 bestach durch verbesserte Aerodynamik. Daß Ferrari trotz des tragischen Saisonverlaufs die Formel-1-Markenwertung gewann, für die erstmals sämtliche von einem Team erzielten WM-Punkte aufaddiert wurden, mag als schlagender Beweis gelten, daß 1982 auch ein Fahrer des italienischen Traditionsrennstalls zu Titel-

ehren hätte kommen müssen. Aber welcher Rennfahrer hätte 1982 eigentlich nicht Weltmeister werden können? Im Nachhinein drängt sich geradezu der Eindruck auf, daß der WM-Titel nach Abzählreim der »Zehn kleinen Negerlein« vergeben wurde: Von allen Thronanwärtern blieb halt am Ende nur einer übrig und war zwangsläufig neuer Champion. Daß der dann Keke Rosberg hieß, war trotzdem nicht unbedingt nur glücklicher Zufall. Gewiß, auch John Watson hatte die Weltmeisterschaft in Reichweite: Vielleicht mag »Wattie« die WM ja auch wegen des in die Formel 1 zurückgekehrten Niki Lauda verloren haben, beanspruchte doch der teuer eingekaufte Österreicher die volle Unterstützung von McLaren. Mit dem Resultat, daß die beiden durchaus einander nicht übelwollenden Teamkollegen sich gegenseitig die Punkte abjagten. Nach positivem Saisonbeginn für GP-Heimkehrer Lauda blieb dieser bei fünf WM-Läufen in Folge ohne Punkte. John Watson dagegen führte nach dem kanadischen Grand Prix mit 30:20 Punkten im Duell mit Didier Pironi. Doch dann brachte der Nordire das Kunststück fertig, sechs Grand Prix hintereinander weitere WM-Zähler zu verpassen, während Niki Lauda seinen zweiten Saisonsieg feierte und weitere 18 WM-Punkte einfuhr. Sein Comeback war gelungen, die vier bis sechs Millionen Dollar, die Marlboro und andere Sponsoren angeblich in die Rückkehr des Ex-Weltmeisters investiert hatten, waren eine gute Kapitalanlage, nicht zuletzt natürlich für Niki Lauda selbst, dessen Fluglinie dem Vernehmen nach arg ins Trudeln geraten war und finanzieller Hilfe bedurfte, um nicht abzustürzen. Wie auch immer, Niki fuhr wieder im Kreis herum und hatte mindestens

soviel Spaß wie vor seinem Rücktritt anno 1979. Was auch an seinem Team lag: Das von Ron Dennis und Konstrukteur John Barnard völlig umgekrempelte McLaren-Team meldete sich zurück in den exklusiven Kreis der wirklichen Spitzenteams. Mit Teddy Mayer und Tyler Alexander wurden die letzten Statthalter aus der Ära Bruce McLarens ausbezahlt. Ron Dennis, der neue Direktor des Unternehmens jagte Frank Williams einen der wichtigsten Geldgeber ab, TECHNIQUES D'AVANTGARDE, kurz TAG, eine Finanzholding des saudiarabischen Geschäftsmannes Akram Ojjeh, dessen Sohn Mansour die treibende Kraft für das Formel-1-Engagement war. TAG überwies die Unsummen Geldes, die Dennis und Barnard benötigten, um sich von Porsche im Entwicklungszentrum Weissach einen V6-Turbo maßschneidern zu lassen. Mit den »Cossies« würde McLaren alsbald auf die Verliererstraße geraten, für einen ehrgeizigen Aufsteiger wie Ron Dennis ein Ding der Unmöglichkeit...

Doch erst gegen Ende der Saison 1983 konnte der McLaren mit dem TAG-Porsche-Motor in Zandvoort sein erstes Rennen bestreiten. Da hatte sich Bernie Ecclestone mit dem BMW-Deal einen Zeitvorsprung verschafft, der 1982 allerdings Nelson Piquet die erfolgreiche Titelverteidigung kostete. Die Ehe zwischen Brabham und BMW wurde durch eine erschreckende Zahl von Motorschäden auf eine schwere Probe gestellt: Ecclestone drohte unverhohlen mit der Rückkehr zum herkömmlichen Brabham BT 49D mit Cosworth-Motor. Nach der überaus blamablen Saison-Premiere der beiden Brabham BT 50-BMW in Kyalami, die mit den frühzeitigen Ausfällen von Nelson Piquet und Riccardo Patrese endete, wurden die BT 50 erst wieder zum fünften WM-Lauf des Jahres in Zolder hervorgeholt, wo Piquet dann sogar den ersten WM-Punkt für die Neukonstruktion einheimsen konnte. Gleichwohl stieg Patrese gleich beim nächsten GP in Monte Carlo auf den Saugmotor um und gewann dank einer Verkettung glücklicher Umstände. Während der Italiener während der folgenden beiden WM-Läufe dem herkömmlichen BT 49D treu blieb, mußte Teamkollege Piquet mit dem Brabham-BMW viel Lehrgeld zahlen und verpaßte bei der Premiere des US-Grand-Prix auf den Straßen von Detroit die Qualifikation fürs Rennen um fast volle zwei Sekunden! Um so kurioser und unglaublicher mußte es scheinen, daß Piquet genau eine Woche nach der Blamage von Detroit mit just demselben Brabham BT 50-BMW souverän den *Großen Preis von Kanada* gewann und Patrese mit dem Brabham BT 49D gar einen Doppelsieg für das Ecclestone-Team sicherstellte! Doch dies blieb bis zum Ende der Saison der einzige Sieg, weil die Brabham-BMW unter einer schier endlosen Zahl von Kinderkrankheiten litten. Immerhin, Ecclestone & Co. ersannen als erste im Turbo-Zeitalter der Formel 1 eine revolutionäre Taktik: Mehrfach schickten sie Piquet und Patrese mit halbvollen Tanks und weichen Reifen ins Rennen, was den Brabham-BMW in der Theorie und ab und zu auch in der Praxis ermöglichte, einen ausreichenden Vorsprung herauszufahren, um auch nach dem fälligen Tank- und Reifenstop in Führung zu bleiben. Nelson Piquet wäre in Hockenheim beinahe der erste Erfolg jener Rennstrategie geglückt, hätte vor dem geplanten Boxenstop nicht der Chilene Eliseo Salazar im ATS-Cosworth vor der neuen, allzu engen Ostkurven-Schikane im Wege gestanden. Die auch von Piquet durchaus zu vermeiden gewesene Kollision warf beide aus dem Rennen und bescherte dem interessierten Fernsehpublikum in über 100 Ländern des Erdballs den Genuß eines kleinen Boxkampfes am Rande eines Formel-1-GP, wobei Piquet seine Fausthiebe gegen Salazar auch noch durch Fußtritte ergänzte, ehe Streckenposten der zirkusreifen Vorstellung ein Ende bereiteten: Obacht, Max Mosley! Beide Fahrer kamen damals ohne Strafe davon... Immerhin, die Brabham-Taktik mit eingeplanten Tankstops

Die verschenkte Weltmeisterschaft des Didier Pironi - als ob sich das Sprichwort »Hochmut kommt vor dem Fall« am Schicksal des französischen Ferrari-Rennfahrers hätte bewahrheiten wollen.

und Reifenwechseln wurde alsbald von sämtlichen Formel-1-Teams kopiert, ehe die FISA mit Beginn der Saison 1984 das Nachtanken verbot. Weniger die mögliche Brandgefahr als die Überlegung, die immer stärker werdenden Turbo-Motoren durch festgeschriebene Benzinlimits von zunächst 220 Liter pro Grand Prix einzubremsen, stand hinter dieser Entscheidung. Mit vollem Treibstoffballast an Bord sollte den bald weit über 800 PS mobilisierenden Turbo-Geschossen wenigstens in der Anfangsphase des Rennens reifen- und materialschonendere Gangart aufgezwungen werden. Den Rest der Distanz über mußte das Gaspedal ohnehin behutsam eingesetzt werden, um mit dem Sprit über die Runden zu kommen: Die Turbo-Revolution bescherte der Formel-1-Gemeinde am Ende eine spezielle Form von Economy Runs. Ungenaue Anzeigen des noch verbliebenen Kraftstoffs sorgten für abstruse Rennverläufe und gehörigen Ärger bei den Grand-Prix-Assen, die doch eigentlich fürs Schnellfahren bezahlt wurden. Das Phantastische jener Turbo-Jahre war die Kunst der Motorexperten, am Ende selbst mit bescheidenen 2,5 bar Ladedruck und einem Spritlimit von 150 Liter zurande zu kommen. In der letzten Saison der Turbo-Motoren anno 1988 feierte McLaren-Honda mit dem wohl sparsamsten Formel-1-Triebwerk aller Zeiten und dem Duo Senna/Prost bei 16 Rennen 15 Siege.

1982 bereiteten sich die Japaner noch auf die Rückkehr in den GP-Sport vor: In der Formel 2 hatte man mit einem V6-Saugmotor Erfahrungen und 1981 den EM-Titel mit Geoff Lees und dem Ralt-Team von Ron Tauranac geholt. 1982 schickten die Japaner auch noch den Spirit-Rennstall in die Formel-2-EM. Das Team von John Wickham und Ex-McLaren-Designer Gordon Coppuck verpaßte zwar mit Thierry Boutsen und Stefan Johansson den neuerlichen Titelgewinn für Honda, doch Spirit wurde gleichwohl 1983 zum Versuchsträger für den Einsatz des Formel-1-Turbomotors der Japaner. Nur um dann zu erleben, wie noch im Herbst desselben Jahres Honda einen Exklusiv-Vertrag mit Frank Williams abschloß. Soviel Anfang gab es nie zuvor in der Geschichte der Formel 1. Die Automobilkonzerne standen gut im Futter, genügend Geld und Kapazitäten waren vorhanden, um sich auf das technische Abenteuer einzulassen: Was für eine herrliche Spielwiese für Ingenieure! Entwickeln Sie einmal einen Einlaßtrakt, der heißen Gasen von 1000° Celsius standhält oder Turbolader, deren Lager es bei Drehzahlen bis zu 180000

John Watson und der Hi-Tech-McLaren von John Barnard - auch mit Cosworth-Kraft titeltauglich: Wenn »Wattie« in Hockenheim den dritten Platz gehalten hätte.

Umdrehungen pro Minute nicht zerreißt... Es begann die Zeit des Glaubens an Corporate Identity, die neben der optimalen Werbemöglichkeiten im GP-Zirkus bis heute dafür herhalten muß, das millionenschwere Formel-1-Engagement renommierter Unternehmen zu rechtfertigen: Vom Autokäufer über den Fließbandarbeiter bis zum Vorstandschef haben sie alle gemeinsam gesiegt, wenn am Sonntag ein mehr oder minder abgehobener Jung-Millionär und sein teuer subventioniertes Formel-1-Team erfolgreich ihrer Rennleidenschaft frönten. Die geballte Medienpräsenz mag manchen wohl tatsächlich glauben lassen, die Formel 1 wäre wirklich der Nabel der Welt. »Früher konnte ich mir während des Trainings und des Rennens die heiklen Passagen vor Ort anschauen, man sah die Unterschiede, wie ein Moss, ein Fangio oder später ein Clark an dieser oder jener Stelle fuhren«, begann Denis Jenkinson

über die neue Formel-1-Ära zu klagen: »Heute fahren sie wie auf Schienen und das Fernsehen nivelliert die letzten Nuancen, während pro Grand Prix 600 bis 700 Journalisten im Media Centre zusammengepfercht vor der Glotze sitzen müssen und manchmal nicht einmal mehr die Start- und Zielgerade einsehen können!«

Anno 1982 gab es immerhin noch einen rennfahrenden Volkshelden, den es geradewegs aus dem Zeitalter eines Tazio Nuvolari in die Gegenwart verschlagen zu haben schien: Gilles Villeneuve. Wer sonst reiste noch mit Wohnmobil und Familie zu einem Formel 1-Grand-Prix? Nein, das schaffte allenfalls noch ein Nigel Mansell bei seinem englischen Heim-Grand-Prix. Gewiß, auch Villeneuve residierte in Monte Carlo, doch er vermochte seinen Fans stets glaubhaft zu vermitteln, daß dies schöne, teure Leben nicht der Antrieb für seine Rennfahrerei wäre. Ein furioser Villeneu-

ve am Volant eines Ferrari mit der Startnummer 27 ließ auch vergessen, daß die Formel 1 immer mehr Reibereien hinter den Kulissen produzierte: In Kyalami war es zu einem kuriosen Streik gekommen, weil die Grand-Prix-Asse sich weigerten, die von der FISA eingeführte und von der FOCA gutgeheißene »Superlizenz« zu akzeptieren, eine Art von »Formel-1-Führerschein«. Durch eigene Unterschrift sollte sich der »Superlizenz«-Inhaber verbürgen, stets den Anordnungen der Funktionäre Folge zu leisten und auf etwaige Regreßansprüche im Schadens- oder Todesfall zu verzichten. Unter Führung von Niki Lauda und Didier Pironi boykottierten die Formel-1-Rennfahrer das erste Zeittraining in Kyalami, die FISA signalisierte Entgegenkommen, so daß der Südafrika-GP am 23. Januar 1982 stattfinden konnte. Alain Prost siegte im Renault-Turbo, doch nach dem Rennen verkündete die

FISA, daß allen Rennfahrern, die sich an der Streitaktion beteiligt hatten, die Lizenz entzogen sei. Gegen die Aufrührer wurden obendrein Bußgelder verhängt. Die Rennställe zahlten für ihre fahrenden Angestellten, die prompt die »Superlizenz« zurückerhielten. Einige GP-Asse zogen freilich vor das Berufungsgericht der FIA, wo das Verhalten von FISA-Chef Balestre in Sachen Superlizenz-Entzug gerügt wurde, gleichwohl aber sämtliche Geldbußen bestätigt wurden... Kaum war diese Angelegenheit ausgestanden, da sorgte das Ergebnis des zweiten WM-Laufs am 21. März 1982 in Rio für noch größeren Aufruhr: Nelson Piquet hatte im Brabham-Cosworth nach imponierendem Zweikampf mit Williams-Neuzugang Keke Rosberg gewonnen, doch Renault und Ferrari legten Proteste ein. Grund waren die Wassertanks bei Brabham und Williams, die angeblich dazu dienten, um per Sprinkler-Effekt die Bremsen besser zu kühlen. Tatsächlich wurde das Wasser aus den etwa 40 Liter fassenden Tanks schon in der Aufwärmrunde komplett abgelassen, womit die Brabham und Williams jeweils mit 40 kg Untergewicht starteten und auf diese Art und Weise den stärkeren Turbos von Renault und Ferrari Paroli bieten konnten. Weil laut Reglement nach einem Rennen Kühlflüssigkeit nachgefüllt werden durfte, wiesen die Fahrzeuge von Piquet und Rosberg natürlich bei der Überprüfung durch die Rennkommissare wieder reglementkonformes Kampfgewicht auf... Auch andere Cosworth-Teams bedienten sich dieses und anderer Tricks, um mit der überlegenen Turbo-Konkurrenz weiterhin Schritt zu halten: Bei der Fahrzeugabnahme konnte man mit besonders schweren Fahrersitzen und bleigefüllten Heckflügeln das zulässige Minimalgewicht von 580 kg einhalten, danach wurden die gewichtigen Teile wieder ausgetauscht. Über die Proteste von Renault und Ferrari war noch nicht entschie-

Zandvoort, 28. August 1983: Eine neue Herausforderung für Niki Lauda, die noch einmal mit einem WM-Titel für den Österreicher belohnt werden soll.

Turbo-Aufrüstung tut not - die Herren Dennis, Ojjeh, Schutz und Mezger schmieden das Bündnis McLaren-TAG-Porsche.

Das Turbo-Zeitalter bescherte die leistungsstärksten Triebwerke der Formel-1-Geschichte und markierte den Beginn der Hochtechnisierung des Grand-Prix-Sports. Die Meßeinrichtungen des BMW-Motorenprüfstands reichten bald nicht mehr aus, um die exakte PS-Zahl des Vierzylinders angeben zu können: Die Skala reichte nur bis knapp 1 200 PS.

den, als Niki Lauda in Long Beach den dritten WM-Lauf des Jahres gewonnen hatte. Stattdessen wurde der hinter Keke Rosberg drittplazierte Gilles Villeneuve nach einem Protest von Ken Tyrrell wegen eines angeblich nicht reglementskonformen, überbreiten Heckflügels disqualifiziert. Für die Scuderia Ferrari schierer Hohn angesichts der Manipulationen der briti-

Recherche vor Ort:
»Der Bonnier-Porsche klingt ungesund.«
- Rouen, 8. Juli 1962.

schen Cosworth-Konkurrenz. Doch die Genugtuung folgte auf dem Fuße, als kurze Zeit später das Appellationsgericht der FIA das Ergebnis des brasilianischen Grand Prix korrigierte: Piquet und Rosberg wurden disqualifiziert, womit nun Alain Prost am grünen Tisch gewann. Worauf der nächste WM-Lauf, der *Große Preis von San Marino* in Imola, von den Teams von Brabham, Williams, Arrows, Ensign, Fittipaldi, Lotus, March, McLaren, Talbot-Ligier und Theodore boykottiert wurde! Trotzdem stellten sich noch 14 Rennwagen dem Starter, so daß das Rennen seinen WM-Status behielt. Ecclestone & Co. hatten ihr Ziel nicht erreicht, mehr noch: Piquet und Rosberg bekamen die Punkte von Rio nicht zurück. Beim nächsten WM-Lauf in Zolder waren alle Teams wieder mit von der Partie: Die Sponsoren bezahlten ihre rollenden Werbeflächen schließlich nicht fürs Parken.

Just in Imola hatte sich jener Zwischenfall

ereignet, der dieser Saison 1982 ihre tragische Wendung zufügen sollte: Nach Ausfall der beiden Werks-Renault übernahm Gilles Villeneuve die Führung vor seinem Teamkollegen Didier Pironi. Gemäß der Stallorder bei Ferrari stand damit die Reihenfolge für den Zieleinlauf fest, dementsprechend signalisierte man den beiden Spitzenreitern auch das Schild SLOW. Aber Pironi hielt sich nicht an die Spielregel, passierte kurz vor Rennende den völlig perplexen Villeneuve und gewann den GP von San Marino. Weder bei der Siegerehrung noch in den verbleibenden knapp zwei Wochen seines Lebens wechselte Gilles Villeneuve noch ein Wort mit seinem Ferrari-Teamkollegen. Pironi mag in Zolder eine Aussprache gesucht haben, doch am 8. Mai 1982 wollte Gilles die fällige Antwort auf der Piste geben und im Abschlußtraining zeigen, wer der Capo bei Ferrari war. Um 13.52 Uhr, acht Minuten vor Trainingsende, traf die Nr. 27 vor der Terlae-

men-Kurve auf den langsameren March von Jochen Mass: Binnen Sekundenbruchteilen mußten sich beide Rennfahrer entscheiden und beide wählten instinktiv dieselbe Richtung... Die Kollision war fürchterlich, der Ferrari stieg haushoch und noch im Fluge nach den ersten Überschlägen riß es den Fahrersitz aus der Verankerung, Gilles Villeneuve wurde wie eine Puppe weggeschleudert und landete fernab vom Wrack seines Rennwagens in den Fangzäunen.

Enzo Ferrari bekannte in seinen Memoiren: »Gilles Villeneuve war eine große Kämpfernatur und hat den Namen Ferrari noch berühmter werden lassen. Ich hatte ihn gern.« Niki Lauda diktierte den Journalisten ins Notizbuch: »Gilles war ein perfekter Rennfahrer. Ich denke, daß er von uns allen am meisten Talent besaß. Er fuhr nicht um Punkte, sondern um Rennen zu gewinnen. Er war der beste und der schnellste Fahrer der Welt.«

War es bittere Ironie oder eine Form von Gerechtigkeit für die schwer gezeichnete Scuderia Ferrari, daß zu Saisonmitte Didier Pironi nach einem steten Auf und Ab letztlich doch noch das Kommando in der Fahrer-WM übernommen hatte? In Monte Carlo verpaßte Pironi den Sieg, weil seinem Ferrari zwei Kilometer vor dem Ziel das Benzin ausging. In Detroit reichte es nach einem kollisionsbedingten Rennabbruch und späterem Neustart zum dritten Platz, ehe der Franzose am 13. Juni 1982 beim GP von Kanada in einen tragischen Unfall verwickelt wurde. Sein Ferrari war beim Start abgesoffen, Pironi warnte seine Hintermänner mit erhobenen Armen, doch aus der vorletzten Reihe raste Riccardo Paletti mit seinem Osella in das Hindernis. Durch die Wucht des Aufpralls bei einem Tempo von 150 km/h wurde der 23jährige Italiener hilflos in senem Cockpit eingeklemmt und verlor sofort das Bewußtsein. Für einige Augenblicke loderten Flammen auf, die schnell gelöscht wurden. Es verging eine halbe Stunde, bis Riccardo Paletti aus den Fahrzeugtrümmern befreit werden konnte, zwei Stunden später wurde sein Tod offiziell bestätigt. Montreal war der zweite GP Start des bebrillten Italieners. Mag sein, daß Paletti zu unerfahren war, doch wieder einmal hatte eine restlos mißglückte Startprozedur

fatale Folgen. Der Osella war aus einfachen Leichtmetallblechen zusammengenietet, über stabilere Kohlefasermonocoques verfügten damals nur McLaren und Lotus. Didier Pironi schien auch dieses Geschehen zu verkraften: Am 3. Juli gewann er den *Großen Preis der Niederlande*, jenes Rennen, in dem Ferrari das bis dato verwaiste Villeneuve-Cockpit erstmals wieder besetzte. Patrick Tambay, bei McLaren und Talbot-Ligier gescheitert, bekam eine unerwartete Chance. In Zandvoort reichte es zwar nur zum achten Rang, doch schon beim nächsten WM-Lauf in Brands Hatch sprang für den 33jährigen Franzosen der dritte Platz hinter Lauda und Pironi heraus. Beim Heim-GP in Le Castellet landeten vier Franzosen auf den ersten vier Plätzen, doch mit René Arnoux gewann der falsche Mann für Renault, der im Gegensatz zum zweitplazierten Alain Prost gar keine WM-Chance mehr besaß. Gérard Larrousse und Jean Sage gaben zwar kurz vor Schluß das Zeichen zum Positionstausch: Aber Arnoux dachte nicht im Traum daran, seinen Teamkollegen gewinnen zu lassen. Arnoux - Prost - Pironi - Tambay hieß die Reihenfolge im Ziel, womit bei Renault frühzeitig klar war, neben Alain Prost für 1983 eine neue Nummer Zwei zu verpflichten... Das Resultat des französischen Grand Prix bescherte Didier Pironi

mit 39 Punkten eine solide WM-Führung: Watson mit 30, Prost mit 25, Lauda mit 24 und Rosberg mit 23 WM-Zählern schienen eindeutig im Hintertreffen, zumal bei noch fünf verbliebenen WM-Läufen mit dem Hockenheimring, Zeltweg, Dijon und Monza gleich vier Strecken auf dem Programm standen, die bestens auf den Ferrari-Turbo zugeschnitten waren. Beim ersten Zeittraining zum deutschen GP fuhr Pironi souverän Bestzeit und knöpfte dabei dem zweitplazierten Prost fast eine volle Sekunde ab. Als am Samstagmorgen des 7. August 1982 heftiger Dauerregen die Strecke unter Wasser setzte, hatte der designierte Titelfavorit die Pole Position bereits in der Tasche. Didier Pironi ließ es sich trotzdem nicht nehmen, auch auf regennasser Piste den Ton anzugeben, vielleicht wollte er ja vorsorglich eine Regenabstimmung aussortieren? Aber so wie der 30jährige dann kurz nach 10.00 Uhr aus der Boxengasse herausjagte, schien er dem Rest der Grand-Prix-Truppe nur eine weitere Lektion erteilen zu wollen. Für diese frivole These spricht, daß Didier Pironi nach nur vier Runden im strömenden Regen eine Bestzeit herausgefahren hatte, die im Verlauf des gesamten Samstags nicht mehr unterboten wurde. Aus der fünften Runde kam der Ferrari jedoch nicht mehr zurück: Bei der Anfahrt ins

Recherche am Bildschirm: »Hat Schumi die schwarze Flagge gesehen?« - Silverstone, 10. Juli 1994.

Als Deutscher hat man es bei ATS nie leicht gehabt - Grand-Prix-Debütant Manfred Winkelhock schafft beim Rennstall von Günter Schmid erstaunliche zweieinhalb Jahre.

Motodrom raste Pironi im völligen Blindflug und erkannte zu spät, daß seinem Fortkommen plötzlich der Renault von Alain Prost im Wege stand. Der Zusammenstoß ähnelte dem Horror-Szenario von Zolder, doch Didier Pironi hatte unglaubliches Glück: Sein Sitz riß nicht aus der Cockpit Verankerung. Als der völlig

zerfetzte Ferrari endlich zum Stillstand gekommen war, hing der hilflose Fahrer blutüberströmt und mit zertrümmerten Beinen in dem zerfetzten Ferrari, aber Didier Pironi lebte. Per Helikopter brachten sie ihn in die Heidelberger Universitätsklinik, wo ihm eine gelungene Notoperation die Amputation seines rechten

Beines ersparte. »Wenn ich schon einen Unfall haben mußte, dann war es Glück, daß es hier in Hockenheim passiert ist«, resümierte Pironi später. Nach 30 Operationen war ein Formel-1-Comeback illusorisch geworden, nicht zuletzt auch mit Blick auf etwaige Rückforderungen bereits ausbezahlter Versicherungsprä-

mien. Didier Pironi suchte sich eine andere Art von Nervenkitzel, um fast genau fünf Jahre nach seinem Trainingssturz in Hockenheim mit seinem 1600 PS-starken Rennboot »Colibri« in der Nähe der Isle of Wight tödlich zu verunglücken. Mit ihm starben auch die beiden Crew-Mitglieder seines Power Boats, als Pironi die Bugwelle eines kreuzenden Öltankers mit Vollgas querte und sich dabei überschlug. Es schien so, als hätte Didier nichts dazugelernt. Seine Lebensgefährtin Cathérine Goux brachte kurze Zeit später Zwillinge zur Welt und gab den beiden Jungen die Namen Didier und Gilles.

Die bittere Ironie jenes Hockenheim-Wochenendes wollte es, daß ausgerechnet Ferrari-Ersatzmann Patrick Tambay nach vielen verpaßten Chancen in der Formel 1 doch noch zu einem GP-Sieg kam, im 53. Anlauf, mit 33 Jahren! Die Scuderia Ferrari durchlebte ein schauriges Wechselbad der Gefühle... Die Jagd auf den Titel war wieder völlig offen, doch nur ein einziger Fahrer vermochte am Ende die von Pironi vorgelegten 39 WM-Punkte zu übertreffen: Mit unglaublicher Energie gelang es Keke Rosberg, mit seinem Williams-Cosworth gegen die immer überlegener auftrumpfende Turbo-Armada zu bestehen. Dem Tüchtigen stand auch das Glück zur Seite, daß die Treibsätze von Renault und BMW immer noch höchst defektanfällig blieben, so auch am Österreichring, wo der 33jährige Rosberg nur um Haaresbreite seinen ersten GP-Erfolg verpaßte: Elio de Angelis bescherte Lotus mit 125 Tausendstelsekunden Vorsprung auf Keke den letzten GP-Sieg zu Lebzeiten Colin Chapmans. Dieser 150. Erfolg eines Ford-Cosworth-Motors bei einem Formel-1-WM-Lauf war einmal mehr dem Pech von Spitzenreiter Alain Prost zu danken, der fünf Runden vor Rennende an der elektronischen Benzineinspritzung seines Renault scheiterte. Zwei Wochen später verlor Prost den sicheren Sieg im *Großen Preis der Schweiz,* dessen Neuauflage aufgrund des seit 1955 gültigen Verbots von Rundstreckenren-

nen im französischen Exil in Dijon-Prenois stattfand. Diesmal war es eine abgerissene Schürze, die das Fahrverhalten des Renaults derart verschlechterte, daß der furiose Keke Rosberg zweieinhalb Runden vor Rennschluß an Alain Prost vorbeiziehen konnte. Kekes erster und einziger Saisonsieg bescherte dem Finnen mit 42 Punkten die Führung im WM-Klassement: Bei zwei ausstehenden WM-Läufen waren damit nur noch Prost mit 31 sowie Lauda und Watson mit jeweils 30 Zählern in der Lage, Rosberg die Weltmeisterschaft streitig zu machen. In Monza gewann zwar ein Renault-Turbo, aber mit René Arnoux, der kurz

zuvor bei Ferrari unterschrieben hatte, saß der falsche Mann an Bord: Alain Prosts Renault war mit defekter Benzineinspritzung ausgeschieden und mußte seine Titelhoffnungen begraben. John Watson hielt mit einem vierten Platz noch eine vage WM-Chance offen, während Keke Rosberg als Achter zwar ohne Punkte blieb, aber mit neun Zählern Vorsprung auf den Nordiren als klarer Favorit in das Finale in Las Vegas starten konnte. »Wattie« fuhr zwar ein famoses Rennen, doch der zweite Platz im dritten (!) US-GP des Jahres reichte nicht, zumal Keke Rosberg sich ebenso beherzt wie klug taktierend von Anfang an in den

Wieder eine verpaßte Titelchance für Renault und Alain Prost - hier vor Villeneuve-Ersatz Patrick Tambay im Ferrari und Riccardo Patrese im Brabham-BMW.

Hockenheim, 8. August 1982: Didier Pironi liegt schwerverletzt im Heidelberger Universitätsklinikum, während Patrick Tambay den Großen Preis von Deutschland gewinnt.

Wer die Stunde nutzt, wird Weltmeister: Keke Rosberg und der Williams FW08.

In der Formel 1 führen selbst manche Umwege zum Ziel - wenn man nur konsequent bleibt: Das ist das Lehrstück von Keke Rosberg in der Saison 1982.

Punkterängen hielt, so daß selbst ein Sieg von Watson den Titelgewinn des Finnen nicht verhindert hätte. Während in der kalifornischen Wüste der 25jährige Italiener Michele Alboreto seinen ersten GP-Sieg feierte, den ersten für das Team von Ken Tyrrell seit über vier Jahren, genügte Keke Rosberg nach 75 Runden Platz Fünf zum Gewinn der Formel-1-WM 1982. Nur ein einziger Sieg stand für den Finnen zu Buche, mit einer ähnlich mageren Ausbeute war bis dato nur Mike Hawthorn 1958 zu Titelehren gekommen. Doch Keke Rosberg hatte 1982 gegen die Turbo-Konkurrenz das eigentlich unmögliche Kunststück vollbracht, mit einem Cosworth-bestückten Gefährt noch Weltmeister zu werden. Ein Jahr zuvor hatte Keke mit dem maroden Fittipaldi-Team keinen einzigen WM-Punkt erzielt und war fünfmal an der Qualifikationshürde gescheitert: »Man darf nicht vergessen, daß ich nur deshalb zu Williams kam, weil Jones zu einem Zeitpunkt gegangen war, an dem es für Frank viel zu spät war, um irgendeinen anderen Spitzenfahrer noch verpflichten zu können. Abgesehen davon, daß mich damals sicherlich nicht viele zur absoluten Topklasse gezählt haben mögen. Ich wußte, Williams, das ist die Chance meines Lebens.« Kekes Leistung war schlichtweg Maßarbeit, sein WM-Titel trägt bis heute Zinsen.

Wie gewonnen, so zerronnen

Die Zeichen der Zeit standen für die Cosworth-Teams auf Sturm: Noch einmal war nicht mit einem derart unerwarteten Saisonverlauf zu rechnen, 1983 stellte die Turbo-Fraktion mit den Rennställen von Renault, Lotus-Renault, Ferrari, Alfa Romeo, Brabham-BMW, ATS-BMW, Toleman-Hart, Spirit-Honda und bald auch McLaren-TAG-Porsche erstmals die absolute Mehrheit im Starterfeld, während Williams, Tyrrell, Arrows, Ligier, Osella, March und Theodore die komplette Saison mit Cosworth-Aggregaten bestreiten mußten. Bei den 15 WM-Läufen kamen die Sauger allein auf den drei Straßenkursen noch zu Siegen, die allesamt großen Einzelleistungen, fahrerischem Geschick, einer Portion Glück und natürlich vor allem der turbofeindlichen Streckencharakteristik zuzuschreiben waren: In Long Beach mischte das McLaren-Cosworth Doppel Watson/Lauda dank einer glücklichen Hand bei der Wahl ihrer Michelin-Rennreifen das komplette Feld auf. Der Nordire und der Österreicher hatten sich mit Ach und Krach für die Startplätze 22 und 23 qualifizieren können und feierten am Ende dieses unglaublichen Rennens einen Doppelsieg! Der zweitplazierte Niki Lauda fuhr die schnellste Rennrunde, die fast zwei Sekunden unter seiner besten Trainingszeit lag. In Monte Carlo gewann Weltmeister Keke Rosberg, weil er trotz regennasser Strecke auf Slicks gestartet war, während seine vier vor ihm plazierten Turbo-Konkurrenten Prost, Arnoux, Cheever und Tambay auf profilierten Gummi gesetzt hatten und auf abtrocknender Piste alsbald die Boxen ansteuern mußten. Rosberg hätte beinahe auch den Saisonauftakt in Rio gewonnen: Wie bei Brabham-BMW hatte Williams auf eine Tank- und

Reifenstop-Taktik gesetzt. Doch was bei Piquet in seinem brasilianischen Heim-Grand-Prix tadellos funktionierte, ging bei Rosberg schief, als überlaufendes Benzin einen gefährlichen Motorbrand auslöste, der glücklicherweise sofort gelöscht werden konnte. Rosbergs Williams sprang danach nicht mehr an und mußte angeschoben werden, so daß dem Finnen der zweite Platz wieder gestrichen wurde. Michele Alboreto feierte in Detroit im Tyrrell den 154. Grand-Prix-Sieg für Ford-Cosworth: Über sechs Jahre vergingen, ehe ein ganz neuer Cosworth-

V8-Sauger im Benetton-Ford von Alessandro Nannini beim *Großen Preis von Japan* 1989 unverhofft zu neuerlichen Siegerehren gelangte. Schon bald war absehbar, daß 1983 der Formel 1 den ersten »Turbo-Weltmeister« bescheren würde, zumal Jean-Marie Balestre endgültig sein so lange angepeiltes Schürzenverbot durchgesetzt hatte: Die neue Generation von Formel-1-Rennwagen mußte von nun an einen flachen Unterboden aufweisen, die Kurvengeschwindigkeiten sanken drastisch, so daß präzise, reifenschonende Fahrweise mehr

Die tödlichen Unfälle von Gilles Villeneuve und Riccardo Paletti markieren auch das baldige Ende herkömmliche Aluminium-Monocoque-Chassis: Nach den Spitzenteams wird auch das Formel-1-Fußvolk bis Mitte der 80er Jahre auf den sündhaft teuren, aber unglaublich stabilen Kohlefaserwerkstoff umrüsten - das Arrows-Alu-Monocoque mag auch verdeutlichen, wie schnell die Teams in der Lage sind, im Notfall einen Chassis-Rohling binnen kürzester Zeit zu einem kompletten Rennwagen auszustaffieren.

denn je angezeigt war, um erfolgreich über die Runden zu kommen. Ein wilder Pistenräuber wie René Arnoux bekam da natürlich größere Probleme wie ein behutsamer Volantkünstler namens Alain Prost. Der bedachte Umgang mit Gaspedal und Dampfrad, dem Drehknopf, mit dem der Ladedruck und damit die Motorleistung vom Cockpit aus erhöht werden konnten, erwies sich mehr denn je vonnöten. Denn die modernen Hexenmeister in den Entwicklungslabors der großen Automobilkonzerne zauberten auf ihren Motorprüfständen immer höhere PS-Zahlen aus den Turbo-Treibsätzen heraus: Bei BMW reichte Ende 1986 die vorhandene Meßskala nicht mehr aus, um noch die exakte Leistungsausbeute ermitteln zu können, die sich weit jenseits von 1300 PS eingependelt hatte. Die Turbos zogen auf und davon, nach der Saison 1985 fand kein Saugmotor mehr Verwendung in einem Formel-1-Rennwagen, ehe ab dem Jahr 1989 die Turbo-Triebwerke verboten wurden.

Vom Standpunkt der Gerechtigkeit aus kam 1983 eigentlich nur Renault-Werksrennfahrer Alain Prost als erster Turbo-Champion in Frage, schließlich hatte die mutige »Régie Nationale des Usines Renault« mit ihrem Gordini-V6 in der Formel 1 die anfänglich so belächelte »französische Turbo-Revolution« ausgelöst. Mit der Verpflichtung von Alain Prost ab der Saison 1981 war der erste Titelgewinn für den französischen Grand-Prix-Rennwagen mit Abgasturbolader in greifbare Nähe gerückt: Prost, das Supertalent auf dem Weg zum Superstar, scheiterte indes an der Labilität seines Renault-Turbo und dem Eigensinn seines Teamkollegen René Arnoux. In Prosts drittem Jahr bei Renault war der von keiner Stallregie zu beeindruckende Arnoux nun weg, um mit ähnlichen Spielchen seinem neuen Ferrari-Partner Patrick Tambay den Rang abzulaufen

Selbst für die Sauger-Fraktion sind anno 1983 Boxenstop-Strategien mit Auftanken und Reifenwechsel üblich geworden: Hier genießt der Ligier-Cosworth von Jean-Pierre Jarier umfassenden Service.

und den italienischen Traditionsrennstall wohl gerade damit um den Gewinn der Fahrerweltmeisterschaft zu bringen. Als neue Nummer Zwei bei Renault durfte der 25jährige US-Amerikaner Eddie Cheever agieren, ein ewiges Talent, in Italien aufgewachsen, über den Kart-Sport mit diskret verschwiegenen 17 Jahren direkt in die Formel 3 aufgerückt und seit 1978 im GP-Zirkus von Team zu Team vagabundierend. Die ideale Konstellation für Alain Prost, der bei Renault einschließlich seines Teamkollegen alles im Griff hatte, zumindest bis in den Spätsommer des Jahres 1983 hinein.

Gewiß, Nelson Piquet hatte am 13. März im neuen Brabham BT 52-BMW den WM-Auftakt in seiner brasilianischen Heimat gewonnen, während Prost mit dem Vorjahres-Renault nur Siebter geworden war. Und mit dem neuen Modell RE40 gab es im zweiten Grand Prix des Jahres in Long Beach gar nur einen elften Platz, aber der junge Monsieur Le Professeur kurierte

in emsigen Testfahrten die Kinderkrankheiten: Beim driten WM-Lauf der Saison feierte Alain Prost den erhofften Heim-Sieg im *Großen Preis von Frankreich* auf dem Circuit Paul Ricard und auch in der Folge blieb die Kombination Prost/Renault ungemein schnell und zuverlässig: Bis zum *Großen Preis der Niederlande* am 28. August 1983 gab es keinen einzigen Ausfall und nur in Detroit verpaßte Prost mit dem achten Rang WM-Punkte. Es lief nach Maß, zumal der 28jährige Franzose noch drei weitere Siege feierte, in Spa-Francorchamps, auf dem modifizierten und auf knapp sieben Kilometer verkürzten Hochgeschwindigkeitskurs, der gleichwohl immer noch eine einzigartige Herausforderung geblieben war und endlich wieder Aufnahme in den GP-Kalender gefunden hatte, dazu die Erfolge in Silverstone und Zeltweg. Unterm Strich konnte Alain Prost vier GP-Siege verbuchen, kein anderer fuhr in der Saison 1983 mehr Erfolge heraus. Nach dem

Zum 154. und letzten Mal - Michele Alboreto fährt 1983 mit dem Tyrrell 011 den letzten Grand-Prix-Sieg eines Ford-Cosworth V8 heraus. Luciano Benetton betätigt sich in diesem Jahr erstmals als Sponsor in der Formel 1 und bekommt ein paar Jahre später Appetit auf größere Dinge.

Großen Preis von Österreich führte Prost im WM-Zwischenklassement deutlich mit 51 Punkten vor Piquet (37), Arnoux (34) und Tambay (31). Die beiden französischen Ferrari-Werksfahrer fochten einen harten Strauß miteinander: Patrick Tambay, der ausgerechnet in Imola mit der Startnummer 27 des unvergessenen Gilles Villeneuve seinen einzigen Saison-Sieg herausgefahren hatte, schien bis Hockenheim die besseren Chancen auf den WM-Titel zu besitzen, zumindest war Tambay bis dahin der weitaus fleißigere Punktesammler gewesen. Wir werden nie wissen, ob ihm eine strikte Stallorder bei Ferrari tatsächlich die Weltmeisterschaft hätte bescheren können, doch mit einem René Arnoux im Team wären solche Anweisungen ohnehin obsolet gewesen... Vielleicht war der Titel in dem Augenblick verloren, als Enzo Ferrari mitten in der Saison verkündete, im kommenden Jahr mit dem vielversprechenden Michele Alboreto erstmals seit 1973 wieder einen italienischen Rennfahrer für seine Scuderia fahren

zu lassen. Damit stand beizeiten fest, daß einer aus dem Duo Tambay/Arnoux zum Saisonende würde über die Klinge springen müssen. Vor Hockenheim stand es nach WM-Punkten 31:19 für Tambay, der beim *Großen Preis von Deutschland* die Pole Position vor seinem aggressiven Landsmann herausfuhr. Für René Arnoux ging es um die Wurst und prompt verstieß er gegen die wohlgefügte Formation, um den besser gestarteten Patrick Tambay noch in der zweiten Runde mit einem riskanten Bremsmanöver vor der dritten Schikane zu überholen. Tambay kam nicht mehr zum Kontern, weil sein nagelneuer Ferrari V6-Turbo mit Ventilschaden verendete. René Arnoux gewann souverän und lief seinem Teampartner Patrick Tambay in der Folge vollkommen den Rang ab, um später sogar noch beim Finalrennen der Formel-1-WM in Kyalami eine hauchdünne Chance auf den WM-Titel zu besitzen. Aber bis dahin hatte sich noch ganz anderes zugetragen...

Der niederländische Grand Prix am 28.

August 1983 leitete eine erste, unerwartete Wendung ein: Es war jenes Rennen, in dem Niki Lauda mit dem McLaren-TAG-Porsche ein eher diskretes Debüt mit akuten Bremsproblemen vorzeitig beendete: Nelson Piquet führt mit dem Brabham-BMW das Feld an, während Alain Prost sich erst mit Gewalt an seinem ausnahmsweise aufmüpfigen Teamkollegen Eddie Cheever auf Platz Zwei vorbeiquetschen muß. Als Prost mühsam den Rückstand zu Piquet aufgeholt hat, stehen sowohl bei Brabham als auch bei Renault alsbald Tankstops auf dem Programm. Trotzdem attackiert der Franzose den Brasilianer und preßt zu Beginn der 42. Runde seinen Renault auf der Innenseite der Tarzankurve vorbei, rempelt dabei aber den Brabham-BMW seines Rivalen von der Piste. Piquet ist sofort draußen, Prost fliegt noch in derselben Runde mit seinem angeschlagenen Renault in der Zielkurve »Bos uit« von der Piste, wodurch René Arnoux und Patrick Tambay zu einem unerwarteten Doppelsieg kommen.

Die kompakte On-Board-Kamera der FOCA-TV-Experten wird erst Ende der 80er Jahre einsatzreif, einstweilen begnügt sich Renault im Training mit herkömmlich-massiver 16mm-Technik, um Rennatmosphäre festzuhalten - die rührigen Renault-Ingenieure sind 1983 dank Alain Prost so nah wie nie zuvor am Gewinn der Weltmeisterschaft, doch es soll noch ein ganzes Jahrzehnt dauern, ehe aus dem Zusamenspiel Prost/Renault tatsächlich ein WM-Titel resultiert.

Prosts vollkommen »unprofessorales« Überholmanöver machte die WM wieder offen, zumal der Franzose in Monza mit Laderschaden ausschied, während Piquet im Brabham-BMW vor Arnoux und Cheever auf absolut dominierende Art und Weise seinen zweiten Saisonsieg feierte. Dies war die zweite, letztlich alles entscheidende Wende der Saison 1983: BMW-Motorenpapst Paul Rosche hatte gerade noch rechtzeitig die nächste Entwicklungsstufe des kleinen Reihenvierzylinders gezündet, der obendrein von der BASF-Tochter Wintershall mit einem ganz besonders hochoktanigen Saft aufgepäppelt wurde. Das bayerische Rennaggregat produzierte in der Schlußphase der Saison weitaus mehr Leistung als die Konkurrenz von Renault und Ferrari, prompt ließ Nelson Piquet in Brands Hatch beim *Großen Preis von Europa* einen weiteren überlegenen Sieg folgen. Alain Prost rettete sich vor dem Lotus-Renault von Nigel Mansell als Zweiter ins Ziel, während René Arnoux und Patrick Tambay nach unfreiwilligen Ausflügen in die Botanik keine Punkte holten. Vor dem letzten WM-Lauf führte Alain Prost nur noch mit 57:55 Punkten vor Nelson Piquet. René Arnoux besaß mit 49 WM-Zählern noch eine Außenseiterchance, während Patrick Tambay mit 40 Punkten seine Hoffnungen auf die WM-Krone und eine mögliche Vertragsverlängerung bei Ferrari endgültig ad acta legen konnte. Was folgte, war der für Prost frustrierende Showdown unter südafrikanischer Sonne, der mit dem Verlust des lange Zeit so sicher geglaubten WM-Titels endete: Hatte Alain die Verantwortlichen bei Renau t nicht gleich nach seinem Sieg in Zeltweg gewarnt, sich trotz des Erfolges nicht in trügerischer Sicherheit zu wiegen? Hatte Prost nicht auf Weiterentwicklung des Gordini-V6 gedrängt? Hatte er die Herren Larrousse, Sage, Têtu, Castaing und Dudot nicht eindringlich beschworen, sich gegen die schon in Zeltweg überlegenen, aber noch nicht siegreichen Brabham-BMW schleunigst etwas einfallen zu lassen? Daß dann ausgerechnet Prost in Zandvoort patzte, war pikant. Daß Piquet nun Weltmeister wurde, mag für das Renault-Team einer nationalen Tragödie sehr nahe gekommen sein: Nach 36 von 77 Runden steuerte Prost die Boxengasse an. Ein geplantes

Stilleben mit Osella.

Tankmanöver? Nein, ein Laderschaden! Alain Prost stieg aus und verschwand im Dunkel der Renault-Box. Bonjour Tristesse! Einige ganz besonders gewiefte französische Journalisten behaupteten später ebenso hämisch wie falsch, daß Prost aufgegeben habe, weil er zu diesem Zeitpunkt abgeschlagen auf dem dritten Rang lag, ohne Chance, den klar führenden Nelson Piquet einzuholen und dessen Titelgewinn doch noch zu verhindern. Auch eine Hauszeitung von Renault behauptete damals ähnliches, aber da hatte sich der französische Automobilkonzern bereits von Alain Prost getrennt. Nicht wenige Zeitgenossen zweifelten mittlerweile daran, ob Prost jemals würde Weltmeister werden...

Weil in Kyalami aber auch René Arnoux seinen Ferrari vorzeitig mit Motorschaden abstellen mußte, benötigte der Spitzenreiter des südafrikanischen Grand Prix, Nelson Piquet, nur noch einen vierten Platz, um neuer Formel-1-Weltmeister zu werden. Nur ausfallen, das durfte der Brabham-BMW nicht. Und so, ganz auf Nummer sicher gehend, eine Tugend, die der gute Nelson in den kommenden Jahren seiner Karriere leider noch allzu oft anwenden

sollte, ließ der Brasilianer erst seinen Teamkollegen Riccardo Patrese und kurz vor Schluß auch noch Andrea de Cesaris im Alfa Romeo anstandslos passieren. Für gewisse Irritation sorgte allein der starke Auftritt von Niki Lauda, der den McLaren-TAG-Porsche bis sechs Runden vor Rennende vom zwölften auf den zweiten Platz nach vorn gefahren hatte und Anstalten machte, sich auch noch den führenden Brabham-BMW von Patrese zu schnappen. Aber ein defekter Lader beendete die Aufholjagd des Österreichers: Die große Zukunft des McLaren MP4-TAG-Porsche deutete sich bereits an jenem 15. Oktober 1983 an, dem Tag, an dem Nelson Piquet in einem Brabham mit BMW-Motor der erste Weltmeister der Turbo-Ära wurde. Der 31jährige Piquet war damals ein ungemein populärer Weltmeister, mit seiner manchmal unkonventionellen, aber sehr spontanen Umgangsart hatte er das komplette Brabham-Team von Anfang an für sich eingenommen: So agierte es fast wie eine große Familie und vermittelte dem Brasilianer flippigflapsige Nestwärme, vor allem aber »a lot of fun«. Wenn Nelson am Ende der Saison 1983 aufgehört hätte, so wäre er als einer der größ-

*1983 für lange Zeit
Mitfavorit
im Kampf um die
Weltmeisterschaft:
Patrick Tambay im
Ferrari 126C3.*

Hockenheim, 7. August 1983: René Arnoux gewinnt den Großen Preis von Deutschland.

ten Rennfahrer aller Zeiten in die Formel-1-Geschichte eingegangen. Drei Jahre später sollte der Brasilianer diesen Nimbus vollkommen unerwartet verlieren, als ein englischer Haudrauf namens Nigel Mansell mit Verve und Elan Piquets vertraglich zugesicherten Nummer-Eins-Status bei Williams-Honda in Grund und Boden fuhr.

Aber noch sind wir nicht soweit, noch war deutsche Ingenieurkunst Marke BMW, Porsche, Bosch und KKK gerade erst dabei, die Formel 1 der Turbo-Ära zu erobern. Um deutsche Rennfahrerhoffnungen im GP-Zirkus stand es trotzdem denkbar schlecht: BMW belieferte 1983 den ATS-Rennstall von Günter Schmid zwar mit Werksmotoren und Gustav Brunner zeichnete ein durchaus gelungenes Kohlefaser-Monocoque, dessen mattes Schwarz unlackiert blieb und nur zum Teil mit

Folie in ATS-Gelb beklebt wurde, was scharf aussah und englische Journalisten den ATS-BMW auf »Turbo-Bee«, Turbo-Biene, umtaufen ließ. Doch die Biene hatte keinen Stachel: Bei Rennbeginn tauchte der tapfere Manfred Winkelhock, nach dem Rückzug von Jochen Mass nunmehr der einzige aktive deutsche Formel 1-Rennfahrer, zwar zumeist relativ weit vorn auf, doch die notorische Unzuverlässigkeit seines Gefährts brachte den Schwaben stets um WM-Punkte. Bei 14 WM-Läufen war der ATS in der Saison 1983 gestartet, nur zweimal sah Manfred Winkelhock die Zielflagge... Die Turbo-Technik war kompliziert, teuer und anfällig: Das ATS-Team schien damit überfordert zu sein. Ein BMW-Treibsatz besaß damals eine Laufleistung von höchstens 500 Rennkilometern, pro Motor durfte Günter Schmid eine Leasing-Rate von rund 153 000 Mark nach

Zandvoort, 28. August 1983: In der Tarzankurve drängen sich kurz nach dem Start Andrea de Cesaris/Alfa Romeo (22), Elio de Angelis/Lotus (11), Nigel Mansell/Lotus (12), Derek Warwick/Toleman (35), der spätere Sieger René Arnoux/Ferrari (28), Stefan Johansson/Spirit-Honda (40), Manfred Winkelhock/ATS-BMW (9), Mauro Baldi/Alfa Romeo (23), Marc Surer/Arrows (29), Jacques Laffite/Williams (2), Niki Lauda/McLaren-TAG-Porsche (8), Michele Alboreto/Tyrrell (3), und Weltmeister Keke Rosberg (1).

Der erste Turbo-Weltmeister:
Nelson Piquet im Brabham
BT52-BMW, im Hintergrund
Ex-Motorrad-Weltmeister
Johnny Cecotto im Theodore
von Teddy Yip.

Manfred Winkelhock
und der ATS-BMW -
manche behaupten,
daß diese Kombination die
meiste Zeit in der
Boxengasse verbrachte.
Im Hintergrund eine
weitere Enttäuschung der
Rennsaison 1983:
Eddie Cheever im zweiten
Renault-Turbo.

München überweisen. Symptomatisch für all die großen und kleinen Probleme, die die ATS-Crew nie in den Griff bekam, war ausgerechnet der wichtigste Grand Prix des Jahres, das Heimspiel in Hockenheim: Beim Freitagtraining schaffte der ATS keine einzige gezeitete Runde, weil Probleme des Ladersystems und der BMW-Motronic nicht kuriert werden konnten. Beim samstäglichen Abschlußtraining war der ATS-BMW zwar endlich fahrbereit, doch in Hockenheim hatte es geregnet, so daß Manfred

Winkelhock auf der nassen Piste nicht an die Freitagszeiten der Konkurrenz herankam und sich für den deutschen Grand Prix nicht qualifizieren konnte.

Schließen wir dieses Kapitel mit traurigen, aber unvermeidlichen Ergänzungen, mit Nekrologen auf zwei außergewöhnliche Rennfahrer, die nicht nur deutschen Motorsportfreunden viel Freude bereitet haben: Harald Ertl und Rolf Stommelen hatten ihre Formel-1-Zeit längst hinter sich, hatten überlebt, was im

Grand-Prix-Sport das wichtigste Erfolgskriterium sein sollte. Beide waren ausgeprägte Persönlichkeiten, die mit ihrer immensen Erfahrung in der Lage gewesen wären, dem Motorsport hierzulande noch wichtige Impulse zu geben. Das Schicksal war nicht gnädig. Am 7. April 1982 stürzte der 33jährige Harald Ertl mit einem Privatflugzeug zu Tode, am 24. April 1983 kam der 39jährige Rolf Stommelen bei einem IMSA-Rennen mit einem Porsche 935 ums Leben.

Jäger und Sammler

Die ersten menschenähnlichen Lebewesen, die sich auf unserem Planeten im aufrechten Gang tummelten, ernährten ihresgleichen von der Jagd oder vom Sammeln von Feldfrüchten. Diese beiden Urformen des Broterwerbs haben sich rudimentär in Formel-1-Fahrerkreisen erhalten: Auch hier finden wir den Typ des Jägers, der mit kühnem Mut alles riskiert, um Sieg und Beute zu machen. Daneben tritt der Sammler in Erscheinung, der klug und emsig das ergreift, was das Renngeschick an guten Dingen beschert. Böse Zungen unterscheiden zwischen dem »pure racer«, der so selten geworden ist, daß wir ihn lieber unübersetzt lassen, und dem »Abstauber«, wobei sie diese extremen Gegenpole gleich mit konkreten Personen identifizieren: Ayrton Senna versus Alain Prost. Aber spätestens an diesem Punkt hört der Sachverstand auf. Jeder Grand-Prix-Star war wohl zu Beginn seiner Karriere ein Jäger, doch mit den Jahren kommen Erfahrung, Risikoabwägung und Klugheit hinzu, so daß aus dem Jäger, auch rein altersbedingt, ein Sammler wird. Mag die elegante Fahrweise eines Alain Prost von Anfang an als unauffällig, diskret und vollkommen unspektakulär kritisiert worden sein, der Erfolg gab dem »Professor« stets recht. Mit diesem Stil, der ohne wilde Driftwinkel und wüste Schlenker auskam, spielte Alan Prost 1984 durchaus die Rolle des Jägers, während Teampartner Niki Lauda bei McLaren die Rolle des Sammlers zufiel. Daß Lauda am Ende mit 72 zu 71,5 WM-Punkten obsiegte, war weder Schicksal noch Notwendigkeit, sondern reiner Zufall. Beide Kontrahenten hatten den Titel verdient, aber nur einer konnte ihn nun mal gewinnen.

Im gleichen Atemzug mit Alain Prost und Niki Lauda sollten auch die Namen von Porsche-Chefingenieur Hans Mezger und McLaren-Konstrukteur John Barnard genannt werden, die einen Motor und ein Chassis entwickelten, die im gemeinsamen Verbund die Basis für drei Fahrerweltmeisterschaften in Folge bildeten. Barnard setzte mit der »Flaschenhals-Form« seiner Monocoque-Verschalungen vor der Hinterachse aerodynamische Maßstäbe, die andere Designer alsbald kopierten. Die von Mezger in Zuffenhausen entwickelten Triebwerke kamen nicht zuletzt dank der Porsche-Erfahrungen aus unzähligen Langstreckenrennen bestens mit dem neuen Benzinreglement zurecht: Maximal 220 Liter durfte ein Formel-1-Rennwagen in der Saison 1984 pro Grand Prix verbrauchen, der Treibstoff mußte sich komplett an Bord befinden, das Nachtanken mittels taktischer Boxenstops war aus Sicherheitsgründen vorerst wieder einmal verboten worden. Die Mehrzahl der Teams hatte zunächst große Schwierigkeiten, mit dem Treibstofflimit auszukommen, während die McLaren-TAG-Porsche in der Saison 1984 auf und davonfuhren, um bei zwölf von insgesamt 16 WM-Läufen zu gewinnen. Dabei gab es viermal sogar einen Doppelsieg zu feiern. Siebenmal gewann Prost, fünfmal Lauda und selbstredend ging auch die Markenwertung an McLaren. Alain Prost verpaßte zwar zum vierten Mal in Folge den WM-Titel, manche mochten ihn darin bereits mit Stirling Moss vergleichen, aber der Franzose brauchte seinen Abgang von Renault nicht zu bereuen: Mit dem französischen Nationalrennwagen ging es ohne Prost ab 1984 stetig abwärts. Die neue Fahrerbesetzung Patrick Tambay/Derek Warwick brachte zwei Jahre lang bis zum Ende des werkseigenen Renault-Formel-1-Teams keinen einzigen GP-Sieg zustande. 1986 beschränkte sich Renault in der Formel 1 nur noch auf die Rolle des Triebwerksproduzenten, um dann eine Denkpause einzulegen. Es bleibt eine Ironie der Grand-Prix-Geschichte, daß die französischen Urheber der Turbo-Revolution nicht mit der Weltmeisterschaft belohnt wurden, sondern erst Jahre später mit einem 3,5-Liter Saugmotor zu Titelehren kommen sollten, als die Turbos aus der Formel 1 verbannt worden waren...

Bis auf Tyrrell setzten 1984 sämtliche Formel-1-Teams Turbomotoren ein: Ende der 70er Jahre hätte Ken Tyrrell als erster seinen GP-Rennstall exklusiv mit dem Renault-Turbo ausrüsten können, jetzt mußte der Brite bis Mitte 1985 warten, ehe er gnädigerweise von Renault mit Turbo-Triebwerken versorgt wurde. Es war ein Jammer, daß ausgerechnet zu diesem Zeitpunkt zwei außergewöhnliche junge Rennfahrer bei Tyrrell unter Vertrag standen, denen weitaus besseres Material gebührt hätte. Da war zum einen der 24jährige Martin Brundle, der 1983 einem gewissen Ayrton Senna da Silva ein heroisches Duell um den Titel eines britischen Formel-3-Champions geliefert hatte und sich dem Brasilianer erst im allerletzten Lauf beugen mußte. Als der bescheidene und zurückhaltende Brundle nach vielen Irrwegen in der Formel 1 anno 1992 endlich in ein Top-Team kam, hatte er das Pech, dort auf einen jungen Rennfahrer namens Michael Schumacher zu treffen... Bei Tyrrell hatte Brundle acht Jahre zuvor einen anderen deutschen Teamkollegen, den 26jährigen Stefan Bellof. Nach Erfolgen im Kart-Sport hatte der Gießener 1980 auf Anhieb das deut-

Dijon, 20. Mai 1984: Niki Lauda gewinnt im McLaren-TAG-Porsche den französischen Grand Prix und beginnt im WM-Klassement auf seinen Teamkollegen Alain Prost Boden gut zu machen. Hinter Lauda folgen die beiden Ferrari von René Arnoux und Michele Alboreto (fast völlig verdeckt) sowie Ayrton Senna im Toleman-Hart, Thierry Boutsen im Arrows-BMW und die beiden Alfa Romeo von Riccardo Patrese und Eddie Cheever.

Auch 1984 noch der ewige Zweite - Alain Prost.

sein erstes Rennen und sicherte sich ein Jahr später den Titel eines Langstrecken-Weltmeisters. Da hatte ihn sein Manager Willy Maurer bereits bei Tyrrell untergebracht, obwohl BMW höchstes Interesse zeigte, Stefan Bellof bei Arrows zu plazieren. Hinter vorgehaltener Hand hieß es, Bellof müsse möglichst rasch wieder das Geld einfahren, das andere in ihn investiert hatten. Und so wechselte der Gießener in der Gruppe-C-WM 1985 zum privaten Porsche-Rennstall des Schweizers Walter Brun, wo die Teamkollegen Thierry Boutsen und Gerhard Berger auch nicht annähernd die Zeiten fuhren, die Stefan Bellof vorlegte.

In der Formel 1 gibt es für den Gießener mit dem den Turbos hoffnungslos unterlegenen Tyrrell-Cosworth immer wieder Lichtblicke: Am 29. April 1984 wird Bellof in Zolder sensationell Sechster vor einem gewissen Ayrton Senna, der bei Toleman-Hart seine erste GP-Saison fährt. Der 24jährige Brasilianer hat beim nächsten WM-Lauf in Imola das Pech, daß sein Team das Freitagstraining boykottiert, um aus einem Vertrag mit Pirelli herauszukommen. Weil beim Abschlußtraining am Samstag der Toleman-Hart Zicken macht, verpaßt Ayrton Senna zum ersten und einzigen Mal in seiner Rennfahrerkarriere die Qualifikation für einen Formel-1-GP. Stefan Bellof startet von

der 21. Position und wird am Ende des Rennens als Fünfter abgewunken. In Dijon scheiden Bellof und Senna vorzeitig aus, dann folgt am 3. Juni 1984 jener unvergeßliche *Grand Prix de Monaco*: Senna hat sich für den 13. Startplatz qualifizieren können, Bellof schafft gerade noch den 20. und letzten Startplatz. Aber am Rennsonntag gießt es in Strömen, die Chance für beide Formel-1-Novizen, ihr dürftiges Rennwagenmaterial mit höchster Fahrkunst zu kompensieren. Alain Prost führt zehn Runden lang, ehe sich ein anderer Außenseiter an dem WM-Spitzenreiter vorbeizwängt: Nigel Mansell liegt erstmals bei einem Formel-1-GP an erster Stelle, sechs Runden lang dauert die Solovorstellung, dann rutscht der Engländer mit seinem Lotus-Renault in die Leitplanken. Typisch Mansell, wird es heißen... Nun führt wieder Prost, doch hinter ihm macht Ayrton Senna mit Niki Lauda kurzen Prozeß und schiebt sich auf den zweiten Rang, während Stefan Bellof nacheinander Corrado Fabi, Jacques Laffite, Manfred Winkelhock und Keke Rosberg überholt. Als Niki Lauda rausfliegt, befindet sich Bellof hinter Prost, Senna und Arnoux auf dem vierten Platz! Vor der Virage Mirabeau quetscht der Gießener seinen Tyrrell zwischen Leitplanke und den Ferrari von Arnoux: Der arme René muß sich fürchterlich

sche 1600er Formel-Ford-Championat gewonnen und debütierte mitten in der Saison in der Deutschen Formel-3-Meisterschaft, wo er bei nur sieben Starts dreimal gewann und beinahe noch den Titel geholt hätte. Mit bescheidener Hilfe von BMW war Stefan Bellof 1982 in das Formel-2-Team von Willy Maurer gehievt worden. Der Gießener hatte kein eigenes Geld und kaum Sponsoren: Seine ersten beiden Rennen in Silverstone und Hockenheim gewann Stefan in begeisterndem Stil, mit etwas mehr Erfahrung und besserer Vorbereitung der Maurer-BMW hätte er auf Anhieb Europameister werden können. Eine weitere Formel-2-Saison im Team von Willy Maurer war vergeudete Zeit und brachte keinen einzigen Sieg mehr. Aber immerhin hatte Stefan Bellof 1983 einen Platz im Gruppe-C-Werksteam von Porsche bekommen: Auch hier gewann er auf Anhieb

Aus der Formel 2 endlich in die Grand-Prix-Szene aufgestiegen - Stefan Bellof.

erschreckt haben, aber Bellof ist vorbei... Derweil gerät Prost immer mehr in die Fänge von Senna: Wird der Regen tatsächlich schlimmer? Oder kann sich Prost einfach nicht mehr länger der Attacken des jungen Brasilianers erwehren? Rennleiter Jacky Ickx winkt das Rennen nach 32 von eigentlich 77 vorgesehenen Runden ab. Senna ist wütend, fühlt sich um den Sieg betrogen. Aufgrund des frühzeitigen Abbruchs gibt es nur halbe WM-Punkte. Jacky Ickx wird später von der FISA wegen seiner eigenmächtigen Entscheidung, das Rennen abzubrechen, zu einer Geldbuße von 6000 Dollar verurteilt, obendrein entzieht man dem Belgier die Lizenz als Renndirektor. Ob der Porsche Werksfahrer damals den McLaren-TAG-Porsche-Fahrer Alain Prost wirklich zum Sieg verhelfen wollte? Vor Ihrer Antwort bedenken Sie

eines: Falls der Grand Prix über die volle Distanz gegangen wäre und in der Wasserschlacht keiner der Kontrahenten vorzeitig die Segel gestrichen hätte, so dürfte Prost hinter Senna noch allemal Zweiter geworden sein, denn den armen Bellof hätten sie ja Monate später ohnehin wieder disqualifiziert, wie gleich zu berichten sein wird. Für diesen fiktiven zweiten Platz hätte Prost dann nicht wie beim Abbruchsieg 4,5 Punkte kassiert, sondern sogar volle sechs WM-Zähler eingeheimst: Anderthalb Punkte mehr, die dem Franzosen am Ende der Saison zum Titelgewinn gereicht hätten...

Wobei wir von der vermeintlichen Manipulation durch Jacky Ickx nahtlos zum erwiesenen Betrug des Tyrrell-Teams überleiten können: Vielleicht wäre ja alles unbemerkt geblie-

ben, wenn Martin Brundle am 24. Juni 1984 in Detroit nicht Zweiter geworden wäre, nur 0,837 Sekunden hinter Nelson Piquets Brabham-BMW-Turbo. Doch so erregte der Tyrrell zwangsläufig das Interesse der Rennkommissare. Daß Ken Tyrrell jeweils kurz vor Rennschluß seine Fahrer an die Box beorderte, um dort ein paar Liter Wasser für irgendwelche ominösen Kühlzwecke nachzufüllen, war bekannt. Damit konnte man einen etwas untergewichtigen Rennwagen wieder auf das zulässige Mindestgewicht von 540 kg bringen. Doch in dem Wassertank des Tyrrell entdeckten die Funktionäre Unmengen von Bleikügelchen, deren Gesamtgewicht sich auf rund 60 kg addierte. Das Tyrrell-Team traf daraufhin die höchste Strafe, die jemals in der Geschichte der Formel-1-WM ausgesprochen wurde:

Der Rennstall wurde aus der laufenden Saison ausgeschlossen, sämtliche von Bellof und Brundle erzielten WM-Punkte gingen verloren.

So wird denn Ayrton Senna eindeutig zum Aufsteiger des Jahres: Bei Toleman-Hart verfügt das 24jährige Ausnahmetalent zwar noch nicht über ein Siegerauto, aber auf fahrerisch anspruchsvollen Strecken kann Senna die etablierten Stars ein ums andere Mal tüchtig ärgern. Nach seiner fulminanten Vorstellung in Monte Carlo reicht es dem Brasilianer in Brands Hatch und Estoril noch zweimal zu weiteren Podiumsplätzen. Eigentlich bindet ein Vertrag Ayrton noch zwei weitere Jahre an Toleman, aber das ist kein Grund, nicht schon für 1985 mit Lotus handelseinig zu werden, wo Nigel Mansell gehen muß. Viele halten den Brasilianer damals für arrogant, während andere ihn bereits als künftigen Weltmeister zu vergöttern beginnen. Es ist wie mit allen wirklich großen Persönlichkeiten: Auch an Ayrton Senna scheiden sich von Anfang an die Geister. Ted Toleman und Alex Hawkridge entlassen ihren Jungstar fristlos, als dessen Unterschrift unter dem Lotus-Vertrag publik wird. Aber auf massiven Druck aller anderen Formel-1-Teamchefs, allen voran Bernie Ecclestone, darf Ayrton Senna nach einer Zwangspause in Monza bereits beim nächsten WM-Lauf, dem *Großen Preis von Europa* am 7. Oktober 1984 auf dem neuen Nürburgring, wieder in einem Toleman-Hart Platz nehmen. Doch gleich nach dem Start verhakt sich Sennas Rennwagen in der ersten Kurve mit dem Williams-Honda von Keke Rosberg. Beide fliegen raus und lösen eine Kettenreaktion von Ausweichmanövern aus, denen drei weitere Konkurrenten zum Opfer fallen. Rosberg findet böse Worte für Senna, überhaupt klagt der Finne in diesem Jahr beständig über »mangelnde Disziplinlosigkeit« in der Formel 1. Ganz besonders auf dem Kieker hat er dabei auch einen Fahrer, der in der nächsten Saison sein Teamkollege bei Williams wird: Nigel Mansell, dessen Auftritt beim zum ersten und und gottlob einzigen Mal ausgetragenen *Dallas Grand Prix* am 8. Juli 1984 guten Grund für harsche Kritik bietet. Bei 40° im kaum vorhandenen Schatten schmilzt der Asphalt dahin, ein Dutzend Rennwagen rutscht in die Betonbegren-

zungen, während Nigel Mansell das Feld anführt und sich hinter ihm die eiligere Konkurrenz staut, ehe Keke Rosberg endlich an der rollenden Straßenblockade vorbeikommt und dem Engländer mit der Faust droht... Gegen Rennende bekommt Mansell Schwierigkeiten mit den Reifen, dem Getriebe und der eigenen Kondition: Ausgangs der Zielkurve bleibt der Lotus-Renault endgültig stehen. Doch Nigel schält sich aus dem Cockpit und beginnt sein waidwundes Gefährt in Richtung Ziel zu schieben! Sisyphus at work, denn erstens ist solche Schiebung verboten und zweitens kippt Mansell um - Hitzschlag... Während »Nige« von Sanitätern weggekarrt wird, feiert Keke Rosberg den ersten GP-Sieg eines Williams-Honda: Linda Gray, die »Sue-Ellen« aus der *Dallas*-Serie, verpaßt dem Finnen ein Küßchen, TV-Gatte »J.R.«, alias Larry Hagman, hatte den GP mit der grünen Flagge »anwinken« dürfen. Es war reinstes Absurdistan, was sich in der texanischen Hitze abspielte: Mit einer unfaßbaren Durchschnittsgeschwindigkeit von 129,203 km/h hatte Rosberg auch einen erstaunlichen Rekord der modernen GP-Geschichte aufgestellt, noch langsamer ging es fortan nie wieder für die Formel-1-Boliden mit 800 und mehr PS...

Ebenso verrückt war, daß ausgerechnet bei dieser aufreibenden Hitzeschlacht der so anfällige ATS-BMW von Manfred Winkelhock endlich einmal ins Ziel kam: Doch für den achten und letzten Rang gab es keine WM-Punkte, und für Winkelhock bald nur noch Kritik von Teambesitzer Günter Schmid. Am 19. August 1984 durfte ein bald 25jähriger Österreicher in einem hurtig vorbereiteten zweiten ATS-BMW seinen Heim-GP in Zeltweg fahren: Gerhard Berger startete in sein erstes Formel-1-Rennen, während Stammpilot Manfred Winkelhock zuschauen mußte, weil die ATS-Crew einen Getriebeschaden nicht akurat genug behoben hatte. Berger kam als Zwölfter und Letzter in diesem 400. WM-Lauf der Formel 1-Geschichte ins Ziel, während sein Landsmann Niki Lauda seinen ersten und einzigen Heim-Sieg feierte. Teamkollege Alain Prost war auf einer Ölspur in die Leitplanken gerutscht und der zweitplazierte Nelson Piquet resignierte im Kampf mit Lauda viel zu früh, indem er die

immer schleppendere Gangart des führenden McLaren-TAG-Porsche für kontrolliertes Ausrollenlassen hielt, nicht ahnend, daß Lauda ohne vierten Gang auskommen mußte... Glückliches Österreich! Mit diesem Sieg übernahm Niki Lauda erstmals im Verlauf der Saison die Führung im WM-Klassement, die der Österreicher bis zum Finale in Estoril auch nicht mehr abgeben sollte.

Blicken wir noch eine Weile weiter durch die österreichische Brille und merken wir an, daß in Monza gleich drei Rennfahrer aus der Alpenrepublik in die Punkteränge fuhren: Niki Lauda gewann, weil Alain Prost ebenso mit Motorschaden frühzeitig ausfiel wie später die infernalisch schnellen Brabham-BMW von Nelson Piquet und Teo Fabi. Als letzter Kontrahent mußte sich Patrick Tambay der Attacke von Lauda beugen, weil am Renault der Gaszug klemmte. Jo Gartner und Gerhard Berger plazierten sich im Osella-Alfa und im ATS-BMW auf den Plätzen Fünf und Sechs. WM-Zähler gab's jedoch ungerechterweise keine, weil beide vor Beginn der Saison nicht als offizielle Fahrer von ihren Teams nominiert worden waren und deshalb als nicht punkteberechtigt galten... Jo Gartner hatte das Pech, daß von zwei österreichischen Jungstars damals wohl einer zuviel in der Formel 1 war: Außer seinem Talent brachte Jo stets zuwenig Geld mit, erst mit 30 Jahren hatte er bei Osella seine GP-Chance bekommen. Eine zweite gab es nicht mehr: Jo Gartner wechselte notgedrungen in die Gruppe-C-WM, wo er am frühen Sonntagmorgen des 1. Juni 1986 bei den *24 Stunden von LeMans* tödlich verunglückte, als sein Kremer-Porsche 962 auf der Mulsanne-Geraden von der Strecke raste und völlig ausbrannte.

Manfred Winkelhock hatte am Samstag vor dem Italien-GP bei ATS gekündigt, so daß Gerhard Berger in Monza plötzlich zum einzigen Fahrer des pfälzer Rennstalls aufgerückt war. Mit Winkelhock verabschiedete sich allerdings auch BMW von dem chronisch erfolglosen Günter-Schmid-Team. Beim *Großen Preis von Europa* am neuen Nürburgring rückte zum letzten Mal ein ATS-BMW aus: Gerhard Berger kam im Gefolge der Senna/Rosberg-Kollision nur bis zur ersten Kurve. Kurze Zeit später

Motor-City Detroit oder:
»Why don't we do it in
the streets?« -
Geld regiert die Welt und
sorgt in den 80er Jahren dafür,
daß die Schauplätze von
Formel-1-Rennen immer
absurder und pittoresker
zugleich werden.

Hockenheim, 5. August 1984: Elio de Angelis setzt sich im Lotus-Renault an die Spitze des Großen Preises von Deutschland, hart bedrängt von den beiden Werks-Renault von Derek Warwick und Patrick Tambay, denen Michele Alboretos Ferrari folgt. Vorne rechts mit der Nr. 7 der spätere Sieger Alain Prost im McLaren-TAG-Porsche vor dem Brabham-BMW von Nelson Piquet sowie Niki Lauda/McLaren-TAG-Porsche, Ayrton Senna/-Toleman-Hart, René Arnoux/Ferrari (verdeckt), Andrea de Cesaris/Ligier-Renault, Manfred Winkelhock/ATS-BMW, Marc Surer/Arrows-BMW und dem Rest der Meute.

1984 tobt der Reifenkrieg zwischen Goodyear, Michelin und Pirelli noch an allen Formel-1-Fronten.

*Ein stilechter Abgang -
Manfred Winkelhock und
der ATS-BMW.*

*Der kurze Traum von der
Formel 1 - Jo Gartner im
Osella-Alfa.*

Abgeholzt, plattgewalzt und dann mit Asphalt überzogen - die Zukunft des Nürburgrings: Nach dem Großen Preis von Deutschland am 4. August 1985 verzichtet der Formel-1-Zirkus ein Jahrzehnt lang auf eine erneute Rückkehr in die Eifel.

erklärte allerdings auch nicht, daß bei naßkaltem Wetter nur rund 60 000 Zuschauer die großzügig angelegten Tribünen allzu spärlich füllten: Es war eine maßlose Enttäuschung. Ecclestone & Co. gaben dem Eifelkurs im folgenden Jahr noch einmal eine Chance, aber auch der *Große Preis von Deutschland* am 4. August 1985 brachte keine Besserung. Es war jenes Rennen, bei dem Manfred Winkelhock und Stefan Bellof zum letzten Mal gemeinsam in der Formel 1 fuhren. Irgendwie will es scheinen, daß die Anfänge des neuen Eifelkurses unter keinem guten Stern standen: Ab 1986 bekam wieder Hockenheim den Zuschlag für

wäre seine Rennfahrerlaufbahn beinahe beendet gewesen: Bei einem schweren Autounfall in der Nähe seines Heimatorts Wörgl entging Gerhard Berger um Haaresbreite einem Genickbruch. Den ganzen Winter über mußte der 25jährige um seine Genesung bangen, ganz zu schweigen von seinen Formel-1-Plänen. Aber BMW respektive der damalige Rennleiter Dieter Stappert ließen Gerhard Berger nicht im Stich und verschafften ihm für 1985 den zweiten Platz bei Arrows neben Thierry Boutsen. Und wo blieb der deutsche Formel-1-Nachwuchs? Durch Manfred Winkelhocks Abgang und Stefan Bellofs durch die Sperre von Tyrrell bedingte Abwesenheit ging bei der Grand-Prix-Premiere des neuen, für 82 Millionen Mark erbauten Nürburgrings kein deutscher Rennfahrer an den Start. Das allein

Furioses Finale - Alain Prost.

lig: Alain Prost führte und Niki Lauda kurvte abgeschlagen auf dem neunten Rang hinterher! Wars das schon...? Natürlich nicht, der Sammler wurde für einmal zum Jäger: Lauda riskierte viel, mußte zügig überholen und befand sich nach 33 Runden auf dem dritten Platz. Doch Prost war weit entschwunden, führte deutlich vor Mansell, während der Brite 37 Runden vor Schluß 39 Sekunden vor Lauda lag. »He drove out his balls«, kommentierten englische Zeitgenossen die verzweifelten Anstrengungen des Österreichers, Mansell pro Runde mindestens eine Sekunde abzuknöpfen. Doch um die 50. Runde herum betrug Nigels Polster noch gut 30 Sekunden: Keine Chance mehr für Lauda, es sei denn...

Bei seiner Lotus-Abschiedsgala lassen Nigel Mansell die Bremsen im Stich: Der Engländer dreht sich deswegen zweimal und nimmt nach 52 Runden Kurs in Richtung Boxengasse - die WM ist entschieden, in der 53. von 70 Runden sieht Alain Prost auf der für ihn bestimmten Anzeigetafel erstmals das Kürzel »P 2 LAUD« und weiß, daß er wieder nicht Weltmeister wird. Niki Lauda stellt unmittelbar nach dem Rennen fest: »Dieser Titel bedeutet mir mehr als die anderen beiden. Ich habe es 1977 zutiefst genossen, nach meinem schweren Unfall erneut Weltmeister zu werden. Aber der heutige Erfolg war viel schwerer. Wenn Du einen Titel gegen einen wie Prost und noch dazu mit demselben Material gewinnst, dann hast Du kein einziges Rennen Zeit, um Dich auszuruhen.«

das Formel-1-Geschäft, nicht allein wegen der Nähe zum Frankfurter Flughafen, besserer Hotels oder benachbarter Universitätskliniken für den Ernstfall, sondern zuvörderst deshalb, weil die Hockenheimring GmbH sämtliche Werberechte entlang der Rennstrecke an Bernie Ecclestone abtrat.

Und dann gab es noch dieses WM-Finale am 21. Oktober 1984 im portugiesischen Estoril, auf einer Rennstrecke, die obendrein auch noch zum ersten Mal Schauplatz eines Formel-1-Grand-Prix war: Beim Stand von 66:62,5 mußte Alain Prost selbst bei einem Sieg darauf hoffen, daß Niki Lauda sich nicht besser als auf dem dritten Rang klassieren würde. Eine theo-retisch einfache Aufgabe für Lauda am Volant des zuletzt so überlegenen McLaren-TAG Porsche: Doch im Training ging für den Österreicher alles nur Denkbare schief, was blieb, war der elfte Startplatz, weit hinter Alain Prost, der hinter Pole-Man Nelson Piquet die zweitschnellste Zeit erzielt hatte. Im direkten Trainingsvergleich der beiden McLaren-Teamkollegen stand es damit 15:1 für Prost... Beim Start übernahmen Rosberg und Mansell die Führung, Prost jagte erst als Dritter vorbei, Lauda tauchte an elfter Stelle auf, während Piquet nur als Letzter vorbeirauschte. In der zweiten Runde schnappte Prost sich Mansell, im neunten von 70 Umläufen war Rosberg fäl-

Am Ziel

Erinnerung verklärt manches und Statistiken können durchaus in die Irre führen: 1985 gewann Alain Prost endlich seinen ersten WM-Titel, das weiß der Formel-1-Freund und vergißt darüber im Abstand der Jahre allzu leicht, daß Prost bis in den Spätsommer hinein bangen mußte, ob es wirklich zur Weltmeisterschaft reichen würde. Die Überlegenheit der McLaren-TAG-Porsche war nämlich gewaltig ins Wanken geraten: Bei 16 WM-Läufen siegte Alain Prost fünfmal, Niki Lauda stand gar nur einmal ganz oben auf dem Podium. Den WM-Pokal für Konstrukteure verteidigte McLaren äußerst knapp mit 90:82 gegen Ferrari. Während nach BMW nun auch Honda, Ferrari und Renault in den Trainingssitzungen mit besonders hochgezüchteten »Qualifying Engines« um die vordersten Startplätze kämpften, strebte man bei McLaren-TAG-Porsche lieber nach einer optimalen Rennabstimmung und verzichtete auf die Entwicklung solcher Treibsätze von über 1000 PS. Das überragende Fahrkönnen eines Alain Prost vermochte im Rennen den Nachteil eines Startplatzes in der zweiten oder dritten Reihe bald wieder wettzumachen. Eine erhebliche Umstellung brachte indes der Wechsel von Michelin- auf Goodyear-Rennreifen: Das französische Unternehmen hatte sich aus der Formel 1 zurückgezogen, dies war auch eine Reaktion auf die weltweite Absatzkrise der Automobilindustrie. Avon hatte die GP-Szene ebenfalls verlassen, so daß neben Goodyear nur noch Pirelli Formel-1-Gummi anbot: Bernie Ecclestone und Brabham-BMW kamen 1985 ins Geschäft mit den Italienern, was sich leider allein mit einem souveränen Sieg für Nelson Piquet beim französischen GP auszahlte. Umgekehrt machte

McLaren zunächst die unangenehme Erfahrung, daß die Goodyear-Reifen einem höheren Verschleiß ausgesetzt waren als der französische Gummi. Auf der Haben-Seite wog für McLaren jedoch viel schwerer, daß der TAG-Porsche-V6 der Turbo-Motor war, der mit dem Benzinlimit von 220 Litern noch immer am besten zurande kam. Positiv für Alain Prost wirkte sich zudem aus, daß Weltmeister Niki Lauda alle Probleme im McLaren-Team wie ein Magnet anzuziehen schien: Während Prost sich nur zwei Unfälle leistete und erst beim letzten WM-Lauf im australischen Adelaide ein einziges Mal mit defektem Triebwerk ausfiel, wurde Laudas McLaren-TAG-Porsche im Verlauf der Saison von drei Motorschäden, zwei Turboladerdefekten, zwei Brems- und zwei

Elektronikschäden heimgesucht. Ob Fahrlässigkeit oder Zufall, McLaren-Boß Ron Dennis schien mit vielen anderen Teammitgliedern der Überzeugung zu sein, daß nach Laudas glücklichem Vorjahreserfolg nun einfach Prost an der Reihe wäre, zu Titelehren zu gelangen. Möglicherweise hatte Dennis auch längst noch nicht abgehakt, daß Lauda im Spätsommer 1984, also geraume Zeit vor dem WM-Finale in Estoril, mit Renault verhandelt hatte. Die Kontaktgespräche zerschlugen sich, aber der bestens informierte Ron Dennis offerierte Niki Lauda nun einen Vertrag, der dem Österreicher nur noch die Hälfte des bisherigen Salärs beschert hätte, worauf Lauda sich den fehlenden Nachschlag von Marlboro holte. Das Turbo-Zeitalter der Formel 1 brachte mit der

Der erste französische Formel-1-Weltmeister an seinem Arbeitsplatz.

Beteiligung von renommierten Automobilkonzernen viel Geld in Bewegung: Eine Handvoll von Spitzenfahrern profitierte von Jahr zu Jahr mehr davon, denn die diffizile, teure Technik bedurfte für optimalen Einsatz auch hochqualifizierter Facharbeiter am Lenkrad, das übrigens bald aus Platzmangel in den engen Cockpitröhren einer Art von »Lenkgriff« weichen sollte. Zum Leidwesen der FOCA-Bosse kassierten die Herren Lauda, Prost, Piquet, Rosberg & Co. immer üppigeren Lohn. Als Nelson Piquet 1979 bei Brabham einstieg, verdiente er bei Bernie Ecclestone keine müde Mark. Ein Jahr darauf betrug Piquets Brabham-Salär 50 000 Dollar, im dritten Jahr, als der Brasilianer erstmals Weltmeister wurde, zahlte ihm sein Boß ein Fixum von 100 000 Dollar! In der Saison 1985 soll es Piquet bei Brabham auf ein Jahresgehalt von 1,5 Millionen Dollar gebracht haben. Bezahlt wurde das Honorar natürlich nicht vom cleveren Mr. Ecclestone, sondern von BMW, Pirelli und Olivetti. Anfang der 90er Jahre wird schließlich Ayrton Senna mit angeblich 24 Millionen Dollar für eine einzige Saison sämtliche Dimensionen sprengen: Bei den Millionen-Summen, die in der Hi-Tech-Formel-1 verpulvert werden, sind das »Peanuts« für die Extra-Sekunde, die ein Senna wert war - sagen die rennfahrenden Spitzenverdiener noch heute...

Wobei das Stichwort gefallen ist, denn 1985 gewann Ayrton Senna mit dem Lotus 97T-Renault am 21. April gleich den zweiten WM-Lauf in Estoril. Der erste GP-Sieg des damals 25jährigen Brasilianers war makellos und deutete bereits an, was von diesem Ausnahmerennfahrer noch zu erwarten sein würde: Pole Position, souveräner Start-Ziel-Sieg im Dauerregen, mit über einer Minute Vorsprung herausgefahren. Daß Senna 1985 nur noch ein weiteres Mal, fast fünf Monate später in Spa-Francorchamps gewann, war schlichtweg Pech und zumeist auf den übermäßigen Durst des Renault-V6 zurückzuführen. Zudem gab es noch Probleme mit den Displays im Cockpit, die über aktuellen Benzinverbrauch, Restmenge und tatsächliche Reichweite informieren sollten. Und sicher gab der aggressive Ayrton Senna, im Bestreben vorne wegzufahren, einfach mal auch etwas zuviel Gas. Lotus-Boß

Die letzte Sektdusche für Brabham-BMW - Nelson Piquet feiert am 7. Juli 1985 auf dem Circuit Paul Ricard den letzten Grand-Prix-Sieg mit der englisch-bayerischen Kombination. Keke Rosberg und Alain Prost werden auf den Rängen Zwei und Drei kalt abgeduscht.

Big Bosses und die Sorgen mit dem lieben Geld und den teuren Angestellten - Bernie Ecclestone und Ford-Motorsportchef Mike Kranefuss.

Peter Warr wollte dem brasilianischen Newcomer den Nummer-Eins-Status garantieren, aber Senna begnügte sich als neuer Kollege von de Angelis mit einer Joint-Number-One-Klausel: »Ich bin lieber mit Elio zusammen gleichberechtigte Nummer Eins. Auf diese Art und Weise wird er keine Angst vor mir haben und teilt umso eher Informationen mit mir aus, so daß ich dazulernen kann.« Natürlich gab es in dem Vertrag aber eine geheimgehaltene Abmachung, wonach Senna ab 1986 die alleinige Nummer Eins bei Lotus wäre. Typisch Ayrton, sein Egoismus und sein Ehrgeiz machten ihn stark, sorgten aber auch frühzeitig für Verstimmung bei der Konkurrenz. Der junge Senna war rücksichtslos, »a real little bastard«: In

Monte Carlo war der Brasilianer im Abschlußtraining Bestzeit gefahren, um die Pole Position auch ja nicht mehr zu verlieren, begab sich Ayrton Senna noch einmal zu »Reifentestzwecken« auf die Strecke und blockierte seine Kontrahenten. Der Formel-1-Zirkus förderte und forderte schon immer eigennützige Motive: Ayrton Senna war ein gelehriger Schüler und wurde rasch zum perfekten Meister. Zwei, drei Jahrzehnte zuvor wäre ein Rennfahrer von seinem Schlage undenkbar gewesen. Insofern war Ayrton auch ein Kind seiner Zeit, das perfekte Produkt unserer postmodernen Gegenwart, die uns immer noch glauben machen will, daß nur der Erfolg zählt und jeden Preis wert ist.

Elio de Angelis hielt sich bis Saisonmitte überaus tapfer: Weil Alain Prost in Imola wegen zwei Kilogramm Untergewicht seines McLaren-TAG-Porsche nach dem Rennen disqualifiziert wurde, kam der 27jährige Italiener zu einem GP-Sieg und übernahm sogar die Führung im WM-Klassement. In den folgenden vier WM-Läufen punktete de Angelis in schöner Regelmäßigkeit, ehe zwei Ausfälle und ein immer stärker dominierender Teamkollege mögliche Titel-Ambitionen auf Null schwinden ließen. Sein Landsmann Michele Alboreto durfte sich zu diesem Zeitpunkt durchaus berechtigte Hoffnungen auf die Weltmeisterschaft machen: In seiner zweiten Saison für den mittlerweile 87jährigen Enzo Ferrari bewies »Albo«, daß er mit dem richtigen Material unterm Hintern durchaus das Zeug zum Champion hatte. Dr. Harvey Postlethwaite hatte als technischer Direktor den kaltgestellten Mauro Forghieri abgelöst. Der von dem Engländer konzipierte Tipo 156/85 verfügte dank eines besonders flach bauenden Chassis über eine verbesserte Aerodynamik und einen wesentlich tiefer liegenden Schwerpunkt als das Vorgängermodell, was auch durch veränderte Positionierung des Ladedrucksystems erreicht wurde. Gleich nach dem Saisonauftakt in Brasilien hatte sich Ferrari von René Arnoux getrennt: Dem 36jährigen Franzosen waren seine ständigen Formschwankungen zum Verhängnis geworden. Dem tüchtigen Michele Alboreto wurde in Gestalt des lebenslustigen Schweden Stefan Johansson ein weitaus pro-

blemloserer Kompagnon zur Seite gestellt. Der 27jährige Blondschopf mit dem ansteckenden Lächeln wurde schon seit Jahren als Riesentalent gehandelt und ergatterte nicht zuletzt aufgrund dieses Rufs von Beginn seiner Rennfahrerkarriere in jeder Fahrzeugklasse einen Platz bei einem Top-Team. Aber die Formel 1 ist unerbittlich: Nach zwei sieglosen Jahren bei Ferrari wurde der Schwede zu McLaren weitergereicht, wo er neben Alain Prost vollends unterging und nach einer mageren Saison als Statthalter für den anno 1987 noch nicht für Ron Dennis verfügbaren Ayrton Senna wieder gehen durfte. Der damals 28jährige Michele Alboreto war da von einem ganz anderen Kaliber und übernahm nach seinem ersten Saisonsieg am 16. Juni 1985 in Montreal die Führung im WM-Klassement, die er fünf weitere Rennen lang ununterbrochen verteidigte. Als »Albo« am 4. August auf dem Nürburgring locker vor Alain Prost gewonnen hatte, stand es 46:41 für den Italiener gegen den Franzosen. Doch Ferrari verlor den kurzzeitigen Vorteil gegenüber McLaren: In einer beispiellosen Anstrengung, wie sie auch späterhin für das Team von Ron Dennis nachgerade typisch wurde, erarbeitete sich die deutsch-englische Formel-1-Kooperative wieder technische Vorteile. Während die Entwicklung bei Ferrari stagnierte, kitzelten Porsche und Bosch noch weitere PS heraus, ohne daß diese Maßnahmen den Benzindurst spürbar anwachsen ließen: Alain Prost gewann in Zeltweg, wurde danach in Zandvoort knapp von Niki Lauda geschlagen und siegte gleich darauf wieder in Monza, wo Michele Alboreto ausgerechnet bei seinem »Heimspiel« nie den Hauch einer Siegchance hatte und kurz vor Schluß seinen fünften Platz wegen eines Motorschadens einbüßte. Das war bei zwölf Punkten Vorsprung auf Alboreto die Vorentscheidung für Prost: Zwei Rennen später sicherte sich der 30jährige Franzose beim *Großen Preis von Europa* am 6. Oktober 1985 in Brands Hatch mit einem vierten Platz endlich seine erste Weltmeisterschaft!

Niki Lauda hatte zuvor wieder einmal einen ganz besonders starken Abgang zelebriert, als er am Wochenende seines Heim-GP in Zeltweg in Gegenwart des völlig unvorbereiteten Ron Dennis verkündete: »Elf Jahre in den

Cockpits der Formel 1 sind genug! Ich habe mich entschlossen, zum Jahresende auszusteigen und mich einer neuen Aufgabe zuzuwenden. Der Entschluß entspringt nicht dem Gefühl wie meine `Rücktritte' vom Mount Fuji 1976 und in Montreal 1979, sondern ist wohlüberlegt. Eine Rückkehr könnte ich mir diesmal nur im technischen und organisatorischen Bereich vorstellen.« Worauf Dennis auf derselben Pressekonferenz anhob, die Qualitäten seines McLaren-Designers John Barnard zu loben, dem Niki Lauda für die erfolgreiche Zusammenarbeit dankbar sein solle... Aber auch Ron Dennis ist eben ein Kind seiner Zeit und spielt eitel wie alle auf der Klaviatur, die ein 600köpfiger Journalistentroß bei jedem GP-Wochenende zur Verfügung stellt. Eine in großen Pressezentren kasernierte Hydra, gefüttert mit einem Wust von offiziellen Team-Statements und Zeitentabellen, allzeit bereit, jeden Furz zu wittern und via Laptop, Mikrofon oder Kamera in eigene Blähungen umzusetzen und sogleich in die Welt hinauszublasen.

Weil sich Niki Lauda am Freitag, dem 13. September 1985, beim morgendlichen Training zum *Großen Preis von Belgien* in Spa-Francorchamps bei einem Unfall das rechte Handgelenk verstaucht hatte, kam ein altgedienter Formel-1-Haudegen doch noch einmal zu seinem allerletzten GP-Einsatz: John Watson, mittlerweile 39 und durch den Wechsel von Alain Prost zu McLaren seit 1984 ohne Job in der Formel 1, durfte in Brands Hatch ein letztes Mal ausrücken und fuhr zum ersten und einzigen Mal in seiner GP-Karriere mit der so symbolträchtigen Startnummer 1. Der ehrenvolle siebte Platz des Nordiren ging unter, weil Alain Prost im selben Rennen ja vorzeitig Weltmeister wurde, vor allem jedoch weil ein Engländer in Brands Hatch gewann: Im 72. Anlauf gewann Nigel Mansell seinen ersten Formel-1-GP! Zwar kräftig unterstützt von seinem Williams-Honda-Teamkollegen Keke Rosberg, der nach einer unfreiwilligen Kollision und dem fälligen Boxenstop den Spitzenreiter Ayrton Senna ein wenig einbremste. Doch »Nige« und sein Williams-Honda waren auch ohne diese Hilfestellung überlegen genug, um Senna in der Folge deutlich zu distanzieren. Brands Hatch 1985, das war der Beginn der

Legende vom tapferen Ritter Nigel, dem Rächer der Enterbten, dem Helden der kleinen Leute, dem Mann, der auch mit angeknackstem Rückgrat, Schleudertrauma und Gehirnerschütterung im Cockpit Platz nahm, um für seine Fans zu fahren. Mansell, das war fortan die Story, wie es einer von ganz unten bis in die höchsten Höhen schafft, allein durch den festen Glauben an sein Können, komme was da kommen mag. Einer, der zum Superstar wird und »die da unten«, seine Fans nicht vergißt, der zum heimischen Grand Prix mit Wohnmobil, Gattin Rosanne samt Kind und Kegel anreist, nicht ins Steuerparadies Monaco umzieht wie alle anderen seiner Formel-1-Kollegen: Es wäre schön gewesen, wenn Colin Chapman, vielleicht der einzige außer Nigel Mansell selbst, der in dem rennfahrenden Ingenieur aus den Midlands einen kommenden Champion sah, das alles noch hätte erleben können.

Das Schönste an der Karriere von Nigel, dem Spätzünder, ist der Umstand, daß sie all jenen Trost und Hoffnung spendet, die in der Formel 1 unter Wert geschlagen worden sind: An jenem 6. Oktober 1985 in Brands Hatch fuhr der Schweizer Marc Surer in seinem 75. Grand Prix das Rennen seines Lebens. Mitten in der Saison hatte er von dem noch etwas überfor-

derten Franzosen François Hesnault den zweiten Platz bei Brabham-BMW übernommen. Für den bald 34jährigen Surer die große Chance, doch gegen Piquet hat der Eidgenosse einen schweren Stand, zumal der Brasilianer als Nummer 1 im Team stets über das bessere Material verfügt. Als es gegen Ende der Saison für Nelson ein neues Brabham-Monocoque gibt, darf Marc Surer auf das Ersatzfahrzeug des Brasilianers umsteigen. Damit kurvt der Schweizer in Brands Hatch kurz nach Halbdistanz hinter Nigel Mansell, aber vor Ayrton Senna auf dem zweiten Platz umher! In der 63. von 75 Runden endet die Sternstunde des Marc Surer mit einem Laderschaden... Beim Saisonfinale in Adelaide ist Surer erstmals im Training schneller als Piquet, aber ein Reifenschaden und ein abgesoffener Motor vereiteln die Chance auf einen Podiumsplatz. Marc Surer darf gehen: Nachdem Nelson Piquet für angeblich 3,3 Millionen Dollar zu Williams-Honda wechselt, weil es Keke Rosberg zu McLaren zieht, und daraufhin der standfeste Niki Lauda eine 7-Millionen-Dollar-Offerte von BMW und Ecclestone ablehnt, fahren in der Saison 1986 die beiden Italiener Elio de Angelis und Riccardo Patrese die beiden Brabham. Gordon Murray hat zuvor schon mit dem Bau eines revolutionären Rennwagens begon-

Bis ins Detail ein absoluter Perfektionist - Ayrton Senna im Lotus-Renault.

nen: Im Brabham BT 55 stecken 117 000 Arbeitsstunden und ein um 72° geneigter BMW-Turbo-Vierzylinder. Letztere Maßnahme ermöglicht erst den Bau des wohl niedrigsten Formel-1-Rennwagens aller Zeiten. Doch der gekippte Motor bringt Probleme mit der Ölversorgung, und die Brabham-Flunder wird als einer der größten Flops in die Geschichte der Formel 1 eingehen und Bernie Ecclestone bestärken, seinen Rennstall abzustoßen. Zumal am 15. Mai 1986 Elio de Angelis bei Testfahrten in Le Castellet mit dem BT 55 tödlich ver-

Michele Alboreto und die Scuderia Ferrari - seit den Zeiten des großen Alberto Ascari kam nie wieder ein italienischer Rennfahrer derart nah in Reichweite der Formel-1-WM.

unglückt. Bei hoher Geschwindigkeit ist der Heckflügel abgerissen, nach fürchterlichen Überschlägen bleibt der Brabham rücklings liegen und fängt Feuer. Weil zu wenig Streckenposten bei den Tests zugegen sind, vergeht zuviel Zeit, um den hilflos eingeklemmten Rennfahrer zu befreien. Elio de Angelis mußte jämmerlich ersticken. Der 28jährige Italiener blieb bis zu jenem GP-Wochenende 1994 in Imola der letzte Fahrer, der in einem Formel-1-Rennwagen ums Leben kam. Bis zu den tödlichen Unfällen von Roland Ratzenberger und Ayrton Senna schien es fast acht Jahre lang so, als wäre der Grand-Prix-Sport dank der robusten Kohlefaser-Monocoques endgültig eine überlebenssichere Angelegenheit geworden. Riskant schienen damals allenfalls Ausflüge von Formel-1-Rennfahrern in andere Motorsport-Disziplinen: Marc Surer fuhr 1986 neben dem Arrows-BMW auch Rallyes in einem werksunterstützten Ford RS 200. Beim Kampf um den Gesamtsieg bei der *Hessen-Rallye* rast Surer am 30. Mai 1986 während einer Sonderprüfung auf dem ehemaligen Schottenring von der Strecke. Der Ford geht sofort in Flammen auf, Beifahrer Michel Wyder kann sich nicht mehr aus dem Inferno befreien. Marc Surer überlebt mit schwersten Verbrennungen und zahllosen Brüchen. Der Schweizer hat das Quentchen Glück, das ein Jahr zuvor zwei seiner deutschen Rennfahrerfreunde nicht zuteil wurde...

Die Saison 1985 hatte deutschen Formel-1-Ambitionen zunächst nur positive Perspektiven geboten: Der mutige Erich Zakowski baute in Eigenregie einen GP-Rennwagen. Der Zakspeed 841 aus Niederzissen in der Eifel, in nächster Nähe des Nürburgrings entstanden, war die Verwirklichung eines langgehegten Traumes. Mit den Escorts und Capris hatte »Zak« jahrelange Erfahrung über den Bau und Einsatz von Turbo-Motoren gesammelt, so daß Motorenfachmann Norbert Kreyer nun einen Vierzylinder-Turbo für die Formel 1 baute und Designer Paul Brown ein Monocoque maßschneiderte. Dr. Jonathan Palmer wurde als Fahrer des Zakspeeds engagiert und schaffte es sogar, sich für den *Großen Preis von Monaco* zu qualifizieren, was Stefan Bellof und Manfred Winkelhock nicht gelungen war!

Der schnelle Brite erreichte mit vier Runden Rückstand einen achtbaren zehnten Platz in Monte Carlo. Der »Zak« holte zwar keine WM-Punkte, aber Team und Fahrer arbeiteten seriös und schienen damals durchaus Zukunft zu haben. 1985 war auch in anderen Motorsportdisziplinen ein gutes Jahr für deutsche Hoffnungen: Klaus Ludwig gewann auf einem privaten Joest-Porsche 956 wie im Vorjahr die *24 Stunden von LeMans*, während sich die Zuffenhausener Werkskonkurrenz in der Gruppe-C WM wieder einmal mit dem Gewinn des Markentitels schadlos halten konnte und Hans-Joachim Stuck - zusammen mit Derek Bell - den Endurance-Fahrertitel holte. Doch all diese Triumphe wurden von einem fürchterlichen Doppelschlag überschattet, als binnen drei Wochen Manfred Winkelhock und Stefan Bellof in ihren Porsche 962C des Kremer- beziehungsweise Brun-Teams tödlich verunglückten. Winkelhock war nach dem Abgang von ATS bei Ram-Racing vom Regen in die Traufe gekommen und hatte vom GP-Zirkus bald die Nase voll: »Die Formel 1 lohnt sich ohne gutes Auto einfach nicht. Außerdem ist sie viel zu gefährlich. Ich möchte nur noch Sport- und Tourenwagenrennen fahren«, bekennt der 32jährige Waiblinger. Trotz seiner Mißerfolge in der Formel 1 ist der Schwabe ein gefragter Fahrer, schnell, zuverlässig, umgänglich, ehrlich und beliebt bei jedermann. Nicht wenige erinnern sich an jenes Eifelrennen 1980 auf der Nürburgring-Nordschleife, als sich Winkelhocks Formel-2-Werks-March wegen eines verbogenen Frontspoilers bei Tempo 200 mit einem Satz in die Lüfte erhob und einen siebenfachen Salto schlug: Nein, wer so etwas vollkommen unverletzt überstand, dem sollte wirklich nichts mehr passieren können. Und dann kam doch die Nachricht von einem schweren Unfall im kanadischen Mosport, auf einer Strecke, die die Formel 1 schon vor Jahren wegen miserabler Sicherheitseinrichtungen aus ihrem Kalender gestrichen hatte. Tags darauf, am 12. August 1985, erlag Manfred Winkelhock den schweren Kopfverletzungen, die er sich bei dem Unfall bei Tempo 200 zugezogen hatte. Zurück blieben Ehefrau Martina und die beiden Kinder Markus und Marina.

Am 1. September 1985 zahlte Stefan Bellof

Wenn technische Revolutionen zum Desaster werden - für den ultraflachen Brabham BT 55, mit dem Elio de Angelis am 15. Mai 1986 in LeCastellet tödlich verun-glückte, wird Derek Warwick als neuer Fahrer verpflichtet.

1985 wird in vielerlei Hinsicht eine Saison voller Abschiede - nicht nur Renault wird kein eigenes Werksteam mehr einsetzen, auch Autodelta/Euroracing, die Formel-1-Depandance von Alfa Romeo, zieht sich aus dem Grand-Prix-Sport zurück. Die Mailänder haben nie auch nur annähernd an ihre große Vergangenheit zu Beginn der Formel-1-Geschichte anknüpfen können.

Gruppe-C-Porsche von Walter Brun etwas Geld verdienen. Im Training in Spa war Dr. Jonathan Palmer schwer verunglückt und hatte noch Glück, mit gebrochenem Knöchel und einer Gehirnerschütterung davonzukommen. Doch am Rennsonntag ist alles vergessen und Stefan Bellof wieder einmal der schnellste Mann im Feld. Leider hat der Werks-Porsche von Jacky Ickx wohl ein paar PS mehr als der Brun-Porsche und Bellof findet keinen Weg vorbei. Für einen winzigen Moment riskiert der Gießener einen Tick zuviel, rundenlang genervt und geärgert von Ickx, der nicht nachgibt. In der Senke von Eau Rouge rechnet Bellof nicht mit der Sturheit seines Gegners, unterschätzt, daß sich der Belgier auf seiner Hausstrecke nicht düpieren lassen will, überschätzt aber wohl auch sein eigenes, schier unbegrenzt scheinendes Fahrtalent: Ein grausiges Verhängnis, so wie es sich erstmals in der frühmittelalterlichen Schlagetot-Dichtung des *Hildebrand-Liedes* überliefert hat, wo Vater und Sohn im Krieg aufeinandertreffen und der Alte seinen Nachkommen, sein eigen Fleisch und Blut tötet und damit zugleich die eigene Zukunft auslöscht. Übertriebenes Pathos? Bei nüchterner Betrachtung sind an jenem 1. September 1985 in Spa nur zwei selbstvergessene

in Spa-Francorchamps den höchsten Preis für seine Rennleidenschaft und sein Temperament. In der Formel 1 hatte sein Tyrrell endlich einen Renault-Turbo-Motor erhalten, für die Saison 1986 gab es wohl ein Angebot von Ferrari. Doch zwischendurch mußte Bellof in dem

Die Formel 1 hatte Manfred Winkelhock innerlich schon längst abgehakt: Bei den Rennen zur Gruppe-C-Sportwagen-WM sah der Schwabe seine große Zukunft - und fand im kanadischen Mosport den Tod.

Abschied vom alten Ford-Triebwerk - nur Ken Tyrrell muß 1985 noch gezwungenermaßen den V8-Sauger einsetzen, ehe sein Rennstall zu Saisonmitte über Turbomotoren von Renault verfügen kann. Der grandiose Stefan Bellof holt zuvor mit dem alten Tyrrell-Cosworth noch vier WM-Punkte.

(Auf dem Weg zum Gipfel abgestürzt: Stefan Bellof - wer ihn Rennen fahren sah, wird ihn nie vergessen. Aber haben wir das leider nicht schon über soviele andere sagen müssen?

Vollidioten einander ins Gehege gekommen, die mußten ja nicht wie die Verrückten fahren, schon gar nicht der jüngere Deutsche, wo der ältere Belgier doch ohnehin bald die Porsche-Box angesteuert hätte. Aber das, was damals in Le Raidillon so abrupt und fürchterlich zuende ging, bleibt denen unauslöschlich in Erinnerung, die diesen Stefan Bellof rennfahren gesehen haben. Was dem 17jährigen Boris Becker im Sommer 1985 mit seinem ersten Wimbledon-Sieg für den Tennis-Sport in Deutschland gelang, hätte ein Stefan Bellof für die Formel 1 in Deutschland noch bewirken können. Aus und vorbei. Die Zeit heilt viele Wunden und spendet am Ende vielleicht auch eine Art von Trost: Fast auf den Tag genau sechs Jahre später, fährt ein junger deutscher Rennfahrer in Spa-Francorchamps sein allererstes Formel-1-Rennen. Und als eben dieser Michael Schumacher ein Jahr später an gleicher Stelle seinen ersten Grand Prix gewinnt, glänzen die Augen des ARD-Hörfunkreporters nach Ende der Live-Übertragung etwas wäßrig, was an jenem späten Sonntagnachmittag nicht allein am belgischen Landregen gelegen haben mag.

Entzaubert

Die tragische Ironie will es, daß sich nach dem Tod von Stefan Bellof ausgerechnet ein deutscher Nachwuchsrennfahrer den ersten Titel der neu eingeführten »Internationalen Formel 3000-Meisterschaft« holt: Der vielfach unterschätzte Christian Danner ist damit der erste Deutsche nach dem Zweiten Weltkrieg, der eine wirklich bedeutende Rennwagen-Serie für sich entscheidet! Mit »Brilli« im Ohr und Gratis-Aufkleber von Greenpeace auf dem Helm entspricht der adrette Sonnyboy und Ex-Student nicht unbedingt gängigen Rennfahrer-klischees. Aber der 27jährige Christian Danner schwingt sich 1985 zu Leistungen auf, die ihm nach vier sieglosen Jahren in der Formel 2 eigentlich niemand mehr zugetraut hätte. Vor dem Finalrennen in Donington darf Christian Danner sogar sein Debüt in der Formel 1 geben: Für den verletzten Jonathan Palmer startet der junge Deutsche im Zakspeed in Spa-Francorchamps, zwei Wochen nachdem dort Stefan Bellof ums Leben kam.

Die Weitsicht des Bernie Ecclestone hatte für die dank Turbo-Kraft ausgepowerten, aber nach wie vor in reichlicher Zahl vorhandenen Cosworth-Sauger eine neue Spielwiese gesucht und gefunden. Die Formel 2 mit ihren Zweili-ter-Triebwerken war zum Ende der Saison 1984 als »Zweite Bundesliga« des internationalen Motorsports gestrichen worden. An ihre Stelle trat ab 1985 die Formel 3000 mit den alten, nunmehr aber auf 9000 U/min drehzahl-begrenzten »Cossies«: Aber weder Christian Danner noch seine Nachfolger bei den Titeleh-ren der Formel 3000 - Ivan Capelli, Stefano Modena, Roberto Moreno, Jean Alesi, Erik Comas, Christian Fittipaldi, Luca Badoer und Olivier Panis - sorgten in der Formel 1 (noch?)

nicht für wirklich herausragende Erfolge, allem Talent zum Trotz. Als direktes Sprungbrett in die Grand Prix-Klasse reichte auch künftig die kleine, aber noch relativ preisgünstige Formel 3. Wer als Rennfahrer wirklich etwas taugt, der wird sich so oder so durchsetzen: Die Formel 1 ist mittlerweile viel zu selektiv geworden, als daß sich am Ende nicht doch stets die besten Talente behaupten würden, wenngleich die, zugegebenermaßen, immer noch erst im »richtigen« Auto sitzen müssen...

Die Formel-1-Saison 1986 räumte mit einigen Mutmaßungen auf, wer denn wirklich als absolut schnellstes Mitglied der Vollgaszunft zu gelten hat. Keke Rosberg hatte sich Ende 1985 diesen Ruf erkämpft: Im Williams-Honda demonstrierte der 37jährige Finne brillante Fahrkunst, die leider allzuoft durch Defekte gehemmt wurde. Frank Williams weiß bald, daß seine Nummer Eins zu McLaren wechseln wird. Keke will vor Ende seiner Formel-1-Kar-riere unbedingt für den Rennstall von Ron Dennis fahren und sich mit Alain Prost messen: »Ich dachte wirklich, ich wäre der schnellste Rennfahrer der Welt, bis ich im selben Team mit Alain Prost fuhr.« Prost wird 1986 mit 72 Punkten und vier Siegen zum zweiten Mal Weltmeister, Rosberg gewinnt keinen einzigen GP und landet mit 22 Zählern auf dem sechsten Rang der Fahrer-WM. Die direkten Trai-ningsduelle enden 12:4 für den Franzosen. Pikante Ironie: Ausgerechnet an jenem 26. Juli 1986, an dem Keke Rosberg vor Beginn des Abschlußtrainings in Hockenheim das Ende seiner Rennkarriere ankündigt, fährt er prompt seine erste und einzige Pole Position der Saison heraus! Ende des Jahres wird er 38, da sei er »jetzt in einem Alter, wo man sich über die

Zukunft Gedanken machen muß. Sonst ist es vielleicht zu spät.« Rosberg wird bis Saisonen-de mit dem McLaren immer vertrauter und schneller, doch an seiner Entscheidung, die viele für übereilt halten, ändert sich nichts. Keke ist maßlos frustriert über die Folgen des

Der erste Titelgewinner in der Formel 3000 schaffte wie soviele seiner Nachfolger in der Formel 1 nie den Durchbruch: Christian Danner mit dem Arrows-BMW, den er 1986 nach dem schlimmen Rallye-Unfall von Marc Surer übernahm.

noch einmal auf 195 Liter pro Grand Prix gesenkten Benzinlimits, das auch für in der Saison 1987 beibehalten wird: Die Formel 1-WM-Läufe degenerieren zu wahren Economy Runs, statt Vollgas zu geben, müssen die Grand-Prix-Stars stets auf ihr Display im Cockpit schielen, ob denn der Sprit noch reicht. Das auch mit Sicherheitsaspekten begründete Benzinlimit sollte die immens gestiegenen Geschwindigkeiten zumindest im Rennen senken, führte dabei jedoch zu absurden Situationen, wie bei jenem wieder nach Hockenheim zurückgekehrten *Großen Preis von Deutschland*, wo Rosberg und Prost dominierten, aber am Benzinverbrauch ihrer McLaren-TAG-Porsches scheiterten. Der Finne hatte 21 von insgesamt 44 Runden geführt, um dann mit Rücksicht auf die rascher als erwartet zur Neige gehenden Treibstoffreserven kampflos zurückzustecken und trotzdem in der letzten Runde mit leerem Tank in der Ostkurve auszurollen.

Alain Prost schaffte es zwar noch gut drei Kilometer weiter als sein Teamkollege, aber auf der Start- und Zielgerade war auch der zweite McLaren-TAG-Porsche verdurstet. Der Franzose versuchte gar noch reglementwidrig, den McLaren über die Ziellinie zu schieben. Sinnfälliger konnte Rosbergs tags zuvor geäußerte Kritik nicht bestätigt werden. Und die Zukunft verhieß noch keine Besserung: 1987 waren in der Formel-1-WM 3,5-Liter-Saugmotoren zugelassen, die den angeblich so teuren Turbo-Triebwerken endgültig den Garaus machen sollten, denn im Oktober 1986 kündigte die FISA an, ab 1988 das Benzinlimit für Turbo-Motoren auf 150 Liter abzusenken, per POP-OFF-Ventil würde man den Ladedruck zudem auf 2,5 bar beschränken. Das war nicht mehr Kastration, sondern Strangulation, zumal die FISA ab der Saison 1989 den Einsatz von Turbos in der Formel 1 verbot. Es war wie mit dem mutmaßlichen Grund für das Aussterben

der Dinosaurier: Dem Einschlag eines Meteoriten und den daraus resultierenden Klimaveränderungen gleich, dekretierte Jean-Marie Balestre, durchaus unterstützt von Bernie Ecclestone, das baldige Ende der leistungsstärksten Grand-Prix-Rennwagen aller Zeiten. Es war ein Jammer, aber bei Motoren mit weit über 1000 PS auch ein Schritt der Vernunft: Daß die unermüdliche Ingenieurkunst später aus den 3,5-Liter-Saugermotoren mit nicht geringerem finanziellen Aufwand 800 PS und mehr hervorzaubern würde, stand damals in den Sternen. Die Geschichte der Formel 1 ähnelt der Fabel vom Wettlauf zwischen Hase und Igel: Wenn die so allmächtigen Funktionäre glauben, sie hätten endlich die kratzborstigen kleinen Ingenieure mittels eines wasserdichten Regelwerks eingebremst, dann sind die wahren Köpfe der Formel 1 mit noch schnelleren Konstruktionen längst wieder über alle Berge und rufen »Ick bün allhier!« Nein, diesen Wettlauf gewinnt

Monte Carlo, 11. Mai 1986: Keke Rosberg wird im Grand Prix de Monaco hinter seinem McLaren-Stallgefährten Alain Prost Zweiter.

immer die listige Fraktion der Techniker, die die Illusion, einen Rennwagen langsamer und damit sicherer zu machen, stets aufs neue entzaubern wird...

Die Formel-1-Saison 1986 bescherte uns auch die Entzauberung des bis dato trotz eines Keke Rosberg, eines Ayrton Senna und eines Alain Prost insgeheim als schnellsten Rennfahrer der Welt gehandelten Nelson Piquet: Der Brasilianer galt mit dem neuen Williams-Honda FW11 als logischer Titelfavorit. Die neue Kreation von Patrick Head präsentierte sich trotz der beachtlichen Ausmaße von Motor und technischem Umfeld als außergewöhnlich elegant und kompakt. Zur Gemischaufbereitung des Honda-V6 hatten die Japaner eine computergesteuerte Einspritzanlage entwickelt, die trotz gestiegener Motorleistung den Treibstoffverbrauch reduzierte. Bei der optimalen Ausnutzung des beschränkten Treibstoffkontingents sollten die Honda-Ingenieure noch wahre Wunder vollbringen. Den speziellen Brennstoff braute Mobil Oil zusammen: Das Turbo-Zeitalter markierte den Beginn des Designer-Benzins, dessen Bestandteile, in erster Linie die Kohlenwasserstoffe Hexan, Oktan und Pentan, durch aufwendige Destillationsverfahren aus normalem Benzin getrennt und quasi einzeln, in unterschiedlich starker Konzentration wieder neugemischt und mit anderen Ingredienzen angereichert wurden, die für bessere Verbrennung sorgten und noch mehr Leistung freisetzen halfen. Diese zusätzlichen Power Booster, etwa Cuban oder Norbornadien, waren das eigentliche Geheimnis der Benzin-Brauer von Mobil, ELF, Shell, Agip, BP & Co. Und weil das Gebräu Ende der 80er Jahre immer stechender roch, begannen die Formel-1-Mechaniker den sündhaft teuren Spezialtreibstoff nur noch mit Gasmaske abzufüllen... Jackie Stewart kommentierte pfiffig: »Ich weiß nicht, was da drin ist, ich weiß nur, daß ein Liter zwischen 60 und 100 Dollar kostet.« Andere befürchteten Gefahr für Leib und Leben durch diese »Giftbrühe«: Mitten in der Saison 1992 sprach die FISA ein Machtwort und verordnete der Formel 1 nahezu tankstellenähnliches Benzin auf Grundlage von Kohlenwasserstoffen.

Das Williams-Team ging bestens vorbereitet in die neue Rennsaison, wenige Wochen vor dem ersten WM-Lauf in Brasilien war das letzte Testprogramm in Le Castellet erfolgreich beendet worden, als Frank Williams am 8. März 1986 auf der Fahrt zum Flughafen von Nizza mit einem Leihwagen verunglückte. Wochenlang kämpfte Frank Williams mit Hilfe der Intensivmedizin und all seiner Kraft und Zähigkeit um sein Leben, während Nelson Piquet gerade den ersten GP-Sieg der neuen Saison eingefahren hatte. Bei seinem Formel-1-Team ging also alles wie gewohnt weiter, vielleicht war dies die entscheidende Motivation für Frank Williams, um in seinem schwersten Kampf zu siegen und sein Schicksal zu meistern: Querschnittgelähmt im Rollstuhl begann für den Briten ein neuer Lebensabschnitt. Damals hätte niemand zu glauben gewagt, daß Frank Williams tatsächlich wieder sein Formel-1-Team würde weiterführen können. Sein Beispiel nötigt Respekt und Bewunderung.

Bewunderung ganz anderer Art nötigte einer seiner rennfahrenden Angestellten: Nigel Mansell begann in der Saison 1986 seinen teuren Teamkollegen Nelson Piquet allmählich in den Schatten zu stellen. Während Mansell in Brands Hatch nach einem unglaublichen Duell mit dem Brasilianer bereits seinen vierten Sieg feierte, begann der geschlagene Piquet zu stänkern. Er hätte als Nummer Eins unterschrieben, trotzdem würde ihm keine bevorzugte Behandlung bei Williams zuteil. Nelsons Lamento begleitete den Rest der Saison und hörte erst Ende 1987 mit Auslaufen seines Vertrages auf. Ein schnauzbärtiger Haudrauf am Lenkrad hatte dem feinsinnigen Fahrkünstler aus Brasilien die Grenzen gezeigt, nicht nur in Brands Hatch, sondern zuvor schon bei den meisten anderen Rennen. Nigel Mansell übernahm nach seinem Sieg in Brands Hatch mit 47 Punkten die Führung im WM-Zwischenklassement vor Prost mit 43, Senna mit 36 und Piquet mit 29 Zählern. 1986 schien Nigels Jahr zu werden, vollkommen unerwartet, aber ganz und gar nicht unberechtigt. In Jerez, beim zweiten Formel-1-GP des Jahres, hatte er sich in einem der spannendsten WM-Läufe aller Zeiten Ayrton Senna um 14 Tausendstelsekunden geschlagen geben müssen. Dieser grandiose Zweikampf deutete bereits an, daß der bald 32jährige Engländer bei der Vergabe des WM-Titels ein Wörtchen mitreden wollte.

Der britische Grand Prix des Jahres 1986, der Nigel Mansell zum ersten Mal die WM-Führung bescherte, beendete auf unschöne Art und Weise die Formel-1-Karriere von Jacques Laffite. Der 42jährige Franzose war nach zwei enttäuschenden Jahren mit Williams bei Ligier wieder zu Bestform aufgelaufen, was übrigens auch für seinen neuen Teamkollegen René Arnoux galt. Doch in Brands Hatch geriet der unglückliche »Jacquot« gleich beim Start unverschuldet in eine Massenkollision: Jacques Laffites 176. GP, mit dem er den Rekord des unvergessenen Graham Hill egalisierte, endete in einem Erdwall in Paddock Hill Bend mit fünffachem Beckenbruch, drei offenen Schienbeinbrüchen sowie schwersten Knieverletzungen. Laffite fuhr nie wieder in der Formel 1. Der damals fällige Neustart des Rennens ermöglichte Nigel Mansell pikanterweise, auf den Spare Car von Nelson Piquet zu wechseln und zu gewinnen: Sein eigener Williams-Honda war beim ersten Start mit Antriebsschaden ausgerollt...

Piquet witterte Intrigen, beklagte sich, daß Patrick Head Mansells Rennwagen betreute, sein eigener Williams-Honda jedoch nur unter der Obhut des Aerodynamik-Spezialisten Frank Dernie stünde: Der Brasilianer machte sich nicht unbedingt Freunde mit dieser Kritik, hatte indes das Glück und das Können, von den vier nächsten WM-Läufen gleich drei zu gewinnen, während Nigel Mansell nur zu zwei dritten Plätzen und einem zweiten Rang kam. Gewiß, Piquets Erfolge in Hockenheim, Budapest und Monza waren äußerst schmeichelhaft, doch nun war er wieder in der Position, um Titelansprüche anzumelden. Bei Motorenlieferant Honda mochte man insgeheim mit dem Kopf schütteln, da verfügte Williams 1986 über die wohl beste Kombination von Chassis und Motor und setzte doch so leichtfertig den Gewinn der Fahrerweltmeisterschaft aufs Spiel, indem man auf zwei Asse setzte, wo doch ein einziges die Konkurrenz hätte ausstechen können...

Ayrton Senna denkt da konsequenter, bei Lotus-Renault hat er sich verbeten, Derek Warwick als Teamkollegen zu bekommen: Peter

Das Treibstofflimit degradiert Formel-1-Rennfahrer zu Benzinsparern: Wessen Sprit-Anzeige nicht exakt funktioniert, wird zum Fußgänger - im günstigen Fall zum Anhalter. Nelson Piquet, gerade Sieger im Großen Preis von Deutschland, hat Erbarmen mit Keke Rosberg.

Warr & Co. wären restlos überfordert, bei dieser Konstellation zwei gute Rennwagen vorzubereiten. Warwick bekommt bei Lotus keinen Vertrag, stattdessen schreibt ihm Senna Weihnachten 1985 eine freundliche Grußkarte. Der unerfahrene Johnny Dumfries, ein leibhaftiger Earl, darf ein Jahr Nummer Zwei spielen, bis Honda nach Williams auch Lotus mit Motoren beliefert und dafür den Japaner Satoru Nakajima in das Team von Ayrton Senna plaziert. 1986 ist auch die letzte Saison des Lotus-Renault: Man liest Ayrton Senna trotzdem jeden Wunsch von den Augen ab, und der Brasilianer bedankt sich bei den Herren Warr, Ducarouge & Co. mit zwei Siegen und acht Pole Positions. Der Durst des französischen Triebwerks verhindert weitere Erfolge, doch mit guten Plazierungen hält Senna lange Zeit den Kampf um den WM-Titel offen. Wie weiß

doch Peter Warr die Fähigkeiten des kommenden Superstars einzuschätzen: »Ayrtons Feinfühligkeit erspart uns eigentlich die Telemetrie...« Was andere mittels unzähliger Sensoren per Datenübertragung in Bruchteilen von Sekunden am Computerbildschirm ablesen können, empfindet der wahre Meister mit dem instinktiven Gefühl seines Hintern. Nicht wenige halten Senna schon 1986 für den schnellsten Fahrer im GP-Zirkus. Ron Dennis hat längst ein feingewobenes Netz ausgeworfen, um Ayrton Senna an Bord zu ziehen. Der McLaren-Boß will immer nur das Beste, ein Alain Prost reicht ihm nicht...

Der 31jährige Franzose sieht seine Chancen auf eine erfolgreiche Titelverteidigung zusehends schwinden: Der im Grunde genommen über drei Jahre alte McLaren MP4, der 1986 die Zusatzbezeichnung `2C' trägt, erweist sich

dem neuen Williams-Honda als unterlegen. Gewiß, in Imola und Monte Carlo hat Alain in großem Stil zwei Siege eingefahren, wobei der erste der beiden Erfolge obendrein mit stotterndem Motor und leerem Tank zustande kam. Doch seit dem monegassischen Grand Prix fährt der Weltmeister nur noch um die Plätze: Nach dem Benzinmalheur von Hockenheim bleibt Prost beim ersten Formel-1-GP im Ostblock erstmals seit Brasilien ohne Punkte. 200 000 Zuschauer verfolgen das Rennen am Hungaroring beim Dorf Mogyorod, keine 20 Kilometer von Budapest entfernt: Der große Coup des Bernie Ecclestone sorgt weltweit für Schlagzeilen. Alain Prost kollidiert in seinem 100. Grand Prix mit seinem alten Rivalen René Arnoux, weil der dem »Professor« die Tür zu macht... Der Weltmeister trägt den Ausfall mit Fassung: Alain Prost hat längst begriffen, daß es im Leben wichtigere Dinge als die Formel 1 gibt. Sein älterer Bruder Daniel ist an Krebs erkrankt, das Leiden ist im Endstadium. Am Donnerstag vor dem *Großen Preis von Portugal* stirbt Daniel Prost.

Im Jahr Eins nach der Ära Lauda herrscht in Österreich schon wieder Hochstimmung: Gerhard Berger heißt das neue Idol, das am 17. August 1986 ausgerechnet beim Heim-GP in Zeltweg erstmals die Führung in einem Formel-1-WM-Lauf übernimmt! Doch die Batterie seines Benetton-BMW muß ausgetauscht werden, so daß am Ende aus dem greifbar nahen Sieg nur ein siebter Platz wird. In der Saison 1985 hieß Bergers neuer Rennstall noch Toleman und wurde von Turbo-Triebwerken aus der Motorenschmiede des britischen Ex-Rennfahrers Brian Hart angetrieben. Hauptsponsor Luciano Benetton, zuvor schon bei Tyrrell und Alfa Romeo Formel-1-Zahlmeister, entschloß sich damals, nicht zuletzt auf Anraten von Ber-

nie Ecclestone, den Toleman-Rennstall aufzukaufen. Ab der Saison 1986 hießen die Toleman also Benetton und firmierten in modisch-schickem Farbkostüm. BMW spendierte Turbomotoren und brachte damit auch Gerhard Berger ins Team. Designer Rory Byrne hatte ein wunderschönes, auch aerodynamisch Maßstäbe setzendes Chassis gezeichnet, das mit Pull-Rod-Aufhängung vorn und Push-Rod-Konfiguration hinten die achsgeometrischen Standards des modernen Formel-1-Rennwagens aufwies. Die kunterbunte Benetton-Truppe galt nicht nur dank Gerhard Berger als lockerstes Team im GP-Zirkus: Laute Rock-Musik aus dem Ghetto-Blaster und fröhliche Gelassenheit begleiteten die vergeblichen Bemühungen, den schnellen Rennwagen ausreichende Zuverlässigkeit beizubringen. Die Zeiten änderten sich erst Jahre später, als Teambesitzer Luciano Benetton einen ehrgeizigen Capo namens Flavio Briatore engagierte, der das Glück und das

Geschick hatte, einen jungen Rennfahrer namens Michael Schumacher zu verpflichten. Anno 1986 ging es bei Benetton in der Formel 1 gemütlicher zu. Und in Mexiko feierte Gerhard Berger dann doch noch den ersten GP-Sieg mit dem Benetton B186-BMW, wobei dem Tiroler zugute gekommen war, daß seine Pirellis die volle Distanz durchhielten, während die Konkurrenten ihre Goodyears wechseln mußten. Enzo Ferrari holte Gerhard Berger für die kommende Saison nach Maranello, um Michele Alboreto Dampf zu machen, denn 1986 war die Scuderia ohne GP-Sieg geblieben. Neben Berger sollte noch ein weiterer Österreicher hinzustoßen: Gustav Brunner durfte sich zum ersten Mal darum bemühen, einen Formel-1-Ferrari renntauglich zu machen. Im fernen England hatte McLarens einstiger Wundermann John Barnard mit üppiger Ferrari-Finanzierung sein neues, sinnigerweise GTO getauftes Designzentrum eröffnet

Als die McLaren-TAG-Porsche-Turbowelt noch in Ordnung war: Einen Tag nach der Ankündigung seines Rücktritts zum Saisonende steht Keke Rosberg vor seinem Teamkollegen Alain Prost auf der Pole Position. Dahinter Ayrton Senna im Lotus-Renault, Gerhard Berger im Benetton-BMW und Nelson Piquet im Williams-Honda.

Nelson Piquet wird bei Williams-Honda seinen Nimbus los, trotz Prost und Senna vielleicht doch der schnellste Formel-1-Rennfahrer der 80er Jahre zu sein.

Brands Hatch, 13. Juli 1986: Das Rennen des Jahres für Nigel Mansell und beim Heim-Grand-Prix sein vierter Saisonsieg! Nelson Piquet, die eigentliche Nummer Eins bei Williams-Honda, wird nur Zweiter.

und begann an Brunners Plänen einiges zu ändern, was der Österreicher bereits im Sommer 1987 mit seinem vorzeitigen Abgang quittierte.

Nigel Mansell hätte sich in Mexiko vorzeitig die Weltmeisterschaft sichern können, aber durch die üblen Auswirkungen von »Montezumas Rache« war der Brite physisch angeschlagen ins Rennen gegangen. Wie so oft in seiner Karriere spielten dann auch Nigels Nerven nicht mehr mit: Vom dritten Startplatz hinter Senna und Piquet rollte Mansell in Zeitlupe in diesen so entscheidungsträchtigen Grand Prix und tauchte nach der ersten Runde auf dem 18. Platz auf, das war's dann... Rang Fünf reichte am Ende nicht, doch selbst nach dieser Pleite besaß Nigel Mansell vor dem Finale am 26. Oktober 1986 im australischen Adelaide noch immer die größten Titelchancen. »Nige« führte mit 70 Punkten vor Titelverteidiger Alain Prost (64) und Nelson Piquet (63), womit dem Engländer der dritte Platz zum WM-Gewinn gereicht hätte.

Mansells labile Nerven scheinen sich rechtzeitig wieder beruhigt zu haben, vor Piquet, Senna und Prost fährt er souverän die Pole Position heraus. Im Rennen entscheidet sich Mansell für den sicheren Weg: Abwarten und Platz Drei anpeilen. Nach der ersten Runde

lautet die Reihenfolge Piquet - Senna - Rosberg - Mansell - Prost. Bald ist klar, daß Rosberg Druck auf Piquet ausübt, während Senna hinter Mansell und Prost zurückfällt. Rosberg übernimmt die Führung in der siebten von 82 Runden, dahinter folgen Piquet, Mansell und Prost. Der Franzose dreht mächtig auf, überholt Mansell in der 11. Runde und ist nach zwölf weiteren Runden auch an Piquet vorbei, weil der mit blockierenden Bremsen einen phänomenalen Dreher produziert hat. Ehe der Williams des Brasilianers wieder ins Rollen kommt, ist auch Mansell vorbeigezogen. Rosberg führt, 14 Sekunden dahinter folgt Prost, rund vier Sekunden später Mansell, während Piquet auf seinen Williams-Teamkollegen schon fünf Sekunden fehlen. Es ist bei Keke Rosbergs letztem Formel-1-Rennen ausgemachte Sache, daß er seinem Stallgefährten Alain Prost im Titelkampf helfen wird: Doch selbst wenn der Finne Prost in Führung winken würde, wäre Mansell mit dem dritten Rang Weltmeister. In der 32. Runde scheint Prost die WM-Chance endgültig eingebüßt zu haben: Beim Überrunden touchiert der Franzose den Benetton von Berger und muß zum Reifenwechsel an die Box! Der Stop dauert rund 17 Sekunden und wirft Alain Prost aussichtslos auf den vierten Rang zurück, rund 20 Sekunden hinter Mansell und Piquet. Sowohl Williams als auch McLaren wollen ohne Reifenwechsel durchfahren. Prost hat nichts mehr zu verlieren, zumal ihm sein Display anzeigt, ohnehin schon zuviel Treibstoff verbraucht zu haben: »An so einem Tag durfte ich einfach nicht zurückstecken. Ich dachte, wenn ich dieses Rennen nicht gewinne, dann gewinne ich auch nicht die Weltmeisterschaft. Und deshalb habe ich weiter Druck gemacht.« Bis zur 60. Runde hat Prost wieder zum Williams-Duo aufgeschlossen, da überschlagen sich die Ereignisse:

*Die meisten For-
mel-1-Rennfahrer
freuen sich mehr
oder minder aus-
gelassen über ihre
Grand-Prix-Siege,
aber nur ein Nigel
Mansell zelebrier-
te seine Triumphe
wahrhaft
theatralisch.*

Nelson Piquet hat es noch geschafft, wie geplant die Box anzusteuern: Nach 8,38 Sekunden rollt sein Williams-Honda auf neuen Pneus wieder ins Rennen zurück, als Piquet wieder bei Start und Ziel auftaucht, liegt er gut 15 Sekunden hinter Prost auf dem zweiten Platz. Noch 16 Runden bleiben ihm, um den Rückstand wettzumachen, Prost zu überholen und damit Weltmeister zu werden. Bis auf 4,2 Sekunden kommt Nelson an Alain Prost heran, dann beendet die Zielflagge den Rennkrimi von Adelaide: Der »Professor« ist Sieger und Weltmeister, auch wenn der Bord-Computer seines McLaren schon zehn Runden vor Rennende »Tank leer!« signalisiert. Seit Jack Brabham im Jahre 1960 ist Alain Prost der erste Rennfahrer, dem es wieder gelingt seinen WM-Titel zu verteidigen. In der Williams-Box stammelt ein den Tränen naher Nigel Mansell immer wieder »I can't believe it.« Noch Jahre später wird er sagen: »It took me a long time, a very long time, to get over it.«

In der 63. von 82 Runden stellt Rosberg den führenden McLaren ab. Keke hat ein verdächtiges Geräusch gehört, der Wagen fühlt sich merkwürdig an, erst als der Finne aussteigt, entdeckt er, daß sich der hintere rechte Reifen in seine Bestandteile aufgelöst hat. Die Goodyear-Techniker schlagen Alarm: Die beiden Williams müssen aus Sicherheitsgründen sofort zum Reifenwechsel beordert werden! Der neue Spitzenreiter Piquet und der hinter Prost inzwischen wieder drittplazierte Mansell sind bereits in der nächsten, der 64. Runde. Und ehe Nigel Mansell die rettende Box erreicht, explodiert bei etwa 300 km/h der linke Hinterreifen seines Williams-Honda. Mansell vollbringt ein kleines Wunder, mit seinem völlig außer Kontrolle geratenen Renngeschoß nirgendwo anzuschlagen und sich in den Notausgang am Ende der langen Geraden zu retten.

*Die Entdeckung des Jahres:
Gerhard Berger
im Benetton-BMW*

274

Erfolgreiche Titelverteidigung - Alain Prost gelingt im McLaren TAG-Porsche 1986 ein Kunststück, das zuletzt anno 1960 Jack Brabham geglückt war.

Harakiri

Was bedeutete der Gewinn der Formel-1-Konstrukteurswertung, wenn die Fahrerweltmeisterschaft buchstäblich auf der Zielgeraden doch noch verloren ging? Das teaminterne Duell bei Williams zwischen Mansell und Piquet erschien nicht nur Honda-Rennleiter Yoshitoshi Sakurai als mißratene europäische Abart klassischen Harakiris. Und im Gegensatz zum klassischen japanischen Ritual, das nun mal mit der Selbstentleibung endet, ging es im selben Stil der Selbstzerfleischung auch 1987 bei Williams weiter, schließlich standen sowohl Piquet als auch Mansell nach wie vor unter Vertrag und mißachteten jedwede Form von kollegialer Zusammenarbeit. Honda zog die Konsequenzen und plante für Williams die Scheidung auf Raten. Obendrein plazierten die Japaner ihre V6-Turbopakete bei Team Lotus, um auf auf diese Weise an Ayrton Senna zu kommen und obendrein den 34jährigen Satoru Nakajima in den zweiten Lotus zu hieven. Der englische Rennstall hatte 1987 die Zigarettenmarke gewechselt: Statt John-Player-Schwarz trugen die Lotus-Honda 99T Camel-Gelb. Neu war auch die aktive Radaufhängung, die Ayrton Senna zur Weltmeisterschaft hätte verhelfen sollen. Zahlreiche Sensoren hielten den Bordcomputer stets über den Fahrzeugabstand zur Straßenoberfläche und andere Parameter auf dem laufenden, so daß der Rechner gedankenschnell die Ist-Werte mit dem erwünschten Idealabstand verglich und entsprechende Abweichungen sofort durch hydraulisches Heben oder Senken des Fahrwerks in Richtung des programmierten Soll-Wertes veränderte. Wenn alles funktioniert hätte, wäre der Lotus 1987 das Nonplusultra gewesen: Aber selbst ein Ayrton Senna schaffte mit dem revolutionären

Rennwagen nur zwei Siege, in Monte Carlo und Detroit. Zum einen war diese erste Active Suspension der GP-Geschichte noch nicht ausgereift genug, um überall Vorteile zu besitzen, zum anderen hatte der Lotus-Honda auf High-Speed-Kursen leichte aerodynamische Nachteile gegenüber dem Williams-Honda. Mit fleißigem Punktesammeln gelang es Senna aber, die Titelvergabe zwischen sich, Prost, Mansell und Piquet lange offen zu halten, ehe der *Große Preis von Italien* die Wende zuungunsten des Lotus-Fahrers brachte: Acht Runden vor Schluß büßte Senna seine sichere Führung ein, als er in der Parabolica ausrutschte, weil Ghinzani im Ligier nicht die Ideallinie räumen wollte. Nelson Piquet profitiert von Ayrtons Fehltritt und rettet sich mit 1,806 Sekunden Vorsprung ins Ziel. Eine Genugtuung für den älteren der beiden brasilianischen Spitzenrennfahrer, die einander herzlich wenig leiden können: Piquet soll angeblich die frühe Heirat und prompte Scheidung seines Rivalen mit Kommentaren gewürzt haben, die Senna Homosexualität unterstellten... Nach Monza ist im Titelkampf eine gewisse Vorentscheidung gefallen: Piquet führt mit 63 Punkten klar vor Senna mit 49, Mansell mit 43 und Prost mit 31 Zählern. Während der Franzose sich über den drohenden Titelverlust mit dem Sieg im *Großen Preis von Portugal* tröstet, Prosts 28. GP-Erfolg, mit dem er die alte Rekordmarke der 27 GP-Siege Jackie Stewarts übertrifft, reagiert Ayrton Senna überaus impulsiv: In Mexiko dreht er seinen Lotus-Honda von der Piste, will von den Streckenposten unerlaubterweise wieder angeschoben werden, was die prompt verweigern, worauf Senna ausrastet und einen der Herren mit einem Faustschlag traktiert, was

damals eine Geldbuße von 15 000 Dollar wert ist...

Das Zeitalter der Formel-1-Primadonnen, die sich stets im Recht befanden, bestens bezahlt wurden und von großen eingeschworenen Fangemeinden mehr oder minder kultisch verehrt wurden, war auch ein Produkt des Mediengewerbes. Je komplizierter die Technik, um so wichtiger wurde als Identifikationsfigur der Fahrer. Immer winzigere On-Board-Kameras verfolgten die Heroen mittlerweile selbst ins Cockpit hinein, der Fernsehzuschauer wuchs in die Rolle des Formel-1-Voyeurs, zumal die unzerstörbar scheinenden Helden selbst nach schlimmsten Unfällen putzmunter aus ihren Wracks krabbelten. Bisweilen langten die sensiblen Stars auch abseits der Rennstrecken zu: Beim belgischen GP am 17. Mai 1987 in Spa waren die beiden Spitzenreiter Senna und Mansell aneinandergeraten und in den Sand gekreiselt. »Nige« klärte später die Schuldfrage, indem er die Lotus-Box heimsuchte und mit den bloßen Fäusten auf Senna losging... Auch auf diese Art sorgte die Formel 1 für Schlagzeilen, dem untereinander nicht gerade wohlgesonnenen Spitzenquartett Prost/Piquet/Senna/Mansell sei Dank! Zum Leidwesen von Bernie Ecclestone & Co. trieben die genannten Herren in den nächsten Jahren gemeinsam die Honorare hoch. Gerhard Berger stieß bald ebenfalls in diesen inneren Zirkel vor, ansonsten kam der GP-Nachwuchs gar nicht nach oben, zumal die großen, erfolgsverwöhnten Rennställe lieber auf bewährtes Fahrerpotential setzten. Thierry Boutsen und Alessandro Nannini gelang es, sich gegen die Superstars mitunter in Szene zu setzen. Auch Riccardo Patrese, mittlerweile der dienst-

Monte Carlo, 31. Mai 1987:
Ayrton Senna gewinnt seinen ersten
Grand Prix de Monaco, mit fünf
weiteren Siegen auf dem Stadtkurs
wird der Brasilianer sogar den Rekord
von Graham Hill übertreffen. Mit dem
Lotus-Honda 99T siegt erstmals auch
ein Formel-1-Rennwagen mit aktiver
Radaufhängung. Und noch ein Detail
am Rande: In Sennas Cockpit blickt
eine frühe Variante der FOCA-on-
board-camera.

älteste Formel-1-Rennfahrer, wußte seine Erfahrung ab und an gewinnbringend einzusetzen. Unterm Strich waren es damit sieben Fahrer, die sechseinhalb Jahre lang, vom 23. März 1986 bis zum 30. August 1992, alle GP-Siege unter sich ausmachten. Diese Dominanz des

Nelson Piquet gewinnt 1987 bei Williams-Honda seinen dritten WM-Titel. Aber bis es soweit ist, hat der Brasilianer noch lange mit den Folgen seines schweren Trainingsunfalls in Imola zu kämpfen.

Formel-1-Establishments störte erst ein 23jähriger Deutscher namens Michael Schumacher mit seinem Sieg im Großen Preis von Belgien, ehe innerhalb von anderthalb Jahren der GP-Zirkus auf außergewöhnliche und unvorhersehbare Art und Weise seine größten Zugpferde verlor. Ohne einen Alain Prost und einen Ayrton Senna, ohne Nigel Mansell und Nelson Piquet war die Show nicht mehr dieselbe. Das verhängnisvolle Rennwochende von Imola setzte 1994 einer Epoche das fatale Ende.

Am 1. Mai 1987 war Nelson Piquet beim Freitagstraining in Imola um Haaresbreite jenem Schicksal entronnen, das seinen Landsmann und Rivalen Ayrton Senna und den Österreicher Roland Ratzenberger sieben Jahre später fast genau an derselben Stelle ereilen sollte: Im Streckenabschnitt »Villeneuve«, der irrsinnig schnellen Rechtsbiegung in Richtung Tosa-Kurve, war Piquets Williams-Honda möglicherweise durch einen Reifendefekt außer Kontrolle geraten und mit etwa 300 km/h zweimal gegen die Beton-Begrenzungsmauern geknallt. Der Brasilianer verlor sofort das Bewußtsein, erwachte nach drei Minuten, konnte sich an nichts mehr erinnern und wurde zur Beobachtung in das Bellaria Hospital nach Bologna gebracht, wo man eine

Gehirnerschütterung sowie schwere Prellungen des linken Fußknöchels und des rechten Knies diagnostizierte. Die Ärzte erteilten Nelson Piquet Startverbot. Fast den gesamten Sommer 1987 hindurch belasteten die Folgen dieses Hochgeschwindigkeitsunfalls Piquets Physis und Psyche: Der bald 35jährige Brasilianer gewann in der ersten Saisonhälfte kein einziges Rennen, während es sein Teamkollege Nigel Mansell in dieser Zeit bereits auf drei GP-Siege gebracht hatte. Vielleicht war es ausgleichende Gerechtigkeit nach dem Horrorunfall von Imola, daß Piquet mit viel Glück beim neunten WM-Lauf des Jahres in Hockenheim seinen ersten Saisonsieg feiern konnte und damit sogar die Spitze im WM-Klassement übernahm. Auch am Hungaroring gewann der Brasilianer, wurde Zweiter in Zeltweg und hatte sich mit seinem Sieg in Monza dann ein aus-

Zehn Jahre nach Niki Lauda wieder ein Österreicher bei Ferrari - Gerhard Berger

McLaren, wo Ron Dennis mit viel Verhand-
lungsgeschick und noch mehr Geld für 1988
das Fahrerduo Prost/Senna zusammenspannte.
Der designierte Weltmeister Piquet wurde von
Honda im Tausch mit Senna zu Lotus transfe-
riert. Aber noch war Nelson bei Williams und
keineswegs schon Champion, denn mit Siegen
in Spanien und Mexiko hielt Mansell den Titelkampf vor den beiden letzten WM-Läufen in
Japan und Australien noch offen. 73:61 stand
es nach Punkten für Piquet, als die Rivalen
nach Suzuka kamen, einer fahrerisch äußerst
anspruchsvollen Strecke, die erstmals Schauplatz eines Formel-1-Grand-Prix war. Der
Zweikampf entschied sich bereits beim ersten
Qualifikationstraining, als Mansell auf der Jagd
nach Piquets Bestzeit einen Hauch zuviel riskierte und mit etwa 225 km/h seitwärts in
einen Reifenstapel knallte. Nigel zog sich

reichendes Punktepolster gesichert, um den
Schlußspurt seines Teamrivalen Nigel Mansell
unbeschadet überstehen zu können. Als positiv
erwies sich dabei auch die Experimentierfreu-
de, die den Brasilianer schon bei Brabham aus-
gezeichnet hatte: Wenn sein Team eine technische Neuigkeit entwickelt hatte, war der stets
um den eigenen Vorteil bedachte Nelson
selbstredend der Erste, der sich dieser neuen
Teile bediente. Vor Monza testete Piquet den
ersten Williams mit aktiver Radaufhängung in
Imola und gewann damit prompt den italienischen GP, während Mansell auf Nummer
Sicher ging, in einem Williams-Honda mit nor-
maler Radaufhängung ausrückte und am Ende
Dritter wurde. Piquets Standpunkt blieb unver-
rückbar: »Ich bin nicht zu Williams gegangen,
um mich dort mit einem anderen Fahrer desselben Teams zu messen. Ich hatte einen Vertrag als Fahrer Nummer Eins und die Leute bei

Williams haben alles verdorben und durchein-
andergebracht. Von der technischen Seite her
sind sie das beste Team, mit dem ich zusam-
mengearbeitet habe. Aber ich bin nicht zu
ihnen gegangen, um meine Erfahrung dafür
einzusetzen, um Rennwagen für einen Teamkollegen abzustimmen, der es mir dadurch
dann schwierig macht, Rennen zu gewinnen.«
   Nigel Mansell sah das etwas anders und protestierte nach dem Rennen in Monza, Honda
habe seinen Motor falsch eingestellt und überhaupt sei er von den Japanern mit schwächeren Triebwerken ausgestattet worden als sein
Rivale Nelson Piquet. Bei Honda mußte man
sich bestätigt fühlen, sich trotz der nahen Titelehren zum Saisonende von Williams zu verabschieden. Letzter Auslöser war der Umstand,
daß Frank Williams ablehnte, Satoru Nakajima
1988 in sein Formel-1-Team aufzunehmen.
Honda wechselte mit fliegenden Fahnen zu

schwere Prellungen zu, die seinen Start verhinderten. Nelson Piquet war damit kampflos Weltmeister, schied aber ausgerechnet in der Heimat von Honda mit Motorschaden aus, während Gerhard Berger im Ferrari vor dem Lotus-Honda von Ayrton Senna gewann. Allzu spät erntete die Scuderia Erfolge, aber gerade noch rechtzeitig, um Designer John Barnard aus der Schußlinie der Kritik zu befördern. Gerhard Berger und Michele Alboreto feierten beim Saisonfinale am 15. November 1987 in Adelaide gar noch einen grandiosen Doppelsieg, wobei der Österreicher vom Start bis ins Ziel führte! Das sah vielversprechend für die kommende Saison 1988 aus, wenn da nicht die FISA per Reglement den Turbos endgültig den Dampf abgedreht hätte: Von 4 bar Ladedruck und 195 Liter Benzin auf ein Limit von 2,5 bar und 150 Liter, das machte dem Ferrari-V6-Turbo den Garaus, da halfen weder Fortschritte auf dem Fahrwerkssektor noch eisgekühlter Sprit, das probate Mittel jener Jahre, um durch höhere Dichte ein paar Liter Treibstoff mehr in den Tank zu bekommen.

1987 durften zum ersten Mal 3,5-Liter-Saugmotoren in der Formel 1 verwendet werden: Gegen etwa 960 Honda-PS hatten die fünf mit 580 PS-starken Ford-V8-Cosworth DFZ ausgestatteten Teams von AGS, Coloni, Larrousse-Lola, March und Tyrrell gleichwohl keine Chance. Um diese Teams trotzdem schon 1987 zur aussichtslosen Teilnahme zu ködern, hatte die FIA 1987 zusätzlich zwei Sonderwertungen ausgeschrieben: Die *Jim-Clark-Trophy* für den punktbesten Rennfahrer in einem Wagen mit Saugmotor und die *Colin-Chapman-Trophy* entsprechend für das beste Team mit Saugmotoren. Die Fahrerwertung gewann Dr. Jonathan Palmer vor seinem Teamkollegen Philippe Streiff, womit die beiden Tyrrell-Fahrer ihrem Rennstall auch die Markenwertung sicherten. Dem Sparwillen des ab 1989 nur noch 3,5-Liter-Saugmotoren vorbehaltenen Formel-1-Reglements waren auch die Qualifyers zum Opfer gefallen. Pro WM-Lauf standen für jedes Formel-1-Fahrzeug nur zehn Rennreifensätze zur Verfügung, Regenpneus nicht miteinberechnet. Nach dem Rückzug von Pirelli

war Goodyear wieder zum Monopolisten im Grand-Prix-Sport geworden, was die Entwicklungs- und Fertigungskosten für das »schwarze Gold« der Formel 1 wieder einigermaßen überschaubar machte, ehe 1989 die Italiener noch einmal zurückkehrten und für die Trainingssitzungen jeweils wieder zwei Sätze Qualifyers pro Rennwagen benutzt werden durften. Mit dem erneuten Ausstieg von Pirelli Ende 1991 wurde das Kapitel »Qualifikationsreifen« dann per Verbot zu den Akten gelegt. Schlauchlose Gürtelreifen in Radialbauweise waren Standard geworden, die ehedem übliche Vielfalt an Laufflächenmischungen schrumpfte: Für trockenes Wetter gab es bald ebenso nur noch eine einzige Mischung wie für Regen. Die Dimensionen der »Rennwalzen« beliefen sich 1987 vorn auf 30,5 cm und hinten auf stolze 45,72 cm Breite, bei einem Reifendurchmesser von 63,5 und 66,04 cm. Mit Beginn der Saison 1993 wurde die maximale Reifenbreite vorn auf 29, hinten auf 38 cm reduziert, je Rennwagen durften dann auch nur noch acht, später gar nur sieben Reifensätze pro GP-Wochenende verwendet werden. Wobei Goodyear bald wieder mit verschieden weichen A-, B-, C- und D-Mischungen auftauchte, auch um dem taktischen Kalkül von Boxenstops gerecht zu werden. Bei 1,2 bis 1,3 bar Luftdruck reicht für eine volle Renndistanz von etwas über 300 km eine profillose Gummilauf

Die FIA wagt bereits 1987 einen Vorgriff auf das künftige, zwei Jahre später gültige Reglement: Um das mager gewordene Turbo-Feld aufzufüllen, dürfen ab sofort Saugmotoren mit 3,5-Liter-Hubraum verwendet werden. Doch die Saugerklasse innerhalb der Formel 1 bleibt vorerst nur Lückenfüller. Ein extremes Beispiel liefert die AGS-Truppe aus dem französischen Gonfaron: Pascal Fabre ziert mit dem gestreiften Monstrum meist die letzte Startreihe. In Hockenheim fehlen dem Franzosen rund 12,3 Sekunden auf die Trainingsbestzeit von Nigel Mansell. Immerhin: Up-to-date sind die Heizdecken, die schon vor dem Start die Reifen auf Temperatur bringen.

Ein traditionsreicher Name auf dem Weg in Richtung Abgrund: Brabham balanciert noch ein paar Jahre am Rande des Ruins, ehe der hochverschuldete Rennstall endgültig dicht gemacht werden muß. Die letzten WM-Punkte gibt es 1991 mit dem V12-Yamaha, hier gefahren von Mark Blundell.

fläche mit einer Stärke von nur 4,5 bis 6 Millimetern, immer vorausgesetzt, der Fahrer geht schonend genug mit den Pneus um, was schon zu Turbozeiten mit 1000 PS auf der Hinterachse ein nur theoretisches Unterfangen war: Reifenwechsel rechneten sich, erst recht, als 1994 im Sinne größerer Spannung fürs Publikum sogar wieder Tankstops erlaubt wurden.

Teams mit Vierzylinder-Turbos waren 1987 dem Verzweifeln nahe, denn bei maximal zulässigen 4 bar Ladedruck besaß die höherdrehende V6-Konkurrenz eindeutige Leistungsvorteile. Für 1988 war bei 2,5 bar Maximum dann endgültig Ende der Fahnenstange: BMW wollte deshalb in weiser Voraussicht bereits 1987 aus dem GP-Zirkus aussteigen. Die alten Treibsätze hatte man an den Arrows-Hauptsponsor USF&G veräußert, der sie unter dem Namen »Megatron« einsetzte und 1987 gegen bares Geld auch Ligier zur Verfügung stellte. Teurer zu stehen kam den Bayern freilich der Vertrag mit Brabham, der BMW zwang, den immer erfolgloseren Rennstall von Bernie Ecclestone bis Ende der Saison 1987 noch mit Werksmotoren zu alimentieren. Der FOCA-Präsident bemühte sich längst um einen Käufer für seinen einst so renommierten Rennstall, fand jedoch vorerst keinen und ließ das Brabham-Team in der Saison 1988 pausieren. Die »Motor Racing Developments Limited«, ging zunächst an Alfa Romeo. Sodann erschien Walter Brun, der schweizer Rennfahrer, Renn-

stallbesitzer und Automatenaufsteller, der für seinen Landsmann, den Finanzmakler Joachim Lüthi, Strohmann spielte. Für die Geschäfte von Herrn Lüthi interessierte sich bald auch die Justiz: Ende August 1989, mitten in der Formel-1-Saison, landete der Finanzjongleur und Rennstallbesitzer in Untersuchungshaft. Die japanische »Middlebridge«-Gruppe übernahm Brabham, ließ sogar mit David Brabham einen Sohn von »Black Jack« fahren, aber selbst dies konnte den freien Fall in Richtung Pleite nicht verhindern: Nach 399 Starts bei Formel-1-WM-Läufen, nach 35 GP-Siegen und vier Fahrerweltmeisterschaften waren 1992 nur noch der Name und 20 Millionen Pfund Schulden geblieben. Sir Jack Brabham, der seit über zwei Jahrzehnten nichts mehr mit dem Brabham-Formel 1-Rennstall zu tun hatte, kommentierte: »Ich bin froh, daß dieser Schandfleck weg ist und nicht mehr meinen Namen und meinen Ruf schädigen kann.« Das triste Ende des Brabham-Rennstalls scheint symptomatisch für die gegenwärtige Formel-1-Szenerie: Der Zirkus ist immer teurer geworden und ruiniert viele Teams. AGS, Andrea Moda, Euro-Brun, Coloni, Dallara, Life Racing, Onyx respektive Monteverdi, Osella/Fondmetal, March alias Leyton House und Modena-Lamborghini wurden Opfer von drückenden Schulden, Rezession und Selbstüberschätzung. Und selbst der Traditionsrennstall Lotus brach 1994 zusammen. Immer neue technische Finessen, wie aktive

Radaufhängungen, automatische Getriebe und Traktionskontrollen verschlangen immer mehr Geld: 1992 soll McLaren rund 180 Millionen Mark an Sponsorgeldern erlöst haben, bei angeblichen Aufwendungen von 100 Millionen Mark für die Teilnahme an der kompletten GP-Saison! Dabei brauchte das Team von Ron Dennis nicht einmal die Honda-V12-Motoren zu bezahlen: Die Japaner sollen im letzten Jahr ihrer Partnerschaft mit McLaren rund 200 Millionen Mark für den Motorservice aufgewendet haben. Das Formel-1-Fußvolk in Gestalt des bankrotten March-Teams mag in derselben Rennsaison 1992 über einen Etat von höchstens 10 Millionen Mark verfügt haben, etwa die Hälfte der Summe wurde benötigt, um die Ilmor-Triebwerke vom schweizer Ingenieur Mario Illien zu leasen und von Rennen zu Rennen wieder revidieren zu lassen. Gewöhnlich gut informierten Kreisen zufolge mußten die March-Fahrer Karl Wendlinger und Paul Belmondo damals 3 beziehungsweise 3,8 Millionen Mark zahlen, um mit über zwei Jahre alten Chassis eine Rolle in der Formel-1-Statisterie zu spielen, während Ayrton Sennas Fahrkünste bei McLaren damals mit angeblich 24 Millionen Dollar Jahresgage fürstlich honoriert wurden. Peter Sauber verfügte bei seinem Einstieg in die Formel 1 über rund 100 Mitarbeiter, bei McLaren und Williams sind zur selben Zeit weit über 200 Personen beschäftigt gewesen. Klotzen, nicht kleckern, heißt das Motto im Oberhaus des GP-Sports. Und solange nur eine Handvoll auserlesener Spitzenteams die erste Geige spielen kann und dementsprechend über eine Vielzahl potenter Sponsoren verfügt, solange wird die Kluft zwischen denen da oben und jenen ganz unten keineswegs kleiner werden. Gérard Larrousse, seit 1987 mit einem eigenen Rennstall in der Formel 1 vertreten, rechnete zu Beginn der Saison 1993 vor: »Was ich meinen Sponsoren für ihr Geld verkaufe, lohnt sich für sie nicht mehr. Wir brauchen 20 Millionen Dollar pro Jahr, aber mehr als 10 Millionen finde ich nicht.« Kurz zuvor war sein vermeintlicher Hauptsponsor, Klaus Walz alias Rainer Walldorf, von Interpol wegen vierfachen Mordes zur Fahndung ausgeschrieben worden und hatte sich nach einer Schießerei mit einem Polizeikommando schließlich selbst

Die Reichen werden immer reicher, die Armen verschwinden - Roberto Moreno und sein Coloni-Ford wieder einmal in der Vorqualifikation am frühen Freitagmorgen gescheitert.

Finanznot, das tägliche Brot der Hinterbänkler - Erik Comas im Larrousse-Lamborghini, Imola 1993. Um überhaupt noch über die Runden zu kommen, muß Teamchef Gérard Larrousse die Cockpits bald von Rennen zu Rennen an unerfahrene, aber geldbringende Piloten verhökern.

gerichtet... Irrlichternde Gestalten fühlten sich vom glamourösen Formel-1-Zirkus schon immer magisch angezogen. Nur hatten diese beneidenswerten Enthusiasten früher tatsächlich eigenes Geld in ihr eitles, kostspieliges Grand-Prix-Hobby gesteckt, während nun die Zeit windiger Versprechungen und hochstaplerischer Tricks gekommen schien. Es mußte nicht unbedingt ein Mörder als Sponsor sein, es genügte schon ein risikofreudiger Finanzjongleur, um ein paar Millionen und einen Formel-1-Rennstall in den Sand zu setzen. Der Belgier Jean-Pierre van Rossem, groß und

schwergewichtig, mit schulterlang wucherndem Haarschopf und krautigem Vollbart, war solch ein exotischer Kauz, der sich zur Werbung für »Moneytron«, sein wundersames System zur Geldvermehrung, einen eigenen Formel-1-Rennstall namens »Onyx« hielt und schließlich wegen Verdachts auf millionenschweren Finanzbetrug hinter schwedische Gardinen mußte...

Das Ende der Formel-1-Aktivitäten eines Günter Schmid und eines Erich Zakowski blieb von derartigen Skandalen verschont, was wohl auch das beste Kompliment sein mag, das man

den beiden deutschen GP-Teams im Nachhinein machen kann. Zakowski bedauerte in Sachen Formel 1, »daß ich damit nicht schon früher angefangen habe.« Seine Vierzylinder-Turbos traf das verschärfte Benzin- und Ladedrucklimit ganz besonders hart: 1987 vermochten Martin Brundle und Christian Danner ansehnliche Resultate herauszufahren, der Brite kam mit dem Zak 871 in Imola sogar zum ersten und leider auch zum einzigen Mal zu WM-Punkten für das begeisterungsfähige Team aus Niederzissen. Doch mit knapp 60 Mitarbeitern agiert die Formel-1-Truppe aus der Eifel

am unteren Level: 1988 treten Piercarlo Ghinzani und der GP-Neuling Bernd Schneider im Grunde mit hoffnungslos veraltetem Material an. Bei 16 WM-Läufen schafft der 24jährige Saarländer nur sechsmal die Qualifikation, zweimal weniger als dies seinem italienischen Teamkollegen gelingt. Bernd Schneider, 1987 in überzeugender Manier deutscher Formel-3-Meister geworden, vermag angesichts der technischen Nöte seines Teams kaum Erfahrungen zu sammeln. Unbeabsichtigt wird ihm das Vertrauen, das ihm Zakspeed mit seiner Verpflichtung entgegengebracht hat, zum Verhängnis: Schneider ruiniert in der Formel 1 beizeiten seinen Ruf. Der zwölfte Platz im Regen-GP am Hockenheimring bleibt 1988 das beste Resultat

des jungen Mannes aus St. Ingbert und 1989 wird alles noch viel schlimmer. Zakowski erliegt den Verlockungen eines kostengünstigen Arrangements: Formel-1-Einsteiger Yamaha liefert einen neuen 3,5-Liter V8-Motor und Zakspeed spielt ein Jahr lang Versuchskaninchen. Bernd Schneider und Aguri Suzuki scheitern in unschöner Regelmäßigkeit bereits in der Vorqualifikation am frühen Freitagmorgen. Diese Hürde hat man eingezogen, um 20 Rennställe und 39 Rennfahrer für das eigentliche Zeittraining auf nurmehr 30 Teilnehmer vorzusortieren, wobei 26 Plätze ohnehin schon fest vergeben sind. Daß Schneider sich unter diesen Bedingungen zweimal für einen GP qualifiziert, ist aller Ehre wert, rettet sein Team

Ein neues Farbdesign knüpft 1991 in Ermangelung eines großen Sponsors mit etwas »British Racing-Green« an die guten alten Zeiten an: Doch mit Lotus geht es von Saison zu Saison weiter bergab, selbst hochtalentierte Fahrer wie Mika Häkkinen und der auf dem Transporter stilisiert dargestellte Johnny Herbert sind kein Wechsel auf die Zukunft. Nach dem Konkurs im September 1994 scheitern die wohl letzten Hoffnungen auf ein Überleben, als der neue Rennstallbesitzer David Hunt schließlich am 17. Januar 1995 nach über 36 Jahren und 79 Grand-Prix-Siegen den Rückzug von Lotus aus der Formel-1-WM verkündet. Nur noch der traditionsreiche Name wird beim »Pacific-Lotus«-Team aufleben.

Magere Ausbeute - Formel-1-Neuling Bernd Schneider und das Zakspeed-Team in der Saison 1988.

Irgendwo tief drin im RIAL ARC 2 steckt der Wurm. Teambesitzer Günter Schmid (stehend) sucht die Schuld gern bei den Fahrern: 1989 muß vor Christian Danner zuerst der Formel-1-Neuling Volker Weidler gehen, der hier bei den Vortests in Hockenheim noch das Fahrzeug seines Münchener Team-kollegen ausprobiert.

Würden Sie diesen drei Herren einen Werksrenn-wagen anvertrauen? Mercedes-Benz bejaht Ende 1989 die Frage - und Karl Wendlinger, Heinz-Harald Frentzen und Michael Schumacher werden das Vertrauen zu danken wissen.

jedoch nicht vor dem Aus, weil Hauptsponsor und Motorenlieferant mit Saisonende das Weite suchen. Auch der zweite deutsche Formel-1-Rennstall macht Ende 1989 dicht: Günter Schmid hatte seine Anteile an der ATS-Felgenfabrik verkauft und konzentrierte sich auf seine andere Leichtmetallräderproduktionslinie RIAL. Angeblich acht Millionen Mark ließ sich Schmid den Spaß kosten, 1988 wieder in der Formel 1 dabei zu sein. Gustav Brunner konstruierte den ersten RIAL, ein elegant-schlankes Gefährt, mit dem der erfahrene Andrea de Cesaris des öfteren die etablierte Konkurrenz aufmischte und in Detroit sogar auf dem vierten Platz landete. Brunner wechselte für 1989 sinnigerweise zu Zakspeed, während bei RIAL eine unerfahrene Designer-Crew das alte Modell »behutsam weiterentwickelte«. Mit dem Resultat, daß Christian Danner bei 13 Versuchen den RIAL nur viermal für einen WM-Lauf zu qualifizieren vermochte und der 27jährige GP-Neuling Volker Weidler bei allen zehn Versuchen scheiterte, die er bis zu seiner Trennung von dem pfälzer Rennstall absolvieren durfte. Auch die Ersatzleute Pierre-Henri Raphanel, Bertrand Gachot und Gregor Foitek vermochten den blauen Rennwagen nicht zu qualifizieren, wobei der zuletzt genannte Schweizer Glück hatte, seinen ersten und einzigen Einsatz für RIAL unverletzt zu überleben, als während einer Trainingsrunde der Heckflügel abbrach... In den miserabel verarbeiteten Kohlefaser-Monocoques steckte der Wurm drin: Eine Fremdfirma hatte beim Zusammenbacken der Chassis' gepfuscht, das Material hatte Wasser gezogen und erwies sich als nicht ausreichend verwindungssteif. Die Erkenntnis kam zu spät: Günter Schmid zog sein RIAL-Team Ende 1989 zurück, Christian Danner und Volker Weidler bekamen keine Chance mehr in der Formel 1. Schon zuvor war Joachim Winkelhock freiwillig aus seinem Vertrag mit dem französischen AGS-Rennstall ausgestiegen: Siebenmal war der jüngere Bruder des unvergessenen Manfred Winkelhock in der Vorqualifikation gescheitert, dann zog der 28jährige »Jockel« die Konsequenzen und verzichtete darauf, seine Sponsorgelder zu verplempern. AGS litt allerdings auch unter dem Schicksal von Philippe Streiff: Der 33jährige Franzose war bei AGS-Testfahrten in Rio unmittelbar vor dem WM-Auftakt verunglückt und hatte sich eine Querschnittlähmung zugezogen, was nicht wenige auf eine miserable medizinische Erstversorgung am Unfallort zurückführten...

Mit der Formel 1 sah es Ende 1989 in Deutschland also mehr als bescheiden aus. Doch in Untertürkheim hatte Jochen Neerpasch Pläne auf den Weg gebracht, die langfristig Zinsen tragen sollten: Der neue Motorsport-Chef von Mercedes-Benz peilte nach dem Gewinn der Gruppe-C-WM und der *24 Stunden von LeMans* durch den Rennstall von Peter Sauber die Rückkehr in den GP-Sport an. In der Saison 1990 sollte ein Junioren-Team mit Sauber-Mercedes in der Gruppe C Erfahrung sammeln. Wenn in zwei, drei Jahren die Silberpfeile wieder in die Formel 1 zurückkehren würden, dann wäre es wichtig, auch über deutschsprachige Spitzenrennfahrer zu verfügen, doch dafür mußten beizeiten die Weichen gestellt werden. Am Ende der Saison 1989 fiel die Wahl von Mercedes-Benz und Jochen Neerpasch zielsicher auf die drei Erstplazierten der Deutschen Formel-3-Meisterschaft: Auf den Titelträger Karl Wendlinger aus dem österreichischen Kufstein, auf den Vize-Meister Heinz-Harald Frentzen aus Mönchengladbach und auf den dritten jungen Mann, den 20jährigen Kraftfahrzeugmechaniker Michael Schumacher aus Kerpen-Manheim.

Giganten

In ferner Zukunft, wenn wir längst verblichen und vergessen sind und sich noch immer jemand für dieses merkwürdige Spektakel Formel 1 interessieren sollte, das es dann womöglich gar nicht mehr gibt, weil man es auf dem Altar der Vernunft, der Umwelt und anderer schöner Prinzipien geopfert hat, dann wird dieser jemand sehr wahrscheinlich voller Sehnsucht bedauern, daß er damals nicht dabei war, als diese beiden grandiosen Verrückten, diese Genies der Rennstrecke und der Intrige, gegeneinander fuhren. Und ein anderer wird diese Epoche des GP-Sports vielleicht als »Die Prost-Senna-Kriege« titulieren. Wir Zeitgenossen, die diese vier, fünf Jahre in der Formel 1 mitverfolgen durften, wissen wohl erst seit jenem verhängnisvollen Wochenende von Imola 1994, daß es in dem halben Jahrhundert Formel-1-Geschichte keine vergleichbar lange Phase gab, während der so beharrlich zwei Rennfahrer Jahr um Jahr um Titelehren kämpften: Prost gegen Senna, Senna gegen Prost - das war das Herzstück der Formel 1. Senna brauchte Prost, um zu zeigen, wer schnellster Rennfahrer der Welt ist. Prost bedurfte Senna, um zu demonstrieren, daß auch ein einmaliges Fahrgenie bezwungen werden kann. Einer war dem anderen immer irgendwie im Weg, in Suzuka haben es die beiden Giganten 1989 und 1990 dann auch wie in einem klassischen Western mit einem Shoot-Out beendet und es tatsächlich krachen lassen... Vielleicht mag es ein Trost sein, daß die Rivalen Senna und Prost just während des fatalen Wochenendes in Imola zu einer versöhnlichen Geste gefunden haben, in dem kurzen Moment, als Senna während einer Runde im Warm-Up den fürs Fernsehen kommentierenden Prost per Direkt-schaltung aus dem Cockpit grüßte: »Hallo, mein Freund, ich vermisse Dich...«

Die Formel-1-Saison 1988 bescherte erstmals ein Duell der beiden Giganten unter annähernd gleichen und obendrein konkurrenzlos günstigen Voraussetzungen. Bei McLaren International bot das neue MP4/4-Chassis von Gordon Murray und Steve Nichols eine exzellente Basis, der Organisationsgrad des Teams war unerreicht und der auf 2,5 bar Ladedruck und einen Höchstverbrauch von 150 Liter auf 320 Kilometer Renndistanz beschnittene Honda-V6-Turbo blieb mit über 680 PS jedweder Konkurrenz haushoch überlegen. Auf dem Papier besaßen die Sauger eindeutige Vorteile gegen die auf sechs Teams und elf Rennwagen geschrumpfte Turbo-Fraktion, doch der Honda-V6-Turbo deklassierte alle. Das PGM-F-1-Benzin-Management-Systems steuerte die Verbrennungsprozesse derart effizient, daß der Honda-Motor sogar weniger Treibstoff verbrauchte als die 3,5-Liter Sauger! Selbst das Handikap, das Formel-1-Rennwagen mit Turbomotor 540 kg Mindestgewicht aufbürdete, den Saugern jedoch ein Limit von 500 kg gestattete, vermochte die Überlegenheit der McLaren-Honda nicht zu gefährden. Im Gegensatz dazu kam Lotus mit dem japanischen Turbo-V6 auf keinen grünen Zweig: Weltmeister Nelson Piquet reichte es nur zu einigen dritten Plätzen, Honda verzichtete auf weitere Zusammenarbeit mit der glücklosen Lotus Truppe. Frank Dernie, der von Williams gekommene Aerodynamik-Spezialist, entdeckte früh das nicht mehr zu korrigierende Manko des Lotus T100: Die Cockpit und Heckflügel anströmende Luft wurde unzureichend verwirbelt. Bei den Strömungstests in einem angemieteten Windkanal war geschludert worden, der zuvor so gepriesene Gérard Ducarouge mußte seinen Hut nehmen. Last but not least resultierte die Überlegenheit der McLaren-Honda natürlich auch aus der 1988 kaum zu schlagenden Fahrerkombination Alain Prost und Ayrton Senna, die 15 von 16 Formel-1-WM-Läufen gewannen. Ausgerechnet in Monza kam Ferrari mit Gerhard Berger und Michele Alboreto zu einem eher schmeichelhaften Doppelsieg: Prost war mit Motorschaden auf der Strecke geblieben, im zwölften GP des Jahres der erste Ausfall eines McLaren-Honda wegen eines technischen Defekts! Senna machte einen Fehler, indem er den GP-Neuling Jean-Louis Schlesser falsch einschätzte, sich auf ein riskantes Überrundungsmanöver einließ und prompt mit dem Williams- Judd des Franzosen kollidierte. So kam einen Monat nach dem Tod von Enzo Ferrari der einzige Saisonsieg der Scuderia zustande. 90 Jahre ist der große Ferrari geworden: Rennwagen blieben bis zum Ende sein Lebensinhalt und Lebenselixier. Am 14. August 1988 war der überlebensgroße Patriarch gestorben. 80 Jahre zuvor hatte der Knabe Enzo erstmals ein Autorennen gesehen und wollte von Stund an Rennfahrer werden. Doch hinter dem Lenkrad war Enzo Ferrari nur Mittelmaß, erst als Organisator, Rennleiter und Unternehmer wurde er zum Genius mit eiserner Hand. Ob er die Maschinen mehr geliebt hat als die Menschen? »Ferrari kostet Dich zwei Jahre Deines Lebens«, resümierte Michele Alboreto Ende 1988, als seine Tage bei der Scuderia Ferrari gezählt waren.

1988 gewann Ayrton Senna seinen ersten WM-Titel, aber noch war das brasilianische

Am Ende der Turbo-Ära das absolute Siegerfahrzeug schlechthin - der McLaren-Honda MP 4/4 für die Formel-1-Saison 1988.

Fahrgenie fehlbar: Dem Ausrutscher in Monza war ein noch größerer Fauxpas in Monte Carlo vorausgegangen. Senna war im Abschlußtraining die vielleicht perfekteste Runde seines

Lebens gelungen, die drei Sekunden schneller war als die Bestzeit seines schärfsten Konkurrenten Alain Prost! Der Franzose vermochte noch anderthalb Sekunden wettzumachen, aber die Vorstellung von Senna blieb trotzdem schockierend. Natürlich diktierte der Brasilianer auch nach Belieben den Rennverlauf, führte mit über 50 Sekunden Vorsprung vor Prost und landete gleichwohl zwölf Runden vor Rennende in der Virage du Portier in den Leitplanken, keine 200 Meter von seiner damaligen Wohnung entfernt: »Durch die noch monatelang sichtbaren Spuren meines Crashs an der Leitplanke wurde ich immer wieder an meinen Fehler erinnert. Das gab mir jedesmal einen Stich ins Herz«, bekannte Ayrton Senna.

Nach dem *Großen Preis von Frankreich* stand es nach Siegen 4:3 für Prost, im WM-Klassement führte der Franzose mit 54:39. Senna antwortete mit zwei fulminanten Siegen bei den beiden verregneten WM-Läufen in Silverstone und Hockenheim. Gegen den brasilianischen »Regenkönig« bot Prost vor allem beim britischen GP eine äußerst bescheidene Vorstellung, als er bis auf den 16. Platz zurückfiel und nach dem ersten Renndrittel freiwillig aufgab. Senna siegte auch am Hungaroring, wo er und Prost nach einer Attacke des Franzosen beinahe von der Strecke geflogen wären. In Spa feiert der Brasilianer seinen vierten GP-Sieg in Folge, während Alain Prost sich mit zu flach eingestellten Flügeln total verkalkuliert, was auch Ayrton Senna bestätigt: »Als ich merkte, was Alain macht, dachte ich, ich sehe nicht richtig. Ich hätte ihm gleich sagen können, daß er mit dieser Abstimmung völlig danebenliegt.« Hat er aber dann lieber doch nicht...

Vor dem ominösen 13. WM-Lauf in Estoril liegen bei Senna und Prost die Nerven blank, denn der Franzose beklagt sich in der heimischen Presse, er habe von Honda in den letzten Rennen schwächere Motoren als Senna bekommen. Der Vorwurf ist ein Sakrileg und sorgt für Riesenaufregung bei Ron Dennis und Honda Projektleiter Osamu Goto: Alain Prost erklärt sodann, er sei völlig falsch zitiert worden. Am Rennsonntag kommt es beinahe zur Katastrophe, als ausgangs der ersten Runde Alain Prost auf der rechten Seite der Start- und

Monte Carlo, 15. Mai 1988: Ayrton Senna ist der Konkurrenz turmhoch überlegen und scheitert an einem eigenen Fahrfehler.

Zielgeraden zum Überholen ansetzt und Ayrton Senna seinen McLaren ebenfalls nach rechts zieht und den Franzosen fast in die Mauer vor den Boxen drängt. Prost überholt wenig später trotzdem und gewinnt, während der Formel 1-Starter und Sicherheitsbeauftragte der FISA, Roland Bruynseraede, Senna mit ernsthaften Konsequenzen droht. Selbst Bernie Ecclestone gerät in Rage: »Senna müßte mit einer Buße von 50 000 Dollar belegt werden!« Prost gewinnt auch in Jerez, führt mit 84:79 Zählern, aber nach Siegen steht es 7:6 für Senna: Weil nur die besten elf Resultate aus 16 Rennen gewertet werden, kann sich der Brasilianer beim vorletzten WM-Lauf im japanischen Suzuka mit einem Sieg vorzeitig den Titel sichern! Prost hat schon zwölf Resultate, nur

Immer auf einer gemeinsamen Linie? Ron Dennis, Alain Prost und Honda-Projektleiter Osamu Goto.

erste und zweite Plätze, sechs Punkte für einen seiner zweiten Ränge hat der Franzose bereits streichen müssen, nur im Falle eines Sieges kann er noch WM-Zähler gutmachen... FISA-Präsident Jean-Marie Balestre gießt vor dem Duell in Suzuka noch zusätzliches Öl ins Feuer, indem er einen offenen Brief an Honda richtet und darin anmahnt, die Formel-1-WM nicht durch technische Manipulationen zu beeinflussen! Ayrton Senna will im japanischen GP die passende Antwort geben, doch beim Start zum bis dato wichtigsten Rennen seiner Formel-1-Karriere würgt er den McLaren-Honda ab: Prost und zwölf weitere Fahrer zie-

hen vorbei, ehe Senna in Fahrt kommt und nach einer furiosen Aufholjagd das Rennen und auch die WM gewinnt: »Es ist vorbei. Es war eine lange Saison für mich und ich glaube auch für Alain. Es gab zwischen uns erstaunliche Zweikämpfe, es lag ein gewaltiger Druck auf uns beiden, eine Belastung, die wir immer wieder zu verringern suchten, damit das Ganze für uns beide nicht zu schmerzhaft wurde. Aber das war im Grunde nicht möglich. Es war sehr hart und ich kann immer noch nicht glauben, daß es jetzt vorbei ist.« Alain Prost gewinnt am 13. November 1988 den nun bedeutungslosen GP von Australien, das letzte Formel-1-Rennen, in dem Turbos starten. Ohne Streichresultate wäre der Franzose damit auf 105 Punkte gekommen, Senna auf 94...

Die Rennsaison 1989 brachte zwar stärkere Konkurrenz für McLaren-Honda, doch der MP 4/5 mit dem neuen 3,5-Liter-V10-Saugmotor erwies sich dank Senna und Prost als erfolgreichste Kombination. Der 10-Zylinder schien schon damals der bessere Kompromiß zwischen harmonischer Leistungsentfaltung, Treibstoffverbrauch und schierer PS-Zahl. Auch Renault setzte auf einen V10 und begann eine überaus erfolgversprechende Zusammenarbeit mit Williams, die mit zwei Siegen von Thierry Boutsen belohnt wurden. Doch erst mit der Rückkehr von Nigel Mansell ab der Saison 1991 wurde die britisch-französische Kombination schlagkräftig genug, um die vermeint-

lich unbesiegbaren McLaren-Honda ernsthaft herauszufordern. Für 1989 hatte sich der 35jährige Mansell auf die Herausforderung Ferrari eingelassen: John Barnard präsentierte den F1-89-V12 mit markanter »Entenschnabel«-Front und revolutionärem, halbautomatischen Siebengang-Getriebe. Geschaltet wurde im neuen Ferrari über einen am Lenkrad befestigten Kipphebel, das Kupplungspedal benötigten Mansell und Berger nur noch beim Start, um den ersten Gang einzulegen. Beim GP von Monaco mit über 4000 Gangwechseln hätte das halbautomatische Getriebe theoretisch einen Zeitvorteil von 20 Sekunden erbracht, weil das neue Wunderwerk präziser und schneller schaltete als der beste Rennfahrer der Welt. Auch wenn Ferrari mit der stromfressenden Halbautomatik zahlreiche Lichtmaschinendefekte zu verzeichnen hatte, setzte sich die Neuheit durch und trug mit anderen innovativen Feinheiten aus der Hexenküche der Formel-1-Ingenieure dazu bei, daß sich einige ganz verwegene Kandidaten bereits mit der Technik des »Linksbremsens« anzufreunden begannen. Mit Nigel Mansell als neuem Teamgefährten büßte Gerhard Berger einiges von seinem Nimbus bei Ferrari ein: Das Trainingsduell zwischen den beiden Teamkollegen endete 7:7 unentschieden, doch Mansell wurde am Ende des Jahres mit zwei Siegen und 38 Punkten WM-Vierter, während sich Berger nach einer unglaublichen Defekt- und Unfallserie mit einem Sieg und 21 WM-Zählern begnügen mußte. Die Rennsaison des Tirolers war von seinem schweren Sturz beim San-Marino-GP am 23. April 1989 in Imola überschattet: In der langgezogenen Tamburello-Kurve raste Bergers Ferrari geradewegs in die leitplankenbewehrte Betonwand. Der Österreicher hatte Glück, den Aufprall zu überleben,

Fehlkalkulation - Weltmeister Nelson Piquet verfügt zwar wieder über einen Honda-V6-Turbo, aber das neue Lotus-Chassis erweist sich als aerodynamische Niete: Mit der Saison 1988 beginnt der schleichende Abstieg des einstigen Top-Teams - auf den Gipfel führt fortan für Lotus kein Weg mehr zurück.

Auf ein neues - Weltmeister Senna und »Vize« Prost präsentieren sich den Fotografen zum Saisonauftakt 1989 auf dem brasilianischen Jacaparagua-Kurs.

Minardi über das Hinterrad des Rennwagens seines Teamkollegen Pierluigi Martini hochkatapultiert worden war. Die Vielzahl solcher stets glimpflich verlaufener Horror-Unfälle suggerierte, die Formel 1 wäre wirklich absolut sicher geworden. Selbst der schwere Unfall von Martin Donnelly am 28. September 1990 in Jerez, der die Formel-1-Karriere des damals 26jährigen Nordiren beendet, wird rasch abgehakt, denn Donnelly hat ja den Aufschlag seines Lotus bei 225 km/h überlebt, wenn auch mit einem zertrümmerten Bein, zahllosen Knochenbrüchen und einem Schädelriß. »Es wurde uns allen wohl deutlich, welche Gefahren lau-

Streckenposten löschten schnell genug das brennende Ferrari-Wrack, in dem der bewußtlose Rennfahrer gefangen war. Noch einmal ist alles gut gegangen, die Tamburello bleibt unverändert - bis zu jenem 1. Mai 1994. Es waren jene Jahre, in denen die Kohlefaser-Chassistechnik die Formel-1-Gemeinde in allzu trügerische Sicherheit hüllte: 1988 hatte Philippe Alliot mit seinem Lola in Mexiko einen mehrfachen Salto bei Tempo 200 unversehrt überstanden, 1989 überschlug sich Mauricio Gugelmin nach einer Kollision mitten im startenden Pulk beim GP von Frankreich und kam ebenso unbeschadet davon wie Riccardo Patrese, dem 1992 in Estoril an der Boxenmauer ähnliches widerfuhr. 1993 überlebte Alessandro Zanardi in Spa einen Abflug hinter Eau Rouge, und in Monza entkam Christian Fittipaldi unverletzt einem Überschlag bei Full-Speed auf der Start- und Zielgeraden, als sein

Jerez, 28. September 1990 - der Unfall von Martin Donnelly.

 **1**
Ayrton Senna
McLaren-Honda.
21.3.60. Brazilian.
Lives Monaco.
GPs: 85. Wins: 17.
Poles: 35 (R). FL: 11.
Points: 284.

 2
Alain Prost
McLaren-Honda.
24.2.55. French.
Lives Yens (CH).
GPs:145. Wins: 38 (R).
Poles: 20. FL: 29.
Points: 549.5 (R).

3
Jonathan Palmer
Tyrrell-Ford.
7.11.56. British.
Lives Dogmersfield (GB).
GPs: 75. BF: 4th.
BQ: 9th. FL: 11.
Points: 13.

4
Jean Alesi
Tyrrell-Ford.
11.6.64. French.
Lives Oxford.
GPs: 2. BF: 4th.
BQ: 16th. FL: -.
Points: 3.

 **5**
Thierry Boutsen
Williams-Renault.
13.7.57. Belgian.
Lives Monaco.
GPs: 97. Wins: 1.
BQ: 3rd. FL: -.
Points: 72.

6
Riccardo Patrese
Williams-Renault.
17.4.54. Italian.
Lives Monaco.
GPs: 184 (R). Wins: 2.
Poles: 2. FL: 5.
Points: 111.

 **7**
Martin Brundle
Brabham-Judd.
1.6.59. British.
Lives S Wootton (GB).
GPs: 61. BF: 4th.
BQ: 4th. FL: 4.
Points: 11.

 **8**
Stefano Modena
Brabham-Judd.
12.5.63. Italian.
Lives Modena (ITA).
GPs: 19. BF: 3rd.
BQ: 7th. FL: -.
Points: 4.

9
Derek Warwick
Arrows-Ford.
27.8.54. British.
Lives Jersey.
GPs: 107. BF: 2nd.
BQ: 3rd. FL: 2.
Points: 59.

10
Eddie Cheever
Arrows-Ford.
10.1.58. American.
Lives Monaco.
GPs: 125. BF: 2nd.
BQ: 2nd. FL: -.
Points: 67.

11
Nelson Piquet
Lotus-Judd.
17.8.52. Brazilian.
Lives Monaco.
GPs: 165. Wins: 20.
Poles: 24. FL: 23.
Points: 407.

12
Satoru Nakajima
Lotus-Judd.
23.2.53. Japanese.
Lives London (GB).
GPs: 36. BF: 4th.
BQ: 6th. FL: 1.
Points: 8.

 **15**
Mauricio Gugelmin
March-Judd.
20.4.63. Brazilian.
Lives Egham (GB).
GPs: 23. BF: 3rd.
BQ: 5th. FL: 1.
Points: 9.

 **16**
Ivan Capelli
March-Judd.
24.5.63. Italian.
Lives Milan (ITA).
GPs: 42. BF: 2nd.
BQ: 2nd. FL: -.
Points: 19.

 **17**
Nicola Larini
Osella-Ford.
19.3.64. Italian.
Lives Viareggio (ITA).
GPs: 15. BF: 9th.
BQ: 14th. FL: -.
Points: 0.

18
Piercarlo Ghinzani
Osella-Ford.
16.1.52. Italian.
Lives Monaco.
GPs: 71. BF: 5th.
BQ: 13th. FL: -.
Points: 2.

 **19**
Alessandro Nannini
Benetton-Ford.
7.7.59. Italian.
Lives Siena (ITA).
GPs: 36. BF: 3rd.
BQ: 3rd. FL: 1.
Points: 24.

 **20**
Emanuele Pirro
Benetton-Ford.
12.1.62. Italian.
Lives Monaco.
GPs: 2. BF: 9th.
BQ: 24th. FL: -.
Points: 0.

 **21**
Alex Caffi
Dallara-Ford.
18.3.64. Italian.
Lives Rovato (ITA).
GPs: 35. BF: 4th.
BQ: 6th. FL: -.
Points: 4.

22
Andrea de Cesaris
Dallara-Ford.
31.5.59. Italian.
Lives Rome (ITA).
GPs: 127. BF: 2nd.
Poles: 1. FL: 1.
Points: 38.

23
Pierluigi Martini
Minardi-Ford.
23.4.61. Italian.
Lives Ravenna (ITA).
GPs: 28. BF: 5th.
BQ: 11th. FL: -.
Points: 3.

24
Luis Perez Sala
Minardi-Ford.
15.5.59. Spanish.
Lives Barcelona (E).
GPs: 20. BF: 6th.
BQ: 11th. FL: -.
Points: 1.

25
Rene Arnoux
Ligier-Ford.
4.7.48. French.
Lives London (GB).
GPs: 144. Wins: 7.
Poles: 18. FL: 12.
Points: 181.

 **26**
Olivier Grouillard
Ligier-Ford.
2.9.58. French.
Lives Toulouse (FRA).
GPs: 6. BF: 6th.
BQ: 12th. FL: -.
Points: 1.

27
Nigel Mansell
Ferrari.
8.8.54. British.
Lives Isle of Man.
GPs: 126. Wins: 8.
Poles: 12. FL: 12.
Points: 235.

28
Gerhard Berger
Ferrari.
27.8.59. Austrian.
Lives Worgl (AUT).
GPs: 75. Wins: 3.
Poles: 4. FL: 8.
Points: 97.

 29
Eric Bernard
Lola-Lamborghini.
24.8.64. French.
Lives Istres (FRA).
GPs: 2. BF: 11th.
BQ: 13th. FL: -.
Points: 0.

30
Philippe Alliot
Lola-Lamborghini.
27.7.54. French.
Lives Paris (FRA).
GPs: 72. BF: 6th.
BQ: 7th. FL: -.
Points: 4.

 **31**
Roberto Moreno
Coloni-Ford.
11.2.59. Brazilian.
Lives London (GB).
GPs: 5. BF: 6th.
BQ: 23rd. FL: -.
Points: 1.

32
Pierre-H Raphanel
Coloni-Ford.
27.5.61. French.
Lives Cap d'Agde (FRA).
GPs: 1. BF: -.
BQ: 18th. FL: -.
Points: 0.

33
Gregor Foitek
EuroBrun-Judd.
27.3.65. Swiss.
Lives Zurich (CH).
GPs: 0. BF: -.
BQ: -. FL: -.
Points: 0.

34
Bernd Schneider
Zakspeed-Yamaha.
20.7.64. German.
Lives S. Ingbert (D).
GPs: 3. BF: 12th.
BQ: 15th. FL: -.
Points: 0.

35
Aguri Suzuki
Zakspeed-Yamaha.
8.9.60. Japanese.
Lives Paris (FRA).
GPs: 1. BF: 16th.
BQ: 20th. FL: -.
Points: 0.

36
Stefan Johansson
Onyx-Ford.
8.9.56. Swedish.
Lives Monaco.
GPs: 74. BF: 2nd.
BQ: 2nd. FL: -.
Points: 84.

37
Bertrand Gachot
Onyx-Ford.
22.12.62. Belgian.
Lives London (GB).
GPs: 2. BF: 12th.
BQ: 11th. FL: -.
Points: 0.

38
Christian Danner
Rial-Ford.
4.4.58. German.
Lives Berg (D).
GPs: 34. BF: 4th.
BQ: 16th. FL: -.
Points: 4.

 **39**
Volker Weidler
Rial-Ford.
18.3.62. German.
Lives Heidelberg (D).
GPs: -. BF: -.
BQ: -. FL: -.
Points: 0.

40
Gabriele Tarquini
AGS-Ford.
2.3.62. Italian.
Lives Giulianova (ITA).
GPs: 14. BF: 6th.
BQ: 12th. FL: -.
Points: 1.

 **41**
Yannick Dalmas
AGS-Ford.
28.7.61. French.
Lives Toulon (FRA).
GPs: 17. BF: 5th.
BQ: 15th. FL: -.
Points: 0.

BF - Best finish; **BQ** - Best qualification; **FL** - Fastest laps

Der Verlierer eines martialischen Zwei-kampfes um die Formel-1-Weltmeister-schaft: Senna gewinnt in der Saison 1989 zwar die meisten Schlachten, aber Prost den Krieg.

ern, die jeden Fahrer treffen können«, zieht Ayrton Senna damals ein sehr nachdenkliches Fazit, was ihn und all seine Kollegen jedoch nicht davon abhält, in Jerez und andernorts weiterzufahren. Wie schrieb doch über drei Jahrhunderte zuvor der Philosoph Blaise Pascal? »Da die Menschen unfähig waren, Tod, Elend, Unwissenheit zu überwinden, sind sie, um glücklich zu sein, übereingekommen, nicht daran zu denken.«

Alain Prost droht zu Beginn der Saison 1989 an dem übermächtig schnellen Teamrivalen Ayrton Senna zu zerbrechen: Die Rollen bei McLaren International haben sich verkehrt. Senna beginnt das Team voll und ganz für sich zu begeistern. Prost ist 34, fünf Jahre älter als sein brasilianischer Rivale, und scheint sich im Training immer stärker zwingen zu müssen, ähnlich gnadenlos am Limit zu fahren wie Senna. So mag es fünf Jahre zuvor bei McLaren einem Lauda gegen den jüngeren Prost ergangen sein. Doch im Gegensatz zu den Jahren 1984/85 stimmt die Chemie beim rennfahrenden McLaren-Personal nicht mehr: Nach dem San-Marino-GP herrscht Kriegszustand zwi-

schen den beiden besten Rennfahrern der Welt. Prost beschwert sich, daß Senna in der Startrunde ein miteinander abgesprochenes Überholverbot nicht eingehalten habe. Senna gewinnt, doch Prost blafft ihn nach dem Rennen in Erinnerung an Estoril 1988 an: »Du änderst Dich nie!« Worauf der Brasilianer kontert: »Wenn ich überholen kann, dann tue ich das auch.« Dies war der auslösende Moment jahrelanger Feindseligkeiten...

Die WM 1989 wendet sich in dem Augenblick zugunsten von Alain Prost, als Ayrton Senna Mitte der Saison in Phoenix, Montreal und Le Castellet dreimal hintereinander mit Defekten an Zündung, Motor und Getriebe seines McLaren-Honda ausscheidet. Prost gewinnt zwei WM-Läufe und Selbstbewußtsein durch seinen Ferrari-Vertrag für die kommende Saison: »Jetzt, wo alle Welt weiß, daß ich McLaren verlassen werde, fühle ich mich wie befreit. Endlich kann ich mich wieder voll auf meinen Job konzentrieren, ohne durch Gedanken über eine mögliche Vertragsverlängerung bei Ron Dennis abgelenkt zu werden.« Wie zur Bestätigung kommt Alain Prost zu einem souveränen Start-Ziel-Sieg beim Heim-GP in Le Castellet, wo ihm allerdings sein 25jähriger Landsmann Jean Alesi beinahe die Schau stiehlt: Der Tyrrell-Gastfahrer kämpft sich in seinem ersten Grand Prix vom 16. Startplatz aus bis auf den zweiten Platz nach vorn! Am

Nummernrevue - die Saison 1989 bringt eine Inflation der Teams und Köpfe.

Der Ligier-Lamborghini, mit dem sich Erik Comas am 27. Juli 1991 im ungezeiteten Training in der Ostkurvenschikane überschlug. Nach einem kurzen Check im Klinikum der Stadt Mannheim nimmt der Franzose keine drei Stunden später in seinem Ersatzwagen am Abschlußtraining in Hockenheim teil.

doch »Nige« hat seinen Ferrari längst zurückgesetzt und hetzt mit neuen Pneus wieder auf die Strecke hinaus. Dafür gibts die schwarze Flagge, doch schon damals haben Rennfahrer es schwer das Tuch zu erkennen: Nigel Mansell fährt weiter und rammt bei einem mißglückten Überholmanöver Ayrton Sennas McLaren-Honda von der Piste! Dafür wird der Brite zu einer Geldbuße von rund 100 000 Mark verdonnert und obendrein für ein Rennen gesperrt...

Vor den letzten beiden WM-Läufen in Japan und Australien führt Prost mit 76:60 Punkten, die allfälligen Streichresultate bereits berücksichtigt. Senna war nur siebenmal in den WM-Zählern gelandet und hätte bei zwei Siegen noch auf 78 Punkte kommen können. Weil Prost in diesem Fall selbst mit zwei zweiten

Ende reicht es Alesi zwar »nur« zum vierten Rang, doch dies reicht, um den jungen Jean auf Anhieb zum kommenden Superstar zu machen. Im Nachhinein will es scheinen, als hätte es die Glücksfee zu früh zu gut mit dem tapferen Franzosen gemeint: Schon ein Jahr nach seiner sensationellen Formel-1-Premiere unterschreibt Alesi bei Ferrari. Ein Traum, der zum Alptraum wird, weil der impulsive Rennartist in einer Phase nach Maranello kommt, in der die Scuderia Ferrari mit rasantem Tempo die Talsohle des Erfolgs anpeilt. Es wird nicht das ewige Talent Jean Alesi sein, sondern Gerhard Berger, der 1994 in Hockenheim nach fast vier sieglosen Jahren wieder einen GP-Sieg für Ferrari herausfährt...

Für Ayrton Senna scheint die Saison 1989 unter einem Unstern zu stehen: Erst nach der Siegerehrung am Hockenheimring bringt man dem fassungslosen Senna bei, daß sein Freund und Manager Armando Botelho bereits am Vorabend des deutschen GP an Krebs gestorben ist. Der Titelverteidiger vermag zwar in den folgenden Rennen seine Erschütterung zu überspielen, doch in Gestalt von Nigel Mansell scheint sich in Estoril alles gegen Ayrton Senna

zu wenden: Der Engländer führt, doch als er in der 40. Runde voll unter Dampf zum Reifenwechsel abbiegt, bringt er sein Gefährt erst weit hinter der Ferrari-Box zum Stehen. Rückwärtsfahren in der Boxengasse ist verboten,

Monza, 12. September 1993:
Jean Alesi im Ferrari, das ewige Talent - oder: Wieviel Chancen braucht ein Rennfahrer, um endlich seinen ersten Grand Prix zu gewinnen? Am 11. Juni 1995 wissen wir endlich die Antwort: Nach 91 GP-Starts feiert der impulsive Franzose seinen 31. Geburtstag und endlich seinen 1. Sieg in der Formel 1.

Plätzen nur zwei zusätzliche WM-Zähler hätte verbuchen können, wäre beim Endstand von 78:78 Senna aufgrund der größeren Zahl von GP-Siegen erneut Weltmeister geworden! So kommt es dann am 22. Oktober 1989 in Suzuka zu einer der atemberaubendsten und unbefriedigsten Entscheidungen in der Geschichte der Formel-1-WM. Alain Prost will vorzeitig seine dritte Weltmeisterschaft sicherstellen, übernimmt resolut die Führung und hält sie auch wieder nach dem fest einkalkulierten Reifenstop bei Rennmitte: Doch Sennas McLaren-Honda lauert bald haarscharf im Windschatten seines französischen Erzrivalen. In der 47. von 53 Runden versucht Senna, auf der Anfahrt zur Schikane vor Start und Ziel innen vorbeizupreschen, aber Prost hat die Nase seines McLaren-Honda noch vorn und gibt nicht nach: »Ich war mir absolut sicher: Ich gewinne - oder ich habe einen Unfall«, rekapitulierte der Franzose die Kollision, »denn ich wußte, daß auch er um jeden Preis gewinnen wollte. Ayrtons Problem ist, daß er nicht akzeptieren kann zu verlieren, und daß er nicht respektiert, daß auch einmal jemand seinen Überholmanövern ernsthaften Widerstand leistet.« Senna meinte indessen: »Für mich gab es nur eine Stelle zum Überholen, und ausgerechnet dort machte mir jemand die Tür zu, der da nicht hätte sein dürfen.« Während Prost sogleich seinen abseits der Piste gestrandeten McLaren-Honda verläßt, wird das Gefährt des wild gestikulierenden Senna von den Streckenposten wieder angeschoben. Der Brasilianer sieht tatsächlich noch als Erster die Zielflagge, weil der zwischenzeitliche Spitzenreiter Alessandro Nannini bei einer weiteren Attacke Sennas vor der Schikane lieber nachgibt. Wegen Inanspruchnahme unerlaubter Hilfeleistung wird Ayrton Senna jedoch alsbald disqualifiziert, womit Alain Prost der Weltmeister-Titel gehört. Im fernen Paris setzt die allerhöchste Rennsportjustiz noch eins drauf, verurteilt Senna wegen notorisch gefährlicher Fahrweise zu einer Strafgebühr von 100 000 Dollar und droht dem Brasilianer mit dem Entzug der Formel-1-Superlizenz... Diese Form von Bestrafung durch Balestre und andere besaß eine neue Qualität, die dem zugegebenermaßen nur noch rudimentären Sportgedanken im GP-Zirkus endgül-

tig den Rest gab: Aufgrund von Fernsehaufnahmen beurteilten Menschen, die nie im Leben einen Formel-1-Rennwagen im Renntempo bewegt hatten, Entscheidungen, die Grand-Prix-Fahrer binnen Sekundenbruchteilen treffen müssen. Auch wenn heute im Gegensatz zu früheren Jahrzehnten vielleicht etwas verzogene, überhebliche und hochdotierte Grand-Prix-Wunderkinder aufeinander losgehen sollten, bleibt doch zu bezweifeln, ob Pädagogen wie Balestre, Mosley und andere richtig liegen, immer häufiger rechthaberische Rennfahrer mit Sanktionen einzubremsen. Die Bedingungen, unter denen heute gefahren wird, sind hart genug, um den Vollgas-Kids nicht noch weiteren Respekt einbleuen zu müssen. Der Spaß ist tödlich ernst und legt die Nerven blank: In extremen Streßsituationen rast der Puls auf 200 Schläge in der Minute und beschert permanente Adrenalinstöße für den in das Chassis festgezurrten Körper. Ein Grand Prix geht auf die Bandscheiben, foltert Wirbelsäule und Nacken: Die Formel 1 von heute, scheint am ehesten dem Kampfeinsatz eines Düsenjägerpiloten zu gleichen, rasend schnell und bei Fliehkräften bis zu 5g immer am Rande des Absturzes. Und ein Letztes: Dank der segensreichen Erfindung von Kohlefaserbremsen, kann ein Formel-1-Rennwagen aus Tempo 280 binnen 150 Meter zum Stillstand gebracht werden, womit der Spielraum für erfolgversprechende Ausbremsmanöver erheblich eingeengt ist. Was sich früher auf einer Strecke von 300 Metern abspielen konnte, reduziert sich heute auf einen Bereich von etwa 30 Metern. Auch dies mag erklären, warum heutige Vollgasartisten leichter auf Kollisionskurs geraten.

Alain Prost hatte seine Lehre aus den zwei Jahren mit Ayrton Senna bei McLaren gezogen: Nie wieder würde er sich Senna als Teamkollegen antun. Bei Ferrari spielte Alain Prost selbst gegen einen Nigel Mansell eindeutig die erste Geige und lieferte seinem brasilianischen Erzrivalen 1990 erneut einen grandiosen Zweikampf. »Wundermann« John Barnard hatte Maranello vorerst verlassen, um das Team von Benetton-Ford mit dem wieder hochmotivierten Nelson Piquet und dem immer stärker agierenden Alessandro Nannini auf weiteren Erfolgskurs zu lenken. Doch mit dem, was

Barnard an Material und Ideen bei Ferrari hinterlassen hatte, besaß Alain Prost durchaus eine solide Basis zur Titelverteidigung: Fünf GP-Siege fuhr Prost mit dem 12-Zylinder aus Maranello heraus, soviel wie Niki Lauda jeweils 1975 und 1976 bei Ferrari schaffte. Senna erzielte 1990 mit dem McLaren-Honda V10 nur einen Sieg mehr als Prost, auch Ayrton hatte dabei seinen neuen Teamkollegen fest im Griff: Gerhard Berger, damals 31 und durchaus mit Titelambitionen von Ferrari zu McLaren-Honda gewechselt, vermochte keinen einzigen GP zu gewinnen. Während der Tiroler sich in sein Los schickte, begehrte Nigel Mansell bei Ferrari auf: Noch in Silverstone, wo er in einem begeisternden Rennen den Sieg wegen eines Getriebedefekts verpaßte, hatte »Nige« seinen Rücktritt zum Saisonende verkündet, ehe Mansell dann doch für 1991 mit Williams-Renault handelseinig wurde. In Estoril nimmt »Magic Mansell« wieder einmal einen Blackout, als er beim Start Alain Prost nach rechts in Richtung Boxengasse abdrängt, während dadurch die beiden McLaren-Honda von Senna und Berger aus der zweiten Reihe die Spitze übernehmen... Doch die Ferraris sind in Estoril überlegen und Mansell gewinnt das Rennen, während Prost wegen des abrupten Ausweichmanövers und eines vorzeitigen Rennabbruchs hinter Senna nur Dritter wird: »Der Start hat mich um alle Chancen gebracht, den Titel zu verteidigen. Aber ein so schlecht geführtes Team ist es gar nicht wert, den Weltmeister zu stellen!«, empört sich Prost. Fiat-Konzernchef Gianni Agnelli höchstpersönlich schaltet sich ein und Ferrari-Rennleiter Cesare Fiorio darf gehen. Doch ausgerechnet das neue, von Prost geforderte Triumvirat in Maranello, bestehend aus Piero Lardi-Ferrari, Marco Piccinini und Claudio Lombardi, wird ein Jahr später den Abgang des Franzosen herbeiführen... Bei Ferrari wird derweil als Mansell-Nachfolger der 31jährige Alessandro Nannini hoch gehandelt, wohl auch um den Einstandspreis der Scuderia für den noch begehrteren Jean Alesi zu drücken. Nannini hat auch ohne Ferrari eine große Formel-1-Karriere vor sich, als er anderthalb Wochen vor dem Großen Preis von Japan mit einem Hubschrauber abstürzt: Bei dem Unglück wird Sandros

Alain Prost 1990 bei Ferrari - und schon hat der Traditionsrennstall eine Chance auf den WM-Titel.

rechter Arm abgetrennt und in einer Notoperation wieder angenäht. Die Verletzung heilt, aber Nannini hat mit dem fast völlig steifen Arm keine Chance, wieder Formel 1 zu fahren. Um so bewundernswerter ist Sandros glänzendes Comeback mit Alfa Romeo in der Deutschen Tourenwagenmeisterschaft. Die merkwürdige Ironie des Schicksals bringt es mit sich, daß Benetton 1990 in Suzuka, beim ersten GP nach Nanninis schwerem Unfall, mit Nelson Piquet und Ersatzmann Roberto Moreno einen sensationellen Doppelsieg feiern kann, was allerdings nicht zuletzt den beiden Rivalen Alain Prost und Ayrton Senna zu verdanken ist.

Der Franzose hat in Jerez gewonnen, was für fast vier Jahre Ferraris letzter GP-Sieg bleiben wird. Vor den beiden letzten WM-Läufen in Japan und Australien liegt Prost gegen Senna nur noch mit 69:78 Punkten in Rückstand. Ferraris Nummer 1 kann am 21. Oktober 1990 in Suzuka den Titelkampf noch offen halten, wenn er gewinnt oder vor Senna als Zweiter ins Ziel kommt. Der Brasilianer holt sich zwar knapp vor Prost die Pole Position, darf aber trotzdem nicht den tatsächlich besten Startplatz auf der linken Seite der Zielgerade einnehmen. Dort bietet der Asphalt zwar mehr Grip, aber die Pole Position sei nun mal rechts, argumentieren die Rennfunktionäre. Alain

Prost spielt den Vorteil beim Start routiniert aus, beschleunigt seinen Ferrari am McLaren-Honda von Ayrton Senna vorbei, hat eine halbe Wagenlänge Vorsprung, als es darum geht, wer zuerst auf die Ideallinie kommt. Prost weiß, daß er die folgende Biegung im fünften Gang voll nehmen kann und dann wie in Jerez auf und davon fahren könnte. Doch der »Professor« vergißt darüber für einen kurzen, aber entscheidenden Augenblick, daß ein Ayrton Senna nicht verlieren kann. Als Prost zuerst auf die Ideallinie zieht, bleibt Senna auf dem Gas und schießt den Rivalen bei Tempo 200 ab: Beide Rennwagen landen unsanft im Kiesbett und Ayrton Senna ist neuer Weltmeister.

»Selbstverständlich habe ich sofort Vollgas gegeben«, reportiert der neue Champion, »dann sah ich eine Lücke und wollte an dem Anderen vorbei, doch der machte die Tür zu. Der Andere ist selbst schuld.« Der Andere heißt Alain Prost und gibt zu Protokoll: »An dieser Stelle kann man nicht überholen. Ich

»Die Frage lautet
immer:
Wer schlägt
Senna?«

sah Senna nicht im Rückspiegel und erwartete keinen Angriff. Das war klare Absicht.« Die Formel 1 hat wieder einen handfesten Skandal, selbst McLaren-Boß Ron Dennis läßt durchblicken: »Das war kein schöner Vorfall, doch bitteschön, der Titel wird aufgrund von 16 Rennen vergeben, nicht nur in diesem hier.« FISA-Präsident Jean-Marie Balestre droht in Paris mit Konsequenzen für Ayrton Senna: »Das war ein unfairer und schmutziger Überholvorgang, und die ganze Welt war Zeuge.« Doch einen amtierenden Weltmeister kann man nicht einfach vom Formel-1-Championat aussperren: Nur ein Jahr später wird Jean-Marie Balestre in einer Kampfabstimmung um das Amt des FISA-Präsidenten seinem Herausforderer Max Mosley unterliegen. Auf den GP-Zirkus scheinen in Person des ehemaligen FOCA-Rechtsanwalts ruhigere Zeiten zuzukommen, doch das wird sich noch als Illusion erweisen. Der Ausgang der Formel-1-Saison 1990 markiert für Ayrton Senna endgültig den Verlust jedweder Bodenhaftung. Genau ein Jahr nach der Suzuka-Kollision von 1990, als

frischgekürter, dreifacher Weltmeister gibt Senna die tatsächliche Version des Unfallhergangs wieder. Ja, er hat Alain Prost damals mit voller Absicht von der Piste geräumt: »Ich tat es nicht gern, aber ich mußte den Kerl abschießen, weil ich vorher soviel Unrecht durch die Funktionäre erdulden mußte.« Was für ein Egoist, welche Anmaßung: Auch das war Ayrton Senna, aber geschadet hat das weder dem Brasilianer noch der Formel 1. Bernie Ecclestone brachte Mitte 1991 auf den Punkt, was der GP-Zirkus an Ayrton Senna hatte: »Er ist der kompletteste Fahrer der letzten zwei Jahrzehnte, dazu ein echter Profi. Ich glaube nicht, daß sein immenser Erfolg einen negativen Einfluß auf die Formel 1 hat. Es funktioniert doch eher andersrum: Tennis war am besten und interessantesten, als Björn Borg alle Turniere gewann. Boxen, als Muhammed Ali ständig siegte. Die Leute wollen jemand sehen, der außergewöhnliches Talent hat - und sie wollen auch dabei sein, wenn ihn jemand schlägt. Die Frage ist immer: Wer schlägt Senna?«

Löwenherz

Ayrton Senna glückte auch 1991 der Gewinn der Formel-1-WM: Nach Ascari, Fangio, Brabham und Prost war der Brasilianer erst der fünfte Champion, der seinen Titel erfolgreich verteidigte. Es schien mehr der 31jährige Senna als der McLaren-Honda zu sein, der den Titel gerade noch einmal ins Ziel rettete: Die Japaner traten 1991 mit einem V12-Motor an, die Ferrari-Offensive des vergangenen Jahres schien Honda in dieser Entscheidung zu bestärken. Der neue V12 besaß mit etwa 730 PS zwar deutlich mehr Kraft als der V10, doch dafür baute das neue Triebwerk länger, sorgte also für eine andere Gewichtsverteilung und verbrauchte obendrein mehr Treibstoff: All dies schien den Leistungszuwachs wieder aufzuzehren. Kurioserweise geriet mit Ferrari der glühendste Verfechter der V12-Ideologie 1991 auf die Verliererstraße: Selbst der eiligst in die Schlacht geworfene neue Tipo 643 brachte keine Abhilfe, die Italiener gewannen kein einziges Rennen mehr. Vielleicht wurde diese Misere auch ein wenig dadurch forciert, daß Ferrari andere italienische Formel-1-Rennställe mit V12-Triebwerken zu versorgen begann. Doch 1991 kam Minardi mit den Ferrari-Motoren auf äußerst bescheidene Resultate und 1992/93 blieben die BMS-Dallara und Lola der »Scuderia Italia« noch weiter hinter den Erwartungen zurück, so daß Ferrari auf weitere Kooperation verzichtete. Alain Prost bemängelte beizeiten fehlende Leistung, verglich seinen Ferrari im Verlauf der Saison 1991 gar mit einem Lastwagen und wurde schließlich als rufschädigender Querulant unmittelbar vor dem letzten WM-Lauf des Jahres gefeuert. Mit dem Resultat, daß es 1992 mit Ferrari noch weiter bergab ging. Daß der

»Professor« 1991 nicht viel von seiner Schnelligkeit verloren hatte, bewies er im teaminternen Duell mit Jean Alesi: Den Vergleich der Trainingszeiten gewann Prost mit 13:2, die Abrechnung nach WM-Punkten mit 34:21, womit der 36jährige Routinier seinen fast zehn Jahre jüngeren Landsmann mit erstaunlicher Deutlichkeit deklassierte.

Den Flop des Jahres 1991 liefert indes Porsche: Hans Mezger hat einen hübschen V12 entworfen, der weder ausreichende Leistung noch Standfestigkeit entwickelt. Für die Zuffenhausener wird nach dem bereits bescheidenen Auftritt in der Indycar-Serie die Rückkehr in die Formel 1 geradezu zum Fiasko, wozu auch die Wahl des Chassis-Partners beiträgt: Die einstige Arrows-Truppe von Jackie Oliver verfügt mit dem Japaner Wataro Ohashi zwar über einen Zahlmeister, doch unter dessen »Footwork«-Firmensignet wird das hastig hochgerüstete Team nicht konkurrenzfähiger. Michele Alboreto, Alex Caffi und dessen Ersatzmann Stefan Johansson können sich mit dem Footwork-Porsche FA12 insgesamt siebenmal nicht qualifizieren, bei fünf Rennen gibt es fünf Ausfälle. Footwork setzt ab dem französischen GP V8-Cosworths ein, Porsche will eine Denkpause einlegen und wirft drei Monate später das Handtuch... Auch andernorts in Stuttgart wurde 1991 für die Rückkehr in die Formel 1 geplant: Jochen Neerpasch hatte für Mercedes-Benz ein Paket geschnürt, dessen Annahme der Vorstand jedoch verweigerte, womit Neerpaschs Tage in Untertürkheim gezählt waren. Zuvor hinterließ Neerpasch allerdings noch ein ganz besonderes Abschiedsgeschenk: Das Formel-1-Debüt von Michael Schumacher. Der in Luxemburg geborene und mit französischem

Paß ausgestattete Belgier Bertrand Gachot war hinter schwedischen Gardinen gelandet, weil er einen Londoner Taxifahrer mit Reizgas traktiert und sich dann vor einem englischen Gericht ähnlich aggressiv gebärdet hatte. Diese gesamteuropäische Verstrickung ließ das Cockpit des zweiten Jordan-Ford schlagartig verwaisen und Jochen Neerpasch sofort alle Drähte ziehen: Beim letzten Augustwochenende des Jahres 1991 fuhr Michael Schumacher vom siebten Startplatz aus seinen ersten Grand Prix und verdiente sich auf Anhieb Bestnoten, auch wenn er wegen eines Kupplungsdefekts keine drei Kilometer weit gekommen war. Karl Wendlinger debütierte ebenfalls noch 1991 beim GP von Japan in der Formel 1, nur der dritte Mann des einstigen Mercedes-Benz-Junioren-Teams verschwand bis auf weiteres aus dem Blickfeld: Heinz-Harald Frentzen hatte seinen Gruppe-C-Vertrag bei Sauber-Mercedes aufgekündigt, um über die Formel 3000 schneller in den GP-Sport zu kommen. Das Resultat war verheerend: Frentzen stand in Ermangelung von Erfolgen beinahe vor dem Ende seiner Karriere, ehe er in Japan in der Formel 3000 beim Nova-Team unterkam, als Titelkandidat Volker Weidler wegen eines Hörsturzes keine Rennen mehr fahren konnte. Heinz-Harald Frentzen biß sich durch und bekam 1994 im Formel-1-Rennstall von Peter Sauber doch noch seine Chance, die der 27jährige bestens zu nutzen wußte. Mit Michael Bartels aus dem sauerländischen Plettenberg hatte sich 1991 ein weiterer Deutscher um ein Formel-1-Debüt bemüht: Rund 1,5 Millionen Mark kostete es, den 23jährigen Deutschen bei vier GP-Wochenenden in das zweite Lotus-Cockpit zu plazieren. Beim ersten Auftritt am

Doch noch ein WM-Titel für »Löwenherz« Nigel Mansell

Hockenheimring war Michael Bartels neun Zehntel langsamer als sein Teamkollege Mika Häkkinen. Nicht schlecht für den Anfang, doch nicht gut genug, um sich für das Rennen zu qualifizieren: Auf den rettenden 26. Startplatz fehlten Bartels nicht ganz drei Zehntelsekunden. Auch bei den drei folgenden Versuchen am Hungaroring, in Monza und Jerez vermochte der junge Deutsche nicht, den Lotus-Judd 102B zu qualifizieren. Ein Kunststück, das dann Johnny Herbert schaffte, der 1989 wegen nicht auskurierter Beinverletzungen eines Monate zurückliegenden Formel-3000-Unfalls bei Benetton-Ford wieder ausgemustert worden war. Herbert hatte bei Lotus eine zweite Chance bekommen und genutzt, für Bartels sollte es in der Formel 1 gar nicht erst zu einem zweiten Anlauf kommen.

Ein paar Chancen mehr und weitaus größere

dazu hatte Nigel Mansell in der Formel 1 ausgelassen: Der »König Löwenherz« des GP-Zirkus hatte seine greifbar nahe Krönung schon vor langer Zeit verpaßt. Doch für 1991 war »Nige« wieder zu Frank Williams zurückgekehrt. Der König Löwenherz des Mittelalters muß ein fürchterlicher Haudrauf und Schlagetot gewesen sein, der das eigene Königreich England vernachlässigte, sich ins Heilige Land auf Kreuzzug machte und sich auch späterhin in der Normandie, seiner eigentlichen Heimat, in wüsten Kleinkriegen und Privatfehden austobte. Nein, König Richard Löwenherz war keine geschliffen-gesittete Majestät, doch sein Mut und seine Kämpferqualitäten machten ihn trotzdem zur Legende. So ähnlich lief das acht Jahrhunderte später mit seinem ganz und gar nicht blaublütigen Landsmann Nigel Mansell: In den zwei Jahren bei Ferrari hatte er nichts von seinem Punch verloren, doch beim englischen Williams-Team schien man mit Nigels steten Wehwehchen und Klagen besser umgehen zu können als in Italien. »Löwenherz« war zurück und kam doch noch einmal in Reichweite des WM-Titels. Dies verdankte Mansell vor allem dem Herz des neuen Williams FW14, das aus Frankreich stammte, wenn auch nicht aus Rouen, wo in der Kathedrale die Herzreliquie des großen Richard aufbewahrt wird. Nein, der Renault-V10-Motor, der im Viertakt schlug und bei 13 800/min etwa 720 PS mobilisierte, war in Billancourt gezüchtet worden, um die Dominanz japanischer Formel-1-Motorentechnologie zu beenden. Als in Westeuropa und den USA alle noch fleißig vom »Modell Japan« lernen wollten, zeigten die Renault-Ingenieure, was auf dem guten alten Kontinent in Sachen Hi-Tech geleistet werden konnte. Auch von Seiten des Fahrwerks her war Patrick Head & Co. ein großer Wurf gelungen: Der Williams-Renault FW14 war 1991 in den Händen von Nigel Mansell und Riccardo Patrese gut genug für sieben Siege! Daß das Team von Frank Williams sowohl die Fahrer-WM als auch den Konstrukteurtitel verpaßte, lag an einem überaus unglücklichen Saisonauftakt, der es Ayrton Senna gestattete, zu vier teilweise schmeichelhaften Siegen zu gelangen. Dabei schaffte es Ayrton sogar, erstmals seinen Heim-GP zu

gewinnen, obwohl er das Rennen nur noch im sechsten Gang zuende fahren kann. Drei Jahre später gelingt Michael Schumacher beim spanischen GP ähnliches auf dem Weg zum zweiten Platz, auch wenn einige Besserwisser zweifeln. Die Elastizität moderner Formel 1-Motoren ist in der Tat unglaublich: Beim Training zum GP von Mexiko 1991 überdreht Ivan Capelli den Ilmor-V10-Motor seines Leyton-House-March, doch das Triebwerk übersteht auch 18 977/min unbeschadet, obwohl Mario Illien als Höchstdrehzahl für sein Triebwerk 13 200/min nennt. In der Indycar-Serie haben sich die Treibsätze des Eidgenossen bereits einen Namen gemacht, bald wird Illien mit seinem Landsmann Peter Sauber und mit Mercedes-Benz ins Geschäft kommen.

Seit Beginn der Saison 1991 werden GP-Siege nicht mehr nur mit neun, sondern mit zehn Zählern belohnt. Fleißige Punktesammler erfahren ebenfalls Förderung, weil die leidigen Streichresultate wegfallen. So hat Nigel Mansell nach dem vierten WM-Lauf des Jahres bereits 34 Punkte Rückstand auf Ayrton Senna. Doch der 38jährige Engländer beißt die Zähne zusammen, schluckt den Frust herunter und bläst zu Saisonmitte zum großen Halali: In Hockenheim feiert Mansell seinen dritten GP-Sieg in Folge und verkürzt den Rückstand zu Senna auf acht Punkte. Bei 51:43 scheint die Titeljagd wieder absolut offen, zumal Senna eine Serie haarsträubender Zwischenfälle bewältigen muß: Beim Jet-Ski-Fahren in Brasilien wird er nach einem Sturz von einem Freund beinahe überfahren, eine Platzwunde am Kopf bleibt als Souvenir zurück. In Mexiko-City überschlägt sich Senna mit seinem McLaren und bleibt ebenso unverletzt wie nach einem noch schlimmeren Salto bei Testfahrten in Hockenheim, als bei Tempo 320 ein Reifen kollabiert. Auf wundersame Weise kommt Ayrton mit einem Schleudertrauma und zahllosen Prellungen davon. Die Umstände dieses Hockenheim-Unfalls sind weitaus gefährlicher als drei Jahre später in Imola. Aber das ist die Absurdität des Lebens und die Tragik der Formel 1: Bei einer Aufprallgeschwindigkeit von etwa 220 km/h hatte Ayrton Senna ausgangs der Tamburello-Kurve alle Chancen zu überleben. Daß eine abgebrochene Vorderradstrebe

Mißgeburt - der Footwork-Porsche FA 12 mit Michele Alboreto am Volant

»Auf einen wie Schumacher haben wir lange gewartet.« - Niki Lauda, neu verpflichteter Berater bei Ferrari, und Flavio Briatore, Teamchef bei Benetton.

den Sturzhelm des besten Rennfahrers der Welt durchbohrte, war tödlicher Zufall.

Bei McLaren-Honda hing im Sommer des Jahres 1991 der Haussegen schief, nachdem Ayrton Senna in Silverstone und Hockenheim jeweils in der letzten Runde ohne Benzin liegenblieb und dadurch insgesamt sechs WM-Punkte einbüßte: »Bei uns muß jetzt ganz, ganz schnell was passieren, sonst verlieren wir diese WM!«, gab Senna die Parole aus. Ron Dennis offerierte in Windeseile eine Halbautomatik, ein abgespecktes McLaren-Chassis, Spezialsprit und Testfahrten. Schon am Hungaroring gewinnt Senna wieder. Nigel Mansell vermag die WM offen zu halten, auch wenn er in Spa den möglichen Sieg wegen eines Elektrikdefekts verpaßt und in Estoril verliert, weil sich beim routinemäßigen Reifenwechsel das unzureichend montierte rechte Hinterrad seines Williams-Renault sich beim Anfahren selbständig macht. Der tragische Held gewinnt jedoch im Stil eines wilden Stiers auf dem neuen Catalunya-Kurs vor den Toren Barcelonas den spanischen GP. Wieder einmal werden wir Zeugen eines typischen Mansell-Auftritts: Humpelnd und prustend zeigt sich der ungekrönte Liebling der Massen seinem Volk. Richtig, bei einem privaten Fußballspiel ist der kräftige Brite umgeknickt, ein wahrer Leidensmann, der mitunter sogar auf dem Weg zum Podium

stolpert... Aber diese Marotten machen »Magic Mansell« zu einer unverwechselbaren Größe im GP-Zirkus: Senna und Prost haben die WM schon viel zulange unter sich ausgemacht, wird Bernie Ecclestone beklagen und orakelt, Mansell sei 1992 endlich an der Reihe, Formel-1-Weltmeister zu werden. Denn natürlich hat »Nige« zuvor seine hauchdünne Titelchance geschmissen: Beim Stand von 85:69 für Senna hätte der Engländer schon die beiden letzten WM-Läufe gewinnen müssen, doch schon in Suzuka ist in der zehnten von 53 Runden alles vorbei, als Mansell auf der Jagd nach Berger und Senna in der langgezogenen Rechtskurve nach Start und Ziel im Kiesbett strandet. Ayrton Senna ist wieder Weltmeister, übernimmt klar die Führung im japanischen GP und bremst dann kurz vor dem Ziel ab, damit Teamkollege Gerhard Berger im zweiten Jahr bei McLaren-Honda endlich einen WM-Lauf gewinnt... Nigel Mansell kündigt derweil an, nun halt 1992 Weltmeister werden zu wollen: »Wenn ich es auch dann nicht schaffe, werde ich mich aus der Formel 1 zurückziehen.« Zuvor beendet allerdings noch der kürzeste Grand Prix der WM-Geschichte die `91er Saison: Nach 17 Runden in sintflutartigem Regen und zahlreichen Unfällen wird das Rennen in Adelaide abgebrochen, gewertet werden nur 14 von ursprünglich 81 vorgesehenen

Runden. Sieger Ayrton Senna hat für eine Distanz von 52,920 km 24.34,899 Minuten benötigt, Schnitt 129,170 km/h...

Alain Prost legt nach seinem unschönen Abgang bei Ferrari 1992 ein Jahr Pause ein, weil es für ihn keinen verfügbaren Rennwagen gibt, mit dem er Formel-1-Weltmeister werden könnte. Der »Professor« testet zwar einen der neuen Ligier-Renault-V10, läßt aber die Finger von dem Angebot. Nein, Alain Prost schmiedet längst andere Pläne und wird bereits im Frühsommer mit Renault und Frank Williams für 1993 handelseinig. Doch niemand bekommt Wind davon, was noch für einige Verwirrung sorgen wird... Währenddessen ist Nigel Mansell längst dabei, alle bestehenden Formel-1-Rekorde zu pulverisieren: Mit dem ausgereiften Williams-Renault FW14B fährt Mansell die Konkurrenz in Grund und Boden und gewinnt die ersten fünf WM-Läufe der Saison. Den sechsten Sieg verpaßt »Nige«, weil er in Monte Carlo acht Runden vor Schluß an der Williams-Box ein lockeres Rad festziehen lassen muß: Der zuvor deutlich abgeschlagene Ayrton Senna übernimmt die Spitze, Nigel Mansell macht erbarmungslos Jagd auf den Weltmeister, findet jedoch keinen Weg mehr vorbei und muß sich mit 215 Tausendstelsekunden geschlagen geben. Ayrton Senna egalisiert mit seinem fünften Sieg in Monaco den Rekord

Im Laufschritt nach Maranello? - Ivan Capelli verläßt das von Finanzproblemen gebeutelte Leyton-House-March-Team und wird bei Ferrari vom Regen in die Traufe kommen.

von Graham Hill und fügt 1993 gar noch einen sechsten Erfolg hinzu, als der Brasilianer sinnigerweise vor Damon Hill gewinnt, dem Sohn des unvergessenen Formel-1-Weltmeisters von 1962 und 1968...

Nigel Mansell verfügt 1992 über einen Rennwagen, der der Konkurrenz absolut überlegen ist: Die geballte Kraft von weit über 750 PS des Renault-V10 steckt in einem Chassis, das erstmals die Vorteile der aktiven Radaufhängung konsequent und zuverlässig zur Geltung bringt. Was bei Lotus Ende der 80er Jahre aufgegeben worden war, wird von Williams wiederbelebt. Ein Hydrauliksystem, bei dem herkömmliche Federn nur noch zum Teil das Chassis tragen, sorgt per Computersteuerung dafür, daß der Abstand zwischen Asphalt und Fahrzeugunterboden konstant gehalten wird: Das bringt dem Williams FW14B den Vorteil, daß Abtrieb und Aerodynamik stets auf Idealwert getrimmt bleiben. In schnellen Kurven ermöglicht die Active Suspension noch schnelleres Tempo, weil die Hydraulik höhere Seitenneigung zuläßt als ein Formel-1-Chassis mit herkömmlichen Stabilisa-

Der Ferrari Tipo 643 bringt 1991 alles mit, was ein Siegerauto haben muß: Vom Kohlefaser-Monocoque bis zur Push-Rod-Aufhängung, vom 735 PS-starken V12-Motor bis zum halbautomatischen 7-Gang-Getriebe. Doch das gesamte Paket scheint schlecht aufeinander abgestimmt, nicht einmal ein Alain Prost bringt den Ferrari auf Siegeskurs.

toren. An diesem Punkt wird das Rennfahren jedoch noch mehr zur Mut- und Vertrauenssache: Manche Passagen gehen mit aktiver Radaufhängung plötzlich »voll«, man muß sich nur trauen und sämtliche bisherigen Erfah-

rungswerte vergessen. Von dieser Charakteristik her ist der Williams-Renault FW14B für Nigel Mansell geradezu maßgeschneidert: »Löwenherz« stürzt sich wie ein Berserker auf die Ideallinie, bleibt an den fürchterlichsten

McLaren-Honda-Dominanz im Schwinden: Ayrton Senna rettet 1991 noch einmal den WM-Titel.

Stellen voll am Gas und fährt dem Rest der Formel-1-Welt auf und davon. Teamkollege Riccardo Patrese kann sich mit diesem Fahrstil nicht mehr anfreunden, während »Nige« damit groß geworden ist. Der Engländer gewinnt 1992 sage und schreibe neun von 16 Formel-1-WM-Läufen, neuer Rekord! Das gilt auch für die 108 WM-Punkte, die der Engländer sammelt, und seinen Vorsprung von sage und schreibe 52 Punkten auf Vize-Weltmeister Patrese sowie die 14 Pole Positions, die der neue Champion herausgefahren hat. Bis auf eine überhastete Attacke auf Senna in Montreal präsentiert sich 1992 ein gereifter, souverän agierender Nigel Mansell: Am 16. August sichert sich der Engländer mit Rang Zwei beim *Großen Preis von Ungarn* vorzeitig den Titel, fünf WM-Läufe vor Ende der Saison! »Bitte sagt nicht, ich allein hätte die Weltmeisterschaft gewonnen, es war das gesamte Team«, bedankt sich Nigel artig: »Und ganz besonders möchte ich einem Menschen danken, der mir mein Leben überhaupt erst möglich macht, meine Frau Rosanne!« Doch der treue Ehemann wird sich bald von seinem Boß Frank Williams betrogen fühlen: Am Rande des Rennens auf dem Hungaroring kochen die Gerüchte, daß Williams für 1993 mit Alain Prost und Ayrton Senna verhandele! Der Brasilianer will McLaren verlassen, weil Honda sich zum Ende der Saison vorerst einmal aus der Formel 1 verabschieden wird und Ron Dennis in Motorennotstand gerät: 1993 wird McLaren mit Ford-V8-Triebwerken ausrücken, 1994 mit Peugeot V10-Triebwerken und ab 1995 mit den V10-Treibsätzen, die Mario Illien für Mercedes-Benz baut. Ayrton Senna offeriert sich Frank Williams zum Nulltarif, doch der Rennstallbesitzer hat ja längst einen Vertrag mit Alain Prost geschlossen, in dem sich der »Professor« hat garantieren lassen, daß Senna in der Saison 1993 nicht bei Williams-Renault fahren darf! Riccardo Patrese ahnt nichts Gutes und unterzeichnet lieber beizeiten für Benetton Ford, wo ihn Michael Schumacher an die Wand fahren wird: Nach 256 GP-Starts endet für den 39jährigen Italiener 1993 die Formel 1-Karriere. Dummerweise kassiert Patrese für seine bescheidenen Vorstellungen bei Benetton wohl mehr Geld als sein junger deutscher

Teamkollege: Die Rechtsanwälte von Michael Schumacher werden für diese Enthüllung 1994 übrigens noch sehr dankbar sein, aber das ist eine andere Geschichte... Der neue Champion Nigel Mansell schraubt seine Honorarvorstellungen in die Regionen von Senna und Prost: Von 15 Millionen Dollar soll die Rede sein, Frank Williams taktiert, bis »Nige« nach dem Warm-Up in Monza Hals über Kopf im Pressezentrum auftaucht und eine Erklärung verlesen will. Williams-Adlatus Gary Crumpler eilt hinzu, redet auf Mansell ein, doch der bleibt sitzen: »Man wollte mich daran hindern zu sprechen. Williams hat jetzt meine Forderungen akzeptiert, aber nun ist es zu spät. Zum Saisonende trete ich vom Grand-Prix-Sport zurück!« Nigel wird kurze Zeit später beim Team von Carl Haas einen Vertrag für die Indycar-Serie unterzeichnen und prompt gewinnt der »Rookie« 1993 als erster Europäer den bedeutendsten US-Titel und beinahe auch die *500 Meilen von Indianapolis.* Ein Star vom Kaliber eines Nigel Mansell fehlt der Formel 1 spätestens seit der Tragödie von Imola und so wird Bernie Ecclestone höchstpersönlich dafür sorgen, daß »Nige« bei Williams 1994 ein erstaunliches Comeback feiern darf...

Williams und Renault werden auch 1993 den Formel-1-Weltmeister auf den Thron heben: Und der Champion wird wie Mansell ein Jahr zuvor am Ende der Saison zurücktreten. Mit dem Unterschied, daß Alain Prost seinen Entschluß nicht mehr revidiert. Es geschieht beim GP-Wochenende in Estoril, als Ayrton Senna offiziell bestätigt, daß er für 1994 und 1995 bei Williams-Renault unterschrieben hat. Nun muß auch Alain Prost die Katze vorzeitig aus dem Sack lassen: Seine »Senna-Schutzklausel« gilt nur für 1993 und Prost kündigt an, auf ein weiteres Jahr bei Williams-Renault zu verzichten. Am Rennsonntag reicht dem Franzosen Platz Zwei hinter Michael Schumacher, um vorzeitig seinen vierten WM-Titel sicherzustellen. Alain Prost erlebt sein letztes Jahr in der Formel 1 überaus zwiespältig: Er verfügt über den besten Rennwagen im GP-Feld, alles andere als der Gewinn der Weltmeisterschaft wäre eine Blamage. Dazu hat er mit Damon Hill einen zweiten Mann im Team, der erst zwei Formel-1-GP bestritten

hat! Der bald 33jährige Sohn des großen Graham Hill wird zu Unrecht unterschätzt, wie sich spätestens 1994 noch weisen wird, aber der 38jährige Alain Prost muß sich stets spitzzüngige Kritik gefallen lassen, wenn »Damon the Demon«, der Mann mit der Startnummer Null, wieder mal etwas schneller unterwegs war. Nach einjähriger Rennpause kann sich Prost im Williams-Renault erst langsam mit der aktiven Radaufhängung anfreunden, daneben bietet das Rennjahr 1993 noch weitere Hi-Tech-Finessen wie Traktionskontrollen, Starthilfen und das elektronische Gaspedal, bald werden auch Vierradlenkung und ABS ins immer kompliziertere und teurere Spiel gebracht, so daß böse Zeitgenossen bereits der Ansicht sind, daß sich ein Formel-1-Rennwagen per telemetrischer Fernbedienung und computergestützt von der Boxengasse aus viel besser lenken läßt, als dies ein Rennfahrer vermag. Ausgerechnet Alain Prost scheint diese Ansicht unbeabsichtigt zu bestätigen, indem er seinen mit Hi-Tech vollgepfropften Rennwagen beim Start immer mal wieder abwürgt. Angesichts des Ausmaßes der Innovationen droht den kleineren Teams der technische und finanzielle Ruin. Die FIA, die unter ihrem Präsidenten Max Mosley die Rolle der überflüssig gewordenen FISA übernommen hat, spricht ein Machtwort: Am Donnerstag vor dem GP von Deutschland 1993 einigt man sich mit der FOCA für die nächste Saison auf das Verbot von Active Suspension, Traction Control und ähnlichen Finessen. Um der weiterhin befürchteten Dominanz von Williams-Renault etwas Einhalt zu gebieten, gestattet die FIA mit Beginn der Saison 1994 auch wieder Tankstops: Michael Schumacher und sein Team bei Benetton-Ford begreifen sofort die Chance und reagieren mit atemberaubender Konsequenz. Es wird dieser neue Passus im Reglement sein, der für den Ausgang der Formel-1-WM 1994 eine ganz entscheidende Rolle spielt...

Alain Prost beendet in Adelaide nach 199 Formel-1-WM-Läufen seine große Karriere: Mit 51 GP-Siegen und 798,5 WM-Punkten hat der vierfache Weltmeister Rekordmarken gesetzt, die damals allein ein Ayrton Senna noch anzutasten vermag. Der Brasilianer hat sich erst kurz vor Saisonbeginn entschlossen, den

1992 alles unter Kontrolle - Nigel Mansell im Williams-Renault FW14B.

neuen McLaren-Ford zu fahren, wobei Senna zunächst von Rennen zu Rennen entscheidet, ob er fährt. Trotz der prinzipiellen Unterlegenheit seines Rennwagens im Vergleich zu den Williams-Renault gelingen Ayrton Senna fünf Siege. Beim _Großen Preis von Europa_ in Donington Park demütigt der Brasilianer geradezu seinen ewigen Rivalen Alain Prost und den Rest des Feldes. Noch in der Startrunde überholt Senna von Platz Fünf aus die vor ihm plazierten Schumacher, Wendlinger, Hill und Prost, übernimmt die Führung und gewinnt souverän! Unter vielen vorzüglichen Formel-1-Rennen Ayrton Sennas mag jener WM-Lauf von Donington wohl das allerbeste gewesen sein. Zum WM-Titel reicht es Senna 1993 natürlich trotzdem nicht, aber dafür vermag er die 780 PS starken Williams-Renault oft genug

zu ärgern. Weltmeister Prost gewinnt sieben WM-Läufe und sammelt 99 Punkte, im Vergleich zu Mansells neun GP-Siegen und 108 WM-Zählern des Vorjahres gar nicht einmal so schlecht, wie viele den »Professor« 1993 machen wollen. Gegen Ende der Saison schien die deutliche Überlegenheit der Williams Renault jedenfalls deutlich aufgezehrt: Patrick Head interessierte sich mehr für die Entwicklung des `94er Rennwagens. Bittere Ironie, daß der neue Williams-Renault FW16 dann doch erst zum Beginn der neuen Saison rennfertig wurde und das Erfolgsteam zu ungewohnt hektischen Einstellungsarbeiten genötigt wurde. Williams-Neuzugang Ayrton Senna gewann im McLaren-Ford die letzten beiden `93er WM-Läufe in Suzuka und Adelaide jeweils vor Alain Prost. Der Erfolg in Australien war Sen-

Spa-Francorchamps, 30. August 1992: Für den Sieger das größte Stück vom Kuchen.

Mit dem Yamaha-V12-Motor gerät das Team von Formel-1-Einsteiger Eddie Jordan 1992 in schwieriges Fahrwasser: Auch die Grand-Prix-Karriere von Mauricio Gugelmin geht den Bach hinunter.

Unterwegs zu einer neuen Rekordmarke: Riccardo Patrese wird es am Ende seiner 16 Formel-1-Jahre auf 256 GP-Starts gebracht haben. Bei Williams-Renault spielt der Italiener 1992 jedoch nur noch die zweite Geige.

Ein junger Deutscher ständig auf Spitzenplätzen: unglaublich, aber wahr - Michael Schumacher erobert 1992 die Formel 1 in Riesenschritten, als wäre dies die selbstverständlichste Sache der Welt.

Alain Prost ist wieder draußen: Frank Williams, Damon Hill, Patrick Head und Williams-Pressesprecherin Anne Bradshaw harren der Bestzeit, die da kommen wird.

Auch ein Professor macht manchmal Fehler - Alain Prost 1993 am Hungaroring nach einem Ausrutscher beim Training auf dem Rückweg zur Williams-Box.

»Irgendwann werden sie wirklich noch ein SEGA-Computer-Männchen reinsetzen, das den Job viel besser macht.« - Damon Hill 1993 in Imola.

Der Arbeitsplatz von Ayrton Senna in der Saison 1993 - mit kleinen Schaltern am Lenkrad wird das halbautomatische 6-Gang-Getriebe bedient und Kontakt zur McLaren-Box aufgenommen, das zentrale Display informiert per Flüssigkristallanzeige über alle erdenklichen Daten.

Bei aller computergesteuerten Elektronik: Ein Ayrton Senna ist nicht zu ersetzen.

Zu hohe Erwartungen und zu kurze Lehrzeit bei McLaren - Michael Andretti wird 1993 in der Formel 1 weit unter Wert geschlagen.

Alessandro Zanardi im Lotus 107B beim brasilianischen Grand Prix 1993 in Interlagos.

nas 41. GP-Sieg: Niemand hätte damals auch nur im entferntesten damit gerechnet, daß es sein letzter Sieg bleiben würde. Wie sagte doch Alain Prost, als er am 24. September 1993 in Estoril seinen Rücktritt ankündigte?

»Die Formel 1 gab es schon vor Prost und Senna, und es wird sie noch geben, wenn kein Hund mehr von uns spricht.« Ich befürchte, das wird die einzige Lehre aus der Tragödie von Imola sein.

Eine neue Ära?

Mit vier Jahren saß er zum ersten Mal in einem Go-Kart, mit 15 gewann er die Junioren-DM, mit 20 wurde er Deutscher Formel-3-Meister und Mercedes-Benz-Werksrennfahrer. Mit 22 fuhr er sein erstes Formel-1-Rennen, mit 23 hat er seinen ersten Grand Prix gewonnen und mit 25 ist er Formel-1-Weltmeister geworden, als erster Deutscher. Eine Karriere im Schnelldurchgang. Was Michael Schumacher auch immer in Angriff nahm, es gelang ihm stets mit atemberaubender Selbstverständlichkeit. »The Wunderkind« nannten sie ihn 1991 in Spa: Beim wahren Künstler sieht das unendlich Schwere so grenzenlos leicht aus, so verblüffend spielerisch wie dies Michael Schumacher von Anfang an demonstrierte. Und dabei doch aggressiv, zupackend und konsequent: Wäre die Kupplung seines Jordan-Ford korrekt montiert worden, was hätte Michael Schumacher bereits bei seinem GP-Debüt anstellen können? Andrea de Cesaris, wie im Training, so auch unmittelbar nach dem Start vier Plätze hinter Schumacher, rückte im zweiten Jordan-Ford bis auf drei Sekunden an den von Getriebeproblemen geplagten Spitzenreiter Ayrton Senna heran, ehe im Gefährt des Italieners ein Wasserkühler zu Bruch ging. Daß Michael Schumacher fast auf den Tag genau ein Jahr später, am 30. August 1992, an selber Stelle tatsächlich seinen ersten Grand Prix gewinnt, mag nicht wenigen als ganz besonderer Fingerzeig gelten. Jackie Stewart meinte schon 1991 in Spa: »Falls Michael Schumacher wirklich so gut ist, wie man jetzt annehmen darf, könnte er um das Jahr 1996 Weltmeister werden. So lange brauchen auch die Asse zur Reife. Das war bei Niki Lauda so, bei Alain Prost, Ayrton Senna und auch bei Jackie Stewart.«

Michael Schumacher äußerte sich stets zurückhaltend gegenüber solchen Prognosen, nachdem er 1992 in Mexiko und Interlagos jeweils Dritter geworden war, meinte der Kerpener: »Ich hoffe, daß die Presse und die Fans mich nicht fallen lassen, wenn ich mal nur fünfte oder sechste Plätze einfahre.« Bei Mercedes-Benz hatte der junge Kfz-Mechaniker exzellentes Englisch und perfektes Auftreten vor Kameras und Mikofonen gelernt. Peter Sauber erinnert sich an die Zeit in der Gruppe-C-WM: »Ich glaube, das Wichtigste war - und das wissen Michael, Heinz-Harald und Karl auch - , daß sie in Ruhe und mit möglichst wenig Druck wachsen konnten. Wachsen, was die Beziehung zum Fahrzeug anbelangt, vor allem aber auch, was die menschliche Seite betrifft.« Mercedes-Benz verzichtete 1991 auf den geplanten Wiedereinstieg in die Formel 1, Michael Schumacher war frei für andere Rennställe, und die Untertürkheimer, allen voran der damalige Motorsportchef Jochen Neerpasch, brachten den Kerpener in einer spektakulären »Bäumchen-wechsle-dich«-Aktion bei Benetton-Ford unter. Das mag damals manche zwar geärgert haben, neben dem geschaßten Roberto Moreno wohl am meisten Nelson Piquet. Doch richtige Entscheidungen sind in der Formel 1 schon weitaus unschöner getroffen worden, als seinerzeit im Falle von Michael Schumachers Einstieg bei Benetton. Erst mit »Schumi« wurde aus einem guten Formel-1-Team der Rennstall eines Weltmeisters. Niki Lauda meint: »Michael Schumacher ist einer, der mit dem Auto aufgewachsen ist, deswegen gelang es ihm, in derart kurzer Zeit zu solchen Lorbeeren in der Formel 1 zu kommen. Normalerweise dauert das zwei, drei Jahre, bis

man sich so richtig etabliert hat und vielleicht einmal im richtigen Auto sitzt, um Weltmeister zu werden. Michael Schumacher hat das im rasenden Tempo gemacht, weil er, einfach von all seinen Möglichkeiten, die er körperlich und geistig mitbringt, vom lieben Gott voll als Rennfahrer abgesegnet wurde, schon bei seiner Geburt. Und deswegen funktioniert das auch so gut.« Und mit Blick auf die Saison 1994 zieht Lauda den Hut - oder besser: das Kapperl - vor der Leistung des neuen Champions: »Man muß einmal folgendes bedenken, jetzt kommt ein junger Mensch in die Formel 1, kennt sich nicht aus und ist innerhalb kürzester Zeit von allen Medien umlagert, steht vor dem Gewinn der WM und ist einem unglaublichen Druck ausgesetzt. Wenn Sie dann seine Jugend berücksichtigen, die kurze Zeit bedenken, die er hatte, sich mit Medien und Öffentlichkeitsarbeit anzufreunden, dann macht er wirklich einen Superjob. Er kann da aber nicht alles lösen, er muß sich abschotten, damit er seine sportliche Leistung bringen kann, dabei entsteht vielleicht manchmal der Eindruck von Unnahbarkeit. Michael Schumacher hat seine Prioritäten ganz klar erkannt, ich muß gewinnen, dafür tue ich alles. Er machts für sich selber richtig, für den Außenstehenden, der natürlich gerne einen charismatischen, interessanten Menschen vor sich sehen will, der hats im Moment vielleicht ein bissl schwer damit. Nur muß man die kurze Zeit bedenken, in der alles über ihn hereingeprasselt ist. Ich glaube, wenn man ihm etwas mehr Zeit gibt, dann werden sich auch die anderen Dinge ganz natürlich entwickeln und wird er auch diese Leistung bringen können.«

Vergessen wir auch nicht, was ein junger

Rennfahrer von 25 Jahren verkraften muß, wenn er erstmals mit dem Tod zweier Berufskollegen konfrontiert wird. Wie verhält er sich, wenn er bedingt durch den tödlichen Unfall von Ayrton Senna Weltmeister werden kann? Wie reagiert er, wenn der greifbar nahe und durchaus verdiente WM Titel durch FIA-Sportgerichtsbarkeit, zwei Rennsperren, eine Disqualifikation und üble Manipulationsgerüchte über sein Team plötzlich aus den Händen zu gleiten droht? Und Formel-1-Rennen muß der gute Mann ja auch noch fahren, gegen einen Damon Hill, der über sich selbst hinauswächst, dessen Williams-Renault aber auch gegen Ende der Saison dem Benetton-Ford längst überlegen geworden ist. Es war nach dem *Großen Preis von Monaco*, Karl Wendlinger lag nach seinem Trainingsunfall noch im Koma, Roland Ratzenberger und Ayrton Senna waren keine zweieinhalb Wochen zuvor tödlich verunglückt, als Michael Schumacher Stellung bezog: »Diese Unfälle sind extrem, es hätte nicht schlimmer kommen können, aber ich bin mir sicher, daß die Formel 1 nach wie vor ihren Platz beibehält, weil es immer noch genügend Menschen gibt, die diesen Sport betreiben möchten, die diesem Sport beiwohnen möchten, die dem Rennsport einfach viel

abgewinnen können. Wenn wir alle der Meinung wären, daß dieser Sport hirnrissig oder mörderisch ist, dann würde keiner von uns ihn betreiben. Man hat acht Jahre lang davon geredet, wie toll und wie sicher alles in der Formel 1 geworden ist. Und jetzt soll all das umsonst gewesen sein? Hysterie ist nicht der richtige Weg, um auf die tödlichen Unfälle von Roland und Ayrton in Imola und auf Karls Monte-Carlo-Trainingssturz zu reagieren. Wir müssen aus diesen schrecklichen Erfahrungen lernen, dann hat die Formel 1 auch Zukunft.« Über das nicht immer unproblematische Verhältnis zu Ayrton Senna bekennt Michael Schumacher nach Imola: »Ich bin froh, daß wir uns in letzter Zeit wieder nähergekommen sind, daß auch unser letztes Gespräch in freundschaftlicher Stimmung stattgefunden hat.« In Monarchien heißt es: »Der König ist tot, lang lebe der König...« Auch die unberechenbare Formel 1 hat es stets so gehalten.

Die Formel-1-Saison 1994 lehrte uns, wie schnell Träume zu Alpträumen werden: Das Dream-Team Ayrton Senna/Williams-Renault hatte sich beim WM-Auftakt überraschend als verwundbar gezeigt. Michael Schumacher gewann ebenso souverän wie sensationell die beiden ersten Rennen in Interlagos und Aida.

Bei Benetton hatten sie ihrem Star eine Art von »Grand-Prix-Go-Kart« maßgeschneidert. Ford lieferte für das B194-Chassis den Cosworth-Zetec-R-Motor, der dank Titanpleueln und einer speziellen Magnesiumlegierung der Kolben für Drehzahlbereiche bis zu unglaublichen 15 000/min ausgelegt war. Der Bordrechner dieses V8-Präzisionswerks konnte pro Sekunde zwischen 1,5 bis 1,7 Millionen Befehle verarbeiten. In den Händen von Michael Schumacher war der neue Benetton-Ford auf Anhieb ein Siegerauto. Dazu hatte sich Benetton am konsequentesten auf die neue Tankstopstrategie vorbereitet. »Ich konnte zwar im Prinzip schnellere Rundenzeiten fahren, aber auf der Strecke hätte ich so gut wie nie eine Chance gehabt, einen Williams-Renault zu überholen, die hatten viel mehr PS als wir«, resümierte Michael Schumacher nach seinem achten Saisonsieg in Jerez, »allein durch unsere Strategie mit den Tankstops konnten wir derart erfolgreich sein und siegen.« Die neuen Williams Renault FW16 litten unter einem ungewonten Entwicklungsrückstand. Ein Fahrgenie wie Ayrton Senna konnte dieses Manko zunächst überspielen, aber bereits beim ersten WM-Lauf in Interlagos drehte sich der Brasilianer mit dem diffizilen Gefährt von der Strecke, als er vergeblich versuchte, mit Michael Schumacher Schritt zu halten. Ohne computergestützte Fahrhilfen erwies sich der Williams plötzlich als übernervös und schwer beherrschbar. Beim *Pazifik-Grand-Prix* auf dem japanischen Aida-Kurs erwischte »Schumi« den besseren Start, während Ayrton Senna vom allzu ungestümen Mika Häkkinen im neuen McLaren-Peugeot gleich in der ersten Kurve abgeschossen wurde. Schumacher 20 Punkte, Senna Null - das war der Stand der Dinge vor jenem Grand Prix-Wochenende in Imola, das die Welt des Motorsports bis in ihre Grundfesten erschüttern sollte. Beim Freitagstraining gibt es das letzte Warnsignal, als Rubens Barrichello bei Tempo 220 mit seinem Jordan-Hart in eine von Reifenstapeln umsäumte Betonwand kracht: Ein Metallpfosten schlägt den Helm des 21jährigen Brasilianers entzwei, »Rubinho« kommt mit einer Gehirnerschütterung und gebrochenem Nasenbein davon. Tags darauf endet die fast acht Jahre lang währende Glückssträhne der Formel 1, als sich der 31jährige Österreicher Roland Ratzenberger das Genick bricht, nachdem sein Simtek-Ford mit 314 km/h in eine Betonmauer knallt, weil wohl ein abgerissenes Teil des Frontflügels den Rennwagen aus der Bahn geworfen hat. Aber die Show geht weiter, am Rennsonntag rollt sogar Ratzenbergers Teamkollege David Brabham mit dem noch verbliebenen Simtek-Ford an den Start. Klammheimlich mag so mancher im GP-Zirkus denken, daß es gottlob nur ein Formel-1-Neuling gewesen ist, den es tags zuvor erwischt hat. Doch schon beim Start knallt es gleich wieder, als Pedro Lamy mit seinem Lotus in den liegengebliebenen Benetton von J.J. Lehto rast: Beide Fahrer kommen unversehrt davon, doch ein Hinterrad des Lotus und weitere Wrackteile werden auf die Haupttribüne geschleudert und verletzen neun Zuschauer. Das Rennen wird nicht abgebrochen, ein Pace Car sammelt das Feld wieder ein, während die Trümmer auf der Start- und Zielgeraden entfernt werden. Nach der fünften Runde wird die Jagd wieder freigegeben: Ayrton Senna führt knapp vor Michael Schumacher, seine On-Board-Kamera liefert LIVE-Bilder aus der Cockpit-Perspektive. Einen winzigen Augenblick lang fängt das Objektiv ein, wie der vor dem Benetton-Ford dahinrasende Rennwagen von der Strecke gerät und Staub aufwirbelt. Schon schaltet die Bildregie auf die Kamera um, die die Totale ausgangs der Tamburello-Kurve erfaßt: Ein Rennwagen prallt wild schleudernd von der Begrenzungsmauer zurück, es ist ein Williams! Das muß Damon Hill sein, schießt es einigen im Pressezentrum durch den Kopf. Aber der Helm, dessen Farbe jetzt aufscheint, ist gelb! Denn eine andere Kamera fängt jetzt in Großaufnahme die Cockpit-Sektion des havarierten Rennwagens ein: Der gelbe Helm zuckt für einen Moment. Ayrton Senna lebt,

wollen wir alle aufatmen. Bis wir entsetzt begreifen, daß das Opfer dieses Unfalls nicht mehr in der Lage ist sich zu bewegen. Die Kamera verweilt immer noch auf demselben Bildausschnitt, nichts passiert, als ob alles in ungläubigem Entsetzen erstarrt wäre, als könne einfach nicht sein, was sich gerade vor Millionen entsetzter Menschen in aller Welt auf dem Bildschirm abgespielt hat. Die letzte Hoffnung erlischt, als sie den regungslosen Körper wegtragen und dabei für einen Augenblick auf dem Kies eine riesige Blutlache zu sehen ist. Aus und vorbei. Keine viereinhalb Stunden später wird Ayrton Sennas Tod offiziell bestätigt. Das Rennen ist abgebrochen und wieder neu gestartet worden, nach einem mißglückten Reifenwechsel verliert Michele Alboretos Minardi bei der rasanten Abfahrt aus der Boxengasse ein Hinterrad, das vier Mechaniker trifft und schwer verletzt. Michael Schumacher gewinnt den *Großen Preis von San Marino*: Es finden sich sogar Leute, die dem Kerpener noch unmittelbar nach Rennende dreist versichern, Ayrton Senna sei gar nichts passiert, gibt Michael Schumacher später zu Protokoll.

Die Staatsanwaltschaft ermittelt: Fast ein Jahr nach Sennas Unfall verdichten sich die Anzeichen, daß ein Bruch der Lenksäule den Williams-Renault aus der Bahn warf. Ayrton Senna soll sich über allzu eingeengten Spielraum am Volant beklagt haben, worauf man die Lenksäule zersägte und in die Bohrung ein schmaleres, zweites Rohr einsetzte, um dadurch das Lenkrad tiefer zu setzen. War dies der verhängnisvolle Fehler, der die Tragödie auslöste? Was bleibt, ist die Erinnerung an einen außergewöhnlichen Rennfahrer und Menschen, der fast ein Jahrzehnt lang der Formel 1 seinen Stempel aufgedrückt hat. Im Cockpit seines Unfall-Wagens findet sich eine österreichische Flagge: In Erinnerung an den tags zuvor tödlich verunglückten Roland Ratzenberger hatte sich Ayrton Senna fest vorgenommen, das rot-weiß-rote Tuch als persönliche Geste der Betroffenheit auf der Auslaufrunde zu präsentieren.

Für die Formel 1 beginnen schwierige Wochen und Monate, zumal in Monte Carlo während des Trainings Karl Wendlinger mit dem Sauber-Mercedes schwer verunglückt und

wochenlang im Koma liegt. In Barcelona überlebt Andrea Montermini einen schweren Unfall mit dem Simtek-Ford, den Roland Ratzenberger hätte fahren sollen. FIA-Präsident Max Mosley verordnet aus Sicherheitsgründen nach und nach umfangreiche Reglementsänderungen: Die Air-Box muß zusätzliche Öffnungen aufweisen, die die Motorleistung drosseln sollen. Eine massive Holzplatte am Unterboden soll aerodynamische Vorteile glatt wegbügeln. Für 1995 wird der Hubraum von Formel-1-Motoren auf 3 Liter reduziert. Bis Ende der `94er Rennsaison gelingt es den meisten Teams jedoch, ihre Rennwagen wieder fast auf dasselbe Leistungsniveau wie in Imola zu liften. Bis sich die Verantwortlichen bei Williams-Renault nach dem Schock über Ayrton Sennas Tod wieder halbwegs gefangen haben, ist Michael Schumacher allerdings mit seinem Benetton-Ford im WM-Klassement entfleucht, uneinholbar will es scheinen. In Magny Cours feiert der 25jährige Kerpener beim siebten WM-Lauf des Jahres seinen sechsten Sieg. Mit 37 Punkten Vorsprung auf Damon Hill scherzt »Schumi« nach dem Rennen mit dem Engländer: »Komm', machen wir ein Geschäft. Ich laß' Dich in Silverstone gewinnen, dafür darf ich in Hockenheim siegen!« Damon Hill meint ironisch: »No deals, ich weiß nicht, wie wir es anstellen werden, aber irgendwie müssen wir diesen Mann stoppen...« Eine Woche später stoppt Michael Schumacher sich selbst: In Silverstone überholt er während der Aufwärmrunde den vor ihm auf der Pole Position plazierten Damon Hill, was nun mal verboten ist. Ein absurdes Delikt, weil der Verstoß fürs Rennen keinen Vorteil bringt. Doch es gibt nun mal Spielregeln, die für alle gelten: Anno 1983 ist John Watson beim *Großen Preis von Südafrika* ein ähnliches Malheur passiert, damals in Kyalami hat man »Wattie« nach 19 Runden disqualifiziert und aus dem Rennen genommen. Michael Schumacher erhält am 10. Juli 1994 eine 10-Sekunden-Zeitstrafe, sitzt die jedoch nicht innerhalb der vorgeschriebenen Frist am Ende der Boxengasse ab. Dafür gibts die schwarze Flagge: Sofort an die Box kommen, heißt das. Aber Schumacher fährt weiter: Das Ignorieren der schwarzen Flagge wird normalerweise mit der Disqualifikation geahndet.

BENETTON FORD B194

Ein »Formel-1-Go-Cart« für Michael Schumacher.

Nigel Mansell hat dies 1989 in Estoril erfahren müssen und mit einer Sperre für einen Grand Prix gebüßt. Aber Michael Schumacher fährt immer noch ungebremst weiter und sitzt die Zeitstrafe erst einige Runden später ab, nachdem sein Teamchef Flavio Briatore offensichtlich bei Bernie Ecclestone höchstpersönlich interveniert hat. Das Ganze sieht nach einem üblen Deal aus: Bei Rücknahme der schwarz-

en Flagge Akzeptanz der Zeitstrafe... Michael Schumacher verliert zwar das Rennen, behält aber trotz massiver Proteste voerst den zweiten Platz. Wieso hat der Deutsche die Zeitstrafe nicht sofort abgesessen? Hat ihn seine Crew per Funk angewiesen: »Go on!«? Und wie war das mit der schwarzen Flagge? Der Kerpener sagt, er habe keine gesehen. Bei dem Tempo in der schnellen Woodcote-Kurve bei Start und

Ziel mag man durchaus keine Zeit und kein Auge für sowas haben. Aber gab es von der Benetton-Box wirklich kein Kommando: »Stay out, we gonna settle the whole affair...«? Nach dem Rennen kommentiert Michael Schumacher: »Es hat mit Sicherheit niemand von uns erwartet, daß es mit diesem Überholen in der Aufwärmrunde ein Problem gibt. Ich find's irgendwo n'bißchen lächerlich, aber wenn sie

Als die Saison so hoffnungsvoll begann - Gruppenbild in Interlagos, in der ersten Reihe, von links nach rechts sitzend: Michele Alboreto, Pierluigi Martini, Karl Wendlinger, Heinz-Harald Frentzen, Rubens Barrichello, Mark Blundell, Ukyo Katayama, Erik Comas, Michael Schumacher und Jean Alesi.
Zweite Reihe, von links nach rechts: Bertrand Gachot, Christian Fittipaldi, Damon Hill, Ayrton Senna, Gerhard Berger, Mika Häkkinen, Martin Brundle, Eric Bernard, Olivier Panis und Olivier Beretta. Dritte Reihe, von links nach rechts: Johnny Herbert, Gianni Morbidelli, Pedro Lamy, Paul Belmondo, Roland Ratzenberger, David Brabham, Eddie Irvine und Jos Verstappen.

Tankstops sind 1994 wieder erlaubt, Boxentaktik spielt die entscheidende Rolle - Ayrton Senna am 27. März beim Großen Preis von Brasilien in Interlagos.

Wer genügend zahlen kann, bekommt auch einen Formel-1-WM-Lauf: Am 17. April 1994 findet auf der Aida-Rennstrecke des japanischen Multi-Millionärs Hajime Tanaka der Pazifik Grand Prix statt.

Zwei große Hoffnungen - Karl Wendlinger im Sauber-Mercedes C13 und Rubens Barrichello im Jordan-Hart 194: Der Brasilianer wird beim Heim-Grand-Prix in Interlagos Vierter, der Österreicher kommt als Sechster ins Ziel.

Gleich in der Startkurve wird Ayrton Senna von der Strecke gerempelt und sogleich kollidiert der Williams-Renault mit dem Ferrari von Nicola Larini.

Nach Imola allein auf weiter Flur - Damon Hill und Williams-Renault brauchen lange, um den Schock zu überwinden.

Die Chance beim Schopf gepackt und den Titel geholt.

Ein Jahr der großen Entdeckungen - Heinz-Harald Frentzen im Sauber-Mercedes C13.

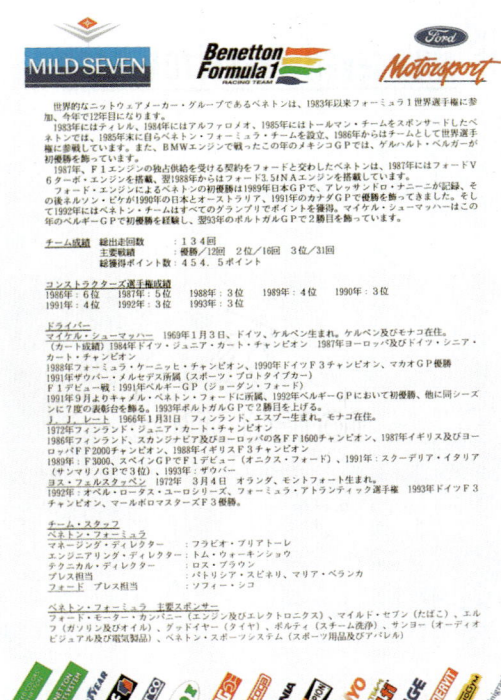

Die Bilanz von Benetton-Ford nach dem Abschlußtraining beim französischen Grand Prix in Magny Cours - Michael Schumacher ist enttäuscht, die Pole Position gegen Damon Hill und Nigel Mansell verloren zu haben, aber lesen Sie ruhig selbst weiter.

Hier der Schotte David Coulthard, der bei Williams-Renault selbst Formel-1-Heimkehrer Nigel Mansell in den Schatten stellt.

Eric Bernard mit dem Ligier-Renault JS39B am 12. Juni 1994 in Montreal unterwegs zum 13. Platz beim kanadischen Grand Prix: Guy Ligier hat sich aus der Formel 1 verabschiedet, das nach ihm benannte Team findet nach vielen Querelen einen neuen Besitzer. Flavio Briatore und Benetton nehmen Ligier 1994 als Zweitteam unter die eigenen Fittiche und werden mit Renault für 1995 ins Geschäft kommen.

Ferrari-Renaissance - Gerhard Berger beendet die fast vierjährige Durststrecke des italienischen Traditionsrennstalls mit einem Sieg am Hockenheimring und führt bis zum Ausfall seines Ferrari 412 T1B auch in Estoril.

meinen, dadurch irgendwas spannender oder interessanter machen zu müssen, dann werden wir uns an alle geringstmöglichen Punkte halten und versuchen, die richtig zu machen.«

Die Konsequenzen sind hart: Rechtzeitig vor dem Heim-Grand-Prix in Hockenheim verliert Michael Schumacher seinen zweiten Platz von Silverstone und wird von der FIA wegen Mißachtens der schwarzen Flagge für zwei Rennen gesperrt. Böse Zungen interpretieren das Urteil als Retourkutsche für Barcelona, wo Benetton-Teamchef Flavio Briatore den FIA-

Präsidenten Max Mosley bloßstellte, indem der Italiener konstatierte, daß die FOCA-Bosse und keineswegs Mr. Mosley das Formel-1-Regelwerk zu bestimmen hätten. Der Kerpener legt rechtzeitig Berufung ein und kann deshalb noch in Hockenheim, am Hungaroring und in Spa starten, denn die Berufungsverhandlung in Paris findet erst unmittelbar nach dem belgischen Grand Prix statt. Was viele merkwürdig finden und einige gar damit erklären, daß Bernie Ecclestone höchstpersönlich Promotor der drei genannten Formel-1-Rennen ist... Michael

Schumacher scheidet in Hockenheim aus und verpaßt damit die große Chance, als erster Deutscher seit Rudolf Caracciola 1939 den *Großen Preis von Deutschland* zu gewinnen. Während Gerhard Berger die fast vierjährige Ferrari-Durststrecke endlich mit einem Sieg beendet, gerät das Benetton-Team bei »Schumis« Heim-GP in das Schußfeld der Kritik: Vor dem Rennen kursiert die Information, in Imola sei die Software von Schumachers Wagen mit einer verbotenen elektronischen Starthilfe, einer »Launch Control«, ausgerüstet gewesen.

Während des deutschen Grand Prix kommt es dann in der Benetton-Box beinahe zu einer Katastrophe, als beim Tankstop des Niederländers Jos Verstappen Treibstoff überschwappt und sich binnen Sekundenbruchteilen entzündet. Das Feuer wird rasch gelöscht, wie durch ein Wunder erleiden weder Fahrer noch Mechaniker ernsthafte Verletzungen. Doch bei der fälligen Nachuntersuchung stellen Experten fest, daß die Benetton-Tankanlage durch Entfernen eines Benzinfilters manipuliert worden sei, damit schneller als bei der Konkurrenz Sprit nachgefaßt werden kann! Für Michael Schumacher beginnt damit ein wahrer Spießrutenlauf, wobei nicht wenige die Verantwortung des Benetton-Rennstalls mit dem Vertrauen des Rennfahrers in sein Team verwechseln: Das üble Wort vom »Schummel-Schumi« macht die Runde. Ein souveräner Sieg beim *Großen Preis von Ungarn* ist die richtige Antwort, doch als Michael Schumacher ebenso eindrucksvoll den belgischen Grand Prix gewinnt, danach aber wegen eines um 1,6 Millimeter zuviel abgeschrubbten Holzunterbodens disqualifiziert wird, scheint das Maß voll zu sein. Die Benetton-Crew hat sich aufgrund allzu verregneter Trainingssitzungen und keineswegs in manipulativer Absicht bei der Abstimmung vertan: Zehn wertvolle WM-Punkte sind und bleiben weg, zu allem Überfluß bestätigt die FIA-Berufungsverhandlung das »Flaggen«-Urteil, Michael Schumacher wird für zwei Rennen gesperrt, das Benetton-Team wird jedoch von allen anderen Manipulationsvorwürfen freigesprochen.

In Abwesenheit von Michael Schumacher gewinnt Damon Hill in Monza und in Estoril, der Titelkampf ist wieder offen, zumal Williams-Renault die technische Oberhand zurückerlangt hat: Vor dem *Großen Preis von Europa* im spanischen Jerez hat Schumacher nur noch einen Punkt Vorsprung auf Hill. Der Kampf der beiden Rivalen erstreckt sich nun auch auf verbale Attacken, die Nerven der beiden WM-Aspiranten scheinen zum Zerreißen gespannt, doch im Falle des Deutschen täuscht der Eindruck: Denn in Jerez fährt Michael Schumacher vielleicht das beste Rennen seiner Karriere und demonstriert mit einer weltmeisterlichen Vorstellung, daß er unter normalen

Umständen nicht mehr zu packen ist. Doch was ist in der Formel-1-Saison 1994 überhaupt normal? In Suzuka kommt der große Regen und spült Schumachers Erwartungen auf den vorzeitiger Titelgewinn hinweg: Damon Hill ist stark und Michael Schumacher am Ende plötzlich knapp geschlagen Zweiter, womit es nur noch 92:91 für den Deutschen heißt... Doch es bleibt bei diesem Punktestand, weil Michael Schumacher beim Saisonfinale in Adelaide Ellenbogen zeigt: Damon Hill kann sich wie zuvor bei ähnlichen Kollisionen in Monte Carlo und Hockenheim einen winzigen Augenblick lang nicht zurückhalten und sticht in eine Lücke, die Michael Schumacher mit seinem trotz Mauerkontakts immer noch führenden Benetton anstandslos zumacht. Für Schumacher endet die Kollision in einer anderen Betonwand, für Hill mit geknickter Vorder-

radaufhängung in der Williams-Box. Irgendwie ist das der passende Schlußpunkt einer Formel-1-Saison der Katastrophen und Tragödien, der Skandale und Verdächtigungen. Michael Schumacher indes braucht sich seiner Weltmeisterschaft nicht zu schämen: Wer 16 WM-Punkte aus zwei Rennen wieder gestrichen bekommt, in zwei weiteren WM-Läufen zwangsweise pausieren muß und dieses Handikap trotzdem meistert, ist in der Tat ein würdiger Champion. Und es bleibt dem neuen Weltmeister vorbehalten, in Adelaide den Kreis zu schließen und seinen Respekt vor dem Mann zu bekunden, den nicht wenige für den größten Formel-1-Rennfahrer halten: »Für mich war eigentlich immer klar, daß Ayrton derjenige ist, der diese Weltmeisterschaft hier gewinnen wird. Er war der beste Fahrer, er hatte auch das beste Paket und für mich gabs keinen anderen Favoriten. Auch nach den ersten beiden Rennen, wo er die Siege nicht geschafft hat und ich beide Male gewonnen habe, war mir trotzdem klar, daß es höchstens noch spannender wird, er aber gleichwohl die Meisterschaft gewinnt. Deswegen möchte ich die Situation nutzen, um die Weltmeisterschaft, meine erste Weltmeisterschaft, Ayrton Senna zu widmen.« Und es scheint so, als würde erst in diesem Moment eine neue Ära der Formel-1-Geschichte beginnen. Wohlgemerkt: Michael Schumacher hat ausdrücklich von seiner ersten Weltmeisterschaft gesprochen...

Silverstone 1994 - die Aufholjagd beginnt.

315

Trotz allem - der richtige Kandidat wird Weltmeister.

Hund und Katz

»Der König ist tot – es lebe der König!« – Diese monarchische Platitüde bestätigt sich auch in der kleinen Welt der Formel 1. Ein Jahr ist seit den tödlichen Unfällen von Imola vergangen und Michael Schumacher gelingt es, seinen Nimbus als bester Rennfahrer im Grand-Prix-Imperium zu etablieren. Mag für manche Zweifler der Schatten eines Ayrton Senna noch übergroß sein, so räumt Michael Schumacher in der Saison 1995 zumindest mit den letzten Vorbehalten darüber auf, wer fortan die erste Geige im Formel-1-Orchester spielt. Dabei überrascht, wie selbstverständlich und scheinbar mühelos der 26jährige Deutsche die Rolle der unbestrittenen Nummer Eins übernimmt. Jackie Stewart, gerade damit beschäftigt zusammen mit Sohn Paul ein eigenes Formel-1-Team auf den Weg zu bringen, analysiert am Ende des Jahres: »Ich glaube, es wäre anmaßend zu sagen, Michael Schumacher ist bereits ein Senna oder Prost. Es braucht seine Zeit, um diese Art von Respekt zu gewinnen, diese Art von Erfahrung, Wissen, Weisheit und Reife. Ich bin sogar überzeugt, selbst Senna hatte den Höhepunkt seines Potentials noch nicht erreicht. Somit glaube ich, daß auch Schumacher noch nicht am Gipfelpunkt seines Potentials angelangt ist, zum Unterschied von Prost, der am Zenit war. Er war technisch gesehen der beste Rennfahrer der letzten Zeit. Er war als Techniker wahrscheinlich sogar besser als Senna. Schumacher hat das ganze Potential, um in diese Höhen vorzustoßen. Momentan ist er der Beste.«

»Join the best«, hatte der damalige Mercedes-Benz-Chef Helmut Werner den Formel-1-Deal mit McLaren angekündigt: Gemeinsam wolle man 1995 konkurrenzfähig werden, erste Siege anpeilen, um dann 1996 Kurs auf die Weltmeisterschaft zu nehmen. Doch grau ist alle Theorie, silbern schimmert die große Vergangenheit im Zeichen des Sterns – und rabenschwarz endet das erste Jahr der millionenschweren Allianz. »Join the best«, klingt es immer noch im Ohr, als Ron Dennis seinen neuen Spitzenfahrer für die `95er Rennsaison präsentieren darf: Nigel Mansell heißt der Mann, 41 Jahre jung und als Ex-Weltmeister im Williams-Renault immer noch gut genug, gewesen, um nach der Schumacher/Hill-Kollision den Sieg im Adelaide-GP abzustauben. McLaren-Stammfahrer Mika Häkkinen – seit 1991 im GP-Zirkus dabei und immer noch sieglos – scheint damals im Daimler-Benz-Management nicht unbedingt als Garant für künftige Erfolge zu gelten. Ein großer Name muß her: Doch Mansells vier Buchstaben sind zu groß für das schmale Cockpit des neuen McLaren-Mercedes MP4/10...

Bis ein neugebautes Fahrgestell dem Hintern des Ex-Champions ausreichenden Platz verschafft, sind die ersten beiden Rennen in Buenos Aires gelaufen. Doch nur zwei weitere Grands Prix wird »Nige« mit der verbreiterten B-Version des MP4/10 tatsächlich noch in Angriff nehmen, um dann sein ungeliebtes, aber noch intaktes Gefährt nach 19 von 65 Runden des spanischen GP abzustellen: »Wenn euer Auto siegen kann, ruft mich wieder an«, trollt sich der ehemalige Champion, murmelt noch etwas von »Shitbox« und wird nie wieder einen Formel-1-WM-Lauf bestreiten. Ende 1996 absolviert Nige Mansell ein paar Testrunden in einem Jordan-Peugeot, dann klingt eine große Karriere mit einem bescheidenen Gastspiel in der Britischen Tourenwagenmeisterschaft aus, wo Mansell einen 280 PS-Ford Mondeo bewegt...

Man mag Mansell mangelnden Ehrgeiz und Abzocker-Mentalität unterstellen, aber sein vernichtendes Urteil über den McLaren-Mercedes trifft zweifelsohne zu: Weder Mika Häkkinen, noch Mark Blundell oder gar Testfahrer Jan Magnussen können den drei verschiedenen McLaren-Chassis-Varianten ein brauchbares Fahrverhalten abringen. Und mit etwa 660 bis 690 PS befindet sich das dazugehörige V10-Triebwerk des schweizer Motorenspezialisten Mario Illien noch ein gutes Stück hinter den 720 Pferdestärken, die dem Renault V10 nachgesagt werden. Gegen Saisonende bringen die beiden Designer Neil Oatley und Steve Nichols der B-Variante der MP4/10-Mißgeburt besseres Benehmen bei, sogar Alain Prost wird noch einmal als Testfahrer reaktiviert – doch das Rennjahr 1995 endet für McLaren-Mercedes beinahe mit einer Tragödie, als Mika Häkkinen beim freitäglichen Qualifikationstraining zum Saisonfinale in Adelaide mit Tempo 180 in die Streckenbegrenzung rast. Ein defekter Reifen wird später als Unfallursache ermittelt. Häkkinens behelmter Kopf ist trotz der Sicherheitsgurte gegen das Lenkrad geschlagen. Der Finne zieht sich einen Schädelbasisbruch zu, die Atmung setzt aus, der Puls ist kaum noch zu spüren, als Rennarzt Sid Watkins gerade noch rechtzeitig kommt, um das Leben des 27jährigen Rennfahrers mit einem Luftröhrenschnitt zu retten. Fast einen Monat verbringt Mika Häkkinen im Royal Adelaide Hospital und wird sich trotzdem pünktlich zu Saisonbeginn 1996 im McLaren-Mercedes-Cockpit zurückmelden: »Der Unfall hat nichts an meiner Einstellung ge-

30. Juli 1995: Die Tribünenplätze im Motodrom sind wie üblich ausverkauft, das »Schumi-Fieber« grassiert und erreicht einen neuen Spitzenwert, denn Michael Schumacher gewinnt erstmals den Großen Preis von Deutschland. Aber das ist kurz vor Beginn der Einführungsrunde nicht absehbar, denn Damon Hill (rechts vorn) startet im Williams FW17-Renault aus der Pole vor dem Idol des heimischen Publikums.

genüber dem Motorsport geändert. Aber ich weiß jetzt, was passieren kann...«

Die Formel 1 ist noch einmal davongekommen: Und dies bereits zum wiederholten Mal während der Rennsaison 1995, denn anderthalb Monate zuvor war Ukyo Katayama mit seinem Tyrrell-Yamaha bei Tempo 220 gegen den Minardi-Ford von Luca Badoer geknallt und hatte sich mehrfach überschlagen. Katayama kommt mit einem steifen Genick davon... Trotz alljährlich verschärfter Crashtests – 1999 werden die Monocoques mit einer Geschwindigkeit von 46,8 km/h frontal gegen eine Wand gefahren, allein die »Crash-Nose« muß die Energie des Aufpralls absorbieren, ohne daß die Sicherheitszelle auch nur einen Kratzer abbekommen darf! – trotz normierter Helmpolster unterhalb der Airbox, die binnen bald drei Sekunden eine maximale Verzögerung des 60fachen Fahrergewichts aushalten müssen, ist es auch bei Mika Häkkinen in erster Linie glücklicher Zufall, daß er seinen schlimmen Trainingssturz überlebt.

Als Reaktion auf den Unfall wird die FIA umgehend auch Seitenpolster im Bereich der Cockpit-Sektion vorschreiben, der Traum vom

Imola, 30. April 1995: Ein Jahr nach den tödlichen Unfällen von Roland Ratzenberger und Ayrton Senna. Die Zeit vergeht, aber Damon Hill und Michael Schumacher bleiben ihren Rollenspielen als unversöhnliche Rivalen treu.

Formel-1-Airbag erfüllt sich vorerst jedoch nicht – aus technischen Gründen. Nicht alles, was wünschenswert wäre, ist auch machbar im Grand Prix-Imperium: Während des belgischen Grand Prix fängt der Jordan-Peugeot von Eddie Irvine beim Nachtanken Feuer – der Nordire und seine Boxencrew kommen mit dem Schrecken davon. Kein Grund, um auf die Tankstops zu verzichten. Auch nicht, als in der Saison 1996 beim GP von Argen-

Alter schützt vor Torheit nicht – oder: Jeder blamiert sich, so gut wie er kann? Nigel Mansells Schwanengesang im McLaren-Mercedes MP4/10B...

Nürburgring, 1. Oktober 1995: Wieder einmal eine Lektion für Damon Hill, der siebte Saisonsieg von Michael Schumacher stellt die Weichen zur Weltmeisterschaft.

Tauschgeschäfte: Nach der Liaison von McLaren-Mercedes wechselt Peugeot mit seinen Treibsätzen zu Eddie Jordan, doch bis auf zwei Podiumsplätze in Kanada enttäuscht die neue Kombination. Das beste Geschäft für Jordan: Für angeblich fünf Millionen Dollar Ablöse wechselt Eddie Irvine (hier in Silverstone) nach Saisonende als Nummer zwei zu Ferrari.

Big Berger is watching you! Aber bei Ferrari übersehen sie immer mal wieder Kleinigkeiten. Auf dem Weg zum Doppelsieg in Monza fliegt Alesis Onboard-Kamera weg und zerschlägt die linke Vorderradaufhängung an Bergers Ferrari. Ein defektes Radlager wird Alesis zweiten GP-Sieg verhindern – schwacher Trost für den 1995 sieglosen Berger: Auch ohne den Kamerazwischenfall wäre sein Ferrari ebenfalls Opfer eines Radlagerschadens geworden...

tinien Pedro Diniz mit Mühe und Not einem weiteren flammenden Inferno entkommt: Ein Montagefehler sorgt dafür, daß das Tankventil am Ligier-Mugen nach dem Boxenstop nicht richtig schließen kann, Treibstoff schwappt heraus und entzündet sich, als der Brasilianer wieder im Renntempo auf der Strecke unterwegs ist. Der Ligier gerät außer Kontrolle, dreht sich neben die Piste – und Diniz rettet sich aus dem Flammenmeer seines Cockpits: »Meine Hände wurden trotz Schutzhandschuhen glühend heiß. Mich wundert, daß sie nur

leicht verbrannten. Die Nächte danach träumte ich von Flammen.« Doch bei der FIA verursacht das Thema Tankstop keine Alpträume...

...vielleicht liegt es auch daran, daß die moderne Formel 1 einfach zwingend solcher Boxenstops bedarf, um überhaupt noch Überholvorgänge zu ermöglichen. Immer bessere Bremsleistungen verringern den Spielraum für aussichtsreiche Attacken, immer ausgefeiltere aerodynamische Hilfsmittel reagieren um so empfindlicher auf Luftturbulenzen: Die Formel-1-Künstler von heute können ihrem Vordermann gar nicht mehr nah genug auf die Pelle rücken. All dies erklärt – entschuldigt aber nicht unbedingt – , daß Damon Hill im Verlauf der Saison 1995 den Begriff »Schlagdistanz« mit Blick auf Michael Schumacher mitunter etwas zu wörtlich nimmt. In Silverstone und in Monza torpediert »Damon the Demon« sich selbst und seinen Erzrivalen von der Piste: »Ich sah eine Chance zum Überholen, doch an Michael vorbeizukommen ist härter als bei anderen«, kommentiert Hill den

Heinz-Harald Frentzen fährt in seinem Sauber C14 das Ford-Zetec-R-Triebwerk, mit dem Michael Schumacher im Vorjahr Weltmeister wurde. Doch der V8 ist in der Dreiliterversion mit etwa 640 PS längst nicht mehr »state of the art«, was auch an dem aerodynamisch mißratenen C14-Chassis liegt. In Monza gelingt Frentzen aber nicht nur dank zahlreicher Ausfälle mit Platz drei der erste Podiumsplatz für sich und Sauber, während Karl Wendlingers Formel-1-Comeback in dem schweizer Rennstall nur auf die Saison 1995 beschränkt bleibt.

Berlin, 20. Juni 1995: Michael Schumacher bahnt sich mit seinem Benetton B195-Renault einen Weg durchs Brandenburger Tor. Die fahrerischen Darbietungen auf dem Weg zur Titelverteidigung werden im Gegensatz zum Vorjahr von keinem Makel getrübt. Daß ELF zum Saisonauftakt in Brasilien nicht den Treibstoff liefert, den es bei der FIA mittels »chemischen Fingerabdruck« avisiert hat, führt schließlich nur dazu, daß Benetton und Williams die WM-Punkte von Interlagos gestrichen bekommen, während Schumacher und Coultard die Zähler für Platz eins und zwei behalten dürfen.

Abschuß von Silverstone. In Monza steht ihm der zu überrundende Footwork-Hart von Taki Inoue im Weg, sagt der glücklose Williams-Renault-Chauffeur: »Um einen Unfall zu vermeiden, endete ich in einem anderen Crash. Michael war das unschuldige Opfer.« In Monza müssen Streckenposten unmittelbar nach der Kollision den aufgebrachten Michael Schumacher davon abhalten, auf Damon Hill loszugehen: »Damon entschuldigte sich später zwar, aber er schob die Schuld auf Inoue. Eigene Fehler kann er nicht eingestehen.« Nein, die beiden sind wie Hund und Katz. Die FIA verdonnert Hill zu einer eher belanglosen Strafe: Beim nächsten Grand Prix startet der Brite unter Bewährung, im Wiederholungsfall droht ihm ein Rennen Sperre...

...gleich vier Rennen »auf Bewährung« hat »Schumi« unmittelbar vor Monza kassiert, als er sich beim belgischen GP vom 16. Startplatz binnen 16 Runden auf die erste Position vorkämpft und diese dann auf regennasser Strecke hartnäckig gegen den regenbereiften Williams-Renault von Hill verteidigt. Wohlgemerkt: Schumachers Benetton-Renault ist mit Slicks unterwegs! »Im Infight berührten wir uns mit den Rädern. Er machte das mit Absicht«, empört sich Hill, während Schumacher kontert: »Solange das bei langsamem Tempo passiert, ist es doch nicht schlimm. Im Go-Kart-Sport geschieht das oft...« Die Sportkommissare werten »Schumis Kampflinie« nach Rennende als »gefährliche Fahrweise«, sprechen jedoch keine Disqualifikation aus. Das trauen sich die Funktionäre denn wohl doch nicht: Schließlich wurde da draußen in Spa-Francorchamps noch immer ein Rennen gefahren... Michael Schumachers furiose Aufholjagd unter schwierigsten Wetterbedingungen wird mit dem verdienten Sieg belohnt. Spa 1995 – das ist symptomatisch für das gesamte Formel-1-Jahr: »Schumi« fährt keine leichten Erfolge heraus, wenn er gewinnt – und das geschieht bei sage und schreibe neun von 17 Grands Prix! – , dann auf eine Art und Weise, die den Rest des Feldes, allen voran Damon Hill, geradezu demoralisieren muß. Patrick Head und Adrian Newey haben mit dem Williams-Renault FW17 einen großen Wurf gelandet, doch der von Chassisseite her wesentlich

Mika Nummer zwei: Mit 28 Jahren absolviert Mika Salo im Tyrrell-Yamaha 023 seine erste komplette Formel-1-Saison. Eine positive Alkoholkontrolle hat Sponsoren und einige Jahre seiner Karriere gekostet. Doch der finnische Spätzünder überzeugt als GP-Rennfahrer und holt für die experimentierfreudige Truppe von Ken Tyrrell die einzigen WM-Punkte des Jahres. Doch insgesamt drei magere Jahre bei Tyrrell und eine desolate Saison bei Arrows machen aus einem Dauertalent einen Hinterbänkler. Die kleine Chance beim kurzen Ferrari-Gastspiel kommt 1999 viel zu spät.

nervösere, auf nahezu allen Strecken unterlegene Benetton-Renault B195 erweist sich dank des überragenden Michael Schumacher und einer konstanten »Nummer 2« in Person von Johnny Herbert auch noch als stark genug für den Gewinn der Konstrukteurs-WM. Damon Hill mögen zwar ab Saisonmitte zu viele Kunstfehler unterlaufen, doch auch die Rennstrategie an der Williams-Box erweist sich dem Zusammenspiel zwischen Ross Brawn und Michael Schumacher bei Benetton als unterlegen: In Monte Carlo führt Hill aus der Pole Position das Rennen an, doch zwei planmäßige Boxenstops sind das falsche Rezept gegen einen furiosen Michael Schumacher, der mit einer Ein-Stop-Taktik zum Sieg unter-

wegs ist. »Wäre Damon im Warm-Up mit vollen Tanks nicht zu langsam gefahren, hätten wir anders kalkuliert«, rechtfertigt sich Patrick Head. Zwei Rennen später, in Magny Cours, kann sich Pole-Mann Hill nicht von Schumacher absetzen, die Benetton-Box beordert den Weltmeister früher herein, während der führende Williams mit dem etwas zögerlichen Hill an Bord viel Zeit beim Überrunden langsamer Konkurrenten verliert: »Es wäre Schönschwätzerei zu behaupten, wir hätten nur deshalb verloren«, wird ein ratloser Damon Hill später einräumen: »Schumacher hat uns in Grund und Boden gefahren. Wir müssen das neidlos anerkennen und noch härter arbeiten...«

Die Rennsaison ähnelt bisweilen dem Märchen von Hase und Igel: »Ick bün allhier!« klingt es von fern – und bis der nimmermüde Damon nachkommt, hat sich sein Rivale schon wieder abgesetzt. Mit dem Unterschied, daß der Michael Schumacher des Jahres 1995 auf keine märchenhaften Tricks angewiesen ist. »Schumi« zeigt sich fahrerisch derart selbstbewußt, daß er versteht, eigene (zugegebenermaßen äußerst rare) Fahrfehler irgendwie zu ignorieren. In Imola fliegt Schumacher nach seinem ersten Boxenstop bei Tempo 270 von der Strecke, braucht aber trotz entsprechender Telemetriedaten geraume Zeit, um dann am Ende der Saison einen eigenen Fauxpas einzuräumen: »Ich hatte zwar das Gefühl, irgend

etwas am Auto sei nicht in Ordnung gewesen. Aber ich ließ mich insgesamt überzeugen, daß es nicht die Ursache war. Die Strecke war naß, die Reifen neu, über die Kuppe wird das Auto leicht, du hast dann Schlupf mit den Rädern, der Benetton ist sehr kritisch in so einer Situation. Dann geht's dahin. Ich habe das akzeptiert.«

Imola 1995, der dritte WM-Lauf des Jahres, das ist für Schumacher der Tiefpunkt des Jahres. Nicht unbedingt, weil da die Erinnerungen an Imola 1994 hochkommen. Der heftige Unfall mit dem heiklen Benetton nagt wohl vor allem deshalb, weil Damon Hill danach das Rennen gewinnt und zum ersten (und wie sich später herausstellt auch einzigen) Mal in der Saison die Führung im WM-Klassement übernimmt: »Ich habe den Gedanken, daß dies der Ort ist, wo wir letztes Jahr so schreckliche Dinge sahen, die meiste Zeit ver-

Abschied von einer Formel-1-Legende: Am 17. Juli 1995 stirbt Juan Manuel Fangio in Buenos Aires mit 84 Jahren nach einem langen, qualvollen Nierenleiden. Viele, die ihn noch als aktiven Rennfahrer erlebten, preisen den fünffachen Formel-1-Weltmeister als besten Rennfahrer aller Zeiten. Alle anderen schätzen Fangio zumindest als den größten und besten Botschafter des Motorsports.

drängen können«, bekennt Hill nach der Siegerehrung, »ich habe einfach meine Aufgaben, meinen Job erledigt. Aber ich denke, das war heute ein gutes Rennen – und ich glaube, Ayrton hätte das auch so gesehen.« Nicht wenige sehen in Damon Hill zu diesem Zeitpunkt den kommenden Weltmeister des Jahres 1995, auch im deutschen Blätterwald rauscht es gewaltig – aber nur vierzehn Tage später, beim nächsten Grand Prix in Barcelona gibt Michael Schumacher auf der Rennstrecke die einzige Antwort, die in der Formel 1 zählt: Ein makelloser Start- und Ziel-Sieg aus der Pole Position heraus beschert »Schumi« die neuerliche WM-Führung, der eigentliche Anfang vom Ende der Hill'schen Titelambitionen. In Hockenheim wird Damon sie ein Stück weit im Kies der Nordkurve begraben, wo er zu Beginn der zweiten Runde mit seinem Williams-Renault strandet – während sein deutscher Dauerrivale den heißersehnten Sieg im Heim-Grand Prix feiert: »Alle Schumacher-Fans, die nach dem Grand Prix von England sauer auf mich waren, müßte ich mit dem Abflug von Hockenheim eigentlich wieder versöhnt haben«, ätzt Hill, während Schumacher den ersten Sieg eines deutschen Rennfahrers beim »Großen Preis von Deutschland« seit Caracciolas Triumph anno 1939 zelebriert (sofern man nicht Jochen Rindts »deutsch-öster-

Flirting with disaster: McLaren holt trotz kräftiger Mercedes-Benz-Unterstützung weniger WM-Punkte als im Vorjahr mit Peugeot. Als Mika Häkkinen beim vorletzten WM-Lauf in Suzuka mit Platz zwei aufhorchen läßt und Licht am Ende des Tunnels schimmert, stürzt sogleich Häkkinens schlimmer Unfall in Adelaide das Team erneut in Nöte.

Der erste von Schumis Teamkollegen, der trotzdem Rennen gewinnt: Johnny Herbert kann sich zwar nicht mit dem nervösen Fahrverhalten seines Benetton B195-Renault anfreunden, gewinnt aber trotzdem mit 31 Jahren in Silverstone und Monza seine ersten beiden WM-Läufe. Welchen Weg hätte seine Karriere ohne den Horror-Crash von 1988 bei einem Formel-3000-EM-Lauf in Brands Hatch genommen? So bleibt Johnny Herbert nur das ebenso kühne wie bittere Fazit: »Schumacher ist der egoistischste Fahrer, den ich kenne. Ich war beim ersten Test zu gut. Danach kriegte ich nie wieder eine Chance. Wir haben verschiedene Fahrstile. Michael liebt es, wenn das Heck instabil ist und er mit dem Gasfuß den Wagen um die Kurven zirkeln kann. Mir liegt der Wagen dagegen nur dann, wenn er am Limit über die Vorderräder nach außen rutscht. Doch die Autos wurden immer nur auf seinen Stil getrimmt.«

reichischen« Erfolg des Jahres 1970 in patriotischer Aufwallung dazuzählen möchte): »Das war mein schönster Sieg, er übertrifft emotional sogar alles, was ich nach dem Titelgewinn in Adelaide spürte.«

Doch keine 48 Stunden später folgt dann der bis dato schönste Tag im Leben des Michael Schumacher: »Traumhochzeit« bei RTL mit Corinna Betsch, exklusiv für einen guten Zweck an eine Illustrierte verhökert, weshalb der Bonner Petersberg mit Sichtblenden verhängt wird, während davor Wachpersonal die Intimsphäre des Weltmeisters schützt. Aber selbst das werden sie ihm in deutschen Landen nachsehen, es herrscht »Schumania«. Und das von Michael Schumacher entfachte Formel-1-Fieber muß man weiterschüren, weshalb Bernie Ecclestone mit seiner von deutschen Medien jahrzehntelang so verächtlich gescholtenen »Zirkustruppe« plötzlich auch wieder auf dem ähnlich lange verschmähten Nürburgring auftaucht. Und so bekommt die deutsche Fangemeinde ihren zweiten alljährlichen Heim-Grand-Prix, der am 1. Oktober 1995 »Großer Preis von Europa« heißt – und 1997 sogar als »Großer Preis von Luxemburg« firmieren wird.

Regnerisches Eifelwetter macht aus einer befürchteten Prozession im Renntempo wieder einmal ein Formel-1-Drama besonderer Güteklasse: Land unter heißt es für Damon Hill, schon bevor er unsanft in einen Reifenstapel segelt. David Coulthard, im zweiten Williams-Renault vor Wochenfrist in Estoril endlich, endlich zum lange prophezeiten GP-Sieg gekommen, vermag sich auf dem Nürburgring nicht auf Dauer an der Spitze zu behaupten, die Jean Alesi mit einer gewohnt heroischen Ferrari-Wasserfahrt auf Trockenreifen einsam für sich erobert hat – ehe Michael Schumacher in einem Finale furioso immer näher rückt und seinen Benetton-Renault ebenso gekonnt wie gewagt in der Veedol-Schikane auf Platz eins zwängt: »Ich habe mir überlegt, das Rennen als sicherer Zweiter zu beenden, da Hill draußen war. Aber den Fans hier am Ring war ich es schuldig, um mich siegen zu sehen«, erläutert der 26jährige Kerpener seine erfolgskrönte Schlußattacke. Das sind denn auch die Glücksmomente im Leben von Fernsehbossen, die für teures Geld bewegte Grand-Prix-Bilder eingekauft haben. RTL soll damals für angeblich 175 Millionen Mark seine bereits georderten Formel-1-LIVE-Übertragungsrechte noch bis zum Jahr 2000 verlängert haben.

Ein Bernie Ecclestone denkt aber nicht nur an künftige Einnahmequellen aus seinem Showprogramm: Er sortiert auch akribisch die Rollen, die Spielpläne und die Stücke, die seine Formel-1-Bühne bietet: Anstelle von David Coulthard, der das Potential seines WM-tauglichen Gefährts unterm Strich nur ein einziges Mal wirklich hat ausschöpfen können, wird zu Williams-Renault ein junger Kanadier gelotst, der 1995 die »500 Meilen von Indianapolis« und obendrein das CART-Championat gewonnen hat: Jacques Villeneuve, der 24jährige Sohn eines legendären Vaters. Ecclestone macht sich für den jungen Villeneuve nicht nur stark, weil er die CART-Konkurrenz schwächen will, sondern: »Weil er der einzige Fahrer ist, der auf lange Sicht Michael Schumacher unter Druck zu setzen vermag. Für mich ist Villeneuve aus dem selben Holz geschnitzt wie Ayrton Senna und Schumacher.«

Drei Wochen nach dem Heimsieg in Hockenheim steht offiziell fest, daß Michael Schumacher ab 1996 für Ferrari fahren wird: »Ferrari hat alles, was ein Formel-1-Team braucht, um erfolgreich zu sein«, urteilt Champion Schumacher nach seinem letzten GP-Start für Benetton und konkretisiert seine Erwartungen, »für 1997 haben wir den WM-Titel fest im Visier.«

The Fool on the Hill

»Mein größter Fehler war der Versuch, in der Formel 1 Erfolg zu haben«, hat Damon Hill einmal seine Grand-Prix-Karriere in einer für ihn typischen Mischung aus Selbstironie, Sarkasmus und Skepsis charakterisiert. Leider hat das in deutschen Landen grassierende Schumi-Fieber den Blick auf die Qualitäten seines britischen Erzrivalen fast völlig verzerrt. Schumacher, das ist natürlich der Ausnahmerennfahrer, das Naturtalent. Während Hill der Formel-1-Spätzünder bleibt, mit dem besten Rennwagen im GP-Feld trotzdem nur Vize-Weltmeister wird – auch weil er immer wieder in unschöner Regelmäßigkeit von der Strecke fliegt. »From Hero to Zero« – für Damon Hill ein schmaler Grat. Mit bald 36 Jahren weiß der Brite, daß in der Rennsaison 1996 seine letzte Chance auf den Gewinn der Formel-1-WM winkt. Schumacher ist bei Ferrari vorerst auf der Verliererstraße, die vermeintlichen WM-Aspiranten Alesi und Berger werden als »Schumi«-Nachfolger bei Benetton-Renault keinen einzigen GP-Sieg zuwege bringen – bleibt allein die neue Nummer Zwei bei Williams-Renault als Titelkonkurrent: Jacques Villeneuve, aber der kennt die meisten Formel-1-Rennstrecken nur vom Hörensagen. Wann, wenn nicht jetzt, soll Damon Hill Weltmeister werden...?

Auf dem Papier mag die Konstellation klar sein, aber als letztlich entscheidend für den Titelgewinn erweist sich die professionellere Einstellung des »ewigen Zweiten«. Nicht allein von der physischen Fitneß verbessert sich Damon Hill, er scheint auch in kritischen Rennsituationen nicht mehr so oft überfordert. Mit den Erfolgen zu Saisonbeginn sinkt denn die eigene Fehlerquote. Bei Williams hat man

bereits beim letzten WM-Lauf des Jahres 1995 den Eindruck, daß die bislang so überforderte Primadonna am Lenkrad gelassener und konzentrierter zur Sache geht. Zwischen dem japanischen GP in Suzuka, wo Hill und auch der von vielen immer noch als stärker eingeschätzte Coulthard sich mit pirouettenhaften Abgängen in die Botanik bis auf die Knochen blamiert haben, und dem GP von Australien liegen Welten: Damon Hill kommt relaxed aus einer Urlaubspause zurück, er geht das heikle Formel-1-Geschäft anders an als all die Rennen zuvor: Gewiß, Michael Schumacher bleibt in Adelaide an dem aggressiven und von seinem Ferrari-Abgang wohl immer noch frustrierten Jean Alesi hängen. Während Spitzenreiter David Coulthard schon zuvor auf der Anfahrt zu seinem ersten Tankstop in der Boxenmauer landet - Fehler im Motormanagement, heißt es...

...und so gewinnt Damon Hill denn souverän das Saisonfinale. Imposante zwei Runden Vorsprung fährt Hill auf den zweitplazierten Olivier Panis im Ligier-Mugen/Honda heraus, zuletzt war es Jackie Stewart anno 1969 beim GP von Spanien geglückt, die verbliebene Konkurrenz derartig zu deklassieren. Frank Williams wird noch Jahre später zu Protokoll geben, daß er Damon Hill niemals zuvor derart souverän erlebt hat, wie 1995 in Adelaide, wo sich zum Abschied von der Formel 1 an drei Tagen über 400 000 Rennfans tummeln. Allein am Rennsonntag zählt der Veranstalter 205 000 Zuschauer, für Bernie Ecclestone der absolute Besucherrekord, der jemals bei einer eintägige Sportveranstaltung aufgestellt worden ist. Wobei sich der kritische Leser fragt, ob es sich bei dem Formel-1-Spektakel denn

überhaupt um Sport handeln mag. Eine Antwort darauf ersparen wir uns an dieser Stelle, wollen aber immerhin nicht unerwähnt lassen, daß Mr. Ecclestone seine Formel-1-Truppe trotzdem lieber nach Melbourne beordert, wo bei besseren finanziellen Konditionen künftig der GP von Australien auf dem neuen Albert Park Circuit gefahren wird. Zum ersten Mal am 10. März 1996, zum Auftakt der neuen Formel-1-Saison...

Und wieder heißt der Sieger Damon Hill, denn das Glück ist mit den Tüchtigen. Im Nachhinein will es scheinen, daß sich damit bereits die Weichen für den gesamten Verlauf des Rennjahres gestellt haben: Formel-1-Novize Jacques Villeneuve hat seit August 1995 im Williams-Renault über 9000 Testkilometer zurückgelegt, kein Vergleich zu einem anderen frischgekürten Indycar-Champion namens Michael Andretti, der 1993 bei McLaren nicht zuletzt an mangelnder Testpraxis jämmerlich scheiterte. Natürlich, der 25jährige Villeneuve ist auch fahrerisch ein ganz anderes Kaliber, dem denn auch auf Anhieb die Umstellung von den über 250 kg schwereren Indycars auf die viel komplexeren, geradezu giftigen Formel-1-Boliden gelingt. Wie sein unvergessener Vater Gilles strotzt Jacques Villeneuve nur so von Selbstbewußtsein, mag der Sohn auch zunächst scheinbar weniger riskant und materialfordernd über die Rennstrecken toben. Auf dem neuen Kurs in Melbourne sind die Ausgangsbedingungen für die beiden Williams-Teamkollegen zum ersten und vielleicht einzigen Mal identisch: Was wunder, daß sich Jacques Villeneuve mit 138 Tausendstelsekunden Vorsprung auf Damon Hill auf Anhieb die Pole Position holt? Auch im Rennen läßt Ville-

Buenos Aires, 7. April 1996: Luca Badoers Forti-Ford FG01B hat sich nach einer Kollision mit dem Ligier-Mugen von Pedro Diniz überschlagen. Der endgültige Abgang des italienischen Mini-Rennstalls folgt zur Saisonmitte, als Tamchef Guido Forti nach nur anderthalb Jahren im Formel-1-Geschäft von einem Pseudo-Sponsor übers Kreuz gelegt wird und mangels Masse den Laden dichtmacht. Mit Pacific und Simtek sind zwei andere GP-Außenseiter bereits im Vorjahr auf der Strecke geblieben...

neuve nichts anbrennen, führt von Anfang an, Hill kommt zwar aufgrund der besseren Boxenstrategie kurz in Front, doch der Kanadier kontert sofort und überholt den Briten...

Gedenken wir einen Moment des armen Giancarlo Baghetti, der vier Monate zuvor mit 60 Jahren an Krebs gestorben ist, war er doch 1961 in Reims bekanntlich der erste Rennfahrer, der gleich seinen allerersten Formel-1-WM-Lauf gewonnen hat. Nun schickt sich Jacques Villeneuve an, es dem Italiener gleichzutun: Was wäre gewesen, wenn? Fragen wir uns, müssen uns aber an die Macht des Faktischen halten: Villeneuve rattert etwas zu ungestüm über die Kerbs, beschädigt dabei wohl eine Ölleitung, zieht eine Rauchfahne hinter sich her, muß schließlich das Tempo reduzieren und läßt Hill fünf Runden vor Schluß anstandslos passieren, rettet aber den waidwunden Williams-Renault FW18 mit über 38 Sekunden Rückstand wenigstens auf dem zweiten Platz ins Ziel. Damon Hill legt in Melbourne den Grundstein für seinen ersten und einzigen WM-Titel, der Rennverlauf wird

zum guten Omen, Hill werden 1996 weniger Fehler unterlaufen. Doch es ist bezeichnend, daß Damon – trotz acht Saisonsiegen und neun Pole Positions – erst beim 16. und letzten WM-Lauf des Jahres in Suzuka Weltmeister

wird: »Am Saisonbeginn hatte ich gegenüber Jacques den Vorteil der Erfahrung« konstatiert der frischgekürte Champion nach seinem Sieg beim GP von Japan, »ich wußte, daß sich dieser Vorteil mit jedem Rennen verringern würde. Deshalb mußte ich mir bei den ersten Rennen ein genügend großes Polster schaffen. In der zweiten Saisonhälfte hatte Jacques psychologisch die bessere Ausgangsposition. Ich mußte meinen Vorsprung verteidigen. Er mußte angreifen, konnte Risiken eingehen. Das ist immer einfacher.«

Mit 36 Jahren endlich am Ziel: Ob ein künftiger Formel-1-Weltmeister jemals wieder in derart reifem Alter gekürt wird? Die Reflexe lassen nach, die kommenden Rennstars müssen noch mehr »single-minded« sein, fixiert auf die Kunst, die immer schwieriger zu beherrschenden Formel-1-Renner einen Grand Prix lang stets am Limit zu bewegen. Einer wie Damon Hill stößt da an physische und psychische Grenzen, aber einer wie er hat der nachwachsenden Generation eines voraus. Ob wir es ein persönliches Schicksal oder einfach nur Lebenserfahrung nennen: Damon Hill hat sich alles in seiner Rennfahrerlaufbahn hart erarbeiten müssen. Denn mit 15 hat er seinen Vater verloren. Der Flugzeugabsturz von Graham Hill, dem zweifachen Formel-1-Weltmeister, und fünf Mitglieder seines GP-Rennstalls, brachte die Familie in den finanziellen Ruin.

Wie der Vater, so der Sohn: Jacques Villeneuve beeindruckt nicht nur durch außergewöhnlichen Speed, sondern auch durch seine unkonventionellen Ansichten: »Man kann Rennen nicht sicher machen, es wird immer wieder Unfälle geben mit Verletzten, auch mit Toten. Das steckt in der Natur der Sache. Und eine gewisse Gefahr muß dabei sein, sonst macht es keinen Spaß, an der physischen Grenze zu fahren.« In seiner ersten Formel-1-WM-Saison gewinnt der 25jährige Kanadier vier Grands Prix und wird auf Anhieb Vize-Weltmeister...

Damon Hill jobbte als Motorradkurier, neben seinem Wirtschaftsstudium versuchte er sich erst mit 24 Jahren in einem Rennwagen, nahm einen Kredit auf, den er 1992 als Williams-Testfahrer endlich abbezahlen konnte. Oliver, das älteste der mittlerweile vier Kinder von Damon und Georgie Hill, leidet unter dem Down-Syndrom. Die große *Times* schrieb über Damon Hills Gewinn der Formel-1-WM: »Ein guter Sieg für einen guten Mann. Mit 36 Jahren ist Hill alt genug, um hinter die schöne Oberfläche sehen zu können und zu realisieren, daß Fairplay, Ausgeglichenheit und Würde mindestens genauso wichtig sind wie die Fähigkeit, die Konkurrenten zu schlagen.«

Und Damon Hill besitzt auch genügend »standing«, um mitten in der Saison, gerade auf dem Weg zum Titelgewinn wegzustecken, daß seine Dienste bei Williams in der nächsten Saison nicht mehr erwünscht sind: »Damon ist ein anderer Mensch geworden. Er ist reifer, ruhiger, fitter, hat mehr Selbstvertrauen. Kurzum, ein in allen Belangen besserer Rennfahrer«, lobt Frank Williams zu Beginn des Jahres den künftigen Champion – und gibt ihm am 28. August trotzdem den Laufpaß. Heinz-Harald Frentzen bekommt bei Williams den Platz des designierten Weltmeisters. Durchaus im doppeldeutigen Wortsinn zu verstehen, aber das ist schon wieder eine ganz andere Geschichte...

Damon Hill ist schnell und gut, aber sicherlich nicht der schnellste und beste Rennfahrer der Welt. So wie viele andere Formel-1-Weltmeister vor und nach ihm. Aber Damon Hill wird wohl der letzte Champion sein, der nicht zur Generation der Go-Kart-Kids und Linksbremser gehört hat. Jacques Villeneuve schaltet das halbautomatische Sechsganggetriebe im Williams-Renault über Wippen am Lenkrad, das längst zum Hi-Tech-Lenkhebel mutiert ist. Die elektronische Kupplung reduziert die virtuose Fuß-Artistik nur noch auf ein Brems-

Damon Hill sitzt nach wie vor im besten Formel-1-Rennwagen, doch diesmal unterlaufen ihm weitaus weniger Kunstfehler: Und so wird der Brite dann endlich doch noch Weltmeister – wenn auch erst im letzten GP der Saison 1996...

Hungaroring, 11. August 1996, hochnäsig über die Kerbs: Michael Schumacher führt mit seinem stark modifizierten Ferrari F310 immerhin 18 von 77 Runden vor Jacques Villeneuve im Williams FW18 – und wird beim GP von Ungarn sieben Runden vor Schluß wieder einmal ausfallen...

und ein Gaspedal, für Damon Hill eine nicht mehr ohne weiteres nachvollziehbare Umstellung, weshalb es in seinem Williams-Renault FW18 anno 1996 nach wie vor ein Kupplungspedal gibt... Mit rund 1,1 t Druck werden die Kupplungselemente beim Start gegeneinander gepreßt, was für Temperaturen bis zu 1200° Celsius sorgt. Raufgeschaltet wird per Wippendruck, binnen zwei Hundertstelsekunden ist der nächsthöhere Gang drin, der wird

dank des Hydraulikdrucks mit 180 bar regelrecht »reingeschossen«. Herunter dauert das Prozedere etwa vier Hundertstel, was daran liegt, daß die unsynchronisierten Formel-1-Getriebe beim Herunterschalten etwas Zwischengas brauchen – was allerdings ebenfalls die Halbautomatik via Fingertip erledigt. Wie bemerkte Jack Brabham doch mit ironischem Unterton: »Heutige Formel-1-Fahrer sitzen nur noch im Auto und drücken Knöpfe...«

Naja, etwas rennfahren können müssen sie schon. Und selbstredend behält trotz oder gerade wegen seines Wechsels zu Ferrari Michael Schumacher seinen Nimbus als absoluter fahrerischer Maßstab der Formel 1. Auch wenn sein knallroter F310 mit dem ersten V10-Motor in der Renngeschichte der Scuderia Ferrari zunächst noch kein Ausbund an Zuverlässigkeit ist: »Wir machen bei Testfahrten kleine Schritte, aber Williams werden wir erst zu Saisonmitte einholen – wenn alles klappt«, urteilt Schumi vor dem vierten WM-Lauf, dem GP von Europa am 28. April auf dem Nürburgring. In Australien ist Schumachers Ferrari wegen einer undichten Bremsleitung ausgefallen; Adjutant Eddie Irvine, im Training als Dritter pikanterweise einen Startplatz vor Schumi, landet auch im Rennen auf Platz drei. Doch auch seinen F310 quält ein Manko: Das Getriebe verliert Öl, für die nächsten beiden Rennen in Brasilien und Argentinien bekommt der neue Ferrari deshalb das Getriebe samt der Hinterradaufhängung vom Vorjahresmodell... Damit holt sich Schumi einen dritten Platz in Interlagos – und wird bei dem Regen-GP von Sieger Damon Hill überrundet. In Buenos Aires vermag Schumi dem führenden Hill erstmals auf Schlagdistanz zu folgen, ehe der Williams-Renault ein kleines Trümmerstück aus Metall oder Kohlefaser hochwirbelt, was den Heckflügel des Ferrari demoliert. Auf dem Nürburgring kann nur Jacques Villeneuve den ersten Ferrari-Sieg des Kerpeners verhindern. Der Kanadier rettet seinen ersten GP-Erfolg mit knapp acht Zehntel Vorsprung. Beim ersten Italien-Auftritt in Imola vermag Schumi die Schwächen des F310 sogar derart zu überspielen, daß es erstmals zur Pole Position reicht. Im Rennen zieht Schumacher freilich gegen Hills Williams-Renault den kürzeren, rettet sich aber mit explodierter Bremsscheibe gerade noch als Zweiter über die Ziellinie. In Monte Carlo steht Schumacher wieder auf der Pole, am Rennsonntag regnet es, ideale Bedingungen für den ersten Schumi-Sieg im Ferrari. Doch wieder einmal verhindert eine träge zubeißende Ferrari-Kupplung einen flinken Start: Schumacher kommt erst hinter Hill ins Rollen – und fliegt zu allem Überfluß noch in der ersten Runde in die Leitplanken: »Mein Fehler – das ist es ja, was die Sache für mich so schwer macht. Anderen kann ich verzeihen, mir nicht...«

Aber Schumacher ist immer noch der beste Formel-1-Rennfahrer seiner Generation, was nicht zuletzt auch daran liegt, daß er aus ohnehin seltenen Fahrfehlern auch am schnellsten lernt: Beim nächsten GP in Barcelona holt sich der 27jährige Deutsche seinen ersten

Montreal, 16. Juni 1996: Im Vorjahr hat hier Jean Alesi mit dem 12Zylinder Ferrari glücklich aber längst verdient seinen ersten und bis heute einzigen GP-Sieg gefeiert. Mit dem Benetton-Renault B196 reicht es dem Franzosen diesmal mit fast 55 Sekunden Rückstand auf das siegreiche Williams-Duo Hill/Villeneuve nur zum dritten Platz. Jean Alesi und sein österreichischer Teamkollege Gerhard Berger haben sich als Schumi-Nachfolger bei Benetton zu Saisonbeginn sogar insgeheim Chancen auf den WM-Titel ausgerechnet, am Ende gewinnen die beiden 1996 nicht einmal ein einzigen Grand Prix...

Sieg bei Ferrari. Und wenn Schumi künftig für die »Roten« gewinnt, dann fallen die Erfolge zumeist nach ähnlich heroischer Dramaturgie aus: Schumacher hat eigentlich mit dem Ferrari keine Chance – und siegt am Ende trotzdem... So entstehen Mythen und Legenden zu

Lebzeiten: Am 2. Juni 1996 wandelt Schumi über das Wasser, das der Himmel auf den Circuit de Catalunya schüttet. Beim Start fällt der Deutsche mit seinem Ferrari auf Platz neun zurück, doch in der zwölften von 65 Runden übernimmt er die Spitze, fährt pro Runde bis

Schrottsammlung in Imola, 5. Mai 1996: Michael Schumacher hat seinen Ferrari F310 mit explodierter Bremsscheibe samt blockiertem Vorderrad noch auf Platz zwei ins Ziel gerettet, die Tifosi stürzen sich erstmals auf ihr neues Ferrari-Idol. Ein Wechselbad der Gefühle, denn die Schumi-Verehrung der Italiener unterliegt über Jahre hinweg leidenschaftlichen Schwankungen...

zu fünf Sekunden schneller als die Konkurrenz, legt sogar einen Boxenstop mehr ein als seine Rivalen, kurvt mit gebrochenem Auspuff herum, bleibt auch vorn, als die Nässe zwei der zehn Ferrari-Zylinder lahmlegt und gewinnt schließlich mit über 45 Sekunden Vorsprung auf den anderen Regenspezialisten Jean Alesi im Benetton-Renault... Und was gibt der amtierende Weltmeister nach diesem kolossalen Alleingang zu Protokoll? – »Ich werde mir eine Heizung einbauen lassen. Ich fror wie ein Schneider, und auf dem Podest konnte ich die Hymnen nicht hören, so sehr klapperten meine Zähne.«

Wenn künftig bei Schumi etwas klappern wird, dann sind es nach Barcelona nicht die Beißerchen, sondern diverse Einzelteile des maroden Ferrari F310: In Montreal reißt eine Antriebswelle, in Magny Cours geht noch während der Aufwärmrunde ein Motorkolben zu Bruch, in Silverstone entweicht Hydraulikflüssigkeit aus einem losen Getriebedeckel, was den Maranello-Renner nach drei Runden lahmlegt. Erst beim Heim-GP in Hockenheim sieht Schumi wieder die Zielflagge, doch Platz vier ist mehr als ernüchternd: »Ich vermute, ich habe meine Fans 1995 mit Erfolgen etwas verwöhnt. Jeder weiß, was in dieser Saison passiert ist. Ich denke, daß ich das nächstes

Barcelona, 2. Juni 1996, der Weltmeister wandelt über das Wasser: Michael Schumacher überholt in der 12. von 65 Runden Spitzenreiter Jacques Villeneuve und fährt unangefochten seinen ersten Ferrari-GP-Sieg heraus. Letztmals wird der F310 in seiner ursprünglichen Version ohne Hochnase eingesetzt.

Monte Carlo, 19. Mai 1996, le jour de gloire est arrivé: Olivier Panis feiert trikoloregeschmückt seinen ersten (und einzigen) GP-Sieg. Sein Ligier entspricht im Prinzip bis auf das Mugen/Honda-Triebwerk dem Benetton B194-Chassis, mit dem Michael Schumacher 1994 seinen ersten WM-Titel herausfuhr! Dem neuen Hi-Tech-McLaren-Mercedes mit David Coulthard im Hintergrund fehlen am Ende 4,828 Sekunden zum Erfolg über die Benetton-Kopie.

Buenos Aires, 7. April 1996, ein ungewohntes Bild: Rubens Barrichello im Jordan-Peugeot muß sich der Angriffe von Jos Verstappen erwehren. Das McLaren-Mercedes-Duo Häkkinen/Coulthard und Irvine im Ferrari fahren dem Arrows-Hart des Niederländers hinterher. Verstappens stärkste Vorstellung der Saison wird am Ende mit einem WM-Punkt belohnt.

Jahr gutmachen kann.« Teamkollege Eddie Irvine spielt derweil Versuchskaninchen: Bei neun WM-Läufen des Jahres 1996 bleibt sein Ferrari F310 mit technischen Gebrechen auf der Strecke, nur viermal landet der Ire in den WM-Punkten...

Die eigenwillig plumpe Silhouette, die John Barnard dem F310 verpaßt hat, erweist sich auch mit der seit dem kanadischen GP eingesetzten »Hochnase« als nicht zu kurierendes Aerodynamik-Handikap. Doch Michael Schumacher wird dank seines überragenden Fahrvermögens noch in Spa-Francorchamps und mit Hilfe von etwas Rennglück in Gestalt einer dämlichen Altreifenschikane, an der na-

türlich Spitzenreiter Damon Hill hängenbleibt, sogar in Monza gewinnen – was am Ende denn auch die letzten kritischen Tifosi überzeugt. »Dieser Tag ist durch nichts zu übertreffen«, kommentiert Michael Schumacher ergriffen den Ansturm der Massen bei der Siegerehrung beim Gran Premio d'Italia. Und weil anstelle von John Barnard mit Rory Byrne und Ross Brawn in der kommenden Saison zwei gute alte Kumpel aus Benetton-Tagen wieder für Schumi schuften werden, sieht die Zukunft Ferrari-Rot aus...

Formel 1 – das ist 1996 auch wieder einmal die Kunst, alle Geschehnisse rosarot sehen zu sollen. Das fängt bei einem auf zehn Teams

und zwanzig Rennwagen geschrumpften Starterfeld an (wenn Graf Giovanni Lavaggi wieder einmal an der neuen 107 %-Regel scheitert, also mit seinem Minardi-Ford mehr als sieben Prozent über der Trainingsbestzeit geblieben ist, rollen gar nur 19 Boliden an den Start), setzt sich fort, indem nur noch das samstägliche Abschlußtraining von 13.00 bis 14.00 Uhr für die Startaufstellung zählt, und beschert auch die angeblich kostensparende Vorschrift, wonach je Fahrzeug pro Wochenende nur sieben Sätze Trockenreifen und bei Bedarf bis zu fünf Garnituren Regenreifen verwendet werden können. Beim Freitagtraining heißt es fortan bluffen und Reifen für den Samstag schonen, die Goodyear-Pneus haben nur in der ersten schnellen Runde optimale Haftung. So stiehlt man dem Publikum einen Tag Spannung – und verkauft trotzdem Dreitageskarten zu Preisen, die gegenüber dem jeweiligen Vorjahr stets um zehn Prozent und mehr angehoben werden. Im Hockenheimer Motodrom kostet anno 1996 der teuerste Tribünenplatz beim GP von Deutschland 550 DM, im Jahr 1999 werden 650 DM verlangt.

Die Kunst des Draufsattelns bringt auch das Rechenkunststück zustande, daß 1996 angeblich weltweit 40,9 Milliarden Zuschauer die Rennen zur Formel-1-WM am Bildschirm verfolgt haben, also locker das Siebenfache der Weltbevölkerung... Zum Schutz von Formel-1-Dauerwerbesendungen hat EUROSPORT die Übertragungsrechte verloren, bald wird auch der ORF mit Heinz Prüllers Formel-1-LIVE-Übertragungen aus den süddeutschen Kabelnetzen verschwinden. Ein Schuft, der Böses dabei denkt...

Den allgegenwärtigen Fernsehkameras entgeht nichts – auch nicht der Druck, der auf Mika Häkkinen und seinem neuen Teamkollegen David Coulthard bei McLaren-Mercedes lastet. Auch der mit viel Vorschußlorbeeren bedachte Schotte führt das Team von Ron Dennis anno 1996 nicht auf die Siegesstraße: Mario Illien zaubert zwar binnen sechs Monaten vier Motor-Ausbaustufen hervor, doch das rasante Entwicklungstempo sorgt für 15 Motorschäden. Zu jedem GP werden zehn Illien-Triebwerke herangekarrt, vier davon sind jeweils nagelneu zusammenmontiert und werden gewöhnlich erst zum Rennsonntag eingebaut. Alle 450 km gibt es neue Kolben, Lager, und Dichtungen, alle 900 km werden die Ventile ersetzt, nach 1350 km Laufleistung sind neue Pleuel fällig, die Zylinderköpfe überstehen etwa 2500 km, der Motorblock rund 3500 km. Am Ende der Saison 1996 soll das von dem schweizer Ingenieur in England gebaute Triebwerk im Renntrimm um die 715 PS bei 16000 U/min geleistet haben. Was aber nahe, aber noch nicht ganz an den Renault V10 heranreicht, der im GP-Einsatz bei 16600 U/min 740 sehr standfeste Pferdestärken mobilisiert. Auf dem Papier kostet das den McLaren-Mercedes MP4/11 etwa eine Sekunde auf den Williams-Renault FW18, allerdings nicht hinzugerechnet die überragende Aerodynamik des anglo-französischen Konkurrenzproduktes. Da macht es um so mehr Mut, daß die von PKW-Umsatzeinbrüchen arg gebeutelte Régie Renault am 21. Juni 1996 ankündigt, sich zum Saisonende 1997 aus der Formel 1 zu verabschieden. Bereits am Ende des Rennjahres 1996 zieht sich der langgediente Mineralölkonzern ELF zurück. Aber auch McLaren muß einen Schlag verdauen: Marlboro, seit 1974 Hauptsponsor, konzentriert das Engagement ab 1997 komplett auf die Scuderia Ferrari und Michael Schumacher. Wie gut, daß die Formel-1-Konjunktur – Schumi sei Dank! – in Deutschland ungeahnte Höhen erklimmt: Der Reemtsma-Konzern steigt bei McLaren-Mercedes ein, mit der Reklame für West-Glimmstengel werden die Rennwagen von Häkkinen und Coulthard künftig silbern glänzen. Was zur Freude der Marketing-Experten in Untertürkheim natürlich die gewünschten Assoziationen zu den legendären »Silberpfeilen« erweckt – und auch die unrühmlichen Schlagzeilen über das Ende der gerade von den Untertürkheimern so kräftig aufgepäppelten und dennoch sang- und klanglos eingegangenen ITC-Ex-DTM-Tourenwagenserie vergessen lassen wird. Außerdem läuft der Automobil-Umsatz bei Mercedes-Benz ohnehin auf Hochtouren: Es befindet sich also genügend Geld in der Kriegskasse, um das Formel-1-Engagement mit Vollgas weiterzuführen. Da gibt es

Suzuka, 13. Oktober 1996: Sieg und WM-Titel für Damon Hill, Michael Schumacher und Mika Häkkinen reichen den gut geschüttelten Champagner-Cocktail. »Ich wünschte, mein Vater hätte das noch erleben dürfen«, wird der neue Weltmeister bekennen. Damon und der unvergessene Graham Hill: Zum ersten Mal in der Geschichte der Formel-1-WM wird der Sohn eines Weltmeisters selber Champion.

sogar Spielraum, um dem herausragenden Designer Adrian Newey für angeblich zwei Millionen Pfund per anno aus einem bis 1999 gültigen Williams-Vertrag herauszukaufen – auch wenn die Sache mehrere Rechtsanwälte beschäftigt und Mr. Newey erst gegen Mitte der Saison 1997 offiziell für McLaren-Mercedes tätig werden darf. Unterm Strich aber immer noch billiger, als sich die Extra-Sekunde pro Runde mit der Verpflichtung von Michael Schumacher zu sichern, der ohnehin bald rund 75 Millionen Mark jährlich für seine Dienste erhalten mag...

Immerhin: Ralf Schumacher, der 21 Jahre junge Bruder von Schumi, darf im August den McLaren-Mercedes testen. »Schumi II« hinterläßt den erwartet starken Eindruck und landet für die Saison 1997 schließlich als GP-Novize bei Eddie Jordans Formel-1-Rennstall. Womit der Ire wohl gleich ein paar unbezahlte Ansprüche aus dem geplatzten Deal mit Schumachers großem Bruder vom Spätsommer 1991 in bare Münze umsetzen kann: Die Formel 1 ist halt eine große, ehrenwerte Familie...

Spielverderber

Das Jahr 1997 beschert uns die beste, weil spannendste und ausgeglichenste Formel-1-Saison seit Jahren: Und dennoch wird das Finale einen faden Nachgeschmack hinterlassen... Aber eigentlich hätten wir uns vor dem 17. und letzten WM-Lauf des Jahres am 26. Oktober 1997 in Jerez de la Frontera auch nicht soviele Illusionen machen dürfen, über den Stellenwert von Sportlichkeit und Fairneß im schnellsten Busineß der Welt. Jacques Villeneuve und Michael Schumacher liefern sich über sieben Monate hinweg einen famosen Zweikampf um die WM-Krone, pikanterweise werden sie nicht ein einzges Mal gemeinsam auf dem Siegerpodium stehen. Die beiden sind die herausragenden Fahrer der Saison, auch wenn sie nicht jedes Rennen dominieren. Die Konkurrenz rückt dichter denn je zusammen: Beim Saisonfinale in Jerez fahren die ersten drei der Startaufstellung in der Reihenfolge Jacques Villeneuve, Michael Schumacher und Heinz-Harald Frentzen auf die Tausendstelsekunde exakt dieselbe Bestzeit von 1,21,072 Sekunden! Die besten zehn Trainingszeiten liegen innerhalb einer einzigen Sekunde beisammen, selbst den letzten Startplatz, Rang 22 von Jos Verstappen im Tyrrell-Ford, trennen nur 3,229 Sekunden von der Pole Position. Auch bei den GP-Siegern herrscht 1997 rege Abwechslung: Jacques Villeneuve und Michael Schumacher teilen sich mit sieben bzw. fünf Erfolgen den Löwenanteil, doch David Coulthard (McLaren-Mercedes/2 GP-Siege), Mika Häkkinen (McLaren-Mercedes/1 GP-Sieg), Heinz-Harald Frentzen (Williams-Renault/1 GP-Sieg) und Gerhard Berger (Benetton-Renault/1 GP-Sieg) sichern sich ebenfalls noch Einträge in den Formel-1-Statistiken.

Wobei Frentzen und Häkkinen – der Finne übrigens im 96. Anlauf! – sogar erstmals zu den allzu lange erwarteten GP-Siegen kommen. Sage und schreibe elf von insgesamt 26 Rennfahrern, die 1997 bei den Formel-1-WM-Läufen an den Start rollen, führen mehr oder minder lang einen Grand Prix an – in der aufschlußreichen Reihenfolge der in Spitzenposition zurückgelegten Distanzen: 1. Villeneuve (Williams-Renault/1564,865 km), 2. Schumacher (Ferrari/1408,236 km), 3. Coulthard (McLaren-Mercedes/396,309 km), 4. Frentzen (Williams-Renault/392,288 km), 5. Berger (Benetton-Renault/272,150 km), 6. Hill (Arrows-Yamaha/246,016 km), 7. Häkkinen (McLaren-Mercedes/239,328 km), 8. Alesi (Benetton-Renault/183,598 km), 9. Trulli (Prost-Mugen/Honda/159,951 km), 10. Irvine (Ferrari/131,106 km) und 11. Fisichella (Jordan-Peugeot/47,761 km). Der 24jährige Italiener Giancarlo Fisichella bestreitet seine erste komplette Formel-1-Saison, sein anderthalb Jahre jüngerer Landsmann Jarno Trulli ist sogar absoluter GP-Neuling. Mit dem 22jährigen Ralf Schumacher und dem 23jährigen Österreicher Alexander Wurz sammeln zwei weitere »Rookies« erste WM-Punkte und Respekt. Der beachtliche Beginn eines Generationswechsels in der Formel 1...

Gerhard Berger, seit 1985 stets zum Stammpersonal zählend, gibt nach einer Saison im Achterbahn-Rhythmus seinen Ausstand: Der neue Benetton-Renault B197 beeindruckt bei den ausgiebigen Barcelona-Testfahrten zu Saisonbeginn, taugt jedoch weitaus weniger auf Strecken, deren Asphalt weniger Haftung aufbaut. Zu allem Überfluß legt den Österreicher zu Saisonmitte eine Kieferhöhlenoperation lahm

und die nächste Hiobsbotschaft folgt postwendend, als Vater Johann Berger bei einem Flugzeugabsturz ums Leben kommt: »Ich hätte nicht gedacht, daß mich das so mitnimmt«, bekennt der Sohn, »es ist, als wäre ein Teil von mir gestorben.« Nach 52 Tagen Rennpause feiert Gerhard Berger sein Formel-1-Comeback, fährt beim GP von Deutschland auf Anhieb die Pole Position heraus und gewinnt dann auch das Rennen in Hockenheim, das er ein Jahr zuvor durch einen Motorschaden in seinem Benetton-Renault verloren hat. Ob Berger sich zu diesem Zeitpunkt noch Hoffnungen macht, 1998 einen der beiden immer noch umstrittenen McLaren-Mercedes-Fahrer ersetzen zu dürfen? Die Verträge von David Coulthard und Mika Häkkinen laufen Ende der Saison 1997 aus, Daimler-Benz-Vorstand Jürgen Hubbert, im Konzern für die PKW-Sparte und damit auch für das Formel-1-Engagement verantwortlich, antwortet auf Fragen nach der Kombination Coulthard/Häkkinen mit einer Gegenfrage: »Wer ist besser als die beiden?« Wer trotzdem insistiert und Namen nennt, erfährt denn auch: »Michael Schumacher ist nicht zu kriegen und Heinz-Harald Frentzen ist kein Thema.« Coulthard hat beim Saisonauftakt in Melbourne – auch dank der Ausfälle der beiden Williams-Renault – wenigstens den ersten GP-Sieg für die Allianz zwischen McLaren International und der Daimler-Benz AG herausgefahren. Doch bei der letztlich erfolgreichen Suche Mario Illiens nach mehr Motorleistung – am Ende des Jahres scheinen die Treibsätze des Schweizers deutlich jenseits der 750 PS-Marke angelangt zu sein –, bleibt die Zuverlässigkeit allzuoft auf der Strecke: Ein Motorschaden bringt Mika

Jerez de la Frontera, 26. Oktober 1997: Der Marilyn-Monroe-blonde Weltmeister sitzt fester denn je im Williams-Renault, sein Teamkollege wie so oft leider nur dane-ben... Champion Jacques Villeneuve und der unter Wert geschlagene Heinz-Harald Frentzen, der sich nach der Disqualifikation von Michael Schumacher Vize-Weltmeister nennen darf.

Häkkinen in Silverstone um den greifbar nahen Sieg. In Österreich führt der Finne vom Start weg, ehe sein V10-Motor noch vor Ende der ersten Runde kollabiert. Beim »Großen Preis von Luxemburg« auf dem Nürburgring geht gar ein sicherer Doppelsieg in die Binsen, als es im Minutenabstand zuerst Coult-hards und dann Häkkinens Triebwerk zer-reißt...

Titelverteidiger Damon Hill, bei Tom Walkinshaws Arrows-Yamaha-Team zwar gut bezahlt, aber bis auf eine brillante Vorstellung am Hungaroring ohne jedwede Siegchance, verhandelt mit McLaren – und begeht keine zwei Wochen nach seinem zweiten Platz beim GP von Ungarn vielleicht den größten

Fehler seiner Formel-1-Laufbahn: Umgerech-net 3,6 Millionen Mark Jahresgehalt plus 1,8 Millionen Mark pro GP-Sieg, zahlbar aller-dings erst, wenn Hill 1998 mindestens zehn WM-Läufe gewinnt, sind dem amtierenden Weltmeister zuwenig. Was Damon Hill am Rande des belgischen GP auch noch per Pres-semitteilung kundtut – worauf Ron Dennis an Ort und Stelle David Coulthard und Mika Häkkinen als McLaren-Mercedes-Kombination für 1998 bestätigt. Womit also auch Gerhard Bergers mögliche Ambitionen beendet sind: Der Österreicher wechselt stattdessen zur deutschen Konkurrenz der Unterzürkheimer. Allerdings nicht als Rennfahrer, sondern als Motorsportchef von BMW.

Soviel deutsch wurde noch nie zuvor im Imperium des Bernie Ecclestone gesprochen: Bei der offiziellen FIA-Pressekonferenz nach dem Abschlußtraining zum GP von Frankreich sitzen am 28. Juni 1997 mit Michael Schu-macher, Heinz-Harald Frentzen und Ralf Schumacher die drei deutschen Formel-1-Renn-fahrer auf dem Podium für die drei Trainings-schnellsten. Und noch ein paar Deutsche ma-chen sich Hoffnungen: Jörg Müller, im Vorjahr Formel-3000-Europameister, kommt als offi-zieller Arrows-Testfahrer kaum auf Kilometer, wechselt 1998 als Formel-1-Testfahrer zu Sau-ber-Petronas, um 1999 das BMW-Williams-Testprogramm voranzutreiben. Doch vierter Deutscher im GP-Feld wird ab 2000 Merce-

Monte Carlo, 10. Mai 1997: Der ungeahnte Wendepunkt der Saison, Heinz-Harald Frentzen fährt seinen Williams-Renault erstmals auf die Pole Position! Von nun an hätte es bergauf gehen können, doch Frank Williams und Patrick Head spielen am verregneten Rennsonntag mit Slicks Reifenroulette, das für Frentzen und Villeneuve zum Harakiri wird.

Melbourne, 9. März 1997: David Coulthard erlöst McLaren nach 49 Rennen ohne Sieg! Kaum rollt der McLaren-Mercedes symbolträchtig in silberner Sponsor-Livrée, ist der erste GP-Erfolg fällig. Doch die »neuen Silberpfeile« brauchen sechs Monate für ihren zweiten GP-Sieg: David Coulthard gewinnt in Monza gegen Jean Alesi, weil die Crew bei McLaren-Mercedes den Schotten schneller abfertigt. Erstmals wechselt die Führung in einem Formel-1-WM-Lauf beim direkten Boxenstopduell. Coulthard ist 0,9 Sekunden schneller wieder draußen, weil sein McLaren-Mercedes wohl rund zehn Liter weniger Treibstoff nachfassen muß als Alesis Benetton-Renault.

Nach 210 GP-Starts verabschiedet sich Gerhard Berger mit 37 Jahren als Formel-1-Rennfahrer: Der Sieg im Benetton-Renault beim GP von Deutschland in Hockenheim versöhnt mit einem schlimmen Jahr, der neue Job als BMW-Motorsportchef versüßt den Abschied, der keiner ist. Im Jahr 2000 kehrt Berger mit BMW-Williams zumindest in die Formel-1-Boxengasse zurück.

des-Benz-Schützling Nick Heidfeld, der 1997 die Formel-3-DM gewinnt, 1998 nur knapp den Gewinn der Formel 3000-EM verpaßt, sich diesen Titel aber ein Jahr später sichert und für die Saison 2000 ein Ticket im Formel-1-Rennstall von Alain Prost löst.

Nicht nur der vierfache Ex-Weltmeister tritt 1997 erstmals unter eigenem Namen mit eigenem Team auf, das ehedem einmal Ligier hieß: Alain Prost hat einen anderen, nicht minder prominenten Kollegen. Der dreifache Formel-1-Champion Jackie Stewart hat zusammen mit seinem Sohn Paul Stewart ebenfalls ein eigenes GP-Team aufgezogen, das obendrein als offizielles Werksteam von Ford agiert – was den armen Peter Sauber wieder einmal dazu zwingt, einen neuen Motorenpartner zu finden. Ferrari-Sportdirektor Jean Todt – und wohl auch Bernie Ecclestone – vermitteln dem schweizer Formel-1-Rennstall schließlich Vorjahres-Triebwerke aus Maranello, die allerdings nicht mehr den Namen Ferrari tragen, sondern unter dem Signet von Petronas firmieren, dem malaysischen Erdöl-Staatskonzern, der seit 1995 das Sauber-Team sponsert. Nicht von ungefähr wird denn auch Bernie Ecclestone 1999 das finanzkräftige Malaysia erstmals zum Schauplatz eines Formel-1-WM-Laufes küren. Für 120 Millionen Dollar entsteht auf Staatskosten der 5,5 km lange »Sepang International Circuit«, für dessen Konzeption der deutsche Rennstreckenplaner Hermann Tilke verantwortlich zeichnet und hinsichtlich Streckenbreite, Kurvenlayout und Pistengestaltung Maßstäbe setzt. Mit weitaus geringeren Fi-

nanzmitteln hat Tilke bereits für die GP-Saison 1997 den ehemaligen Österreichring modernisiert. Im Vergleich zum alten Hochgeschwindigkeitskurs von Zeltweg ist der neue »A1-Ring« zwar um 1,6 km geschrumpft, bietet aber immerhin ein, zwei gute Überholmöglichkeiten und rettet unter verschärften Sicherheitsbestimmungen auch etwas von dem Berg- und Talbahn-Charakter der alten Strecke, die 1987 letztmals Schauplatz eines Formel-1-

Spitze Zunge und bissig: »Früher galt ich manchmal als Großkotz. Das hat sich geändert«, behauptet Ralf Schumacher und kämpft in seiner ersten Formel-1-Saison nicht nur gegen seinen schnellen Teamkollegen sondern auch gegen sein »Rolex-Rallef«-Image...

WM-Laufes gewesen war. Der neue Asphalt scheint wie auf keinem anderen Kurs der Saison 1997 die Teams zu bevorteilen, die auf den neuen Reifenlieferanten Bridgestone setzen: Doch Jarno Trulli, der im Prost-Mugen/Honda 37 von 71 Runden führt, verliert wegen eines kapitalen Motorschadens den sicheren zweiten Platz. Rubens Barrichello, im Stewart-Ford hinter Trulli lange Zeit Zweiter und damit zweitbester Bridgestone-Mann im Feld, fliegt nach einem Unfall aus dem Punkterängen, während sein dänischer Teamkollege Jan Magnussen mit Motorschaden ausscheidet. Damon Hill landet schließlich mit dem Arrows-Yamaha als bester Angehöriger der Bridgestone-Liga auf dem siebten Rang. Noch behält Goodyear im Gummi-Duell mit den Japanern die Oberhand und gewinnt alle 17 WM-Läufe des Jahres, aber Bridgestone hat den Nachteil, 1997 nur vier eher mediokre Rennställe auszurüsten: Arrows, Prost, Stewart und Minardi. Doch das wird sich 1998 ändern, wenn die profillosen Slicks reglementsgemäß einer neuen

Reifengeneration weichen und erstmals sogenannte Rillenreifen aufgezogen werden müssen, mit drei Profilrillen vorn und vier hinten je Pneu. Denn von den Spitzenteams wechseln McLaren und Benetton zu Bridgestone, wobei der anglo-italienische Rennstall, der sich zuvor von Teammanager Flavio Briatore getrennt hat, trotz oder wegen der talentierten Fahrerbesetzung Fisichella/Wurz nicht mehr unbedingt zum Kreis der Favoriten gezählt werden kann. McLaren-Mercedes wird also 1998 die Vorzugsbehandlung genießen, die vor allem zu Saisonbeginn bedeutende Vorteile bietet. Goodyear und Ferrari werden zwar Boden gut machen, doch mit dem frühzeitig für Ende 1998 angekündigten Formel-1-Abschied des US-Konzerns mag sich vielleicht doch bewußt oder unbewußt das letzte, entscheidende Quentchen Motivation der betroffenen Reifentechniker verflüchtigt haben...

Die Konkurrenzsituation auf dem Reifensektor trägt schon 1997 ganz entscheidend dazu bei, daß sämtliche Trainingsbestzeiten der Sai-

son 1996 im Schnitt um 2,6 Sekunden unterboten werden. In Buenos Aires bleibt Jacques Villeneuve gar um 5,909 Sekunden unter der Vorjahres-Pole von Damon Hill! Um so bemerkenswerter wird diese Entwicklung vor dem Hintergrund, daß die FIA die Formel-1-Boliden erst drei Jahre zuvor kräftig eingebremst hatte. Die seit 1995 vorgeschriebene 50 Millimeter-Stufe im Unterboden, samt der darauf montierten, zehn Millimeter starken Holzplatte sorgten für 17 bis 19% weniger Abtrieb, was das Fahrverhalten der Formel-1-Boliden in Verbindung mit höherem Fahrzeuggewicht (Minimum 595 kg mit Fahrer statt ehedem 515 kg ohne) wesentlich anspruchsvoller gestaltete und obendrein die Kurvengeschwindigkeiten deutlich sinken ließ. Obendrein leisteten die damals neu eingeführten Drei-Liter-Triebwerke zwischen 80 bis 90 PS weniger als die 3,5-Liter-Motoren der Saison 1994. Binnen drei Jahren hatten die Motorenspezialisten das PS-Manko wieder annähernd wettgemacht, während die nicht minder emsi-

Giancarlo Fisichella bringt beinahe das Kunststück fertig, mit dem Jordan-Peugeot in Hockenheim zu gewinnen. Den teaminternen Zweikampf mit Ralf Schumacher entscheidet »Fisico« nach Punkten mit 20:13, nach Trainingsduellen mit 10:7 für sich. Dafür winkt dem Italiener für 1998 ein Platz bei Benetton, während Ralf Schumacher bei Jordan Damon Hill als Partner bekommt...

gen Reifeningenieure noch effizientere Gummimischungen nachschoben. Die FIA versuchte zwar die Notbremse zu ziehen, schränkte nochmals die Reifenwahl pro GP-Wochenende ein, indem Goodyear und Bridgestone ihren Vertragsteams nur die Wahl zwischen einer härteren und einer weicheren Mischung

Auch einer vom guten '97er Jahrgang: Jarno Trulli, italienische Entdeckung bei Alain Prosts Formel-1-Rennstall.

erlaubte, wobei sich jedes Team vor dem Qualifikationstraining definitiv auf einen der beiden Reifentypen festlegen mußte, wobei die Wahl auch für den eigentlichen Grand Prix galt, eine Korrektur war nicht mehr erlaubt! Für Qualifikation, Warm-Up und Rennen standen dann pro Fahrer nur sieben Sätze

der gewählten Gummimischung zur Verfügung, wobei davon maximal vier Sätze beim Abschlußtraining verwendet werden durften. Auf jeweils 30 Runden limitiert blieben weiterhin die freien Trainingssitzungen am Freitag und am Samstag, beim Qualifying durften nicht mehr als 12 Runden zurückgelegt werden.

Dieses diffizile Reglement wächst sich 1997 mitunter zu einem unkalkulierbaren Reifen-Roulette aus: Beim GP von Spanien in Barcelona sind die weichen Goodyear-Pneus im Training haushoch überlegen, nach dem Warm-Up spült ein kräftiger Regenguß den ein Rennwochenende lang kunstvoll aufgetragenen Gummiabrieb davon. Der blanke Asphalt ruiniert die meisten US-Gummis bereits nach 15 von 65 Rennrunden, Jacques Villeneuve schont seine Goodyear-Pneus am besten und rettet sich mit knapp sechs Sekunden vor Olivier Panis im Bridgestone-bereiften Prost-Mugen/Honda als Sieger ins Ziel. Mit 15 WM-Zählern schiebt sich der 30jährige Franzose hinter Villeneuve und Schumacher auf den dritten Platz im WM-Klassement: Welche Rolle der schnellste Bridgestone-Fahrer noch hätte spielen können, bleibt Spekulation, weil Olivier Panis sich beim nächsten GP in Kanada bei einem üblen Unfall beide Beine bricht, als sich der Prost-Mugen/Honda bei Tempo 200 in einen Reifenstapel der Streckenbegrenzung hineindreht, wobei das Kohlefaserchassis aufreißt. Ralf Schumacher hat im Jordan-Peugeot zuvor einen ähnlich schlimmen Unfall beim kanadischen GP in Montreal unverletzt überstanden: Nach dem Bruch der Vorderradaufhängung ist der bei ebenfalls annähernd 200 km/h außer Kontrolle geratene Rennwagen jedoch frontal in einen Reifenstapel geknallt, Schumi II kommt mit dem Schrecken davon. Olivier Panis braucht fast drei Monate Rekonvaleszenz, ehe er auf dem Nürburgring wieder einen Grand Prix bestreiten kann. Sein sechster Platz in diesem Comeback-Rennen täuscht darüber hinweg, daß sein Nervenkostüm noch immer unter dem Unfallschock leidet: »Die Formel 1 ist paradox, wir wollen immer schneller werden, schneller, schneller, schneller, aber wenn etwas passiert, fliegen wir von der Strecke wie ein Projektil.« Olivier Panis fährt noch zwei Jahre seiner alten Form hinterher, büßt auch durch die Probleme mit der neuen Rennwagenkombination Prost-Peugeot an Selbstvertrauen ein. 1999 reicht es noch für zwei sechste Plätze, ehe die Formel-1-Karriere von Olivier Panis mit 33 Jahren als Testfahrer bei McLaren-Mercedes endet - in der vagen Hoffnung auf ein Comeback...

Die Formel 1 produziert mehr Verlierer als Gewinner: Heinz-Harald Frentzen scheint vor Saisonbeginn das große Los gezogen zu haben. Seinetwegen hat sich Frank Williams von Weltmeister Damon Hill getrennt, Frentzen im neuen Williams-Renault FW19 – hierzulande gilt das bei vielen Zeitgenossen als heißer WM-Tip: »Wenn einer für Williams fährt, dann werden Siege und letztendlich auch der Titel von ihm erwartet«, umschreibt der 29jährige Deutsche die ihm zugedachte Rolle. Doch die Meßlatte bei Williams ist hoch – und bei den ersten drei WM-Läufen bleibt Frentzen ohne Punkte. Beim Saisonauftakt in Melbourne steht Villeneuve auf der Pole Position, sagenhafte 1,754 Sekunden hat er seinem Teamkollegen abgeknöpft. Frentzen

ist trotzdem Zweiter in der Startaufstellung – und sieht wie der sichere Sieger aus, weil Villeneuve gleich in der ersten Kurve von Ferrari-Mann Eddie Irvine abgeschossen wird. Doch am Ende fliegt auch der zweite Williams-Renault von der Piste, weil eine zu dünn dimensionierte Bremsscheibe explodiert. Der Ausgang des ersten WM-Laufes steht symptomatisch für den gesamten Saisonverlauf von Heinz-Harald Frentzen: Immer mal auf dem Weg ganz nach oben, aber stets wieder abgestürzt. Der erste Sieg beim vierten WM-Lauf in Imola scheint die Kritiker verstummen zu lassen, und beim nächsten GP in Monte Carlo fährt Frentzen seine erste Pole Position heraus: Doch bei immer heftigeren Regenfällen, werden Frentzen und Villeneuve mit Trockenreifen ins Verderben geschickt... Nach den Maßstäben eines Patrick Head entwickelt Frentzen ohnehin allzu eigenwillige Vorstellungen von Set-Up. Zu allem Überfluß würgt der Deutsche beim britischen GP den Williams-Renault am Start ab: Frentzen hat an seinem Lenkrad aus Versehen zwei Knöpfe gleichzeitig gedrückt... Beim Neustart muß sich der Mann aus Mönchen-gladbach ganz hinten einreihen, doch seine hektische Aufholjagd endet nach einer Kollision mit Jos Verstappens Tyrrell-Ford abseits der Strecke: »Ich bin nicht enttäuscht darüber, was passiert ist oder wie es passiert ist«, sucht Frentzen vor dem Heim-GP in Hockenheim nach Erklärungen, »womit ich nicht gerechnet hätte, ist unsere hohe Ausfallquote, und daß soviele unterschiedliche Dinge schiefgehen.« Zu allem Überfluß sieht der arg gebeutelte Deutsche auch im Motodrom keine Zielflagge, weil er gleich in der ersten Kurve mit Irvines Ferrari kollidiert. Heinz-Harald Frentzen steht bei Williams auf der Abschußliste, aber wie ein Stehaufmännchen taucht der Deutsche wieder aus der Versenkung auf und wird sich bis Saisonende rehabilitieren: Am Hungaroring verpaßt er den sicheren Sieg, weil ein defekter Tankverschluß den führenden Williams-Renault in Flammen setzt. Selbst Patrick Head rutscht ein Lob heraus: »Gut gemacht, Heinz, Du hättest mit einer Runde Vorsprung gewonnen.« Die restlichen sechs WM-Läufe beendet Frentzen fünfmal auf dem Treppchen und leistet Jacques Villeneuve beim

Saisonfinale in Jerez de la Frontera wertvolle Hilfe, als er nach Michael Schumachers erstem Boxenstop für sechs Runden die Führung übernimmt und sich dabei soviel Zeit läßt, daß der Kanadier wieder zu seinem deutschen Titelrivalen aufschließen kann...

...wobei wir schon beim unrühmlichen Ende eines bemerkenswerten Zweikampfes um die Weltmeisterschaft angelangt sind, ein Duell, das sich über die gesamte Saison hingezogen hat: Jacques Villeneuve übernimmt mit zwei Siegen in Interlagos und Buenos Aires nach drei von siebzehn Grands Prix erstmals die alleinige Führung im WM-Klassement, doch Michael Schumacher feiert im Regen von Monte Carlo beim 5. WM-Lauf den ersten Saisonsieg. Zum ersten Mal seit dem Wechsel zur Scuderia Ferrari führt der bestbezahlte Rennfahrer der Welt auch in der Weltmeisterschaftswertung. Der Sieg beim GP von Spanien bringt Villeneuve zwar wieder die Führung im Titelrennen, doch ausgerechnet beim Heim-GP in Montreal patzt der Kanadier und setzt seinen Williams-Renault in die Leitplanken. Schumacher holt sich Saisonsieg Numero Zwo und baut seine WM-Führung nach einem weiteren Erfolg in Magny Cours auf 14 Punkte Vorsprung aus. Doch in Silverstone verhindert ein Radlagerschaden den dritten Schumi-Sieg in Folge und eine mögliche Vorentscheidung in der Weltmeisterschaft. Villeneuve gewinnt, bleibt beim nächsten GP in Hockenheim jedoch nie im Bilde, fliegt in der Ayrton Senna-Schikane raus, während Schumacher mit dem zweiten Platz wieder auf zehn Punkte Vorsprung erhöht. Villeneuve kann mit einem Sieg auf dem Hungaroring kontern, doch sein deutscher Kontrahent behält dank eines vierten Platzes noch drei Punkte Vorsprung. Im Regen von Spa-Francorchamps demonstriert Schumacher, weshalb er als bester Rennfahrer der Welt gilt: Sein vierter Saisonsieg wäre den WM-Titel wert, aber bei jetzt elf Zählern Vorsprung scheint vor dem GP von Italien eine Vorentscheidung gefallen. Die endlosen Ferrari-Testfahrten in Monza zeitigen indes den gegenteiligen Effekt: Mit Mühe und Not heimst Schumi ein einziges WM-Pünktchen ein, zum Glück muß sich auch Villeneuve bescheiden und wird nur Fünfter. Der Kanadier gewinnt

Hockenheim, 27. Juli 1997: Das Stewart-Racing Team zahlt in seiner ersten Formel-1-Saison viel Lehrgeld in Form von Motorschäden. Rubens Barrichello fällt beim GP von Deutschland zum fünften Mal in Folge aus, nach dem Saisonhöhepunkt mit Platz zwei in Monte Carlo streikt viermal der neue Ford V10, einmal das Getriebe. Drei Jahre steht »Rubinho« die Leidenstour durch, ehe ausgerechnet Johnny Herbert 1999 auf dem Nürburgring den ersten und einzigen GP-Sieg für Stewart-Ford herausfahren wird.

den GP Österreich, während Schumacher im Zweikampf mit Frentzen eine gelbe Flagge übersieht, seinen deutschen Rivalen überholt und deshalb in der Boxengasse eine Zehn-Sekunden-Zeitstrafe absitzen muß. Der Ferrari-Star rettet aber noch den sechsten Platz und kommt mit einem Pünktchen Vorsprung als WM-Spitzenreiter zum Nürburgring: Doch aus dem Zweikampf in der Eifel wird nichts, weil ausgerechnet Schumis kleiner Bruder in die Quere kommt. Ralf Schumacher geht beim Beschleunigungsduell mit seinem Jordan-Teamrivalen Giancarlo Fisichella die Straße aus, wobei der untröstliche »Rallef« eingangs des Castrol-S nicht nur »Fisico« sondern auch Bruder Michael von der Piste rempelt. Prompt gewinnt Jacques Villeneuve und übernimmt zwei Rennen vor Saisonende wieder mit 77 zu 68 die Führung in der Weltmeisterschaft. In Suzuka könnte der Kanadier damit das Titelrennen

bereits zu seinen Gunsten entscheiden, doch beim freien Training am Samstagvormittag bleibt der Tyrrell-Ford von Jos Verstappen mit leerem Tank am Streckenrand liegen, aufgeregt werden gelbe Flagge geschwenkt, doch sechs Rennfahrer, darunter Heinz-Harald Frentzen, Michael Schumacher und Jacques Villeneuve, reduzieren trotzdem nicht wie vorgeschrieben ihre Geschwindigkeit. Eigentlich eine Lappalie, doch leider wurde Villeneuve bereits in Monza wegen eines ähnlichen Vergehens »auf Bewährung« für einen GP gesperrt. Acht WM-Läufe lang darf sich der Kanadier fortan nichts zuschulden kommen lassen, Suzuka ist erst der dritte Formel-1-GP seit dem Gran Premio d'Italia und deshalb wird Jacques Villeneuve vom »Großen Preis von Japan« ausgeschlossen...

Williams legt Protest ein, Villeneuve darf unter Vorbehalt des endgültigen Votums des

FIA-Berufungsgerichtes starten. Es ist damals jedoch noch absehbar, daß in Paris nicht an der Vor-Ort-Entscheidung der Rennkommissare gerüttelt wird. Nicht minder interessant erscheint der Umstand, daß Ferrari in Japan mit einem »flexiblen Frontflügel« ausrücken darf. Erst einmal im Fahrtwind verbiegt sich das neue Teil kontrolliert an den Flaps (was den Luftwiderstand verringert) und den Endplatten des Hauptflügels (was für bessere Luftkanalisation, entsprechend mehr Abtrieb und damit weniger Untersteuern an der Vorderachse sorgt). Bewegliche aerodynamische Hilfsmittel sind allerdings verboten – der Ferrari F310B fährt trotzdem damit. Legal? Illegal? Oder einfach ganz egal?

Der frustrierte Jacques Villeneuve rast aus der Pole Position mit einer Verzweiflungsstrategie los, übernimmt die Spitze, macht aber keine Anstalten, der Konkurrenz davonzufahren. Vielleicht läßt sich der zweitplazierte Michael Schumacher ja zu einer unbedachten Attacke hinreißen...? Doch der läßt seinen Adjutanten attackieren: Nach einem perfekt abgesprochenem Überholmanöver zieht Eddie Irvine binnen einer Runde nicht nur an seinem Ferrari-Capo vorbei, sondern schnappt sich in einem Rutsch auch den viel zu langsam dahinrollenden Villeneuve. Der läßt Irvine sausen und versucht wenigstens noch den Rest des Kolonnenverkehrs aufrechtzuerhalten: Je dichter der Stau, desto größer die Chance anderer Konkurrenten, Schumacher bei den allfälligen Boxenstops zu überholen und WM-Punkte abzunehmen. Doch der deutsche WM-Kandidat rollt zuerst an die Box und schnappt sich zwei Runden später Villeneuve, als der Kanadier von seinem ersten Stop zurück auf die Piste jagt. »Geisterfahrer« Villeneuve, eigentlich ja nur unter Vorbehalt im Rennen, hält bei Tempo 300 dagegen, Schumacher vermeidet eine Kollision und wird nach seinem Sieg in Suzuka dozieren: »Solche gefährlichen Aktionen sind absolut unnötig.« Danach überläßt Irvine seinem Teamleader die Spitze, um seinerseits Villeneuve einzubremsen... Am Ende wird der frustrierte Kanadier nur Fünfter, aber Williams bemüht sich auf einen Fingerzeig von FIA-Präsident Max Mosley hin gar nicht mehr, um die beiden WM-Punkte zu kämpfen. Aus Sorge, Villeneuve könnte vom FIA-Berufungsgericht in Paris für das Saisonfinale in Jerez gesperrt werden, zieht Williams den Protest gegen die Disqualifikation des Flaggensünders kurzerhand wieder zurück. Schumacher führt mit 78 zu 77 – und so kommt es am 26. Oktober 1997 zum einschaltquotenträchtigen Showdown in Jerez de la Frontera.

Alles scheint für Michael Schumacher zu laufen, von der Erkältung des kanadischen Rivalen bis zum famosen Start, der den Ferrari des WM-Spitzenreiters sofort in Führung bringt. Was soll, was kann da noch schiefgehen? Doch Villeneuve hält hartnäckig den Abstand auf vier Sekunden, läßt sich nicht abschütteln. Beide fahren mit einer Zwei-Stop-Strategie: Schumacher bleibt auch nach dem zweiten und letzten Tankstop vor Villeneuve. Gut 20 Runden sind noch zu fahren, wer wollte da Zweifel hegen, daß Michael Schumacher nicht vorne bleibt? Vielleicht mag sich das der Ausnahmerennfahrer aus Kerpen ja auch gesagt haben, doch dann taucht da in der 48. Runde vor der Dry-Sack-Rechtskurve auf der Innenlinie trotzdem der blau-weiße Williams-Renault auf, bremst später, liegt vorn und reißt den vermeintlichen Champion aus den süßen Träumen: Der so jäh und schnöde überrumpelte Maestro verläßt sich verzweifelt auf seine Reflexe und rammt das rechte Vorderrad in die linke Seite des Williams-Renault. Wie anno 1994 in Adelaide? Oder ist das nur hier und heute am 26. Oktober 1997 in Jerez so gewesen?

»Jacques hat so spät gebremst, daß er ohne mich im Kiesbett gelandet wäre«, wird es nach zweistündiger Bedenkzeit tönen: »Die Attacke von Jacques war sehr optimistisch.« Doch je später der Tag, desto kleinlauter werden die Rechtfertigungen. Und Bernie Ecclestones Kommentar macht die Runde: »Lieber mit Anstand Zweiter werden als so eine Aktion!« Schumi ist im Dreck gelandet – und Jacques Villeneuve kutschiert seinen angeschlagenen Williams-Renault nach Hause, geht auf Nummer sicher und schenkt in der letzten Runde auch noch den beiden McLaren-Mercedes

einen Doppelsieg. Wobei der getreue David Coulthard zuvor noch den Befehl seines Herrn und Meisters Ron Dennis gewissenhaft exekutiert und seinen sieglosen Stallgefährten Mika Häkkinen vorbeischlüpfen und endlich mal gewinnen läßt. Wie war das Rennen? »That's correct«, gibt der fassungslose Finne immer wieder von sich. So ist das also, das allererste Mal – und hat gar nicht wehgetan, das wollen wir doch bald mal wiederholen...

Und Jacques Villeneuve ist Weltmeister, erst 26 und doch ein echter Typ, selbst mit wasserstoffblondgefärbtem Haar: »Ich wußte, daß er versuchen wird, mich abzuschießen. Aber ich mußte das Risiko eingehen.« Ein Computer-Freak und Querdenker, weder auf den Mund noch auf den Kopf gefallen: »Wenn ich den Sturzhelm an den Nagel hänge, werde ich nicht als Ex-Fahrer frustriert durchs Fahrerlager laufen.« Die FIA-Bosse haben ihn vor seinem Heim-GP in Kanada Spießruten laufen lassen, weil Villeneuve das neue Sicherheitsreglement für die Saison 1998 als »shit« bezeichnete. Und nun ist dieser sympathische Rüpel zu allem Überfluß auch noch Formel-1-Weltmeister geworden: »Ich habe soviel Arbeit in den Titelgewinn gesteckt, daß ich eine Niederlage nicht akzeptiert hätte.« Chapeau, Monsieur Villeneuve! Nicht nur Graham Hill wäre stolz auf Damon gewesen. Auch Gilles Villeneuve auf seinen Sohn Jacques...

Übrigens: Pünktlich zu Beginn der neuen Karnevalskampagne wird Michael Schumacher am 11.11.1997 wegen seiner unfairen Jerez-Attacke zwar aus dem Gesamtklassement der Fahrerweltmeisterschaft gestrichen. Doch sämtliche Plazierungen und WM-Punkte bleiben ihm für die Statistik erhalten. Alles klar? Na dann: Narrhalla-Marsch...

Versilbert

Wie sichert man sein Lebenswerk, wird dabei noch ein bißchen reicher und behält in der Formel 1 nach wie vor das letzte Wort? Bernie Ecclestone, wenn man halbwegs seriösen Zahlenangaben trauen darf, steht in seinem 67. Lebensjahr und bemüht sich intensiv, die Geschäfte seiner »Formula One Administation« langfristig zu ordnen. Ecclestone will sein Grand-Prix-Geschäft an der Börse plazieren. Risikobewußte Broker schätzen den jährlichen Umsatz der FOA auf über 400 Millionen Dollar, 40 % davon seien als Reingewinn zu verbuchen. Ende 1999 soll das Formel-1-Spektakel angeblich sogar über eine Milliarde Mark umgesetzt haben. Zu Beginn der Rennsaison 1997 beziffern Börsianer den Wert des gesamten Formel-1-Pakets inklusive der weltweiten TV-Rechte auf angeblich 7 Milliarden Mark, doch die heftige Kontroverse mit EU-Kartellwächter Karel van Miert um vermeintliche oder tatsächliche Monopole von Ecclestone und FIA durchkreuzt die ehrgeizigen Börsenpläne. Das in der Europäischen Union ab 2006 flächendeckend drohende Tabakwerbeverbot und die immensen Anlaufkosten bei Ecclestones »Bakersville«-PAY-TV-Projekt reduzieren binnen weniger Monate den fiktiven Wert des Produkts Formel 1 auf nurmehr 4,5 Milliarden Mark. Auch hinter den Kulissen wird kräftig um Geld aus den TV-Rechten gehauen und gestochen, ehe auch Williams, McLaren und Tyrrell 1997 doch noch das neue Concorde-Abkommen unterzeichnen, das die Verteilung des Mammons unter den Teams regelt. Damit man schön unter sich bleibt und die horrenden Einkünfte nicht noch teilen muß, wird zum ersten Mal in der Geschichte der Formel 1 die Zahl der startberechtigten Teams auf zwölf beschränkt! Elf Rennställe tummeln sich derzeit in der Welt von Bernie Ecclestone, das letzte Ticket wird eigentlich für Honda freigehalten, ein Fünf-Jahres-Plan soll über drei Milliarden Mark Investitionskosten vorsehen: Doch mit dem tragischen Herztod von Projektleiter Harvey Postlethwaite werden die Planungen der Japaner für ein eigenes Team ad acta gelegt, ab der Saison 2000 wird Honda zwar stärker auf die Formel 1 setzen, aber wieder wie zuletzt bei McLaren allein als künftiger Motorlieferant für den BAR-Rennstall und wie bereits seit 1998 unter dem Mugen/Honda-Signet bei Jordan.

Seinen Platz räumt dagegen Ken Tyrrell. Er macht mit 74 Jahren Schluß. Seit 1968 hatte der Entdecker und Förderer von Jackie Stewart kein einziges Formel-1-Rennen verpaßt – bei 453 WM-Läufen leitete Tyrrell die Geschicke seines GP-Teams, das zu Beginn noch zwei Jahre lang unter dem Namen Matra International firmierte und mit Stewart drei Formel-1-Weltmeisterschaften holte. 1998 ist alles vorbei, Team Tyrrell geht in die allerletzte Saison, doch »Good Old Ken« wird nur noch selten auftauchen. Nein, fünf Jahrzehnte nach Einführung der Fahrerweltmeisterschaft ist kein Platz mehr für Sentimentalitäten: Ex-Skilehrer und Jacques Villeneuve-Manager Craig Pollock knüpft die Kontakte zum BAT-Konzern, für angeblich 90 Millionen Mark kauft British American Tobacco den Tyrrell-Rennstall – oder sollte man besser sagen, das Formel-1-Startrecht? Denn ab 1999 gibt es ein eigenes BAR-GP-Team (British American Racing), das für Jacques Villeneuve GP-Rennwagen des in anderen Rennformeln erfolgreichen Konstrukteurs Adrian Reynard einsetzt – und kläglich scheitern wird.

In dieser Saison ist die Formel 1 auf den neuen, von Max Mosley und der FIA verordneten Profilreifen unterwegs. Wobei es sich im Grunde um Slicks handelt, denen je Reifen vorn drei Rillen bzw. hinten vier Rillen verpaßt worden sind: Jeweils 14 mm breit und im Profil 2,5 mm tief, reduzieren diese Rillen die Auflagefläche des Reifens um etwa 17 % gegenüber den herkömmlichen Slicks. Zusammen mit einer reglementsbedingt von ehedem 200 cm auf 180 cm geschrumpften Fahrzeugbreite reduziert sich neben dem Reifengrip auch noch der Abtrieb eines Formel-1-Rennwagens: Die Boliden des Jahrgangs 1998 bescheren ihren Dompteuren beim Einlenken in eine Kurve stärkeres Untersteuern, dafür droht dann kurvenausgangs das Heck eher auszubrechen, wenn der Fahrer zu früh und zu heftig aufs Gaspedal tritt. Der Grenzbereich wird damit noch schmaler, auch begnadete Könner werden häufiger denn je unfreiwillige Pirouetten drehen. Und manche werden sich mit den neuen Verhältnissen gar nicht mehr anfreunden: Allen voran Damon Hill, der im Jordan-Mugen/Honda zwar beim Regenchaos-GP von Spa-Francorchamps noch einmal zu einem glücklichen Sieg kommt, auch deshalb weil sein zweitplazierter Teamkollege Ralf Schumacher nicht mehr attackieren darf. Ein Jahr später wird der Ex-Weltmeister mit einem ärgerlichen Abgang auf Raten endgültig kapitulieren. Was allerdings nicht nur an der ab 1999 vorgeschriebenen vierten Rille für die Vorderreifen liegt, sondern vielleicht eher an den Fahrkünsten seines neuen Jordan-Partners Heinz-Harald Frentzen, die Damon Hills Bemü-

kommissaren beim GP von Brasilien auf Antrag von Ferrari kurzerhand verkündete Verbot des von Mercedes-Benz als »verkappte Vierradlenkung« bezeichneten Bremssystems sorgt zwar für kräftige Empörung, ändert aber nichts an der Überlegenheit der beiden MP4/13. Technische Rätsel gibt der Konkurrenz auch die perfekte Präzision der beiden MP4/13 bei GP-Starts auf: In 3,8 Sekunden von null auf 100 Meilen pro Stunde (160,9 km/h) gilt als Standardwert, irritierenderweise scheint das diffizile System, eine offizielle Traktionskontrolle verbietet das Reglement bekanntlich, nur einen Start zu verdauen. Beim GP von Frankreich schießt das Doppel Häkkinen/Coulthard der Ferrari-Konkurrenz auf und davon, hat aber Pech, daß sofort ein Neustart angeordnet wird, weil Jos Verstappens Stewart-Ford stehengeblieben ist. Beim zweiten Start übernehmen Schumacher und Irvine sofort das Kommando, während die »Silberpfeile« regelrecht Wurzeln geschlagen zu haben scheinen... Ron Dennis wird hinterher toben: »Mika oder David hätten heute gesiegt, wenn die roten Flaggen nicht gezeigt worden wären.«

Fast die halbe Saison lang hetzen Ferrari und Michael Schumacher den McLaren-Mercedes hinterher: In Melbourne und Interlagos fahren Häkkinen und Coulthard buchstäblich Kreise die Konkurrenz. »Wir sind nur gerollt«, kommentiert der Schotte nach seinem zweiten Platz beim australischen GP, »hätten wir ernst gemacht, hätten wir mit zwei Runden Vorsprung gewonnen.« Richtig, bei McLaren-Mercedes legt man wert auf das »Wir-Gefühl«: Häkkinen hat einen Funkspruch seines Renningenieurs falsch interpretiert und rollt zu seinem zweiten, vermeintlich vorgezogenen Boxenstop herein. Doch ein Halt ist ganz und gar nicht geplant, weshalb der Finne unabgefertigt wieder mit Tempo 120 durch die Bo-

hungen fast völlig überstrahlen. Das Bäumchen-wechsel-dich-Spiel von Jordan zu Williams wird umgekehrt auch Ralf Schumacher guttun: Schumi II befindet sich bis zur Saisonmitte 1998 in einer technischen wie fahrerischen Talsohle, ein namhafter deutscher Sportpsychologe wird zurate gezogen, selbst die weitere Formel-1-Karriere scheint gefährdet. Doch ab Hockenheim geht es wieder aufwärts, aus »Rolex-Ralf«, dem allzu leichtfüßigen »Rallef« und ewigen kleinen Bruder des großen Schumi, wird allmählich doch Ralf Schumacher, ein Spitzenrennfahrer von eigenen Gnaden...

Nachdem die Kombination McLaren-Mercedes seit 1995 teures Lehrgeld in der Formel 1 bezahlt hat, winkt nach der `97er Gesellenprüfung mit drei GP-Siegen im Jahre 1998 endlich das Meisterstück. Adrian Newey hat mit dem MP4/13 dem immer stärkeren V10-Motor erstmals ein wirklich adäquates Fahr-

werk maßgeschneidert, dessen relativ langer Radstand sich derart effizient auf Gewichtsverteilung, Aerodynamik und Fahrverhalten auswirkt, daß die düpierte Konkurrenz eigene »Streckversionen« nachschiebt. Obendrein scheint Bridgestone seinem ersten Top-Team auch sämtliche Wunschreifen zu backen, während Goodyear die Entwicklung zumindest zu Saisonbeginn verschlafen haben dürfte. Die anderen Geheimnisse bei McLaren-Mercedes sind hingegen nicht so leicht zu kopieren: Der vermutlich 780 PS starke Zehnzylinder ist auch von Gewicht (110 kg) und Benzinverbrauch her (angeblich brauchten Häkkinen und Coulthard bei einer Zwei-Stop-Strategie pro Boxenhalt jeweils zehn Liter weniger Treibstoff nachzufassen) 1998 das Maß aller Dinge. In Untertürkheim dürften sich diverse Ingenieure wohl über Bremsen und Differential hergemacht haben. Das von den Sport-

Imola, 26. April 1998, der erste Rückschlag für Mika Häkkinen: Teamkollege David Coulthard führt aus der Pole Position vom Start weg, während der WM-Spitzenreiter wegen eines Getriebeschadens ausfallen wird. Bei genauerer Überprüfung kommt heraus, daß man bei McLaren-Mercedes Opfer von Produktpiraten geworden ist: Das defekte Getriebelager stammt nicht vom Originalhersteller, sondern von einem Produktfälscher, der mit Billigware schnelles Geld macht...

xengasse Richtung Strecke rattert. Rund zwölf Sekunden verschenkt und die Führung an Coulthard verloren, was für ein Ärger. Aber die McLaren-Mercedes-Teamregie apelliert via Funkspruch an die moralischen Gefühle des tapferen David, der den Goliath Mika bei passender Gelegenheit wieder vorbei läßt. Pikanterweise ausgerechnet bei Start und Ziel vor Haupttribüne und Boxengasse...

Aber das Ganze ist ja nur »Teamgeist« und keine »Stallregie« – und so bekommt Mika Häkkinen auch den zweiten GP-Sieg seiner Formel-1-Karriere geschenkt. Daß er sich in der Saison 1998 nicht nur als langjähriger Schützling von Ron Dennis empfiehlt, sondern als der zumeist eindeutig schnellere Rennfahrer bei McLaren-Mercedes wird uns der weitere Verlauf des Rennjahres lehren. Auch wenn

David Coulthards WM-Chancen nach seinem Sieg beim 5. WM-Lauf in Imola zumindest bis zum spanischen GP intakt sind, ehe zwei Motorschäden in Monte Carlo und Montreal, ein magerer sechster Platz in Magny Cours nach peinlichen Auftankpannen in der Boxengasse sowie ein Ausrutscher im Regen von Silverstone etwaige, noch verbliebene Ambitionen des Schotten auf den WM-Titel frühzeitig beenden. Besonders bestaunenswert bleibt indes, daß die Fahrer-WM trotz der bezeichnenden technischen Überlegenheit der McLaren-Mercedes erst im letzten GP der Saison gesichert werden kann. Interessant sind auch Berichte darüber, daß McLaren im Sommer 1998 mit Jacques Villeneuve verhandelt. Doch der amtierende Weltmeister fordert angeblich ein exorbitant hohes Honorar. Es geht auch preis-

werter: Schließlich erweist sich Mika Häkkinen am Ende mit acht Siegen aus 16 WM-Läufen durchaus als würdiger Champion. Doch es ist erneut Michael Schumacher, der seinen Nimbus des besten zeitgenössischen Formel-1-Rennfahrers wahrt, weil er sich zusammen mit Ferrari aus einer eigentlich hoffnungslosen Situation heraus zum ernsthaften Kronprätendenten emporkämpft – fast eine Reprise des letztjährigen Saisonverlaufs. Und wie 1997 in Jerez wird Schumi selbst seine berechtigten WM-Hoffnungen vereiteln, nur geschieht dies 1998 nicht erst beim Saison-Finale, sondern bereits vier Rennen vor Schluß, ausgerechnet auf Schumachers Leib-und-Magen-Strecke Spa-Francorchamps...

Gewiß, Michael Schumacher fährt schon die gesamte Saison über am Limit, manchmal

Hockenheim, 2. August 1998, eine Saison lang den Silberpfeilen hinterher: Ausgerechnet bei Michael Schumachers Heimrennen in Hockenheim liefert Ferrari die bis dato schwächste Saisonleistung. Mika Häkkinen, im McLaren-Mercedes hinten rechts im Bild, feiert mit seinem Teamkollegen David Coulthard einen prestigeträchtigen Doppelsieg beim »Großen Preis von Deutschland«.

Arrows von Pedro Diniz kollidiert... In Montreal reichen Schumis 105 % einerseits, um nach einer hurtigen Ausfahrt aus der Boxengasse den Williams von Heinz-Harald Frentzen in die Leitplanken zu drängen und dafür eine Zehn-Sekunden-Stop-and-Go-Zeitstrafe absitzen zu dürfen, andererseits, um trotzdem ein von schweren Unfällen und Pace-Car-Phasen geprägtes Rennen noch aus dem Feuer zu reißen. Dem Sieg beim GP von Kanada folgen zwei weitere 105 %-Erfolge in Frankreich und England: Michael Schumacher gewinnt Rennen, die er mit dem Ferrari F300 eigentlich gegen die McLaren-Mercedes nie im Traum hätte gewinnen können. In Silverstone helfen allerdings heftiger Regen und die Kunst, das Formel-1-Reglement so geschickt und doch korrekt zu lesen, daß Schumi eine zeitraubende, von den Stewards aber viel zu spät verhängte Zehn-Sekunden-Stop-and-Go-Strafe erst nach Rennende absitzen kann. Michael Schumacher ist der erste Rennfahrer in der Geschichte der Formel-1-WM, der in der Boxengasse als GP-Sieger den Zielstrich passiert...

Nach neun von sechzehn WM-Läufen steht es damit im Titelkampf nur noch 56:54 für Häkkinen gegen Schumacher, aber zwei makellose McLaren-Mercedes-Doppelsiege Marke Häkkinen/Coulthard in Zeltweg und Hockenheim bescheren dem deutschen Ferrari-Star einen Rückstand von 16 Punkten. In Österreich endete der 105 %ige Einsatz mit einem Ausrutscher nach einer Attacke auf Spitzenrei-

geht alles gut, doch dann sind die üblichen 105 % Einsatz ein Hauch zuviel des Menschenmöglichen: Beim dritten WM-Lauf des Jahres in Buenos Aires räumt er auf dem Weg zum ersten Saisonsieg schon mal David Coulthard beiseite, den ernsthafte Getriebeprobleme zu einer etwas weiten Linie verleitet haben, was Ferraris Numero Uno erbarmungslos, aber nicht unfair ausnutzt. In Imola und Barcelona springen wenigstens Podiumsplätze heraus, doch in Monte Carlo sind 105 % Einsatz für Schumi zuviel, nach einem verkorksten Start muß der Deutsche wieder einmal alle Register ziehen, um sich von Häkkinen nicht abhängen zu lassen. Dummerweise liegt der Benetton von Alexander Wurz vorübergehend auf Platz zwei dazwischen, aber wenn jemand in Monte Carlo seinen Vordermann auf der Straße zu überholen vermag, dann Herr Schumacher. Leider um den Preis einer

verbogenen Spurstange – was mit einer langwierigen Reparatur und zwei Runden Rückstand auf dem zehnten Platz endet, wobei der Ferrari auch noch kurz vor dem Ziel mit dem

Kappensitzung unter Brüdern – oder: Laß Dir nix auf die Mütze geben, es sei denn es ist ein Sponsor für fünf Millionen Mark oder so...

Ein langer Weg zum Weltmeistertitel: Nach 112 GP-Starts erreicht Mika Häkkinen mit 30 Jahren das ersehnte Ziel. Und in die Freude mischt sich bei dem Finnen stets eine spezifische Form von Nachdenklichkeit, die sonst sehr selten in dem Geschäft Formel 1 anklingt und vielleicht als Folge von Mika Häkkinens Adelaide-Unfall im Jahr 1995 zu interpretieren ist: »Ich denke nie darüber nach, was andere denken. Das Wichtigste ist, was du selbst glaubst. Zu sagen, der oder jener ist der Beste, trifft es nicht. Jeder von uns macht Fehler. Und wer Fehler macht, ist an dem Tag nicht der Beste.«

sein Spitzenfahrer disponieren um: Drei kurze Tankstops bescheren dem Ferrari für eine kurze Zeitspanne Gewichts- und Reifenvorteile. Binnen 19 Runden muß Michael Schumacher 25 Sekunden auf die McLaren gutmachen,

lautet das Klassenziel, das der Klassenbeste in grandioser Manier erreicht. Jean Alesi kommentiert: »Michael ist jetzt so gut wie Ayrton Senna in seiner Glanzzeit. Er kann jede Art von Speed abrufen, wann immer er will.« Und der gepriesene Schumi bekennt strahlend: »Heute ging für mich ein Traum in Erfüllung. Jetzt ist der Titelkampf wieder offen, und das nächste Rennen ist in Spa, auf meinem Lieblingskurs.«

Doch ausgerechnet der GP von Belgien entwickelt sich für Michael Schumacher zu einem Alptraum, gerade deshalb, weil im Regen von Spa-Francorchamps für den Deutschen zunächst alles wie am Schnürchen läuft: Mika Häkkinen führt zwar nach dem Start das Feld als Erster in Richtung Eau Rouge, doch in der Meute hinter dem Finnen löst ein Quersteher von David Coulthards

ter Häkkinen, am Ende reicht es noch zum dritten Platz. In Hockenheim riskiert die Scuderia Ferrari 105 % und rückt ohne vorherige Testerfahrung mit einem F300 aus, der erstmals einen verlängerten Radstand aufweist. Schumacher vergeudet mit dem unausgereiften Gefährt wertvolle Zeit im Freitagtraining, am Samstag wechselt der Deutsche prompt wieder in die Normalversion, rutscht frühzeitig von der Piste und versäumt schließlich auch die letzte Dreiviertelstunde des freien Trainings, weil der V10-Motor eingeht – somit gibt es im Qualifying keine Chance: Vom neunten Startplatz aus landet Schumacher am Rennsonntag auf Rang fünf. Unter normalen Umständen ist nun gegen die überlegenen McLaren-Mercedes nichts mehr zu machen, erst recht nicht auf dem Hungaroring, wo Häkkinen und Coulthard vom Start weg führen und wie Schumacher zwei Boxenstops einkalkuliert haben. Doch Ross Brawn und

Mit Testfahrer Jörg Müller dem furiosen Neuzugang Jean Alesi und dem bewährten Johnny Herbert präsentiert Peter Sauber 1998 für seinen neuen Sauber C17-Petronas eine schlagkräftige Kombination. Doch unterm Strich kosten zahlreiche Zwischenfälle vom Defekt bis zum Fahrfehler wertvolle Punkte. Der sechste Platz in der Konstrukteurswertung liest sich beachtlich – kommt jedoch mit nur zehn WM-Punkten zustande.

McLaren die bis dato größte Massenkarambolage in der Geschichte der Formel-1-Weltmeisterschaft aus. Wie durch ein Wunder gibt es keine Verletzten zu beklagen, nur zwölf havarierte Rennwagen müssen entsorgt werden, ehe zum zweiten Mal gestartet werden kann. Wie insgeheim erwartet, erwischt Häkkinen keinen optimalen Neustart, Damon Hill übernimmt resolut die Spitze, während ausgangs der Spitzkehre von La Source Schumachers Ferrari auf der Außenlinie vor dem McLaren des Finnen liegt, als dieser mit dem linken Vorderrad den rechten Seitenkasten des Maranello-Boliden touchiert. Die beiden Kontrahenten drehen sich weg, doch Häkkinens McLaren wird im nachfolgenden Verkehr von Johnny Herberts Sauber abgeschossen... Carte Blanche für Schumi, der in der achten Runde Spitzenreiter Hill überholt und fortan ungehindert auf und davon zieht: Der sichere Sieg

würde das Punktekonto des Deutschen auf 80 Zähler erhöhen, womit Schumacher bei drei Punkten Vorsprung auf Häkkinen erstmals während der Saison 1998 WM-Spitzenreiter wäre...

Aber bei strömendem Regen und über 37 Sekunden Vorsprung läuft der führende Ferrari auf den zur Überrundung anstehenden McLaren-Mercedes von David Coulthard auf: Blaue Flaggen werden geschwenkt, doch der Schotte gibt den Weg nicht frei. Warum eigentlich nicht? Schumacher protestiert mit Handzeichen, Ferrari-Rennleiter Jean Todt begibt sich zum McLaren-Gefechtsstand – und dann knallt es. Hat sich Coulthard entschlossen, Schumacher vorbeizulassen? McLaren-Mercedes wird Telemetrie-Daten vorweisen, wonach der Schotte im dritten Gang mit Tempo 170 unterwegs ist, aber nicht wie gewohnt beschleunigt, als ihm der Ferrari ins

Heck knallt. Schumacher tritt sein Gaspedal durch, erreicht laut Ferrari-Daten 230 km/h, rechnet wohl nicht damit, daß Coulthard ausgerechnet jetzt und an dieser Stelle womöglich aufgrund eines (viel zu späten?) Funkspruchs doch noch stante pede Platz macht. »Ich bin ganz rechts gefahren und habe darauf gewartet, daß mich Schumacher vor der Kurve überholt«, wird Coulthard zu Protokoll geben, »plötzlich spüre ich einen Schlag von hinten.« In der Wassergischt hat selbst der begnadetste Regenfahrer der Gegenwart das Hindernis zu spät erkennen können – der Aufprall kostet Schumi das rechte Vorderrad, den Frontspoiler und mit sehr hoher Wahrscheinlichkeit auch die Fahrerweltmeisterschaft 1998...

»Du Scheißkerl wolltest mich umbringen«, brüllt Schumacher den Schotten an, dem er wutentbrannt in die McLaren-Box nachsteigt. Die Rennkommissare entscheiden vor Ort mit

Silverstone, 12. Juli 1998: Vom Regen in die Traufe kommt Weltmeister Jacques Villeneuve nicht nur beim britischen GP, wo er als Siebter wie so oft in dieser Saison wieder einmal unter Wert geschlagen wird. Der neue FW20, seit gut sieben Jahren das erste Gefährt von Williams, an dessen Entwurf Designer Adran Newey nicht mehr beteiligt ist, gewinnt 1998 keinen einzigen Grand Prix! Wobei Jacques Villeneuve und Teamkollege Heinz-Harald Frentzen nicht nur wegen des Mécachrome-V10-Triebwerks (dem ehemaligen Renault RS9-Motor) der Konkurrenz von McLaren-Mercedes und Ferrari meist nur hinterherfahren. Am Ende des Jahres trennen sich die Wege zwischen den Fahrern und Williams...

Hungaroring, 16. August 1998: Häkkinen, Coulthard, Schumacher, Irvine und Hill sind bereits nach dem Start zum GP von Ungarn aus dem Bild entfleucht, dahinter fädelt sich das Hauptfeld durch die erste Kurve. Voran die beiden Williams von Villeneuve und Frentzen, dahinter Wurz (Benetton), Alesi (Sauber), Fisichella (Benetton), R. Schumacher (Jordan), Salo (Arrows), Diniz (Arrows), Herbert (Sauber), Trulli (Prost), Barrichello (Stewart), Verstappen (Stewart), Tuero (Minardi), Takagi (Tyrrell), Nakano (Minardi) und Panis (Prost).

Hockenheim, 2. August 1998, Sektroutiniers in Aktion: Weltmeister Jacques Villeneuve freut sich über sein allererstes '98er Gastspiel auf dem Podium, Sieger Mika Häkkinen feiert beim deutschen GP bereits den sechsten Saisonsieg und begießt McLaren-Designer Adrian Newey.

polizeibekannter Logik: Wer auffährt, hat immer Schuld. Das Klima zwischen Ferrari und McLaren-Mercedes respektive Schumacher/Coulthard scheint endgültig vergiftet, auch wenn vor dem nächsten GP in Monza wieder

die wie in ähnlich gelagerten Fällen Marke Schumacher/Hill übliche Aussprache samt Versöhnung mit Shakehands arrangiert wird. Nicht nur für die Tifosi mag es als Form höherer Gerechtigkeit erscheinen, daß Schumi erst-

mals in der Saison 1998 aus der Pole Position startet. Die im Rennen erneut überlegenen McLaren-Mercedes scheitern zur Abwechslung wieder mal an technischen Gebrechen: Spitzenreiter Coulthard fällt mit Motorschaden aus, Häkkinen behindert ein Set-Up-Problem. Als das Übersteuern beim routinemäßigen Tankstop samt Reifenwechsel behoben werden kann, dreht sich der Finne kurz vor Schluß von der Strecke, McLaren-Mercedes hat wohl zu früh auf ein neues Bremssystem gesetzt, wird es später heißen. Häkkinen schafft es jedoch noch irgendwie, sich mit seinem angeschlagenen Rennwagen aus dem Kiesbett zu befreien und mit Platz vier drei Punkte zu retten. Unterm Strich stehen für den Finnen damit 80 Zähler zu Buche – der sich ex äquo mit Monza-Sieger Michael Schumacher die WM-Führung teilen muß.

Zwei Rennen vor Saisonende scheint der GP von Luxemburg auf dem Nürburgring die endgültige Wende zugunsten der Kombination Schumacher/Ferrari zu bringen: Schumi steht erneut auf der Pole Position, Teamkollege Eddie Irvine schafft den zweiten Startplatz. Das Ferrari-Doppel führt in dieser Reihenfolge sogar vom Start weg, doch im Gegensatz zum samstäglichen Qualifying sind am Rennsonntag die Temperaturen um fünf Grad gesunken, was den weichen Bridgestone-Pneus an Häkkinens McLaren-Mercedes zusammen mit einer riskanten, aber treffsicheren Rennabstimmung entgegenkommt. Schumacher fährt zwar brillant wie eh und je, doch die harten Goodyear-Reifen seines Ferrari sind ein zu großes Handikap: »Unser Paket war heute unterlegen«, referiert der Ferrari-Star, »wir waren einfach nicht schnell genug.« Alles gegeben – und doch besiegt, selten hat ein Rennresultat Michael Schumacher derart zu schaffen gemacht wie an jenem 27. September 1998 auf dem Nürburgring. Vier Punkte Rückstand auf Mika Häkkinen sind selbst bei einem Sieg im letzten WM-Lauf in Suzuka nicht mehr wettzumachen, wenn der Finne Zweiter wird: Bei Punktgleichheit würde die Majorität der GP-Siege den Ausschlag für Häkkinen geben. Aber ein Michael Schumacher gibt nicht auf, fährt in Japan wieder Trainingsbestzeit. Doch kurz vor dem Start würgt Trulli seinen Prost-Peugeot ab, eine neuerliche Einführungsrunde wird fällig, doch als die beginnt, stirbt Schumachers Ferrari V10 ab, weil ein Hitzestau die Kupplungshydraulik lahmlegt – Schumi wird ganz am Ende des Feldes starten. Das Finale der Formel-1-WM 1998 ist entschieden, auch wenn Schumacher noch bis auf den dritten Platz hinter Häkkinen und Irvine vorfährt, ehe ein Reifenplatzer die Aufholjagd beendet: »Aber wir haben die WM nicht in Suzuka, sondern viel früher verloren«, rapportiert Schumi, »das Leben geht weiter, jetzt muß es halt 1999 klappen...« Spiel, Satz und Sieg für McLaren-Mercedes und Mika Häkkinen: »Es ist alles nicht wahr – als ich die Ziellinie überfuhr, hatte ich keine Übersicht mehr, es war mir alles zuviel.« Und der frischgekürte Formel-1-Weltmeister bekennt: »Man fliegt sehr hoch in diesem Sport, aber man muß diese Höhe erst beherrschen lernen.«

Der menschliche Faktor

Immer mehr, immer größer, das ist die Philosophie der Zeit. Das, was als Globalisierung der Weltwirtschaft gepriesen oder verdammt wird, hat das mittelständische Unternehmen Formel 1 unter Geschäftsführung von Bernie Ecclestone auf dem lange Zeit so belächelten Welt des Motorsports vorexerziert. In der 50. Saison seit Einführung der Formel-1-Weltmeisterschaft hat der technische und finanzielle Aufwand einmal mehr neue Gipfel erreicht. Der Jahresetat von McLaren-Mercedes soll sich 1999 auf 520 Millionen Mark beziffern, schreibt ein italienisches Wirtschaftsmagazin und schätzt das Ferrari-Rennbudget auf 440 Millionen Mark. Eddie Jordan kommt nach eigenen Angaben 1999 für seinen Rennstall auf einen Etat von 62 Millionen Dollar und wird damit, dank seines neuverpflichteten Rennfahrers Heinz-Harald Frentzen, sogar Platz drei in der Konstrukteurswertung erreichen. 40 Millionen Dollar müssen Giancarlo Minardi reichen, um auch im 14. Rennjahr in der Formel 1 tapfer hinterherzufahren. Doch im Gegensatz zu dem auf 150 Millionen Dollar Jahresetat geschätzten BAR-Formel-1-Team holt der italienische Mini-Rennstall 1999 wenigstens einen WM-Punkt, weil der 25jährige spanische GP-Neuling Marc Gené das famose Kunststück fertigbringt, am Nürburgring seinen Minardi-Ford mit anderthalb Sekunden Vorsprung auf den 80 PS-stärkeren Ferrari von Eddie Irvine ins Ziel zu retten. »Er ist unser erster Pilot, der nicht nur Comics liest«, scherzt Minardi-Direktor Cesare Fiorio über Gené, den studierten und diplomierten Betriebswirt. Ein Formel-1-Rennwagen verfügt über 120 Meßsensoren an Bord, die während einer einzigen Rennrunde eine derartige Unsumme

von Daten aufzeichnen, das man für deren Ausdruck 500 000 DIN-A4-Seiten Papier benötigen würde. Und doch wird man bei der Scuderia Ferrari angeblich nicht exakt klären können, wieso sich am 11. Juli 1999 in Silverstone am Tipo F399 von Michael Schumacher eine Entlüftungsschraube im hinteren Bremskreislauf gelöst hat, so daß der Verlust von 150 Milliliter Bremsflüssigkeit ausreicht, um den flammroten Rennwagen 35 Sekunden nach dem Start zum britischen GP wegen Bremsversagens mit 107 km/h in eine mit Altreifen bewehrte Betonmauer zu befördern. Ob ein Mechaniker die Schraube beim Festziehen einfach überdreht hat? Es sind Zufall, Glück und immer noch der Faktor Mensch, die im Hi-Tech-Reich der Formel 1 eine Rolle spielen. Die Hauptrolle, auch nach 50 Jahren...

Die Formel-1-Saison 1999 beginnt mit der erwarteten Neuauflage des Titelrennens Mika Häkkinen gegen Michael Schumacher, auch wenn Eddie Irvine bis zum zweiten WM-Lauf das Klassement anführt. Schumi übernimmt mit seinem ersten Saisonsieg in Imola die Tabellenspitze, demütigt gleich darauf bei seinem Triumph in Monte Carlo Weltmeister Mika Häkkinen: In der WM-Wertung führt nach dem Ferrari-Doppelsieg im GP von Monaco Schumacher (26 Punkte) vor Irvine (18) und Häkkinen (14). Mit zwei klaren Siegen in Barcelona und Montreal übernimmt erstmals der amtierende Weltmeister die Führung im Titelrennen. Häkkinen liegt mit 34 Punkten vorn, Schumacher ist in Kanada nach einem Fahrfehler mit seinem Ferrari in einer Betonmauer gelandet und bleibt bei 30 Zählern. Im Regenrennen von Magny Cours schwimmt Heinz-Harald Frentzen mit dem letzten feuch-

ten Fleck Benzin im Jordan-Tank zum sensationellen Sieg, Mika Häkkinen wird Zweiter, Michael Schumacher rettet sich, von Eddie Irvine beschattet, auf Platz fünf ins Ziel. Vor dem britischen Grand Prix steht es damit 40:32 für den Finnen. Damit endet nach sieben von sechzehn Rennen der normale Teil der Formel-1-WM 1999, was ab Silverstone passiert, übertrifft vieles, was sich in der 50jährigen Geschichte der Fahrerweltmeisterschaft bislang zugetragen hat...

Michael Schumacher überlebt in Silverstone den schwersten Unfall seiner Rennkarriere mit einem glatten Bruch des rechten Schien- und Wadenbeins: »Du überlegst dir fieberhaft, was du noch tun kannst, um den Wagen zu verlangsamen«, resümiert Schumacher zehn Tage später das Geschehen, »aber alles geht so schnell, daß dir fast nichts mehr übrig bleibt, als die Dinge fatalistisch auf dich zukommen zu lassen.« Drei Wochen nach dem Silverstone-Crash seines Ferrari-Rivalen übersteht Mika Häkkinen beim deutschen GP in Hockenheim bei Tempo 320 einen Reifenplatzer hinten links: »Als ich dann auf die Streckenbegrenzung zuschoß, mußte ich an Michael denken«, bekennt der 30jährige Weltmeister. Hat die Rennregie bei McLaren-Mercedes den Unfall provoziert, weil der Reifenluftdruck zwecks besserem Grip unter das von Bridgestone empfohlene Limit gesenkt wurde? Es hagelt Dementis. So wie zuvor in Imola, als Spitzenreiter Mika Häkkinen seinen McLaren-Mercedes in eine Betonwand pflanzt: Ein Fahrfehler – oder möglicherweise ein Defekt im Differential? Ron Dennis stellt klar, es war ein Fahrfehler. Und Ron Dennis wird auch bestätigen, daß Weltmeister Mika Häkkinen in

Monza nach einem peinlichen Schaltfehler samt folgenreichen Ausritt in die Botanik ganz und gar nicht geweint hat, wie es Fernsehkameras und Fotografen mit ihren Bildern dem Publikum weltweit weismachen wollen. Und Ron Dennis wird sich vehement in eine RTL-LIVE-Übertragung am Nürburgring einbringen, um deutlich zu machen, daß sich das Team und nicht Mika Häkkinen für den unnötigen Wechsel auf Regenpneus entschieden hat. Und was war eigentlich mit der defekten Radnabe in Silverstone, als sich Häkkinens linkes Hinterrad selbständig macht? Soviel wie nie zuvor scheint 1999 bei McLaren-Mercedes schiefzulaufen. Ron Dennis sieht trotzdem keine Notwendigkeit, auf Nummer sicher zu setzen und eine Stallorder zugunsten seines Weltmeisters

auszugeben: Auch dann nicht, als David Coulthard in Österreich unglücklicherweise Spitzenreiter Mika Häkkinen touchiert. Erst recht nicht, als der Schotte beim belgischen GP führt und der zweitplazierte Häkkinen ein ganzes Rennen lang vergebens auf ein hilfreiches Signal zum Positionstausch wie weiland anno 1997 in Jerez und 1998 in Adelaide wartet. »Ich habe noch nie ein Team wie McLaren gesehen, daß so hart daran arbeitet, nicht Weltmeister zu werden«, kommentiert Jackie Stewart süffisant. Allein für dieses Bonmot gebürt dem schottischen Ex-Weltmeister zurecht der erste und einzige Formel-1-GP-Sieg eines Stewart-Ford, den nicht wie längst erwartet der künftige Ferrari-Werksrennfahrer Rubens Barrichello feiert, sondern ausgerech-

net der wieder einmal unterschätzte Johnny Herbert. Und dies ausgerechnet auf dem Nürburgring, auf dessen Nordschleife »Jack the Hair« 26 Jahre zuvor seinen 27. und letzten Sieg bei einem Formel-1-WM-Lauf feierte. Tja, der menschliche Faktor, der es einen denn doch etwas eher verkraften läßt, daß der für gutes Geld verkaufte Rennstall künftig nicht mehr Stewart-Ford, sondern Jaguar heißen wird...

Gewiß weltmeisterschaftswürdig wären 1999 die Spruchweisheiten von Eddie Irvine gewesen, insbesondere sein Kommentar nach dem verlorenen Finale von Suzuka: »Mika Häkkinen hat sein Bestes getan, mir zu helfen, diesen Weltmeistertitel zu gewinnen. Aber wir haben es nicht angenommen.« Was wäre das

Ein Möchtegern-Champion? Eddie, der Vorbeige-wunkene, macht aus seiner undankbaren Rolle fast das Beste: Und besonders kritische Ferraristi dürfen nach dem Saisonfinale in Suzuka ad libitum darüber spekulieren, ob Michael Schumacher nicht etwa doch einen unausgesprochenen Nichtangriffspakt mit Mika Häkkinen geschlossen haben könnte...? Eines ist ohnehin klar: Eddie Irvine hätte als Titelträ-ger dieser verflixten 50. Jubiläumssaison der Formel-1-WM einen ganz besonderen Charme gegeben, den letzten Pfiff...

liegt in der Natur der Stallorder, doch andern-orts ist der 32jährige Ferrari-Finne nicht in der Lage, seine gute Vorstellung vom deutschen GP zu bestätigen oder gar zu wiederholen.

Und was wäre gewesen, wenn die verwirrte Boxencrew der Scuderia Ferrari am Nürburg-ring tatsächlich einen passenden vierten Rei-fen für Eddies F399-Dreirad gefunden hätte, immerhin tummelte sich Irvine zuvor knapp hinter Ralf Schumacher?! Eddies durchaus möglicher Eifel-Sieg hätte alle Fahrkunst Mika Häkkinens obsolet gemacht. McLaren-Merce-des profitiert, weil Ferrari auch technisch zu lange auf der Stelle tritt, ehe mit dem wieder-genesenen Michael Schumacher bei Testfahr-ten endlich ein sicherer Maßstab dafür vor-handen ist, welche Neuentwicklung taugt und welche Experimente man lieber bleiben läßt. Der geschenkte Sieg von Sepang? Geschenkt – erst recht nach dem märchenhaften FIA-Urteil, das immerhin für die Mehrzahl der Formel-1-

für eine märchenhafte Legende gewesen, die Krönung von Eddie, dem Abstauber: König Eddie, der Vorbeigewunkene von Hockenheim und Malaysia, Sieger über Mika, den Tränen-reichen? Spaß und Spott beiseite: Ferraris ewige Nummer Zwei macht aus der Not der Scuderia Ferrari nach dem Unfall der Numero Uno eine Tugend, indem er den Ausgang der WM offenhält. Beim Saisonauftakt in Mel-bourne als Zufallssieger vor Heinz-Harald Frentzen und Ralf Schumacher apostrophiert, sieht dieses Podium des GP von Australien am Ende des Formel 1-Jahres 1999 weißgott nicht übel besetzt aus. Irvines Sieg beim Grand Prix von Österreich ist trotz des McLaren-Merce-des-Kollisionsdebakels eine reife Leistung. Daß in Hockenheim Ersatzmann Mika Salo hilft,

Hockenheim, 1. August 1999: Der verletzte Pistengott grüßt seine getreuen Gläubigen, die in sein Wohnzim-mer im Motodrom gepilgert sind.

Fans die Erkenntnis bringt, daß ein seitliches Luftleitblech aus Kohlefaser Deflektor genannt wird und eigentlich irgendwie immer paßt, wenn die Meßmethode stimmt. Bliebe also der zauberhafte Schlußakkord von Suzuka, wo sich die menschlichen und technischen Irrungen und Wirrungen einer Saison allerliebst in Wohlgefallen auflösen: Mit dem fünften Saisonsieg von Titelverteidiger Mika Häkkinen wird der plausiblere Kandidat also erneut Champion. »Glaubt mir, es war ein verdammt schweres Jahr für mich«, verkündet der alte und neue Champion, »ich mußte in der letzten Saison hart um die Weltmeisterschaft kämpfen, hatte keine richtige Zeit zum Ausspannen, weil ich danach von einem Termin zum anderen ge-

hetzt bin. Ich stehe praktisch seit zwei Jahren unter Druck. Ich bin so glücklich, die Weltmeisterschaft wieder gewonnen zu haben.« Während Ferrari zum Trost die ominöse und ach-so-bedeutsame Konstrukteurs-WM gewinnt und Michael Schumacher weiter versuchen kann, der erste Ferrari-Formel 1-Weltmeister seit 1979 zu werden. Shakespeares »Was ihr wollt« in einer stark überarbeiteten Neuinszenierung von Bernie Ecclestone? Nur Max Mosley mag da nicht lachen, vielleicht aber die Zeitungsleser, die vor dem letzten WM-Lauf in Suzuka Auszüge eines Interviews des FIA-Präsidenten mit der französischen Nachrichtenagentur AFP zum Frühstück serviert bekommen: »Mister Ecclestone ist sehr angesehen,

aber er dirigiert nicht die Formel 1 oder die FIA...«

Ehe der um 10 mm mehr oder weniger geneigte Leser ins Schmunzeln kommt: Max Mosley und der FIA gebühren ernsthaftes und ehrliches Lob für die von Jahr zu Jahr aufwendigeren und schärferen Sicherheitsvorschriften in der Formel 1. Von der »crash-nose« über Kopfpolster im Cockpitbereich bis hin zu standardisierten Aufpralltests scheint es vorerst gelungen, die Risiken nach menschlichem Ermessen bestmöglich zu minimieren. Andernfalls wäre Michael Schumachers Silverstone Unfall anders ausgegangen. Kein Grund allerdings, um nach Egotrips Marke Jacques Villeneuve & Co. bei Tempo 300 in Spa-Francor-

Im französischen Miramas bringt Testpilot Jörg Müller den neuen BMW-V10 für Williams und Ralf Schumacher zum Laufen: Bis September 1999 sollen auf dem Prüf-stand 64 Triebwerke hochgegangen sein, behaupten böse Zungen und wollen süffisant etwas von gerademal 660 Pferdestärken wissen. Bei BMW-Williams gibt man sich gelassen, so will es scheinen...

Silverstone, 11. Juli 1999: In unschöner Regelmäßigkeit bleibt Jacques Villeneuve mit seinem neuen BAR-Supertec bereits beim Start stehen. Der Ex-Weltmeister und sein neues Team fahren keinen einzigen WM-Punkt ein, für Schlagzeilen und Gelächter sorgt obendrein die Lackierung der BAR, die zwei Zigarettenlogos auf einen Rennwagen zwingt, der doppelt so schnell verglimmt we die Konkurrenz. Im Hintergrund wird eine weitere Enttäuschung weggeschoben: Der zweifache CART-Champion Alessandro Zanardi kehrt in die Formel 1 zurück – doch »Alex« kommt mit den Rillenreifen an seinem Williams-Supertec erst gegen Saisonende besser zurecht, gewöhnungsbedürftig ist für Zanardi ebenso das Linksbremsen. In Silverstone startet der Italiener erstmals nur mit zwei Pedalen, Zanardi wird schließlich sogar wieder mit Stahlscheibenbremsen fahren, nachdem er mit den Kohlefaserbremsen nicht zurande gekommen ist. Williams rüstet Zanardis Rennwagen entsprechend um, ohne daß »Alex« 1999 auch nur einen WM-Punkte.

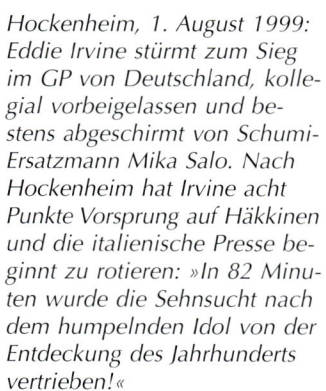

Hockenheim, 1. August 1999: Eddie Irvine stürmt zum Sieg im GP von Deutschland, kollegial vorbeigelassen und bestens abgeschirmt von Schumi-Ersatzmann Mika Salo. Nach Hockenheim hat Irvine acht Punkte Vorsprung auf Häkkinen und die italienische Presse beginnt zu rotieren: »In 82 Minuten wurde die Sehnsucht nach dem humpelnden Idol von der Entdeckung des Jahrhunderts vertrieben!«

Der zweite WM-Titel ist immer der schwerste: Mika Häkkinen wird diese Weisheit am Ende der Saison 1999 bestätigen können... Bei seinem Brötchenge-ber, der DaimlerCrysler AG, kommt man derart auf den Geschmack, daß angeblich eine Beteiligung an Ecclestones Formel-1-Holding erwogen wird. Der hat nämlich die Hälfte seines Imperiums der Mor-gan Grenfell Private Equity angedient: Kostenpunkt angeblich 1,3 Milliarden Dollar. Ziel: der Börsen-gang. Die Grenfell-Banker gehören zum Reich der Deutschen Bank, die wiederum ist Hauptaktionär der DaimlerChrysler AG und die könnte ihre For-mel-1-Interessen durch eine Übernahme von Antei-len am GP-Gesschäft wahren...

Die Scuderia Ferrari und Michael Schumacher tra-gen 1999 immens zu unserer Allgemeinbildung bei: Nach dem GP von Malaysia weiß die Nation zum einen, was ein Deflektor ist, und lernt zum anderen, daß zehn Millimeter eine dehnbare Maßeinheit sind.

Le petit Nicolas chez Prost: Der kleine Nick Heidfeld feiert auf dem A1-Ring seinen vierten Saisonsieg in der Formel-3000-EM. Der 22jährige McLaren-Mercedes-Testfahrer wird sich am Hungaroring vorzeitig den Titel holen und ab der Saison 2000 bei Prost-Peugeot ein Formel-1-Cockpit ergattern. Womit Heidfeld der vierte deutsche GP-Rennfahrer wird...

champs (»Geht Eau Rouge in diesem Jahr voll?«) und den anschließenden Abflügen (»Jetzt bist Du sauer, daß Zontas Crash noch besser aussah?«) beruhigt zur Tagesordnung überzugehen. Die Formel 1 hat in ihrer Jubiläumssaison bei vielen Unfällen auch einfach nur Glück gehabt: Glück, das dem 27jährigen Gonzalo Rodriguez und dem 24jährigen Greg Moore 1999 in der US-CART-Serie nicht zuteil wurde. Mit dem Uruguayer und dem Kanadier verlor der Motorsport zwei sympathische und

hochtalentierte Hoffnungen. Nach den tödlichen Unfällen von Scott Brayton und Jeff Krosnoff im Jahr 1996 und den Tragödien auf dem Michigan-Speedway und in Concord, wo 1997 bzw. 1998 jeweils drei Zuschauer nach Unfällen von umherfliegenden Fahrzeugtrümmern erschlagen worden waren, sieht die US-Indycar-Szene schwierigen Zeiten entgegen...

...und was wäre mit dem Rennsportprogramm der Daimler-Benz AG passiert, wenn am 13. Juni 1999 bei den »24 Stunden von

LeMans« Peter Dumbreck und Mark Webber ihre Überschläge bei Tempo 300 im Mercedes-Benz CLR nicht unverletzt überstanden hätten? Und auch die Formel 1 schlittert haarscharf an einem tödlichen Unfall vorbei: Kopfüber wird bei einem Überschlag von Pedro Diniz auf dem Nürburgring bei Tempo 100 der Überrollbügel des Sauber-Petronas abrasiert. 6000 kg Belastung von oben, 4500 kg in Längs- und 1200 kg in Querrichtung muß der Sturzbügel eines Formel-1-Rennwagens aushalten, für den Ernstfall noch immer zuwenig. Der 29jährige Brasilianer überlebt den Überschlag wie durch ein Wunder auch mit abgerissenem Überrollbügel. Im französischen Fernsehprogramm TF1 erwischen sie Heinz-Harald Frentzen auf dem Nürburgring kurz nach seinem Ausfall: Notabene – der 32jährige Deutsche hat vom Start weg aus der Pole Position das Feld angeführt, liegt auch nach dem ersten Boxenstop noch vorn, befindet sich auf dem Weg zum dritten Saisonsieg und zur Führung in der Formel-1-WM – als ein mysteriöser Elektrikdefekt den Jordan-Mugen/Honda lahmlegt. Was sagt Heinz-Harald Frentzen in diesem Augenblick dem französischen TV-Interviewer und dem Publikum von TF1: »Ich bin zuallererst glücklich darüber, daß Pedro Diniz nichts passiert ist...« Schade, daß so einer 1999 nicht doch Weltmeister geworden ist: Bleiben wir wenigstens im tröstlichen Konjunktiv, Heinz-Harald Frentzen hätte Champion werden können. Sein Unfall beim GP Kanada, als eine Bremsscheibe bricht, kostet nicht nur sechs sicher geglaubte WM-Punkte kostete, sondern beschert dem Mönchengladbacher auch eine Gehirnerschütterung sowie Prellungen und Knochenabsplitterungen am Wadenbein – was Frentzen nicht davon abhält, schon beim nächsten WM-Lauf in Magny Cours wieder zu starten und zu gewinnen: »Ich weiß, daß unsere Leute alle Sensoren ausfahren, um jeden noch so kleinen Mangel zu entdecken. Du mußt blindes Vertrauen haben. Wenn ein Fahrer damit Schwierigkeiten hat, sollte er aufhören.«

Sein Teamkollege Damon Hill hat dieses Vertrauen nicht mehr: »Die Formel 1 ist für mich Vergangenheit. Es ist absolut richtig, daß ich mich aus ihr zurückziehe.« Auch der

Hockenheim, 1. August 1999: Ein anderes Talent tritt in der Formel 1 auf der Stelle. Der 25jährige Österreicher Alexander Wurz verpaßt mit Rang sieben im Moto-drom knapp den Sprung in die WM-Punkte. Am Ende der Saison stehen für Wurz nur drei Zähler auf dem Konto. Bei Benetton-Supertec (auch hinter diesem Motor-namen verbirgt sich ein Derivat des ehedem zu Mécachrome bzw. Playlife umgetauften Ex-Renault V10-Treibsatzes) sind die großen Schumi-Zeiten endgültig passé, zumal 1998 im raschen Wechsel zuerst Flavio Briatore und danach Dave Richards als Renndirektoren entsorgt wurden, ehe Benetton-Sohn Rocco die Zügel fester an die Hand zu nehmen versuchte.

Silverstone, 11. Juli 1999: Der ungekrönte König rollt auf seinen Startplatz beim britischen Grand Prix. Niemand ahnt, was passieren wird. So ist die Formel 1 schon immer gewesen und so wird sie immer bleiben. Und so lautet denn das wichtigste Fazit der Saison: Sind wir froh, daß Michael Schumacher überlebt hat, und sind wir dankbar, daß dies auch allen anderen ein weiteres Jahr geglückt ist.

gestandene CART-Champion und Formel-1-Heimkehrer Alessandro Zanardi findet sich bei Wlliams mit den unberechenbaren Rillenreifen nicht mehr zurecht: »Jetzt spüre ich nicht mehr, ob ich am Limit bin oder darüber.« Die neue Reifenkonfiguration macht die über 800 PS-starken Formel-1-Boliden des Jahrgangs 1999 beim Bremsen und Beschleunigen viel instabiler. Selbst leichter Wind oder Temperaturschwankungen vermag das Fahrverhalten der modernen GP-Rennwagen negativ zu beeinflussen. Weshalb die aerodynamischen Hilfen immer ausgefeilter werden und noch stärkere Luftverwirbelungen verursachen, so daß sich die Hoffnung nicht erfüllt, die Rillenreifen

könnten dank geringerer Haftung die Bremswege und damit die Überholchancen vergrößern. Aber wie pariert doch FIA-Präsident die Kritik der Formel-1-Rennfahrer zur Saisomitte 1999: »Die Spannung der Formel 1 lebt nicht vom Überholen, sondern von der Taktik der Tank- und Reifenstops.« Ob das für die nächsten 50 Jahre reicht?

Aber was können wir überhaupt von der Formel-1-Zukunft erwarten, wenn wir uns allein die immensen Veränderungen des GP-Sports in der vergangenen Jahrunderthälfte vergegenwärtigen: Das Geschäft ist bislang immer noch von Saison zu Saison größer und schneller geworden. Gibt es ein Leben nach der Formel 1?

»Ja, aber ich werde es als Toter erleben«, urteilt Bernie Ecclestone anno 1999. Aber solange es Automobile und Menschen gibt, solange hat auch die extremste Form des Automobilbaus eine Zukunft. Die Faszination und die Chance der Formel 1, das war, ist und bleibt die Veränderung, die Lust am Ungewissen, die Neugier. Nichts währt ewig: Nach Fangio kam Moss, nach Moss kam Clark, nach Clark kam Stewart... Derjenige, der einmal Michael Schumacher vom Formel-1-Thron stoßen wird, ist längst geboren. Ob er wirklich Mika Häkinen heißt, wagen wir vorerst noch zu bezweifeln. Aber lassen wir uns überraschen...

Anhang

Die Fahrerweltmeister

1950 Nino Farina (I) Alfa Romeo	1964 John Surtees (GB) Ferrari	1978 Mario Andretti (USA) Lotus-Ford
1951 Juan Manuel Fangio (RA) Alfa Romeo	1965 Jim Clark (GB) Lotus-Climax	1979 Jody Scheckter (ZA) Ferrari
1952 Alberto Ascari (I) Ferrari	1966 Jack Brabham (AUS) Brabham-Repco	1980 Alan Jones (AUS) Williams-Ford
1953 Alberto Ascari (I) Ferrari	1967 Denis Hulme (NZ) Brabham-Repco	1981 Nelson Piquet (BR) Brabham-Ford
1954 Juan Manuel Fangio (RA) Maserati, Mercedes-Benz	1968 Graham Hill (GB) Lotus-Ford	1982 Keke Rosberg (SF) Williams-Ford
1955 Juan Manuel Fangio (RA) Mercedes-Benz	1969 Jackie Stewart (GB) Matra-Ford	1983 Nelson Piquet (BR) Brabham-BMW
1956 Juan Manuel Fangio (RA) Ferrari	1970 Jochen Rindt (A) Lotus-Ford	1984 Niki Lauda (A) McLaren-TAG-Porsche
1957 Juan Manuel Fangio (RA) Maserati	1971 Jackie Stewart (GB) Tyrrell-Ford	1985 Alain Prost (F) McLaren-TAG-Porsche
1958 Mike Hawthorn (GB) Ferrari	1972 Emerson Fittipaldi (BR) Lotus-Ford	1986 Alain Prost (F) McLaren-TAG-Porsche
1959 Jack Brabham (AUS) Cooper-Climax	1973 Jackie Stewart (GB) Tyrrell-Ford	1987 Nelson Piquet (BR) Williams-Honda
1960 Jack Brabham (AUS) Cooper-Climax	1974 Emerson Fittipaldi (BR) McLaren-Ford	1988 Ayrton Senna (BR) McLaren-Honda
1961 Phil Hill (USA) Ferrari	1975 Niki Lauda (A) Ferrari	1989 Alain Prost (F) McLaren-Honda
1962 Graham Hill (GB) BRM	1976 James Hunt (GB) McLaren-Ford	1990 Ayrton Senna (BR) McLaren-Honda
1963 Jim Clark (GB) Lotus-Climax	1977 Niki Lauda (A) Ferrari	1991 Ayrton Senna (BR) McLaren-Honda

1992	Nigel Mansell (GB) Williams-Renault	1995	Michael Schumacher (D) Benetton-Renault	1998	Mika Häkkinen (SF) McLaren-Mercedes
1993	Alain Prost (F) Williams-Renault	1996	Damon Hill (GB) Williams-Renault	1999	Mika Häkkinen (SF) McLaren-Mercedes
1994	Michael Schumacher (D) Benetton-Ford	1997	Jacques Villeneuve (CDN) Williams-Renault		

Die Konstrukteursweltmeister

1958	Vanwall	1972	Lotus-Ford	1986	Williams-Honda
1959	Cooper-Climax	1973	Lotus-Ford	1987	Williams-Honda
1960	Cooper-Climax	1974	McLaren-Ford	1988	McLaren-Honda
1961	Ferrari	1975	Ferrari	1989	McLaren-Honda
1962	BRM	1976	Ferrari	1990	McLaren-Honda
1963	Lotus-Climax	1977	Ferrari	1991	McLaren-Honda
1964	Ferrari	1978	Lotus-Ford	1992	Williams-Renault
1965	Lotus-Climax	1979	Ferrari	1993	Williams-Renault
1966	Brabham-Repco	1980	Williams-Ford	1994	Williams-Renault
1967	Brabham-Repco	1981	Williams-Ford	1995	Benetton-Renault
1968	Lotus-Ford	1982	Ferrari	1996	Williams-Renault
1969	Matra-Ford	1983	Ferrari	1997	Williams-Renault
1970	Lotus-Ford	1984	McLaren-TAG-Porsche	1998	McLaren-Mercedes
1971	Tyrrell-Ford	1985	McLaren-TAG-Porsche	1999	Ferrari

Die GP-Sieger

1. Alain Prost (F)	51	25. Denis Hulme (NZ)	8	Patrick Depailler (F)	2
		Jacky Ickx (B)	8	Jean-Pierre Jabouille (F)	2
2. Ayrton Senna (BR)	41			Patrick Tambay (F)	2
		27. René Arnoux (F)	7	Elio de Angelis (I)	2
3. Michael Schumacher (D)	35				
		28. Tony Brooks (GB)	6	60. Jean Alesi (F)	1
4. Nigel Mansell (GB)	31	John Surtees (GB)	6	Giancarlo Baghetti (I)	1
		Jochen Rindt (A)	6	Lorenzo Bandini (I)	1
5. Jackie Stewart (GB)	27	Jacques Laffite (F)	6	Jean-Pierre Beltoise (F)	1
		Gilles Villeneuve (CDN)	6	Joakim Bonnier (S)	1
6. Jim Clark (GB)	25	Riccardo Patrese (I)	6	Vittorio Brambilla (I)	1
Niki Lauda (A)	25	David Coulthard (GB)	6	Jimmy Bryan (USA)	1 (INDY 500)
				François Cevert (I)	1
8. Juan Manuel Fangio (RA)	24	35. Nino Farina (I)	5	Luigi Fagioli (I)	1
		Clay Regazzoni (CH)	5	Pat Flaherty (USA)	1 (INDY 500)
9. Nelson Piquet (BR)	23	John Watson (GB)	5	Peter Gethin (GB)	1
		Keke Rosberg (SF)	5	Richie Ginther (USA)	1
10. Damon Hill (GB)	22	Michele Alboreto (I)	5	Sam Hanks (USA)	1 (INDY 500)
				Innes Ireland (GB)	1
11. Stirling Moss (GB)	16	40. Bruce McLaren (NZ)	4	Jochen Mass (D)	1
		Dan Gurney (USA)	4	Luigi Musso (I)	1
12. Jack Brabham (AUS)	14	Eddie Irvine (IRL)	4	Alessandro Nannini (I)	1
Graham Hill (GB)	14			Gunnar Nilsson (S)	1
Emerson Fittipaldi (BR)	14	43. Mike Hawthorn (GB)	3	Carlos Pace (BR)	1
Mika Häkkinen (SF)	14	Peter Collins (GB)	3	Olivier Panis (F)	1
		Phil Hill (USA)	3	Johnny Parsons (USA)	1 (INDY 500)
16. Alberto Ascari (I)	13	Didier Pironi (F)	3	Jim Rathmann (USA)	1 (INDY 500)
		Thierry Boutsen (B)	3	Troy Ruttmann (USA)	1 (INDY 500)
17. Mario Andretti (USA)	12	Johnny Herbert (GB)	3	Ludovico Scarfiotti (I)	1
Carlos Reutemann (RA)	12	Heinz-Harald Frentzen (D)	3	Bob Sweikert (USA)	1 (INDY 500)
Alan Jones (AUS)	12			Piero Taruffi (I)	1
		49. José Froilan Gonzalez (RA)	2	Lee Wallard (USA)	1 (INDY 500)
20. Jacques Villeneuve (CDN)	11	Bill Vukovich (USA)	2 (INDY 500)	Rodger Ward (USA)	1 (INDY 500)
		Maurice Trintignant (F)	2		
21. Ronnie Peterson (S)	10	Wolfgang Berghe von Trips (D)	2		
Jody Scheckter (ZA)	10	Pedro Rodriguez (MEX)	2		
James Hunt (GB)	10	Jo Siffert (CH)	2		
Gerhard Berger (A)	10	Peter Revson (USA)	2		

GP-Siege der Konstrukteure (ohne INDY 500)

1.	Ferrari	125	8.	BRM	17	17.	Jordan	3
							March	3
2.	McLaren	123	9.	Cooper	16		Wolf	3
3.	Williams	103	10.	Renault	15	20.	Honda	2
4.	Lotus	79	11.	Alfa Romeo	10	21.	Eagle	1
							Hesketh	1
5.	Brabham	35	12.	Ligier	9		Penske	1
				Maserati	9		Porsche	1
6.	Benetton	27		Matra	9		Shadow	1
				Mercedes	9		Stewart	1
7.	Tyrrell	23		Vanwall	9			

Die Pole Positions

1.	Ayrton Senna (BR)	65	9.	Mika Häkkinen (SF)	21	18.	Jack Brabham (AUS)	13
							Graham Hill (GB)	13
2.	Jim Clark (GB)	33	10.	Damon Hill (GB)	20		Jacky Ickx (B)	13
	Alain Prost (F)	33					Jacques Villeneuve (CDN)	13
			11.	Mario Andretti (USA)	18			
4.	Nigel Mansell (GB)	32		René Arnoux (F)	18	22.	Gerhard Berger (A)	12
5.	Juan Manuel Fangio (RA)	28	13.	Jackie Stewart (GB)	17	23.	Jochen Rindt (A)	10
6.	Niki Lauda (A)	24	14.	Stirling Moss (GB)	16	24.	John Surtees (GB)	8
	Nelson Piquet (BR)	24					Riccardo Patrese (I)	8
			15.	Alberto Ascari (I)	14			
8.	Michael Schumacher (D)	23		Ronnie Peterson (S)	14			
				James Hunt (GB)	14			

Die schnellsten Rennrunden

1. Alain Prost (F)	41	8. Gerhard Berger (A)	21	18. René Arnoux (F)	12
2. Michael Schumacher (D)	38	9. Stirling Moss (GB)	20	19. Alberto Ascari (I)	11
3. Nigel Mansell (GB)	30	10. Ayrton Senna (BR)	19	John Surtees (GB)	11
4. Jim Clark (GB)	28	Damon Hill (GB)	19	David Coulthard (GB)	11
5. Niki Lauda (A)	25	12. Jackie Stewart (GB)	15	22. Jack Brabham (AUS)	10
6. Juan Manuel Fangio (RA)	23	Clay Regazzoni (CH)	15	Graham Hill (GB)	10
Nelson Piquet (BR)	23	14. Jacky Ickx (B)	14	Mario Andretti (USA)	10
		15. Alan Jones (AUS)	13		
		Riccardo Patrese (I)	13		
		Mika Häkkinen (SF)	13		

Die WM-Punkte

1. Alain Prost (F)	798,5	10. Carlos Reutemann (RA)	310	19. Denis Hulme (NZ)	248
2. Ayrton Senna (BR)	614	11. M ka Häkkinen (SF)	294	20. Jean Alesi (F)	236
3. Michael Schumacher (D)	570	12. Graham Hill (GB)	289	21. Jacques Laffite (F)	228
4. Nelson Piquet (BR)	485,5	13. Emerson Fittipaldi (BR)	281	22. David Coulthard (GB)	221
5. Nigel Mansell (GB)	482	Riccardo Patrese (I)	281	23. Clay Regazzoni (CH)	212
6. Niki Lauda (A)	420,5	15. Juan Manuel Fangio (RA)	277,5	24. Ronnie Peterson (S)	206
7. Gerhard Berger (A)	385	16. Jim Clark (GB)	274	Alan Jones (AUS)	206
8. Jackie Stewart (GB)	360	17. Jack Brabham (AUS)	261		
Damon Hill (GB)	360	18. Jody Scheckter (ZA)	255		

Die GP-Starts

1. Riccardo Patrese (I)	256	
2. Gerhard Berger (A)	210	
3. Andrea de Cesaris (I)	208	
4. Nelson Piquet (BR)	204	
5. Alain Prost (F)	199	
6. Michele Alboreto (I)	194	
7. Nigel Mansell (GB)	187	
8. Graham Hill (GB)	176	
Jacques Laffite (F)	176	
10. Niki Lauda (A)	171	
11. Jean Alesi (F)	167	

12. Thierry Boutsen (B)	163	
13. Ayrton Senna (BR)	161	
14. Martin Brundle (GB)	158	
15. John Watson (GB)	152	
16. René Arnoux (F)	149	
17. Derek Warwick (GB)	147	
18. Carlos Reutemann (RA)	146	
19. Emerson Fittipaldi (BR)	144	
Johnny Herbert (GB)	144	
21. Jean-Pierre Jarier (F)	135	
22. Clay Regazzoni (CH)	132	
Eddie Cheever (USA)	132	

24. Mario Andretti (USA)	128	
Mika Häkkinen (SF)	128	
26. Michael Schumacher (D)	127	
27. Jack Brabham (AUS)	126	
28. Ronnie Peterson (S)	123	
29. Pierluigi Martini (I)	119	
30. Jacky Ickx (B)	116	
Alan Jones (AUS)	116	
Damon Hill (GB)	116	

Die zehn schnellsten Formel-1-WM-Läufe

GP Italien 1971	Monza: Peter Gethin/BRM	242,615 km/h	GP Italien 1998	Monza: M. Schumacher/Ferrari	237,591 km/h
GP Belgien 1970	Spa: Pedro Rodriguez/BRM	241,308 km/h	GP Belgien 1968	Spa: Bruce McLaren/McLaren	236,797 km/h
GP Italien 1993	Monza: Damon Hill/Williams	239,144 km/h	GP Italien 1991	Monza: Nigel Mansell/Williams	236,749 km/h
GP Italien 1997	Monza: David Coulthard/McLaren	238,036 km/h	GP Italien 1970	Monza: Clay Regazzoni/Ferrari	236,698 km/h
GP Italien 1999	Monza: H.-H. Frentzen/Jordan	237,938 km/h	GP Italien 1990	Monza: Ayrton Senna/McLaren	236,569 km/h

Bibliographie

I. Bamsey, Vanwall 2.5 Litre F1 (1990)

J. Blunsden/D. Phipps, Ford Grand Prix-Motoren (1973)

M. Brunner/M. Surer, Motorsport explosiv (1989)

A. Cimarosti, Autorennen (1986)

M. Cooper-Evans, Rob Walker (1993)

W. Court, Power and Glory, Vol. 1: 1906-1951 (1988)

W. Court, Power and Glory, Vol. 2: 1952-1973 (1990)

W. Court, Grand Prix Requiem (1992)

G. Crombac, Colin Chapman (1987)

J. Deschenaux, Jo Siffert (1972)

J. Deschenaux, Marlboro Grand Prix Guide 1950-1991 (1992)

G. Donaldson, Grand Prix People (1990)

G. Effenberger, Niki Lauda (1978)

E. Ferrari, Piloti, che gente... (1987)

R. Flower, Autorennen (1975)

J. M. Fangio/R. Carozzo, Fangio. My Racing Life (1990)

R. von Frankenberg, Die großen Fahrer unserer Zeit (2. Aufl. 1956)

R. von Frankenberg, Jo Siffert (o.J.)

R. von Frankenberg/B. Müller, Rennfahrer (1971)

G. Gauld, Jim Clark (3rd Ed. 1992)

G. Goddard/D. Nye, Track Pass (1990)

G. Goddard/D. Nye, Classic Racing Cars (1991)

T. R. Griffiths, Grand Prix (1992)

A. Hall, Maserati 250F (1990)

D. Hayhoe, Grand Prix Data Book (1989)

R. Häfeli, Verstummte Motoren (1969)

M. Hamilton, British Grand Prix (1990)

M. Hawthorn, Challenge Me the Race (1958/repr. 1988)

M. Hawthorn, Champion Year (1959/repr. 1989)

A. Henry, Flat-12 (1981)

A. Henry, Ferrari - The Grand Prix Cars (1984)

A. Henry, Brabham - The Grand Prix Cars (1985)

A. Henry, Fifty Famous Motor Races (1988)

A. Henry, March - The Grand Prix & Indy Cars (1989)

A. Henry, The Turbo Years (1990)

A. Henry, Williams - The Business of Grand Prix Racing (1991)

A. Henry, Goodyear 250 Grand Prix Wins (1991)

A. Henry, Driving Forces (1992)

A. Henry, Formula One. Driver by Driver (1992)

A. Henry/J. Surtees, John Surtees, World Champion (1991)

G. Hill, Kalkuliertes Risiko (1971)

C. Hilton, Grand Prix Showdown! (1992)

S. Hirst, Grand Prix Chronology (1972)

D. Hodges, A-Z of Formula Racing Cars (1990)

I. Ireland, All arms and elbows (1994)

M. Lang, Grand Prix! Vol. 1: 1950 to 1965 (1981)

M. Lang, Grand Prix! Vol. 2: 1966 to 1973 (1982)

M. Lang, Grand Prix! Vol. 3: 1974 to 1980 (1983)

M. Lang, Grand Prix! Vol. 4: 1981 to 1984 (1992)

N. Lauda, Formel 1 (4. Aufl. 1976)

M. Lawrence, Grand Prix Cars 1945-65 (1989)

M. Lawrence, The Story of March (1990)

J. Lewandowski, Maserati (2. Aufl. 1988)

P. Lewis, Alf Francis - Racing Mechanic 1948-1958 (1991)

R. Louis, Wolfgang Graf Berghe von Trips (1989)

K. Ludvigsen, Mercedes-Benz Renn- und Sportwagen (2. Aufl. 1982)

L. Ludvigsen, Porsche (2. Aufl. 1984)

G. Molter, Juan Manuel Fangio (2. Aufl. 1969)

G. Molter, Jack Brabham (2. Aufl. 1972)

G. C. Monkhouse, Mercedes-Benz Grand Prix 1934-1955 (1985)

C. Nixon, Racing the Silver Arrows (1986)

C. Nixon, Mon ami mate (1991)

D. Nye, The Grand Prix Tyrrells (1975)

D. Nye, Theme Lotus 1956-1986. From Chapman to Ducarouge (1986)

D. Nye, Das große Buch der Formel-1-Rennwagen (1986)

D. Nye, McLaren - The Grand Prix, CanAm and Indy Cars (1988)

D. Nye, Cooper Cars (3rd Ed. 1991)

D. Nye, Autocourse History of the Grand Prix Car 1945-65 (1993)

D. Nye (with T. Rudd), BRM, Vol. 1 (1994)

D. Nye/S. Moss, Stirling Moss. My cars, my career (1987)

D. Nye/S. Moss, Fangio - Ein Pirelli-Album (1991)

A. Pritchard, Grand-Prix-Rennen 1950-1970 (o.J.)

A. Pritchard, Directory of Formula One Cars 1966-1986 (1986)

A. Pritchard, Grand Prix Reflections (1989)

A. Pritchard, Grand Prix Racing: The Enthusiast's Companion (1991)

A. Pritchard/R. Salvadori, Roy Salvadori, Racing Driver (1985)

H. Prüller, Lorbeer bis zum nächsten Mal (1969)

H. Prüller, Jochen Rindt, Tribut an einen Weltmeister (1970)

C. Posthumus, Deutschlands Großer Preis (1967)

G. Rancati, Enzo Ferrari (1989)

I. Rendall, The chequered flag (1993)

M. Riedner, Mercedes-Benz W 196 (1986)

N. Roebuck, Grand Prix Greats (1986)

N. Roebuck, Inside Formula 1 (1989)

H. T. Rowe/A. Neubauer, Männer, Frauen und Motoren (1970)

T. Rudd, It was fun! (1993)

A. Schlang, Grand Prix 1986-1994 (9 Bde, 1986-1994)

U. Schwab, Grand Prix 1966-1985 (20 Bde, 1966-1985)

S. Small, The Guiness complete Grand Prix Who's Who (1994)

S. Small (Ed.), The Grand Prix Drivers (1987)

A. R. Smith, Fifties Motor Racing (1990)

L. Stanley, Grand Prix. The legendary years (1994)

J. Stewart, Stil und Technik des Rennfahrers (1988)

K. Sturm, Ayrton Senna. Seine Siege, sein Vermächtnis (1994)

J. Surtees, Pirelli Album of Motor Racing Heroes (1992)

R. Taylor, Indy. 75 Years of Racing's greatest spectacle (1991)

J. Thompson/D. Rabagliatti/K. P. Sheldon, The Formula One Record Book (1974)

E. Tragatsch, Das große Rennfahrerbuch (1970)

D. Tremayne, Racers apart (1991)

H. U. Wieselmann, Als gäbe es kein morgen (1969)

Williams-Renault Formel-1-Rennwagen-Buch (1994)

B. Yates, Enzo Ferrari. Leben und Legende (1992)

H. Zwickl, Die Angst bleibt an den Boxen (3. Aufl. 1969)

Als ebenso interessante wie anregende Lektüre dienten die Fachzeitschriften Auto Motor Sport, Motorsport Aktuell/Powerslide, Rallye Racing sowie Sport Auto.

Auf den Rennstrecken der Welt zuhause...

Jeden Monat sportliche Serien- und Tuning-Autos im Test – Fahrdynamik steht dabei immer im Mittelpunkt.

Rundenzeiten auf der Nordschleife des Nürburgrings oder in Hockenheim gehören dazu!

Der SUPERTEST: Ein Rennstrecken-Extremtest für Super-Sportwagen. Mit Querbeschleunigungsmessung, Windkanal sowie Sprint auf 200 und Vollbremsung bis zum Stillstand.

Und: Faszinierende Motorsport-berichte mit Technik, Hintergründen und Analysen.

Jeden Monat

neu